谨以此书献给上海市格致中学 145 周年校庆

张志敏　王丽萍　主　编
徐有威　执行主编

媒体中的上海市格致中学

（1949—2019）

上海大学出版社
·上海·

图书在版编目(CIP)数据

媒体中的上海市格致中学:1949-2019/张志敏,王丽萍主编.—上海:上海大学出版社,2019.10
ISBN 978-7-5671-3686-1

Ⅰ.①媒… Ⅱ.①张… ②王… Ⅲ.①上海市格致中学—校史—史料—1949-2019 Ⅳ.①G639.285.1

中国版本图书馆CIP数据核字(2019)第175214号

责任编辑 傅玉芳
助理编辑 林 跞 夏 安
封面设计 柯国富
技术编辑 金 鑫 钱宇坤

媒体中的上海市格致中学(1949—2019)
张志敏 王丽萍 主编
徐有威 执行主编
上海大学出版社出版发行
(上海市上大路99号 邮政编码200444)
(http://www.shupress.cn) 发行热线 021-66135112
出版人 戴骏豪

*

南京展望文化发展有限公司排版
上海颛辉印刷厂印刷 各地新华书店经销
开本 787mm×1092mm 1/16 印张 36.75 字数 827千
2019年10月第1版 2019年10月第1次印刷
ISBN 978-7-5671-3686-1/G·3030 定价 160.00元

本书编委会

名誉主编　高润华

主　　编　张志敏　王丽萍

副 主 编　姜秀娥　吴　照　钱勇伟

秘 书 长　沈庆红

执行主编　徐有威

文汇报

WEN HUI BAO

第12822号 今日四版 零售四分

1982年12月3日 星期五
农历壬戌年 十月大 十九（十月廿三大雪）

上海市区今明天气预报

天气：今晴 明晴转多云
风向：偏北 明西北转偏南
风力：3—4级
最高温度：今11—13℃ 明14℃左右
最低温度：今4℃ 明1—3℃

人大分组审议赵总理报

六五计划

据新华社北京十二月二日电 五届全国人大五次会议今天开始分组审议赵紫阳总理作的关于第六个五年计划的报告。各个会场气氛活跃热烈，代表们精神振奋。来自各条战线和各地区的代表，在研究今后五年计划时受到很大鼓舞，对实现党的十二大确定的战略目标充满信心。他们强调指出：六五计划来自群众的伟大实践，科学根据充分，有着深厚的基础，在新宪法的保障下……民团结一心，……宏图定能变成光辉……

来自山西的人大……名劳动模范吴吉昌说……总理作的六五计划报告……实，没有空话，说的……百姓的大实话。听了这……告，心里热乎乎的，觉得……

会见胡立教等上海代表时进行亲切交谈

陈云同志对 国家建设 发表重要意见
上海工作

新华社北京十二月二日电 陈云同志今天上午在家里会见了前来看望他的上海部分全国人大代表，同他们进行了亲切的交谈。

当出席五届全国人大五次会议的上海代表团部分代表来到陈云同志家时，陈云同志在会客室里和他们一一握手，次第他们。

上海代表团团长、市人大常委会主任胡立教对陈云说："你是上海的代表，大家都知道你很关心上海的工作，委托我们来向你介绍一下今年的情况。"

陈云说："岁年纪大了，这次大会请了假。谢谢大家来看望，我也很想见见大家，和大家谈一谈。"

接着，上海的同志向陈云介绍了上海省的工作和这次大会代表们分组讨论的情况。

陈云同志认真听取汇报后，对第六个五年计划的报告很好，他完全同意。

陈云在谈话中还就国家经济建设和上海市的工作讲了许多重要意见。

前十年理顺各方面关系
后十年速度就可快一些

他说，为了实现今后二十年在不断提高经济效益的前提下力争翻国工农业年总产值翻两番的奋斗目标，要分两步走，前十年主要是打好基础，为后十年进入经济振兴时期创造条件。六五是前十年的第一个五年，发展速度不能搞得太快。正如紫阳同志报告所说，六五计划的主要特点是着重于提高经济效益。只要我们经过六五和七五两个五年计划的努……

……力，把各方面的关系理顺，并且做好一些大骨干项目的前期工作，后十年的发展速度就可以搞得快一些，翻两番的奋斗目标就可以实现。如果急于求成，把本来应当放在后十年来办的，在六五和七五两个五年计划期间凑上去基本建设上，经济可能出现混乱，翻两番的任务反而有可能完不成。

小革命小建设服从全局
大革命大建设才有保障

陈云说，为了给后十年比较快的发展创造条件，由中央适当集中一笔资金，加强能源、……

……力，这是全面利益出发的。当然，地方上的小革命、小建设也要搞。但必须以大革命、大建设为主，这也就是局部服从全局。否则，不分大小，齐头并进，国家就吃不消。紫阳同志报告中讲……

要接受挑战同外地竞争
上海尤应注意技术改造

他说，六五计划期间一个重要任务是进行现有企业的技术改造，这也应当是我们今后发展工业的一条新路子。过去一说要增加多少产量，就要新建多少厂。这个办法不一定好。要提高新旧资金，加快设备更新，引进先进技术，进行技术改造，提高质量，降低成本……

……交通和科学、教育等薄弱环节，保证重点项目的建设，这在多数情况下，比建新厂划算得高。上海老企业多，应当特别注意这个问题……

……陈云同志向上海市部分人大代表亲切交谈。
新华社记者摄（传真照片）

大中型基建项目一律要由计委审定，计划外追加的大中型项目，必须修改设计要经过平衡后，报国务院审批。又说，不论哪个地区和部门，如果突破国定资产投资的计划，都必须按照家属关系报请上级批准，否则以违反财经纪律论处。凡凡条都最重要，只有这样，才能保证我们的大革命、大建设取得胜利。只有把国家的大革命、大建设搞好了，各地的"小革命、小建设"才有切实的保障。

搞活经济好比是笼中飞鸟
笼子要经常调整大小适当

陈云同志高兴地指出，党的十一届三中全会以来，实行搞活经济的政策，效果显著。现在百货商店里的东西多得很，"卖方市场"正在变成"买方市场"。这么好的形势，长期以来没有见过。今后要继续实行搞活经济的政策，继续发挥市场调节的作用。他同时指出，我们也要防止在搞活经济中，出现摆脱国家计划的倾向。搞活经济是在计划指导下搞活，不是离开计划的指导搞活。他风趣地打比方说，这就象鸟和笼子的关系一样，鸟不能捏在手里，捏在手里会死，要让它飞，但只能让它在笼子里飞，没有笼子，它就飞跑。如果说鸟是搞活经济的话，那么，"笼子"就是国家计划。当然，"笼子"大小要适当，该多该少，不一定限于一个省，有……

……个地区，也可以跨省跨地区，甚至不一定限于国内，也可以跨国境。另外，"笼子"本身也要经常调整，比如对五年计划进行修改。但无论如何，总得有个"笼子"。就是说，搞活经济、市场调节，这些只能在计划许可的范围以内发挥作用，不能脱离开计划的指导。

今天参加会见的上海代表还有全国政协副主席、中国国际信托投资公司董事长兼总经理荣毅仁，国家机械工业部副部长顾鼎……问，民建上海市委会主任、上海宝钢总厂……委书记朱尔沛，上海南昌工具厂……城公社党委书记陈荣宽，上……无线电三厂总工程师储颐……港务局第二装卸区工人汤……开，上海第一百货商店营业……王翔华，……

《文汇报》1982年12月3日

《光明日报》1951年4月8日

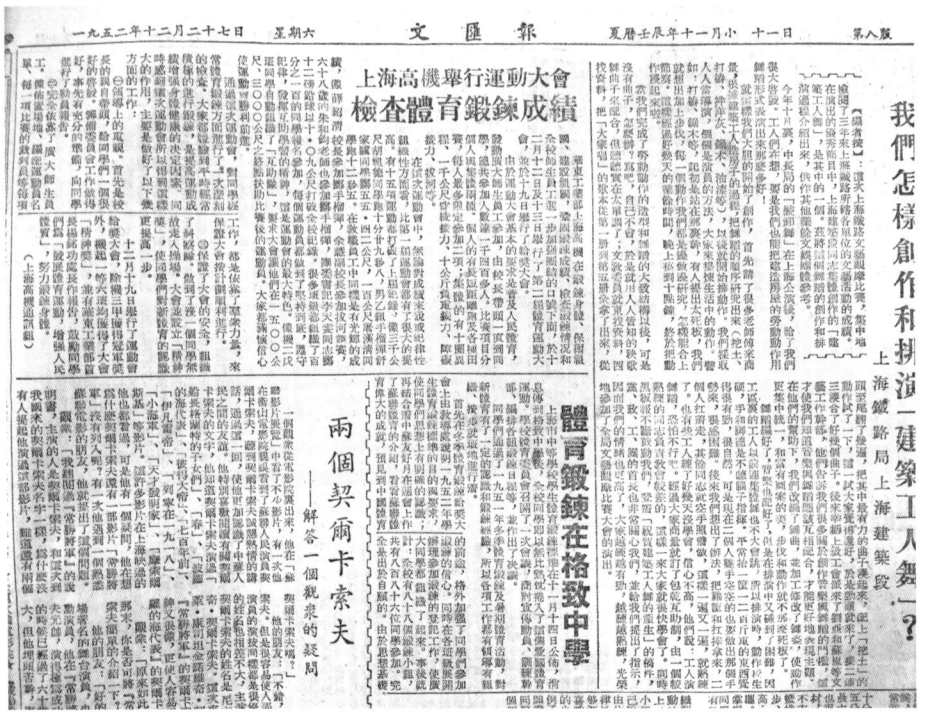

《文汇报》1952年12月27日

《解放日报》1959年9月28日

《解放日报》1960年2月3日

《新民晚报》1961年10月30日

《文汇报》1965年10月13日

《文汇报》1966年3月4日

《文汇报》1978年2月16日

《光明日报》1986年4月6日

《文汇报》1989年7月15日

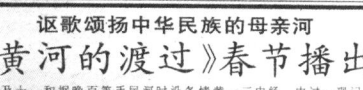

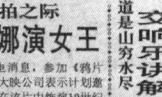

《新民晚报》1996年2月4日

《新民晚报》1999年7月18日

《人民日报》2004年9月7日

点燃心中的火种

■ 杨福家

《光明日报》2007年12月14日

上海格致中学

金融危机下，格致中学让学生学会"绿色消费"，提倡健康可持续的消费观

学校设"经济理财"必修课

开学第1天

使用"自编教材"

上课紧密结合"金融危机"

解释

开课源于学生"呼声"高

链接

小学生学如何管理"压岁钱"

世博实践指南发放到学生

《青年报》2009年2月10日

要闻

格致中学高三女生邓蓓佳申请专利"上瘾"
3项发明无偿转让世博局

"上海与上海世博会"图片展昨开幕
上海世博会首次利用日本机场宣传推介

"有奥运经验,相信世博很精彩"
——"上海与上海世博会"图片展活动侧记

《新民晚报》2009年4月14日

飞机可以飞临台风上空探测
"沪牌"台风早期预警系统将成世界范本

发现多发性硬化症调控因子
国际著名学术期刊发表上海科学家最新研究成果

"乙肝斗士"在沪办健康证

考生不需再频频"赶场"考试
国内5所著名高校明年"组团"自主招生

格致中学庆135岁生日

市五医院庆105岁生日

放歌迎世博

《新民晚报》2009年10月20日

一部学校的历史往往就是
一个城市历史的缩影

（代序）

《媒体中的上海市格致中学（1949—2019）》是一部反映格致中学校史的资料汇集。执行主编徐有威教授索序于我，我欣然应承。一者，我此前做过一点关于格致书院历史的研究，为此前的格致校史写过序言；二者，透过媒体传播的内容来看校史，是一条很好的路径，可以阐释的空间较大；三者，也是最根本一点，格致校史内涵幽邃深邃，通过格致校史来解读上海历史，能收到其他个案所无法达到的效果。

格致中学是上海极负盛誉的中学之一，历史悠久，育才繁多，影响很大。其前身是格致公学，再前身是格致书院。无论前身还是再前身，都是品质优异、个性鲜明、备受媒体关注的文化教育单位。

格致书院是中西文化融合的产物。发起人是著名传教士麦都思之子、英国驻沪领事麦华陀，其对发展上海文化既有家学渊源，也有浓厚兴趣。他在1873年提议开办一所倡导科学知识的书院，得到众多有识之士的响应。书院在1874年开始筹办，1876年正式成立。经费来自中外人士捐助，英美等国寓沪人士美查、傅兰雅、玛高温、敬妥玛等，中国的徐寿、华蘅芳、王韬、盛宣怀等，都是积极参与者。直隶总督、北洋大臣李鸿章是中方最重要的支持者，从物质上、精神上给予书院以有力支持，"格致书院"匾额就是他亲笔题写的。院务管理也由中西两方面共同参与。格致书院历时40年，徐寿、王韬、赵元益、潘慎文等先后主持过院务，主要活动有博物展览、书刊阅览、科学讲座、时务与科学知识考课等。

格致书院是同光时期特定时代的产物。19世纪七八十年代，欧美列强之间，由于忙着在欧洲、非洲与中东争夺势力范围，尚未联手侵略中国。对于中国来说，在太平天国与捻军相继被镇压以后，获得了相对平静的发展时期，中外关系也相对缓和。19世纪70年代，外国公使觐见中国皇帝事情得到尚算妥善的解决，中国驻欧洲、美洲以及亚洲各国公使、领事的派出，轮船招商局、机器织布局等民用企业的兴办，留学生的派遣，新式军队的编练，都显示出一派兴旺景象。这一时期，世界科学技术突飞猛进，令人眼花缭乱的各种发现与发明,包括进化论的盛行、电的发明与使用、苏伊士运河的开通等,西方资产阶级对于未来的物质与文化发展均抱持普遍的乐观主义情绪。在这种精神氛围中,向那些被他们认为是野蛮的、落后的地区传播先进的科学技术、推广西方价值观念,是欧美资产阶级的共同理想。麦华陀等人倡导建立上海格致书院,便是基于这一背景与理念。

格致书院也是上海这个特殊城市的产物。当时上海华洋杂处,存在着事实上不受中国政权控制的租界,居住着大批外国人。这些人中,有凶恶的侵略者、贪婪的冒险家,也有虔诚的宗教徒、认真的文化人,更多的是几种身份兼而有之者。不管出于什么动机,他们当中相当一些人确实希望中国人了解西方科学技术,希望中外和睦相处,也希望上海城市健康发展。同时,上海汇集了一批具有世界眼光、懂得西方科学技术的中国知识分子和绅商。中外这两部分人的结合,促成了格致书院的诞生。

中国书院源远流长,起于唐代,兴于宋代,全面普及于明清两代。清代书院数量、规模均为历史之最。在数以千计的清代书院中,上海格致书院是个另类。它是外国人倡议创办的,但又不是教会学校或外侨学校。有不少中国士绅参议其事,但又不完全由中国人管辖。中国官员对它有一定影响力,但它又不完全听命于中国政府。它是不中不西、亦中亦西、非官非民、亦官亦民的特殊学校。这样的个案,在中外其他城市中很难找到第二家,对于理解海派文化具有无与伦比的价值。

格致书院从诞生那天起,就带有全球化时代不同文化交流、互鉴、融合的特点,带有上海城市中西混合的印记,最能体现上海城市的风度与气质。这自然引起上海媒体的高度关注,英文的《字林西报》、中文的《申报》、传教士办的《万国公报》等,都不约而同、隔三差五地报道其消息。王韬主持院务时期,考课题目、考课等第、优秀课艺,就直接刊登在这些报刊上。

格致书院在1914年停办,原址改为公共租界工部局所办的华童公学,1917年更名格致公学。以后随着上海城市历史的变动名称又有所改变,1943年改名为上海特别市市立格致中学,1945年抗战胜利后更名为上海市市立格致中学,1949年上海解放后更名为上海市格致中学并沿用至今。关于1949年以前格致学校的历史,此前出版的《格致校史稿第一卷(1874—1949)》,已有颇为翔实的叙述,此不重复。需要强调的是,作为工部局所办的面向华人子弟的四所中学程度的公学(另外三所为华童公学、育才公学与聂中丞公学)之一,格致公学一直以经费充沛、校舍崇闳、教师卓越、管理严格、学生优秀著称,为上海中等学校之翘楚。

从格致书院到格致中学,机构内涵、活动特点有很大变化,但是有两大特点贯穿始终,即崇尚科学与关心社会。

崇尚科学,是格致学校最鲜明的特点。"格致"是中国传统词汇,近代人用来翻译science,其确切与否暂且不论,现在学界依然在讨论,但是,格致书院从一开始推崇的就是今人所说的科学,则是无疑的。主持书院的中外人士,徐寿、华蘅芳、徐建寅、赵元益、傅兰雅等,都是一时科学人选。到了格致公学、格致中学时代,崇尚科学,理科特强,依然是学校一大特点。格致中学时代,学校专设光启院作为科学系,就是为了突显其崇尚科学的亮点。

关心社会,在格致书院时代就相当突出。王韬担任山长期间,格致书院连续九年举行季课,一年四次,命题者多为中国关心时务的官员、士绅,命题多关时务,从建造铁路、边疆防务、举借外债、废除科举到开设议院,都在讨论之列。学生的种种议论、对策,在甲午战争以前的思想界,有若空谷足音,振聋发聩,成为近代变法革新的重要思想资源。到了格致公学、格致中学时代,关心时事已成传统。参加五四运动、反对日本侵略、参加平民教育、反对国民党独裁统治、迎接上海解放活动等,都活跃着格致师生的身影。中国共产党在1949年以前就在格致中学建立了地下组织,发展了党员,这在上海其他中学极为罕见。正因为此,上海解放以后,格致中学是全上海第一个建立共青团组织的中学,有"建团先锋"之称,也一直走在各色爱国运动的前列。

科学技术是近代中国救亡图存、富国强兵所必需,关心社会是中国传统读书人的优良传统,这两点有机结合,使得格致学校始终与社会保持极高的互动性与关联度,格致心系社会,社会关心格致,加上格致学校地处上海城市中心的黄金地段,这是从近代到当代媒体始终高度关注格致学校的根本原因。

这部《媒体中的上海市格致中学(1949—2019)》,收集了自1949年6月上海解放以后到2019年6月传统媒体和新媒体上关于格致中学的报道及相关信息。这些信息主要来自北京的《人民日报》和《光明日报》等,上海的《解放日报》《文汇报》《新民晚报》《青年报》和《劳动报》等。同时还有一些包括"人民网"在内的新媒体报道。就内容而言,可分校园生活、服务社会两项,而以前者为主。

上海报纸关于格致中学校园生活的报道频率很高,内容包括学校领导重视思想政治教育,教师改进教学方法、提高教学质量,学生端正学习态度、提高学习质量,同学之间互相关心、互相帮助,学校组织各类兴趣小组激发学生学习兴趣,学生课外阅读活动,也包括基建改造、楼宇翻新、新校区建设等。

数学、天文学、语文一直是格致学生热爱的内容。格致中学天文学兴趣小组全国闻名。20世纪80年代以后,《文汇报》和《解放日报》等不时地介绍格致天文迷、天文协会活动与获奖情况。语文教学一直是格致学校强项,以著名文学家归有光命名的"有光院"曾是格致四院之一。长期担任格致中学校长的高润华老师,从事语文教学多年,是经验丰富、饮誉全国的特级教师,其教学以"精雕细刻"而著称,报纸上时常有高老师批评重理轻文、重视语文教学的高见发表。

学校热忱关心家庭困难的同学是格致的优良传统。1950年,社会还处于大转变时代,生活困难的家庭为数不少,有同学反映家庭实在困难,全家每日两餐都很难解决;有同学反映父亲去世已经三年,全家生活全靠其大哥维持,大哥的收入也极微薄,所以无力缴纳学费。学校发起捐款救济家庭困难失学同学活动,许多同学省下零用钱以帮助缴不起学费的同学。有一位同学因母亲生病,不得不辍学去当学徒。针对这些情况,格致同学共捐助了8万元(当时的货币单位,相当于现在的800元),帮助这位同学渡过了难关。

学校阅读是社会阅读的晴雨表。在20世纪50年代中苏关系蜜月期,宣传中苏友好、阅读苏联文学,成为社会风气。《文汇报》报道《格致中学同学热爱苏联小说》,要求进步的同学,纷纷借阅苏联小说,其中,《青年近卫军》《母亲》《钢铁是怎样炼成的》和《暴风雨所诞生的》等,被借阅次数最多。

这些关于格致校内的、在今天看来略嫌琐细的信息,时常发表在《解放日报》《文汇报》等大报上,一方面说明格致中学的一举一动确实很受社会重视,另一方面也说明当时社会风气比较质朴,那些家庭困难同学的名字、捐助的金额,都赫然登在报纸上,这在今天是不可思议的。

关于服务社会方面,70年间,举凡上海各式学生参与的社会活动,几乎都有格致中学的内容。

比如,1950年庆祝上海解放一周年,学校举行劳军运动,向解放军献旗献花;1951年,格致中学组织学生画漫画,创作相声、快板等节目,深入里弄,宣传镇压反革命运动;抗美援朝时期,学校职工参加增产节约、捐献武器活动,支持抗美援朝;组织学生参观郊区土改。

再如,格致同学有不少来自富庶家庭,有些学生的家长在解放前便是资本家、小业主,在"三反五反"运动中,学生便规劝家长坦白悔过。报纸上曾长篇刊载这类规劝书与揭发文字。这些,都留有那个时代特有的印记。

还如,1958年,学生宣传队参加上海对于总路线的宣传,高唱"总路线像太阳,照在身上暖洋洋";学生投身大炼钢铁活动,提出在收集废铜烂铁时要四勤(脑勤、手勤、脚勤、口勤)、四不怕(不怕热、不怕累、不怕脏、不怕难)。他们收集的方法,不仅在地面寻找,还到河浜中捞、地下挖。《文汇报》报道,格致中学表现相当突出,三天收集废铜烂铁24万斤,其中在学校地下室、仓库、走廊里找到的有一千多斤。1962年,格致学生关心社会公益活动,到公园里劝阻游客游泳摸鱼与上树捉虫。1963年,全国性学习雷锋运动掀起以后,学校教育学生学雷锋、做好事,要有远大理想,要想到"世界上还有三分之二的人口没有解放",要挑起建设祖国和支援世界革命的两副重担。

2010年上海世博会举行期间,上海无数中学生投身志愿者队伍,格致同学是其中重要部分,报纸上关于这方面的信息也很多,从世博志愿服务预备队成立,到具体参加服务,都有披露。

格致中学是上海引以为傲的中学之一,格致的成就耀眼骄人,自然是媒体竞相报道的内容。改革开放以来,格致所获得的各色奖项,包括文明单位、体育传统项目优秀单位、绿色学校、科技教育特色示范、知识产权示范学校、生物学教育创新、生命教育研究、艺术教育特色、双语教学实验、文博教育、头脑奥林匹克活动等,不胜枚举。

杰出校友是学校成就的结晶。报纸上关于格致中学的信息,有相当高的比例是关于格致校友成就、校友回馈母校的内容。从格致走出的著名校友很多,其中两院院士就有十多人,诸如海洋地质学家汪品先,材料科学家邹世昌,原子物理学家、复旦大学原校长杨福家,高分子化学家、复旦大学原校长杨玉良,还有国务院原副总理吴学谦,中央新闻局原局长钟沛璋,上海市原副市长谢丽娟,上海社会科学院原院长张仲礼,旅美科学家王正平等。这些校友对母校怀有深深的感恩之情,通过不同方式热情关心、帮助母校的建设与成长,或讲学,或捐款。1997年,杨福家个人出资设立"格致中学爱国奖",激励学生全面发展,勇攀高峰,以优异成绩报效祖国。杨福家现身说法:"不讲真话,社会很难前进,不能坚持讲真话,人也很难真正成才。"这正是格致中学校训"格物致知,求实求是"的具体阐释。

一部学校的历史往往就是一个城市历史的缩影。格致学校作为极受社会重视、备受媒体关注的单位,她的历史就是上海城市历史的浓缩版。翻看这部资料集,读者不难发现,70年间,这所学校随着上海这座城市一起成长,随着整个国家的步伐一路走来,春播秋收,年复一年,有时高歌猛进,有时低回叹息。细心的读者还会发现,这部资料中,有些年份是空白的。当然,如同书法作品,留白不是没有意义。再过70年,再编一部《媒体中的上海市格致中学》,那些空白便不会还是空白。这就是徐有威教授等人处理资料的特殊能力。

读完全书,我突发一建议:再编一部关于1949年以前媒体中的格致学校,与这部资料集合为一体,那对于理解格致学校的文化内涵,一定更有意义。不知有威兄以为然否?

上海社会科学院原副院长、中国史学会副会长

熊月之

2019年9月5日

编 辑 说 明

一、本书资料来源于1949年6月至2019年6月间的《人民日报》《光明日报》《工人日报》《中国教育报》《中国青年报》《解放日报》《文汇报》《青年报》《劳动报》和《新民晚报》《新闻晨报》《东方城乡报》等传统纸质媒体以及"人民网""新华网"等新媒体上有关上海市格致中学的新闻报道与师生发表的作品。本书主要选择以上传统纸质媒体中有代表性的报道或文章。

二、本书编排遵循"以报道时间为经、以有代表性文章为纬"的原则,将所选报道或文章分为"媒体报道"和"师生作品"两大部分。遇有同一日期的报道或文章时,以《人民日报》《光明日报》《解放日报》《文汇报》《青年报》《劳动报》和《新民晚报》等顺序排列并注明出处。

三、因篇幅所限,为方便读者和研究者阅读查检,将已经收集到的资料以"媒体报道总目录初编(1949年6月至2019年6月)"的形式作为附录。

四、本书所收报纸资料,一律改用简化字和现代汉语标点符号;具体内容尊重当时的行文习惯,除对明显的错、漏字予以改正外,其余一仍其旧。

五、本书在编辑过程中,参考了上海市格致中学、上海市格致中学校友会编著的《格致校史稿 第一卷(1874—1949)》(上海社会科学院出版社2005年版)、《格致校史稿 第二卷(1949—2019)》(上海社会科学院出版社2019年版)和《上海普通教育志》编纂委员会编的《上海普通教育志》(上海社会科学院出版社2015年版)等。

目 录

第一部分 媒体报道

1949年 ……………………………………………………………………… 003

格致中学筹备建团 ………………………………《解放日报》1949年8月18日/003
格致青年团筹备会昨日正式成立 ………………《解放日报》1949年8月19日/003
树立团结群众核心——格致中学青年团成立 ……《解放日报》1949年9月2日/003
市中建团的先锋　格致中学同学昨行入团典礼 ……《文汇报》1949年9月2日/003
全市各校挂灯结彩　师生集合狂欢庆祝 …………《解放日报》1949年10月2日/004
青年界欢迎会上伏兹尼介绍苏联青年 ……………《解放日报》1949年10月18日/004
格致中学筹建学生会　各班级热烈讨论会章
　…………………………………………………《解放日报》1949年10月18日/004
格致学生会成立　候选同学热烈参加竞选 ………《解放日报》1949年10月19日/005
格致学生会已正式成立 ……………………………《新民晚报》1949年10月21日/005
响应教务处和学生会号召　格致同学积极温课　开始建立新的学习态度
　…………………………………………………《解放日报》1949年10月30日/005
格致同学积极温课　团员起核心作用 ……………《解放日报》1949年11月2日/006
格致等校掀起入团热潮 ……………………………《解放日报》1949年11月6日/006
比乐、格致两中学展开学习竞赛 …………………《解放日报》1949年11月12日/007
学习,向他们学习! …………………………………《文汇报》1949年11月12日/007
格致建立了新校风——同学互助爱护公物　个个争取遵守学习公约
　…………………………………………………《解放日报》1949年12月16日/008
拥护胜利折实公债　格致教师展开讨论　决定尽力购买广泛宣传
　…………………………………………………《解放日报》1949年12月26日/008

001

师生员工争购公债　各校卷入挑战狂潮 …………《文汇报》1949年12月30日/009

1950年 ……………………………………………………………………………………… 010

买公债　谁肯落后　名校师生互相挑战　工友也节衣缩食热烈认购
　　同学们准备对群众作深入宣传 …………《文汇报》1950年1月14日/010

展开学习总结运动　格致师生热烈讨论 …………《文汇报》1950年1月15日/010

格致总结学习成绩　初步建立自觉学习 ………《解放日报》1950年1月29日/011

加强政治教育，搞好教师学习，健全会议制度——格致中学师生员工拟订了
　　工作总方针 ……………………………………《文汇报》1950年3月5日/012

格致比乐等校定出本学期内工作方针　决心搞好学习加强思想教育
　　…………………………………………………《解放日报》1950年3月13日/012

展开红旗竞赛　格致建立新校风 ………………《解放日报》1950年4月19日/013

贯彻学代大会的决议　各校同学总结学习经验
　　…………………………………………………《文汇报》1950年5月26日/014

互助互学互相批评　加紧学习迎头赶上——格致中学展开学习热潮
　　…………………………………………………《解放日报》1950年5月27日/015

虹口夜中学与格致中学同学捐款救济失学同学
　　…………………………………………………《解放日报》1950年5月27日/015

庆祝上海解放一周年　同学们和战士联欢　各校分别展开了劳军运动
　　…………………………………………………《文汇报》1950年5月28日/016

政治教育扫除了不安情绪　格致毕业生坚定了信心　同学十九人报名
　　去哈尔滨农校学习 ……………………………《文汇报》1950年6月14日/016

格致中学校庆义卖蛋糕救济失学 …………………《文汇报》1950年6月20日/017

开展暑期工作　格致成立工作委员会　青年团带头放弃申请减免费
　　…………………………………………………《文汇报》1950年6月24日/017

组织起来过好暑假　格致同学组织夏令学园
　　…………………………………………………《解放日报》1950年6月25日/018

格致中学教师有重点地进行家庭访问　使家长对新教育有了新认识
　　…………………………………………………《解放日报》1950年6月27日/018

格致中学政治课考试　理论与行动考查结合
　　…………………………………………………《解放日报》1950年6月28日/019

格致中学同学热爱苏联小说 ………………………《文汇报》1950年6月28日/020

格致温课迎考 ………………………………………《文汇报》1950年6月29日/020

格致举办夏令学园　展开学习文娱等多样性的活动
　　…………………………………………………《文汇报》1950年7月15日/020

目　录

深入到群众中去！格致学生会纠正过去偏向　各种工作已经顺利地展开
　　……………………………………………………《文汇报》1950 年 7 月 19 日 / 021
格致夏令学园结束　在集体生活中团结了同学
　　……………………………………………………《解放日报》1950 年 7 月 22 日 / 022
格致夏令学园结束　在集体生活中改造思想　为克服困难展开学习奠定
　　基础 …………………………………………《文汇报》1950 年 7 月 24 日 / 022
向工人和农民群众学习　格致同学下乡下厂　对劳动生活有了更正确的
　　认识 …………………………………………《文汇报》1950 年 7 月 24 日 / 023
有计划有步骤地展开活动——格致暑期工作获得成绩　克服困难为下
　　学期的学习打下稳固基础 ………………《文汇报》1950 年 8 月 8 日 / 023
格致中学批判毒素电影 ……………………《文汇报》1950 年 8 月 15 日 / 025
格致中学图书室获得同学喜爱 ……………《解放日报》1950 年 8 月 19 日 / 025
格致学习整风运动报告 ……………………《文汇报》1950 年 8 月 30 日 / 025
格致中学青年团举行建团纪念大会 ………《文汇报》1950 年 9 月 2 日 / 026
搞好了开学工作　育才格致学习情绪高 …《文汇报》1950 年 9 月 15 日 / 026
科技界选举人代代表　吴学周等二十人当选　格致中学南洋女中等校进行
　　选举 …………………………………………《文汇报》1950 年 9 月 18 日 / 026
体坛简播 ……………………………………《文汇报》1950 年 10 月 8 日 / 027
在学校里 ……………………………………《文汇报》1950 年 10 月 21 日 / 027
格致中学成立文娱统一机构　展开班级文娱活动　配合正课学习丰富同学
　　生活 …………………………………………《解放日报》1950 年 10 月 23 日 / 027
举行时事测验　加强思想教育 ……………《文汇报》1950 年 11 月 15 日 / 028
格致中学在参加军干校运动中怎样克服发展不平衡的现象？
　　……………………………………………………《文汇报》1950 年 12 月 22 日 / 028

1951 年 …………………………………………………………………………… 030

格中高二甲班欢送参干同学 ………………《新民晚报》1951 年 1 月 1 日 / 030
搞好寒假工作　格致举办冬令学园 ………《文汇报》1951 年 1 月 25 日 / 030
格致中学高二甲订立爱国公约　并订出执行公约办法　经常进行检查好的
　　表扬坏的批评 ……………………………《解放日报》1951 年 3 月 23 日 / 030
关于中等教育的几个问题　民盟总部文教委会暨京市支部邀请出席中教会议
　　代表座谈纪录 ……………………………《光明日报》1951 年 4 月 8 日 / 031
格致举行运动会　全体师生参加表演 ……《解放日报》1951 年 5 月 5 日 / 032
格致中学 ……………………………………《文汇报》1951 年 5 月 5 日 / 033
格致中学同学深入里弄宣传 ………………《文汇报》1951 年 5 月 21 日 / 033

003

格致中学同学深入里弄宣传　事前充分准备宣传效果良好
　　………………………………………《解放日报》1951年5月22日/033
学习和工作正常进展——记格致中学高二甲经常工作情况
　　………………………………………《解放日报》1951年6月18日/034
格致中学庆祝校庆——陈校长勉励同学们学好功课练好身体　深入爱国
　　运动随时准备响应祖国号召 ………《文汇报》1951年6月18日/035
各校同学纷纷订出暑期计划　通过集体活动活泼假日生活　并有计划地学习
　　政治进行抗美援朝宣传 ……………《文汇报》1951年7月18日/035
各校同学广泛展开活动　做好优属工作来迎接"八一"　格致中学已组织了
　　十八个慰问小组 ……………………《文汇报》1951年7月30日/036
格致教职员工举办暑校　增产节约捐献武器　总数已达六千五百六十余万元
　　………………………………………《文汇报》1951年8月11日/036
规定康乐活动时间　执行环境卫生检查——格致中学重视健康教育，但思想
　　动员不够存在自流现象 ……………《文汇报》1951年8月23日/037
格致中学同学参观郊区土改 …………《文汇报》1951年8月24日/038
格致中学搞好开学工作　有计划地进行了思想教育
　　………………………………………《文汇报》1951年9月6日/038
谈宣传员的水平——从一条标语所想起的问题之一
　　………………………………………《文汇报》1951年9月16日/039
政治上的麻痹倾向——从一条标语所想起的问题之四
　　………………………………………《文汇报》1951年9月19日/039
格致中学重视健康教育——开展体育活动　精简会议时间　改进教学方法
　　举行体格检查 ………………………《文汇报》1951年11月10日/040
贯彻政务院改善学生健康决定　格致中学精简课业获得成绩
　　………………………………………《文汇报》1951年11月25日/040
本市格致中学高三乙班合理调配课外作业　纠正重理轻文偏向提高学习
　　成绩……………………………………《解放日报》1951年12月6日/042

1952年 ……………………………………………………………… 044
　　格致中学的讲报工作 ………………《文汇报》1952年2月3日/044
　　过好春假！同学们组织体育文娱活动 ………《文汇报》1952年4月3日/046
　　格致中学许多同学规劝家属坦白悔过起了很大作用
　　………………………………………《解放日报》1952年4月23日/046
　　体育简讯 ……………………………《文汇报》1952年6月19日/047
　　体育锻炼在格致中学 ………………《文汇报》1952年12月27日/047

目 录

1953 年 ··· 049

本市广大教师同学沉痛哀悼斯大林同志逝世 ········ 《文汇报》1953 年 3 月 7 日/049

本市格致等十余学校积极筹备举行运动会 ······ 《新民晚报》1953 年 4 月 22 日/049

本市各校先后举行运动会 各项竞赛成绩有显著提高

·· 《新民晚报》1953 年 4 月 27 日/049

本报读者纷纷来信要求严办反动会道门首恶道首

·· 《文汇报》1953 年 6 月 12 日/050

加强领导,重视体育测验工作,防止伤害事件 ········ 《文汇报》1953 年 7 月 4 日/050

谈善宝同学是怎样合理支配时间的? ··············· 《文汇报》1953 年 11 月 12 日/051

1954 年 ··· 053

迎接全市田径体操运动大会 各学校掀起运动竞赛的热潮 格致、致远等

中学运动会都有很大收获 ······················· 《新民晚报》1954 年 5 月 10 日/053

一个优秀的班级 ·· 《新民晚报》1954 年 6 月 14 日/053

本市格致中学进行《学生守则》第一条的教育 ······ 《文汇报》1954 年 10 月 29 日/054

格致中学学校行政和学生会 帮助同学进行冬季锻炼

·· 《文汇报》1954 年 12 月 6 日/055

格致中学的群众性文艺会演 ····················· 《解放日报》1954 年 12 月 15 日/055

1955 年 ··· 056

格致中学加强对学生的品质教育 ··············· 《解放日报》1955 年 2 月 27 日/056

培养自己成为意志坚强的人 ······················· 《解放日报》1955 年 5 月 21 日/056

自学同学成绩展览会结束 广大师生家长看了展览会受到深刻教育

·· 《文汇报》1955 年 6 月 28 日/057

应届初中毕业生开始考试 ·························· 《解放日报》1955 年 6 月 30 日/057

正确认识自学的人 ··· 《文汇报》1955 年 8 月 7 日/057

上海市格致中学表扬一批"三好"学生 ············· 《文汇报》1955 年 9 月 21 日/058

注意死角 ··· 《文汇报》1955 年 12 月 17 日/058

1957 年 ··· 059

黄浦江上赛艇飞驶 打破三项划船全国纪录

·· 《人民日报》1957 年 8 月 27 日/059

1958 年 ··· 060

歌声在江面上回荡 ··· 《文汇报》1958 年 6 月 9 日/060

中学生投入抗旱斗争 ·· 《文汇报》1958 年 8 月 28 日/060

有一分热 发一分光 大中小学师生为钢铁增产贡献力量

·· 《文汇报》1958 年 9 月 3 日/060

1959 年 ······ 062

许多中学全面安排学校工作　学生学习积极性大大提高

　　······《解放日报》1959 年 4 月 3 日/062

为党的事业而顽强学习——格致中学加强对高三应届毕业生政治思想教育，

　　积极提高学习质量，为参加劳动和升学打下基础

　　······《解放日报》1959 年 5 月 15 日/062

党的号召为新学年带来崭新气象　上海各校正常教学秩序迅速建立

　　广大师生干劲十足　广泛掀起教好学好劳动好的热潮

　　······《文汇报》1959 年 9 月 11 日/064

1960 年 ······ 065

高举毛泽东旗帜　德智体育全面发展——本市格致中学党支部紧抓学生政治

　　思想教育　高三（四）班教育质量迅速提高连续被评为"红旗班"

　　······《解放日报》1960 年 2 月 3 日/065

出席全国教育和文化、卫生、体育、新闻方面社会主义建设先进单位和先进工作

　　者代表大会代表名单　······《人民日报》1960 年 6 月 13 日/066

劳逸结合好处多——格致中学教师、学生的笔谈

　　······《解放日报》1960 年 12 月 30 日/066

全面关心人　调动师生积极性——格致中学认真贯彻劳逸结合政策，全面安排

　　师生工作、学习、生活，教学质量不断提高

　　······《解放日报》1960 年 12 月 30 日/068

1961 年 ······ 072

上海语文学会讨论政论文和文言文教学　······《文汇报》1961 年 4 月 11 日/072

祖国的需要就是我的志愿　······《解放日报》1961 年 5 月 22 日/072

格致中学应届毕业班同学立志当第一流的毕业生　生气勃勃以高标准严格要求

　　自己　······《新民晚报》1961 年 5 月 22 日/072

勤学好问　刻苦钻研　有劳有逸　紧张活泼——格致中学中五（6）班的好学风

　　······《新民晚报》1961 年 10 月 30 日/073

一个有趣的"热爱知识"班会——格致中学初二第四班学生提高钻研自然科学的

　　兴趣　······《解放日报》1961 年 12 月 21 日/074

1962 年 ······ 076

熟悉教材　熟悉学生　深入浅出　有的放矢——高润华精雕细刻教语文

　　······《文汇报》1962 年 2 月 22 日/076

格致中学语文教研组抓住语文教学各个环节　多方设法提高学生写作水平

　　······《解放日报》1962 年 6 月 7 日/078

目　录

公园里出现小小宣传员　劝阻游水摸鱼和上树捉虫
　　……………………………………………《新民晚报》1962年8月14日/079

1963年 ………………………………………………………………………… 080

积极加强初中学生阶级教育　坚持不懈地培养红色接班人——上海市教育局
　　召开初中班主任会议交流工作经验 ………《文汇报》1963年6月12日/080
以革命英雄先进人物为榜样　进一步提高学生的阶级觉悟——上海格致中学
　　初三(4)班逐步成为先进集体 …………《文汇报》1963年11月26日/080
用勤俭建国精神教育下一代 ………………《解放日报》1963年12月19日/082
勤勤恳恳节约国家财物　以身作则教育年轻一代——老校工许仁卿坚持勤俭
　　办校 …………………………………《解放日报》1963年12月19日/083

1964年 ………………………………………………………………………… 085

《小足球队》教育儿童分清敌我　教师、里弄工作者等座谈，认为这个戏很有现实
　　意义 ……………………………………《解放日报》1964年1月12日/085
学习育才中学新的教学方法　几位中学校长谈在育才中学听课的体会
　　………………………………………… 《解放日报》1964年4月4日/085
格致中学坚持校办工厂五年　使教育与生产劳动密切结合
　　………………………………………《文汇报》1964年10月20日/086

1965年 ………………………………………………………………………… 088

从组织师生重新学习党的教育方针着手　格致中学全面妥善安排学生活动
　　………………………………………《文汇报》1965年10月13日/088
在三秋劳动中学王杰——格致中学同学参加三秋劳动二三事
　　………………………………………《文汇报》1965年11月19日/089

1966年 ………………………………………………………………………… 091

格致中学认真贯彻毛主席关于教育工作指示　启发教师革命自觉性推进教学改革
　　………………………………………… 《文汇报》1966年3月4日/091

1977年 ………………………………………………………………………… 093

抓紧宝贵时光　学好基础知识——本市部分中学学生座谈会纪要
　　………………………………………《文汇报》1977年9月27日/093
采取切实措施　提高教学质量——格致中学党支部帮助教师解决教学中的问题，
　　着重抓好学生的基础知识学习和基本技能训练
　　………………………………………《文汇报》1977年10月29日/093

1978年 ………………………………………………………………………… 095

本市确定一批重点中小学 ……………………《文汇报》1978年2月1日/095
自力更生抓好教师在职进修——格致中学开展师资进修活动的调查报告

...《文汇报》1978年2月16日/096
向特级教师和模范班主任致敬 ……《文汇报》1978年8月28日/097

1979年 …… 098
教育群英喜相聚　茶话联欢庆新春 ……《文汇报》1979年2月4日/098
校长亲自教慢班 ……《文汇报》1979年2月22日/098

1980年 …… 100
美籍激光专家王正平博士回母校格致中学畅叙离情
　……《文汇报》1980年5月11日/100
苏步青、钱宝钧、高润华参加人大归来向记者谈话　对教育工作提出意见和
　建议 ……《文汇报》1980年9月16日/100

1981年 …… 101
副区长给中学生上政治课 ……《解放日报》1981年2月14日/101
本市高考阅卷评分工作结束　昨起陆续向考生发出成绩通知单
　……《解放日报》1981年8月2日/101
在清洁工作中处处显示心灵美　陈建华评上"青年城市美容师"
　……《文汇报》1981年11月10日/103

1982年 …… 104
会见胡立教等上海代表时进行亲切交谈　陈云同志对国家建设、上海工作发表
　重要意见 ……《文汇报》1982年12月3日/104

1983年 …… 106
特级教师高润华任格致中学校长 ……《解放日报》1983年6月11日/106
格致中学一百十周年校庆今举行 ……《新民晚报》1983年6月19日/106
格致中学昨举行一百十周年校庆 ……《解放日报》1983年6月20日/106
爱党爱国　追求真理　发奋向上——报童小学、格致中学开展校史教育
　……《解放日报》1983年9月5日/106
纠正重理轻文倾向——格致中学重视文科教学,课内课外注意给学生打下
　扎实文科基础 ……《文汇报》1983年9月12日/107
保护我们的下一代健康成长——特级教师高润华强调坚持党的教育方针
　……《解放日报》1983年11月8日/108

1984年 …… 109
忆志行(上) ……《新民晚报》1984年1月3日/109
忆志行(下) ……《新民晚报》1984年1月4日/110
高润华代表认为应采取有效措施让优秀师范生到中学任教
　……《文汇报》1984年3月30日/111

目　录

从四化需要择志愿　应祖国召唤任挑选——格致中学高三重视革命理想教育，
　　学生精神面貌发生明显变化，有些学生还提出了入党申请
　　　　………………………………………………《解放日报》1984年5月19日/111
清末科学家徐寿…………………………………《文汇报》1984年5月21日/111
增强学生自学能力、动手能力和独立工作等能力　格致中学致力培养创造型人才
　　在全国、本市和本区举行的各种比赛中，该校学生成绩突出
　　　　………………………………………………《文汇报》1984年9月4日/112
市乒赛领队会议今使用电脑抽签，程序设计者为谁？——格致中学学生操作
　　微机初显身手　该校开设电脑选修课，已有两百余学生接受培训
　　　　………………………………………………《解放日报》1984年10月16日/113
全国数学竞赛（上海赛区）揭晓……………《文汇报》1984年12月12日/114

1985年 ………………………………………………………………………… 115
我们需要丰富多彩、健康的精神食粮——六届人大三次会议侧记
　　　　………………………………………………《解放日报》1985年4月11日/115
黄浦区表彰先进教师 ……………………………《解放日报》1985年9月9日/116
本市各界尊师重教争做好事　许多单位纷纷召开庆祝会慰问教师
　　　　………………………………………………《文汇报》1985年9月11日/116
从"兴趣小组"到"天文协会"——记格致中学的一群哈雷彗星迷
　　　　………………………………………………《新民晚报》1985年11月24日/116

1986年 ………………………………………………………………………… 118
哈雷彗星小别后又临浦江　后观测期开始亮度明显增强
　　　　………………………………………………《新民晚报》1986年3月12日/118
人大代表、政协委员讨论义务教育法　对我国教育事业的大发展寄予希望
　　　　………………………………………………《光明日报》1986年4月6日/118
两百中学生获数学竞赛奖 ………………………《文汇报》1986年6月24日/118
课内——教学内容少而精，注重发展学生智力　课外——建立学科小组，培养
　　解决问题能力　格致中学形成双轨同步教学体系　已有两百余名学生在
　　国内外竞赛中获奖 ……………………………《文汇报》1986年7月5日/119

1987年 ………………………………………………………………………… 120
江泽民邀请人大上海代表在京亲切座谈　听取意见建议　做好上海工作
　　　　………………………………………………《解放日报》1987年4月7日/120
格致中学学生广泛开展社会调查 ………………《文汇报》1987年6月16日/120
校办工厂里飞出"金凤凰" ………………………《新民晚报》1987年6月28日/121

1988 年 ... 122

格致中学校办工厂创收育人兼顾　学生勤工俭学成绩突出
　　　　　　　　　　　　　　　　《文汇报》1988 年 11 月 4 日/122

钢铁战士刘琦与中学生座谈　畅谈对理想、生活和人生价值的看法
　　　　　　　　　　　　　　　　《文汇报》1988 年 11 月 13 日/122

苏步青到上海格致中学参加首届数学周开幕式
　　　　　　　　　　　　　　　　《文汇报》1988 年 11 月 23 日/123

1989 年 ... 124

振奋民族精神　共图兴国兴邦——"两会"前夕访部分代表和委员
　　　　　　　　　　　　　　　　《文汇报》1989 年 3 月 19 日/124

语文 ·········《新民晚报》1989 年 3 月 19 日/125

李鹏总理在上海代表团 ·········《解放日报》1989 年 3 月 24 日/126

上海代表热烈发言议国是　李鹏总理认真倾听谈大计——上海代表与
　　李鹏一起讨论政府工作报告侧记 ·········《文汇报》1989 年 3 月 24 日/127

欲罢不能　意犹未尽——记上海代表团审议政府工作报告的最后一天
　　　　　　　　　　　　　　　　《文汇报》1989 年 3 月 29 日/128

格致中学乐育英才——教改取得可喜成果　学生特长得到发展
　　　　　　　　　　　　　　　　《解放日报》1989 年 7 月 15 日/129

格致中学以光荣校史为教材　引导学生增强时代责任感
　　　　　　　　　　　　　　　　《文汇报》1989 年 7 月 15 日/129

格物致知　求实求是——格致中学课余生活剪影
　　　　　　　　　　　　　　　　《新民晚报》1989 年 7 月 26 日/130

1990 年 ... 131

稳定,压倒一切——江泽民与上海代表共商国是纪实
　　　　　　　　　　　　　　　　《光明日报》1990 年 3 月 24 日/131

江泽民昨与上海代表共商国是　希望能很好地稳定住局势　千方百计把国内的
　　事情办好 ·········《文汇报》1990 年 3 月 24 日/131

今年高考作文题有何特点?——听格致中学高级语文教师一席谈
　　　　　　　　　　　　　　　　《新民晚报》1990 年 7 月 7 日/132

教育会堂迎亲人　载歌载舞颂园丁 ·········《文汇报》1990 年 9 月 10 日/133

1991 年 ... 135

求学少年郎　匆匆过浦江——一些浦东学生舍近求远到浦西就读
　　　　　　　　　　　　　　　　《文汇报》1991 年 2 月 26 日/135

格致、敬业中学将迁往浦东 ·········《文汇报》1991 年 3 月 28 日/136

和总书记一起审议报告——记上海代表团审议李鹏总理报告
　　·····················《人民日报》1991年3月30日/136
江泽民和上海代表一起同商共研两个文明建设
　　·····················《解放日报》1991年3月30日/137
市委领导同志召开精神文明建设座谈会　部分中小学校长谈精神文明建设
　　·····················《文汇报》1991年9月16日/139

1992年 ··· 140
不忍同窗染沉疴　寸金哪堪比寸心——格致中学、日晖新村小学师生纷纷
　　伸出援手帮助生病住院同学　·····《文汇报》1992年3月26日/140
中小学教师岗位缺乏吸引力　教育界代表坦诚述忧虑
　　·····················《新民晚报》1992年4月1日/140
纪念"五四"演出活动丰富多彩 ········《新民晚报》1992年5月5日/141
爬满青藤的楼宇——格致中学青年语文教师蔡蓉速写
　　·····················《文汇报》1992年5月23日/141

1993年 ··· 143
黄浦区投资八千万元支持格致中学造教学大楼
　　·····················《解放日报》1993年1月30日/143
共青团十三大代表全部抵京 ··········《人民日报》1993年5月3日/143
出席共青团十三大上海代表昨天抵京 ···《解放日报》1993年5月3日/144
红领巾当上了团代表——记格致中学初二学生宗臻
　　·····················《新民晚报》1993年5月11日/144
"四心"俱备的教坛新兵 ············《新民晚报》1993年5月17日/144
数学英语试卷难易程度如何　且听部分教师考生评价分析
　　·····················《文汇报》1993年7月9日/145
全市重点中学新学期纷纷推出新举措　深化教改寻找一流教育通途
　　·····················《文汇报》1993年8月30日/145
大手笔描绘教育蓝图——黄浦区教改大格局全面启动的第一步
　　·····················《新民晚报》1993年10月25日/145
黄浦区扩大名牌学校办学规模　格致教育城首期工程开工
　　·····················《解放日报》1993年12月23日/146
百年名校将展新姿　投资亿元的格致中学扩建工程启动
　　·····················《文汇报》1993年12月23日/146
格致中学教学大楼开工 ············《新民晚报》1993年12月24日/147

1994年 ··· 148
上海设立"卫康奖" ······························《人民日报》1994年11月2日/148
格致新教学大楼封顶 ··························《新民晚报》1994年12月29日/148
格致中学喜添新教学楼 ························《解放日报》1994年12月30日/148

1995年 ··· 149
格致中学重视培养超常人才　十年来有两千人次在市级以上竞赛获奖
　··《解放日报》1995年1月17日/149
格致中学社区教育日益兴旺 ···················《解放日报》1995年6月28日/149
书画名家挥毫祝贺格致新楼落成 ············《文汇报》1995年10月18日/150
格致中学组团赴泰观测日全食　拍摄罕见天象照片百余张
　··《解放日报》1995年10月25日/150
格致中学新教学大楼落成 ···················《解放日报》1995年12月29日/150

1996年 ··· 151
市教委授予特级教师高润华"格致中学名誉校长"称号
　··《解放日报》1996年1月10日/151
市教委授予称号　高润华为格致中学名誉校长
　··《文汇报》1996年1月10日/151
"小天鹅"羽毛初长——新民格致现代芭蕾班近况
　··《新民晚报》1996年2月4日/151
多方联姻"格致"芭蕾特色班成绩可喜 ········《文汇报》1996年2月8日/152
格致中学高中队和曹光彪小学队将代表中国参加世界OM决赛
　··《解放日报》1996年3月26日/152
"床中间是一只轮椅……"　格致中学此项"OM发明"夺冠将参加世界决赛
　··《文汇报》1996年4月1日/152
嵊泗岛上观"百武"行踪　格致中学师生摄有6张照片
　··《新民晚报》1996年4月8日/153
严谨治学　勇于创新　英才辈出——百年老校格致中学桃李芬芳
　··《解放日报》1996年5月20日/153
百年老校更辉煌——记格致中学 ············《解放日报》1996年5月21日/154
格致中学喜庆建校122周年　吴学谦与青年教师、学生党员座谈
　··《解放日报》1996年5月26日/155
格致中学全面提高学生素质　近十年来,该校毕业生基本升入大学;2 800多人次
　在国内各类竞赛中获奖 ······················《文汇报》1996年5月26日/155
两百万中小学生今开学　龚学平慰问师生要求搞好素质教育

....《新民晚报》1996 年 9 月 2 日/156

每周一星 ....《文汇报》1996 年 9 月 23 日/156

没有教不好的学生——记格致中学沈咸勋老师

....《解放日报》1996 年 12 月 24 日/156

1997 年 158

黄浦区两重点校初高中脱钩 ....《解放日报》1997 年 1 月 7 日/158

此时无声胜有声——岁末走访寒假中的新民格致芭蕾班

....《新民晚报》1997 年 2 月 6 日/158

班班开设艺术角 师生同绘百花图——格致中学艺术教育有特色

....《新民晚报》1997 年 5 月 6 日/159

"立志十八"留下闪光一笔——格致中学 13 年来有近千名学生参加党章学习

小组 ....《新民晚报》1997 年 7 月 5 日/159

"立志十八"留言册——记格致中学校园内的党章学习小组

....《解放日报》1997 年 7 月 15 日/159

格致中学师生踊跃申请入党 ....《文汇报》1997 年 10 月 28 日/160

"小天鹅"羽毛丰舞姿美——新民格致芭蕾班昨汇报演出

....《新民晚报》1997 年 11 月 30 日/160

上师大—格致教科中心成立 ....《解放日报》1997 年 12 月 26 日/161

教育界两报六刊成"联合舰队" 上师大与格致中学携手办教研

....《新民晚报》1997 年 12 月 26 日/161

1998 年 162

格致读书会缅怀伟人业绩 ....《文汇报》1998 年 2 月 18 日/162

树立榜样争创佳绩——"为黄浦增辉"十佳集体等受表彰

....《新民晚报》1998 年 3 月 5 日/162

邓小平理论进高中课堂 格致中学开设邓小平理论课程

....《解放日报》1998 年 6 月 26 日/162

格致学生参加理论读书会 ....《新民晚报》1998 年 7 月 20 日/163

格致中学读书会行进大别山 ....《文汇报》1998 年 8 月 10 日/163

格致中学聘 4 位院士为顾问 ....《解放日报》1998 年 10 月 30 日/163

格致成立素质教育推进委 ....《新民晚报》1998 年 11 月 2 日/163

上海一批中学成为话剧校园 ....《新民晚报》1998 年 11 月 19 日/163

1999 年 164

小平理论哺育下一代成长 格致中学学生踊跃报名选

修 ....《文汇报》1999 年 2 月 26 日/164

013

格物致知　求实求是——格致中学庆建校 125 周年

　　·················《新民晚报》1999 年 7 月 18 日/164

说难不难有坡度　命题思路重实际——上海部分中学教师考生评说英语

　　试卷·················《文汇报》1999 年 7 月 10 日/164

格致中学喜迎建校 125 周年　黄菊等写信题词表示祝贺

　　·················《文汇报》1999 年 7 月 19 日/165

既要授之以鱼　更要授之以渔·········《文汇报》1999 年 7 月 28 日/165

格致六师生赴欧洲观日全食·········《新民晚报》1999 年 8 月 7 日/166

"我们永远是朋友"——上海格致中学赴大别山考察团纪行

　　·················《解放日报》1999 年 8 月 8 日/166

世纪天象　异地捕捉——格致中学天文协会成功观测日全食

　　·················《新民晚报》1999 年 8 月 13 日/169

格致中学举行陈妮娟独唱会·········《文汇报》1999 年 9 月 9 日/169

2000 年 ··· 170

校园荧屏　学生舞台——记常办常新的格致中学学生电视台

　　·················《文汇报》2000 年 1 月 13 日/170

大别山的同学来咱家　"给予比接受更幸福"

　　·················《解放日报》2000 年 2 月 25 日/171

上海市格致中学重在培养学生创新精神和实践能力　将研究型课程列为必修课

　　·················《文汇报》2000 年 6 月 21 日/171

2001 年 ··· 173

想当 APEC 会议志愿者 ··············《青年报》2001 年 1 月 6 日/173

申城校园迎 APEC 热　小东道主各展风采

　　·················《青年报·学生导报》2001 年 3 月 26 日/173

暑假：将"研究"进行到底——格致中学学生如是说

　　·················《解放日报》2001 年 7 月 27 日/173

青少年科技竞赛　女生撑起半边天

　　·················《青年报·学生导报》2001 年 11 月 19 日/176

2002 年 ··· 178

地球村里的"DIY" ············《青年报·学生导报》2002 年 4 月 22 日/178

2001 年度上海市"共青团号"名单公告（共 161 家）

　　·················《青年报》2002 年 5 月 11 日/178

享受快乐 6 月 ····················《青年报》2002 年 6 月 10 日/178

高润华从教 50 周年 ··············《文汇报》2002 年 12 月 8 日/178

环保使者欣赏中国学生　国际知名动物行为学家珍·古道尔作客格致中学
　　………………………………………………《青年报》2002年12月9日/179
我参观　我制作——上博与格致中学合办互动式主题展览
　　………………………………………………《新民晚报》2002年12月20日/179
圆一回当上海学生梦　澳大利亚中学生访问格致中学
　　………………………………………………《青年报·学生导报》2002年12月23日/179

2003年 ……………………………………………………………………………… 181
　格致中学学生大剧院里展才艺 ………《青年报·学生导报》2003年1月13日/181
　爱心教师执教"爱心学校"　免费为困难家庭孩子"义诊"
　　………………………………………………《新民晚报》2003年1月25日/181
　环保从身边做起　格致中学同学乐做有心人
　　………………………………………………《青年报·学生导报》2003年2月17日/182
　黄浦区依托重点高中带动初中整体发展
　　………………………………………………《青年报·学生导报》2003年3月31日/182
　百年老校,生命力何在? ………………《文汇报》2003年4月7日/182
　校园里过把"动漫"瘾 ……………………《青年报·学生导报》2003年4月7日/183
　小身材　大收获(有删节) ………………《青年报·学生导报》2003年4月7日/183
　为"抗非"一线的爸妈祝福 ………………《青年报·学生导报》2003年5月12日/184
　母亲·护士·抗非 ………………………《青年报·学生导报》2003年5月19日/184
　文凭为何只有"一张脸"?中小学毕业证书设计期待个性化
　　………………………………………………《青年报·学生导报》2003年6月16日/184
　首届"上海市青少年科技创新市长奖"正式候选人主要事迹简介
　　………………………………………………《青年报》2003年7月10日/184
　敢创新勇探索——记首届上海青少年科技创新市长奖部分获奖者
　　………………………………………………《文汇报》2003年8月24日/185
　把甜蜜留在嘴里　把祝福系在心里
　　………………………………………………《青年报·学生导报》2003年9月15日/185
　南京路上的"啄木鸟"——记上海格致中学"啄木鸟"行动
　　………………………………………………《青年报·学生导报》2003年10月20日/186
　中学生物理竞赛上海36人获奖 ………《青年报·学生导报》2003年11月24日/186
　福州路上小导游 …………………………《青年报·学生导报》2003年12月15日/186

2004年 ……………………………………………………………………………… 187
　学生欢迎"另类寒假作业" ………………《文汇报》2004年1月14日/187
　杨福家院士寄语高中生——"讲真话"是基本素质

··《解放日报》2004年2月10日/187

本市中小学新学期开学第一课:"零距离"学榜样

··《文汇报》2004年2月10日/188

黄浦区成立中小学生《道路交通安全法》宣讲队

··《青年报·学生导报》2004年5月10日/188

中美学生"喧闹"齐奏一曲《良宵》················《新民晚报》2004年6月14日/188

寻伟人足迹　看今朝巨变························《新民晚报》2004年8月9日/189

格致中学今启动扩建二期工程····················《新民晚报》2004年8月11日/190

格致中学改扩建································《解放日报》2004年8月12日/190

格致中学改扩建开工····························《文汇报》2004年8月12日/190

"教书就是为人民服务"——上海市格致中学纪念教师节

··《人民日报》2004年9月7日/191

首批示范高中亮相　市民可上网评议,标志上海重点高中将逐渐消失

··《青年报》2004年11月27日/191

爱国是最起码的情感——杨福家第8次为格致学子颁发"爱国奖"

··《文汇报》2004年12月21日/191

2005年 ·· 193

让教师评语更贴近学生本人更激励学生成长　格致中学创新试用"欣赏卡"

··《新民晚报》2005年1月26日/193

廿八所实验性示范性高中昨揭晓··················《新民晚报》2005年2月26日/193

天文"魔室",如何展现"魔力"?····················《新民晚报》2005年3月29日/193

《高考生建议教辅循环利用》后续　市教委:校方可适当引导

··《青年报》2005年6月17日/195

从黄浦江畔到科尔沁草原——上海格致中学千里祭扫校友麦新

··《人民日报》2005年8月16日/195

高唱《大刀进行曲》····························《新民晚报》2005年11月26日/196

让校史"活"起来······························《文汇报》2005年12月19日/196

未来老师,你最缺什么?··························《新民晚报》2005年12月26日/196

毛泽东与格致中学教师的佳话····················《新民晚报》2005年12月27日/197

2006年 ·· 199

中学生发明助盲提示器··························《新民晚报》2006年1月6日/199

格致中学自编教材让生命教育融入学科课程　用数学题"丈量"环境生命

··《文汇报》2006年5月16日/199

目 录

2007 年 ·· 200
 黄浦中学生集中展示社团文化 ················《青年报》2007 年 10 月 22 日/200
 让理论学习不枯燥　黄浦区青年"头脑风暴"聚焦理论学习
  ··《青年报》2007 年 11 月 10 日/200

2008 年 ·· 201
 三大途径供应本市中小学生午餐　部分学校想方设法改善伙食　家校协商
  家长贴钱学校加菜 ·······························《青年报》2008 年 2 月 29 日/201
 哲学必修课打开学生思路——格致中学强化高中生哲学教育受到欢迎取得
  成效 ···《文汇报》2008 年 3 月 14 日/201
 格致中学学生向世博会无偿转让专利　让太阳能指路牌夜间"发光"
  ··《解放日报》2008 年 4 月 1 日/202
 "小院士"向世博会无偿转让专利 ············《青年报》2008 年 4 月 14 日/203
 创新给百年老校增加无穷活力 ················《新民晚报》2008 年 4 月 18 日/203
 60 所中小学被命名为上海艺术教育特色学校 ······《文汇报》2008 年 4 月 22 日/206
 环境教育唤醒中学生责任意识 ················《文汇报》2008 年 6 月 10 日/206
 "90 后"省下旅游费用捐献灾区 ················《青年报》2008 年 6 月 10 日/207
 自带水杯　少用瓶装水——格致中学学生环保倡议获"绿色成长计划"大赛
  一等奖 ···《解放日报》2008 年 10 月 12 日/207

2009 年 ·· 208
 共青团上海市委表彰的上海市先进团组织名单 ······《青年报》2009 年 1 月 9 日/208
 金融危机下,格致中学让学生学会"绿色消费"　学校设"经济理财"必修课
  ··《青年报》2009 年 2 月 10 日/208
 一中学生专利无偿献世博——2009 上海飞利浦杯青少年专利申请奖揭晓
  ··《解放日报》2009 年 4 月 12 日/208
 格致中学高三女生邓蓓佳申请专利"上瘾"　三项发明无偿转让世博局
  ··《新民晚报》2009 年 4 月 14 日/209
 建议奖励邓蓓佳 ·······································《新民晚报》2009 年 4 月 15 日/210
 上海 18 岁高三"女发明家"一人拥有 19 项专利　"专利赠世博,不会卖掉牟利"
  ··《青年报》2009 年 4 月 17 日/210
 上海"追日族"移师武汉铜陵 ················《青年报》2009 年 7 月 22 日/211
 上海市新增普教系统特级教师、特级校(园)长名单
  ··《文汇报》2009 年 9 月 10 日/211
 "中国学生要学会豁得出去"——格致中学学生参加联合国青年大会深有体会
  ··《解放日报》2009 年 9 月 24 日/211

格致中学举行135周年校庆 …………………《解放日报》2009年10月19日/212
格致中学庆135岁生日 ……………………《新民晚报》2009年10月20日/212
校园庆生日建起地质馆 格致中学师生校友家长纷纷捐出宝贝
  …………………………………………………《新民晚报》2009年10月21日/212
申城校园频添文化新景观 校长们建议打破各自为政局面实现资源共享
  …………………………………………………《文汇报》2009年11月4日/213
直推环节全透明 不拿声誉开玩笑 ………《新民晚报》2009年11月23日/213
一边健身一边给路灯供电——格致中学学生将环保课题变成现实
  …………………………………………………《新民晚报》2009年12月14日/214
传承"格物致知"开辟新天地 发展"格致课艺"续写新篇章 高中课程：
  创新能力的"引擎" 上海市格致中学打造适合学生和谐而个性发展的
  新课程 …………………………………………《文汇报》2009年12月24日/215

2010年 …………………………………………………………………………… 219

格致中学校牌的来历 ………………………《新民晚报》2010年4月19日/219
上海7月首开AP课程班………………………《文汇报》2010年5月26日/219
美国高中课程 首次登陆本市 ……………《青年报》2010年5月26日/220
格致中学启动学生海外研究项目 8位高中生将赴国外研习
  …………………………………………………《文汇报》2010年7月5日/220
世博小使者陈慈钰 世博志愿经历从小学就开始了
  …………………………………………………《青年报》2010年7月13日/220
多国高中生来沪拓展"中国视野" …………《新民晚报》2010年7月23日/221
格致中学"低碳"社团学习研究欧登塞案例……《新民晚报》2010年10月28日/221

2011年 …………………………………………………………………………… 222

名校自主招生开考 半月内考生忙赶场 …《青年报》2011年2月12日/222
聊成长路："适合孩子的才最好" …………《解放日报》2011年4月2日/222
我见识的"美国高中课堂"——高中生刘柳发表日志,讲述自己海外游学经历
  …………………………………………………《解放日报》2011年7月3日/223
山里孩子纷纷来电：祝老师快乐！——"阿拉教师"刚从云南回到上海,节日问候
  便接踵而至 …………………………………《解放日报》2011年9月9日/225
百年中学,朗朗书声代代重生 ………《青年报·生活周刊》2011年9月27日/226
格致中学选拔具有研究能力的高中生走出国门 带着课题"海外游学",
  开眼界得真知——"教改新观察"之四………《解放日报》2011年10月27日/227
章泽人：拯救生命的小志愿者 ……………《青年报》2011年10月31日/228

2012年 229

以科学周全的评价引导学生全面发展　以高位优质的质量提升学校育人水平
评价：成长的"引擎"与"明镜"　上海市格致中学推出"新版"评价方案反响
热烈 ………………………………………………《文汇报》2012年2月8日/229

班主任要先会玩iPad——格致中学尝试引入平板电脑进行班级管理
　　………………………………………………《解放日报》2012年9月25日/233

沪7所中学入围"领军计划"　清华大学自主招生今起网上报名
　　………………………………………………《文汇报》2012年11月19日/234

黄浦团区委多角度引领青少年"永远跟党走"
　　………………………………………《青年报·学生导报》2012年11月28日/235

格致中学奉贤校区开工 …………………………《解放日报》2012年11月29日/235

胜似"风景"：学生的"海外课堂"——上海市格致中学学生海外课题研究的
"教育学"价值 …………………………………《文汇报》2012年12月26日/236

2013年 241

"微课程"里的大梦想 ………………《青年报·学生导报》2013年4月15日/241

"一体化办学"彰显"格致"风格　格致中学今在奉贤招收40名学生
　　………………………………………………《文汇报》2013年5月9日/242

格致中学：理科生也"文艺" ……………………《解放日报》2013年5月15日/243

格致中学面向奉贤招收40名考生 ………………《新民晚报》2013年5月16日/243

突破传统分班格局　不唯分数重"志趣" ………《文汇报》2013年9月2日/244

第三届上海市教育功臣 …………………………《文汇报》2013年9月8日/244

大胆去想　放手去做　校长不说No——记第三届上海市教育功臣获得者格致
中学校长张志敏 ………………………………《新民晚报》2013年9月10日/245

2014年 248

"美丽中国，我的中国梦"格致中学宣讲进社区 ……《青年报》2014年1月28日/248

格致中学与麻省理工学院合作创建FabLab　内地首家创新实验室将投用
　　………………………………………………《文汇报》2014年3月10日/248

格致中学奉贤校区今年9月开学　为优秀学子提供"准大学"体验
　　………………………………………………《新民晚报》2014年4月9日/249

为啥天气影响心情　格致高中生提问入选"中国好问题"
　　………………………………………………《解放日报》2014年6月8日/251

为"高科技高中"招募导师　格致中学向社会发"英雄帖"
　　………………………………………………《新民晚报》2014年9月3日/252

麻省理工"创新梦工厂"　格致中学引进率先体验

………………………………《解放日报》2014年11月9日/252
"成长导师"应运而生 ………………………《新民晚报》2014年11月12日/252
格致的"好问题"与"成长树" ………………《解放日报》2014年11月24日/253
格致中学140周岁啦！ ……………《青年报·学生导报》2014年11月24日/255

2015年 …………………………………………………………………………………… 256
五校勾画发展蓝图 …………………………《新民晚报》2015年4月8日/256
两国中学校长共话个性化教育 ……………《文汇报》2015年7月22日/256
种下公益种子　盼更多实践土壤——志愿服务成高中必修课后，沪上各基地暑期
"爆棚" …………………………………………《青年报》2015年8月18日/257

2016年 …………………………………………………………………………………… 259
英国皇家莎士比亚剧团走进沪上中学 ………《新民晚报》2016年3月2日/259
17所高中戏剧特色学校命名，有你们学校吗？
……………………………………《青年报·学生导报》2016年3月28日/259
刷题时间少一些　社会实践多一些　格致中学"焕彩青村"项目摘得全国
中学生领导力展示会特等奖 ………………《新民晚报》2016年7月25日/261
高招对接综合素质评价，改变了高中的评价标杆　上海高中教育走向
"全面育人" …………………………………《解放日报》2016年9月13日/262
非遗保护从青年做起　沪上高校学子、高中学生开展相关创新项目
…………………………………………………《青年报》2016年10月11日/262
校园里建油画创作基地 ……………………《新民晚报》2016年10月19日/264

2017年 …………………………………………………………………………………… 265
减负之重，第一课堂如何撬动？ ……………《解放日报》2017年1月18日/265
"不加分"的学生乐团才减负育人 …………《解放日报》2017年1月23日/266
育人标尺补上传统文化刻度 ………………《解放日报》2017年2月27日/267
"吃货"版招生海报走红网络　原创者是格致中学奥赛学霸
…………………………………………………《新民晚报》2017年3月20日/268
我看"吃货版"海报 …………………………《新民晚报》2017年3月31日/268
不仅会做作业　还要会做课题 ……………《新民晚报》2017年8月11日/269
让初高中教育更连贯　一体化课程可是"解药"？
…………………………………………………《文汇报》2017年8月18日/270
2017年"上海市园丁奖"光荣榜 ……………《文汇报》2017年9月4日/270
"中国教育学会科创教育发展中心"落地上海 …… "人民网"2017年11月20日/270
无论"D"几次，都会"I"上你——2017—2018DI上海青少年创新思维竞赛落下
帷幕 …………………………………………《青年报》2017年11月21日/271

第十二届DI国赛落幕　上海代表团拿下36个奖项　"上海小囡"实现各组别

"大满贯" ························《青年报》2017年12月12日/271

2018年 ·· 273

做为人师表楷模　当立德树人先锋——上海市中小学德育研究协会第四届

"育德之星"表彰名单 ················《文汇报》2018年1月18日/273

比知识更重要的是什么？"未来问题解决全国展评"告诉孩子们：是创新力！

························《青年报·学生导报》2018年4月17日/273

关注本土化，注重生态链——中国教育学会在沪定向培训科创教育老师

································"人民网"2018年6月14日/274

关于上海市中小学校卫生工作先进单位与先进工作者评选结果的公示

································《新民晚报》2018年6月21日/275

当教育打开通往世界的大门——专访复旦大学教授、宁波诺丁汉大学校长杨福家

································《解放日报》2018年6月29日/275

走进城市之心——南京东路街区的百年变迁

························《新民晚报·家庭周刊》2018年8月8日/280

寻找全国最会提问的中小学生　本报参与协办第二届中国学生好问题征集

评选 ···························《新民晚报》2018年9月3日/281

各位同学上课了！今天我们来学习人工智能——全球第一本面向高中生的

人工智能教材走进沪上多所实验学校，进一步推广还需迈过多道坎

································《解放日报》2018年9月19日/281

2019年 ·· 283

麦新：《大刀进行曲》创作者 ·······《光明日报（数字报）》2019年4月23日/283

上海公办初中强校工程效果初显 ·······《劳动报（数字报）》2019年4月25日/284

汪品先：海洋与创新，风雨七十年 ·········《文汇报》2019年5月5日/284

00后包场　期待"满格想象力"——上海代表团出征DI全球总决赛，21支队伍

创新高 ···························《青年报》2019年5月22日/289

泛在式个性学习　探寻有价值的教育 ·········《文汇报》2019年6月2日/289

赛场反哺课堂，激活更多想象——上海代表团从DI全球赛凯旋，十五项大奖连

奏凯歌 ···························《青年报》2019年6月3日/290

第二部分　师生作品

1949年 ·· 293

对今后学习的一些意见 ···············《文汇报》1949年11月10日/293

1950 年 ··· 294
　乔老板——和平签名运动的宣传助手 ············· 《解放日报》1950 年 7 月 5 日/294
1951 年 ··· 296
　我这样纪念"一二·九" ································ 《新民晚报》1951 年 12 月 10 日/296
1952 年 ··· 297
　各校同学应认真收听《青年广播》节目 ············· 《文汇报》1952 年 5 月 13 日/297
　小学校应注意儿童安全 ································· 《文汇报》1952 年 5 月 26 日/297
　同学们应纠正应付测验的读报观点 ··················· 《文汇报》1952 年 5 月 30 日/297
　体育锻炼中的安全卫生教育问题 ······················ 《文汇报》1952 年 6 月 6 日/298
　温课互助制度帮助同学提高了学习成绩 ··········· 《文汇报》1952 年 6 月 16 日/299
　歌颂共产党员"吃苦在先享受在后"的精神　学习杭佩兰无私的优秀品质
　　·· 《文汇报》1952 年 6 月 30 日/300
　格致中学新旧同学表现了团结友爱 ··················· 《文汇报》1952 年 7 月 28 日/300
　王国忠同学在郊游时表现了高度的服务精神 ······· 《文汇报》1952 年 9 月 5 日/300
　我正确认识到体育活动意义 ·························· 《解放日报》1952 年 9 月 12 日/301
　运用苏联儿童文学来培养教育我国儿童 ·········· 《文汇报》1952 年 12 月 14 日/301
1953 年 ··· 304
　格致中学高二甲班的品德考查 ·························· 《文汇报》1953 年 1 月 24 日/304
　克服忙乱我搞好了学习 ··································· 《文汇报》1953 年 3 月 2 日/305
　文史地课的时间就是这样溜走的 ······················ 《文汇报》1953 年 6 月 2 日/306
　我上课时为什么不专心听讲 ···························· 《文汇报》1953 年 6 月 4 日/307
　加强组织性和纪律性　端正态度明确锻炼意义　使体育锻炼为学习服务
　　·· 《文汇报》1953 年 7 月 4 日/308
　学习做一个人民教师 ····································· 《文汇报》1953 年 7 月 20 日/308
1954 年 ··· 310
　怎样避免游泳中的抽筋？ ······························· 《文汇报》1954 年 8 月 25 日/310
1955 年 ··· 312
　一个永远健康的青年 ····································· 《解放日报》1955 年 4 月 4 日/312
　自学有困难，但是能学好！ ·························· 《解放日报》1955 年 8 月 12 日/314
　我在病榻上坚持自学 ····································· 《文汇报》1955 年 8 月 19 日/315
1958 年 ··· 317
　政治、艺术两者不可偏废 ······························ 《文汇报》1958 年 3 月 29 日/317
　在今古兼收的原则下稍厚于今 ·························· 《文汇报》1958 年 4 月 1 日/318
　提高学生的数学水平 ······································· 《文汇报》1958 年 4 月 7 日/318

目 录

1959 年 ··· 320
中学生射击破全国纪录 ················《文汇报》1959 年 1 月 10 日/320
小牛回来了 ·····························《解放日报》1959 年 2 月 23 日/320
围墙里外 ································《解放日报》1959 年 6 月 3 日/321
这里闪烁着青春的光芒 ···············《解放日报》1959 年 9 月 28 日/322
"精批细改"是为了贯彻教育方针 ···《文汇报》1959 年 10 月 27 日/323

1960 年 ··· 326
不让一个同学掉队 ·····················《解放日报》1960 年 1 月 10 日/326
向英雄的朝鲜人民致敬 ················《文汇报》1960 年 8 月 16 日/326
教育学生热爱农业 ······················《文汇报》1960 年 8 月 24 日/327
一言之差 ·······························《解放日报》1960 年 11 月 27 日/328
这牵涉到培养目标的问题 ············《文汇报》1960 年 11 月 30 日/328

1963 年 ··· 330
向学生不断提出严格要求（有删节）···《文汇报》1963 年 7 月 6 日/330

1966 年 ··· 333
一次测验 ·································《文汇报》1966 年 3 月 5 日/333

1980 年 ··· 334
为四化培养更多更好的建设人才 ···《解放日报》1980 年 9 月 18 日/334

1983 年 ··· 335
从"自我"走向集体——试析《青春万岁》中李春的形象塑造
··《文汇报》1983 年 12 月 8 日/335
A 的兴起与 B 的改革——小议个体经济的存在及其与公有制经济的关系
··· 《文汇报》1983 年 12 月 29 日/336

1991 年 ··· 338
必须坚持不懈地抓"扫黄" ············《光明日报》1991 年 4 月 10 日/338

1993 年 ··· 339
迎春时节放"彩蝶" ·····················《新民晚报》1993 年 4 月 20 日/339
最后的辉煌 ······························《新民晚报》1993 年 8 月 9 日/339

1995 年 ··· 341
看不懂的"王先生" ·····················《解放日报》1995 年 1 月 18 日/341
致格致中学全体同学公开信 ·········《新民晚报》1995 年 2 月 20 日/341
这就是"机会" ···························《新民晚报》1995 年 2 月 20 日/342
城隍庙新图 ······························《解放日报》1995 年 3 月 14 日/343
教师说——大学可否"宽进严出" ···《解放日报》1995 年 4 月 6 日/344

把春游和上课内容结合起来 ………………《解放日报》1995年6月3日/344
假如我会七十二变 ………………………《解放日报》1995年10月28日/344
悄悄话 ……………………………………《解放日报》1995年12月16日/345

1996年 …………………………………………………………………………… 346
取消重点初中升学考试后,少数重点中学利用"名牌效应",把初中部变为"私立学校",教育界人士呼吁——办私立学校应严格把关
　　　　　　　　　　　　　　　　　　《文汇报》1996年7月29日/346

1998年 …………………………………………………………………………… 347
秦文君送我签名本 ………………………《解放日报》1998年1月4日/347
穿西装的吹气熊 …………………………《解放日报》1998年8月30日/347

1999年 …………………………………………………………………………… 349
相信明天会更好 …………………………《解放日报》1999年9月26日/349

2000年 …………………………………………………………………………… 350
文庙换书记 ………………………………《解放日报》2000年12月25日/350

2003年 …………………………………………………………………………… 351
也谈高考语文改革 ………………………《新民晚报》2003年6月23日/351

2004年 …………………………………………………………………………… 352
院士校友与百年格致——上海市格致中学创建130周年特写
　　　　　　　　　　　　　　　　　　《文汇报》2004年3月24日/352
到大别山感悟人生真谛 …………………《新民晚报》2004年7月12日/355

2005年 …………………………………………………………………………… 356
难度略有提高　强调语言能力 …………《新民晚报》2005年6月13日/356

2006年 …………………………………………………………………………… 358
论诸葛孔明 ………………………………《新民晚报》2006年10月29日/358

2007年 …………………………………………………………………………… 360
点燃心中的火种 …………………………《光明日报》2007年12月14日/360

2008年 …………………………………………………………………………… 362
以创新思维追求绿色情怀 ………………《文汇报》2008年4月8日/362

2009年 …………………………………………………………………………… 364
整理抽屉 …………………………………《新民晚报》2009年7月22日/364
少一分功利,多一分感恩 ………………《新民晚报》2009年11月22日/365
语文阅读的整体把握三部曲 ……………《新民晚报》2009年12月21日/365

2010年 …………………………………………………………………………… 367
巧记古代作家的名和字 …………………《新民晚报》2010年12月6日/367

2011 年 ·· 369
　　特别的年味·································《文汇报》2011 年 3 月 18 日/369
　　一双布鞋引出的回忆·························《文汇报》2011 年 9 月 1 日/370
2012 年 ·· 372
　　固执的小老头·····························《新民晚报》2012 年 3 月 18 日/372
　　地理学考复习关键点·······················《新民晚报》2012 年 5 月 23 日/373
　　提升你的"听力"······················《青年报·学生导报》2012 年 10 月 22 日/373
2015 年 ·· 375
　　一曲尽离欢——《边城》读后感··············《新民晚报》2015 年 2 月 8 日/375
2016 年 ·· 377
　　喧哗与缄默·······························《新民晚报》2016 年 3 月 20 日/377
　　细微处的爱·······························《新民晚报》2016 年 4 月 17 日/377
2017 年 ·· 379
　　上海"小作家"优秀作品选登·进步，从这里开始
　　　·································《新民晚报》2017 年 11 月 22 日/379
　　半个世纪的班长·························《新民晚报》2017 年 12 月 10 日/379
2018 年 ·· 381
　　上海"小作家"优秀作品选登·改变与适应······《新民晚报》2018 年 11 月 8 日/381
2019 年 ·· 382
　　六十多年前一篇文章·······················《解放日报》2019 年 5 月 19 日/382
　　激情澎湃时刻——上海格致中学对 1949 年的集体记忆
　　　·································"人民网"2019 年 5 月 25 日/383

附录　媒体报道总目录初编（1949 年 6 月至 2019 年 6 月） ······························ /387

关键词索引 ··· /524

站在北海路和广西北路的交汇处（代后记） ································· 徐有威/532

第一部分
媒体报道

1949 年

格致中学筹备建团

【本报讯】市立格致中学的同学在解放后热烈展开各种运动,在各种运动中锻炼了自己,建立了为人民服务的观念,在同学们的坚决要求及中区青年工作队协助之下,定今日(18日)下午2时于该校成立格致新民主主义青年团筹备大会。

《解放日报》1949年8月18日

格致青年团筹备会昨日正式成立

【本报讯】格致中学昨天下午2时半在大礼堂召开青年团筹备大会,与会同学102人,会中中区青年团工作委员会代表童亿忠同志说明了格致中学历史、青年团的任务及怎样做个青年团员。教师代表希望未来的团员要积极学习和工作,自治会代表要求青年团积极协助自治会展开工作。要求入团的同学都一致表达了决心,会克服缺点,做个光荣的团员。

《解放日报》1949年8月19日

树立团结群众核心——格致中学青年团成立

【本报讯】格致中学同学经过二十多天的酝酿,学习了青年报上的建团讨论提纲,讨论了入团条件等,28日有68位同学申请入团,29日申请入团的同学分组展开互相批评与自我批评。经过慎重的审查后批准了61人为团员,并于9月1日下午2时半假震旦大学举行隆重的入团仪式。出席者有各区新民主主义青年团工作队代表,交大、大同、百货业职工会等单位约1 000人。主席李金贵同志致词说,格致中学是全市中学中第一个建团的,这是格致的光荣,也是每一个团员的光荣。青年团上海工作委员会代表钱李仁同志说,团员应响应人民政府号召,学习马列主义、毛泽东思想,协助校方完成新民主主义教育计划讲话后进行入团仪式,60位团员(一位生病)举起了钢铁的手臂宣誓入团。最后献花献旗,并有余兴节目。(唐照民)

《解放日报》1949年9月2日

市中建团的先锋　格致中学同学昨行入团典礼

【本报讯】市立格致中学团员入团典礼,昨天下午在震旦大学礼堂隆重举行,参加这个仪式的各区各校同学,总计在1 000人以上。会场布置得漂亮而严肃,毛主席和朱总司令的巨幅画像,并挂在主席台上。2时半大会开始,主席李金贵简单地报告了建团的经过,希望未准入团的同学,加紧学习,争取入团,已经入团的同学必须忠实地为人民服务,并且帮助同学追上入团的目标。接着由青年团上海工委会代表钱李仁及中区代表程韵启同志先后致词。他们一致认为格致这次的建团,在本市市立中学中尚是一个开始,热烈希望入团的同学在学生中起带头作用,格致在各大中学中立起模范的好榜样来,为完成新民主主义教育而努力。对于同学今后校内功课应有的态度和认识,也作了详细的解释。格致教师代表陈尔寿鼓励同学争取模范,帮助校方共同克服困难,除了学习课程外,必须建立为人民服务的劳动观念。团员代表卢梓麟在大家面前坚决地保证自己将终生为人民服务。格致中学初中部的一位同学陈鸿璆也申请了入团,但因为他今年才14岁,未到入团年龄没被批准。当时他非常失望。昨天会上他也上台讲话,坚决表示决不灰心,努力学习,以行动来争取第二次的入团机会。乐声掌声中格致教师向入团同学献花,大同、南通学院、新建、务本等七校都向团员献上锦旗,格致也向区委会献旗,最后还有各校精彩的节目演出,大会到5时才结束。

《文汇报》1949年9月2日

全市各校挂灯结彩　师生集合狂欢庆祝

【本报讯】全市教育工作者,青年学生,正以无比欢腾的情绪,庆祝伟大的中华人民共和国诞生,恭贺毛泽东同志荣任中央人民政府委员会主席,保卫世界和平。(中略)格致中学师生员工自9月30日起就忙着悬旗结彩,昨天整日沉浸在狂欢气氛中,上午举行师生篮球庆祝比赛,请盛叙功教授讲"保卫世界和平问题";下午举行游艺大会,校长、教师联合演出《周老师》独幕创作剧;同学们自编、自导、自演;六十多岁的老工友也兴奋登台唱京剧。(后略)

《解放日报》1949年10月2日

青年界欢迎会上伏兹尼介绍苏联青年

【本报讯】青年团上海市工委会为了欢迎国际友人苏联代表团团员、苏联青年反法西斯协会宣传部长伏兹尼,昨天下午特在格致中学礼堂举行青年问题座谈会,参加者有青年团上海市工委会各区工作干部、华东团校、青年文工团及上海学联等各单位青年数百人。与会者提出有关苏联青年的思想、生活、工作、学习等各种问题,请苏联友人给予介绍和解释。会议首由主席李昌致欢迎辞,旋伏兹尼在雷鸣的掌声中开始了讲话。他在简短的致辞后,热情地欢呼中国青年万岁,全体青年一致立起欢呼伟大的苏联万岁。李昌同志指出苏联是我们的老大哥,必须向他学习。这时,"毛主席万岁""斯大林元帅万岁"的口号声与掌声响彻整个校舍。(后略)(徐湘)

《解放日报》1949年10月18日

格致中学筹建学生会　各班级热烈讨论会章

【本报讯】本市市立格致中学学生会即将成立。昨日该校学生会筹备会召开各班级代表会议,各代表们均把自己班级对学生会组织草案意见,提交会议中讨论。讨论中,学生会章程中应否设立"罢免权"一项引起热烈争论。大多数同学认为"罢免权"是应该存在的,每个工作者应有高度的负责精神为大家办事,但也有一部分同学认为"罢免权"是不需要设立的,现在我们实行的是集体领导,大家要负责,所以不需要罢免权。后一意见为多数代表所否决。其次对"女同学部应否设立""全校同学是否一定要参加学生会"等问题,都作了热烈的辩论。该校定于今日召开学生会成立大会,届时将讨论并通过学生会章程草案,并选举学生会执委等。现在全校墙上满贴了竞选标语。

《解放日报》1949年10月18日

格致学生会成立　候选同学热烈参加竞选

【本报讯】本市市立格致中学于昨晨召开学生会成立大会,全校师生共八百余人到场。在该校文工团军乐与同学热烈鼓掌声中通过了学生会章程,并进行了候选人介绍及竞选演讲。高三上甲徐启刚激动地说:"我如果当选了执委,一定为新民主主义的教育而奋斗,为大家服务,决不做黄牛!"高二上乙支正心说:"我计划当选后来一个大扫除,扫清全校垃圾!"当高三下黄钱根同学上台演讲时,同学热烈高呼口号:"投黄钱根一票!""黄钱根好!"军乐声大响,初一同学把红红绿绿的彩色纸一齐抛向他,黄钱根干脆地说:"大多数同学有什么事要我做,我一定尽心尽意为大家的利益服务!"教师顾诗光、吴霆锐、张泽等也热烈帮助竞选演讲。下午3时20分起开始投票,每个同学都慎重地把圈了自己最敬爱的能最好为大家服务的11位同学的选票投进票柜。4时半开票,直到晚上7时三刻才从54个同学中选出:黄钱根、卢梓麟、翁丽珍、林铮等11人为正式执委;杨铎声、朱金淦等3人为候补执委,其中黄钱根的票数最多,共计550票。

《解放日报》1949年10月19日

格致学生会已正式成立

【本报讯】上海市立格致中学学生会已于19日正式成立,该会选举经过非常顺利。自从学联第十四次执委会发出了关于组织学生会各项问题的文件,号召各校积极建立学生会后,格致中学的同学立即响应号召,准备以一星期的时间完成建立学生会的工作。学生会筹备会将学生会章程草案发给同学,全体840位同学分成小组,展开热烈的讨论。在酝酿成熟后,依照规定每十五人产生代表一人,在15日各小组的代表即普遍产生。再经过周密的筹备于18日上午召开代表大会,在代表大会上修改了学生会章程,并通过了执委会选举法。继而执委会的候竞人即展开竞选活动,就在18日的下午召开全体大会,进行普选,于是执行委员经过合法的手续产生,学生会宣告成立。

《新民晚报》1949年10月21日

响应教务处和学生会号召　格致同学积极温课　开始建立新的学习态度

【本报讯】市立格致中学教务处与学生会,于上周发出"团结同学,积极温课"的号召,同时学生会学术股在墙报上也出了"总结我们的学习"的文章,特别着重地指出今天学习的意义已与往日不同,已往在旧的教育制度之下温课的目的,大家都存在着为了考试、文凭的错误思想,而现在新民主主义社会里,我们青年学生的主要任务,则在于学好建设的知识。号召中要求同学彻底检查一下过去的学习,在学习态度和学习方法上有哪些缺点,思考该怎样改正这些缺点。

当这一号召发出后,高二上乙、高三甲、初三上甲各班立即响应,纷纷展开对学习意义与方法的讨论,随即全校18个班级均先后响应了号召,各课堂内内外外都贴满了对于搞好学习的意见。学生会同时又召集各班级代表举行座谈会,共同商讨推动温课的方法,发扬集体互助的精神。提出反对"你读你的书、我温我的课"的那种关门读书的个人主义倾向,并进行了适当的批评。

原来部分格致同学有着一种考试作弊的恶习,经教务处数次集会商讨,订出了"荣誉考试"的办法,先交与各班级普遍讨论,使大家能认明考试的真正意义,做到"不作弊,也不要教师监视"。选定先在初三下、初二下、初三上甲、初三上乙、初一上甲、高一上甲六班中试行。当选为"荣誉考试"的各班同学,在考试时,为了保持全班的荣誉,均于事先充分准备功课,并作相互的监督与勉励。星期五那天,初三上甲姚家强同学在考试时只把头略偏了一偏,被其他班同学偶从窗外经过看见了,指为作弊,这个同学立刻涨红着脸,瞪着大眼,对指他的人交涉不休说"你可以查考卷,我并没有作弊",接着冤屈地哭了起来。初三上乙同学古国强也是这样。他们一致认为这是一个侮辱,不仅侮辱了他,同时也是侮辱了他们整个一班。"荣誉考试"的方法,不仅已消除了同学们考试作弊的现象,同时使同学们对于学习有了新的观念,缺点也改正过来了。这样,考试的成绩,经教务处揭晓结果,大多在标准以上。

教务处与学生会认为格致同学搞好学习,足以证明是同学们已建立了初步"为人民服务"观念的表现。

《解放日报》1949年10月30日

格致同学积极温课　团员起核心作用

【本报讯】市立格致中学青年团员,在这次响应教务处和学生会发出"团结同学、积极温课"的号召中,起了核心作用。该校团支部于号召发出后,就召开了一个全体团员大会。共同商讨推动温课的方法,积极发扬集体互助的精神。次日团员们纷纷争作学习模范,主动劝勉同学学习。上午上课前与下午放课后,操场周围散满着结群学习的同学。团员徐永祥等邀请了很多高三年级的同学,为初二上、初二下、初三下各班中几个功课特别差的同学补课。带动了该三班全体同学对学习的热情。考试结果,这几个功课较差的同学成绩也都赶上标准了。青年团员在学校的基本任务是学习,格致团员们在开学第一个月中,由于课外活动及会议分量过多,曾使部分团员忽视了课内学习,但现在已克服过来了,并因此使同学们,更加羡慕这"青年团员"光荣的称号。(唐照民)

《解放日报》1949年11月2日

格致等校掀起入团热潮

格致中学全体同学经过一月余的政治学习与思想改造,觉悟程度已初步提高,纷纷要求入团。好多同学热烈响应学生会此次所发动"团结同学、积极学习"的号召,愿以此次参加学习运动的实际行动,来作为对自己入团的考验,好多教师提出做个青年团团友的申请。50岁的国文教师夏留荪说:"人家叫我老头子,但我仍需要新生活力的灌溉,我要争取做个青年团团友。"数学教师黄松年说:"我要生活在有组织有纪律有正确领导的团体里,才能发挥我们巨大的力量,我想向青年们吸收一些朝气,使我服务的精神和效果都提高。"

4日为入团民主评定,申请入团的师生分别进行了对自己思想的检讨和批评,说出了从前很多的错误观点。支部依据规定,经过缜密思考初步审核结果:此次申请入团的133人中,79人为正式团员,30人为候补团员,8人为团友,其他16人不合格。(一夫)

《解放日报》1949年11月6日

比乐、格致两中学展开学习竞赛

格致中学学生会成立后,立即号召加紧学习,在短短的一个星期中掀起了积极学习的热潮,制定了"荣誉考试"的制度。同学们在学生会的领导下,首先经过思想动员,明确为谁学习的观念:"不是为家长、为分数,而是为人民服务。"然后,具体帮助同学展开集体学习,以高一上甲和初一上甲作为典型班级,通过黑板报介绍他们的学习方法,更重要的是在青年团的积极带头和教师们的热心辅助下,同学们坚定了学习的信心。在考试期间,六班同学在考试中保证了自己的荣誉,并且在成绩上创造了新的纪录。高二上甲代数教员根据过去的考试成绩,预料这次会有一半以上同学不及格,但在集体学习的方式下二十余人获得了满分,仅有三人不及格。

《解放日报》1949年11月12日

学习,向他们学习!

这里介绍的四个学校,比乐中学的整顿校风,格致中学的师生团结,同济医学院同学的科学与政治结合,进德女中反对不合理的教育制度,都是值得我们大家学习的!(中略)格致中学自从学生会发出了"好好学习、来建设我们自己的新国家"的号召后,全体八百多位同学在学生会11位执委和青年团团员的积极鼓励和详细解释正确的学习意义之下,分为一百十多个学习小组,很快地涌入了学习的热潮中,各科教师都成了团结学习的核心,同学们对于"为什么要念书"的观点有了很大的转变。在进行小组学习时,高三上甲的同学被推为中心小组,除了他们自己的学习外,随时随地参加到其他小组中去帮助同学解决问题,"小先生"的制度在各小组中普遍地展开着,配合着各级的级任导师和政治教员的督促和鼓励,同学们的进步惊人的迅速。在格致过去的考试中,作弊成为公开的秘密,谁不作弊谁就是"屈死",学生会看到这种情况,决定在学习之下把这种恶劣的风气去掉,配合着热烈的学习情绪,一方面邀请了教师来解释考试的意义,教导主任顾诗灵在周会上特别介绍了苏联学校的考试情形,希望同学们也能效仿苏联学生,来建立"荣誉考试"制度。他的话立刻得到同学的响应,18个班级纷纷要求参加荣誉考试,格致校内的高墙上贴满了响应荣誉考试和保证不作弊的挑战标语,结果有六个班级被批准为荣誉考试班,其他未被核准的班级也都没有发现作弊的事情。经过了同学们自觉自发的学习后,考试成绩大大地超过了从前的纪录。这样,同学们对于加紧学习的信心更明确而坚定了。除了同学们饱怀学习热情外,格致的教师们也在组织他们的学习竞赛,由教师们办的"教与学"的墙报上,针对着高中部的"曙光"和初中部的"活力",师生之间相互观摩研究,这种不分阶级的学习与研讨,是格致的每一个同学感到最光荣的一件事。通过了这次的相互学习,格致师生之间的关系,也有了显著的改变,教师不再把学生当作奴隶般看待,而学生也不再把教师看作仇敌一样,当10月8日为了庆祝开国典礼大游行,同学们到深夜12时才回校,路远的同学没法回家,全体住校的教师,都拿出他们自己的被褥给同学们御寒,结果有几个先生因之受了凉。初一年级有位同学病了,他们的级任导师带了同学去探病慰问,家长们对于这种可贵的友情感激得到处宣扬。在这种融洽团结的学习精神下,每一件事实在告诉大家,格致正在走向新教育的建设大道。

《文汇报》1949年11月12日

格致建立了新校风——同学互助爱护公物　个个争取遵守学习公约

【本报讯】格致中学学生代表,自学代会议闭幕后,回到了自己的学校,把学代会的精神也带到了学校,并积极地号召同学,努力完成学代会所号召的。大家共同提出了:团结全校师生工友,树立自觉纪律,遵守民主秩序;学习新知识;建立革命的人生观三大口号,建立团结、进步、正派的新学风。

一开始,通过小组,针对着过去不良的风气,拟订了:一、不迟到,不早退,不旷课。二、上课集会专心听讲,早操排队迅速整齐。三、接受教师指导,及时完成一切工作。四、小组组员生活在一起,级际组际互助合作。五、和工友合作保持全校整洁。六、爱护人民财产不损坏公物。七、阅读有益书报杂志,参加文娱体育活动等七项目标。格致学生在两星期前就把全校八百多人,分成了108个小组,展开了全面的学习。在他们的学习反映中,仍有不少的困难没有克服过来,这是积习太深的缘故。但是最近检查的结果,迟到早退很少了,旷课的人一个也没有了,上课集会也安分了许多,作业也能按时地做了,小组组员三五成群地在一起讨论学习。但作业内容上还很潦草,级际组际的互助合作,做得还不够好,有些只为表面,争取自己遵守公约的光荣,需要今后继续改正。前两天木工陶文生问:"往常课桌椅每天总要修上20多只,现在两个礼拜只修了40多只,这是什么缘故呢?"张老师告诉他:"这是实行新学风运动的效力,学生明白了要爱护人民的财产。"老木匠也眉飞色舞地说:"新学风运动不但减轻了我的工作,而且省下了一笔数目客观可观的铜钿。"

格致高三年级的同学,曾提出了"看谁最先做到、谁先做好、做得最彻底,并且要以国际主义的精神融会到具体行动中去,帮助同学、全上海的同学坚决自信地树立自觉纪律,遵守民主秩序、搞好学校"的口号,向全校挑战。

市西、道中等校在最近邀请了格致的副教导主任顾诗灵先生去作了经验的介绍,顾先生只强调说:"我们无论学习什么,只要全心全意、不自私、能互助合作,什么困难都可克服的,并且保证绝对的有美满的收获。"(一夫)

《解放日报》1949年12月16日

拥护胜利折实公债　格致教师展开讨论　决定尽力购买广泛宣传

【本报讯】市立格致中学教职员,每星期经常有两次的学习,最近因1949年快要结束,1950年马上要到来,所以把学习的重点集中在怎样迎接1950年的新任务和如何拥护"人民胜利折实公债"问题上。

张恩忠首先发言,认为胜利公债是帮助政府推行经济建设事业和早日完成解放全国的任务。许志行说政府之所以发行公债,就是为了要弥补财政赤字,就是想减少发行通货,平衡收支,假使发行通货,必然要刺激物价的上涨。姚枝碧、张涵江等接着说:"我们除了竭诚拥护外,还得动员全校师生,大家购买。"史纪寿、李亦贤等说:"这样我们还不够,不但要动员全校师生员工,还要向每个人的亲戚朋友作广泛的宣传,使得每个人都很乐意地自动地去争买这个'人民胜利折实公债'。"某教师站起来说:"我负有一家十口之多的生活费,但听了各位的话,把我的心也激动了,所以我无论如何,一定要紧缩我家庭的开支和私人的零用,省下钱来去购买'人民胜利折实公债'。"最后大家一致通过:(一)根据每个人的实际情况,尽力去购买;(二)尽量减少个人及家庭的消费,节省钱来去买公债;(三)向每个人的亲戚朋友宣传,使大家都能乐意地自动地去争买公债;(四)号召同学以及全上海的教育工作者,响应宣传和推销工作等四个工作原则。(一夫)

《解放日报》1949年12月26日

师生员工争购公债　各校卷入挑战狂潮

市立格致中学初三甲乙两班学生,首先响应教师竞购公债的热潮,两班联欢会上,你1分我2分的挑战结果:初三甲得21分,初三乙37分。其他班级也在纷纷地发动在新年中向群众去作广泛的宣传,和自己购买公债。又市立格致中学附设夜中学教职员,昨日在学习小组上发起了购买折实公债。据统计格致和夜中学两部合并起来已近一千分了。(一夫)

《文汇报》1949年12月30日

1950 年

买公债　谁肯落后　名校师生互相挑战　工友也节衣缩食热烈认购　同学们准备对群众作深入宣传

【本报讯】格致中学教职员们在学习公债几个问题的时候,由许志行先生以20分掀起了竞购热潮,姚技碧先生认购了30分,结果由陈校长尔寿等认购了50分,打破最高纪录。四个小组共认了700分。初三上甲乙两弟兄班在开联欢会的时候,由周覃藻解释了公债问题,他们立即把联欢会改为认公债的动员会。家贫的戈国强,他也愿意以每日积下的车马费和稿费来认购1分,高一下以50分贴出了反挑战书,虞福生等工友把工资节衣缩食地认购了12分,对各级挑战。(陈鸿璆)

《文汇报》1950年1月14日

展开学习总结运动　格致师生热烈讨论

【本报讯】市立格致中学自学联发出"总结学习,迎接期终考试"的号召后,全体师生在教导处、学生会和党支部团支部的领导下展开了学习总结运动,教导处根据了各方面的反映和调查,拟订了学习总结的大纲草案,最近教师、学生会和团支部分别利用小组或座谈等方式反复地讨论,并决定了从下面的几个原则去着手进行:(一)思想观点:包括认识和觉悟的程度,群众观点和劳动观点以及学习观点;(二)民主领导和民主秩序:包括作风和态度及纪律;(三)业务和学习的改造:包括教学内容,课程学制及师生的政治学习;(四)其他不属于上面的原则范围内的。根据总结结果,共同拟订办法决议下学期教与学的改进以座谈会的方式分部、分科地进行。关于品德考查的原则是根据爱祖国、爱人民、爱劳动、爱科学、爱护人民财物五种精神结合本校建立团结、进步、正派的新学风运动分四个方面进行:(一)学习情况;(二)生活情况;(三)服务情况;(四)总结上述三种情况检查整个思想的情况。

这一议决决定后,学生会执委会并发出动员的号召:希望同学发扬互助合作的精神,展开集体学习,争取教师采纳同学意见,共同复习,使每个同学都有信心通过期终考试,获得美满的结果。

教师们在教导会议、小组上,也讨论了如何帮助同学学习,如何纠正同学的错误思想和建立正确的学习观点。

现在师生们相互交换意见,检讨过去并发掘学习上业务上的困难,提交全校会议解

决,作为以后改进的方针。(一夫)

《文汇报》1950年1月15日

格致总结学习成绩　初步建立自觉学习

【本报讯】格致中学教职员日前进行了学习总结,他们的学习一开始是将全校四十多位同仁分成四小组。这些小组乃按照大家兴趣和平时接触或业务关系而组织起来的,因而在小组中发生了政治素养较高的人集中在一起、或发言积极的人集中在一起、或不习惯于在群众中讲话的人集中在一起的现象,学习上发展不平衡。后来才有计划的配备小组成员,强的弱的配搭起来,使各组都有骨干。小组会每星期召开一次,按讨论提纲学习,讨论过"保卫国际和平""庆祝人民政协""中苏关系""怎样实行民主领导和民主管理"等问题,由于当时学习方法没能与各人自己的业务、生活和思想相联系起来研究,印象不够深刻。到了学期中途,学"文教政策"时,克服了上述的缺点,大家学习情绪更高,住校同仁都要求增加学习时间,加强各人的政治学习。乃组织夜间小组,每次讨论的时间比较充裕,问题的讨论也比较详细而深入,并且直接讨论到各人的业务生活,在这种学习进展中,大家意识到有建立批评及自我批评的必要,但尚未能及时展开。至11月下旬,学习《共同纲领》,拟定了两月学习计划,在计划中不仅掌握着《共同纲领》中各章的精神,且密切地与本校或各人业务配合起来研究。例如:讨论到国际主义精神时就订出"在格致中学师生员工之间,国际主义精神,如何进行教育?怎样发扬全校师生员工的国际主义精神?如何发挥在格致的为人民服务的革命作风,并在实际行动中具体地表现出来";谈到人民民主专政时,就订出"怎样发扬格致的民主集中精神";谈到文教政策时,就订出"发展新民主主义教育在目前格致的最迫切任务是什么"等等。由于此次订得比较实际和具体,大部分的同仁都参加了两次学习,在每星期的第二次学习时,情绪较为热烈,收获也就更大。正如某同仁在他自己的学习总结中所说:"我通过这一学期来的学习,不仅认识了许多政治问题,改变了我过去学自然科学不关心政治的错误观念,而且我更体会到集体学习和理论配合实际学习的好处。"我们还建立了批评制度,如某同仁在小组中进行自我批评,公开地承认自己错误。在批评与自我批评中,各人更加速了进步。这些也就是我们在学习中的收获。

其次除掉小组学习外,我们还进行了集体购书运动,一共买了七次,如《斯大林论中国革命》、学习杂志等,学习资料丰富起来更增加了读书的兴趣。又举行几次大组传达报告及临时性的学习,把小组中学习的问题,谈得更明透些。还办了墙报三期,讨论业务或学习问题,期终举行了一次学习测验,一般同仁反映,对测验这种辅助学习的方法都表示好感,鼓励了大家认真学习。

至于学习中的缺点也是很多的。

1. 开始学习时,少数同仁学习情绪不高,知道一点就不肯虚心再去学习或帮助别人学习。学习中,大家为了顾全面子,保持一团和气,不肯展开热烈辩论,因而使一些问题的讨论,不能得到明确的概念。

2. 在学习领导上,常常改变学习内容不能按照原定计划进行,失去有系统的讨论,甚至未讨论完毕而放弃各组讨论,进程也有参差,无法统一各组结论。小组未发挥集体领导作用,小组长与组员之间联系不够,未能鼓起一组或个别组员间的学习热情,未能耐心地了解组员的学习思想情况,未能帮助组员克服在学习上的困难。

3. 今后应改进学习的意见:

一、要订立学习公约,大家共同遵守。

二、每一单元讨论大纲,首先要在群众中搜集意见,然后再行拟定,不要太高,也不要太多,并设法将个别学习与小组学习配合起来,养成大家自觉学习的习惯。每一单元完毕后,要做集体总结,各小组也要总结,并请专家做总结报告,随时开会检讨,有没有偏向,观点是否正确。

三、请学校当局最好在业务时间内规定学习时间,今年春天以后,每日利用早晨时间学习,每星期学习三次。贯彻批评与自我批评,建立学习竞赛制度,利用黑板报(挂在办公室),发挥批评与表扬作用,并定期选举学习英雄。(周覃藻)

《解放日报》1950年1月29日

加强政治教育,搞好教师学习,健全会议制度——格致中学师生员工拟订了工作总方针

【本报讯】市立格致中学,昨日上午9时举行全体教职员会议,并邀各级级长、小组长、团员、工友代表列席。首由校长传达戴局长等在教育工作者会议上的报告,把1949年下半年的总结提出讨论并拟订了本学期的工作总方针:(一)加强全校政治思想教育:(1)由校长、教导主任、事务主任、夜中学主任、政治教师、教职员代表、青年团代表、学生会代表、工友会代表共同组织全校性的政治学习委员会;(2)学习委员会应有计划有步骤地领导师生员工展开课外活动和社会活动,定期举行时事测验和政治问题座谈会,解答师生员工政治思想问题;(3)各科教学研究会在教导处领导下配合政治教师领导全校师生进行思想教育;(4)建立批评与自我批评制度,切实团结全校师生员工。(二)改进教育搞好教师业务与学习:(1)教师互相参观,交流经验;(2)举行级务会议检查教学效果,改进教学方法;(3)教导处领导各科研究会,进行教材教法的研究,特别着重文、史、地三课的改进;(4)有计划进行各种学习竞赛;(5)组织体育、文娱和卫生委员会,来丰富生活内容,提高教学效能。(三)巩固并发展考试教育与新学风运动的收获:(1)订立全校性的暂行校规;(2)巩固基层组织加强小组领导;(3)定期举行品德考查(具体办法由教导处拟订)。(四)健全会议制度推行负责制检查制,加强领导:(1)贯彻民主集中制精神,在集中的领导下民主,在民主的基础上集中;(2)校委切实发挥领导作用,决定总方针、总计划交各部门执行;(3)各部门应按照校委会方针订定实施办法,分工合作,定期汇报,定期检查,定期总结。(五)配合反轰炸,加强精简节约,培养艰苦奋斗,克服困难的工作精神:(1)团结与鼓励全校师生员工在任何情况下坚持工作与学习,克服困难,战胜困难;(2)尽量准备避免在最坏情况下的无谓牺牲和损失;(3)尽量节省各种开支与消耗(具体办法由事务处拟);(4)树立劳动观念,提倡朴质生活。大家一致保证能克服困难,改造自己,提高业务,完成新民主主义教育政策方针实现的任务。(一夫)

《文汇报》1950年3月5日

格致比乐等校定出本学期内工作方针　决心搞好学习加强思想教育

【本报讯】市立格致中学、省立上海中学、私立比乐中学等校,根据戴白韬局长在教育工作会议上所报告的本学期中等教育工作重点"加强教师进修和学生的政治思想教育,提高教学质量,以继续改造学校",结合各校具体情况,相继举行传达会议,并分别定出本学期工作方针。

格致中学全体教职员,邀各级级长、小组长、团员及工友代表列席会商决定本学期工作中心:

(一)加强全校政治思想教育:由校长、教导、事务及夜中学主任、政治教师、教职员、青年团、学生会及工友会代表共同组织全校性的政治学习委员会,有计划、有步骤地领导师生员工展开政治学习、课外及社会活动,并定期举行时事测验,政治问题座谈会,联系群众思想解答问题;组织各科教学研究会,在教导处领导下,配合政治教师,使业务课与政治课、课内与课外有机地密切结合;建立批评与自我批评制度,切实团结全校师生员工。

(二)搞好教师学习及同学学习:设立各科教学研究会,进行教材教法研究,定期实行教师相互参观教学,交流经验,通过级务会议检查教学效果,举行各种学习竞赛,组织体育、文娱和卫生委员会,丰富生活内容,提高教学质量。

(三)改进考试制度,开展新学风运动;加强小组领导,巩固基层组织;定期举行品德考查;订立全校性的暂行校规。

(四)贯彻民主集中制精神;健全各种会议制度,推行负责制、检查制;各部门按照校委会已订方针,民主订定实施办法,分工合作,定期会报、检查、总结。

(五)配合反轰炸,加强精简节约,培养艰苦奋斗、克服困难的工作精神,团结全校师生员工,在任何情况下,坚持教育和学习岗位,尽量降低各种开支与消耗,树立劳动观念,提倡朴素生活。比乐教师们纷纷表示今后生活要向工、农、兵看齐,特别要学习人民解放军的艰苦作风,虚心接受学生的意见,专心为人民服务。

《解放日报》1950 年 3 月 13 日

展开红旗竞赛　格致建立新校风

【本报讯】市立格致中学在本学期开始时,全体师生工友,即展开讨论戴白韬局长在教育工作者会议上的报告,并根据上学期的总结精神拟订了工作计划,教导处按照了计划大纲提出"培养革命品德,建立学习纪律"的要求。这一要求提出后,初三甲乙首先用快报张贴在校门口响应号召;并在班级上展开了自我检讨,指出目前一般同学存在着思想问题和学习情绪的松懈,又举行了两班的联欢大会,邀请了级导师和其他任课教师列席,将自己的缺点提出检讨并保证克服。高三上班级闹不团结,学习情绪和课堂纪律都非常散漫,经过级任郑先生不断诚恳地劝说,团员首先作了自我批评,批判过去作风不好,脱离群众,同学也承认以往对团员存着偏见,一切抱不合作态度,所以班级上工作就无法展开。经过大家坦白真诚的批评,消除了成见,举行联欢大会,大家团结一致搞好学习,并写出大幅的挑战书向各级挑战、保证。这时候教导处根据同学在生活学习半月总结上的反映,一致要求再来一次新学风运动,把民主秩序提高一步,巩固起来,于是教导处将上学期新学风运动的内容修订为全校性的暂行校规,并且颁布了光荣牌和红旗竞赛办法来奖励优良的班级。音乐教师配合新校规的精神编撰了歌曲,领导同学、组织同学练习歌咏;图画教师画了许多生动的教育性的漫画,师生共同组织了通讯小组,利用黑板报,宣传和报道新校规的意义和动态。同学明确地认识到搞好学习,必须建立学习的纪律,所以各班级运用了各种方式号召和保证,争取首先完成拥护新校规的光荣任务。高三上全班有45人,最初参加早操的只9人,五分之四的人缺席,因此他们得了黑旗,于是团员和积极的同学向其他同学一再地劝说,要克服个人的困难,以后必须做到每个人都能参加早操,并且集队要迅速整齐,争取光荣的红旗,这样经过了一个星期的努力,终于达到了目的,胜利的红旗已经飘扬在他们的队伍前面了。"瓜子大王"王一鸣同学原是爱吃瓜子,而且随便地抛掷瓜子壳,一天他在一条"向香瓜子斗争"的标语旁吃瓜子,被同学指着说"你真是个亮眼瞎子",叫他向后转往上看,他看到了这条标语,红着脸停止了吃瓜子,现在这个"瓜子大王"的名字已经不再有人提起了。初一乙在班级上小组之间运用火车头、汽车、三轮车、独轮车的竞赛办法,凡是最守秩序的小组称为"火车头",最落后的小组便是"独轮车",并严格地执行检查同学的迟到早退、出缺席、整洁和学习情绪。某小组同学居德华时常缺课,也不请假,于是小组集议办法后开始进行家庭访问,但到他家里去的时候家长不在家,他向访问的同学哭诉说,他的后母很凶不许他到学校来读书,小组同学把上述原因告诉了级导师,级导师就写信给他的家长,希望让他的孩子要好好受教育。哪知他看见了学校的信就来学校上课,信给他撕了没有给家长看,过了几天又不来学校。一天学校就找了他的母亲来谈话,那时他发慌了,淌着眼泪向级任陶老师坦白说:"过去我所说的全是谎话,因为我看连环图和西洋镜入了迷,所以常常逃学。"这时家长方才知道自己儿子并不是天天上学,并且认为学校实行新校规的负责制和家庭联系的确是好办法,居德华接受陶老师告诉他的话,忏悔过去并发誓以后不再随便旷课,遵守纪律搞好学习,从此他就没有迟到早退和旷课过。高三甲的同学读书氛围虽是浓厚,但过去都是欢喜清静地一个人用功,自新校规公布后,同学自动地提出口号,除自求进步外还要帮助他人进步,于是改组了小组,功课好的坏的分配在每个小组,帮助功课差的同学温习功课。其他班级如高一甲、乙和初一乙等班级相继地组织了帮助同学温课的工作队。事务处为配合新校规运动也和班级、小组取得了联系,把各班级所有的课桌椅以及其他公共用品,编号置放,由同学负责保管使用,现在每个同学都能负责爱护公共的财物,近来课桌椅、粉刷等的损坏和散失的情形已减少了。教导处掌握了全面的具体情况,并紧紧地配合了团员和学习小组以及教师工友,坚决地执行负责检查制和批评与自我批评,并运用了红黑旗竞赛,黑板报的通讯报道以及音乐、图画教师的配合进行动员宣传,到目前为止,旷课学生已自统计数字的百分之八减少到百分之三(这百分之三中有的因事因病未及补办请假手续),早操已有百分之九十五以上参加了,迟到的情形已不大见到。(一夫)

《解放日报》1950年4月19日

贯彻学代大会的决议　各校同学总结学习经验

【本报讯】在贯彻二届学代决议的号召下,各校针对着"克服困难,坚持学习,维持学校"的原则,陆续开展了启发性的总结工作。

格致中学:格致中学举行了包括级干事和小组长参加的级代表会议。学生会代表曹达成同学指出过去两个月来学生会只做了些单纯的事务性工作,对同学们的学习做得很不够。部分同学对形势认识不够,思想上、工作上、生活上都表现得自由散漫。个别的同学由于家庭经济困难,生活水平比以前降低了,对学习就一味敷衍了事。教师方面,有的是教材太旧,有的过分放纵,这样也影响了学习纪律。例如高二甲同学有一次见老师新剃了头,就取闹着要打老师三下;高三下和初一乙的教材索性由同学决定;高三毕业班为了升大学,特别注意数理化等课程,对政治学习和文史等课反不去管。在典型报告里,高一甲陈之骅同学介绍他们搞好小组学习的原因,是掌握了批评与自我批评的武器,像王秋云同学在上学期对各种运动都看不惯,甚至想退学,经过小组的帮助,对工作积极起来,本期已被推为小组长。初三甲的沈裕康同学家庭经济发生困难,母亲又在生病,他原准备到骨牌店去学生意,级任导师访问他的家庭把情况传达给同学们,大家就展开捐款,翁丽珍同学送给他一条棉被,带饭的同学分别多带些饭给他吃,这样就解决了他的困难。(后略)(格致中学通讯组)

《文汇报》1950年5月26日

互助互学互相批评　加紧学习迎头赶上——格致中学展开学习热潮

【本报讯】市立格致中学为使学代会决议精神贯彻到行动中去,在20日召开了扩大的级代表会议(包括小组长、级干事共150余人)。在会上学生会首先作了工作检讨与自我批评,各班级代表相继分别报告情况和介绍经验,最后大家一致保证把决议精神带到班级,深入小组展开互助互济运动,继续开展新民主主义学习。

自级代表会闭幕后,高一下甲在小组长陈之骅的带头发动下,加强小组领导,并组织功课好的同学担任"小先生",在每天下午课后帮助同学温课,小先生们非常热心负责而且耐心地给同学解释疑问,直到同学明了为止,所以同学们笑着说:"小先生呱呱叫,虽是学问不及老师好,热心认真值得佩服。"初二下乙班会准备了许多奖品给予第二次阶段考查成绩优良的同学,在级刊上刊登着光耀引人的一个口号"荣誉是属于谁的"和给奖的办法。于是同学们都紧张地在学习功课争取做学习英模。高二下乙把化学和数学有基础的同学组织了小组,帮助同学课外温课,并举办了小组墙报,展开批评与自我批评,最初是以小组长、级干事为对象,经过了批评与自我批评,小组更团结了,同学之间也更亲热了,无谓的面红耳赤的争辩、固执成见、爱面子的恐惧心理也打消了,小组长、级干事的工作也变得有计划有步骤了。初三下乙因过去的学习情绪较差,经过这次级代会,级代表慎重地吸取了其他班级的经验,并提出口号:"加紧学习、迎头赶上。"级导师黄松年又给同学打气说:"只要肯下工夫学习,什么困难都可以解决,今后我愿和同学在一起学习。"这样鼓舞了同学的情绪,各组间展开了早到竞赛,并一到校就学习,中午1点到2点、课后4点到5点半,全班同学都在规定的时间内,热烈地进行学习。他们的学习热潮给予全校很大的影响,现在下午的课后无论在教室、礼堂还是庭院间,随处可看到三五成群的人,一簇簇、一团团地围着讨论问题。(一夫)

《解放日报》1950年5月27日

虹口夜中学与格致中学同学捐款救济失学同学

【本报讯】(前略)格致中学在互助互济热潮中创造了新的方式,高三上在级任导师和团员的带头下展开了"百元运动",每个同学每天储蓄100元,以防急需或援助下学期缴不起学费的同学。又初三甲沈裕康同学因家庭经济困难,母亲在生病,生活驱使他停学,到一家骨牌店去做学徒,经级任导师访问,告诉同学后,大家立刻想办法帮助他,连初三乙同学也热烈地捐出8万余元。解决了沈裕康同学的生活与失学问题。(虹夜中通讯组　格致通讯组)

《解放日报》1950年5月27日

庆祝上海解放一周年　同学们和战士联欢　各校分别展开了劳军运动

【本报讯】市立格致中学暨附设夜中学全体师生员工一千三百余人,昨日上午9时召开庆祝上海解放一周年纪念大会,在悠扬的军乐声、庄严的鞭炮声中举行升旗典礼。和平信鸽成群地跟着国旗的上升飞翔高空,升旗礼毕,校长致开会辞后,即开始团体运动比赛。年老的教师卸下了士大夫的长衫,和女教师出场比赛,激起了全场热烈的鼓掌和欢呼。穿梭接力赛、负重替换跑时同学们充分地表现了互助合作和自觉纪律的优良精神。师生员工间也充分地表现了团结愉快的热烈气氛。在拔河比赛中,教师队得工友的助阵,终于把上届的冠军高三下甲拖了过来。

下午2时起举行联欢大会,解放军同志在火热的氛围中,上台向同学讲话,军民联欢在一起。大家对即将到来的解放全中国的大胜利具有坚定不移的信心,并向英勇的解放军同志献旗献花,并有文娱节目。(后略)(一夫)

《文汇报》1950年5月28日

政治教育扫除了不安情绪　格致毕业生坚定了信心　同学十九人报名去哈尔滨农校学习

【本报讯】市立格致中学在一个月前,对本届的毕业同学做了一次调查,主要是了解他们对毕业的看法,以及目前在思想上存在着的问题。根据这次的调查,知道他们多数是在顾虑毕业后的出路,所以情绪上都表现得不安。大家反映说:投考学校吧,太没有把握,如清华、交大的入学试题叫人吃勿消;就业吧,自己又没有专门技术,普通一般机构正在整编;参加革命工作吧,首先爷娘不放走,自己也舍不得离开。在这种错综杂乱的思想情况下,学校行政方面就召集了全体毕业班同学,举行座谈会,在会上同学们率直地说出了自己目前的思想情况,并且希望学校方面予以帮助。校方针对这些情况,一方面加强政治教育,说明今后的教育方向,另外组织了升学就业辅导委员会,经常与同学联系解决问题,最近请了来自大连参加上海教育工作者工会成立贺喜的代表,大连大学汪教授介绍大连大学以及他所熟知的东北各大学的情况,交大教授曹凤山介绍交大一般情况,高教联刘佛年报告今后大学的方向和对毕业后应走的道路及应认识新民主主义的教育本质,接着校友汤旦林、陈永祥自东北来信,告诉同学们,他们在东北过着愉快的学习生活,和新东北的一般建设情况,这样同学们逐渐安定了情绪,并且都坚定了信心,不怕没有出路,并要求学校方面搜集关于矿工、机械、化工、医药各科系的概况来参考;关于文科、法科无人问津,在这一点上充分表示同学在思想上认识到教育不是为自己,不是为少数人服务的东西,明确了为人民大众服务的观念,更有同学要求到工厂中去学习,正如李正铺、陈培元两位同学要求学校帮助介绍到东北任何一个工厂去实习,最近有十九个同学

报名去哈尔滨农业机械专科学校学习,并且又把其他班级百余同学卷入了要求到东北去学习的热潮。(一夫)

《文汇报》1950年6月14日

格致中学校庆义卖蛋糕救济失学

【本报讯】格致中学在16日庆祝解放后第一个校庆,同学们个个兴高采烈,大家互相道喜,泰昌面包公司也送来了一尊蛋糕,贺祝我们的校庆,而我们拿来在晚上庆祝大会上举行义卖,把卖得的钱作下学期互助互济之用,当时全场情绪热烈,大家踊跃地挑战,结果由夜校秋职甲以十万零五千元买得,但秋职甲同学却把它捐出,再进行义卖,第二次的义卖,挑战热潮更形高涨,结果夜校教职员以八万元购下,大家发挥友爱的热忱,完成光荣任务。(通讯员陈鸿璆)

《文汇报》1950年6月20日

开展暑期工作　格致成立工作委员会　青年团带头放弃申请减免费

【本报讯】本学期将要结束,格致中学为开展暑期工作所以在本星期成立了暑期工作委员会,暑期工作委员会下分招生、文娱体育、清寒同学辅助三个委员会,都由学校行政当局、学生会和青年团三方面共同领导。招生委员会设有考生服务团,全部工作计划正在拟订中。文娱体育委员会准备在暑假中举办格致夏令学娱营,主要目的是在通过同学喜爱的文娱体育与课外活动来提高同学的政治认识并且借此团结、组织、教育同学,从中培养出一批新的工作干部,因为学生会鉴于以前的工作干部大都身兼数职,忙得不可开交,工作效率反而不高,有能力而不担任工作的同学很多,这种偏向是亟须纠正的,另一方面文娱活动也是夏令学娱营的主要任务,一面学习,一面娱乐,使同学的暑假生活过得快乐而有收获,现在决定举行的娱乐节目有举行月光会,请解放军同志来讲故事,开军民联欢会、远足、集体看电影、游泳,可能的话还希望发动同学下乡下厂工作,夏令学娱营暂定名额是300名,尚未开始报名,但连日来从同学们的反映中看出同学们对这件事很感兴趣,情绪很高,报名人数一定很多。清寒同学辅助委员会已开始展开工作,21日下午开清寒同学辅助会成立大会,到全体清寒同学354名,除主任委员已由学生会指派曹达成同学担任外,在清寒同学中他们自己选出了张吟达等八人为常务委员,在大会上广泛宣传互助互济克服困难的意义,使困难较少的同学提高觉悟自动放弃申请,因为规定减免费同学的名额是200名,而现在申请的人数已超过了法定金额的三分之一,经过小组讨论、思想动员后青年团员们首先放弃申请,其中有两个典型的报告。青年团员翁善侨说:"我父亲失业已经两年,家里没有收入,每日两餐都很难解决,前两学期我都申请全免,但是现在我为了体念政府困难,照顾比我更困难的同学(像古国强同学每天只吃一顿),所以情愿放弃申请,在暑假里用自力更生的办法来解决困难。"青年团员谭继良也激动地说:"我父亲过世已经三年,这三年来的生活费用完全靠大哥维持,大哥在北站分局做一个小职员,每月收入110个单位,他为了我和我妹妹读书,情愿牺牲个人的幸福生活,一直都不肯结婚,同学拿出良心来让经济最困难的同学也有读书的机会。"在青年团员们的积极带头下,全校现在已有五十多位同学自动放弃申请,他们的名字都光荣地上

了光荣牌。（格致通讯组许良中）

《文汇报》1950 年 6 月 24 日

组织起来过好暑假　格致同学组织夏令学园

【本报讯】市立格致中学学生会配合了学校行政、青年团、戏剧社、文工队等共同组织"暑期工作委员会"，订定了暑期工作计划，在暑期工作委员会下设文娱体育委员会、清寒同学辅助委员会和招生委员会三个部门，计划在暑期开始时首先组织"夏令学园"，为时一星期。夏令学园内容在学习方面：有政治性、生活性的专题讲座，组织同学阅读报章、杂志、进步书籍，并替同学补习功课。文娱体育方面：有"大家唱"歌咏团舞蹈及各种集体游戏、球赛和田径运动等。此外并准备有远足、下乡下厂、访问学校、访问部队、集体看电影、游泳、举行月光会等活动。通过文娱体育活动来团结同学组织同学，培养同学集体观念，提高他们对集体生活的兴趣，为开展暑期工作奠定基础。这样一星期后就展开：（一）免费同学家庭访问；（二）考生服务团；（三）由学生会主办小学毕业同学升学指导班；（四）各级预先和教师接洽替同学补习功课；（五）经常性展开文娱体育活动；（六）组织全校性的合作社。此外每周准备有一次座谈会等。

现全校各级同学通讯网已组织成功，清寒同学辅助委员会也已由清寒同学中推选组成，并已初步完成了各班级清寒同学的调查工作及广泛的动员宣传工作。原来有 354 位同学申请免费，经过这次宣传教育，并在团员积极带头下，有 57 位同学自动放弃申请。（古国强）

《解放日报》1950 年 6 月 25 日

格致中学教师有重点地进行家庭访问　使家长对新教育有了新认识

【本报讯】市立格致中学为了更好地建立教师和家长的感情，使学校教育和家庭教育能密切结合起来，举行了一次重点的家庭访问。事先，由科任教师、级任导师依据各种类型的同学，主要是思想混乱、政治认识模糊、品德不好、成绩低劣或是政治认识正确行动积极的同学，提出名单，汇报教导处，商定必须立即进行访问的同学有 81 人，占全校同学十分之一。由全校 34 位教师分别担任访问对象后，一面函约家长访问日期，搜集学生平日在校学习、生活、活动的资料；一面向同学分别说明访问的意义，并了解家庭情况。除了个别教师和家长因临时有事外，全部利用星期日出动访问。有的教师因为家长做摊贩生意，就老远地赶到他们做生意的地方去访问。一般家长都热诚迎待，认为"比开一次家长座谈会要深刻得多"，一般教师也认真地完成了访问工作，得到了相当的收获：

一、家长对新教育有了新认识。在访问过程中，教师介绍了新民主主义教育下的学校情况和人民政府的教育政策，使许多家长在模模糊糊的印象中，对新教育有了新的认识和了解。如初二下虞思恭同学的祖父，脑海中还残留着他幼时在私塾里的一套东西，认为学生做错了就打，书本子要背得熟；他的叔父则保守着旧社会的印象，认为学校里应该重视英文，将来在社会上才能混饭吃。经过教师说明新教育是不行体罚的，是注重说服教育的，政治、文、史、地等课程，都应该同等重视，主要是学好本领，为人民服务，使他们能理解到新教育的教学精神。

二、了解了同学的出身环境,帮助了教学合理进行。例如初一下姚遐同学性情急躁,不合群,不愿参加集会和课外活动,常常上课看小说,对于别人的意见不易接受。大家总是责备他、批评他。而他也产生一种对抗情绪,使教师感到很难教育。从家长口中,知道他幼年踢坏了腿,寄养在亲戚家里,母亲又不在身边,以致造成他性情上有些孤僻。教师就改变教育方式,多从感情上联系他,多找机会和他谈谈,介绍他看一些新文艺小说,同学们也注意主动去接近他、鼓励他,使他对集体生活有了兴趣,乐意和大家一道参加小组讨论和各种活动了。

三、帮助同学解决了困难,初一下孙煜芳同学,平时功课很好,总是沉默寡言,这次自动要求教师去访问。原来她的母亲患肺病,心情不正常。看到她温功课就支配她去做事,有时还责骂她,也不许她参加任何课外活动,当教师婉言告诉家长孩子在学校里总是闷闷不乐,每天除了做家事以外,要给她适当的学习时间,她的母亲也激动得流泪了。这次校庆,孙煜亭同学已活活泼泼地和大伙一道参加歌咏表演了。初三下沈裕康同学家庭经济很困难,靠哥哥生活,常常为参加活动受到哥哥的讽刺,并有意送他到骨牌店里去学生意,他有时就躲住在亲戚家里。白天偷偷回去吃餐饭,教师在访问中说服家长不要送他去学生意,同学们又主动地捐钱、捐被头帮他解决生活问题,使他继续维持学业,最近已考进一个工会里去工作了。

四、澄清了同学的混乱思想。高三上同学赵焕明,本来思想进步,工作积极,是一个青年团员,本学期突然变了,有时和"阿飞"一道玩。在访问中了解到由于他父亲服务的钱庄倒闭了,他对形势认识不清,致思想混乱起来。初三下陈臻善同学也是由于家里的油厂营业不振,个人的享受稍差,就轻信谣言,不安心读书,不守秩序,但是他们的父亲都认识很明确,当时就说服他们:"今天的困难是暂时的困难,钱庄倒闭了,还可以转业","待台湾解放了,对外贸易是有很大的前途的",要他们安心读书,不要瞎烦心。教师又把这些实例,在班级里作报告,陈臻善同学也在级上自我检讨过去的错误思想,使大家对形势都有了明确认识,澄清了同学们的混乱思想。

《解放日报》1950年6月27日

格致中学政治课考试　理论与行动考查结合

【本报讯】市立格致中学自第一次段考结束后,同学们反映说:政治单凭笔试的成绩,这是不够准确又欠公允的。因为有的同学他在考卷上写得很好,而其实际行动往往并不如此,所以要求教师再考查平时的行动,能使理论学习和实际行动相结合。接着政治教育研究会也通知政治课的成绩计算办法,除一般考查外,要把行动考查列入,并规定行动考查成绩占政治课总分百分之四十。因此政治研究小组就着手讨论如何布置和如何拟订办法。经过几次小组交换意见,并根据实际情况,将思想情况、克服困难、国际主义教育以及平时的言论、行动等具体的列成项目,选择了比较有基础的班级高一下作为典型试验。在考查前对同学说明了评分的方式是用"自报公议、小组评定为主,大组重点复查为辅",广泛地征求同学意见。

在小组评议的时候,同学们的情绪是热烈的,而且每一条评议都切实地联系本人思想情况,小组也负责地检查同学自报是否准确。如某同学在评议第五项"小组讨论"时,他以为自己虽发言踊跃、言必中肯并善于启发别人和正确地解答问题,但因担任文工队的工作,往往要迟到或早退,或因其他会议计划而分心,列入第一种类型不够格,于是自报列入第二种类型"经常参加小组,发言踊跃",同学们翻开了小组记录并对照地给予批评分析说明,属于第二种类型也是不够的,因为常有其他的事情分心,这是勉强参加小组敷衍了事的成分较重,所以只能算第三种类型。由于用事实说服了对方,也就用不着作无谓的争辩。

其中也有不完全做到某一类,而又不是属于另一类的,就请教师帮助解决,这时在某一类型之下作一"负"的记号,也有一种情形是在两种不矛盾的两个类型中各有成分时就评他各居其半。

但有的小组尺度较宽,有的小组较严格,于是小组间相互批评和及时地纠正,所以在整个的评分中情绪始终是热烈愉快的。

《解放日报》1950 年 6 月 28 日

格致中学同学热爱苏联小说

【本报讯】格致中学图书馆在这学期中添置了新书 626 本,其中以社会科学的最多,文艺、自然科学次之。报纸除本市各大报外,尚有《东北日报》《人民日报》等共八种,杂志也有十多种。同学们热烈要求进步,借阅者很多,其中借阅文艺书籍最多,占百分之五十五,最喜爱的如《青年近卫军》《钢铁是怎样炼成的》《母亲》《暴风雨所诞生的》等,低年级同学对连环图画特别有兴趣。

《文汇报》1950 年 6 月 28 日

格致温课迎考

【本报讯】格致中学高中部毕业班毕业考试已于上周结束。初中部毕业班考试也在日内考完。校方已决定 7 月 3 日至 8 日举行全校各班级本学期之期终考试。连日来全校同学都在加紧温课。学生会在 26 日下午召开全校 14 个班级级代表干事会议,号召同学积极温课迎接考试。(许良中)

《文汇报》1950 年 6 月 29 日

格致举办夏令学园　展开学习文娱等多样性的活动

【本报讯】市立格致中学学生会配合学校行政、党支部、青年团、文工队、戏剧组、口琴队等共同组织"暑期工作委员会",订定了暑期工作计划,在暑期工作委员会下设文娱体育委员会、清寒同学辅助委员会和招生委员会三个部门,计划在暑期开始时首先组织夏令学园,为时一星期。夏令学园内容在学习方面有政治性生活性的专题讲座,组织同学阅读报章、杂志、进步书籍,并替同学补习功课。文娱体育方面有"大家唱"歌咏团舞蹈及各种集体游戏如球赛和田径运动等。此外并准备有远足、下乡下厂、访问学校、访问部队、集体看电影、游泳、举行月光会等活动。通过文娱体育活动来团结同学组织同学,培养同学集体观念、提高他们对集体生活的兴趣,为开展暑期工作奠定基础。这样,一星期后就展开:(一)免费同学家庭访问;(二)考生服务团;(三)由学生会主办小学毕业同学升学指导班;(四)各级预先和教师接替同学补习功课;(五)经常性展开文娱体育活动;

(六) 组织全校性的合作社。此外每周准备有一次座谈等。并且全校各级的通讯联络网已经组织成功,可以经常联系学校内各种情况,目的是组织起来过好暑假,及时筹备争取搞好学习条件。(古国强)

《文汇报》1950年7月15日

深入到群众中去！格致学生会纠正过去偏向　各种工作已经顺利地展开

【本报讯】格致中学的学生会在二届学代会以前,工作上是很脱离群众的。执委同学整天忙着搞业务工作,如学艺部就忙着赶出"大墙报",收集资料,写写黑板报,文娱部就每天以大部分时间替文工队排练腰鼓等,所以各班同学的情况学生会根本不了解,故时常学生会布置的中心工作,不能贯彻到每班级去。

通过了二届学代会,格致的代表认清了学生会在今后学运中的作用,由于这个认识联系到本校的具体情况,在执委会上传达二届学代的决议精神时,检讨了过去学生会在领导学习上起的作用太浮面了,偏重于事务性的福利工作及文娱体育活动方面,虽然搞福利工作等是为了更好地开展学习,但是却忽略了同学正课上的领导与各级干事会的联系,因此形成学生会脱离同学,并使级干事会的工作在暗中摸索,工作步调不一致,同学们反映:"你们学生会执委都是一副官僚架子,看见了我们理也不理,选你们也有些懊悔",这样相互间表现着脱离的现象。为了真正贯彻学代会决议,号召开展学习就一定要学生会深入班级、深入群众,所以学生会执委同学分工负责联系班级、深入各级干事会、深入各小组了解情况,帮助干事会贯彻学生会布置的工作,执委同学一有空余时间就与干事同学谈谈,抓住重点解决问题,谈到了"互助互济"的问题,就诚恳地向同学解释学代会决议的精神、各校同学困难的情况,同学在这样亲热的谈话中很自然地接受了学代会的决议,参加他们干事会小组会帮助他们解决问题,订定工作计划,经常关心同学。初二上本来是秩序最坏的一班,大半学期过去了,级干事会一次也未开过。经学生会同学联系后,在他们小组长级干事联席会议上,帮助研究出秩序不好的原因来,最近他们班上的秩序已进步得多了,初一乙的级长梁志强说:"过去我们干事会搞工作没有方针,也不知如何来领导同学学习,现经学生会的帮助,我知道级干事应深入每一个小组,帮助他们学习,发动功课好的同学检查功课差的同学,互助互学。"联系班级的工作收到了很明确的效果,这样在学生会的号召下各级同学热烈响应互助互济运动,许多同学虽然自己家境很清寒,但都省下了自己的点心钱,捐出来帮助别的更困难的同学。同时学生会体验到小组长搞不好小组,是由于没有经验,故为使小组长能更好地领导小组,举办了小组长研究班,请校外朱仲杰先生谈谈小组长掌握小组,首先应了解同学生活情况、思想情况,从思想情况的发展上去帮助同学解决问题,并要找到组员学习与工作的矛盾,及小组长怎样掌握小组会议。本来初一乙第二组是捣蛋小组,上课胡闹,组长也无信心,干事会也死人不管,任其自流,通过了学代会决议的贯彻后,大家都热情地动员起来,搞好小组推动学习。

格致这一次工作获得成绩,学生会改变作风联系群众起着很大的作用,这也证明了只要学生会能深入同学、关心同学、倾听同学意见,同学们总是拥护学生会、关心学生会的,而学生会的工作也一定能得到很顺利的开展。(古国强)

《文汇报》1950年7月19日

格致夏令学园结束　　在集体生活中团结了同学

【本报讯】格致中学暑期工作委员会13日起举办的夏令学园现已结束。在六天的集体生活中,通过文娱体育活动,使四百多位同学更好地团结在一起,展开政治学习,为下学期搞好学习打下基础。学园共举行了五次关于政治形势和思想问题的大报告,同学听了报告以后就展开小组讨论,展开激烈的辩论,使同学们对"第三次世界大战会不会爆发"等问题有了更明确的认识。在讨论中联系到实际问题,检查自己思想上存在的缺点。初二有一个同学说:"本来我以为参加学园可以趁着机会大家玩玩,感觉听报告真不感兴趣,现在我才知道应在这六天中好好地改造自己。"在这期间,并发动同学一起参观了申新九厂、中纺第二机械厂、上海自来水公司,三百多同学并曾深入农村去。通过下乡下厂,使同学了解了工人农民的生活情况,加深了对劳动人民的认识,初步建立了劳动观念。同学们在这次学园总结中,都提出要求在暑期中再举办一次这样的学园。(古国强)

《解放日报》1950年7月22日

格致夏令学园结束　　在集体生活中改造思想　　为克服困难展开学习奠定基础

【本报讯】格致中学暑期工作委员会针对同学的思想情况,来加强思想教育,巩固原有的组织纪律,自13日起以六天为期,举办了一个夏令学园。一方面加强思想领导,改造和克服同学思想上的缺点,同时又使同学能在这六天的集体生活中通过文娱体育活动,更好地团结在一起,展开政治学习,为下学期搞好学习打下基础。参加这次夏令学园的同学共四百多人,占全校同学人数百分之七十以上(四毕业班除外),很多同学宿在学校里。在这短短的六天中,夏令学园举行了五次关于政治形势和思想问题的大报告,像"小资产阶级的缺点"、"二种不同的战争"、"正确的恋爱观"、"新中国建设方向"等报告,同学听了报告以后就展开小组讨论,激烈反复地辩论着,同学经这样反复的辩论对"第三次世界大战会不会爆发"、"两种不同的战争"、"新中国建设远景"等问题有了更明确的认识,并联系到实际问题,检查自己思想上存在的缺点。所以几次的报告给同学思想上很大的启发。

在学园的预备会议上秩序非常不好,上面在报告,下面同学管自己谈天,所以针对这样的情况,号召同学遵守纪律,并说明这次夏令学园并不是来闹闹玩玩的,要抓紧这六天的时间来充实自己,将自己提高一步,这样一动员,同学思想上才明确了"我为什么要参加学园"的问题。初二有一个同学说:"本来我以为参加学园可以趁着机会大家玩玩,感觉听报告真不感兴趣,现在我才知道应在这六天中好好地改造自己。"党团支部、学校行政、学生会、文工队都全力贯注搞好这次学园的工作,团支部号召团员保证恪守纪律,并保证搞好这次学园工作。所以学园第一天秩序空前好转,在听报告时一点声音也没有,大家在记笔记,这很明显地表明了同学要求进步,要求充实自己,热望在学园中加紧学习来提高自己。学园每天有两次自修,在自修时阅读书报、弈棋、谈天。并发动了同学一起参观了申新九厂、中纺第二机械厂、上海自来水公司,并且有三百多同学深入农村去。通过了下乡下厂使同学了解了工人农民的生活情况,同学在炎烈的太阳下晒着走了五十多里路,皮肤晒得紫黑,饿着肚子,脚底下走起了很大的泡,同学们还是坚持着,再走!大家很认为我们走了这些路,总共晒了不过一天工夫,这算得什么,农民们整年一天到晚在田里忙着耕种,那才辛苦呢!在学园结业典礼上全体参加学园的同学一致通过反对美帝侵略台湾、朝鲜的声明。夏令学园在19日结束,这真是一个"活泼严肃改造思想的大熔炉",同学在这次学园总结中提出要求在暑期中多举办这样集体性的学园。

通过了这六天生动活泼的集体生活,改造了许多同学旧的思想,初步建立起新的人生观,培养了同学的集体观念,同学对集体生活的兴趣提高了,组织纪律巩固了,同学的政治认识在这六天的学习中提高一步,在学园中创造了许多适合青年人特性的生活内容,为在暑期中克服困难及发展学习奠定了更深的基础。(格致中学古国强)

《文汇报》1950年7月24日

向工人和农民群众学习　格致同学下乡下厂　对劳动生活有了更正确的认识

【本报讯】格致中学夏令学园为培养同学们正确的劳动观念和增进同学的实际知识起见,在夏令学园整个六天的日程中决定了两天下午全部下厂,16日整天下乡。15日下午下厂,参观的工厂是申新九厂与中纺二机,参加的学员228人被分作两队,一队参观一个工厂。第一队的同学大多数是初中部的小同学和女同学,他们决定去参观有革命光荣传统的申新九厂。申新九厂的工会负责同志详细地报告了许多在下机器间时必须注意的事项,接着同学们便整队去机器间参观,从轧棉花机开始到整捆的棉布被机器捆扎好为止,一步一步的过程使同学们看了惊奇而又神往,尤其是有志愿学纺织的同学们看了后,更鼓舞了他们的意志。机器间里健康活泼的女工们工作的熟练吸引住许多女同学的视线。因为机器间里湿热的空气与震耳的隆隆声加上各种难闻的气味,使得有一位小同学头有点发昏,过后他出来说:"以前我总随便跟着人家说要向工人阶级靠拢,要向他们学习,今天经过了体验我明白了工人阶级的伟大,只有他们才能忍受各种艰难与困苦,向工人阶级靠拢真不是一件容易的事,我以后一定要好好地向他们学习!"

16日整天下乡,目的地是洋泾镇唐家湾,上午7时便开始出发,这次参加的人数有293人,文工队腰鼓组连路表演,在十六铺表演的时候受到许多码头工人的热烈鼓掌。到了洋泾中学休息了一会,便由洋泾团工委负责同志领导大队向目的地前进,中午猛烈的太阳向人们显出了它的威力,可是同学们是经得起考验的,不畏缩,不退却,大家加快了脚步向前进,中午抵达了目的地。在钦仰乡和那里的农民开了一个联欢会,会上同学和农民的代表都讲了话,同学听了最受感动的是劳动英雄刘登宾的讲话,他们乡里的农民在人民政府及当地农会大力协助下度过了春荒,扑杀了所有的虫害,现在他们正在号召进行着"生产备荒"的工作,他很诚恳地说:"今天上海同学们这样虚心地到乡下来向我们种田人学习,这很明确地说明了翻身后的农民在社会上的地位已提高,以前城市里的同学是从来不会到乡下这种地方来的。"同学们也真正体验到知识应和工农群众结合,要不断地虚心向工农群众学习。这次下乡的收获虽不多,可是当同学染了一身黑色的皮肤和拖着两只酸痛的脚回到校中时,大家都合口同声地说出了这是一种最好的考验。(古国强)

《文汇报》1950年7月24日

有计划有步骤地展开活动——格致暑期工作获得成绩　克服困难为下学期的学习打下稳固基础

【本报讯】市立格致中学在暑期工作委员会领导下有计划有步骤地完成和展开了各

种暑期工作。从一个月以来的工作中得到了很多宝贵的经验和教训，获得了成绩。通过全体师生员工的共同努力，克服了工作中的阻碍和纠正了工作上的偏向，为整个暑期工作开辟了平坦的大道，为下学期的学习打下了稳固的基础。下面是该校整个暑期工作综合报道。

夏令学园的收获：从7月13日开始格致夏令学园正式成立，夏令学园实行集体性的生活，它基本的精神是"严守纪律，服从组织，团结一条心。虚心学习，掌握批评，努力求进步"。参加学园的同学有五百多人，占全校总人数百分之七十以上，在六天的夏令学园时期中一共举行过五次专题讲座，内容是"思想问题""国际形势报告""新中国建设路程""青年正确的恋爱观""通俗科学知识"。这五次讲座对同学们的思想启发最大，为了配合这种思想启发，所以先后两次发动同学下厂下乡。下厂的收获都很好，以前对工人轻视的同学在切身体验了劳动的艰苦后才衷心地觉得工人阶级的伟大。在下乡的时候由于领导上事先没有很好地计划，未能充分地掌握时间，以致大部分时间浪费在走路上，和农民接触的时间太少，所以收获较少。在夏令学园里最重要的收获是"民主秩序"在同学间有了稳固的基础，组织性也有了充分的发展。学生会、党团支部、学校行政方面大家共同统一领导举行全体工作干部总登记，然后作合理的调配，把以前组织散漫、工作零乱的偏向纠正了过来。

减免调查：夏令学园结束后，接着清寒同学减免费调查工作就正式展开。21日开始进行调查工作，338位申请减免费的同学全部参加调查工作，在338位同学中申请全免者259人，半免者65人，四分之三者8人，三分之二者3人，任意者3人，全部调查人员被混合编成70个小组，每小组4人至5人，在调查前每个人都经过多次的学习，尽量学会说服工作并且结合反侵略宣传工作。经说服后家长自愿放弃者有15人，清寒同学辅导委员会也决定加强说服工作，不断进行调查。在申请减免费的同学中发觉有119位同学的家长是失业的，许多家长都希望以后学校经常进行家庭访问，使学校教育与家庭教育能够互相结合，现在初步调查工作已经完成，正在进行重点复查。这次的减免费工作必须做到绝对的公平合理，全部工作人员都有这样的信心。

互助互济：克服困难为继续开展新民主主义学习创造条件是暑期里的中心工作。暑委会除了动员同学发起互助互济运动外，还举办了一个由同学们义务担任教职员的暑期补习班，现在暑期补习班共有同学330人，所收学费除去必要的行政开支外预算可剩余450万元，此款决定全部用作互助互济之用。此外学生会生活福利部准备把原有小商店扩充范围改作合作社，现已开始征收社员，同学可自由认股，每股是半个折实单位。同学们自己生产的墨水、酱油可请合作社代销，所得利润也作互助互济之用。在暑假一开始的时候同学们就热烈要求老师能义务替同学补课，经过学生会学艺部和教职员工会接洽后，有12位老师愿意尽量抽出时间替同学义务补课，全校参加补课的同学有500多人，同学们对补课的情绪很高，每天补课的教室里总是挤满了人。抓紧时间，搞好学习，为下学期学习扫清障碍，同学们对今年的暑假都有这样的期望。

文娱活动：每日上午全校浸沉在学习的热潮中，下午各种文娱体育活动都热烈地展开啦！文娱部、体育部联合举办了篮排球、游泳、歌咏、舞蹈、腰鼓、口琴等等的学习班。有12位同学主动地参加了市体育馆主办的机巧运动学习班，戏剧社的同学也埋头改编了《拆穿美帝纸老虎》的活报和《一个典型小组》的短剧,准备参加这次全市性各校的文娱竞赛。为迎接这次的歌咏竞赛,文工队同学清晨就起来吊嗓子,空下来就练唱,打腰鼓,有时忙得连饭也不想吃。文娱体育活动在学校里热烈地展开,全校都充满了活泼的朝气。青年团总支部这次挑选了7位同志去参加团工委主办的干部训练班,因为大部分同志都被调到其他部门去工作,所以团内业务工作无法很好地展开,其他同志每星期有一次学习,在学习中提高自己,以便下学期能在同学中积极地起带头作用。

通讯组的同志们除了经常的业务学习外,平常各人都投身在各部门的工作中,图书馆、卫生队、暑期补习班、考生服务团,每个部门都有通讯员的踪迹,所以整个暑期工作的动态能经过通讯网很快地传达给每个同学。

暑期的工作很多,总之,每一件工作,每一种活动,都是围绕克服困难,坚持学习的总目标进行的。抓紧暑期,加紧工作,为下学期开展新民主主义学习做好准备工作。(许良中)

《文汇报》1950年8月8日

格致中学批判毒素电影

格致中学图书馆举办介绍进步电影及批判毒素电影资料、图片、模型展览会。连日来参观的同学已有六百多人。尤其是《斯大林格勒大血战》的立体战斗模型最为引人注意。通过了这次展览,同学们对苏联进步电影和美国毒素电影有了明确的认识。(许良中)

《文汇报》1950年8月15日

格致中学图书室获得同学喜爱

【本报讯】格致中学图书室在暑期中变得热闹了,它已经拥有二百多位读者,每星期二、四、六开放的时候总是挤满人,连环图书架上的书都被借得空空的,没有座位的就坐在地上。

图书室的工作同学,在工作岗位上发挥高度的积极性与创造性,他们集体创作了两次图片展览,一次是庆祝八一建军节反对美帝侵略运动,另一次是8月10日介绍进步电影图片展览,并有《斯大林格勒大血战》的立体模型。前往参观的人数达700人之多。此外,他们每星期六召开工作座谈会,广泛吸取同学意见,改进工作计划与态度。他们针对同学要求,集体想办法,改正了借书的办法,上下册可以一齐借出,暑期工作忙的同学爱看的书,可以预定,以免向隅。并经常出快报与同学联系。

格致图书室就是通过了这种工作方式,团结同学,获得同学的喜爱,充满了新的气象的。(谭继良)

《解放日报》1950年8月19日

格致学习整风运动报告

格致中学学生会全体执委对饶主席的整风运动报告进行学习,在学习时每人深入地把报告的内容和本身的工作联系起来,检查自己。秘书处的刘关袁同学身兼教职,整天忙得昏头昏脑,执委们批评他犯了"辛辛苦苦的官僚主义"。女同学部翁丽珍同学过去对自己的工作毫不过问,大家批评她犯了"饱食终日,无所用心"的官僚主义。在指出了各

人的缺点后,大家都深入地进行检查,设法改正缺点,把工作提高一步。(许良中)

《文汇报》1950 年 8 月 30 日

格致中学青年团举行建团纪念大会

【本报讯】格致中学青年团昨天举行建团周年纪念大会,到场有全体青年团员、团友、来宾等共 300 人,由总支书记臧敏珠同志作一年来团的总结报告及今后工作方向,指出以前团工作不能很好地开展和组织松懈的原因主要是因为过去团没有面向学习,没有把学习作为团的中心工作,其次团的工作没有很好地配合行政与学生会来进行,也未能主动争取先生们的帮助,同志工作作风上存在着严重的官僚主义作风,例如总支委讨论工作不从实际出发,结果工作就贯彻不下去,不了解下面情况,高高在上,对同志提意见认为是牢骚,不重视,只作浮面号召,不具体帮助同学解决问题,对同志照顾不够,困难不关心。这些缺点妨碍了团的工作开展。最后领导上提出今后工作的总方向是面向学习,希望同志们努力发挥高度的积极作用和模范作用,并且要求全校先生、同学们不断地对团提意见,帮助团克服过去工作上的缺点。(许良中)

《文汇报》1950 年 9 月 2 日

搞好了开学工作　育才格致学习情绪高

(前略)市立格致中学为安定同学开学时的紊乱情绪,在 6 日到 9 日开学的最初四天中由学校行政当局订出了四天的全部学习日程:漫谈个人暑期学习工作和生活,写暑期总结,编学习小组,听学校学期工作方针报告,讨论本学期的行政方针和班级计划,订个人本学期学习计划,听目前形势报告等,总结四天的收获。同学们有条不紊地按照日程进行学习,由于行政上事先对这项工作有充分的准备,所以进行得很顺利,通过了这四天的学习,不但安定了同学们开学时的紊乱情绪,纠正了过去开学时存在着的手忙脚乱的偏向,而且为本学期的学习创造了有利条件,总结四天来的学习有下面几点优缺点。优点:过去同学们总认为开学最初几天不会上课,也没有什么工作好做,缺席的人很多,这次日程表贴出后出席得非常踊跃。许多班级进行小组讨论时情绪很热烈,有些同学暑假里很少见面,所以彼此间谈谈暑假生活谈得很有劲,有些暑假里回乡的同学,这次也大谈他的乡村生活,同学间过去闹意见的也都坦白了出来,基础好的班级,同学间团结得更加紧密。

目前形势报告是包括朝鲜问题、美机扫射东北、欢迎世界青联代表团来沪三大项目,在连续三小时的长报告中,同学们能静心地听并且紧张地做笔记,事后据同学们的反映认为报告的内容很切合实际,使同学们对朝鲜看法、对美帝侵略、对欢迎世界青联代表团都有了明确的认识。(许良中)

《文汇报》1950 年 9 月 15 日

科技界选举人代代表　吴学周等二十人当选　格致中学南洋女中等校进行选举

【本报讯】(前略)格致中学这次在全市学校选举出席人代代表会上以 269 票当选为出席人代的学校代表,学生会执委会决定在 15 日下午全校普选人代代表,并在事先发表《告全校同学书》,内容摘要如下:

"同学们！到今天我们才真正体味到人民做了主人翁用自己的手来选举市长及人民政府委员,而且我们光荣地当选了代表学校,代表了上海市 12 万学生去出席四届人代。本届人代将更深一层贯彻上次人代的总方针,我们应当用'读好书'来祝贺本届人代的召开,光荣是属于上海学生的,过去的斗争历史是光辉的,但今后的学习与建设任务也同样的艰巨,大家努力吧！我们为开好四届人代,为学好本领建设新中国而斗争。……"开票结果,曹达成同学以 529 票光荣地当选了人代的代表。

南洋女中这次也当选为出席人代的学校代表,学生会执委会于上星期六周会上,号召各级同学于今日开始进行普选。全校各班级并定于本周举行检查总结,以搞好学习来迎接第四届人代会议的召开。

《文汇报》1950 年 9 月 18 日

体坛简播

格致中学学生会体育部利用课外活动时间,举办了排球级际赛和第三届篮球联赛。参加排球级际赛的各级同学有二百八十八人,通过第三届篮球联赛来选拔本学期的篮球校队。这次举办排球级际赛和篮球联赛的主要目的,是使同学们在比赛中建立起运动美德。(良中)

《文汇报》1950 年 10 月 8 日

在学校里

格致中学捐募寒衣委员会已于昨日成立,在全校师生员工密切配合下,大力开展了捐募寒衣工作,教职员带头认捐,英文教师吴娖娴先生首先捐出了旧衣裤廿余件,个别同学自由认捐的已经很多,校方拟在下周周会和级会上作启发报告,使同学们明确认识到捐募寒衣的重要性。(张中良　秦舞阴)

《文汇报》1950 年 10 月 21 日

格致中学成立文娱统一机构　展开班级文娱活动　配合正课学习丰富同学生活

【本报讯】格致中学的文娱活动,上学期是很散漫零乱的,虽然有戏剧社、口琴队、舞蹈组、歌咏队等等的组织,但是各单位单独地自己搞一套,互相没有联系,工作上没有帮助,并且有互相意见分歧,闹成见。例如舞蹈组、歌咏队,只知道扩充组织,大量地吸收队员,就以为自己的工作有成绩。戏剧社的女演员缺乏,于是强迫地盯着女同学要求答复,希望她能够加入戏剧社,给同学们的印象很不好。每个单位的组织缺乏群众性,结果只是各自形成一个小圈子,完全违反了学校文娱活动的方针,在工作上脱离广大同学,有些班级的同学想打腰鼓而没有人教。各单位的经常演出也变成了堂会形式,某某工会成立去演出一次,某某团支部成立去表演一个,对学校里广大同学间的文娱活动反而没有好好地开展起来。

暑假期间,暑期工作委员会举办了一个"夏令学园",在夏令学园里主要是文娱活动配合政治思想教育,因此文娱活动开始被重视起来,在夏令学园里有大家唱、集体舞、无言表演等等的活动,由各单位负责领导,同学们对于这种新的生活方式感到愉快,觉得大家唱、集体舞这些群众性的文娱方式很配胃口,同学们对文娱活动有了热烈的要求,就这样格致中学的文娱活动有了一个新的转变,在广大群众的激励下,各单位感到本身工作的重要性,对工作有了初步的认识。在暑期工作中,各单位在同学的督促下,都找出了过去本身的缺点,明确了今后努力的方向。

本学期开学后,各单位都确立了新的工作方针,因此工作也有了成绩。国庆时歌咏团发动各级组织大家唱,由歌咏团员负责去教歌,准备游行时全校同声高歌。舞蹈组也发动了同学一起扭秧歌,创作了腰鼓秧歌合并花式的游行表演。在国庆游行时,这些表演博得了广大群众的赞赏。国庆过后,各单位感觉到过去单独工作互相没有联系,以致校中文娱活动没有很好地开展,同时改组后的学生会文娱部也重视了文娱活动,主动地召集各单位负责同学开了一次座谈会,在会上大家坦白了自己的成见,并且一致认为今后必须团结起来经常取得联系,更好地开展全校性的文娱活动。最后戏剧社、口琴队、歌咏团、舞蹈组几个单位决定合并起来组织成文工团,在文工团的统一领导下,各单位分工合作,有计划地展开活动。文娱部又召开了一次各级康乐股长联席会议,各单位了解了各级具体情况,决定今后工作应多联系班级,辅助班级展开文娱活动,例如初二上甲同学喜欢歌咏而没有人教歌,歌咏团负责同学便在课余主动地去教歌,初二下部分同学喜爱戏剧,但是没有人导演,戏剧社同学便热情地去担任导演。为了更好地开展全校性文娱活动,文娱部决定本月28日举行一次文艺联欢会,通过文艺联欢会来提高同学们对文娱活动的认识。此外文工团决定在11月下旬段考后举行班级歌咏竞赛,通过这些文娱活动使同学们的生活丰富起来。(许良中)

《解放日报》1950年10月23日

举行时事测验　加强思想教育

我们学校里在用各种方式展开时事学习,针对着部分同学对时事不关心的麻痹思想及恐惧美帝原子弹的思想,我们除了在走廊上、教室门口布置纸,反映目前时局外,又举行时事测验。在教学时,各科配合了同学们的思想教育。我们更利用黑板报、油印快报、座谈会等,广泛收集同学思想情况,解答问题,报告本校及其他学校学习情况,驱除掉一部分不正确的思想。课外文娱活动时演出《战争贩子不要猖狂》和《朝鲜人民斗争》等活报剧。根据我们的经验,展开时事学习,必须各方面配合动员起来。我们为着要澄清部分同学的思想,必须使同学了解人民力量中国前途的美丽。

《文汇报》1950年11月15日

格致中学在参加军干校运动中怎样克服发展不平衡的现象?

自从开展抗美援朝保家卫国运动以来,同学们通过时事学习、留美学生报告、控诉会、小组漫谈、座谈会等方式,激发了仇视美帝、热爱祖国的情绪。更通过政治课上帝国主义论的学习,使同学们由感性认识提高到理性认识,因此基础更为巩固。在政务院和军委会号召青年参加军干校的消息在报纸上公布以后,高一上甲首先有八位同学响应祖国号召,报名参加军事干校。领导方面掌握这个机会,提出了"把理论贯彻到行动中去"的口号,掌握重点班级,全面推动,掀起热潮。在"一二·九"大游行前全校报名参加的计156位同学,但各级发展颇不平衡,例如高一上甲有四分之一报了名,高一上乙一个也没有,初三同学报名很热烈,高三同学报名的却寥寥无几,团员积极分子报名的非常踊跃,一般同学还在观望。自从示威游行以后,同学们的认识又普遍提高了一步,领导方面更从多方面进行教育,来改变这种发展不平衡的现象。(1)通过小组漫谈,了解了许多不参加的同学们所存在的思想顾虑,如个人志趣、家庭问题、军干校性质等。针对这些进行教育,并推动今后的工作。(2)各科教师配合,进行教育。教师们听了陈校长传达戴局长的报告以后,更通过上海市中学教师庆祝平壤解放大会,大家对军干校的认识都明确起来。例如有些同学数理比较好,想将来做工程师,对于军事不感趣味;数理教师上课时便说明学习军事技术也需要高度的科学知识,例如雷达、电讯、测绘、气象、修械没有一件工作,不需要数理常识,积极鼓励成绩优秀的同学参加军干校,在高中各级收到的效果很大。(3)领导上不断从级任导师及各级同学干部方面了解报名参加军干校同学中的典型实例,组织大组或小组报告推动全校。例如夜中学有一位职工同学陈根斐,在协大祥工作,每月有四石米收入,本想在几年内积蓄点钱,并作为弟妹的教育费,但这次鉴于美帝的疯狂侵略,毅然抛弃自己理想,耐心说服家长,报名参加军干校!这对于其他职工同学是一个很好的教育。学生会主席曹达成是独养子,祖母、母亲到学校哭了好几天,甚至要寻死,不让他报名参加,最后由于曹达成自己意志坚决,教师和亲友帮助说服家长,这对于有家长顾虑的同学有很大的启示。还有许多纯技术观点的同学,不断思想斗争,在同学教师的启示下,改变个人打算,坚决响应祖国号召,这些典型例子,非常动人,领导方面都及时加以表扬和介绍,并组织了典型介绍队。这不仅对于本校工作的推动起了很大作用,就是对于其他学校工作的开展也有很多帮助。(4)组织班级联合座谈会,用发展快的班级推动比较慢的班级,这也收到一定效果。(5)动员已参加的同学通过谈心等方式,用正确的认识去扩大影响未参加的同学。(6)邀请已经加入航空、防空学校等单位的本校校友,返校报告他们的生活情况、学习情况,以活榜样给大家看解除大家的疑虑。(7)邀请本校鼓励子女参加军干校的吴霆锐、许志行、姚枝碧、李亦贤诸先生,给同学和家长做报告和谈话,用他们自己真实的感情来教育旁人,效果很大。先生们或访问家长,使许多有家庭问题的同学能顺利报名。(8)继续开展爱国主义教育,交错进行各项爱国行动。报名人数虽然不断增加,但是政治课上对于爱国主义教育及各种思想问题的解决,仍旧继续进行,而且深入下去,这样使面可以更加扩大起来;同时,参干运动也与其他爱国行动结合,不让它显得突出和孤立,并且这样可以继续提高未参加同学的认识,进一步便报名参加了,像捐献子弹全校已达万发以上,对本区12所中小学的访问宣传,固然使参加的同学得到很大的教育,而对于其他学校也多少有一点帮助。如苏民中学捐献子弹运动由于我校同学的鼓动,青年会中学同学听了我校同学的典型报告,报名军干校同学的人数便大大增加,其他像组织纠察队、防护队、加强冬防工作,也在进行中。自从进行了上面的工作以来,格致中学各级发展不平衡现象,大体上已完全改变,全校参加人数已超过四百名,其中团员与非团员各占一半,班级人数一般在二分之一到四分之一,男女同学的人数比例也很正常。现领导方面为了加强团结巩固已参加同学的热情及提高未参加同学的认识起见,除进行深入的教育外,正组织慰问、招待、解决家庭问题、筹备欢送会等项工作。(郑孝同)

《文汇报》1950年12月22日

1951 年

格中高二甲班欢送参干同学

【本报讯】格致中学高二甲同学,于31日晚上,举行庆祝新年欢送参干同学的通宵联欢会。在主席的简短致辞后,参干同学保证自己尽力学好军事技术,落选同学保证练好身体,响应祖国再一次的号召,留校同学保证自己搞好学习与搞好工作。级任老师卢先生亲自送来了一百多只肉饺子,这是卢师母亲自动手做的,徐重人先生送给了同学们两篓橘子,吴娴娴先生担心同学们晚上冷,所以特地送来一篓炭给同学们烤火,同学们一面烤火,一面吃着精美的点心,心里有说不出的感激和高兴。(格致通讯组许良中)

《新民晚报》1951年1月1日

搞好寒假工作　格致举办冬令学园

【本报讯】格致中学为很好地开展寒假工作,使同学们在短短的寒假中生活得轻松愉快而有意义,决定举办冬令学园。冬令学园工作委员会已于昨日成立,从29日开始过集体生活。生活主要内容有纠察队、救护队的反特护校活动,时事形势、土改问题的专题报告,篮球、乒乓、象棋等比赛,集体舞蹈、大家唱、漫画展览、放映电影,减免费的审查评议,补习各项功课,里弄宣传,向参干同学家庭拜年,有计划地阅读图书杂志。如果时间可能的话,还准备组织同学下乡宣传。全部工作决定环绕反特这一中心目标,从工作中继续巩固和提高抗美援朝保家卫国运动中的成果,并培养出一批新的工作干部,为展开下学期工作打好基础。冬令学园的全体工作干部是从各班级及各部门抽调出来的,包括学校、行政、党、团、学生会、文工团、卫生队、图书室、通讯组等部门,这种组织形式对展开多样性的活动很有帮助。(许良中)

《文汇报》1951年1月25日

格致中学高二甲订立爱国公约　并订出执行公约办法　经常进行检查好的表扬坏的批评

【本报讯】格致中学高二甲级的同学们,经过抗美援朝、参加军干校运动后,在政治思想上有了显著的提高。本学期开学后,便开始酝酿订立爱国公约,但不知道究竟应当怎样来订,有少数同学把它看作和过去订立学生守则一样,或者只觉得"爱国的事情总归要做",认为这是一个突击任务,人家在订我们也不能不订。因此第一次在小组里讨论时就发生了一些偏向,例如第一小组把"不迟到,不早退,专心听讲"这些学生应有的守则也订了进去,其他小组也犯了教条化的毛病,不能很紧凑地把总的原则和具体情况结合起来,因此,第一次公约订立后,同学们对公约的印象仍旧很模糊。

3月2日全校同学深入里弄进行反对美国武装日本宣传,高二甲同学全体出动,在宣传时由于同学的启发,引起了群众无穷无尽的控诉,在这些生动的事实教育下,同学们体会到过去未能体会的东西,"三四"工人示威大游行和"三八"妇女游行时,同学们组织了宣传站,当同学们在话筒里喊出:"普遍订立爱国公约,开展爱国主义竞赛!"游行队伍立刻高声呼应:"响应你们的号召!"妇女游行时看到老太太们也高呼:"反对美国武装日本!"同学们感动极了,许多同学都坚持鼓动工作达五六小时,爱国热情因此更高了。

志愿军代表的演讲,一部分同学听了回来后便传达给全体同学,听了传达报告后,许多同学都深切地感到:"志愿军为祖国拼命流血,我们在后方的同胞难道还有什么不能干吗?"在高涨的爱国热情下,同学们都有了这样一个意念:"要爱护伟大的祖国,我们必须把爱国热情结合到自己的实际行动上来,订好爱国公约,就是把每个人潜在的力量发挥出来,我们力量的增加,就是敌人力量的削弱。"在这一个新的思想基础上,全班三个小组展开了热烈的讨论,批判了第一次订立的公约,同时发掘出班级工作、学习、生活上存在的问题,把每个人的缺点也都提高到爱国主义认识上来谈,严煦春同学检讨了过去自己喜欢扔粉笔头、乱涂黑板的坏习惯,并认识了这是不爱护人民财产的表现。赵志中同学晚上"开夜车",不注重自己的身体,在讨论时她觉得不爱护自己的身体也就是不爱祖国,把身体搞坏了将来对祖国的贡献就少,这是对祖国有损害的。第一小组同学对学习时事不够重视,大家就指出这不但会使我们自己认不清形势,当我们去向别人宣传时也一定会讲不清楚,这样联系了班级、小组和个人的实际情况,具体的订出了八条爱国公约。

同学们认识到爱国公约不是空洞的条文,而是要用实际行动来执行的,因此全体同学又订出了执行和检查的办法,个人执行检查分三点:一、把爱国公约贴在最明显的地方,每做一件事都把它和公约联系起来。二、晚上自修前抽出十分钟时间检查一天来的工作、学习、生活是否违犯了公约,或有了什么进步和需要警惕的地方,把它简短地记在"公约检查"簿上。三、把自己的主要缺点和公约联系起来,随时注意改正并随时提醒别人执行公约。小组执行检查的原则是每周开一次检查会,根据每人"公约检查"簿上的纪录予以批评和表扬,并实行小组负责制,每人必须向小组负责。由于大家认识了爱国公约就是每个人爱国的誓言和保证,因此大家都为切实执行公约而努力。(许良中)

《解放日报》1951年3月23日

关于中等教育的几个问题　民盟总部文教委会暨京市支部邀请出席中教会议代表座谈纪录

时间:3月20日下午7时

地点:中国民主同盟总部

出席人:车向忱(东北人民政府教育部长),府廷镇(沅陵中学校长),任言(江西省立一中校长),徐舜宗(中山大学附中教师),宰华如(武汉市二中教师),张臣(吉林实验初级中学学生),张士善(保定一中教师),杨诚(青年团中央学生部长),于冶青(旅顺中学校长),金魁之(贝满女中国文教师),孙云鸿(上海中学历史教师),陈尔寿(上海格致中学校长),牟焕文(山东莱阳中学学生),胡文巧(上海民立女中教导主任),江树峰(扬州中学语文教师),周鉴之(重庆女中国文教师),沈佩畹(大同大学附中国文教师),曹子芳(上海南洋中学学生会主席),杨拯英(西安高中学生),方嗣(物理学家),毛振(镇江中学数理教师),李定华(陕西师范生物教师),史苏苑(开封女中历史教师),姚锡厚(河北学联),江泽生(天津市女一中教师),杨明书(东北实验学校教师),许德瑗(江西省文教厅厅长),杜受百(全国学联),赵卓立(兰州女中教师),沈体兰(华东行政区教育部副部长(李新代)),田寿生(苏南常州中学物理教师),李邦权(教育部中教司第一处副处长),周建人(中国民主同盟总部文教委员会副主任委员),曾昭抡(民盟北京市支部文教委员会主任委员),胡一声(民盟北京市支部文教委员会委员),汪金丁(民盟北京市支部文教委员会委员),罗涵先(中国民主同盟总部文教委员会委员),关世雄(民盟北京市支部委员)。

纪录整理:罗自梅、黄俊民、黄觉、周希文、白三立

讨论提纲:

一、对增进师生健康应如何实施?

二、在政治、历史、语文、数学、理化等教学上有何困难?

三、如何在教学上贯彻爱国主义的精神?

四、中等学校内行政与群众组织的关系问题?

(中略)

陈尔寿:

现在对教师健康问题,应加重视,据统计上海教师每周工作平均达70小时以上。又上海格致中学共有同学815人,其中有495人患沙眼,71人患扁桃腺炎,116人患牙病,12人是畸形状态,12人患呼吸器官病,11人患循环系统病,32人营养不良,由此可见同学健康问题的严重。我以为改进学生健康的办法是:一、今后要减轻课程内容,使学生能在课堂内充分消化,如数学等教一点懂一点。二、每周学生的会议不要超过六小时,统一布置,减少再复。三、教学总时数要减少,须适当调配。教师的负担较学生更重,最重的是级任、工会负责人、政治教员,他们的工作时数,每周是60小时至90小时。

(后略)

《光明日报》1951年4月8日

格致举行运动会　全体师生参加表演

【本报讯】为了欢庆青年们自己的节日,格致中学全校师生约1400人,在昨天举行了全校运动大会。全体同学都参加了"打死美国狼"的团体大会操,600多人参加了团体赛节目(包括以各班级为单位的竞赛、搜索"特务"比赛),200多个男女同学参加了各项田径比赛。全校老师除参加了运动大会的工作(如裁判记录……),其中半数的老师参加田径表演,和搜索"特务"比赛。他们和同学们一样活跃在运动场上。有的老师本来不太熟悉运动规则,但在这次大会以前都加紧学会了,一位数理教师平日不大参加体育活动,在昨天却起劲地担任了田径赛裁判员,高二甲徐祖禄同学是喜欢美术的,以前对体育运动缺乏兴趣,在这学期才开始参加课外活动,而在昨天,他已是参加运动大会的积极分子。

这次运动会,曾经过两个月的宣传动员和准备,由学校行政通过各级级任教师,由学生会通过各班级的体育干部,由团支部通过团员们,向群众宣传"健康第一"的道理。在

大会举行前还开过几次体育干部会议,明确新体育的精神,强调普及,并纠正锦标主义的错误思想,学校行政方面拨出了100万元的经费,作为这次运动会的经费,并发动全体教师参加工作和大会的体育节目。由于经常的体育文娱活动的开展,也有了较好的制度。因此,在昨天的大会里,表现出了团结、友爱、坚持到底(田径赛中,没有一个人中途退出)和服从裁判的集体主义的新体育精神,每一项节目都没有发生任何纠纷,成绩好的不骄傲,成绩差的也不闹情绪。

《解放日报》1951年5月5日

格致中学

格致中学庆祝"五四"体育竞赛大会昨日上午8时在雄壮的国歌和32响礼炮声中揭幕,竞赛节目开始首先是"打死美国狼"团体操,和捉"特务"团体表演,接着是初高中田径竞赛,跳高最高成绩一米四五,女生跳高最高一米一二五,高中组铅球最高成绩九米九,女子垒球最高成绩廿七米九五。这次大会主要收获是全校师生员工更紧密地团结了起来,夜校百分之百的教职员参加了大会的评判记分等工作,百分之五十的教职员参加了竞赛节目,全校百分之百的同学参加了团体操,高二甲、高三乙等班级,全体同学都参加了团体或个人竞赛,集体主义的充分发挥是过去任何一次运动会所没有的。(许良中)

《文汇报》1951年5月5日

格致中学同学深入里弄宣传

【本报讯】格致中学全体同学画了大批的漫画,创作了相声、快板、越剧、滑稽等文娱节目,在19日下午,深入德裕里等里弄宣传镇压反革命,和里弄居民举行座谈会,受到热烈欢迎,总计有5 800余无组织的居民受了教育,大家相互表示要为肃清反革命而努力到底。

《文汇报》1951年5月21日

格致中学同学深入里弄宣传　事前充分准备宣传效果良好

【本报讯】格致中学全体同学通过收听公审反革命分子广播与学习惩治反革命条例后,在感性认识提高到理性认识的思想基础上,许多同学提出了:"行动起来!扩大里弄宣传"的口号。四届二次级代表扩大会议接受了同学们的要求,把这意见提交给了肃清反革命委员会。15日上午举行的里弄宣传动员大会上,同学们听了比德小学教师向顷同志的血泪控诉后,当场有初三甲、高一甲、高三甲等级同学全体保证参加里弄宣传。在宣传前同学们经过了不断的学习与讨论,肃清反革命委员会印了许多宣传材料分发给同学,各级级任老师与政治教员也利用课余时间为同学解答问题。吸取了过去宣传的经验,每小队都画了大批的漫画并创作了相声、快板、越剧、滑稽等文娱节目,并于18日下午举行了一次示范表演。

全体同学分为63个小队(每小队12人至15人),全体教职员除少数担任护校纠察外全部参加在各个小队里。19日下午在出发前每小队和里弄冬防服务队负责同志举行了一次座谈,在了解里弄的一般情况后,各队便分头出动。在宣传过程中群众一般的反映

都很好,情绪也很热烈。(后略)(许良中)

《解放日报》1951年5月22日

学习和工作正常进展——记格致中学高二甲经常工作情况

格致中学高二甲班级,在开展抗美援朝镇压反革命爱国运动的基础上,通过爱国公约的贯彻执行,推动经常工作,取得了一定的成绩。现在把工作介绍如下:

一、在学生会和级干事会的领导下,开展经常的时事政治的学习,每天有20分钟读报时间。在全班三小组中,各组推选六人为讲报员,轮流讲解国际、国内、本市新闻;每一星期轮换一次。由于事先有准备,比拿着报纸光读一遍要生动得多,因此,同学都很安心听讲,收效很大。有的同学说:"从前光照报纸读一遍,听起来没有劲,听听就要打瞌睡,现在由大家讲解,我们觉得很好。"但是,讲报时间很短,只有20分钟,不能什么事情都讲到,因此是有计划有中心有重点地讲,把讲报的内容结合各时期的中心任务,事先加以简单地整理和组织。前一时期我们着重镇压反革命的政治思想教育,目前结合捐献和土特产展览会;国外新闻以前讲四国外长会议及反对美国单独对日媾和,现在主要讲伊朗石油国有化斗争及意、法两国竞选等问题,把同学最关心和最感兴趣的问题讲出来。但是单是讲报还不能满足同学要求,不能完全解决同学思想问题,因此,除了讲报之外,利用墙报展开"笔战",任何一个对时事不清楚的同学,都可提出问题,如"为什么有些反革命分子判处死刑,还要缓刑两年执行?"要求别的同学在规定时间内提出答复。如回答得不满意可以提出辩论。这样有些平时不关心时事的同学,也提起了兴趣,热烈地参加讨论和争辩。同时班级宣教股每天出黑板报,除了报道国内外重要时事外,以校内大事、班级活动为报道中心。

此外,校内还进行时事测验(因为高二甲同学对时事的关心,得了两次第一)。时事测验后,不明确的问题就引起了同学的辩论,于是就利用午饭后时间展开讨论。

通过这些方式,提高了同学对时事政治的认识,养成同学经常学习的习惯。

二、检查和督促功课学习,及时解决学习上的困难。

班级干事很关心同学的学习,看见同学就问:"今天教的功课懂吗?""跟得上吗?""习题做得出吗?"发现了问题,就组织功课好的同学帮助解决。如级长陈之骅同学功课赶不上,数学好的黄超人同学就帮助他;金吉寅同学学习不认真,同学们和级干事就向他提出意见,帮他解决困难。工作特别忙的同学,级干事就特别注意帮助他。像团总支书臧敏珠同志、学生会主席刘关袁同学,功课跟不上,很多同学都热情地帮助他们。有的同学一个难题做不出,就组织了两三个同学一道讨论,相互启发,改进了学习的效能,同学认为这样很好。

高二甲又采取课代表制,由课代表经常与同学联系,搜集同学的反映,及时对教师提出意见,商量改进教导方法。如同学说:"化学实验和教本不配合,不好。"化学课代表就即刻向化学教师提意见,商定在化学实验后,再由化学先生解释一遍。如同学对政治课有意见,认为政权建设一章讲得很枯燥。政治课代表就和政治教师讨论,加以改进。各课代表又经常负责出示范答案,给同学们不少方便。

同时,同学研究了一些简便的学习方法(有的是从参考书上看来的)。如胡学仁同学对化学有兴趣,研究出把 Pv=nrt 中的常数,用另外的数目来代替,结果在计算习题时,就方便一些;黄超人同学用系数和恒等式的关系来检验代数方程的根,结果也很方便,节省了同学的时间和精力。

这样,一般的同学的学习成绩都很好,学习情绪很高,学习也很认真,四学期来没有一人留级,而且学期总平均都在 73 分以上。同学反映说:"几学期来,学习收获很大,进步很快,对学习有信心。"教师们说:"你们班的功课水平较高,学习风气很好。"

三、班上的体育文娱活动也开展得很好。这次"五四"青年节全校举行运动会,高二甲得了第一名。通过了这些活动,同学对运动有了较为清楚的认识,体验到毛主席说的"健康第一"的重要。例如黄超人同学一向不参加体育活动,铅球只能投一二米,跳高跳远都不行。但在同学帮助下,一年来已有了很大的进步,跳远从二米增加到三米四。很多同学都很主动地每天清早到学校来练习跑步。

四、我们全班 31 人中,有 30 人都担任了一项固定的工作。有一次我们发现了于学仁同学没有工作做,知道他字写得很好,就分配他做黑板报的工作。这样发挥了大家的力量,工作就不会堆在几个人身上而搞得事务忙乱了。

《解放日报》1951 年 6 月 18 日

格致中学庆祝校庆——陈校长勉励同学们学好功课练好身体　深入爱国运动随时准备响应祖国号召

【本报讯】格致中学暨夜中学全体师生员工昨日庆祝该校解放后二周年校庆纪念。上午纪念大会陈校长报告了建校 35 年来的校史,肯定了解放二年来学校的成绩,并希望全体同学学好功课,练好身体,深入抗美援朝镇压反革命运动,随时准备响应祖国号召。教育局陈云涛同志勉励同学们锻炼自己成为祖国坚强的保卫者和称职的建设者。在大会上并举行了格致少年队建队仪式。下午 1 时半起招待家长和校友参观新爱国主义教育展览会,并举行家长招待会,到会的家长有一千余人。下午 5 时举行体育表演赛和文娱节目,招待家长。今日举行全校文娱竞赛。(许良中)

《文汇报》1951 年 6 月 18 日

各校同学纷纷订出暑期计划　通过集体活动活泼假日生活　并有计划地学习政治进行抗美援朝宣传

【本报讯】各校同学积极准备过一个愉快而有意义的暑期,纷纷订出了计划。

格致中学学生会根据全体同学提供的建议和意见,订出了暑期工作计划。全部暑期工作分做四个部分:一、暑期俱乐部;二、清寒同学减免费工作;三、考生服务团工作;四、组织同学出动宣传。

暑期俱乐部是整个暑期的经常活动,内容分:一、时事学习:每星期一上午听时事大报告,由政治教员或党团负责同志作报告,并进行时事测验。二、文艺讲座:每周一次,拟举办四次,其中关于文学创作两次,戏剧研究一次,漫画漫谈一次,由学生会学术股聘请文艺界人士担任讲师。三、科学讲座:每周一次,举行四次,由科普协会放映各种科学知识的幻灯片,并配合幻灯片放映进行理论讲解。

图书室和阅览室决定经常开放,并拟辟棋室、康乐球室和休息室,有组织地进行各种棋类比赛和康乐球比赛。休息室内准备布置一部分新爱国主义教育展览会的材料和无线电、收音机、唱机等,并经常组织同学收听暑期青年学生节目的广播,欣赏各种音乐唱片。每天上午7时至8时,下午5时半至6时半为体育活动时间,在体育活动时间内由学生会体育部统一领导各种球类活动和田径机械运动,还准备组织一两次集体游泳。文娱活动方面决定大力开展大家唱、集体舞。学生会文娱部并将组织同学看一两次好的电影。

宣传工作方面:决定在暑期里组织同学作一次大规模的宣传,此外并鼓励同学利用纳凉时间分别有系统地进行时事宣传。为了保证以上暑期工作计划能够很好地实行,学生会特号召全体同学在本学期结束前,每人做好下面一些准备工作:一、温课迎考,把这次大考考好,以便考后能安心地搞好各种暑期工作。二、坚持时事学习,为暑期出动宣传作好准备。三、搞好暑期联络网。四、订好个人暑期计划(如增产捐献补习功课等)。(后略)(良中)

《文汇报》1951年7月18日

各校同学广泛展开活动 做好优属工作来迎接"八一" 格致中学已组织了十八个慰问小组

在学生会统一领导下,格致中学同学以班级为单位组成了18个慰问小组,决定在"八一"建军节去同学中的烈军属家庭进行慰问。各级同学纷纷准备了光荣旗和毛巾、肥皂等慰问品;在进行慰问的同时,各组决定有计划地了解烈军属家庭的生活情况,如生活有困难的,决定回校后发动大家帮助解决。该校教工会和学生会号召大家全力帮助烈军属家庭克服经济困难,并提出"如有一个烈军属家庭有困难而没有解决,就是全体师生的耻辱。"为了更好地帮助烈军属子女入学、升学,该校教工会在今年暑期举办的暑期补习班里优待了135位烈军属子女免费入学。又在"八一"建军节全校师生决定召开军民联欢大会,向烈军属致敬并联欢。(许良中)

《文汇报》1951年7月30日

格致教职员工举办暑校 增产节约捐献武器 总数已达六千五百六十余万元

【本报讯】格致中学教工会为了响应抗美援朝总会"六一"三大号召,用实际行动来增产捐献,在本学期结束的时候就筹备举办暑期补习班(简称"暑校"),并号召全体教职员工参加暑校工作,当时大部分教职员工都热烈地拥护教工会这一号召。

在教师小组里具体讨论这一工作时,曾批判了一些不正确的思想,如个别教师希望担任暑校工作取得一笔额外收入,还有个别教师希望在暑期里一样工作也不担任,认为担任暑校工作是一种负担,因而不能实现自己的一套歇夏避暑的计划,经过小组批判后,纠正了这些不正确思想,大家对捐献的意义更加明确起来。数学教师黄松年先生的太太今暑分娩,他本想把暑校的一笔收入列入他太太生育的费用之内,对捐献觉得很搞不通,为了这件事他想了一天一夜,后来他想到了今天自己能过着这样和平幸福的生活,自己的太太能安宁地住到医院里去生育,这些都和志愿军在前线流血牺牲是分不开的,接着他责问自己:"志愿军为了祖国不惜流血牺牲,我在后方为祖国多流点汗都不能吗?"这样他对捐献的意义有了深切的认识。其他许多教师也通过了实际工作,使自己有了提高,陈尔寿先生、徐烈鹏先生都自愿地把在暑校任课的收入全部捐献。半数以上的教职员工都捐献收入的百分之六十以上,个别家庭负担很重有特殊困难的教师也量力捐出收入的二分之一。

这次暑校收费的同学共有 2 012 人(138 位烈军属子女免费),全体教职员工共捐献 4 564 万元。此外许多教师过去吃美丽牌香烟的现在改吃飞马牌,过去坐三轮车的现在改坐电车,在节约的基础上大家又捐献了 2 000 万元,虽然这些数字并不大,但是充分表示出了每个教职员工热爱祖国的精神。暑校初中升学辅导班一位小同学感动地说:"老师们把自己的薪金捐献飞机大炮,我一定要把自己的学习搞好,并且回家去发动爸爸妈妈也来捐献。"(许良中)

《文汇报》1951 年 8 月 11 日

规定康乐活动时间　执行环境卫生检查——格致中学重视健康教育,但思想动员不够存在自流现象

　　【本报讯】 在轰轰烈烈的爱国参干运动中,格致中学有一部分同学因为身体不健康不能走上祖国光荣的岗位,现实教育了广大同学,也引起了领导上对健康教育的重视,因此本学期有关健康教育的新措施接二连三地付之实现,在康乐委员会的统一领导下有计划地开展了下面一些工作:

　　康乐活动方面,规定每天下午 3 点半至 4 点半为全校师生员工康乐活动时间,在规定时间内各种会议一律停止,按照指定的场所与内容,以班级为单位集体活动。康乐活动分室内、室外两种,室外以篮排球、田径等体育活动为主,室内以文娱(弈棋、戏剧、集体舞蹈、唱歌、乒乓球等)为主,经常参加康乐活动的师生占全校总人数二分之一以上,为了使每人每一小时的康乐活动经常化和了解各级同学参加康乐活动的情况,由各级小组长和体育干事主持经常检查。

　　这学期又先后举办了两届排球联赛、四届篮球联赛、一届乒乓赛等,在这些比赛中,动员参加的面很广泛,像高三乙、高三上、高二甲等全班同学都组织了球队参加比赛,通过这些比赛,使同学们认识了体格锻炼的重要性,初步树立了新体育的集体主义精神。五四青年节举行了全校体育大会,在体育大会上全体运动员都能服从裁判,没有发生任何争执和纯粹锦标主义的思想,充分发挥了集体主义的精神。

　　卫生工作方面,由卫生队员轮流执行环境卫生检查。环境清洁工作除由班级自行发动外,曾先后举行全校性的大扫除两次。卫生室的轮回治疗队,经常到各级为同学们矫治沙眼,估计每月治疗沙眼的次数平均在 1 000 次以上。伙食团也接受康乐委员会的建议,实行分食制,减少了疾病传染的机会。从 6 月份起将下午上课时间改至 2 时,以便大家有充分的午睡时间,本学期还先后举行了五次体格检查工作,全体同学经过检查后,知道了自己身体上的缺点,明确了防病比治病重要。

　　因为健康教育本身是贯彻思想教育的方式之一,在各种工作开展前要有充分的思想动员,并结合爱祖国的前提。健康教育必须全面推动,不单单要注重于体育文娱活动的开展,同时要推动校内卫生工作,更需要以精简作业来配合,如片面地理解,忽视了其他,都不能收到预期的效果,虽然本学期开展健康教育获得了成绩,但是存在的缺点还是有的:

一、领导思想上对健康教育的全面重视不够明确,如精简作业从十四周以后没有抓紧,发生自流现象,因此一般同学也认为"体育就是健康的唯一内容",对体育重视,而忽视文娱、卫生、精简作业等工作。

二、干部太集中于体育方面,妨碍了其他工作的开展,对于体育,文娱干部和卫生队员们思想上的提高如召开业务会议,听取有关交流经验、业务指导等报告做得不够,使健康活动片面发展,停滞在比较低的阶段中。

三、对健康教育一般性的思想动员工作做得不够,卫生教育方面就没有作有系统的大报告,至于健康教育中的一些新措施仅作了事务性传达,没有作思想上的启发,结果如午睡、精简作业等发生自流现象。(许良中)

《文汇报》1951年8月23日

格致中学同学参观郊区土改

【本报讯】格致中学高二级部分同学为了能更好地利用暑假,更进一步向劳动人民学习,以及体验伟大的土改运动,于本月13日,赴浦东金桥乡参观土改。一星期来,同学们访问了农民们,并参加了各种会议,已于22日返校。他们通过了这次参观土改,深深地体会到封建剥削的残酷,土改运动的伟大与正义性,也了解到农民们的生活状况。他们都表示要在今后的工作与学习中不断提高自己,锻炼自己,为劳动人民服务。(格致高二级)

《文汇报》1951年8月24日

格致中学搞好开学工作　有计划地进行了思想教育

【本报讯】格致中学学校行政上为搞好本学期的开学工作,安定同学们的情绪,为本学期的学习打好基础,有计划地在开学的前三天进行了一次思想教育。9月3日上午,全体同学听取十五届全国学生代表大会的传达报告,和陈校的关于纪念抗日战争胜利六周年和反对美国单独对日媾和的专题报告;4日上午听取本学期学校工作方针任务草案的报告,然后由各班主任领导各班级新旧同学进行漫谈,相互了解;5日上午全体同学根据以上所听的报告进行小组讨论。通过这三天的思想教育,全体同学明确了目前形势和发展前途,认识到在目前形势下自己的主要任务,克服了开学时的混乱现象和不安定情绪,基本上为本学期继续深入贯流通彻新爱国主义教育打好基础。对本学期实施新的"中学暂行规程",也起了一定的保证作用。

在各级小组讨论中,同学们一致拥护全国十五届学代的四项决议,大家对本学期学校工作方针任务草案也补充了很多意见,例如加强文娱体育活动的宣传工作,搞好同学健康,举办营养站,定期举行体格检查等。同学们更热烈发言,斥责美帝国主义的侵略野心,坚决反对美帝国主义的对日片面媾和,表示要搞好学习,做好工作,检查修订爱国公约,更好地进行捐献和优待烈军属工作。

由于深入进行思想教育,同学们思想上有了明确认识,大家按期缴费注册,定购书籍,参加开学工作,认真实行学校行政的各项规定,学生会、党、团、教工会也大力配合,所以开学工作有条不紊地进行。今日全校各级开始正式正课教学,师生们对本学期深入开展新爱国主义教育,充满了无限信心。(许良中)

《文汇报》1951年9月6日

谈宣传员的水平——从一条标语所想起的问题之一

本市格致中学二楼,有一条很大的标语,这条标语一共十个字:"该杀的该杀,该关的该关。"

很显然,这条标语是错误的,它的原文应该是"该杀的杀、该关的关",然而被写标语者加上了两个"该"字,因此反弄得这条标语面目不清了。

我们绝不是为写标语而写标语,标语写了是给群众看的,但是这样的标语给群众看了会起什么宣传作用呢?

从这里,我们就接触到一个宣传员的水平问题:宣传员是要向群众进行宣传的,如果宣传员本身的水平就很差,本身就不能充分掌握政策,那么他还向群众宣传些什么呢?如果硬是要由这些政治水平不高的宣传员来向群众进行宣传的话,可以肯定,那是一定要犯错误的。"该杀的该杀,该关的该关",这不过是一句毫无意义的标语,还不犯原则性错误,如果一条犯原则性错误的标语给群众看了以后,那又将起多大的影响呢?

提高宣传员的水平,这是一个非常迫切需要做的工作,宣传员的本钱是他自己的政治水平,我们绝不能容许一个政治水平不高的人来当宣传员,因为他将造成宣传工作上的无限损失。各单位的领导上应该及时检查一下本单位宣传干部的水平,同时加强宣传干部的理论学习,不使人民的宣传工作受到一丝一毫损失。从一条错误的标语反映了一个极大的问题,我们必须及时地重视这个问题。(丁牛)

《文汇报》1951年9月16日

政治上的麻痹倾向——从一条标语所想起的问题之四

丁牛指出的这条错误标语大概是镇压反革命运动刚开始时贴出来的,到现在差不多快五六个月了。格致中学师生员工近两千人,能看出其中错误的人一定不在少数,那么,为什么没有人向领导上反映,指出它的错误来呢?分析起来,不外乎由于下列几种思想情况:第一种,看了这条标语以后,确感几分疑惑,但他又想到这是本校的宣传干部搞的,想来总不会有什么大错,于是就盲目地以为这是对的了。第二种,虽已发觉了错误,但又拿不稳自己的看法是否正确,不敢向领导上提出来,恐怕说错了反而显出自己的孤陋寡闻,于是就干脆"金人三缄其口"。第三种,认为这又不是原则性错误,犯不着大惊小怪,并且以为:我不提出来人家也会提的,我又何必"多事"?这样因循下来,看到人家都不提,自己也就更不高兴提出来了。不管是第一种思想情况也好,第二种或是第三种也好,全都显然地表现出对人民宣传工作的不关心,这是严重的政治上的麻痹倾向。造成这种种思想情况的根源,基本上还是旧社会的"各家自扫门前雪,不管他人瓦上霜"的封建思想残余在作怪!这种思想,从个人来说,它会妨碍自己的进步,从整体看来,它妨碍工作的进展,总而言之,是有百害而无一利的思想!必须坚决肃清政治上的麻痹倾向,就像在战场上肃清敌人一样!

《文汇报》1951年9月19日

格致中学重视健康教育——开展体育活动　精简会议时间　改进教学方法　举行体格检查

【本报讯】格致中学的健康教育由于领导上的重视和广大同学初步认识了健康的重要,所以获得了一定的成绩。

本学期开学后,领导上根据政务院关于改善各级学校学生健康状况的指示,周密地订立了健康教育工作的计划,由行政、工会、学生会、青年团、体育卫生教师及校医联合组织的"保健委员会"在第二周便正式成立,保健委员会决定本学期的工作重点是:一、在原有基础上继续普遍开展文娱体育活动。二、精简会议,统一调配全校社团、行政的会议时间,贯彻干部"一人一职"制。三、改进教学方法,统一调配各班作业时数。四、继续举行体格检查(准备使每个同学都经X光透视),大力宣传卫生常识,改善伙食管理。这些计划得到了全体教师和同学的赞同,因此也增加了领导上的工作信心。

一个月来,在领导上不断地检查和同学们全力推动下,工作比上学期有了改进,最显著的是精简作业方面,根据高三乙重点试验的结果,已初步达到了每周课外作业不超过18小时,使每天有充分的时间进行康乐活动,并且课程上维持了原有的进度,各级根据他们的经验,也展开了课外作业时间调查统计工作,并和各科科任教师取得密切联系,准备正确地订立"各科作业时间表",共同来搞好精简作业的工作。文娱体育活动方面,上学期有偏重体育的现象,这学期校方增添了一位擅长舞蹈的体育教师,大力展开了全校的舞蹈运动,三位体育教师也实行了分项教育制,每人钻研一项体育活动,所以本学期的体育课同学们都认为上得有劲,体育文娱设备方面也增加了一些标枪、软垫、康乐球、围棋等,丰富了活动的内容,同学们对课外活动不再感觉枯燥。本学期的伙食团也扩大了"包饭"的名额,纠正了过去许多路远的同学到小摊子上吃不洁食物的现象。为了杜绝疾病传染的机会,"包饭"的教师和同学都用自己的餐具并实行"分食制"。在9月份,因突击工作较多,精简会议做得比较差,10月份开始领导上订立了"全校会议时间表",统一调配了全校各种会议时间,尽量精简了一些重复和不必要的会议,坚决贯彻每周干部六小时、同学三小时的会议制度。为了增加同学们的卫生常识,使同学们对健康教育正确地认识,上周请了卫生局韩铮同志作关于"新青年对健康应有的认识"的专题报告,举办了卫生常识及防治沙眼的图片展览,有些同学过去不吃豆类的,这次看到了图片上关于豆类营养价值的统计后,决定改正自己"忌豆"的毛病,同学们从图片展览中懂得了许多卫生常识,明确了防病比治病重要的道理。卫生室最近已发动全校师生员工去拍X光片,学生会也利用秋高气爽的星期假日组织同学郊游和远足。在有计划有步骤的领导下,全校师生员工对搞好自己的健康都具有无限的信心。(许良中)

《文汇报》1951年11月10日

贯彻政务院改善学生健康决定　格致中学精简课业获得成绩

【本报讯】政务院关于改善各级学校学生健康状况的决定中,曾明确规定:"学生每日上课、自习(包括实验)时间:高等学校及高级中等学校不得超过九小时;初级中等学校不得超过八小时。"这一规定,怎样贯彻执行,是一个很复杂的问题,也是一个需要深入细致地进行研究的问题,为此,本市人民政府教育局在本年9月初指定了格致、上中、位育、市西、大同附二等五校在这一问题上作重点研究,经过两个月的工作,取得了初步的经验与效果。下面介绍格致中学在试行精简课业中的一些成绩和经验:格致中学根据政务院关于改善各级学校学生健康状况的指示,本学期一开始,领导上就抓紧了精简课业的工作,并采取了重点试验,总结经验,推广全面的方法。教导处选取了高三乙、高二甲、初一甲三班为重点试验班级。在重点班级班主任和任课教师的座谈会上,着重说明了精简课业的重要意义,并指出了精简课业绝不是因为强调健康而延缓了同学的学业进度。只有改进了教与学的方法,才能从质与量上提高教学的效果;同时也唯有这样,才使同学们有充分的时间进行各种课外活动。通过这次报告,纠正了部分教师以为精简课业是与提高教学效果相对立的,和单纯赶任务的错误思想。在班主任的负责领导和任课教师配合下,三个重点班级有计划地进行了精简课业的工作。两个月来的试验结果,高三乙已获得初步经验。他们工作的开展是这样的:首先,班主任和各任课教师讨论了政务院关于"学生每日上课自习时间,高中不超过九小时,初中不超过八小时"的规定,在不妨碍学业进度的原则下,尽量精简教材。物理教师决定多做教学实验帮助同学理解;数学教师决定多做例题和选有代表性的习题给同学做;地理教师采取了形象化教学方法,使同学便于记忆,印象深刻;其他各科教师也各自订好了教学计划,力求做到在教室里教懂学生,课外作业质量并重,绝对避免"食而不化"的现象。为了使同学们明确这次试验的目的和要求,班主任先召集了一次班委和小组长的会议,然后向同学们进行了正面的报告,使同学们消除了不必要的顾虑。接着同学们在小组里展开了热烈的讨论,大家首先检查了上学期的课外作业情况,发现了对各科作业时间分配不平衡的现象:少数偏重数理化的同学每周花在大代数方面的时间竟多至十小时,而少数同学轻视语文,每周只费半小时,史地政治也是一般都不重视,花的时间很少。本学期开始的时候,这种现象还是存在的。例如解析几何、物理每周要花四五小时,国文只花一两小时。同时在检查中也找出了一些不正确的学习观点和态度,少数同学对文史地政治等科平时没有复习,临到考试时再准备,目的只是为了应付一下考试;还有部分同学认为文史地太容易或者对它不感兴趣,反正只要及格,不必多花时间。对数理科就完全另眼相看,大部分的时间都花在上面。通过了相互间的批判,同学们开始明确了各科并重的意义。班主任总结了同学们讨论的结果,根据具体情况拟订了下面的课外作业时间分配表。解析各科每周课外作业时数:国文两小时,英文几何四小时,物理四小时,历史一小时半,政治一小时,地理一小时。

每日课外作业时间支配:星期一国文半小时,政治半小时,历史半小时,解几一小时;星期二国文半小时,英文半小时,地理半小时,物理一小时;星期三政治半小时,解几半小时,地理半小时,物理一小时;星期四国文半小时,英文半小时,历史半小时,解几半小时;星期五国文半小时,英文半小时,物理一小时,解几一小时;星期六英文半小时,历史半小时,物理一小时,解几一小时。

(因同学全部通学,故一般皆定每晚7时至10时为自习时间;星期日原则上不排自习时间,但有特殊的情形可酌情订立,但最多不超过三小时)各科教师在布置课外作业时,也有一定的计划。例如解析几何决定在不妨碍同学的吸收和运算能力的原则下,尽量精简教材,每星期至少留一小时给同学们在教室里做习题或解释疑难问题。有时利用这时间进行测验。每星期五下午的第二节课没有课,也是同学们在互助小组的方式下集体做习题的时间。此外教师注意经常所举的例题与习题密切配合,经常抽查同学们的习题,务使同学们达到今日功课今日做的目标。物理方面每周做实验报告一小时,做习题一小时。英文方面每周复习文法和读本各一小时。在同学和教师的共同努力下,精简课业、合理支配课外作业时间获得了显著的成绩。同学们的各科学业不但都维持了原有的进度,每人每天都还有充分的时间进行康乐活动。杨应生同学本学期是学生会执委,每周开会的时间要花五六小时,但因课外作业的时间支配得很紧凑,所以成绩并不比过去差。班委会主席许馥生同学每周花在工作上的时间有五小时,但他每天按照规定的时间完成课外作业,所以工作与学习的关系搞得很好,并且成绩还是全级第一。林新多同学家庭经济比较困难,每天要帮助家里做家事,所以自修时间每天不足三小时,但在实行了精简课业、科学地支配时间后,他并不因做家事而耽误了做功课。其他许多同学也觉得时间比以前宽裕,大家都有时间看课外读物了。在试验过程中,因为缺少经验,难免也存在着一些缺点,譬如上面所举的时间支配表,把每科时间硬配并按日排定的办法并不切合实际,实行起来还是有困难的。领导上与同学们的家长联系也不够,并没有使家长们明确学校实行精简课业的意义,促使家庭与学校打成一片,共同配合来把这件工作搞好。各级根据了他们的经验,现在也开始实行了课外作业时间调查统计工作。在进行统计工作时,个别班级还有事务性的乱填凑数的现象。这种现象说明了个别班级和同学对这件工作的意义还是不够明确的。领导上决定今后更好地展开思想教育工作,密切配合各科科任教师,在正确的领导下订立各级"各科作业时间表",在全体教师和同学的努力下共同来搞好精简课业的工作。(许良中)

《文汇报》1951年11月25日

本市格致中学高三乙班合理调配课外作业 纠正重理轻文偏向提高学习成绩

【本报讯】上海市格致中学高中三年级乙班教师和同学,合理调配课外作业,有了很好的成绩。今年7月间,政务院发布的《改善各级学校学生健康状况的决定》中规定:高中学生每天上课、自习(包括实验)时间,不得超过九小时。格致中学为了贯彻这一决定,即选择高中三年级乙班做重点试验。

首先,教导处领导班主任和课任教师,以及全班同学,分别学习了政务院决定和全国十五届学代会决议,批判了过去偏重理科,轻视文科的错误思想,继即根据各课实际需要拟定每周课外作业时间表,解析几何、物理各四小时,国文、英文各两小时,历史一小时半,政治、地理各一小时,每周共十五小时半,由班主任统一掌握各课课外作业时间。这样,每个同学都做到了每天不超出三小时自习的规定,一般在星期日都没有课外作业。

在执行课外作业时间表过程中,首先是教师们着重精简了重复的和不需要的教材内容,改进教学方法。如物理教师对于初中已经学过的原理比较简单的"温度及湿度计",以及大学适用、比较深奥的"简谐运动"、"单摆运动"等教材,只作精略的教学;对于教材中举例太简单的,主动补充实例,联系习题讲解,使同学们容易接受。

其次，多在课堂内演习题，不给学生过多的课外习题和不必要的困难习题。上学期，同学们每周花在数学上的自修时间，至少六七小时，多的十小时，有时一个难题，苦思数小时不得解决。现在每周讲课四小时，课内做习题两小时，同学们遇有难题，随时得到教师的启发和指导，最多一小时可以做好。同时教师注意精简相同的习题，如抛物线有40个习题，有重点地选做12个习题，过去不但40个习题全部做，还要额外补充很多深奥的题目。

再次，是统一合理地分配了实验、自习、课外作业时间。过去各课教师互不联系，往往学生同时要做数学习题、要写实验报告、又要准备史地测验。现在，班主任经常了解各课教师布置作业的情形，又随时把同学对教学的意见反映给各课教师，尽量使教材在课内消化，合理支配课外作业时间。比如班主任了解同学们学习轨迹需要多花一些时间，同时物理要有三个报告，感到很忙，即减少其他不必要的作业。

这样试行了两个多月，收效很大。过去，同学们由于数理科课外作业太重，同时学习缺少计划，有的常常自修到深夜，有的平时拖拖拉拉，把所有的作业集中在星期天做，一般对文、史、地不重视，到了考试就囫囵吞枣地"开夜车"，成绩不见得很好，生活也不正常。现在，一般按时完成物理作业，每次史地课前预习半小时，教师每次在讲解前抽短短时间复习，到了考试的时候，大家不但不感到是在"过关"，而且每天仍照常读报20分钟，集体文娱活动一小时。因此，同学们心情愉快，对各课学习的兴趣也较浓烈，主动组织了物理和数学研究小组，每课都有课代表，帮助同学温课，反映同学意见。如马东白同学，过去有时做数学习题从半夜做到天亮，考起来还常不及格，这学期一次"夜车"都没有开，数学两次测验中一次考试的成绩都是乙等。一般同学的成绩也都比过去有了进步，第一阶段数学成绩有17个列入甲等，不及格的同学不到六分之一（过去常常二分之一不及格），过去大家不关心的历史、地理，这次考试成绩都很好，有27个同学的历史成绩列入甲等，26个同学的地理成绩列入甲等，没有一个不及格的。

现在格致中学预备把高中三年级乙班的初步经验，逐步推广到各班去，并且进一步加强各课课外作业的计划性，力求在分配时间内将课程教完、教好。

《解放日报》1951年12月6日

1952 年

格致中学的讲报工作

【本报讯】格致中学全校性的统一讲报工作,本学期在党支部的直接领导和行政、学生会、青年团各方面的配合下,获得了显著的成绩。统一讲报的开展,引起了广大同学对时事学习的重视,培养起同学们经常看报纸的习惯,并初步纠正了同学们不问政治、一心当专家的错误思想。

格致中学本学期开展统一讲报工作的情况是这样的:

在开学典礼上,学生会徐名定同学传达全国学生第十五届代表大会的决议和精神,首先使同学们明确了毛泽东时代的每一个青年都必须努力使已成为伟大祖国的英勇保卫者和积极建设者。接着行政、学生会、青年团也分别作了动员报告,号召全体同学正确认识时事学习的重要性,培养起经常看报的习惯。这时全校每一教室都装好了扩音机,在物质上也具备了讲报的基础。

在开始统一讲报时,讲报员中只有一位是党的宣传员,领导上对讲报员缺乏组织,联系方式也是"手工业"式的。由于领导抓得不紧,开始的时候,每天讲报的内容非常零乱,介绍性多而分析性少,很少针对同学思想来解决问题。讲报员事先也没有准备,只是当时在报上找大标题,东拉西扯地讲一顿,既没有中心,也缺乏组织。这样的讲报,同学们是不喜欢听的。因此有一些班级的同学在讲报时便做别的功课,或相互闲谈。党的宣传员把这些情况反映出来后,领导便对这问题重视起来,并发掘出讲报工作的主要缺点是:没有吸取广大同学的意见,也没有和党的宣传网工作结合起来,因此除了立即动员全体宣传员深入每个班级吸取同学对讲报的意见外,还在广播中提出问题,征求同学对讲报工作的具体意见。通过了宣传网和班委会的协助,同学们的意见很快地集中了起来。同学们都认为讲报员的事先准备太不够,不能掌握时间,忽快忽慢,也不够口语化,有时近于说教,中心内容不够突出,鼓动性也不强。大家建议建立每周测验制度,多讲些朝鲜通讯和青年故事,并采用问答、辩论等多样化的方式来讲。

领导上接受了这些意见,便在实际工作中贯彻了下去。首先是加强了讲报员的政治领导与业务领导,把九位宣传员加入了讲报员的阵营。订立了讲报员的讲报日期表,以便讲报员在事先有充分的时间准备。此外更进一步加强了讲报员与宣传网的密切联系,在两周一次的宣传会讲上,吸收了全体讲报员参加,共同来讨论宣传中心。由于讲报员与宣传员的密切联系,从群众中来的各种思想,经过分析批判后,便及时地回到了群众中去。例如同学中有一种看不起工人,觉得工人"粗声粗气,龌里龌龊",不能领导的思想,讲报员便在讲报时结合了交大治淮同学的体验,有力地批判了这种错误思想。又通过庆祝苏联十月革命节的宣传,批判了个别同学等待社会主义共产主义社会到来的思想。在每周一次的时事测验中,也紧紧地结合了当前的中心工作。例如在11月份重点宣传认识苏联时,便出了这样的一个是非题:"社会主义和共产主义社会是很好的,只要等到那个时候到来,我们就很幸福了。"这个题目,全校百分之九十五的同学都没做错。大家都明确了社会主义和共产主义的社会是要用力量来争取的。这证明了时事测验判对讲报有很大的推动作用。领导上在开始搞时事测验的工作时,未能和讲报工作很好地结合起来,出的题目大都是问答、填充题,和一周的讲报内容缺少联系,因此一般的测验成绩并不好。但后来改变方法后,又被讲报内容所拘泥,造成了同学们依赖讲报,死记笔记,不去主动阅报纸的偏向。所以最后便采取了"民主集中"的办法,规定讲报员根据自己当天的讲报中心,在讲报纪录簿上出一个题目(以是非选择题为主)。这些题目占总测验题比例的百分之二十。这样使得同学们既须专心听讲报,又须主动地去阅报纸,结果收效很好(最后一周测验成绩的统计,班级总平均最高83分,最低60分,全校各级都能及格)。

讲报工作在不断地吸取同学意见和不断地改进中是有很大收获的,它首先在同学们发生不关心时事有政治麻痹的倾向时,有力地喊出了"关心时事就是关心祖国命运"的口号,促使同学们从不问时事到过问时事与关心时事,并且在不断地启发诱导中,加强了同学对祖国前途的责任感。同学们觉得从时事学习中,的确可以使自己获得许多过去从未听说也从未想过的知识。许多同学并深刻地体验到祖国和世界和平阵营日益壮大的力量,因而也看到了自己的前途,加强了自己工作与学习的信心。有位初中同学在对讲报的意见中这样写道:"听讲报,呱呱叫,既省力,又明了。"同学们也都认为20分钟讲报,要比自己读半小时甚至一小时的报纸还要收获大,因此本学期的讲报工作能一直坚持到大考结束。根据最近的统计,全校高中部有百分之七十的同学已养成了讲报的习惯,能每天主动地阅读报纸,初中部也有了百分之二十三。

但是在学期将结束时,随着同学们政治认识的提高也曾发生了讲报落后于客观要求的现象。例如高中的大多数同学因为经常阅读报纸、关心时事,并且逐渐联系起自己的思想、指导自己的行动了,因此他们也就不满足于原来的讲报内容,而更进一步要求讲专题和讲总结性的新闻了;初中部的同学水平比较低,他们就觉得最好讲新闻、讲生动的故事。在这种情况下,领导上为了符合同学们的要求,更好地发挥讲报的作用,所以在通过一学期的讲报总结后,决定下学期把高初中的讲报分开,高中以讲专题为主,着重分析;初中以时事新闻为主,配合生动的故事(具体的时间分配办法尚在研讨中)。此外并决定配合讲报工作的开展,大力加强青年学生节目的收听工作,和《中国青年报》《青年报》的发行工作,计划大量培养与发展讲报员与党的宣传员,并准备成立一个讲报工作组,直接领导全校的讲报工作。

通过一学期来的讲报工作,在工作方法与业务知识方面也有了以下几点体验:

一、加强党对宣传网的领导是开展讲报工作的基本关键。

二、对待新的工作必须耐心钻研,从实践中方能逐步提高。

三、又一次体现了"从群众中来到群众中去"的重要意义,本学期的讲报工作主要是依靠了群众的意见,才有收获和改进。

四、通过讲报解决同学思想问题,最好结合时事新闻。要是单纯的为批判而批判,为解决问题而解决问题,群众一定觉得生硬而不容易接受。

五、必须重视社团的保证作用。例如高三甲在班委的领导下经常举行中午"大家谈",引起广大同学对时事学习的重视,因此在八次时政测验中总平均能保持一贯的标准,学期总平均是全校第二名。相反地如班委不重视,则工作较难开展,例如高一乙在八次测验中有六次是全校最差,后来在班主任和班委的动员下,纠正了过去对测验"无所谓"的态度,因此最后一次的成绩是全校第四名。

六、讲报是搞好党的宣传工作不容忽视的一环,因为在学校讲报是最好的宣传阵地,如果在讲报的内容和技巧上加以研究改进,收效定很大,因此必须加强领导,全力推动。(许良中)

《文汇报》1952年2月3日

过好春假！ 同学们组织体育文娱活动

格致中学学生会为了有计划有意义地领导同学,过好这次的春假,已拟订了春假活动步骤,3日上午全体同学进行五反政策的进一步学习和讨论,以便充实自己,并在春假期间进行广泛的宣传活动;下午学生会体育部举办集体性的体育比赛,分掷"手榴弹"、爬竿、两千公尺接力赛三个项目,每项以十人为一组,各级同学都已踊跃报名参加。四日由每个班级进行自由活动。5日下午青年团格致总支部举行"春假联欢大会",会上将有各种环绕五反运动和思想改造运动的文娱节目演出。同学们都抱着愉快的心情来迎接这次的春假。(许良中)

《文汇报》1952年4月3日

格致中学许多同学规劝家属坦白悔过起了很大作用

【本报讯】格致中学高中部学生,在该校学生思想改造学习委员会(以下简称"学委会")统一领导下,从3月6日开始,有计划地进行了以"五反"为中心内容的思想改造学习。一个半月以来,通过时事政策报告、收听广播、组织读报、小组互助、看"五反"大会演、参观老闸区新药业"五反"展览会、听职工同志的控诉、参加说理斗争会等活动,大大地激发起同学们的爱国热情,其中有许多同学在宣传规劝工作上获得很大成绩。

该校有130位同学是工商界子女,在运动刚开始时,他们的顾虑是很多的,有的同学害怕拉破情面而被家里人骂自己"忘恩负义",有的同学回去碰了几回钉子便认为"困难重重"缺乏信心,也有些同学把个人利益放在第一位,唯恐闹坏了家庭关系,自己的生活和上学会发生问题,尤其毕业班的同学怕将来升大学时受到阻碍,因此便采取自由主义的态度,对家庭问题置之不理。一般同学则抱着"与我无关"的态度。随着运动的迅速进展和学习的步步深入,同学们虽然基本上肃清了以上的错误思想,但工商界子弟中又产生了一种麻痹思想,有的同学说:"我的父亲已经坦白了,我知道他是不会有多大问题的。"领导上针对这些情况,深入细腻地布置了两个星期的"五反"政策学习,使同学们能正确地掌握政策精神进行宣传规劝,此外又号召全体资本家的子女要大胆怀疑,做到"不受骗,不怕吓",用"想一想,查一查,比一比,算一算"的方法去对待自己的违法亲属。在青年团员的有力保证和学生会系统的协助下,这一号召得到了全面的贯彻,例如高一丙周锡生同学纠正了自己过去信任他父亲坦白已彻底的麻痹思想后,经过他的积极宣传规劝,配合检查队、店内职工同志的工作,使他父亲坦白的金额由最初4亿元增加到60亿元。为了进一步鼓舞起同学们斗争的勇气和信心,团的组织在春假里首先举行了一次优秀团员的表扬大会,给同学们树立起学习的榜样。领导上又及时地召开了学生代表大会、班级座谈会、工商界子女座谈会、全校同学誓师大会等,通过了这一连串会议,对同学们的帮助很大。

在4月15日该校学生代表大会上,学委会副主任张一弻同志向全体同学作了动员报告,指出:今天同学们积极参加"五反"斗争就是为了争取祖国更美好将来的早日到来。在学生代表大会和工商界子女座谈会上,许多同学都介绍了自己进行宣传规劝的成功经验,例如,高二上夏洁如同学就因为耐心地团结家庭中所有的成员,积极帮助规劝自己的父亲,终于使他彻底坦白了。高三上张宏良同学、高二甲胡隐月同学也都站稳立场,说服做高级职员的父亲,拉破与资方的情面而进行了检举。高三甲王秋云同学抓紧自己搞里弄工作的时机进行宣传,纠正了许多不正确的思想,使里弄居民积极参加了"五反"学习。在4月17日全校班级座谈会上,更充分体现了一般同学与工商界子女在热爱祖国的前提下团结一致的精神,全校非工商界子女一致保证用实际行动积极支持工商界子女的同学的正义行动,例如高三甲张瑶芬同学因为向家庭进行宣传规劝工作而耽误了一些功课,许多同学就主动地帮助她补好了课。林宏章同学因家庭没有彻底坦白而苦闷,互助组的同学就耐心地安慰他,鼓励他继续向家庭进行规劝。在18日的全校工商界子女座谈会上,高三甲、乙,高二甲、乙、丙,高二上,高三上等班级的同学都联名写信表示支持工商界子女的正义斗争,教育工会并派代表来鼓励同学们的爱国行动,全体工商界子女也一致起立表示了决心。许多同学并表示要在"五反"斗争中考验自己,争取做一个光荣的青年团员。(许良中)

《解放日报》1952年4月23日

体育简讯

格致中学本学期的体育分数,规定其中百分之二十为平常分数(包括同学对体育活动的认识、态度和信心,以及平常早操、课外活动等)。在这几天,同学们正在展开小组讨论,利用批评与自我批评方式进行检查,并讨论今后怎样克服在锻炼上的困难,巩固今后的锻炼。这种民主评分的方式,使同学们对体育活动的认识,得到了进一步的提高。(黄铣铭)

《文汇报》1952年6月19日

体育锻炼在格致中学

上海市中等学校学生体育锻炼标准在11月14日公布,消息传到格致中学后,全校同学即以无比热忱加入了这个爱国体育运动。学校体育委员会召开了一次会议,商讨宣传动员、训练干部、编排各组锻炼日程等,并作出了决议。同学们通过1951年冬季体育锻炼及暑期体育活动,对新体育有了一定的认识和锻炼经验,所以各项工作都有领导有组织、按部就班地进行着。首先在冬季体育锻炼给奖大会上由教导处说明1952年学生体育锻炼标准的目的与要求,使同学们思想上有明确的认识;再结合着中苏友好月在周会上作了苏联体育的介绍,看看苏联体育伟大的成就,预见到中国体育的前途,格外加强了同学们参加锻炼的信心。同时在各班级展开办理参加锻炼的登记工作,使广大同学都组织了起来。事后统计:全校有88个锻炼小组,共有886位同学参加,完全是出于自愿的。由于思想基础比较牢固,所以虽在天冷的时候,以及期中考试期间,还是照常进行着锻炼。锻炼分早晨7时至7时40分,下午3时20分到4时05分两个时间。同学们有的在早晨六点多钟就到校了,服务同学也很早到体育室办理供给锻炼器材,使同学们在锻炼中不致发生不方便的情形。早晨锻炼是没有篮排球活动的,主要是体操、跑步、垫上运动、双杠、跳箱、跳高……,各组还发给两三根跳绳。虽然人多场地小,由于各组掌握得好,以及支配妥当,每位同学的运动量是足够的,而且很有秩序。在锻炼中加强了同学们的组织观念,也提高了技术与爱好运动的习惯,这表现在下面两件事上:(一)自由散漫的同学看到各个小组在进行活动,逐渐感觉到自己脱离群众是一种可耻的行为,由此加强了同学们的组织性与纪律性。(二)有了组织力量,经常能够进行相互督促与帮助。过去不喜爱运动的也动起来了,技术差的也有了显著的进步。最明显的例子如垫上运动,过去多数人不愿意参加,不会做滚翻运动,在同学们相互帮助指导之下,现在个个都有了基础。高三乙娄永生同学说:"过去不喜欢运动,现在小组里同学个个在运动,大家就动起来了。"这样经常锻炼,技术就会有进步。特别值得提出,到目前为止,在锻炼中还没有发生过严重的伤痛现象。这主要是由于行政领导的重视,体育教师的经常关心,对可能发生危险的活动如推铅球等,在进行锻炼时,特别加强纪律性,当锻炼结束集合时,决不容许个别同学想推掷几下,以防止粗心大意而发生意外。在体育课上经常进行安全卫生教育,提高同学们的警惕。活动地点张贴着安全标语,立竹旁贴着"不要爬到树上去!"沙坑旁贴着"沙掘松了没有?"以引起同学们的注意。而同学们的组织性纪律性的加强,也是避免伤痛的重要原因之一。(士贤)

《文汇报》1952年12月27日

1953 年

本市广大教师同学沉痛哀悼斯大林同志逝世

【本报讯】(前略)格致中学的同学们知道了这个不幸的消息时,都怀着悲痛的心情,联想到《钢铁是怎样铁成的》书中写到列宁逝世时的情况,许多同学都表示要学习保尔·柯察金和当时许多苏联青年工人的榜样,向斯大林同志宣誓,坚决搞好学习,争取入团,争取入党,以实际行动来纪念斯大林同志。宋同韬同学说:"我要牢牢记住斯大林同志给我们青年的教言,并且要照着他的话去做,斯大林同志永远活在我的心里。"(后略)

《文汇报》1953 年 3 月 7 日

本市格致等十余学校积极筹备举行运动会

上海市格致中学为了迎接即将到来的市、区体育运动会,决定在本月 25 日下午 1 时半至 26 日下午 5 时,在该校体育场举行全校春季体育运动会。运动会内容分个人及团体两种,团体以班级为单位,个人有教师和同学参加,个人竞赛项目有 60 公尺、100 公尺、800 公尺赛跑和"手榴弹"、垒球、铅球、跳高、跳远、铁饼、标枪等,团体竞赛项目分广播操、60 公尺穿梭接力赛和 60 公尺负重赛三种。(黄铣铭)

《新民晚报》1953 年 4 月 22 日

本市各校先后举行运动会 各项竞赛成绩有显著提高

本市各学校为了迎接区、市体育大会,近两周来分别举行田径运动大会,检阅体育锻炼成绩,并且通过竞赛,加以巩固和提高,进一步推动各校的体育活动,使之走入普遍化和经常化。

各校于上周末举行运动会的情况,分列如下。

格致中学春季体育运动会,自四月 25 日下午 1 时半起开始,已于昨日(26 日)胜利结束。这次运动会,参加竞赛的人数占全校学生、教师总人数百分之八十以上,参加个人竞赛项目的同学有 486 人,教师 60 人。年老的教师和年轻的同学,都是精神百倍地活跃在运动场上,充满着朝气。

由于大家重视这次运动会,同学们平常又坚持锻炼,因此这次运动会的各项竞赛成绩是很优异的,例如男高跳高,高三下甲曹志佩同学的成绩是 1 公尺 64,男高"手榴弹",

高三下甲刘斌同学的成绩是57公尺。以上两个同学的成绩都打破了该校历届体育运动会的最高纪录。女初垒球李良珠、女高"手榴弹"何珍瑛的成绩,都超过了28公尺,她们这些成绩也打破了该校1951年度运动会的纪录。(黄铣铭)

《新民晚报》1953年4月27日

本报读者纷纷来信要求严办反动会道门首恶道首

(前略)格致中学薛兰如等13位同学联名来信说:"我们拥护!我们完全支持政府取缔'一贯道'等反动组织的英明决定,并要求严办首恶道首。因为这是完全符合人民利益的。我们除了努力学习以外,还要关心时事,向家庭向同学宣传'一贯道'等反动会道门的罪行,使大家行动起来彻底消灭这些反革命的组织。"

在这些读者来信中,大家一致的要求就是:要使镇压反革命工作取得更大的胜利,坚决协助政府深入地彻底地肃清一切反动会道门组织,并严办首恶道首。宣传和鼓励参加反动会道门的亲友退道,跳出火坑,继续检举反动道首。(后略)

《文汇报》1953年6月12日

加强领导,重视体育测验工作,防止伤害事件

本市少数学校在进行体育锻炼标准测验的时候,连续发生伤害事件,这是各校行政领导应该严重注意的事情。

上海商业学校会计科二下乙组吴锦涛同学在跳高时,不估计自己的体力和技术,采取硬拼的办法,结果跌在地上,手骨脱臼;上海师范俞康福同学在单杠测验时,因为粗心大意,没有检查设备,做动作时连人带铁杠一起跌下,当时昏厥吐血;格致中学高三乙沈凤华同学在跳高架旁服务,突然自己想试一试,因为经常缺乏锻炼,不能掌握动作要领,沙坑铺沙不够标准,结果膝骨跌裂。初一甲詹宝华同学在跳高时失去重心,跌落时手臂脱臼。造成这些伤害的原因一般是场地设备缺少检查,少数同学们对体育锻炼的目的、意义不够明确,存在着锦标主义,为争分数硬拼,单纯从兴趣出发等不正确思想。但是最主要的原因是学校行政领导不强,对这次测验尚不够重视,因而准备工作没有做好,对同学们的思想情况不够了解,并且缺乏宣传教育,使测验工作和同学们思想上存在的混乱现象,无法克服。

格致中学通过伤害事件的教训,采取一系列的改善办法:取消初中一年级同学选测项目跳高,选择其他同学锻炼较为经常的项目测验;不合标准的跳高沙坑暂停使用,现在正修整中;组织同学深入地阅读锻炼测验通知和办法以及本报刊出的同学们应重视体育锻炼测验等文件;并且严格掌握报名工作,合理地审查报名资格……这样接受教训、改正缺点的做法是好的。

我们认为各校行政领导必须以对祖国负责的态度,重视体育锻炼测验工作,加强领导,解决同学们存在着的思想问题,有计划地做好测验工作,使同学们通过测验,认真地检查自己经常锻炼的成绩,从而提高体育技术和健康水平,为全面发展和进一步推动学校体育活动打好基础。(卢纹)

《文汇报》1953年7月4日

谈善宝同学是怎样合理支配时间的？

谈善宝是本市格致中学高二甲的学生，他是一个全面发展的同学，曾获得学校的奖励。上学期体育锻炼标准测验，他都达到了优秀级。他原来是青年团的分支学习委员，现在被选为学生会执委，担任福利部工作。谈善宝的功课一向是比较好的，在初中时，他的平均成绩都在80分以上。但那时的分数常常是临时抱佛脚地靠死背硬记得来的，因此对知识不能牢固掌握，往往考试过了就忘了。

初中毕业后，谈善宝光荣地入了团。在团的培养和形势教育下，慢慢地建立了正确的学习观点和明确的学习目的，因而更加强了学习的责任感。他每天又关心着国家大事，报纸成为他不可缺少的精神食粮。每天中午，他要抽出半小时左右看报，这已成了习惯。从报纸上他知道机械化、自动化的大工厂一个个在全国各地兴建起来，工人阶级为了国家的工业化，忘我地劳动，不断创造新纪录。这些对他有着莫大的鼓舞，他往往抬起头，眼睛看着远方，静静地想着，想着，他感到祖国是多么可爱呀！因此他常常提醒自己："为了国家工业化，好好学习。"上学期中等学校学生代表会决议号召全市同学：学好每门功课，提高学习质量，牢固掌握知识。这对谈善宝的启发很大，他想自己再不能满足于依靠强记得来的分数，这样是不符合与培养成为具有实际知识和实际本领的祖国建设者与保卫者的要求的。他用实际行动克服了不认真、不及时完成作业的毛病，合理支配了时间。他每天计算一下有多少作业，什么时候做，什么作业先做。慢慢地他做到按时完成作业，星期天再不是"还债"的日子，他可以愉快地玩，好好地休息了。为了上好课，他每天把当天要用的课本、用具准备好，课前课后争取散散步，做做游戏，让脑子得到休息，让身心轻松一下。上课时就聚精会神地听教师讲解，自己积极思维，不浪费上课时间。他把上课比作工人同志努力生产，毫不马虎。由于上课仔细听，及时完成复习和作业，谈善宝就能系统地牢固地掌握知识，考试时再不用临时抱佛脚了，学习成绩有了很大提高。在高一年级时，他的平均分数是89.46，上学期平均分数是94.57。

谈善宝合理支配了时间，所以也就不感到学习和工作有矛盾了。他在中午和下午课外活动后抽出一部分时间处理工作，因此，他能做到学习的时候学习，休息的时候休息，工作又是有条有理的。自然，工作忙的时候还是要影响一些学习的，像庆祝国庆的时候，谈善宝有两天要开会，一天参加火炬接力跑，这三天，他没有能及时完成作业，但他很好地安排了时间，几天里，就把作业拉平了。他说："主要是在于自己能否很好掌握与支配时间。"在工作中，谈善宝更加体会了"工作是为了学习"的意义，他就是"在工作中也学到了很多知识，而且培养了自己独立工作的能力"，学习知识是为了祖国，学会工作也是为了祖国。谈善宝是亲身体验到这点的。

他学习很紧张，又担任了工作，但这都没有影响谈善宝很好地锻炼身体，上学期他主要是在早操、正课和课外活动时间内进行锻炼。今年暑假里，谈善宝参加了夏令营，那时每天要跑步、游泳及参加其他各种活动。在活动中，他感到自己的体力还不够。他喜欢打球，在球场上他也感到体力不足。谈善宝想：以自己目前的体力，将来既不能抵抗炼钢炉边的高热，也不能胜任爬山越岭的勘测工作。所以他更加努力锻炼自己的身体。暑期后，他坚持每天早跑15分钟，培养和锻炼自己的耐力。在运动场上也更经常地看到谈善宝了，他现在是班级中的篮排球队员，原来的排球校代表队员。除了在运动场上是健将,谈善宝同样是文娱活动的积极参加者,他是学校歌团的团员。

体育活动锻炼了谈善宝的身体,也锻炼了他的意志;经常的文娱活动培养了他愉快的身心,这些都帮助了他更好地课堂学习,理解功课,掌握知识。谈善宝回忆着过去说道:"身体不好,精神不振,上课时往往感到疲倦而打瞌睡,有时一面在听讲,一面在记笔记,但是头脑里老是嗡嗡响,笔记本上满纸糊涂。"当时有这样的情况,并不是说谈善宝思想上不想好好学习,而是体力不支,现在的情况是:"身体好了,精神振奋,听起课来头脑也特别清醒,记得特别牢。"从谈善宝的体会中,我们可以看到身体好对于学习有着多大的关系。

毛主席向全国青年提出"身体好、学习好、工作好"的指示后,谈善宝做作业和测验时更细心了,他知道自己有粗枝大叶的毛病,所以测验题做好后,争取再看一遍,求得更正确。他的文史地功课不如数理化好,所以最近计划着各科平均发展。他现在保证每天八小时睡眠,他说:"一定要按照毛主席的指示,从各方面来培养自己成为符合祖国要求的'身体好、学习好、工作好'的青年。"(沈国祥)

《文汇报》1953年11月12日

1954 年

迎接全市田径体操运动大会　各学校掀起运动竞赛的热潮　格致、致远等中学运动会都有很大收获

为了迎接即将举行的全市田径体操运动大会,全市各学校掀起了运动竞赛的热潮,许多学校且已举行了春季运动大会。

在5月4日青年节这一天,本市格致中学、致远中学、洋泾中学、徐汇中学、时代中学等学校都举行了运动大会,各校参加各项竞赛的同学非常踊跃,竞赛均在热烈的气氛中进行。由于同学们平时坚持经常锻炼,在运动会中都有很好的表现。

格致中学这次运动会参加个人项目及集体项目的同学共有774人,没有参加竞赛的同学也都担任了运动会中的各项具体工作,在运动竞赛开始前,该校并举行了1953年"体育锻炼标准"授奖,计353位同学获及格章,29位同学获优秀章。在运动竞赛中有男子组高、中、初三组跳高、跳远,男初60公尺,男高800公尺,女高、初二组跳远,女高跳高等许多项目打破该校去年运动会的纪录。在这次运动会中也可看出同学们一年来贯彻毛主席"三好"指示的成就,如连获三项冠军的董伯盛同学,他是该校团分支宣传委员,工作积极负责,平时学习认真,在体育方面不仅能坚持锻炼,并且经常帮助同学进行锻炼。高二乙吴继昌同学是学生会体育部长,学习平均成绩在90分以上,在这次运动会中他获得了800公尺第一,并打破了他去年的纪录。其他如高二甲高淑英、高一甲孙曼芬同学都是工作积极、学习成绩很好的优秀运动员。(与铃　超驹　发源　成清　遂　华罡)

《新民晚报》1954年5月10日

一个优秀的班级

格致中学高二甲班是该校很优秀的一个班级,全班学习成绩都很优良,有很好的纪律,各项活动也是走在最前面,在这次全校运动会中,他们参加的人数最多,得分也最高,获得了全校田径运动的团体冠军。许多学习优良、工作积极的同学,如曾受学校表扬并当选为人民代表的优秀学生谈善宝、班级主席冯怀仁、团分支委员冯剑秋、体育委员马克承以及其他许多同学,都非常喜爱体育活动,并积极推动班级体育活动的开展。去年全班有37人参加体育锻炼标准测验,有32人获得了及格或优秀奖章。他们认识到锻炼坚强的体魄,提高学习效能,不仅仅是为了自己而且是为了适应祖国建设事业的需要。

通过去年10月班级举行的"可爱的中国"座谈会和总路线的学习,同学们对"身体好、学习好、工作好"的意义更有了进一步的认识,并贯彻到实际行动中去。今年开学后,同学们对学习、工作、体育锻炼和休息都作了很好的安排,在体育锻炼方面加强了计划,全班五十多人分成了两个锻炼小组,有计划地进行锻炼,并搞好体育正课;大家对课外活动和早操,也都能坚持作不懈,逢到雨天,同学们就到大礼堂、体操场去进行体操。全班16个女同学对体育锻炼的热情也很高,她们不怕困难,坚持锻炼,也获得了很好的成绩。如高淑英同学,这次在学校运动会中就获得女子总分第一。她的学习平均成绩也在90分以上。过去有些同学只喜欢打篮球,忽视其他运动,自从开始全面锻炼后,这一现象也没有了。在各种运动的锻炼中,同学们都发挥了互助友爱精神,对不熟悉的运动,锻炼小组就进行重点练习,如女同学过去打排球,往往发球过不了网,她们就集中对这一活动进行锻炼,互教互学,很快地就学好了。再如跳箱的动作,有很多同学从来没有练过,经过锻炼小组互相帮助,重点进行练习后,现在已有三四十人能照"劳卫制"预备级所规定的"分腿腾越"标准很自然地做了。

体育锻炼增强了体质,也有很明显的例子,根据统计,一年来全班进行锻炼后,每个人平均体重增加了1斤,陈伟华同学在高一时身体很差,每次进行比较剧烈运动后,上课就要头昏眼花,笔记也记不下,经过一年来的锻炼,体质增强,并获得了体育锻炼标准测验优秀奖章,学习平均成绩上学期是89分,这学期第一次考试已提高到93分。现在同学们都感到体质增强后,上课时精神饱满,能够专心听讲,并且对课外作业都能坚持三小时以上,因此学习效能普遍提高,这学期第一次考试,高二甲班的同学平均成绩是84.86分,比上学期82.85分平均多2.01分;上学期90分以上的同学只有13人,这学期增到20人,占全班百分之三十五点七一。

这次该校参加中一区运动大会的32个运动员中,高二甲班的同学就有10位。当我访问他们时,同学们一致表示:今后更要加倍努力,决不辜负祖国对他们的期望。(文山)

《新民晚报》1954年6月14日

本市格致中学进行《学生守则》第一条的教育

【本报讯】本市格致中学各班级同学,在上星期内普遍开展了班级活动,迎接《学生守则》第一条的推行。

该校行政在前周开始向同学进行《学生守则》第一条的教育,作了有关怎样才能建设社会主义社会的报告,并有计划地组织各班级开展辅助活动。上周,该校行政请了解放军华东一级人民英雄王书峰向高中部同学作了"解放军同志在对敌斗争中怎样进行学习"的报告,并由高中部一位同学讲述"我怎样向全面发展方向努力"的体会,教导处也对初中一年级同学作了"学习解放军优良品质"的报告。

同学们听了报告后,各班级根据"学生守则"第一条的精神和要求,结合班级实际情况,通过多样性的班级活动,对同学进行了学习目的性的教育。

高一乙班举行"各科学习心得"座谈会。王丰尧同学从自己替邻人写信,写了两个钟头也没有写好的事实,体会到过去不重视语文学习是不对的;郑家式同学批判了自己凭兴趣学习的思想;顾关龙同学检讨了自己不重视学习纪律、学习缺乏计划和猜测验题等缺点,并表示要全面学好功课。在高一乙班的班级活动上,一个同学朗诵了《祖国颂》,另

1954 年

一个同学介绍了由全班同学收集的祖国五年来伟大成就的材料,并进行了漫谈。周若明同学表示要以实际行动迎接《学生守则》的推行,实现自己在新学年开始时指出的新希望。初二丙班的同学,在事先集体收集材料的基础上,漫谈了各个工作岗位上劳动人民为社会主义建设而努力工作的事例,联系到青年学生的任务。初二班的同学举行了公开班会,邀请初中部班主任老师参观。他们演出了集体编写的快板、朗诵和独幕剧。这些节目都是他们结合班级情况编写排练的。如朗诵的内容反映了班级同学在上课、早操、读报、课外活动中不遵守纪律的情况;独幕剧的内容是由九个同学代表九个学科,对一个顽皮同学讲述学习各科的重要意义。通过班级活动后,一个同学说:"我面黄肌瘦,就是不注意体育活动的结果,今后保证积极参加体育活动。"初三丁班梅勇猛同学在班级座谈会上表示要努力学习,做到"三好"的要求,争取参加青年团。

各班级普遍开展辅助活动以后,该校行政在本星期的周会上正式宣布了《学生守则》第一条,同时发给上学期的优秀同学以奖状,以鼓励全校同学很好地遵守《学生守则》。

《文汇报》1954 年 10 月 29 日

格致中学学校行政和学生会　帮助同学进行冬季锻炼

格致中学学校行政和学生会正在采取措施,帮助同学更好地进行冬季体育锻炼。

本月 1 日,该校举行了全校体育社团成员大会,动员体育干部和体育积极分子在冬季锻炼中起骨干作用。为了解决冬季体育锻炼的技术辅导问题,该校加强了锻炼小组长的业务培训,由体育教师先教会他们跳高、跳远、中距跑及怎样做准备运动、整理运动、辅导运动等,使他们在冬季体育锻炼中能够更好地领导小组进行活动。

前天(4 日)下午,该校组织体育成绩优秀的同学进行了中距跑表演,以鼓舞同学们的锻炼热情。表演前,该校校长还讲了话,他希望所有参加劳卫制预备级锻炼的同学在冬季中坚持锻炼,并与学生守则紧密地结合起来,为逐步达到"三好"而努力。本星期起,该校所有黑板报将进一步宣传冬季体育锻炼的好处及锻炼的方法,以便更好地推动冬季锻炼。(项德宝)

《文汇报》1954 年 12 月 6 日

格致中学的群众性文艺会演

格致中学 12 日和昨日(15 日)举行了两天的全校性文艺会演,参加演出的有近 660 人,共演出节目四十多个。全校百分之八十以上的同学都直接或间接地参加了会演的工作。高三丙全班 41 个同学,在今年春季文艺会演时,只有十几个人参加,这次会演,全班已有三十多个同学参加演出了。

《解放日报》1954 年 12 月 15 日

1955 年

格致中学加强对学生的品质教育

格致中学学校行政和青年团、学生会等组织,在本学期将采取措施,加强对学生进行共产主义道德品质教育。

早在寒假期间,学校就运用黑板报和剪报,向同学进行了宣传。部分团分支在寒假中,已学习和讨论了有关文章。本学期,学校组织全校同学观看了苏联电影《第一个春天》,并将组织同学漫谈。团总支已决定抽出一部分团费,为各分支购买《中国青年》。本学期,学校图书室里也新添了一百多册书籍,将列出34部优秀书籍如《海鸥》《勇敢》《优秀团员的故事》《毛泽东同志的青少年时代》《可爱的中国》等,作为同学们的课外读物。其中如"海鸥"等书,部分班级还将在语文教师指导下进行讨论。很多班级将加强读报和阅读讨论有关培养共产主义道德品质的书刊,如高三甲班已成立了读报小组。学校并将编订向学生系统地进行共产主义道德品质教育的计划。(项德宝)

《解放日报》1955年2月27日

培养自己成为意志坚强的人

19日下午,上海市格致中学高二乙班的同学们,围绕着"坚强的毅力是逐渐培养的,坚强的毅力是一定能够培养的"主题,举行了座谈会。

同学们在会上介绍了科学家高士其和他们学校里优秀青年团员顾筱鸿的事迹。四年来顾筱鸿在病榻上努力与疾病作斗争,从不灰心,终于学会了俄文。同学们认为高士其、顾筱鸿都是有坚强毅力的人。同学们又都认为坚强的毅力是一定能够培养的。许多同学拿自己班级上的具体事例来说明:陈国泰同学身体虽不大好,但他仍能坚持帮助成绩较差的同学学好功课,并且每天还锻炼身体。谢学枢同学每次做习题碰到困难,总是自己设法解决,有一次做习题碰到一个地方不了解,当同学要告诉他做法时,他说:"让我自己来想想,实在想不出来再问你们。"他花了很多时间思考,最后终于想出来了。同学们还在会上就生活当中存在的问题来检讨自己。

在座谈会上,同学们还朗诵了有关马特洛索夫、古丽雅为了及时完成自己的作业放弃到俱乐部和去游泳的机会的故事;朗诵了小说《真正的人》中阿列克谢在森林中行走的一节。(项德宝)

《解放日报》1955年5月21日

1955年

自学同学成绩展览会结束　广大师生家长看了展览会受到深刻教育

本市初中、高小毕业生自学同学成绩展览会已在昨天结束。在展出的九天内，共有二万五千多人前往参观，其中大部分是初中、高小应届毕业同学。同学们在参观过程中，认真地记录了自学同学的成绩和克服困难、坚持自学的情况。回校后，他们又向同学作了传达，因此，同学们普遍消除了对自学的思想顾虑，稳定了当前温课迎考的情绪。

上海市格致中学初三毕业班部分同学在参观后都感到自学同样有进步、有前途，因此批判了过去对自学的错误看法。同学们又利用班会和每天的读报时间展开讨论，漫谈参观自学同学成绩展览会的收获和感想。徐可义同学说："我原来认为自学既不能学好，说不定还会荒废初中里的功课；看了展览会，我觉得这种想法是完全错误的。"班内原来怕自学会被人家看不起的同学，也在参观了展览会后消除了这种顾虑。上海市第三女中初三卓娅班全体同学在参观了展览会后一致表示："我们感到自学是有光明前途的，自学生活是丰富多彩的。我们毕业后，如果祖国需要我们自学，我们将毫不顾虑，克服一切困难，努力自学，并向已经参加自学小组的同学们学习。"卢湾区高玉宝自学小组的同学在参观了自己的成绩以后，感到自学是同样光荣的，因为自学同学帮助国家在经济建设时期中克服了一部分困难，使国家经济建设事业顺利进行。他们表示："今后保证更好地坚持自学，积极锻炼身体，参加社会工作，为今后参加劳动生产作好准备。"生活小学吴老师看到关于社会各方面对自学同学的关怀的展品后，感到教师同样也要关心自学同学的学习，在学校里要更好地教好学生，巩固他们已经掌握的知识，作为参加自学的基础。提篮桥区自学同学的家长张文英在展览会的感想簿上写道："今后，我要协助自学同学搞好自学小组，同时要向初中、高小应届毕业同学宣传参加自学的好处。"

《文汇报》1955年6月28日

应届初中毕业生开始考试

本市应届初中毕业生29日开始毕业考试。格致中学初三丙班学生56人，考试时秩序很好。锻炼小组早晨照常锻炼，同学们在课间休息时散步、闲谈或唱歌，午饭后有的休息，有的下棋或玩扑克牌。全班同学这几天睡眠普遍有八九个小时，饭量也没有减少。复兴中学今年六百多应届初中毕业生个个都进行了温课。育才、市西等中学应届初中毕业生，一般都能坚持正常的日常生活。

毕业考试前，应届初中毕业生接受了升学、从事劳动生产和自学三条道路的全面思想准备教育。格致中学学生赵焕星在认识到三条道路都有前途后，消除了原有的紧张情绪，安下心来按计划温课。五爱中学全体应届初中毕业生和华华中学初三戊班全体同学，分别写信给市人民委员会和青年团上海市委员会，保证服从国家计划。许多老师和家长也都注意帮助学生温课，关心学生考试期间的正常生活。

《解放日报》1955年6月30日

正确认识自学的人

第二批中学招生发榜的那一天下午，格致中学有些考不取的同学在家里烦恼，有的躲在屋子里不敢外出，怕邻居笑话。但初三甲陈水森同学却积极参加了学校里的毕业生工作组,跟老师一道,冒着酷热的阳光,到考不取的同学家里去安慰和进行说服。在张庆佺同学家里,老师跟家长谈,他跟张庆佺谈。张庆佺看到他觉得很奇怪,就问他:"你心里不难过吗?你好像主意拿得很定?"他从容地答道:"自学跟升学同样有光明前途,有什么难过呢?"又说:"我也希望升学,但目前国家有困难,每一个人都要升学是不可能的。"说了一阵,张庆佺给他说通了,于是两个人又到别的考不取同学家里去。在其他考不取的同学家里,陈水森同学谈起高尔基写的《童年》:高尔基夜里点着蜡烛读书,被女主人发觉了,揪着头发打他,于是高尔基就用铜锅,把月亮光反射到书上去,这不行,又站在神像前边的长明灯的光下读起来,后来他又积极参加革命斗争,终于,高尔基成为伟大的文豪。陈水森说:"今天我们已经不是像高尔基那样,在重重困难下去获得学识了。今天,祖国为我们青年一代开辟了无限广阔的发展道路,自学得到政府、社会各界人士的支持和帮助,更得到毛主席的关怀,这是我们这一代青年自学者的最大幸福。"(白国良)

《文汇报》1955 年 8 月 7 日

上海市格致中学表扬一批"三好"学生

本月 19 日,上海市格致中学表扬了在 1954 年度贯彻"三好"有积极表现的同学 41 名,并分别授予模范生和优秀生等称号和奖状。在这些被表扬的同学中,除做到"三好"以外,还能尊敬老师、帮助同学、热爱集体、关心时政学习。如模范生刘佩曾,曾克服了她在辅导员工作中的困难,将学校中一个落后的中队和班级,转变为全市少先队"优秀集体";她本人也参加了上海市青年社会主义建设积极分子大会。(项德宝)

《文汇报》1955 年 9 月 21 日

注意死角

上海市格致中学校行政领导,最近检查了历史科的教学工作。检查中发现个别教师在课堂上不是以社会主义思想教育学生,而是以腐朽的资产阶级思想,甚至反动的法西斯军国主义思想教育学生。例如有个教师一方面在课堂上称颂希特勒,渲染氢弹的威力,夸大个人的作用;另一方面,他又把共产主义社会"简单地"说成是"要什么,有什么";有次历史考试时,他还"鼓励"同学说,考到前三名的,由他请客看电影。

学校是进行社会主义思想教育的阵地,但是在我们阵地上却还残存着一些死角,有的还很严重,这一点应该引起各校注意。

《文汇报》1955 年 12 月 17 日

1957 年

黄浦江上赛艇飞驶　打破三项划船全国纪录

【据新华社上海二十六日电】上海划船运动员24和25两日在第一次举行划船锦标赛时，把体育运动委员会今年1月公布的五项划船全国纪录打破了三项。

24日黄浦江上风平浪静，流速每秒钟在0.27公尺以下。获得男子2 000公尺双人单桨赛艇（有舵手）决赛的前八名，都打破了9分48秒4的全国纪录。获得第一名的教工队（由金尧圭、赵庆堂握桨，潘高海掌舵）的成绩是8分3秒8。其他打破全国纪录的是格致中学、虹口中学、轻工业、同济大学、一机、混合和公安等七个队，其中成绩最低的是9分46秒6。

男子2 000公尺单人双桨赛艇（无舵手）在预赛时，就有三人打破了9分49秒的全国纪录。这三名打破全国纪录的运动员是全国纪录保持者程骏迪，成绩8分44秒4；上海第二师范学院学生陈锡刚，成绩9分16秒7；第三名曹德钧，成绩9分44秒8。

男子2 000公尺八人单桨赛艇（有舵手）决赛，是在逆流中进行的。结果，由海军战士组成的海航队和一机队分别以7分33秒6和8分0秒8的成绩，打破了8分6秒2的全国纪录。在预赛中，格致中学队的成绩是7分46秒9，也打破了全国纪录。

这次女子比赛，舵手和握桨的都是女运动员（去年在杭州举行1956年划船表演赛时，因为是由男子掌舵，所以女子组各项有舵手比赛的成绩，都没有被列为正式纪录）。这次1 000公尺四人单桨赛艇和1 000公尺双人单桨赛艇的成绩，分别是5分2秒和5分22秒3，比去年表演赛中由男运动员掌舵的成绩，还分别提高了4秒4和51秒4。这两个全国新成绩都是混合红队创造的（四人单桨由刘德滋、陈云霞、瞿晓吐和刘德宝握桨，沈瑞熙掌舵；双人单桨由唐顺华和王长华握桨，舵手是苏肇允）。

参加这次划船锦标赛的，共有工人、学生、解放军战士等23队的256个运动员。（新华社）

《人民日报》1957年8月27日

1958 年

歌声在江面上回荡

"总路线像太阳,照在身上暖洋洋";"共产党毛主席,他是我们的带路人"。从高昌庙开往周家渡的对江轮船上,格致中学和洋泾中学的学生宣传队,把黄浦江两岸,市轮渡保养车间和东昌第三中学宣传队的欢唱和锣鼓声连成一片。《社会主义好》的歌声,在江面上回荡。

船上的东郊农民,聚精会神地听着学生们对总路线的解释。杨思桥杨中社的社员赵小妹说:"真是'多快好省'啊!这两天,机关、学校和工厂的干部大批下乡帮助我们收割麦子,真使我们感动。作为社员,更非'鼓足干劲'干不可了。"

《文汇报》1958 年 6 月 9 日

中学生投入抗旱斗争

【本报讯】"千方百计收集废铜烂铁支援工业建设!"这是上海几十万中学生提出的响亮的口号。格致中学同学们开了"为钢铁而战"的誓师大会,提出在收集废铜烂铁时要四勤——脑勤、手勤、脚勤、口勤和四不怕——不怕热、不怕累、不怕脏、不怕难。高一(4)班组织的战斗小组一直跑到董家渡翻砂厂,帮助工厂收集了大量废铁,一部分投入熔炉,一部分送到废物回收站。三天来格致中学已收集了废铜烂铁 24 万斤,单在学校里地下室、仓库、走廊就找到废铜烂铁 1000 多斤。市东中学同学参加工业抗旱也已获得出色成绩,高三(5)班到昨天为止四天半的时间内就收集了废铜烂铁 44 万斤。他们一面下里弄宣传,一面请收购站派人当场收购,效果很好。在前天下午举行的全体同学大会上,他们决定最近期间要争取收集到废铜烂铁 60 万斤。此外,市四女中、向明中学、卢湾中学、五十五中学、六十中学、鲁班中学、南洋中学等校也组织了许多宣传队,运用各种形式,开始广泛地宣传收集废铜烂铁工作。

《文汇报》1958 年 8 月 28 日

有一分热　发一分光　大中小学师生为钢铁增产贡献力量

【本报讯】交通大学冶金学院全体师生在中共中央号召的鼓舞下,除保证完成原定向国庆节献礼的科学研究项目外,决定加速建立一座年产 6 万吨的钢铁厂,争取在国庆节出钢,作为 1070 万吨宏伟目标的一部分。此外,还决定筹建一座日产 3—4 吨的矽铁炉,争取年内产矽铁300吨;加强生产高级合金钢和土法炼铝的研究。

上海冶金机械工业学校全体师生保证以提前建成钢铁厂和冶金机械设备制造工厂的实际行动响应党中央的号召,保证多炼钢铁为完成1 070万吨钢的任务贡献出全部力量。

不久前,这个学校的师生白手起家,克服种种困难,自己兴建了轧钢和铸造车间厂房;利用废旧料制造成日产6吨钢的转炉,试炼成了第一炉成分很好的中碳钢。现在,全体师生正着手再制一个转炉。

为了支援其他地区的钢铁生产,这个学校在机电局通用机械公司的帮助下,决定提前兴建一个冶金机械设备制造厂,争取国庆节前投入生产,以制造中小型的全套冶炼设备。

上海市各中、小学校师生也紧张地投入了钢铁的战斗,南洋中学、市东中学、复兴中学、格致中学、张华浜联合子弟中学、新闸路第一小学等校师生,已经收集了大量废金属。南洋中学成立了工业抗旱指挥部,1 200多位师生和附近居民委员会的干部一起深入里弄工厂宣传和收集废金属,在日晖新村等地还设立了宣传站、鼓动站。学生们几天以来采取在河浜中捞、地下挖等方法已经收集了废金属85吨。他们正在为收集100吨废金属而斗争。复兴中学师生把学校里无用的铁丝网、铁条、旧锅炉等收集起来,一天就收集了好几吨。

《文汇报》1958年9月3日

1959 年

许多中学全面安排学校工作　学生学习积极性大大提高

【本报讯】开学以来,本市各中学对学校工作进行了全面安排,学生的学习积极性普遍提高,出现了既要学习好,又要劳动好的新风气。

这个学期一开始,各校学生便结合党的八届六中全会文件的学习,总结了上学期贯彻党的教育方针的成绩,学生受到了极大鼓舞,学习积极性大大提高。复兴中学高二六个班,连续举行跃进大会和促进大会,表示要为祖国为人民学习得更好。为了保证学习、劳动、文娱体育全面大跃进,他们从班级、小组到个人都订了规划。市东中学还开展了"三比"运动(比学习态度、比学习方法、比学习质量)。

学生们在进一步树立了正确的学习观点后,大大发挥了创造性和主动性,因而学习质量已有显著提高。格致中学高二(四)班的学生,组织了各种学科小组,在教师指导下,进一步提高学习质量。现在这个班已消灭了2分,百分之九十以上同学的成绩优良。

学生们不仅认真学习各种学科,还普遍阅读政治理论书籍和报刊上优秀的文学作品。格致中学高二(四)班成立的政治理论小组,认真学习毛主席的"矛盾论"、"实践论"等著作。

学生们既抓紧学习,又积极参加劳动、文娱体育活动。学生参加劳动都很认真,有的主动向老师傅求教,有些学生在劳动中还积极开动脑筋把理论知识用于生产,并在生产实践中巩固书本知识。

《解放日报》1959年4月3日

为党的事业而顽强学习——格致中学加强对高三应届毕业生政治思想教育,积极提高学习质量,为参加劳动和升学打下基础

【本报讯】格致中学抓紧高三应届毕业生的政治思想教育,积极提高学生学习质量。

这个学期开始时,格致中学就十分重视应届毕业生的政治思想工作。他们首先分析研究了高三学生的思想和学习情况:当时,高三部分学生在学习上存在着各式各样的不正确思想,这些思想影响了学习的积极性和责任心,有些学生借口自己年龄大了,或说自己基础差、脑筋笨,不认真学习。还有些学生片面地认为,书本知识都是教条,不切实用,个别学生甚至但求"三分"毕业。该校分析了各种不正确思想后,认为这些学生对学习的目的还不够明确，必须及时抓紧教育，端正他们的学习态度。并且，从知识方面来看，学生的学习质量还不够高。有些学生对高一、高二已学过的知识掌握得不够牢固，因此，提高教学质量，就必须既注意新课的巩固，又重视旧课的复习。

发现这些问题后，党支部及时引导教师以提高学生的知识质量为中心，从思想教育和教学措施上着手进行改进。

首先，学校向高三学生进行了为期一周的思想教育，通过政治课、团的组织生活、表扬优秀学生、召开各种座谈会等一系列活动，贯彻为祖国而学习的思想教育。通过这些活动，学生们明确了现在的学习和将来的劳动之间的关系，认识到要把我国建成为一个工农业高度发展的现代化国家，光凭干劲还不够，一定要有科学文化和技术。因此，今天的学习，就是为了明天的劳动。许多原来有错误思想的学生，开始认识到过去没有把自己的学习和加速社会主义建设联系起来，因而没有好好学习，有的学生激动地说："党这样关怀我们青年的成长，要我们学好本领，增强社会主义建设的力量，我们没有理由不好好学习，今后一定要下苦功学好。"有的班级举行了"学习向秀丽""在烈火中永生"的座谈会，这些革命先烈的优秀品质给学生们以深刻的教育。学生们认为，《在烈火中永生》一书里所叙述的先烈们，在失去了自由，在敌人的刺刀下还进行着各种学习和锻炼，我们一定要学习这种为党的事业而顽强学习的精神。

为了提高教学质量，高三级的教师们不仅从思想上教育学生，还千方百计采取措施，把学生教好。他们提出了"课堂教学好，课后辅导关心好，对学生的学习组织指导好"的口号，除了上正课以外，各科都排出固定的辅导课时间，教师亲自进行学习指导，及时解决学习中的问题，听取学生反映，有时还给学生作必要的旧课复习。教师还想法深入了解学生在思维方法上、知识质量上、学习方法上以及自己教学上存在的问题，及时地进行指导和改进，由于这一系列的措施，不仅学生的学习质量逐渐提高了，师生关系也更密切了。

同时，各个班级也掀起了创造性的学习运动，首先加强了学习的组织领导，由班团支部书记及班主席领导，展开各种学习活动，有的班级出版了有关数学的《一日一题》以及物理、化学、俄文的小报，刊载老师对各科学习的要求、各种学习经验、方法等，指导学习。各班级还发扬了学习上相互帮助、相互关心的集体主义精神，适当开展在个人钻研基础上的集体讨论及互助活动。

高三班由于师生共同努力，目前已经取得了显著效果，学生的学习质量逐渐提高了。例如在一次数学测验中，不仅优良成绩的百分比大为提高，有些一贯不及格的学生也获得了良好的成绩；从一次全班级化学测验的成绩来看，学生对基本知识的理解和运用也都有了提高。学习较差的学生开始转变了。高三(5)班的一个学生，原来有四五门功课不及格，这学期明确了学习的目的性，踏踏实实地下了一番苦功，结果测验成绩达到优良。

现在，应届毕业班的学生正抓紧时间学习，积极准备以出色的成绩通过毕业考试，为参加劳动或升学打下良好基础。

《解放日报》1959年5月15日

党的号召为新学年带来崭新气象　上海各校正常教学秩序迅速建立　广大师生干劲十足　广泛掀起教好学好劳动好的热潮

【本报讯】上海市6 300多所中、小学在7日开始正式上课后,教学秩序正常,一个教好学好劳动好的热潮迅速形成。

开课当天,广大师生准时到校上课。市北中学等部分学校周围,虽因开课前几天上海受到大风暴雨的袭击,积水未退,但教师们仍无一迟到。复兴中学各班级学生在开学以来,学生的听课注意力非常集中。江守中学、爱国中学等校的一些原来纪律较差能班级,新学期一开始,课堂秩序也很好。几天来,许多学校的学生都能按时完成作业。学生们的学习动头大大鼓舞了教师们教好的信心。

广大教师在开学前后,充分进行了教学准备工作,保证了较高的教学质量。向明中学大部分教师已认真备好了国庆节前的课。市南中学教师在开学前相互检查和交流了备课笔记。上海中学在开学前反复讨论了怎样上好导言课。教师们的认真备课和教学,使学生们深受感动。很多学校学生都反映:老师上课更认真了,我们更应好好学习。

不少学校还在开学前就妥善安排了学生的生产劳动。延安中学、虹口中学等学校在开学第一天很有秩序地进行了生产劳动。格致中学对学生提出了生产劳动"六好"要求,要求学生生产劳动纪律好、质量好和工厂关辑好、虽亦公共财物好、同学之间团结好、安全卫生好。五十八中学、市南中学等校都请了工人同志到学校做报告。许多学校还采取了各种具体措施,保证提高润动质量。

开学前后,绝大部分学校都已制订了学期工作计划,全面安排了师生的工作、学习、生活,因而一开学就走上轨退,领导干部就有条件把主要精力转向教学工作,深入课堂听课。虹口中学、合肥路第二小学、许多学校的校长、教导主任等在上课第一天就到班级听课,检查教学计划执行情况和暑期进修成果是否运用到教学实践中去。

新学期的良好正常教学秩序的迅速出现,是广大师生学习了党的八届八中全会文件的直接结果。许多学校教师在学习了文件后,热情高涨,加紧备课。比乐中学、虹口中学等很多学校还注意分析了学生的知识质量,使教学能从学生的实际出发。很多班主任在开学前访问了学生家庭,健全学生组织,帮助学生干部做好开学准备工作,订出班级规划或学习公约。

现在,各校正抓紧时机,巩固和发展已经建立起来的教学秩序,以保证教学质量的提高。

《文汇报》1959年9月11日

1960年

高举毛泽东旗帜　德智体育全面发展——本市格致中学党支部紧抓学生政治思想教育高三(四)班教育质量迅速提高连续被评为"红旗班"

【本报讯】本市格致中学红旗班高三(四)在党支部领导下,上学期来,以总路线为纲,开展社会主义思想教育后,教育质量获得全面提高。

上学期开学初,有些学生对总路线重大意义缺乏认识,党支部针对这一情况,加强社会主义思想教育,在班内掀起了学习总路线热潮,除组织学生学习有关文件外,还开展了"高速度"活动,如参观工业展览会,举行"高速度"主题班会。会上一个学生说,当他看到解放前主要靠进口的简单手电容器1957年产量是1949年的605倍,而1958年又是1949年的1780倍时,深深感到这样快的速度,获得这样大的成绩,主要是在总路线的光辉照耀下,大搞技术革新的结果。总路线的威力,总路线的核心——高速度教育已深深留在学生的脑中,学好总路线已进一步成为学生的自觉要求。就在这个时候,党号召学生下乡支援三秋。在参加劳动的同时,学生们参观了猪棚,亲眼看到了公社养猪大发展的情景,感到这实实在在是大跃进。老农们又告诉他们公社化给农民带来的幸福生活,使学生们对总路线、大跃进、人民公社有了进一步的认识。

在这思想认识基础上,党支部认为必须进一步扫除学生中的各种中游思想,启发学生树立雄心大志,为社会主义、共产主义建设而努力学习。本来安居中游的学生梁中秀认识到高速度是总路线的灵魂后,晚上自习时,严格要求自己,争取一分一秒进行学习。当市学习积极分子会议向全市学生发出战斗号召后,在党支部领导下,班级里又掀起了"树立雄心大志,把学习质量提高一级,全面大跃进"的热潮。学生中鲜明地树立了向郝建秀学习的旗帜,班级里普遍出现了刻苦钻研和相互帮助的风气,王柏龄、臧映芬由于在外参加体育比赛,耽误了一些功课,回校后,经过同学的帮助,不仅很快地跟上了班级,而且成绩优良。这个事例活生生地教育了全班学生:学习也能跃进。因而大家劲头更足了,纷纷举行"怎样才算好"的辩论会,举办"交流学习经验"的学习园地、"六好"作业展览会,以及相互交流记笔记经验,等等。通过这一系列辅助活动,学生深深体会到要高速度提高学习质量,必须在教师指导下充分发挥刻苦钻研、独立思考的精神,又要充分利用时间,做到分秒必争。这样做了以后,学习质量大大进步,目前全班已有百分之八十五的学生达到优良成绩。

为了在学好课堂知识的基础上进一步丰富学生的知识领域,党支部又通过班主任、团支部在班内展开各种课外学科活动,并大力引导学生开展理论联系实际的活动。班上文娱生活也更丰富多彩了,学生们集体创作了活报剧《钢铁的班会》,得到全市大中学生文娱演出三等奖,体育等级运动员也从3名迅速地增加到16名。

现在劳动锻炼也已成为每个学生的自觉要求了,学生们在每次参加劳动前后,还开"诸葛亮"会议,讨论应该怎样向工人阶级学习,争取一分一秒为赶上英国而贡献一分力量。学生王智令在厂里剪纱头时,有个工人病了,为了保证该厂高速度跨入1960年,他不顾自己手掌磨破了,认真学习,很快地起了一个人抵一个半人的作用。工人阶级的鲜明的立场、观点给学生的教育很深刻,一个工人对学生说:"要是我厂有一个自己的大学生,这该是多好!"这句话使全班学生深切领会到党需要我们迅速成长,成为又红又专的工人阶级知识分子,要自己成为这样的人,必须在两条道路斗争中站稳无产阶级立场,这就必须以毛泽东思想武装自己,提高觉悟,才能真正做到党指向哪里、我们就奔向哪里,因而班级里立即成立了毛泽东思想学习小组,掀起了学习毛主席著作热潮。《红旗》《中国青年》等书刊已是人手一册,政治空气非常活跃。

高三(四)半年来在总路线光辉照耀下,出现了全面大跃进,因而光荣地继续被学校评为"红旗班"。在这次学期考试中全班绝大多数学生又获得了优良成绩,语文优良成绩占百分之九十三点四,几何优良成绩达百分之一百,代数、化学优良成绩均占百分之九十一点七。目前,高三(四)学生精神奋发,决心更上一层楼,要"高举毛泽东旗帜,总路线扎根,高速度提高学习质量,争取全班同学德体智全面发展"。

《解放日报》1960年2月3日

出席全国教育和文化、卫生、体育、新闻方面社会主义建设先进单位和先进工作者代表大会代表名单

(前略)

格致中学

高润华(女)

(后略)

《人民日报》1960年6月13日

劳逸结合好处多——格致中学教师、学生的笔谈

格致中学师生在党支部领导下,认真贯彻劳逸结合的原则,做到教学、生活有张有弛,人人心情舒畅,干劲倍足,使学校工作出现新的局面,更好地贯彻了党的教育方针。这里发表的是他们的一些经验和体会。

工作、生活有劳有逸

年级组长唐文伟:

由于我校党支部认真贯彻劳逸结合政策,学校工作出现了新局面。我自己的工作也有很大的改进。我过去是工作多、会议多、活动多,备课时间少。自从学校实行全面安排,实现晚上不开会以来,我不仅有充分的备课时间,也有了充分的自修时间。《毛泽东选集》第四卷我已读了两遍,《红旗》《解放》《中国青年》等杂志中的重要文章也都进行了精读,基本上能做到提前两周把课备好。同时,还能抽出时间到兄弟学校去听课,吸取先进经验。因此,政治课的教学质量普遍有了提高。

在全面安排工作、学习、生活中,"化零为整",充分利用时间,是提高工作效率,有劳有逸的一个有力措施。如根据党支部每一阶段的中心工作的要求,我分别主次制订了个人的工作计划,做到心中有数,合理安排每天的时间。如利用上午课外一些零星时间批改劳动笔记,看同学的思想小结,研究学生的思想动向,分析班级情况等。下午零星的时间,就与教师多接触,了解他们的生活、工作、学习等情况。

星期天也有较充分的休息时间和爱人、孩子一起去看看电影,逛逛公园。做到了工作、生活有张有弛。

深入了解学生

高三班主任周文川:

几年来我一直担任班主任工作。过去认为只有通过会议才能加强政治思想教育,了解学生的思想情况和要求。因此在党支部坚决贯彻劳逸结合政策,统一安排工作和精简会议的时候,我就觉得支部的要求是"既要马儿好,又要马儿不吃草"。学生的情况难掌握了,政治工作也很难开展。我把这想法向党支部反映之后,支部不但向我说明劳逸结合的意义,指出做政治思想工作的方法,还深入班级,参加班级的一些会议,帮助我们找出开会准备不够,会议质量不高的缺点和改进办法。

经过支部的帮助,我们合理地安排了会议,提高了会议质量。这样我就有较多的时间进行家庭访问,参加学生的各种活动,广泛地接触学生,因而对学生有了较深的了解,也能比较及时地发现问题,解决问题了。例如,有一次在学生的借书证上发现有一个学生借阅"数学汇编"。这个学生数学基础本来不够好,却去看高等学校的"数学汇编",显然是不合适的。从这里我发现了部分学生在学习上有好高骛远的偏向。我就针对这一情况,一面对学生进行踏踏实实、刻苦钻研的思想教育,一面加强学习方法的指导,这样学生不但能够认真上课,而且也能在老师指导下看参考书,使学习能够收到较大的效果。

有节奏地进行工作

教师饶金根:

我是一个参加工作不久的青年教师。刚到格致中学时,我认为自己业务不熟,教材生疏,怕教学不能保证质量。但是事实并不如此。因为学校全面安排劳逸结合以后,为我这个新教师创造了提高业务水平的有利条件。例如晚上不开会,这就首先保证了我有充裕的时间进行备课。在贯彻劳逸结合之后,教研组的工作也做了全面周密的安排,并对我认真地进行帮助,给我安排了两个班级的课程,使我在上课后有较多的时间去听老教师的课,并介绍我应看的参考资料,节约了我寻找参考资料的时间。党支部也十分关怀我们的政治学习和业务水平的提高,特地为新教师安排了每周半天的业务进修时间。由于各方面的关心和帮助,使我对新的工作没有忙乱紧张之感,一般能在正式上课前三周,就从容地把功课备好。同时,在半学期内我还阅读了"代数与初等函数"革新教材第一、二册,并做完了全部习题,听了电视大学课,看了"三角学专门教程"等书,使我的教学业务水平不断提高,初步掌握了教学业务。星期六晚上和星期天,我还能很好地处理个人生活和休息,从而使我在这一年内能够有节奏地进行教学和进修,较快地突破了新教师的许多难关。

调动大家的积极性

高三团支部书记朱松乔：

我以前对劳逸结合政策的积极意义，是认识不足的。学校在提倡精简会议，提高教学质量，做到有劳有逸时，我却认为精简会议会对团的工作带来一定的困难。因为我想，随着形势发展，党对我们团的工作要求是越来越高了，不多开几个会研究研究工作怎么行呢？在考虑支部工作的时候，也只想多安排些活动。党支部、团委发现我这种想法不对头，及时对我进行帮助，使我对劳逸结合的政策有了进一步认识。从此，我注意改进工作作风和工作方法。每当党支部和团委布置任务后，我再也不像以前那样，单凭主观愿望来安排团支部工作，而是自己先反复领会工作要求，然后再进行布置。在完成任务的过程中，我也注意走群众路线，发动同学一起来搞班级工作，改变了过去"一人包办，样样管"的工作作风，发挥了班委和政治学习小组长的积极性。在工作上，我还努力打破"老一套"方法。如有一次，党支部布置体育工作，我事先思考了这一工作的要求，再和支委、政治学习小组长、体育委员和体育积极分子一起商议，结果只花了15分钟就把问题解决了。这样，不仅在团的工作上出现了新的面貌，在我个人的生活和学习上也有了显著的效果。由于改进了工作作风和工作方法，现在我不但能专心上好课，而且有充分时间完成每种作业，钻研自己喜爱的课外读物。在家里还能参加家务劳动，并从思想上和学习上关心弟妹们的进步。确实，在劳逸结合问题上，我得到很多教育。今后，我要更好地听党的话，切实做好团的工作，做党的忠实助手，做毛主席的三好学生。（唐文伟　周文川　饶金根　朱松乔）

《解放日报》1960年12月30日

全面关心人　调动师生积极性——格致中学认真贯彻劳逸结合政策，全面安排师生工作、学习、生活，教学质量不断提高

【本报讯】格致中学党支部一年来以整风精神，深入班级，充分发动群众，认真贯彻劳逸结合原则，使全校教师能有劳有逸地安排自己的工作、学习和生活，从而增进了教师身体健康，心情舒畅，不断提高了教学质量。

领导干部认真领会党的政策

去年4月，党支部重点检查了两个班级，发现师生会议过多，影响了教师的备课和休息。这时，党支部针对这一情况即根据党的劳逸结合原则进行了研究。他们开始理解到"群众干劲越大，就越要关心群众生活"，也只有关心了群众的生活，消除了疲劳，才能使师生精力充沛、朝气蓬勃地进行教学。他们初步订出了保证师生睡眠、休息和控制会议的某些措施。

今年入春以来，随着工农业生产的不断发展，对学校工作的要求越来越高了。在进一步贯彻党的教育方针的过程中，他们对全面关心人的意义体会得更深了。有的同志说："党要我们把学生培养成为德、智、体全面发展的人，我们就应该全面地教育人，全面地关心人。"有的同志说："教学改革的任务这样繁重，假若不提高工作效率，把劳逸结合好，怎么能够适应形势对教师的要求呢！"他们进一步认识到坚持劳逸结合原则对党的教

育方针的全面贯彻有着深远的意义。

今年8月,以粮钢为中心的增产节约运动全面展开后,学校中活动较多,因此部分同志产生了贯彻劳逸结合与完成学校工作任务有矛盾的想法。党支部又抓紧务虚,使党员干部认识到任务与政策的统一性,认识到党的政策是党的生命,既要坚决贯彻劳逸结合原则,又要不降低工作标准,而且也只有贯彻了劳逸结合原则,才能更好地完成任务。他们还体会到两者结合的关键在于改进领导作风,改进工作方法,调动群众的积极性,提高会议和教学质量,正像他们说的:"时间是死的,人是活的,提高了工作效率,时间就多出来了。"

贯彻政策成为群众自觉行动

相信和依靠群众,使贯彻政策成为群众的自觉行动,是格致中学劳逸结合好的重要经验之一。为了保证学校工作不断深入,不断提高,正确贯彻党的政策,使师生精力充沛地进行教学,党支部一再向全校师生宣传有关党的劳逸结合指示,并着重说明劳逸结合的积极意义,因此,许多教师很快认识到劳逸结合不仅是党对群众的关怀,也是不断提高教学质量、全面贯彻教育方针的有力措施。他们说:"劳逸结合不是松劲,是继续鼓足干劲,充分利用八小时。""把劳逸结合好,是为了进一步贯彻总路线。"党支部抓住苗头,及时把群众的正确认识和积极性进一步引向改进教学、改进工作方法。如语文老师兼班主任高润华曾代表学校出席全国文教群英会,校内外工作比较多。但是她工作计划性强,善于"零时零用""分秒必争",科学地利用时间,在教学上不断改进教学方法,因此,不但进一步提高了教学质量,劳逸结合也安排得好。支部即请她向全体教师介绍经验,对教师启发很大。接着相继出现了许多改进教学、改进工作方法的新人新事,党支部又及时组织交流推广,使群众的积极性更加高涨。因此,他们体会到贯彻劳逸结合的过程,也是不断调动群众的积极性和不断提高工作水平的过程。

领导深入第一线　加强全面安排

格致中学党支部在贯彻劳逸结合过程中,深入群众,深入教学,不断改进工作作风和工作方法,特别是由于领导深入,及时了解情况,发现问题,及时解决了因会议多、备课作业负担重而影响教师劳逸结合的矛盾。

首先,他们加强了计划性,把师生的工作、学习、生活加以全面安排,并且订成制度加以保证。为了保证教师休息和进修的时间,他们已做到每天晚上和星期天不开会,所有政治、业务学习及社团活动、文娱活动都安排在白天,其余时间一律由教师自己支配。在学生方面,为了贯彻全面发展的方针,提出了"五保证",即保证上课、自修、劳动、政治学习、睡眠等时间。教师可以利用学生自修时间和学生接触。此外,还建立了保持教师办公室安静、规定会客时间等制度,以提高工作效率。在全面安排的同时,党支部特别注意抓生活,领导干部亲自下厨房办好伙食;组织文娱活动与群众同娱乐;同时深入家庭访问,解决特殊困难。

党支部不仅注意了全面安排,而且还安排得早,使各项工作都能有计划、有步骤地进行,避免了因突击而造成忙乱。例如现在离本学期结束还有一个多月,支部对学期总结、教师对下学期教材的钻研以及温课迎考等有关本学期结束前后的工作,都已初步作了安排和部署。

他们在全面安排时,特别注意加强"一盘棋"思想的教育。学校基层牵涉到许多方面的工作,各项工作都应该统一在党支部的领导下,在以教学为中心,坚持劳逸结合的前提下来进行安排,他们体会到只有不断地与不顾整体的本位思想作斗争,才能保证全面安排好。

精简会议　提高会议质量

会议多、会议质量不高是贯彻劳逸结合中的一个主要矛盾。为了解决这一矛盾,他们一方面大力精简重复的、不必要的会议,可以合并开的会就合并开,可以减少层次的就一竿子到底,并控制会议的次数,规定会议的时间。另一方面,他们强调提高会议的质量,强调领导深入第一线,掌握第一手的材料,避免漫无边际的汇报;强调人人作准备,不开无准备的会议。例如过去行政召开教研组长会议,由于事先准备不充分,大家心中无数,因此会议时间拖得很长,效果不大。现在这方面已有很大的改进,如最近召开了一次研究教师"拖堂"(即延迟下课时间)的会议,由于领导干部事先作了细致的调查研究,参加会议的人也都有了准备,开会时有人作了中心发言,分析拖堂的原因和不良效果,指出为了关心学生的休息和保证下一课教师讲课的效果,因此一定要事先加强备课提高上课质量,改变"拖堂"现象。这个会议开得很短,但大家都感到收获很大。其他如政治学习、业务学习也都在加强自学和充分准备的基础上进行讨论。教师们都反映:会开得短了,反而比过去收效大。

改进教学方法　提高教学质量

为了把劳与逸结合得更好,党支部重点抓改进教学方法、提高教学质量。他们体会到"时间是定量,人的主观能动性是变量",只有从改进工作方法中来争取时间。怎样缩短教师备课和批改作业的时间呢?他们强调教师要深入实际,加强与学生的联系,做到讲课时重点突出,并尽量争取在课堂内做作业,这样不仅减少了学生的课外作业,而且作业的质量大大提高,老师花在批改作业上的时间也就减少了。现在,数学老师一般都能做到及时批改作业,而且能按时发还。由于会议及批改作业的时间减少,进修时间增多了,教师的教学水平提高了,备课的效率也提高了。

班主任也改变了把政治思想工作停留在会议上的老一套方法,学会了通过和学生一起参加文体活动,个别谈心,多方面深入地了解学生思想的方法。无准备的质量不高的班级活动精简了,有准备有中心的"主题会"开得更富有教育意义了。这样,班主任的工作时间比过去减少,而教育效果反而比过去提高。

不断提高　不断跃进

一年来,格致中学由于坚持劳逸结合原则,采取了各项有效的措施,使教师能有计划地安排自己的工作、学习和生活。有了比较充分而又集中的时间进行备课、进修、深入班级和访问学生家庭,因而教学质量有了很大提高。过去,参加会议和各项活动最多的是政治教师,经常忙得第二天头一节要讲课了,头天夜里还在准备。现在,全体政治教师都能提前两周备课,有足够时间相互听课,并且能安排时间自学毛主席著作,从而提高了理论水平,保证了教育质量。党群关系也更加密切了。领导干部和教师谈心的机会多了。有个老师生病,支部书记两次到她家中探病,并主动地帮助她解决一些具体困难,她感激地说:"党对我真是太关心了,今后我一定要更好地为社会主义的教育事业贡献自己的一切力量。"

  为了使学校工作不断提高,党支部正在研究如何把劳与逸结合得更好。他们体会到劳逸结合是一个长期的方针,由于形势飞跃发展,学校工作的要求越来越高,因此要不断改进领导作风,不断提高工作效率,以保证党的教育方针的全面贯彻和各项工作的持续跃进。(格致中学通讯组)

《解放日报》1960年12月30日

1961 年

上海语文学会讨论政论文和文言文教学

上海市语文学会最近举行 1960 年年会。中、小学语文教学组面向实际,讨论了关于政论文、文言文教学如何贯彻语文教学的目的任务问题。会上,格致中学高润华根据自己在教学实践中的体会,作了有关政论文教学的报告;上海教育学院代表作了《中学语文教学中的文言文教学》的报告。接着大家各抒己见,展开了热烈的讨论。

《文汇报》1961 年 4 月 11 日

祖国的需要就是我的志愿

格致中学高三(4)班学生、共青团员赵玉龙,过去积极参加课外科技活动,特别喜爱船模的制造。还在高二下的时候,他就考虑到自己将来要投身于造船事业。可是,在高三上的那个学期,他的想法却有了改变。原来当时全国掀起了大办粮食的热潮,通过学习,他认识到加强农业生产第一线对社会主义建设事业的重要意义。于是,他又对农事方面的知识发生了兴趣,感到农业大有可为。

毕业前夕,他和同学们一样,兴奋地谈论着自己的志愿和理想。有一次在谈到理想的时候,他说:"我曾经向往过造船专业,经过学习,认识到当前农业亟需科学技术人才,因此,祖国需要我干什么,我就干什么,由祖国来挑选。我知道,社会主义事业需要各类工程师,需要医师、教师,还需要有像加加林这样的人去征服宇宙。做共产主义接班人,无论是造船事业,或是农科专业,无论是参加农业劳动或其他工作,都是一样的。只要是祖国的需要,就是我的志愿,我将愉快地服从祖国的召唤!"

《解放日报》1961 年 5 月 22 日

格致中学应届毕业班同学立志当第一流的毕业生　生气勃勃以高标准严格要求自己

格致中学应届毕业班的同学们,生气勃勃,以高标准严格要求自己,争取优良成绩,做第一流的毕业生。

在党的亲切教导下,格致中学毕业班同学学习了党的八届九中全会公报和大办农业、大办粮食的指示以后,通过讨论以及和历届毕业班同学座谈,认识普遍提高。他们说,不管毕业后继续升学还是就业,都要勤奋学习,中学是打基础的阶段,将来做任何工作,都必须先把基础打好。

谭炳祥同学本来学习成绩不怎么好,而且偏重数理化的学习,他错误地认为,将来不读文科,语文等可以放松一点;当他听了去年的毕业生曹德明的介绍,就对各门功课都重视了。原来曹德明在读书的时候,也认为语文不重要,把它放松了,但自从参加工作以后,碰到了"钉子",写报告写总结,提笔就困难了。

过去对学习时间不抓紧的邵永年同学,通过讨论座谈后说:"党提出巩固、充实、提高的方针,也意味着对毕业生提出了更高的要求。"因此他在学习中,开始抓各项学科的内在联系,不再糊里糊涂。在这次复习考试中,他全部功课都获得了五分。

过去学习得较好的同学,经过这次讨论座谈,学习更加踏实。如袁益中、潘家增两人,虽然过去的学习成绩优良,但他们总认为离祖国的要求还远,所以决心以高标准严格要求自己,准备接受祖国的挑选。

帮助同学克服困难,不让一个伙伴掉队,相互帮助的风气,也更加自觉地在毕业班同学中扩散开来。如毛筱成同学曾因病脱了许多课,侯亨同学就帮助他补课。在复习考试中,毛筱成同学取得了优良成绩时,侯亨同学为伙伴的进步感到欣慰,比他自己考到5分还高兴。

目前,格致中学应届毕业班同学的良好学习风气已经保持下来。清晨上课前,同学们三三两两地在抓紧复习;放学后,他们除了进行一些正常的文娱体育活动外,都在认真学习,老师们也经常深入班级,具体地对学生们进行辅导工作。

《新民晚报》1961年5月22日

勤学好问　刻苦钻研　有劳有逸　紧张活泼——格致中学中五(6)班的好学风

【本报讯】走进格致中学中五(6)班的教室,除了老师的讲课声外,是一片宁静。五十多个同学都在专心听讲,认真记笔记,思索每一个定义、概念;发现没有弄懂的问题,就及时记下,准备课后询问老师。这种勤学好问的学风,在这个班级里已经形成。

为了社会主义发奋学习

新学期刚开始不久,中五(6)班的同学就热烈讨论了中学生的基本守则,学习自觉性和积极性大为提高。有的同学说:"过去我认为学习是自己的事,差一点没关系,可是仔细一想,便觉得不对头,我们担负着建设祖国的重任,只有现在学好本领,多掌握一点知识,将来才能挑起这副重担。"有的同学说,过去认为"学习是为自己",这是不对的,好好学习正是祖国交给学生的基本任务。这样,"为祖国、为社会主义发奋学习"这句话,进一步铭刻在每个同学的心里,成了他们学习的巨大动力。

定要彻底理解

"一定要彻底理解,决不能糊里糊涂地接受知识"是中五(6)班同学们的共同语言。拿一位名叫任仁光的同学来说,天赋条件,不比别人高,基础知识,也不比别人好,但他能始终抓紧地学,不懂的地方认真地问,因此学到的知识很牢固。有一次,他听物理老师讲解物质问题,说它既有重量,又有质量,上课时好像懂了,但在复习时,脑子又转不过来。为什么一个物质有两个概念?他赶紧在笔记本上打个记号,回头去请教同学和老师,再经过自己思索,终于把它搞清楚。打开他的学习手册,各门功课成绩都是优良。他深切地体会到,学问两字,就是要学要问,也就是掌握知识的秘诀。

问到底的精神

具有这种"打破砂锅问到底"的学习精神的,并不是个别例子。如李凤椿同学在复习化学时,对"原电池"一节有疑问,当晚就赶到同学家里,及时切磋研究,解决了疑问。他对当天学到的知识尽可能做到当天消化、巩固。

收效比突击好

过去,这个班有一些同学喜欢搞突击、"开夜车",测验考试前来个"临渴掘井"。像陈平同学,就曾被大家认为是"开夜车的老祖宗",他吃足了"急来抱佛脚"的苦头。他说:"开了几天夜车,弄得筋疲力尽,第二天上课头昏脑胀,老师讲课听不进,测验成绩,虽然当时效果好像不错,但隔不了几天,就全数还给老师。"现在他可不同了,平日既努力学习,又重视劳逸结合,同时还遵循学习规律前进。他们很好地利用时间,该做作业的时候专心做作业,该进行文娱体育活动的时候,教室里就没有人留下。他们的学习气氛,是既紧张、又活泼,因此学习效率比搞突击反而提高了。(张浩)

《新民晚报》1961年10月30日

一个有趣的"热爱知识"班会——格致中学初二第四班学生提高钻研自然科学的兴趣

【本报讯】 格致中学初中二第四班最近举行了一次生动、有趣的班会,班会的题目叫"热爱知识"。

在班会上,第三小队吴志平、孟燕坤两个同学像说相声似地讲述奇妙的半导体世界。只听吴志平说:"一天,我口干极了,想吃根棒冰,喝瓶冰汽水,就走向一所门口写着'冷饮热食处'的白色房子。刚踏上台阶,正想伸手去拉门,突然,门很轻巧地自动打开了。我吓得呆了一下。"

他们一边用生动的语言,一边打着手势,讲得生动有趣。吴志平接着说:"我还以为有人存心和我开玩笑哩!其实门口一个人也没有,只是在台阶旁装了个半导体光电池。我上台阶时,遮住了照射在光电池上的光亮,它就不再使劲把门关上,门便自动地开了。当我走进屋子,看见满屋都是冰箱。我就走到一个冰箱前面,冰箱的门就自动地开了,只听得里面'沙'地一下,推出一个碟子,放着一个热气腾腾的热馅饼。"讲到这里,全班同学都笑了起来。紧接着,吴志平又讲了下去:"我就气冲冲拿着碟子走到一位女管理员面前问她:'同志,这是谁把热东西放在冰箱里,冰箱不是要弄坏了吗?'而且告诉她:'我要吃冷饮。'她笑着指指冰箱上的字说:'是你弄错了,我们冰箱里装有半导体,这边可以烘东西,那边才是冰东西的。'"吴志平讲到这里,同学们面上都带着惊奇的神情。接着,这两位同学又讲了半导体的作用。

这时,全班同学都活跃起来了,他们纷纷议论着未来的奇妙的半导体世界。从半导体,大家又谈到许多日常生活中碰到的问题:"铅桶为什么上面大,下面小?""煤炉里的火焰为啥朝上而不朝下?""为什么激动时眼睛会变大?""人发急时为什么会口吃?""为什么争论时会面红耳赤?"大家议论纷纷,热气腾腾。

会议进入了高潮,中队主席洪蓓华站起来发言:"看来,这些都是日常生活中的细小问题,其中可包含着多么丰富而广博的知识呵;我们是祖国未来的接班人,就应掌握知识。"接下来第一小队王微同学详细地讲了伟大领袖毛主席在青少年时期怎样孜孜不倦、勤学好问、刻苦钻研的故事。听了这个故事,同学们都表示要好好掌握科学知识,将来为祖国服务。(张浩)

《解放日报》1961年12月21日

1962 年

熟悉教材　熟悉学生　深入浅出　有的放矢——高润华精雕细刻教语文

【本报讯】上海市格致中学语文教师高润华,精雕细刻进行教学工作,教师们称赞说,高润华把语文教"活"了。

有一次,有人临时去听了高润华上的一堂单元复习课。在整个一堂课上,他们发现高润华的教本和备课笔记都合着放在讲桌上,始终没有翻动过。他们对照着课本听高润华熟练地口述、提问、释疑、检查。她不看书,朗读了四小段课文,一字不错;板书课文中的六个长句,也一字不错;有两个学生背诵两篇不同的课文,她也不看书准确地纠正了错字错句,有一次还指出:某句后面是句号,某句是问号,背诵得太快了,没有停顿,就不能正确地表达课文的思想感情。课后,听课的人都表示佩服,说她对课文熟透了。

热情追求一个"熟"字

高润华在教学上热情追求一个"熟"字。每逢新学期开始之前,她总是认真通读教材,力求把全书读懂、读通,以掌握全学期的教学要求和全册各篇课文,明确各个单元、各篇课文在全册教材中的地位与作用,每篇课文都编写详细教案。讲课以前又不厌其烦地将教案修改两三遍。在钻研一篇文章时,她常常自问自答,反复揣摩,不少课文她能背诵如流。对学生的情况,高润华也非常熟悉。上学期开始,她接受了初中一年级的教学任务,为了摸清学生原有的语文水平,她到小学访问了语文教师、教导主任,并通过听课,了解学生已在小学受过哪些基本训练,是怎样受训练的;平时又不断从预习、课堂提问、作业检查和课外辅导中,了解学生学习的困难所在;并通过班级活动、座谈会、个别谈话、家庭访问来熟悉学生的学习、思想、兴趣爱好等情况。她还经常分析研究学生的作业,从开学时的第一篇作文,到学期终了的最后一篇作文,学生有了哪些显著进步,还存在哪些问题,她都很清楚。她和别人研究工作时,随时可以列举出学生作文中的一些精彩的词语和片段。

讲课胸有成竹

由于高润华熟悉教材和学生情况,因此讲课能够做到"有的放矢":哪几项基础知识应该在哪些教材中落实,应该通过哪些训练使知识化为能力,以及怎样针对学生的实际,深入浅出地讲解课文,都了然在胸。例如,她在教《谁是最可爱的人》一课时,就根据年级和单元要求,在讲透全文的基础上,有重点地讲解了"叙事通顺""选材有代表性"等写作知识,并且巩固、加深学生学得的有关动词、形容词的基础知识。高润华又考虑到课文中的有些形容词,如我们战士的"品质是那样的纯洁和高尚,他们的意志是那样地坚韧和刚强……"比较抽象,学生对战士的生活也不熟悉,难于理解。因此在教这篇通讯时,她首先要学生回忆《老山界》中的一个片断,并背诵毛主席的《长征》诗,让学生领会战士的伟大和可爱,然后由旧课引到新课。讲解课文时,则通过战士的动作使学生领会我们的战士对敌人是这样憎恨,而对朝鲜人民却是那样地热爱,从而掌握前面一些"纯洁""高尚"等抽象形容词的含义。因为高润华在"熟"字上下了功夫,教课时始终精神饱满,能够把自己真正的感情灌注进去,使自己与作品的中心人物共悲,同呼吸,因此,她讲述课文,能吸引学生的注意力,使他们的思维处于积极活动的状态。学生们说:"有的课文本来我们并不喜欢读,高老师讲了以后,我们懂了,也喜欢读。"

严格检查教学效果

高润华对每一堂课都非常严肃认真,她经常严格检查教学效果,总结经验,不断改进教学工作。例如在作业的质量分析中,她发现有些学生虽然学过很多词语,但不会运用,或者常用错。教课时她就注意反复巩固,扩大加深。如课本的记叙文中,形容山水的词比较多,如形容水清的有:"银色的长带""粼粼的波浪""碧波浩瀚";形容水势的有:"波涛汹涌""滚滚的江水""白茫茫的江水";形容水可怕的有:"泛滥""横冲直闯的洪水"。又如形容山的有:"逶迤""磅礴""巍峨""峭峻"……。在教学过程中,高润华就适当加以分析比较,让学生懂得,在这里,为什么要用这个词语,而不能用那个词语。在语法、标点符号以及读写结合方面,也让学生经过多次反复,以深刻理解与掌握这些基础知识。

充分利用各种活动

高润华还充分利用各种活动来为语文教学工作服务。例如教到《人民英雄永垂不朽》一课时,因为文中描述的十块汉白玉的大浮雕,内容很丰富,它反映了我国从1840年起到解放军胜利渡江为止的一百多年的革命斗争史,她就要求学生根据每幅浮雕的内容,在课外分工找材料,并举行了故事会,以丰富学生的知识,提高他们的口头表达能力。有些学生认为"作文难",高润华就组织学生举行了"作文难做吗?"的主题班会,通过一些好的作文的介绍和写作体会的漫谈,引导他们热爱生活,善于观察生活,并使学生懂得怎样确定中心、组织材料,怎样使句子写得通顺、简洁。高润华辛勤努力的结果,具体地反映在学生的作文中。在以"一件有意义的事"为题的学期考试作文试卷中,许多学生能恰当地运用课文里的词语来叙述事物、表达思想,不少学生还能模仿这些课文中用景物、声音等来衬托人物心情以及在开头、结尾突出中心思想的写作手法;同时,叙事有层次,语法、标点也基本符合年级要求。

一笔笔地画下新图画

高润华是一位只有五年教龄的青年教师。1958年,她调到格致中学担任高中语文教师时,心里就想:"党交给我的青年学生,就是祖国未来的建设者,他们学习的好坏,关系着社会主义事业。"因此,她决心把学生教好。她埋头苦干,虚心学习,在钻研课文、编写教案时,碰到有不懂的地方,就一字一句地向老教师求教,课后又不断征求老教师的意见,踏踏实实改进教学工作。上学期开始,领导上要她担任五年制试点班级的教学工作,高润华认为,这是党交给自己的一项严肃的政治任务,她说:"最新最美的图画,需要一笔一笔地去画,教学上的任何粗心,都会直接影响学生的学习质量。"因此,她在工作中充分发挥积极性和创造性,精雕细刻,努力把语文教好,教"活"。她常常这样鼓励自己:"最大的政治热情,应该反映在踏踏实实的工作上。"高润华的辛勤劳动受到了党的重视和人民的尊敬。1959年,她被评为上海市"三八"红旗手,出席了全国文教群英会。同年,她光荣地参加了中国共产党。

《文汇报》1962年2月22日

格致中学语文教研组抓住语文教学各个环节 多方设法提高学生写作水平

【本报讯】格致中学语文教研组在加强学生语文基础知识和基本技能训练的教学中,根据学生写作中存在的问题,抓住各个环节,多方设法提高学生写作水平。

从学生写作中存在的问题出发,教研组和各个教师经常研究学生写作中存在的缺点,针对学生认为作文难做,抓不住题目的中心思想,课外阅读指导和课堂评讲枯燥无味等思想,进行了一系列的深入细致的指导。首先,教师们为了便于学生抒情发议,拟出了适当的题目,并在课前指导中,具体帮助和启发学生确定主题和如何展开主题,使学生做起文章来能把握住中心思想,并能言之成理。其次,对学生的作文精批细改,以便帮助学生总结每次写作的收获。在批改上,教师除了看文章的思想内容外,对字、词、句和篇章结构都全面批阅,并根据错误的性质和大小,有的由老师改正,有的做上记号或提出问题,让学生自己订正。

教研组还有目的地运用评讲课来提高学生的写作能力。评讲课有老师讲,也有学生讨论,使学生明确为什么同一题目,有的文章做得好,好在哪里,有的文章存在问题,问题又在哪里,并组织学生在课外写作文读后记,写下自己作文和看了别人作文后的感想和意见,议论写作中的问题。

结合学生课文阅读,提高学生的写作能力,也是教研组抓的一项工作。这个工作包括两个方面:一是结合课文讲解帮助学生学习写作知识;二是模仿与运用课文中的写作技巧,例如中五学生(中学五年一贯制毕业班的学生)读了《新民歌开拓了诗歌的新道路》后,教师就要求学生写《新民歌试评》,并帮助学生了解民歌的写作特点和如何加以运用。又如高三学生阅读《黎明的河边》后,教师要求学生"缩写",使学生学习课文里的写作技巧,提高写作本领。

此外,教研组还通过学生阅读课外文艺作品,帮助学生提高写作技巧。语文教师经常向学生讲写好作文需要下苦功的道理,希望学生多读多写。教师并根据学生具体情况,介绍一些书籍和报刊上的文章,指导学生阅读,吸取知识,丰富自己。为了具体指导学生如何读书和学习写作技能,这学期还举行了《怎样阅读鲁迅先生作品?》《多识于草木鸟兽之名》和《踏着烈士鲜血前进——"红岩"分析》的报告,这对丰富学生知识、提高阅读和写作能力起着一定的作用。

在抓住各个环节指导学生写作教学中,教研组和各位教师还开展了一系列辅助活动,培养学生写作兴趣。例如举行文艺晚会、全校性的作文展览、朗诵比赛、作文竞赛等。对于爱好文艺的学生,还帮助他们成立文学兴趣小组;对于写作表达能力较差的同学,则进行个别辅导。(莳因)

《解放日报》1962年6月7日

公园里出现小小宣传员　劝阻游水摸鱼和上树捉虫

【本报讯】最近以来,到人民公园去玩的人,常常会碰到这样感人的事:有一批儿童在河浜里游水摸鱼,同时另外一批儿童在劝导他们上来;也有儿童正在树上捉虫,忽然跑来了一个儿童,劝导他爬下来。广播器里不时传出清脆的话音,介绍花木成长不易,要求小朋友爱护自己公园里的花草树木,注意安全。这批出色的小宣传员是谁呢?原来是公园附近培光中学和格致中学的初中同学。他们在放暑假前就与公园联系,要求在暑假期中为公园做一件事。他们是以小队为单位,轮流到公园里来活动的。从 7 月 14 日放暑假的第二天起,就担任小宣传员,至今一天没有"缺勤"过。通过他们的宣传劝导,儿童到河浜游水、摸鱼和爬树捉虫的情况已大大减少。(朱赓华　姚传统)

《新民晚报》1962 年 8 月 14 日

1963 年

积极加强初中学生阶级教育 坚持不懈地培养红色接班人——上海市教育局召开初中班主任会议交流工作经验

【本报讯】怎样加强初中学生的阶级教育？上海市教育局于10日召开初中班主任会议，交流了这方面的工作经验。（中略）

格致中学中二(4)班班主任周文川在发言中说：初中一二年级是从少年到青年的过渡时期，也是学生德、智、体全面发展的关键时期，是使他们确定奋斗目标、明确政治方向的启蒙时期，因此，在这个时期里，根据他们积极上进的心情，给予共青团的预备教育，教育他们成为优秀的少先队员，准备好条件，加入共产主义青年团，是初中班主任一项非常重要的任务。根据这一认识，她组织学生访问革命前辈，组织工人子弟回家访问自己的家长，以革命前辈青少年时期的光辉形象和家长们青少年时代的悲惨生活教育学生，启发学生的政治上进心，进行团的知识教育。同时，在日常劳动、生活中深入了解情况，及时根据学生思想实际，教育学生自觉地努力培养自己成为有社会主义觉悟的有文化的劳动者，抓住各种机会和场合，教育学生开展批评与自我批评，使学生们在各种场合中在思想上、生活上得到锻炼。

周文川在发言中最后说：对学生的教育绝不可能一劳永逸，资产阶级思想影响及旧的习惯势力还在不时影响着年青的一代，所以要进一步提高孩子们的觉悟，培养他们成为坚强可靠的革命后代，还需我们教育工作者继续努力工作。

（后略）

《文汇报》1963年6月12日

以革命英雄先进人物为榜样 进一步提高学生的阶级觉悟——上海格致中学初三(4)班逐步成为先进集体

【本报讯】上海市格致中学初三(4)班的54个少先队员不久前举行了最后一次中队集会。他们已经快满16岁了，就要和胸前飘了六七年的红领巾告别了，在这迈向青年时代的庄严时刻，全体少先队员在队旗前举手宣誓：一定要走雷锋的道路，做雷锋式的青年！

两年多来，这个班的班主任周文川在党支部的领导和团、队的密切配合下，根据青少年的思想特点和不同时期的情况，不断地在学生的心目中树立榜样，从根本上帮助他们提高阶级觉悟,使这个班级的学生在政治上、思想上、学习上天天向上,健康成长,逐渐形成了一个先进集体。

早在这个班级还是初一的时候,周文川就有意识地用同班学生中的先进事迹来树立榜样。那时,许多学生不习惯独立完成作业,有些学生常常相互对答案,不肯踏踏实实地用工夫。当时,班级里有一个叫穆国美的学生学习比较刻苦,好几次,上自修课的时候,周文川发觉这个学生总是埋头做功课,不和同学对答数。于是,她就向学生们提出,要像穆国美一样不对答数。有一次,学校图书馆要班级里推选一个小管理员,徐孟伟自告奋勇地愿意去做图书管理员。但是,班级里的同学不同意,说他上课时不遵守纪律。徐孟伟听了同学们的意见,立刻表示:"我保证遵守课堂纪律。"并且马上见诸行动。周文川又抓住这个先进苗头,向全班学生提出:要像徐孟伟一样能够大胆改正自己的缺点。这些先进事例的发扬,既使被表扬的学生得到了鼓励,也给全班学生树立了活生生的学习榜样,因此,他们在跨入初中的第一年时,就开始形成了较好的学习风气。

随着学生年岁的增长,班级里又出现了新的问题。一方面,到了初中二年级,学习环境熟悉了,功课也上了轨道,学生最容易放松对自己的要求,课堂纪律也松弛了。另一方面,大部分学生已到了15足岁,这是应该争取入团的年龄,而有的学生也有了入团的要求,但是,入团的思想不纯正,目的不明确。面对着这样的情况,如果一般地进行一些有关共青团知识的教育,或者单单从学生中树立几个先进人物是不能解决问题的。这时,党的八届十中全会公报发表了,学校党支部及时提出了加强对学生进行阶级教育的要求。周文川就决定用革命英雄的榜样,进一步从根本上来教育学生。

于是,班级里围绕着"当我们进入十五足岁的时候"这个专题热烈地展开了活动。有的小队学习了被阶级敌人杀害的刘文学的故事。周文川抓住从学生中暴露出来的思想,组织大家讨论了:"刘文学面对着阶级敌人考虑了些什么?"从而引导学生认识阶级敌人是不甘心死亡的,阶级斗争仍然是尖锐复杂的;并且进一步自发学生进行讨论,学习刘文学坚决同阶级敌人斗争到底的精神。与此同时,一部分学生又到一个学生家里去访问家长,这个学生的家长是一位17岁就参加革命的老红军。学生们聚精会神地聆听了老红军战士叙述的当年革命斗争的艰苦生活。临别的时候,这位家长还嘱咐孩子们:"要不断提高觉悟,抵制资产阶级思想的侵蚀,把革命进行到底。"在进行这些教育活动的过程中,周文川又重点地抓了学习英雄刘胡兰的活动。学生们自己阅读了《刘胡兰小传》。关于刘胡兰的故事,学生都知道,但是,当他们自己进入15岁的时候,再来重温刘胡兰的英雄事迹,一个个都很激动。他们自己动手编了活报剧,在班级里演出了刘胡兰英勇就义这一节。通过这一系列的活动,刘胡兰的光辉事迹在全班学生中激起了反响。在活报剧中扮演刘胡兰的葛葆珮,本来在学习上不刻苦、怕困难,刘胡兰的事迹深深地激励了她。她说:"刘胡兰大姐姐为了革命能牺牲自己生命,我也要像刘胡兰大姐姐一样忠于革命。为了革命,我一定要克服缺点,不怕困难。"许多学生在周记上,在少先队的活动中纷纷议论:刘胡兰为了革命,15岁就献出了自己的生命,我们同样是15岁,由于革命先辈的艰苦奋斗,建立了社会主义制度,能够舒舒服服地在学校里读书,却还不肯用功,同学之间还常常为一点小事闹不团结,这同刘胡兰姐姐比较起来真是差得太远了。就这样,革命英雄的形象在学生的心目中逐渐生了根。在学习革命英雄,逐步提高学生阶级觉悟的基础上,学校团委又向学生进行了团课知识教育。这样一来整个班级的学生政治上进心大为提高,原来有入团要求的学生态度端正了,原来不打算入团的学生有了入团的要求,全班有十多个学生打了入团报告。

在树立榜样、教育学生向革命英雄和先进人物学习的过程中,决不会没有问题的,这就要求教师深入地随时掌握学生的思想动向,反复地进行教育。这个班级在学习雷锋的时候,就曾出现过一种思想:学雷锋就要做好事,做好事就会影响学习。周文川发现了这个问题后,立即组织学生讨论:为什么要学习雷锋?引导他们明确认识学习雷锋的重要意义。这个问题解决了,学生中间为集体做好事的动人事例大量涌现。这学期开学之初,有一个学生从江西度暑假归来,周文川就有意识地问这个学生:"你在江西暑假生活过得好吗?"这个学生不加思索地回答:"那地方很偏僻,寄封信要跑几里路,打乒乓球也要跑几里路到俱乐部里去才有台子。这个暑假过得一点不开心。"对于一个有心的教师来说,这几句话是很值得深思的。不久以后,周文川发动学生在教室里贴上了一张世界地图和中国地图。接着向学生讲述了老劳动模范范东科虽然退休了,心却留在厂里,他关心厂里的事,他认真地学习,为什么?因为他胸中有个世界。她说:"我们国家那么辽阔,许多地方还没有好好开发,世界上还有三分之二的人口没有解放。我们今天发奋学习,也应该要有范东科那样的远见和抱负。"话不多,但在学生的心里却引起了波澜。有一个学生说:"当我学习不专心的时候,看一看墙上的两张地图,思想上就不开小差了。"当学生们离队的日子到来的时候,周文川根据党支部和团委的要求,又紧接着发动学生重读雷锋的事迹和雷锋日记,并组织了少先队中队的最后一次集会。明确地向大家指出,要做一个雷锋式的青年,挑起建设祖国和支援世界革命的两副重担,做一个有社会主义觉悟的有文化的劳动者。

格致中学的初三(4)班在健康地成长,现在班级里已经有9个团员,15个学生打了入团报告。今年"六一"节,这个班级还被评为黄浦区的少先队先进集体。

《文汇报》1963年11月26日

用勤俭建国精神教育下一代

格致中学老校工许仁卿和上海音乐学院总务科副科长王浩川克勤克俭、忠心耿耿为教育事业服务的精神,很使人感动。尤其值得称道的是,这两位同志以自己的模范行动,回答了怎样用勤俭建国的精神教育下一代的问题。

学生向学校借用工具,丢了一把剪刀;在洗碗以后,没有关好自来水龙头:这些看来都是小事情。可是许仁卿和王浩川并不因为事情小而放过去。这是小题大做吗?不。请看他们是怎样说的:"一把剪刀确实不值多少钱,可这是国家的财产呀!我们对待国家的财产,怎么能够这样随便呢!""我替你关水龙头倒没什么,可这水是工人同志辛勤劳动的结晶呀,我们不能随便浪费它!"他们通过这些小事情,看到了有关教育下一代的大问题。

我们的青少年,是在幸福生活中长大的。由于过惯了幸福生活,有些青少年就存在一种不切实际的思想,以为在社会主义社会,什么都可以享现成了。他们不大懂得,今天幸福的生活是从哪里来的;他们不大懂得,为了建设社会主义,工人、农民是怎样出大力、流大汗的;他们不大懂得,要根本改变我国"一穷二白"的面貌,需要全体人民坚持不懈地长期地执行勤俭建国的方针。因此,对于青少年进行勤俭建国的教育,是非常必要的。这不光是一个经济问题,更重要的是一个政治问题。用勤俭建国精神教育青少年,使他们从小就树立起爱护公物、勤劳朴素、艰苦奋斗的思想,就可以抵制资产阶级好逸恶劳、享乐至上思想的侵蚀,培养他们成为又红又专的人才。这是一个在教育事业中无产阶级思想和资产阶级思想谁战胜谁的大问题,是一个培养下一代成为什么样的人的大问题。许仁卿和王浩川两位同志,在这个问题上是毫不含糊的。当那三个学生找剪刀找不到,宁可"赔"一把新的剪刀的时候,许仁卿不但不高兴,反而很难过。他还是要他们找回那把旧剪刀。他知道,钱是小事,提高下一代的思想是大事。严肃对待这个问题,提出严格的要求,这是完全应该的。

向青少年进行勤俭建国教育,也需要学校、家长和社会三方面配合,既要"言教",又要"身教",在思想上、学习上、工作上、生活上随时随地给他们以好的影响。许仁卿和王浩川两位同志,一位是校工,一位是总务科副科长,虽然不是直接从事教育工作的,但是,他们出于国家主人翁的责任感,就自觉地担当起了这个责任。他们这种国家主人翁的精神,特别值得教师和家长学习。(本报评论员)

《解放日报》1963年12月19日

勤勤恳恳节约国家财物　以身作则教育年轻一代——老校工许仁卿坚持勤俭办校

【本报讯】在格致中学,提起老校工许仁卿,人人夸说他是"好管家"。

上海解放十多年来,许仁卿一贯克勤克俭、爱校如家。他为学校修理了多少东西,节省了多少开支,真是算也算不清。在学校大礼堂的走廊上有几只大木箱,人们称它是许仁卿的"百宝箱"。那里面元钉、螺丝、破布、木头、废铜烂铁,什么都有。这是许仁卿一滴一点积累起来的。他有个习惯,走在路上,看到一颗螺丝钉或者一块小木片,他总是珍惜地把它捡起来。这些别人丢掉的废物,经过许仁卿的手就派了用场。比如广播室的那只电钟,粗看上去跟平常的没有两样,可是你仔细一瞧,就会发现,钟面是用旧唱片改制的,里面的有些零件,也是用废料代替的。大礼堂里有几只很漂亮的大喇叭,它的外壳就是用旧料做的。至于电灯开关、自来水龙头等,用废物料做的就更多了。

许仁卿是管理广播室的。有一回,学校里做政治报告,许仁卿拧开广播机以后,照例又沿着走廊走去,看看同学们是否都在静心听。当他走到初中部几个班级教室门口,发现有些同学在低声讲话,许仁卿觉得很奇怪,仔细一探查,原来是扩音机的声音沙哑,同学们听不清楚,所以分心了。这天晚上,许仁卿一夜没有睡好。他想:同学们听不清报告,就少懂得革命的道理,这损失该多大?第二天一早,他就去检查扩音机和线路,发现全校的线路很混乱,东接一条,西拉一根,大大地影响了声音的传播。要改变这种情况,必须把全部线路拆掉重新装过。照理,他只要告诉总务科请人来修就行了。可是,许仁卿没有这样做,他自己动手干起来了。他找来一本有关线路知识的小册子仔细研究,一连几个晚上都钻研到深更半夜。实在不懂的地方,第二天就问物理老师。他晚上看书,白天改装,经过几天的辛勤劳动,终于克服一切困难,又快又好又省地把全部线路改装好了,使全校都能清楚地听到广播的声音。

学校里的电灯、自来水龙头坏了，也总是许仁卿把它修好的。他是电工出身吗？不是的，他是为了节省学校的开支才学起来的。解放初期，学校的电灯经常损坏，时常要请人来修理。许仁卿心想：能不能自己修，省点钱呢？于是，每当水电工人来修理电灯、自来水的时候，他就在旁边仔细看。慢慢地许仁卿也学会了修理自来水、电灯的本领。从那以后，许仁卿就把修自来水、电灯的工作担负了下来。

许仁卿不仅自己克勤克俭、爱校如家，还以此来影响学生，帮助年轻一代的成长。有一次，有三个同学向许仁卿借了几件工具去修电灯，归还的时候少了一把剪刀，许仁卿要他们去找回来。那三个同学马马虎虎地找一下，没有找到，许仁卿要他们仔细地找找。三个同学不耐烦了，凑了点钱，买了把新的"赔"给他。许仁卿接过剪刀心里很难过。他严肃地对他们说："一把剪刀确实不值多少钱，可这是国家的财产呀！我们对待国家的财产，怎么能够这样随便呢！"这番话说得三个同学低下了头。他们马上再去找，终于把丢了的剪刀找了回来。学校的团支部知道了这件事，组织全班同学讨论，使同学们受到一次爱护公物的教育。

许仁卿今年58岁，解放前就在格致中学当校工。在那些苦难的岁月里，他受尽了国民党反动派的凌辱。解放以后，他翻了身，成了国家的主人。鲜明的对比照亮了老人的心，十多年来，他在党的教育下，一贯以国家主人翁态度对待工作，并经常和同学们谈旧社会的痛苦、新社会的幸福，鼓励他们努力学习，提高觉悟。几年以前，有一个叫刘亦中的初中同学跟许仁卿学习修理水电的技术。这个同学聪明能干，可就是喜欢淘气，对公物也不甚爱惜。许仁卿就经常找刘亦中谈心，把解放前的苦难生活告诉他，勉励他珍惜今天的幸福生活，好好学习，天天向上，并以自己的具体行动来影响他，使刘亦中受到了很大的教育。现在刘亦中已经毕业了，但每当谈起许仁卿，他总是满怀敬意地说："许伯伯对我的帮助是很大的，我一定要学习他，像他一样踏踏实实地为人民服务。"（邝耀宗　蒋涵箴　张浩）

《解放日报》1963年12月19日

1964 年

《小足球队》教育儿童分清敌我 教师、里弄工作者等座谈,认为这个戏很有现实意义

【本报讯】参加华东区话剧观摩演出的儿童剧《小足球队》,受到了观众的热烈欢迎。日前,本报邀请了几位教师、少先队辅导员、里弄工作者,就这个戏的演出举行了座谈。现将他们的发言摘要发表如下:

(中略)

周文川(上海市格致中学教师):

这个戏演得及时,它反映了少年儿童学习生活中的一个重要问题。体育运动是孩子们最喜欢的活动,也是培养孩子们共产主义道德品质的阵地,不容忽视。孩子们在体育运动竞赛中,往往只顾胜负,不注意团结和共产主义风格的发扬,有些教师也忘记了用无产阶级思想来占领这个阵地。《小足球队》提出了这个问题,对学生和教师都有积极的教育作用。戏中还告诉少年儿童如何正确对待友谊。像黎明那样肯向老师反映情况,肯和坏思想进行斗争的孩子,在学校中是很多的。但也有的孩子认为这是"告状",这说明孩子对依靠组织还认识不够。看了戏之后,很多孩子认识到:只有依靠老师的指导,依靠集体的帮助,才能进步;真正的友谊不是互相迁就,不是互相包庇。初中二的学生对入团问题都有比较明确的目标,但在戏中表现得不足,江荔老师应该通过入团问题启发路阳,这样才显示出党、团的作用。

(后略)

《解放日报》1964 年 1 月 12 日

学习育才中学新的教学方法 几位中学校长谈在育才中学听课的体会

(前略)

格致中学副校长席炤庆:

在育才中学听课四天,我经常发现这样的情况:当学生做完练习后,教师就叫一个学生读读他的做法和答案。这个学生做对了,教师就问其他的学生:"你们有不同做法或得出不同结果的吗?"这时,往往会有好几个学生主动举起手来,告诉老师,自己哪一个题目做错了,错在哪里。他们丝毫没有"面子"观点,也丝毫不顾虑老师会责怪他们。这真是一种可贵的风气!这种风气是怎么形成的?这个问题,在听课中我也得到了解答。我看到,育才的教师十分爱护学生的积极性,十分注意培养学生的主动性。有一件事给我很深的印象：在初一(3)班的一堂语文课上，教师要一个学生在黑板上默写毛主席《长征》诗中的一句："乌蒙磅礴走泥丸。"默写好后，教师问全班同学："他默得对吗？"绝大多数学生都点头，但有一个学生却举手说："蒙字写错了，中间不应该是两画。"教师转问学生们，大家说："黑板上的蒙字写得对的。"这时，教师亲切地向那个举手的学生说明："黑板上的蒙字是写得对的。"接着又鼓励他："你这种主动发言的精神是很好的，这样，你的印象深了，下次写蒙字就不会再错了。"育才的教师就是这样在日常教学生活中注意保护、鼓励学生的主动性和积极性的。

（后略）

《解放日报》1964年4月4日

格致中学坚持校办工厂五年　使教育与生产劳动密切结合

【本报讯】上海市格致中学坚持学校办工厂已有五年。初二至高三各班的师生每周有半天时间在校办工厂里劳动，加强了劳动观点，培养了劳动习惯，学到了生产技术，有力地贯彻了党的教育与生产劳动相结合的方针。格致中学办工厂，是坚决贯彻党的教育方针的结果。1959年冬创办工厂的时候，有些人认为学校一无设备、二无原料、三无技术，工厂办不起来；学生又读书、又做工，不像个学生的样子。学校领导认为，教育为无产阶级的政治服务，教育与生产劳动相结合，是党的教育方针。

必须把生产劳动列为正式课程；有了校办工厂，更有利于学生正常地参加劳动，因此坚持办厂。师生们亲自动手，整修了几间房子，安上了上级拨下的四台车床和一些设备，便工厂初具规模。工厂开初只生产一些小商品，后来逐步转为主要生产教学仪器。在三年自然灾害期间，原料不易买到，生产发生困难，这时有些人又出来说："不要搞下去了，让学生多读点书吧！"学校领导坚持要办下去，而且要越办越好。工厂工作人员广找门路，采购废旧原料，为市场生产小商品。学生的劳动课照样坚持下来。现在，这个工厂已有金工、电工、油漆、制盒四个车间，各有几十台机器，可容纳一百多人同时劳动，能生产发音齿轮、金属圆柱体、电磁替续器、本生灯、方座支架及各种夹具等教学仪器。五年来校办工厂的总产值达五十多万元。

在工厂越办越好的情况下，学校领导又指出，学校办工厂不是单纯为了生产物质产品，主要是为了培养人。因此，把政治思想工作摆在首要地位。班主任、共青团和少先队的干部、工厂指导老师密切配合，每两周有半天时间专门研究劳动教育问题。每月安排一节劳动课、一次民主生活。学生到校办工厂劳动，是带着种种思想问题的。有的有任务观点，认为"学校规定，不做不行"；有的认为体力劳动很简单，"只要卖点力气就行"；有的只想学点技术，有的为了"休息休息脑子"；如此等等。针对这些问题，教师在劳动课上系统讲明劳动的意义，使学生明确参加劳动就是保证革命到底，永不变色；读书的目的，就是参加劳动；知识青年要和工农群众结合，首先要热爱体力劳动。平时，教师跟班劳动，抓住活思想，及时做工作。如高一新生参观工厂以后，不少学生说："分配到车床组不错，可以学点技术。做辅助工没出息，在砂轮组太吃力。"在劳动课上，教师就讲了劳动只有分工不同，没有高低之分的道理，并组织大家讨论。以后，又表扬了大量好人好事，树立了在平凡工作中做出不平凡事迹的活榜样。今年5月底，毕业班学生座谈劳动小结，一致称赞学校劳动课上得好。

思想教育加上劳动实践，使学生的劳动观点大为加强。以三年计算，每个学生轮到两个月的工厂劳动，每周一次，已养成习惯。在生产劳动中，不少学生养成了一丝不苟的好作风，有的学生说："如果做错了一道数学题，可以用橡皮擦掉重做，而生产劳动时只要有一点误差，就要造成很大损失。"几年来，学生们经过工厂劳动和下乡劳动，对劳动有了深厚的感情。不少学生说，不参加劳动，认为工人农民的劳动很简单，没啥了不起，自己亲手做了，才体会到体力劳动不简单。今年暑期毕业的高中学生李春生，劳动时专拣重活脏活，做外勤工作时也从不怕累。他说："工人农民的劳动比我们累多了。我们现在不能坚持，以后怎么做一辈子劳动者呢？"最近，他到新疆去参加生产建设了。

学生在校办工厂劳动，便书本知识同生产实际知识结合起来。在课堂教学中，许多仪器、许多原理都与劳动有关，通过劳动实践，学生更容易学懂；而且在生产劳动时，学到的理论，又得到了检验和运用——一位学生有一次看到车灯坏了，就向指导老师报告。老师说："你已学过物理，自己修理一下线路吧！"这位学生拨弄了老半天，还是不行，老师再作具体指导。后来，这位学生说："我们学理论脱离实践，这一次才学到了活的知识。"工厂指导老师在讲解生产要求时，也讲解技术原理；在分析产品质量时，也结合分析理论原理。学车工的学生开始半天只车十几只零件，经过半年的练习，再加上运用物理和几何的原理，已能车一百多只了。（夏震霏）

《文汇报》1964年10月20日

1965 年

从组织师生重新学习党的教育方针着手　格致中学全面妥善安排学生活动

【本报讯】上海市格致中学以党的教育方针思想为指导,不断抓好学生活动的全面安排,保证学生在德、智、体诸方面的全面发展。

新学年开学以来,格致中学出现了一派生动活泼、主动的学习空气。学生们睡眠充足、精神好,上课时思想集中,听课效率高。在课堂上学习主动,积极思考,争取提问;课外,学校图书馆、阅览室里常常挤满了人,很多学生还到校外图书馆去借阅课外读物。许多学生更加自觉地学习毛主席著作,并根据自己的兴趣爱好,结合课本学习内容借阅物理、化学、数学等方面的参考书,扩大知识领域。

格致中学这个局面的出现不是偶然的。今年上半年,学校开学不久,学生革命热情很高,课余时间积极参加公益劳动和其他各种活动,但忽视了认真读书和休息。学校领导发现这一问题后,在总结工作的基础上,组织全校教师重新学习党的教育方针和中央有关改进教学工作的指示,并引导大家联系学校的实际情况,开展讨论,使教师们进一步明确全面安排好学生的各种活动,关心学生劳逸结合的重大意义。许多教师在认真备课、上课的同时,积极加强对学生的学习目的性的教育,启发学生为革命而奋发学习。不少任课教师克服了事不关己的错误思想,认识到关心学生的劳逸结合不仅仅是班主任和团、队干部的事情,从而努力改进教学方法,更好贯彻少而精和启发式的原则,帮助学生当堂巩固、消化知识,并合理安排好学生的课外作业。班主任、政治教师和团、队干部明确了加强政治思想工作不在于活动搞得多,而在于充分发挥政治课、辅导课、班会课、劳动和团、队活动等各个教育阵地的作用。因此,在党支部的统一领导下,班主任、政治教师和团、队干部之间加强了联系和协作,把政治课、班会课和团、队活动拧成一股绳,统一作战。每星期以政治教师为主与班主任、团支部委员或少先队中队委员共同商量,统一安排好一周班级活动;并做到密切配合,统一行动。这样就大大减少了原来许多不必要的活动,提高了活动的质量。

在提高教师认识并积极采取措施的同时,学校又向全体学生作了进一步贯彻党的教育方针的报告,使他们更好地领会党对学生全面发展的要求,并发动学生回顾开学以来贯彻党的教育方针的情况,引导他们既肯定革命热情高涨的一面,也看到忽视健康、忽视读书的一面,使他们更自觉地以高标准要求自己,注意劳逸结合,在德、智、体几方面都得到发展。对于少数学生也启发他们既要学好功课,也要更自觉地加强劳动锻炼。通过这个阶段的教育,学生们对于革命与读书的关系有了比较正确的认识。许多学生表示"要为革命而奋发学习",并且注意了劳逸结合,主动地安排好自己的活动。

格致中学还不断注意学生劳逸结合的情况。学生参加"三夏"劳动回校以后,学校领导又调查了学生活动的情况,发现又有安排不当的问题。而造成这些问题的原因,主要是有关领导干部认识不一致。于是,学校首先召开了党、政、工、团和少先队干部进行讨论,自觉地检查了一些错误看法,比如"劳逸结合已经抓过了","反正有些活动是突击的,只搞一次,以后不搞就是了。"大家认识到,学校里的各项工作必须以党的教育方针为依据,凡是有利于贯彻党的教育方针的就做,不利于贯彻党的教育方针的就不做。在取得统一认识的基础上,又经过大家讨论,订出了十条措施,对于学生的各种活动作了规定。例如,学生早晨到校后,提倡读读书;各班不组织集体的体育锻炼,教育学生中午休息;自修课让学生自己读书、做作业,教师不在自修课内补课或集体辅导;教育学生安排好校外生活,保证足够的睡眠时间,等等。这样,学生在课外就有时间读书,有时间适当参加各种活动,也有时间充分休息。

新学年开学前后,学校又根据新的情况组织全体教师和学生干部进一步学习了党中央和毛主席有关教育工作的指示,反复领会精神实质。学校领导干部还分别深入到年级、班级、教研组、各处室进行调查研究;召开家长座谈会,听取家长对学校工作的意见。接着,学校又以党的教育方针为标准,总结检查了过去的工作,发动大家讨论。在进一步提高认识的基础上,按照上级指示和新学期的特点,学校修订和补充了全面安排的具体措施,使之更有利于学生在德、智、体诸方面得到全面发展。(本报通讯员马彦俊)

《文汇报》1965 年 10 月 13 日

在三秋劳动中学王杰——格致中学同学参加三秋劳动二三事
不放过一朵棉花
格致中学学生在上海县塘湾公社金光生产大队参加三秋劳动。同学们认真学习了王杰日记,进一步明确了"下乡劳动就是干革命"的意义。大家劳动起来干劲就更足了。在摘棉花时,有的同学原来为了贪快,不愿摘落脚花和发黑、烂掉的棉花,即使摘好花也往往留一个底(棉籽)在壳里。学了王杰日记,看到王杰一寸一寸地节约导火索的事迹,非常感动,也就注意不放过一朵棉花。有的同学说:"我们少摘一朵棉花,国家就多一分损失,比比王杰,我们这样实在太不应该了!"

为革命敢于挑重担
高三(3)班男同学连日来差不多都是割稻和挑稻,许多人的肩都肿起来了。可是他们只要一想到王杰,就觉得浑身都是劲,坚持劳动。有的同学想到王杰同志一心为革命不怕苦不怕死的革命精神,激动地说:"我们今天挑的只是稻子,明天就要挑中国革命和世界革命两副重担。如果今天连这样的稻子都挑不动,明天怎样去挑革命重担呢?"于是,当他们挑着稻子在弯曲的田埂上行走的时候,他们就把它看成是红军走过的道路,觉得什么艰苦都不在话下了。

不让集体受损失
11 月 8 日那天,同学们正在田里劳动,突然间乌云密布,大雨倾盆,他们想到队里还有许多棉花和稻谷晒在场上,就从田里飞也似地奔向打谷场。路上滑,许多人摔倒了,爬起来还是跑,大家只有一个念头:"谷子,棉花,公社的财产!快!不能让它受一点损失。"有的地方缺少抢收的麻袋,许多同学把自己的衣服脱下来盖在棉花上。有的同学甚至把自己的被单也拿出来盖在棉花上。有的说:"想想王杰为了保护人民,连生命都牺牲了,我们还有什么可以计较的呢?"事后生产队送来了感谢信,说他们是毛泽东时代的好学生。可是同学们却说:"我们和王杰同志相差得太远了,今后还要不断地向王杰学习,更好地改造自己!"(王宝林　武小璇)

《文汇报》1965年11月19日

1966 年

格致中学认真贯彻毛主席关于教育工作指示　启发教师革命自觉性推进教学改革

【本报讯】上海市格致中学认真贯彻毛主席关于教育工作的指示,启发教师革命的自觉性,使教学改革成为群众自觉的迫切要求,把教学改革工作大大地向前推进了一步。教学改革是一场革命,一定要依靠群众、发动群众一起来干,才能把事情办好。格致中学党支部在上级党委的领导下,按照毛主席的教导:"凡是需要群众参加的工作,如果没有群众的自觉和自愿,就会流于徒有形式而失败。"从提高教师的认识着手,启发教师自觉进行教学改革。首先是组织教师反复学习党的教育方针和毛主席有关教育工作的指示,使教师们认识到,毛主席关于教育工作的指示,不仅对解决当前学校工作中的问题有现实意义,而且有更深远的战略意义;是关系到办什么样的学校、培养什么样的人的大问题,是关系到中国革命和世界革命前途的大问题。并且引导教师自觉开展两种教育思想的斗争。格致中学在去年上半年就注意到了学生负担过重的情况,相应采取了措施,对于学生的课业负担和社会活动作了控制。采取这些措施后,学生课余时间增多了,有了更多自由支配的时间。面对这种情况,有的教师感到在教学中必须相信学生,但有的教师对学生能不能很好地支配时间,能不能学得生动活泼和主动,还有不少顾虑,怕学生会荒废学业。相信不相信学生,这是一个带有普遍性的问题,也是教学改革的一大障碍。学校党支部就抓住这个问题,启发教师深入到学生中去作调查。到学生中一了解,他们发现由于休息的时间充足了,学生无论上课、参加活动都是精力充沛、思想集中,能够及时完成课外作业,并能做好预复习,不少学生带着问题去上课,有的学生自学的功课已超过教师的教学进度。使教师们更为感动的是,许多学生在毛主席关于教育工作的指示鼓舞下,针对自己的弱点和缺陷,订出了在德、智、体诸方面生动活泼地主动地得到发展的计划。他们提出要为革命而学习,为革命而锻炼身体,为革命而抓好自己薄弱的学科。有一位外语教师本来把一个学生看成是不愿学外语的,后来一了解,这个学生对外语学习却很用功,平时这个学生不肯在学校里和家里读外语,主要是怕自己发音不准而被人嘲笑,只好每天在一条马路上来回地走着读。这个发现,使教师很感动又很难过,不是学生不要读外语,而是自己没有很好地给予帮助。学生的这些动人事例,使教师们进一步认识到毛主席指示的强大威力。学生既然有着学好的愿望和行动,那么教师怎么教好呢?学校领导和教师一起到学生中去作调查,听听学生对教学工作的意见。有的教师本来以为自己在教学工作上有一套,学生有意见,大不了是教得快了慢了一类的问题。于是就随便找几个学生谈谈。结果一坐下来,学生们对老师的教学工作提出了不少意见,归纳起来是三条:一是教师只教书,不教如何用于实际,学生也只能围着作业转,碰到实际问题束手无策;二是教师讲得多,不让学生有思考的余地;三是教师不了解学生有努力学好功课的愿望,把学生看成只能被动学习,不大相信学生的主动性、自觉性。意见提得非常中肯,参加座谈会的学生也愈来愈多。这个小型座谈会变成了全班学生与教师一起商量如何进行教学改革的讨论会。有的教师平时总强调自己班级的学生原来的基础参差不一,学生又不好好学习,因此教起来困难。通过调查,才认识到是自己在课堂上只图赶进度,错误地认为进度愈快质量愈高,不顾学生是不是跟得上。有一个学生在周记中写道:"老师讲了半节课,我一点也没有听懂。我下决心为学习外语奋斗半个月,连最喜爱的体育活动也不参加了。"这位教师看到学生这个意见,深深感到由于自己教学不从学生实际出发,影响了学生的全面发展。通过向学生调查了解,教师们进一步感到教学必须改革。在这个认识基础上,党支部又进一步和教师学习、领会了毛主席关于教育工作的指示,学习了党的教育方针,大家认识到相信不相信学生,在教学中是不是调动学生的学习主动性,这不是具体的方法问题,而是关系到是把学生教"死",还是把学生培养成为生动活泼,富有创造精神的德、智、体全面发展的革命接班人的大问题。这样,对教学改革意义的认识深入一步,教学改革的积极性、主动性也就更高了。但是,教师的教学改革积极性、主动性调动起来以后,在改革中又遇到不少困难,有的教师感到现在对教师的要求高了,教师难做了。有的教师说:"学生学得主动,教师感到鼓舞,但对教师的压力太重了。"有的教师又急于求成,希望一下子能摸出一条路来。针对这些问题,党支部又和教师学习了毛主席著作《反对本本主义》《实践论》,毛主席关于不断总结经验的指示和要做好先生必先做好学生的语录。毛主席的教导给大家指出了方向,解除了精神负担,不少教师按照毛主席的指示去做,放下架子,虚心听取学生意见。在课堂上当学生提出的问题自己不能回答时,就坦率地向学生表示自己不懂,并和学生一起探讨解决。这样一来,师生关系非常融洽。这些教师不但能从学生实际出发进行教学,而且从学生中吸取有益的意见,出现了教学相长的局面。有些教师在教学改革中不断总结自己的工作,学校领导又及时组织交流;教师们看到了自己的进步,信心也更足了,进行教学改革的自觉性更高了。现在,备课先听听学生意见,课后又听听学生反映,已经开始成为一种风气,不少教师还带着问题学习毛主席著作,主动去工厂参观,自觉要求下厂下乡劳动,改造思想,同时解决教学工作联系实际的问题。他们表示一定要同思想上的"我"字和工作中的"难"字作斗争,把教学改革进行到底。(本报通讯员崔世雄)

《文汇报》1966年3月4日

1977 年

抓紧宝贵时光　学好基础知识——本市部分中学学生座谈会纪要

最近,本报召开了部分中学学生座谈会。到会的学生学习了我国一些科学家、劳动模范同首都中学青少年科学爱好者举行大型谈话会的报道和有关文章,受到了很大的鼓舞。

（前略）

寇保东（格致中学七九届十班）：

外语是攀登科学技术高峰的一种工具,学好了外语,也为以后学习数理化创造了良好的条件。因此我对外语学习比较重视,随身带着一个单词小本,有空就读、就记。我还充分利用课余时间高声朗读课文。我知道,不朗读,是学不好外语的。但是有的人却讽刺说:"你可以去当翻译了。"怎么办？我重温党的教育方针,认识到为革命学习文化科学知识有理,为革命学习文化科学知识光荣。我就克服私心杂念,坚持学好外语。粉碎"四人帮"后,我更加明确了学习的目的,决心学好基础知识,不但认真听好每一堂外语课,做好复习工作,还在课前进行预习,在课外再读一些补充读物,扩大知识面。花大力气,下苦功夫,才能攀登科学技术高峰。

（后略）

《文汇报》1977 年 9 月 27 日

采取切实措施　提高教学质量——格致中学党支部帮助教师解决教学中的问题,着重抓好学生的基础知识学习和基本技能训练

【本报讯】格致中学党支部在抓纲治校中,加强领导,帮助教师解决教学中的问题,着重抓好学生的基础知识学习和基本技能训练,努力提高教学质量,为早出人才,多出人才,实现四个现代化作出贡献。

格致中学是一所具有一百多年历史的老学校。解放以来,这所学校曾培养了不少人才,1960 年被评为出席全国文教群英会的先进单位。但是,由于"四人帮"反革命修正主义路线的干扰和破坏,这些年来,学校的教学质量严重下降。以英明领袖华主席为首的党中央一举粉碎"四人帮"后,学校党支部决心和广大革命师生一起,迅速把教学质量抓上去。

为了把革命热情和求实精神结合起来,学校党支部定期研究教学工作,每个支部成员除兼课外,还深入一个教研组,参加备课活动,每周至少听两节课。这些做法,密切了领导和教师的关系,了解了学校教学中的问题,从而取得了对教学工作的发言权。

这个学校党支部成员,在深入各个教研组的过程中,感到"四人帮"的修正主义路线在学科领域中的影响很深。为此,他们发动全体教师,紧密联系教学实际,深入揭批"四人帮"。文科各教研组揭批了"四人帮"为了篡党夺权,极力反对基础知识教学和基本技能训练的罪行,理科各教研组揭批了"四人帮"大搞实用主义,破坏教材的科学性、系统性的罪行。很多教师说:过去一提基础知识和基本技能,"四人帮"就说是"智育第一",妄图把学校教育纳入他们的修正主义轨道,为他们篡党夺权服务。现在,我们要把被"四人帮"颠倒了的是非纠正过来。通过揭批"四人帮",广大教师理直气壮地抓基础知识教学和基本技能训练。语文教学强调了字、词、句、篇的知识和写作技能训练,数、理、化学科加强了基本概念、基本技能的教学。

有位有二十多年教龄的物理教师,这些年来虽然脱离了教学,但本学期重新担任物理教研组长后,积极性十分高,自告奋勇地承担了七七届和八〇届两个班级的课程。由于这两个年级的课程不同,加重了备课任务。但他认为,七七届是毕业班,应该使他们在有限的时间内有一个较大的提高;八〇届是个起点班,教师从一年级教起,有利于了解教学的全过程,从中积累如何提高教学质量的经验教训。他起早摸黑,改革教材,认真备课、上课,常常忙到深夜十一二点钟。他还加强对学生的课外辅导。教研组中有些是青年教师,他就每星期给他们上两节提高课。学校党支部认为,要抓好基础知识教学和基本技能训练,要提高教学质量,就要像这位物理老师那样,忠诚党的教育事业,一心扑在教学上。于是在全校宣传他的事迹,发扬这种革命精神,使全体教师都受到了教育。

由于"四人帮"的破坏、干扰,有些学生长期不重视文化科学知识的学习,学生之间水平高低悬殊。教师上的课,"有的吃不饱,有的吃不了"。许多教师向学校党支部提出:"'吃大锅饭'出不了人才。"党支部研究了大家的意见,决定从学生的实际情况出发进行教学。

前一时期,他们把七七届学生分成快、慢两档,分开上数、理、化各课。他们认为,这样做,好的吃得饱,差的听得懂,有利于调动他们学习文化科学知识的积极性,有利于提高教学质量,可以早出人才,多出人才。对于其他年级的学生,他们也按不同情况,利用早读、自修等时间,加强辅导,使好的进一步提高,差的赶上去。另外,各年级还举办了学习园地,开展一日一题活动和学习竞赛,引导学生学好基础知识,加强基本技能训练。

当教师们在抓基础知识教学和基本技能训练的过程中取得新的经验时,党支部就及时组织交流,推动全校的教学工作。有位数学教师,除了上好自己所担任的课程外,还抢挑重担,不分白天黑夜,编写讲义,刻写蜡纸,受到学生的赞扬。这些自编的讲义,着重讲基础知识,而且比较系统,使学生容易接受。化学教研组在如何讲透基本概念,辅导学生掌握基本的实验技能等方面,也取得了经验。党支部就组织他们交流,鼓励大家在实践中创新。

最近,格致中学党支部举办了学习班,对学校的教育思想、管理体制和教学质量等问题,进一步加以讨论研究。他们决心继续采取切实措施,全面贯彻党的教育方针,为早出人才,多出人才,实现四个现代化多作贡献。

《文汇报》1977年10月29日

1978 年

本市确定一批重点中小学

【本报讯】上海市教育局根据国务院批准的教育部关于办好一批重点中小学试行方案的通知,经市革委会批准,确定了一批重点中小学。

这批重点中小学共174所:中学70所,小学102所,幼儿园2所。其中除教育部在本市直接抓的重点中小学上海师大二附中和实验小学外,市和区、县双重领导的重点中小学和幼儿园有25所,它们是:长宁区延安中学、卢湾区向明中学、卢湾区第二中心小学,杨浦区控江中学、闸北区市北中学、南市区大同中学、荷花池幼儿园、虹口区师大一附中、复兴中学、虹口区第三中心小学、三中心附设幼儿园,徐汇区上海市第二中学、南洋模范中学、向阳小学,黄浦区格致中学,普陀区曹杨第二中学,静安区育才中学、市西中学、一师附小,上海县七宝中学、马桥小学,宝山县行知中学,嘉定县第一中学,川沙县建平中学,松江县松江二中。大学附中两所:复旦大学附中,交通大学附中。区、县重点中学49所,重点小学96所。

市教育局最近发出通知,要求各区、县教育部门向所属重点学校认真传达国务院批准的《教育部关于办好一批重点中小学的试行方案》和教育部的通知,并组织学习,明确举办重点学校的目的、意义、任务与要求,并按照方案精神做好工作。

市教育局要求对所确定的重点中小学认真进行一次整顿,要重点把领导班子整顿好、配备好,充实和加强教师力量,健全各项必要的规章制度。对于重点中小学的物资、经费安排,在自力更生、艰苦奋斗、勤俭办学的前提下,给予必要的支持,尽快充实和改善这些学校的仪器、图书等教学条件,保证这些学校今年秋季开学后,能够切实按照新的教学计划、教学大纲和教材进行教学。

市教育局提出,重点中小学应当在学习和掌握毛主席的思想体系、贯彻执行党的教育方针、深入揭批"四人帮"、真正搞好无产阶级教育革命等方面作出榜样,以推动全市中小学教育革命的深入发展。应当高速度地培养德、智、体几方面都得到发展的质量较高的学生,尽快适应三大革命运动的需要,使高一级学校招收的新生有个较高的起点。在市、区双重领导的重点中学中,要试办高中理科班。重点小学必须从三年级起开设外语课。重点中学可在本区、县范围或分片招收新生。招生要坚持德、智、体全面衡量的原则,采用原校推荐和统一考试相结合的方法,择优录取。有住宿条件的重点中学,可视情况扩大招生范围,也应适当招收邻近的走读生。重点小学根据就近入学的原则招收新生。

市教育局准备在春节后召开一次重点中小学工作会议,研究如何贯彻落实教育部的试行方案、办好重点学校的问题。

《文汇报》1978年2月1日

自力更生抓好教师在职进修——格致中学开展师资进修活动的调查报告

格致中学党支部为了加快师资队伍的建设,立足本校,挖掘潜力,认真抓好广大教师、尤其是青年教师的在职进修工作,取得了一些成效。

发动群众　思想先行

格致中学目前共有三十二个班级,任课教师八十余名,其中青年教师占三分之一。由于前几年"四人帮"的干扰和破坏,这个学校的师资水平逐渐下降,特别是三分之一左右的新教师在教学上存在着不同程度的困难。面临这种情况,怎样建设一支又红又专的教师队伍呢?他们算了一笔账:上海师大每年培养一千多名教师,而上海的中学就有一千多所,即使把师大毕业生全部分到中学,每所学校也只能平均分到一名或两名。通过算账,他们感到"等、借、要"不行,必须学习大庆人的革命精神,自力更生,有条件要上,没有条件创造条件也要上,抓好教师在职进修工作,提高师资水平。

为了抓好这项工作,该校党支部首先注意抓教师的思想工作。数学教师小励,曾想脱产进修,以提高业务水平。党支部了解了她的思想后,既肯定了她的积极性,又教育她在做好本职工作的同时,加强业余进修,使她愉快地改变了原来的想法。从此,小励在工作之余除了积极参加正常的进修活动以外,每天早上还挤出时间学习,晚上安排好家务,还坚持自修,这样提高很快。62岁的数学教研组组长刘永贞,起初对抓进修工作还心有余悸,党支部成员就和她促膝谈心,共同批判"四人帮",使她分清了路线是非,鼓足了干劲。她表示,一定要带好青年教师,把自己的余年贡献给党的教育事业。她老当益壮,不顾自己体弱多病,热情关心青年教师的成长。学校每来一位新教师,她都要去听课,以便了解新教师的业务状况,及时帮助他们解决教学上遇到的困难。

以老带新　能者为师

为了帮助教师搞好进修工作,党支部在提倡自学的同时,主要抓了三件事:

一、一帮一,老带新。现在学校文理各科新老教师共有十三对"师徒"。语文老教师高润华自从同青年教师小应结成对子以来,除了让小应听自己的课外,还同小应一起备课,共同研究教材和教学方法。过去小应上课时,往往是"满堂灌"、板书重点不突出。高老师听了她的课后,就热情指导她如何做到精讲和板书准确。在高老师的耐心帮助下,小应进步很快。

二、举办专题讲座。学校党支部认为抓教师进修,不光要抓眼前,还应该抓长远。他们针对一些青年教师基础理论差的情况,组织老教师举行专题讲座。物理教研组开设了"普通物理学"讲座,语文教研组开设了"古汉语"讲座。经过较系统的学习,基础差的教师业务水平都有了不同程度的提高,初步改变了教学上一度存在的"现炒现卖"的现象。

三、发挥集体智慧,进行教学研究。近年来,集体上好公开教学课是格致中学推动师资进修工作的一项措施。教材分析,教法探讨,都由整个教研组讨论,然后以备课组为单位,进行公开教学。比如,七九届的一元二次方程解应用题的公开教学课,先是教研组新老教师集体讨论,然后由七九届备课组的一位教师上课,备课组教师都去听课,听后共同讨论,修改教案,第二位教师再上,再听再改,到最后一位教师上公开课时,已经是三改教案了。这样做,取得了较好的效果。

落实措施　初见成效

实践证明,以老带新,能者为师,加强教研组、备课组活动,发挥他们的集体力量,是迅速提高师资水平行之有效的办法。格致中学采取了以上一些措施后,教师业务水平不断提高,教学方法不断改进,教学质量不断提高。而且,新老教师团结战斗,关系融洽,心情舒畅。物理教师小顾去年一年不仅自学了高中物理教材,而且还自学了高等数学、化学和哲学,由于提高了业务水平,他上的课受到了学生们的欢迎。他在讲"电桥"这一节时,为了帮助学生加深理解课文,讲了几十种电桥的性能和特点。语文教师小副,原来上课满足于"四十分钟摆摆平",现在,他上课前认真备课,提高了教学效果。进修活动的开展,不仅使青年教师收益很大,对一些中老年教师也有帮助。一些中年教师说:"十多年来,我们的业务也生疏了,现在通过进修,得到了提高。"师资水平提高了,教学质量也相应提高了。上学期七八届学生成绩优良的人数增加了百分之十八,不及格的人数减少了百分之二十一。(本报通讯员　复旦大学新闻系学员)

《文汇报》1978年2月16日

向特级教师和模范班主任致敬

(前略)

上海市格致中学数学教师刘永贞

刘永贞老师是格致中学数学教研组组长,有三十多年教龄。她对中学数学教材代数、几何、三角都十分熟悉。教课条理分明,语言精练,重视概念和基础知识的讲授,做到精讲多练。即使在林彪、"四人帮"鼓吹的"读书无用论"泛滥的时候,她还是坚持抓好"双基"教学,使七三届学生数学基础打得比较扎实。

刘老师对待教研组的工作认真负责,热情关怀新教师的成长,肯定他们的工作成绩,诚恳地提出意见,帮助大家改进教学。她还经常组织教师上实践课,着重进行基本概念课和综合运用课的研究。每次实践课,她都抓得很具体,手把手地教,对教师业务水平和教学质量的提高都起了很好的作用。

(后略)

《文汇报》1978年8月28日

1979 年

教育群英喜相聚　茶话联欢庆新春

【本报讯】2月3日下午，上海市教育局、共青团上海市委员会、中国教育工会上海市委员会，在上海体育馆联合举行了上海市教育工作者1979年春节茶话会和联欢会。

下午1时，市教育战线一百余名先进工作者和教育战线老前辈，欢聚在市体育馆北大厅，互致春节问候。

市委书记王一平、市革委会副主任杨恺以及市高教局、市教育局、市总工会、团市委、市妇联、市教育工会的负责同志都出席了茶话会，向与会同志致以节日的慰问。

茶话会上，大家边吃茶，边谈心，喜气洋洋，谈笑风生。格致中学高润华、一师附小倪谷音、上海师大黄永砥、市教育工会刘佛年、育才中学段力佩等都争相发言，表示了要在新的一年里搞好教育和科研工作，为实现四个现代化作出贡献的决心。

茶话会上，与会者对恢复教育工会感触颇深。他们说，我们又有了自己的组织，感到亲切、温暖。大家希望教育工会今后能多举办有关教育、科技等讲座，为提高业务水平和改善学习、工作、生活创造条件。

最后，市委书记王一平讲了话，他希望同志们在新的一年里解放思想，开动脑筋，认真总结30年来我们在教育工作方面的经验、教训，鼓起勇气追赶世界先进水平，脚踏实地地把决心变为行动，发挥集体的智慧，为迅速提高教学质量而努力奋斗。

茶话会结束以后，本市教育战线一万七千多名先进工作者和教工代表在市体育馆大厅举行春节联欢会，观看了文艺工作者的精彩演出。

《文汇报》1979年2月4日

校长亲自教慢班

"同学们，今天我们上第一节课《人民英雄永垂不朽》，请大家打开书本……"

这是开学第二天，上海市格致中学副校长施亚东在给高二(5)班同学上语文课。

施老师学习了党的十一届三中全会公报后，想：今后，我们党工作的着重点要转移到现代化建设上来，学校工作的重点也要转到教学上来，作为一个学校的领导，就更要深入教学第一线，为提高学校教学质量作出贡献。为此，这学期开学前，在安排教师任课时，他和年轻教师比赛，也接了一个班的语文课。

高二(5)班是学校里的一个慢班，语文基础知识较差。为了迅速提高这个班学生的语文成绩,改变慢班的落后面貌,施老师和备课组老师商量,决定适当增加(5)班的语文课课时,并多做几篇作文。

为了提高教学质量,使学生真正有所得,施老师认真备课。《人民英雄永垂不朽》这一课,他就钻研了三四天时间。结果,这堂课上得很成功。

《文汇报》1979年2月22日

1980 年

美籍激光专家王正平博士回母校格致中学畅叙离情

【本报讯】昨天上午,美籍华裔激光专家王正平访问母校上海市格致中学,受到师生的热烈欢迎。

王正平博士现在担任美国宇航公司高级工程师,兼加州大学圣迭戈分校教授。1980年国际激光会议,是他提议召开的。1978年9月,他同上海光机所科研人员合作,研制成功一项卷筒式准分子激光器。同年底,他在美国主持成立了"国际激光技术公司",为促进中美两国技术交流发挥了作用。今年3月,他被中科院邀请为上海光机所名誉教授。

王博士1948年在格致中学上过学,对上海很有感情。这次,他回母校参观,对母校同学勤奋学习的情况,表示赞赏,他说:"作为一个校友,感到光荣。"他谈到他的英语是在格致中学初一时开始学习的,他希望学校加强数学、外语等基础课,培养更多有水平的人才。

《文汇报》1980年5月11日

苏步青、钱宝钧、高润华参加人大归来向记者谈话　对教育工作提出意见和建议

(前略)

当记者访问全国人大代表、格致中学特级教师高润华时,她兴奋地告诉记者,五届人大第三次会议充分肯定了教育在四化建设中的地位和作用,国务院准备在今后十年中逐步增加教育经费。她希望上海市政府也能这样做。

高润华说,现在上海的教育经费太少,教师的待遇太低,不利于学校领导和教师集中精力搞好教育工作。学校为了增加经费和改善教师经济待遇,不得不花大力气去办工厂,结果分散了精力,而大多数校办工厂又都与教学结合不起来。有些学校为了增加收入,出租教室、操场,既影响了学生的正常活动,又破坏了学校的整洁和秩序。现在教师待遇低,学校领导往往把兼课作为增加教师经济收入的一条途径,有些教师因为兼课太多,日常的备课、家访都受到影响。高润华说:"不增加教育经费是要贪小失大的。如果上海市政府能增拨些教育经费,适当提高教师的经济待遇,使学校领导和教师集中精力搞好教育工作,真正无愧于'园丁'的称号,这对于教育青年、培养人才是极为有利的。"(本报记者章成钧、包明廉、凌爱媛)

《文汇报》1980年9月16日

1981 年

副区长给中学生上政治课

【本报讯】昨天下午,黄浦区主管文教的副区长毛海良到这个区的格致中学,给高二年级三百多名毕业生上了一堂题为"党的十一届三中全会以来的国内形势"的政治课,报告深入浅出,结合学生实际,受到学生欢迎。全区三十八所中学政治教师及部分学校党政干部二百多人也参加听课。

毛海良为上好这堂课,事先作了充分的准备。他在上个月三次到格致中学,与政治、语文教师一起学习中央工作会议文件精神,与学校领导和教师以及区教师进修学院政治教研组、区教育局中教科等有关同志一起座谈,研究如何针对学生的思想,帮助他们认清形势,树立信心,促使他们立志成才。春节期间,他为了备好课,顾不得休息,到处搜集材料,调查学生思想状况,并反复修改讲稿。

《解放日报》1981 年 2 月 14 日

本市高考阅卷评分工作结束　昨起陆续向考生发出成绩通知单

【本报讯】本市高考阅卷评分工作顺利结束,昨日起开始公布考试成绩,陆续向广大考生发出成绩通知单。

包括附加题分数在内,今年文科、外语和理工科的满分分别为 560 分、510 分和 600 分。据电子计算机统计,文科总分在 420 分以上的有 187 人,其中 504 分的 1 人,450 到 500 分的 44 人,420 到 449 分的 142 人。外语类总分在 400 分以上的有 58 人,其中 439 分的 1 人,430 分以上的 8 人,400 到 429 分的 50 人;380 分以上的有 160 人。理工科总分在 450 分以上的有 3 075 人,其中 559 分的 1 人,540 分以上的 7 人,480 分以上的有 995 人。单科成绩获满分的共 255 人,其中理工科考生数学得 120 分(包括附加题)的 11 人,物理 100 分的 10 人,化学 100 分的 2 人,生物获满分(30 分)的有 215 人。文科、外语类考生数学得 100 分的有 17 人,语文有 1 人得 102 分(包括附加题在内,满分为 110 分)。考试的成绩表明,今年高考命题的难度适中,切合中学教材和教学实际,有利于测验考生各科基础知识的水平和技能,有利于促进中学的各科教学。

市招生办为了尽快让考生知道自己的考试成绩,连日来进行了紧张繁重的阅卷评分、考分登记和统计工作。三千九百多名教师和八百多名工作人员冒暑挥汗奋战二十多天,完成了近七十五万份试卷的评阅工作。三百多名登分、统计和电子计算机工作人员,日夜加班,处理各种数据。在整个工作过程中,他们认真负责,一丝不苟。特别是今年对试卷采取装订、密封办法,对严守机密,防止弊端起了良好作用。

市招生办负责人指出,高考成绩通知单发出后,希望各方面要加强对考生的思想教育,教育他们要正确对待自己的考试成绩,不骄不馁。要特别关心考试成绩不够理想的考生,鼓励他们总结经验教训,积极参加文化补习,争取明年再参加高考。

高校录取工作将从本月八日起开始。

理工、文和外语前十名考生名单

理工科:

上海外国语学校	张　俊	总分:559分
师大二附中	蔡志雄	553分
复旦中学	徐启文	545分
交大附中	安加翔	545分
复旦附中	陈　伟	544分
向明中学	张　雯	541分
市西中学	魏　巍	540分
七一中学	陆为尔	540分
师大二附中	郑莉敏	540分
向明中学	刘　钢	539分
复旦附中	张　洁	539分

文科:

控江中学	何子焱	总分:504分
杨浦中学	徐宏伟	497分
复旦附中	沈飞跃	492分
市二中学	刘　平	489分
格致中学	钱　军	489分
风华中学	王宏图	487分
控江中学	周　任	486分
鞍山中学	毛志荣	485分

(更正:二日本报第三版刊登的《理工、文和外语前十名考生名单》,文科类中的"鞍山中学毛志荣",应为"交大附中毛志荣";1981年8月4日)

控江中学	王久华	482分
向明中学	杨小斌	479分

外语科:

控江中学	王春沪	总分:439分
十八中学	王　征	435分
复旦附中	张健民	435分

(更正:外语类中的"复旦附中张健民",应为"交大附中张健民"。本报编辑部,1981年8月4日)

比乐中学	贝文力	434 分
上海外国语学校	朱小敏	433 分
上海外国语学校	姚梅华	431 分
上海外国语学校	谢　锋	431 分
上海外国语学校	沈德祥	431 分
上海外国语学校	李国际	428 分
上海外国语学校	姜万象	425 分

《解放日报》1981 年 8 月 2 日

在清洁工作中处处显示心灵美　陈建华评上"青年城市美容师"

【本报讯】清洁工人陈建华,热爱平凡工作,他负责洗刷的西藏路从工人文化宫至泥城桥一带的痰盂和立式垃圾箱,天天搞得干干净净,最近被市环卫系统评为"青年城市美容师"。陈建华两年前毕业于格致中学。当他接到环卫所的报到通知时,"当清洁工人没出息"的思想曾在头脑中翻滚。后来,他在雷锋精神和时传祥榜样的鼓舞下,渐渐热爱清洁工作。他洗刷的痰盂,做到无浮污、无积垢;过路的群众看到他认真洗刷的情形,赞美地说:"这个青年真好,洗痰盂像擦钢精锅。"有一次,有人对他说,青海路阴沟淤塞,希望他帮个忙。虽然这不属于他经管的地段,但他还是赶往那里,干了两个小时,汗水污水沾满一身。两年中,他从垃圾箱里捡得三十几只皮夹子,其中有工作证、劳保卡、自行车执照。多数情况下,他都亲自送给失主。只有在工作忙、走不开时,才打电话请丢失者来取。(王健刚)

《文汇报》1981 年 11 月 10 日

1982 年

会见胡立教等上海代表时进行亲切交谈　陈云同志对国家建设、上海工作发表重要意见

【新华社北京十二月二日电】陈云同志今天上午在家里会见了前来看望他的上海部分全国人大代表,同他们进行了亲切的交谈。

当出席五届全国人大五次会议的上海代表团部分代表来到陈云同志家时,陈云同志在会客室里和代表们一一握手,欢迎他们。

上海代表团团长、市人大常委会主任胡立教对陈云说:"你是上海的代表,大家都知道你很关心上海的工作,委托我们来向你介绍介绍今年的情况。"

陈云说:"我年纪大了,这次大会请了假。谢谢大家来看望,我也很想见见大家,和大家谈一谈。"

在交谈中,上海的同志向陈云介绍了上海市的工作和这次大会代表团分组讨论的情况。

陈云说,这次大会审议的宪法修改草案和赵紫阳同志关于第六个五年计划的报告很好,他完全同意。

陈云在谈话中还就国家经济建设和上海市的工作讲了许多重要意见。

前十年理顺各方面关系　后十年速度就可快一些

他说,为了实现今后二十年在不断提高经济效益的前提下力争使全国工农业年总产值翻两番的奋斗目标,要分两步走,前十年主要是打好基础,为后十年进入经济振兴时期创造条件。六五是前十年的第一个五年,发展速度不能搞得太快。正如紫阳同志报告所说,六五计划的主要特点是着重于提高经济效益。只要我们经过六五和七五两个五年计划的努力,把各方面的关系理顺,并且做好一些大骨干项目的前期工作,后十年的发展速度就可以搞得快一些,翻两番的奋斗目标就可以实现。如果急于求成,把本来应当放在后十年办的事也勉强拿到前十年来办,在六五和七五两个五年计划期间乱上基本建设,那么,经济又可能出现混乱,翻两番的任务反而有可能完不成。

小革命小建设服从全局　大革命大建设才有保障

陈云说,为了给后十年比较快的发展创造条件,由中央适当集中一笔资金,加强能源、交通和科学、教育等薄弱环节,保证重点项目的建设,是完全必要的。这是大革命、大建设,是从全面利益(12月7日2版更正为"全局利益")出发的。当然,地方上的小革命、小建设也要搞,但必须以大革命、大建设为主,这也就是局部服从全局。否则,不分大小,齐头并进,国家吃不消。紫阳同志报告中讲,大中型基建项目一律要由计委审批,计划外追加的大中型项目,必须经过计委综合平衡后,报国务院审批。又讲,不论哪个地区和部门,如果突破固定资产投资的计划,都必须按照隶属关系报请上级批准,否则以违反财经纪律论处。这几条都很重要,只有这样,才能保证我们的大革命、大建设取得胜利。只有把国家的大革命、大建设搞好了,各地的小革命、小建设才有切实的保障。

要接受挑战同外地竞争　上海尤应注意技术改造

他说,六五计划期间一个重要任务是进行现有企业的技术改造,这也应当是我们今后发展工业的一条新路子。过去一说要增加多少产量,就要新建多少厂,这个办法不一定好。要提高折旧资金,加快设备更新,引进先进技术,进行技术改造,这在多数情况下,比建新厂效益高。上海老企业多,应当特别注意这个问题。现在一些轻纺企业在上海开花,在外地结果,反过来进入上海市场,挤上海的产品。这是好事,不要用行政措施去挡,要接受这个挑战,迎上去和它们竞争。办法就是加强技术改造,提高质量,降低成本。另外,要有若干个大企业,能灵活地搞小批量生产,增加花色品种,使产品迅速适应市场变化的需要。

搞活经济好比是笼中飞鸟　笼子要经常调整大小适当

陈云同志高兴地指出,党的十一届三中全会以来,实行搞活经济的政策,效果显著。现在百货商店里的东西多得很,"卖方市场"正在变成"买方市场"。这么好的形势,很久以来没有见过。今后要继续实行搞活经济的政策,继续发挥市场调节的作用。他同时指出,我们也要防止在搞活经济中,出现摆脱国家计划的倾向。搞活经济是在计划指导下搞活,不是离开计划的指导搞活。他风趣地打比方说,这就像鸟和笼子的关系一样,鸟不能捏在手里,捏在手里会死,要让它飞,但只能让它在笼子里飞,没有笼子,它就飞跑了。如果说鸟是搞活经济的话,那么,笼子就是国家计划。当然,"笼子"大小要适当,该多大就多大,不一定限于一个省,一个地区,也可以跨省跨地区,甚至不一定限于国内,也可以跨国跨洲。另外,"笼子"本身也要经常调整,比如对五年计划进行修改。但无论如何,总得有个"笼子"。就是说,搞活经济、市场调节,这些只能在计划许可的范围以内发挥作用,不能脱离开计划的指导。

今天参加会见的上海代表还有全国政协副主席、中国国际信托投资公司董事长兼总经理荣毅仁,国家机械工业部顾问沈鸿,民建上海市委会主任委员刘靖基,上海宝钢总厂党委书记朱尔沛,上海南汇县泥城公社党委书记邵荣宾,上海无线电三厂总工程师周恕,上海格致中学教师高润华,上海港务局第二装卸区工人蒲云开,上海第十百货商店营业员王娟华。

《文汇报》1982年12月3日

1983 年

特级教师高润华任格致中学校长

【本报讯】全国六届人大代表、市特级教师高润华,最近经市、区有关领导部门批准,被任命为格致中学校长。

高润华从事教育工作已有 27 年,在语文教学上积累了较丰富的经验。她在教学中以"精雕细刻"著称,倡导学生"读、划、批、注",使学生阅读、分析、表达写作能力有较大提高。高润华长期以来把精力倾注在教育工作上,她曾两次被评为全国三八红旗手,多次被评为市、区先进工作者。

《解放日报》1983 年 6 月 11 日

格致中学一百十周年校庆今举行

【本报讯】今天是格致中学创办一百十周年。五百多名教授、工程师、作家、演员、经理等各行各业的老校友和共青团员、红领巾一起庆祝这个纪念日。市委第二书记胡立教和苏步青、刘佛年在参加人大会议期间,从北京寄来了贺信和贺诗。(瞿鹭 费国荣)

《新民晚报》1983 年 6 月 19 日

格致中学昨举行一百十周年校庆

【本报讯】6 月 19 日上午,格致中学大礼堂里,喜气洋洋,上千名校友和师生欢聚一堂,共庆建校一百十周年。

会上还宣读了市委第二书记胡立教,和苏步青、刘佛年在参加六届人代会期间,从北京寄来的题词和贺信。(林良敏 胡贵根)

《解放日报》1983 年 6 月 20 日

爱党爱国 追求真理 发奋向上——报童小学、格致中学开展校史教育

【本报讯】黄浦区报童小学、格致中学运用本校的光荣历史,对学生进行革命传统教育和爱国主义教育,激发了学生的爱国之情。同学们表示,我们新一代青少年也要像老校友那样爱党爱国,追求真理,发奋向上。

这两所学校都有着光荣的革命斗争历史和传统。当年闻名全国的报童小学的"报童近卫军"曾为上海的解放作出了贡献。格致中学创办已有一百十年的历史,在抗日救亡、解放上海的斗争中,该校的进步学生在上海地下党领导下参加了各种革命活动。这两所学校组织教师开展校史调查,访问了在本市科技、教育、文艺、公安、财贸、卫生等各条战线及外地工作的数百名校友,获得了大量史料。他们根据史料、照片、实物编写了校史,举办了校史展览。由报童小学和区少年宫联合举办的报童校史室分为:苦难的报童生活、报童的觉醒、英勇的报童近卫军、阳光雨露沐报童四个部分,图文并茂,实物丰富,感染力强。同学们通过参观校史展览,都受到了一次生动形象的爱国主义教育。

这两所学校还请老校友来校作报告,向同学们追述斗争的往事。格致中学许多校友向同学们介绍了他们当年追求马列主义真理、组织"银影社"、出版"合群"刊物、坚决同日本帝国主义和国民党反动派作斗争的情景。报童小学聘请"老报童"担任该校18个班级的校外辅导员。这些"老报童"深入班级,向同学们讲述了他们在旧社会受尽凌辱,以及在党的领导下,勇敢地参加了推翻国民党反动派斗争的史实,受到了同学们的尊敬和热爱,成了同学们学习的榜样。

在爱国主义教育活动中,这两个学校还举行"发扬光荣的革命斗争传统,做党的好儿女"的主题校、班会和征文活动。在这些活动中,格致中学数百名同学用诗歌、散文等形式,表达了学习校史的感想,倾吐了对党的无限深情,还有三百多名同学写了入团申请书,表示要走爱国之路,做振兴中华先锋。今年6月,全校评选出一百多名市、区、校三好学生和优秀干部,有78名同学加入了共青团。报童小学同学发扬老报童光荣传统,人人争做报童新一代,他们组织了"绿化近卫军",定期到江西中路街心花园打扫,赢得了人们称赞。

《解放日报》1983年9月5日

纠正重理轻文倾向——格致中学重视文科教学,课内课外注意给学生打下扎实文科基础

【编者按】随着四化建设的发展,加速培养文科人才的问题,已经引起大家的关注和重视。但是"重理轻文"的倾向,在学校教育中并没有得到完全的克服,有的学校表现还比较突出。"重理轻文"是有害的,它不符合四化建设的需要,也违背了培养人才的规律,是一种跛足的教育。中学开设的文科,是对学生进行思想政治和共产主义道德品质教育的重要课程,是培养文科人才的基础课程。即使有的学生将来要向数理化方面发展,也得有扎实的文科功底。因此,要充分重视文科的教学。格致中学的同志很懂得这个道理。他们的经验值得其他学校学习。

【本报讯】以数学教学著称的本市格致中学重视文科教学,不断纠正重理轻文倾向,使学生文理各科得到平衡发展,打下了比较扎实的文科基础。格致中学是所市属重点中学,素以学生数、理、化成绩好而著称。学校领导认为人才培养要全面,文理科应相辅相成,不能偏废。他们重视语文、政治、历史、地理等学科教学,加强文科教学研究,努力探索文科教学规律。语文教研组总结推广了特级教师高润华以"精雕细刻"为特色的语文教学法,提高了教学质量。学校图书馆也为文科教学提供了各种条件。如期刊向学生开架,举办展览等,以丰富学生文史知识,并备有录音磁带等有声读物,全天为学生服务。为了激发学生对文科的兴趣,该校开展了丰富多彩的课外活动。各文科教研组与高等院校教师共同举办了外国文学作品、科学文艺、地理知识等讲座,还举行了"现代诗歌流派讨论会"、哲学小论文研究会等各种中小型学术讨论会,吸引了许多学生。学校每两周分别出一期历史和地理知识园地,介绍国内外重大历史事件、历史人物、风土人情、经济资源等。每年还召开以"五讲四美三热爱"为主题的学生演讲会,每学期举行论说文和小品文的朗读比赛,开展汉语拼音、黑板报评比活动。全校22个班级还普遍开展影评、戏评、书评活动,把文科教学和思想教育融为一体。初一(2)班同学创办了《友谊周报》,高中部十多个有志于社会科学的同学自己编印油印刊物《同窗文集》,内容有歌颂祖国、反映校园生活的诗、散文、小说。高二(1)班师生创作的《你是一个共青团员吗》小话剧,在黄浦区中学生文艺会演中获奖。精细的文科教学和众多的课外活动,有力地提高了学生写作和口语表达等能力。在全市中学生"听说读写"比赛中,该校荣获1980年团体第二名,1982年团体优胜奖;该校还获得1981年上海市"鲁迅读书奖"活动团体优胜奖和个人第一名,1982年华东六省一市中学生作文竞赛三等奖,1983年全国中学生地质知识竞赛第三名。该校学生还在《广西文艺》《甘肃文艺》等全国各地报纸杂志上发表诗歌、小说和散文达四十余篇。(卫永成　周根娣)

《文汇报》1983年9月12日

保护我们的下一代健康成长——特级教师高润华强调坚持党的教育方针

【本报讯】 全国人大代表、上海市特级语文教师、格致中学校长高润华,日前在接受记者采访时说:党中央提出抵制和清除精神污染,非常及时,这对于中小学来说,同样具有现实意义和深远意义。被人们称为"人类灵魂工程师"的教师,应该站在反对精神污染的前列,保护我们的下一代健康成长。

高润华说,这几年来,广大青少年在德、智、体、美各方面都有很大的进步,在精神文明建设中取得了显著成绩。但是,我们也要看到,来自各个渠道的形形色色的资产阶级及其他剥削阶级的腐朽思想,对青少年的污染和毒害还是存在,有的还相当严重。有些学生在某些内容不健康的电影、电视、画报、音乐的影响和毒害下,精神空虚,不想读书,羡慕西方资产阶级生活方式,追求吃喝玩乐;个别青少年在坏人的引诱下,逐渐堕落,甚至走上了违法犯罪的邪路。还有一些学生受社会上某些思潮的影响,往往以自己为圆心、上海市区为半径,不愿到农村边疆去参加建设。这种种情况是多么令人担忧呵!

高润华说,精神污染对青少年影响所带来的后果是不可低估的。现在的青少年是建设四化的后备军,是祖国的未来,革命事业的接班人,如果让青少年一代继续受精神污染,后果不堪设想。因此,党中央提出抵制和清除精神污染,是关系到我们下一代乃至几代人能否健康成长的大问题,是关系到党和国家的前途的大问题。我们教育工作者肩负着培养社会主义一代新人的重任,这个任务光荣而艰巨,我们的"产品"不应该是"次品"。而要做到这一点,我们教师自己要为人师表,严以律己,加强自己的思想建设,清除自己身上的精神污染。在与精神污染作斗争时,学校要改变当前政治思想工作中存在的松、散、软的状况,坚持党的教育方针,带领学生站在反对、抵制精神污染的前列,使学生成为具有"爱国之情、报国之志、建国之才、效国之心"的一代新人。

《解放日报》1983年11月8日

1984 年

忆志行（上）

前些日子，有一位同志告诉我，许志行同志去世了。我当时听了，有点不相信，也有点凄然和惘然！志行同志是一位有成就的语文教师，是我几十年来的老朋友，何以我既未得到他的讣告，也未听见开追悼会的消息，这个噩耗究竟是不是真的？

就在这些日子中间，我听到电台里广播的报道，说是上海格致中学的教学，原来就有重视文科教学的传统，并没有什么重理轻文的现象。这一条消息给我听到，却增加了我对于志行同志的怀念。我觉得，格致中学的重视文科教学而且形成一贯的传统，这是和志行同志多年来的努力分不开的。也是在这些日子里，在报纸上和广播里，天天接触到有关毛主席 90 周年诞辰纪念的新闻，这也不断地使我联想起志行同志年轻的时候，无意之中曾经得到过毛主席的救助和教育的往事。

志行同志解放以前在格致中学教书。格致中学一向管理比较严格，学生的成绩也是比较出众的。我与志行同志的认识，也就在那个时候。全国解放以后，上海市办起了上海师范学院，志行同志因为是一位优秀的语文教师，被抽调到师院。以后，上海外国语学院因为语文教学的师资方面似还比较贫弱，又将志行同志调到那边去支援。这些年来，志行同志由于身体不太好，早就退休了，只是还住在外语学院的宿舍里。几年以前，我还到过广灵一路友谊新村他的家里去看望过他呢，想不到他比我还年轻几岁，竟然先我而去了！

志行同志是一位小说作家，20 年代大革命前后，他曾经发表过许多篇小说，出版过一本小说集子。茅盾同志选编的《中国新文学大系·小说一集》里，就选有他的作品。这篇作品的题目叫作《师弟》，是从他的小说集《孤坟》当中选出来的。这是一篇现实主义的作品，真是有血有泪的文学。他写一个善良而贫穷的少年——也即是作品中所说的"师弟"，怎样在一间村镇商店里做学徒以至于死去的悲惨生活。这作品的叙述者就是作品中自称"师兄"的，这位师兄如果不能从这个环境里自拔出来，则"师弟"的可悲命运，是否会同样临到这位师兄的头上，也是很难说的。所幸这位"师兄"，后来也就离开这一家村镇的商店而走出来了。

这是小说《师弟》的故事梗概。这叙述者的"师兄"，虽然在小说作品中没有再写他出走以后的生活，但在现实人生的生活实践中却正是志行同志自己走上社会以及他的人生道路的开始。凡是熟悉志行同志的朋友，都在志行同志的背后，传诵着志行同志传奇般

幸遇毛主席的故事。但志行同志自己却是守口如瓶，总是把话避开，不加渲染与夸张。（许杰）

《新民晚报》1984年1月3日

忆志行（下）

原来，志行同志年轻的时候，家里很穷，进了两年私塾，就被家人送进一间村镇的商店里做学徒。固然，他一面受不起这学徒生活的苦楚，但在另一方面，却由于他有远大的理想和坚决的意志，他竟然一个人从这家商店走了出来。这一次的出走，便造成了他一生中传奇般的遭遇。他从浙江出走以后，中间不知经过怎样的辗转周折，到了湖南长沙。他在长沙这人生地不熟的地方，一筹莫展。一天傍晚，他一个人正坐在铁路轨道旁边发愁，碰到了毛主席。那个时候，毛主席在长沙湖南第一师范学校教书，问清了他的情况，就介绍他到湖南一师去读书。后来，毛主席领导中国革命在全国出了名，有些听见这个消息的友人，往往过分渲染，说毛主席是他的大恩人，毛主席救了他，又说他是毛主席的学生，等等，不一而足。在那种时候，他只是写文章，埋头教书，后来更是把全副精力投入教育事业当中，连文章也不大写了，一直是默默地工作着。及到解放以后，他写信给毛主席，毛主席要他去过一次北京，知道他这多少年来一直埋头教学，启发学生走上正确的道路，毛主席也就嘱咐他安心地做好本位工作，培养年青一代的新人。他从北京回来之后，更加兴奋地依旧从事他的语文教学事业。志行同志便是这样的由毛主席教导并培养出来的优秀的人民教师呵！

我自己个人还有一段与志行同志合作共事的历史，至今想来，也是记忆犹新的。抗日战争爆发以前，我在上海教书，兼了许多学校的课，还是不能填饱肚子。那个时候，费鸿年不知从哪里弄到一笔资本，想开一间书店，借以维持生活。他知道如果中学教科书的质量较高，销路当会较好，书店就会容易维持。当时他与周予同、吴文祺两位商量，委托他们编一套《初中国文》。周、吴两位立刻答应下来，而且约我和志行同志合作，承担这个任务。当时约定，这部教科书的编辑人，由周予同、吴文祺、许志行和我四个人署名，具体工作由我和志行同志分担。我们选了篇目，分定了单元之后，即由志行同志分担疑难字句的注释工作，由我在每个单元之后，写一段"文章讲话"。全书适用三年，共分六册，每册有十八单元，也就是有十八篇"文章讲话"。我在写"文章讲话"之时，将语法、逻辑、修辞三部分内容，由浅入深，编入"讲话"之内。这个"文章讲话"，在当时出版的初中国文教科书中，还是首创，我们自己也觉得颇为满意。不过，这个计划虽然是我和志行同志共同商订的，但"文章讲话"的执笔及写作的工作，却完全由我承担。不料，这部《初中国文》在编印好以后，恰逢抗战爆发。这套课本虽然出版，但采用的学校并不很多。解放以后，我想找出这一套课本重新整理出版我的"文章讲话"，竟然是踏破铁鞋无觅处。如今，志行同志已经去世，我想起了这一套教科书的编写经过，想起在生活艰难时我们共同拿到这笔稿费平均分配的情形，真觉得有些说不出的凄然感觉。同时，我想借用这一次悼念故人的机会，顺便向老一辈的语文教师求教：这一套由周予同、吴文祺、许志行、许杰四人署名编辑，由上海晨光书局出版的《初中国文》，如果能因为你们的指点，从某一个学校或图书馆的藏书中得到，那就不胜感幸了。（许杰）

《新民晚报》1984年1月4日

高润华代表认为应采取有效措施让优秀师范生到中学任教

列席市人代会的全国人大代表、格致中学校长高润华说:《政府工作报告》中说到静安区第一中心小学和交通大学教育改革的经验,我们感到,要搞好教育改革最根本的是要给学校两个权,一个是用人权,一个是财权。现在中、小学师资质量不高,师范大学较高质量的毕业生往往不能分配到中学来当教师。中学教师待遇低,不少师范大学毕业生也不愿意到中学当教师,现在已经在当教师的思想也不安定。要保证中学师资质量,一定要提高教师待遇,保证师范大学毕业的高质量学生到中学任教,稳定现有教师队伍。

另外,现在教育经费分配重大学、轻中小学,也影响到中小学教育的发展。

《文汇报》1984年3月30日

从四化需要择志愿 应祖国召唤任挑选——格致中学高三重视革命理想教育,学生精神面貌发生明显变化,有些学生还提出了入党申请

【本报讯】格致中学运用各种形式对即将毕业的高三学生进行革命理想教育,增强了他们的时代责任感。最近,毕业生们纷纷表示,要从四化需要去选择志愿,坚决服从祖国挑选。

这个学校组织高三学生学习乌兰夫同志关于青年要有"爱国之情,报国之志,建国之才,效国之行"的重要讲话;请校友讲述解放前格致中学进步学生组织"银影社"出版《合群》刊物,同日本帝国主义和国民党反动派斗争的事迹,还请本校参加过"一二·九"运动的教师介绍当时的青年进行抗日救亡的英勇业绩;组织收听华山抢险英雄集体事迹的录音报告;观看电影《青春万岁》并开展影评。在此基础上,高三年级各班普遍召开以学习雷锋、张海迪、张华等人物为内容的"飞翔吧,理想"、"青春的呼唤"等主题班会、团会,出版"为了明天而奋斗"的墙报。此外,他们还针对部分毕业生留恋上海的"实惠"思想进行教育。

通过理想教育,这个学校高三毕业班学生的精神面貌发生了明显变化。许多学生表示要向革命先辈和英雄人物学习,为祖国的繁荣富强贡献自己的力量。以祖国和人民的需要来选择志愿。许多学生为了以更好的成绩迎接祖国的挑选,抓紧时间刻苦学习。有些学生还组织了党的基本知识学习小组,提出了入党申请。(卫韵煜)

《解放日报》1984年5月19日

清末科学家徐寿

今年是清末杰出科学家徐寿(1818—1884)逝世一百周年。中国自然科学史学会、中国化学学会、无锡市政协等单位5月份在无锡举行纪念活动。

徐寿对我国近代化学作出过巨大贡献,是我国近代化学的启蒙者。他最早把西方近代化学介绍给中国读者,并首创了一套化学元素的中文名称,如钠、钾、锰、钴等。当时,东邻日本得知,立即派柳原前光等学者来向他学习,并引回日本使用。

徐寿也是我国最早通晓制造工艺学的人。1864年,他和著名数学家华蘅芳在安庆军械所共同制成了我国第一台蒸汽机和第一艘轮船"黄鹄"号。1865年,"江南机器制造局"(上海江南造船厂前身)成立,他首任"襄办",在他的指导下,造出了"恬吉(惠吉)"、"操

江"、"测海"、"驭远"等我国第一批兵船及船上各式大炮。

徐寿治学,十分注重理论联系实际。他既重视外国科技成果,又不盲目崇拜,每学到新知识就设法自己验证,从而更好地吸收消化。例如,为验证三棱镜可分自然光为七色,他买不到三棱镜,就把自己的水晶图章磨成三角条来代替。书上讲:枪弹之行抛物线。徐寿想:仰射及俯射是否也是抛物线呢?于是他亲手做了靶子,放在远近不同的地点去测量。他还仿制过墨西哥银元,用两块钢版精细地镂刻好正反面花纹,再做成银元的模子,然后校准银子分量,熔化为饼,放入钢模中,在高楼上悬一石椎,用绳子牵之,往下一放,即冲成一块。此种银元拿到市场上,即使老于商贾的人也误以为是墨西哥新版的银元呢。这种银元含银量高,邑人乐于采用,被称为"徐版"。当时,一个英国人还特意向徐寿换了几十枚送到伦敦博物馆,至今犹存。解放时,制造"徐版"银元的石椎尚在无锡老宅。

徐寿在自己懂得一些西方近代科学知识后,就力图把这些知识传给他人,他是上海"格致书院"(格致中学前身)的创建者之一,并在"江南制造局"的"翻译馆"不辞劳苦地译书,一生共译了十三种数百卷书,例如"西艺新知"、"化学考质"等。(包正义)

《文汇报》1984 年 5 月 21 日

增强学生自学能力、动手能力和独立工作等能力　格致中学致力培养创造型人才　在全国、本市和本区举行的各种比赛中,该校学生成绩突出

【编者按】怎样按照"三个面向"的要求,使中学的教和学搞得生动活泼,培养出创造型人才,这篇新闻值得一读。

【本报讯】上海市格致中学采取多种措施积极培养创造型人才,取得很大收获。该校学生在全国、市、区各项学科比赛中成绩突出。去年以来,该校学生参加市级以上数学、化学、哲学、作文、气象等比赛有一百七十余人次获奖,学生在全国各地报纸杂志上发表自然科学小论文、作品、诗歌等达七十余篇。去年,该校还获得市中学生智力竞赛第一名。

格致中学领导认为,教育要"三个面向",必须着重提高学生的自学能力、动手能力、独立工作能力和运用知识的创造能力。这些能力的培养不仅靠扎实的课堂教学,而且要开辟多种渠道,让学生广泛吸收信息,开展各项活动,接受不同风格的教学方法,从而开拓思路,萌发创造力。

广辟信息窗口

该校十分重视信息对学生智力发展的作用。数学、物理、政治、历史等学科先后建立了科技之窗、数学之窗、历史之窗、语文之窗、出版之窗等各种信息窗口,许多班级也纷纷以墙报、园地、刊物等形式建立信息窗口,目前全校二十四个班级共有信息窗三十余个。这些窗口介绍了世界新技术革命和遗传、海洋、电子、航天工程等情况,以及国内的科技动态与成就。科技之窗、语文之窗还介绍本校学生科技与语文新作。为了办好这些窗口,图书馆将几百种期刊向学生开架,并配备有声读物,电化教室定期放映科技电影。学校还经常邀请科学院、大学的专家、教师来校作报告,以启发学生思路,增加学生信息量。

课内课外并进

教学上,格致中学实行课内课外两条教学渠道并进的方针,有力地促进了学生能力的发展。在课内,教师严格按照教学大纲要求执教,为学生打下扎实的知识基础,对学有余力的学生,允许他们选学计算机、电子学、外国文学作品等课程。学校每周还安排四个半天,开辟各种活动领域。为学生发展才能提供条件。语文、数学、物理、化学、外语等十一个学科全部建立了学科小组,全校还有电脑、无线电、天文等三十多个课外兴趣小组,吸收了近六百名学生参加。其中数学学科组就有十八个小组,参加的学生达二百余人,约占全校学生四分之一。他们中有十四人取得了参加第二届美国奥林匹克中学生数学邀请赛复赛的资格,并有五人得十二分,约占全市得十二分学生总数的一半。

教学不拘一格

格致中学领导还认为,在教学方法上不能只搞一个模式,否则容易禁锢学生的思想,压抑学生的创造性。为了不拘一格培养人才,他们在教师中倡导不同教学风格的交流,呈现了百花齐放的生动局面。在语文教研组,有的老师教法精雕细刻,有的注重朗读和评点;在数学教研组,有的老师解题思路清晰、论、证严谨,有的注重一题多解、简洁明快;在政治教研组,有的老师注重社会调查,有的侧重课堂讲授。化学教研组还在高一(8)班和高一(2)班进行两种风格教法对比,一个偏重于教师的演示实验,一个偏重于边讲边实验,研究如何增强学生动手能力。学校还成立了教育科研领导小组,全校十一个学科围绕如何培养学生能力选择了二十多个科研项目,九十余位教师人人都写了科研文章。
(通讯员卫永成　记者戒思平)

《文汇报》1984年9月4日

市乒赛领队会议今使用电脑抽签,程序设计者为谁？——格致中学学生操作微机初显身手　该校开设电脑选修课,已有两百余学生接受培训

【本报讯】今天上午举行的1984年上海市乒乓球锦标赛领队会议,将使用电脑抽签。这个乒乓球竞赛电脑抽签程序的设计者是黄浦区格致中学高一(1)班学生蔡浩。格致中学在大力普及电子计算机知识的过程中,发现和培养了一批在电子计算机程序设计方面颇有才能的学生。有的学生设计的一些程序获得了有关方面的较高评价,已开始或即将在教育、体育、财贸等战线投入实际使用。

从1982年开始,这个学校就有计划地在学生中普及电子计算机知识。他们组织讲座,向学生介绍世界上电子计算机广泛应用的情况,并选派一些学生到市、区少科站少年宫学习电子计算机知识。学校还成立了电子计算机小组,并指派一名老师负责。目前,全校有两百余名学生接受了电子计算机知识的培训。该校购置了13台微机,在初一到高二的五个年级中开设电子计算机选修课。

电子计算机深深吸引着学生。他们在认真学好文化课的同时,运用学到的电子计算机知识,结合实际,自己动手动脑,发挥创造力,设计程序,取得了可喜成果。高三(1)班学生童敏,看到学校教导处管理学生成绩的工作量十分繁重,一些学生在根据成绩填写高考专业时缺乏最佳选择。他决心编制"不用汉卡的中文学生成绩管理"程序。他在华东师大、黄浦区少科站的老师的指导下,参阅了《数理统计》《离散数学》等书,从去年寒假开始,到今年6月,利用了全部休假日,终于成功地编制出这一程序。这一程序已在上届高三毕业班毕业时进行成绩分析和升学志愿辅导,取得了良好效果。目前他已将这一成

果写成专题论文。上海教学仪器设备公司正将这一程序制成软件。高二(4)班王磊将晶体管收音机中常见的音轻、无声、失真、选择性差等毛病编制了"晶体管收音机检修和辅助教学系统"程序，收音机发生故障，可向该程序问"诊"。高三(2)班董宇澄到市百十店文具柜作了销售、利润、进货等专项调查，编制了受商店柜组欢迎的"商品管理及销售预测"程序。有的学生还和上海空调机厂一起编制了"工厂工资单处理"程序，使这个一千多人的工厂一次工资处理从原来七天缩短到一二天。

特别是该校学生蔡浩设计的"乒乓球竞赛电脑抽签"程序，更引人注目。高一(1)班蔡浩听说乒乓比赛抽签过程十分烦琐复杂，在学校支持下，选定了这一课题。小蔡花了三个多星期时间阅读了《乒乓竞赛法研究》一书。他和指导老师周柏生等一起走访了市体委、市乒乓球协会以及二十多位国际、国家级裁判，向他们请教了有关乒乓比赛方面的各种问题，经过近半年多时间的资料搜集、上机调试、检验，这个有六十六个扇区、五百句语言的"乒乓球竞赛电脑抽签"程序，经过一百多次运行，终于设计编制成功。市体委、市乒协在7月20日和10月11日两次邀请二十余名有临场经验的国际、国家级裁判前来鉴定并获得通过。原来一次重大的乒乓比赛，光抽签需要七八个小时，现在利用这一程序只要3分钟左右，还能处理抽签中出现的多种复杂情况。（通讯员 卫永成　记者 庄玉兴）

《解放日报》1984年10月16日

全国数学竞赛（上海赛区）揭晓

　　【本报讯】"一九八四年全国省、市、自治区联合数学竞赛"（上海赛区）优秀名次已经揭晓。获一等奖的3位学生是：格致中学李群（女）、上海中学朱伟星和复旦附中姚军。这次竞赛共评出了52名优胜者。（袁惠松）

《文汇报》1984年12月12日

1985 年

我们需要丰富多彩、健康的精神食粮——六届人大三次会议侧记

"必须在加强物质文明建设的同时,大力加强社会主义精神文明的建设。"今天,大会通过的决议中这句简洁有力的话,表达了代表们的心愿。不少代表兴奋地说,在庄严的人代会上作出这样的决定,太重要了。

(中略)

上海格致中学校长高润华说:"文艺舞台应百花齐放,不能一花独放。现在舞台上、电视里盛行现代舞和流行歌曲。春节前,一场专门慰问教师的演出中,竟没有一支民歌和民族舞蹈。"有些代表指出:思想战线和其他战线一样,切忌从一个极端到另一个极端,要么干巴巴讲空道理,要么只讲趣味性;要么把什么都说成是资产阶级的,要么把什么都说成是无产阶级的。事物总要有分析,我们是社会主义国家,应该有自己的艺术风格和发展道路,应该坚持为人民服务,为社会主义服务。

(中略)

思想阵地没有空白,关键在于用什么思想加以引导。高润华代表兴致勃勃地向记者谈起格致中学前年进行理想教育的情况:乌兰夫同志在全国青联、学联会上作了一个关于爱国主义教育的重要报告,他们认真组织学生进行学习;还配合一些形象化的教育,组织学生观看影片《青春万岁》《火烧圆明园》,读小说《青春之歌》等,还举行了一系列生动活泼的主题会,如《飞翔吧,理想》《青春的火花》等等。有些学生原来奉行"以我为中心,以上海为半径"的原则,没有远大理想,缺乏学习的动力,经过理想教育的学习,胸襟开阔,视野远大了。他们说:"要学建国之才,更要有爱国之心、报国之志,这样才不会把自己所学到的知识,当成向祖国讨价还价的资本。"那一届高中毕业生有百分之十三都报考了重点或外地大学。高润华说:"邓小平同志已经指出,一靠理想、二靠纪律才能团结起来。我们学校一定要大力抓理想教育,要像小平同志所要求的那样:让我们的孩子们知道,我们是坚持社会主义和共产主义的,一定要树立共产主义的远大理想。"

党发出了号召,国家做出了决定,一定会有丰富多彩而又健康的精神产品奉献给人民的,因为这是关系到下一代下两代的极为重要的问题啊。(本报驻京记者张默)

《解放日报》1985 年 4 月 11 日

黄浦区表彰先进教师

【本报讯】昨晚,黄浦区举行区先进教育工作者表彰大会暨联欢会。谢丽娟副市长代表市府向教师们致以节日的祝贺。

会前,谢丽娟高兴地看到了三十多年前在格致中学教她的数学老师黄松年和班主任周文川,并向这两位老教师问候。她还问黄松年老师身体怎么样,烟抽不抽?师生回忆往事,不由笑了起来。

《解放日报》1985 年 9 月 9 日

本市各界尊师重教争做好事　许多单位纷纷召开庆祝会慰问教师

【本报讯】全国首届教师节,使全市沉浸在欢乐之中。连日来,本市各界尊师重教,纷纷开庆祝会,慰问教师,积极为教师服务。

各大专院校、各中专学校和各区、县教育系统都举行了集会,开展各种庆祝活动。复旦大学等单位都召开大会,表彰先进教师,给执教逾30年的老教师颁发荣誉证书。市政协、市妇联、团市委以及各民主党派,各区、县、局都集会,慰问教师,或召开茶话会和园丁与桃李恳谈会,表达各界人民对教师的敬意。

教师节当天,市委常委陈铁迪和副市长谢丽娟分别回到自己的母校上海市第一中学和上海市格致中学,与师生共庆佳节。

在欢庆教师节的日子里,各行各业都争为教师做好事,为鼓励先进,改善教师工作条件和生活条件,川沙县、虹口区设立了园丁奖;卢湾区拨出 70 万元改善学校设备和教师工作条件,从今年开始每年拨款五万元设教师知识更新奖;杨浦区 450 户教师在教师节前搬进了新居;闸北区今年上半年已有 181 套教工新住宅分到各校,33 所小学兴建食堂,解决了教工吃饭难。昨天晚上,华东师大 100 多位教师分到了新住房。(记者王宝娣)

《文汇报》1985 年 9 月 11 日

从"兴趣小组"到"天文协会"——记格致中学的一群哈雷彗星迷

格致中学天文协会的同学们,9 日晚上在本市最先观察到了哈雷彗星。消息传出,熟悉他们的人都说,这是他们努力的结果。市天文台长叶叔华称他们是"未来的天文学家,中国发展宇宙事业的希望"。

获奖后将去海南岛

这所学校的天文协会在六年前,还不过是几个人的兴趣小组,可如今这里已汇集着四十多位天文爱好者,会长、秘书长等职都由学生担任。活动时的天文知识课,都由高年级同学来上。在参加市、区组织的历次竞赛中取得了较好的成绩,今年在参加哈雷彗星天文知识竞赛活动中,一、二等奖获得者总共只有 11 人,他们占了 6 人。协会成员叶谋立、邵正义分别夺得了第一和第三名,明年 4 月他们将代表上海市青少年前往海南岛观看哈雷彗星。

通宵达旦等候稀客

他们是幸运的,遇上了哈雷彗星的来临。为了尽早观察到它的行踪,同学们索性把铺盖拿到学校来通宵达旦地轮流值班,于是提前几天观察到哈雷彗星轨道上的猎户座流星雨。

有好几天,遇上天下雨,他们就移到室内,待雨停又出去。流星雨的观察人须仰卧在地上,于是他们就在积水的地上铺张旧黑板,一躺下便是几个小时。

消除了家长的顾虑

天文协会中有些同学的家长担心孩子参加天文活动,影响学业。这些小天文迷却个个以优良的学习成绩,消除了家长的顾虑。目前,学校天文协会正积极准备把观察到的有关情况上报有关部门。并将邀请更多的同伴来与这位远道而来的"稀客"见见面。
(鞠敏)

《新民晚报》1985年11月24日

1986年

哈雷彗星小别后又临浦江　后观测期开始亮度明显增强

【本报讯】日前,格致中学天文协会已发现哈雷彗星与本市小别之后,又悄然出现在本市上空。

格致中学的郑劲松、陈鸿、仲霄三位学生,在地理教师向学禹的带领下,7日凌晨4时带着宝葫芦望远镜,爬上教学大楼房顶进行观测。5点08分,在摩羯座西格马星右上方半度左右的地方发现了哈雷彗星。此时彗星位于赤经20时15分,赤纬负18度30分,形状比前期观测又长了些,似乎呈近椭圆状,上方边缘不整齐,但彗尾依然难以看清。虽说仍是一团模糊的光斑,但头部极亮。与前期观测明显的不同之处,这次彗星特别亮,估计已属四等星。

这一发现,标志着哈雷彗星后观测期的开始,据悉,4月份是哈雷彗星最佳观测期,届时各地天文爱好者将纷纷云集南方。上海市青少年哈雷彗星观测队日后也将分期分批地前往广西北海及海南岛参加观测活动。(鞠敏)

《新民晚报》1986年3月12日

人大代表、政协委员讨论义务教育法　对我国教育事业的大发展寄予希望

【本报讯】义务教育法草案的提出,在人大代表和政协委员中引起热烈讨论。

(中略)

稳定教师队伍是普及义务教育的保证

人大代表、上海格致中学校长、特级教师高润华说,近年来中、小学教师的社会地位有所提高,教师队伍相对比较稳定,但仍然存在着许多不稳定因素。例如师范生不愿当教师;有些师范院校办学思想不正确,心思不放在培养中学师资上,而是向综合大学看齐,在分配上,大批师范生被截留,不能确保中、小学的需求;中学教师向大学倒流的现象还时有发生;各行业到中学挖骨干教师的情况依然普遍存在,必须设法消除这些隐患。

(后略)(李树喜　程亦军　翟惠生)

《光明日报》1986年4月6日

两百中学生获数学竞赛奖

【本报讯】本市两百名中学生在今年举行的四项数学竞赛中得奖,其中格致中学陆春勇、五十一中学夏立群荣获第三十七届美国中学生数学竞赛一等奖；大同中学张浩、上海中学丘隆东、向明中学吴思皓、光明中学郭峰获得第四届美国数学邀请赛特等奖；华东师大二附中李劲、育才中学张亦皓在全国初中数学联赛中荣获第一名；育才中学王巍在上海市数学竞赛中获一等奖。有关方面目前已分别给两百名中学生授奖。上海大同中学张浩6月底将代表我国中学生首次正式参加第二十七届国际数学奥林匹克比赛。（薛福田）

《文汇报》1986年6月24日

课内——教学内容少而精，注重发展学生智力　课外——建立学科小组，培养解决问题能力　格致中学形成双轨同步教学体系　已有两百余名学生在国内外竞赛中获奖

【本报讯】上海市格致中学初步形成课内外双轨同步新型教学体系，大面积提高教育质量，目前已先后有两百余名学生在美国中学生奥林匹克数学竞赛、全国天文知识、数学、物理、计算机、外语等竞赛中获奖，还有一批学生在全国各地报刊发表自然科学论文和作品。

这所学校的领导感到现行的教学内容、方法与充分发展学生的个性、特长、能力存在尖锐矛盾。为了解决这个矛盾，该校在课堂教学中加强学生的基础知识教学，注重发展智力，实行教学时间少、教学内容精、教学方法活的原则。他们积极开展教学科研，用科研指导教改，全校进行了15个课题研究，如"如何培养学生能力"、"作文教学中自改能力的培养"、"如何提前引进参数教学"等。在改革教学内容时，稳步引进"新概念英语"、徐方瞿平面几何等新教材。学校还在初一年级进行教学方法改革综合试验，教学内容力争在课堂上消化、理解、记忆，在考试方法上采取口试与笔试、开卷与闭卷、动笔与动手相结合的做法，取得明显效果，初一学生大部分在晚上8点左右就能休息，学习负担大大减轻。

该校充分挖掘潜力，积极开展课外教学，建立各种学科小组，以让学生获取更多的信息，培养分析、解决问题的能力。到目前为止，全校有39个学科、科技小组，初一到高二都安排了劳动技术课，并开设了"数论"、"中国古典文学史"、"科技英语"、"化学分析"、古典音乐欣赏等15门选修课。每个学生必须选修一门，凡不参加选修课的学生不得参加评选奖学金。这一系列活动获得了可喜成果，例如学生童非设计的"不用汉卡中文学生成绩管理"程序已被上海教学仪器设备公司制成软件。（通讯员卫歆煜）

《文汇报》1986年7月5日

1987 年

江泽民邀请人大上海代表在京亲切座谈　听取意见建议　做好上海工作

【本报北京 4 月 6 日专电】今天上午，江泽民市长利用会议间隙，邀请出席全国人大的部分上海代表座谈，听取他们对上海工作的意见，共商怎样把上海的工作做得更好。

大家你一言我一语地议论开了。格致中学校长、特级教师高润华首先发言，反映了中等教育中存在的困难和问题。江泽民对此表示理解。他说，教育工作确实很重要，对上海来说尤其重要。全国各条战线压缩空气，教育要从实际出发，总得有所区别。

袁雪芬接着建议：通过各种途径筹集资金，加强各区文化、科学设施的建设，以利青少年的健康成长。江泽民说：青少年教育，学校要抓，家庭要抓，社会各方面都要抓。只有这样，才能促使他们健康地成长。

上海社会科学院副院长张仲礼等提出：解决上海城市交通问题，既要搞基础建设，又要加强管理，建立良好的行车秩序和行人秩序。江泽民表示赞同，认为应当远近结合。在近期要狠抓管理，加强宣传教育，使广大市民自觉遵守、维护交通秩序，大力挖掘现有道路潜力，决不允许随便挤占马路。他还说，看来，夜间货物运输势在必行，但如何实施要很好研究。

当有的同志批评市政府办事效率不高时，江泽民表示：市政府机关确实应该进一步提高效率，需要从工作方法、思想作风、规章制度等各方面加以解决。

代表们还就发扬艰苦奋斗、勤俭节约精神、城市建设、人民生活、行政区划等提出了许多意见。针对大家提出的问题，江泽民向与会者介绍了有关情况，提出了自己的看法和已有的打算。亲切友好的讨论，密切了上下之间的联系，增进了彼此之间的谅解。（驻京记者狄建荣）

《解放日报》1987 年 4 月 7 日

格致中学学生广泛开展社会调查

【本报讯】"社会调查使我们看到四化的光明前途，明确了自己肩负的历史重任。"这是上海市格致中学学生在最近举行的社会调查报告交流会上说出的共同体会。

该校组织学生参加社会调查和实践，并把它作为考核学生思想与能力的重要内容。除政治课教学规定学生要作专题社会调查外，今年寒假期间，全校从初一到高三的 20 多个班级 400 多名学生，到农村、工厂、科研单位、机关、集市贸易、建设工地等 78 个单位，与工人、农民、干部、科学家、服务员进行广泛接触,并开展社会调查,写出"改革开放后的新农村"、"经济体制改革后的工厂"、"市场新变化"等百余篇调查报告,累计10多万字。

格致中学学生在河南、江苏、上海等地农村调查中,对改革给祖国带来日新月异的变化有了感性认识和体会。初中年级学生还到上海铁路新客站等建设工地,对市府为上海市民所做的15件实事作了考察,初二(4)班学生就15件实事在黄浦区的实施情况写出了专题报告,并从中受到深刻的教育。(通讯员卫歆煜)

《文汇报》1987年6月16日

校办工厂里飞出"金凤凰"

上海市格致中学量修机械厂办厂以来,年创利润55万元,为学校提供了大量资金,有力地支持了该校教育事业的发展,历年来多次被评为全国和上海市的勤工俭学先进单位。(晓金)

《新民晚报》1987年6月28日

1988 年

格致中学校办工厂创收育人兼顾　学生勤工俭学成绩突出

【本报讯】上海市格致中学的校办厂——量修机械厂创收、育人一起抓,经济效益可观,勤工俭学成绩突出。格致中学1958年创办校办厂,一直坚持到现在,开始生产教学仪器,1979年转产量修机械。该厂生产的千分尺测杆、测砧研磨机,畅销29个省市,在全国计量系统中已小有名气,1980年至1987年创利达291万元。八年中该厂为学校提供资金140余万元,学校用这笔资金建造了语音室、电化教室和计算机房,改善了办学条件,提高了教育质量,还为教工购置了住房。格致中学量修机械厂在抓创收的同时,积极配合学校安排学生参加劳动,如制作计量仪器的包装用品,利用边角料为学校图书馆制作"书立",为学校卫生室试制视力按摩器,最近又开发了适合学生劳动的新型益智玩具"磁性脸谱",首批生产的1万副,已销售了5 000多副。由于落实了劳动项目,去年学生参加劳动的人数占全校学生的68％,预计今年参加勤工俭学的学生可达100％。该校办厂厂长认为,校办厂要坚持贯彻创收和育人的方针,一要有拳头产品,抓好经济效益;二要配备专职人员负责学生劳动教育。该厂设立了勤工俭学教育组,专门考虑开发一些适合学生操作的劳动密集型又有销路的新产品。据了解,这一经验已引起有关部门的重视。(程驰)

《文汇报》1988年11月4日

钢铁战士刘琦与中学生座谈　畅谈对理想、生活和人生价值的看法

【本报讯】昨天下午,钢铁战士刘琦应邀到格致中学与学生座谈理想、生活和人生价值。一位高三学生问:"您顽强生存下来的动力是什么?"刘琦说:"我严重烧伤后,曾一度绝望,然而人的可贵之处是不仅懂得吃和玩,还懂得思维。我虽然失去了生活和工作的能力,但我更想追求正常人的生活和工作,这就是我活下来的动力。"有位同学问刘琦,他对从普通战士变为英雄有何感想。刘琦回答:"一场劫难使我成了英雄,但我从不认为自己是英雄。"有位同学问:"现在你是人们敬仰的英雄,今后如果对你报道少了,人们对你淡忘了,你将怎样想?"刘琦笑笑说:"没关系,我只想对社会有贡献。如果没有贡献,人们自然会把你忘了,如果你继续为社会奉献,人们是不会忘记你的!"刘琦告诉同学,他要争取多写几部书,特别要为5 000万残疾人写作。(王国桢)

《文汇报》1988年11月13日

1988 年

苏步青到上海格致中学参加首届数学周开幕式

【本报讯】全国政协副主席、86高龄的著名数学家苏步青和他的学生、复旦大学教授李大潜昨天上午来到上海市格致中学,参加该校首届数学周开幕式。苏步青和李大潜高兴地和学生们会面。苏老得知这些同学数学成绩十分优秀,很高兴。他勉励学生:"文理科都不可偏废,要均衡发展。作为一个中国人,不仅要有数学特长,更要热爱中国文化。"(通讯员卫歆煜)

《文汇报》1988年11月23日

1989 年

振奋民族精神　共图兴国兴邦——"两会"前夕访部分代表和委员

　　北京,在平稳、有序的气氛中,迎接七届全国人大和政协二次会议的召开。今年的"两会"是在贯彻执行中央关于治理整顿、深化改革的方针,努力克服暂时困难的情况下召开的。"两会"如何开,怎样开好? 陆续到京的代表、委员们在思考,群众也十分关心。

　　尽管社会各界评说不一,对"两会"的期望也有所不同,但从记者与已在京的一些代表、委员接触中感受到一个共识:全国人民对"两会",对"两会"代表、委员们寄予厚望,期望"两会"能进一步动员全国人民振奋精神,增强信心,一心一意,同心同德地去克服困难,完成治理整顿的任务,取得深化改革的新成果。

　　中国的改革刚跨过第十个年头,所取得的成就不仅为世界瞩目,国人也深有感受。中国已向现代化、民主化的进程迈出了坚实而又可喜的步伐,但伴随改革过程出现的各种矛盾和困难也逐渐暴露出来。

　　摆在"两会"代表、委员面前的是怎样对待这些矛盾和困难? 北京人大代表、著名作家杨沫认为,目前群众对通货膨胀、物价上涨、腐败现象等牢骚很多,这是可以理解的,因为大家关心治理整顿,希望把国家建设好。人民代表是群众与政府间的桥梁,群众的牢骚话要听,要反映,但更重要的是应尽自己的力量,实事求是的出主意,想办法,多提建设性意见。上海社会科学院院长张仲礼代表说,"两会"开得怎样,对全国民心士气会产生较大影响。我们要看到改革十年来国家取得的成就,也应看到解决眼下困难和矛盾的复杂性、艰巨性。他认为现在开"两会"可说是个好机会,大家坐下来充分估计形势,分析问题,献计献策,找出解决问题的办法。全国政协委员、北京经济学院教授罗元铮表示,古人有句话,叫"多难兴邦"。困难也可以转化为一种促进力量。从目前情况看,尽管还不尽如人意,但治理整顿确实已取得了初步成效,没有理由悲观失望。

　　肩负着广大选民重任的代表、委员有许多话要在"两会"期间表达。上海市格致中学校长高润华代表说,下了飞机就看到赵紫阳复信费孝通,欢迎有识之士与中央一道把教育搞好的报道,感到鼓舞。今年是教育年,广大教师对今年的"两会"相当关心。中央同志说宁愿其他方面放慢些速度也要把教育搞上去,大家相当振奋。振兴教育要有具体措施,仅教育部门重视是不够的,全社会都应关心。希望李鹏总理在今年的政府工作报告中对教育问题能谈得具体些。上海宝山钢铁总厂副厂长王佩洲代表说,今年头几个月,钢铁生产情况不太理想,我们决心在今后几个月鼓足干劲,把生产抓好。企业目前迫切希望通过治理整顿,有个良好的经济环境。国家在经济上碰到了一些困难,我们企业要为国家分忧解难,大家振奋精神,共渡难关。上海越剧院名誉院长袁雪芬代表认为,农业问题举足轻重,不可再忽视了。"民以食为天",中国的农业不是一事一时的事情,10亿人口的大国,无农不稳。

看来,会议还没有正式开始,一个团结和谐、大家出主意想办法的气氛,已开始在代表、委员中形成。(驻京记者赵斌、王捷南)

《文汇报》1989年3月19日

语文

格致中学是一所历史悠久的名牌中学,她不久就要举行150周年的校庆了。我的朋友中有在这所中学受业过的,至今谈起来犹觉不胜荣耀之至。好像比我们这些只能读读普通中学的人高了一筹。

格致中学以数学闻名,但最近也抓了语文教学,特为此举行一个语文周。在开幕那天,把我拉去助兴,还要讲两句。当然,预先我是作了准备的,但到现场一了解情况,发觉想好的话有很多不适用,只好临时即兴发挥,难免乱七八糟,不成体统了。

更使我感到惭愧的是:对于正规的语文法则,我其实说不出个所以然来,这要怪我年轻时不用功。现在看一篇文章,是好用还是不好用,是通顺还是不通顺,也只是凭多年做编辑工作的心得,凭一点在这方面的朦胧的理解。自己写的东西呢,也自以为念得下去了。可是请语文学家来批改一下,肯定会指出其中的许多谬误。有人说,写文章如果死扣语文的条条框框,这文章也就没有什么意趣了。话也说得是。但大体的规范还是要遵守的。对于正在成长的中学生,还是要求他们把基础打得扎实一点为好,这会使他们将来感到受用不尽。

说心里话,我见到长于理科、工科的人,尤其是成了专家、学者以后,不由自主地就会肃然起敬,总觉得干他们那一行才是硬碰硬的真本事,真正为社会创造财富的也是他们。

但是,社会财富创造出来了,怎样才能发挥它应有的效用,真正有利于国计民生呢?怎样才能免于掠夺、侵占、盗窃、糟蹋、浪费、废弃呢?这就需要科学家们分出一点心思来观察社会、了解社会、干预社会。遇有使人感奋的事情,歌颂之;遇有使人愤慨的事情,鞭挞之,或用口,或用笔,口诛笔伐,警世策顽,这在中外古今老一辈的科学家中,常常是不乏其例的。老一辈的科学家也常常向我们介绍他们年轻时,重视学好语文的经验体会,并不仅仅是为了掌握一种表达的工具,同时也是一种感情的需要。

——不管学什么东西,首先都要与之建立感情。

人的一生,喜悦是暂时的,懊悔则是经常的。我不晓得别人怎样,但我自己就老是处于这种心态之中。

我也懊悔我的中学时代,思想混乱,该学的东西(包括语文)没有学好。后来再补习,毕竟打折扣了。(秦绿枝)

《新民晚报》1989年3月19日

李鹏总理在上海代表团

3月23日下午,李鹏总理率领国务委员李贵鲜、国务院秘书长罗干、能源部长黄毅诚、国家计委副主任叶青来到上海代表团驻地,听取代表们对政府工作报告的意见。

上海代表团团长叶公琦一宣布会议开始,代表们争相发言。女代表、格致中学校长高润华首先争得了发言权。她说:政府工作报告中专门有一节谈在治理整顿中确保科技教育的发展,令人兴奋,表明政府对教育工作的重视。她就教育经费、学生思想政治教育等问题,发表了意见。紧跟着,钱伯城、王治钢、张仲礼、王佩洲、吴慧芳、梅寿椿、陈祥麟、郑霖孙、张燕、徐明官等代表纷纷发言。他们都对政府工作报告的坦率、诚恳、实事求是感到满意,赞成一心一意进行治理、整顿。在对政府工作存在的缺点和失误进行善意批评的同时,还就发展和保护民族工业、发挥大中型企业的骨干作用、调动工人生产积极性、能源、原材料、资金问题、发展农业生产、土地等问题提出积极的建议。

李鹏总理认真地听取代表们的发言,不时进行记录、询问和插话。

当张燕代表谈到我国技术落后,1.6亿多头羊,仅能出产羊毛18万吨,而澳大利亚同样数量的羊却能出产羊毛80万吨时,李鹏总理插话说:我刚从澳大利亚回来,看到了他们那里的大草原,他们施用化肥,牧草产量高。

李鹏总理还关切地问张燕:"你们上海郊区农业有没有搞规模经营?"

"有"。张燕爽快地回答:"我们正在嘉定试点。去年搞了2.7万亩的商品粮田,到今年年底将计划搞到4万亩。"她接着就把上海市南汇县彭镇乡"海源"家庭农场场长徐明官介绍给李鹏总理,说:"他搞的就是规模经营。"

面孔黑里透红的徐明官代表高兴地述说他们一家三口人,种了107亩田,养了几百头猪,去年全家获得二万多元收入的好效益。说着说着,他诉起苦来:"拖拉机给个人承包,收费高。谁承包,谁发财。农业成本高了,我们种田人负担重。"

"谁承包拖拉机,谁发财。"李鹏总理似乎在思索着,重复了一遍他的话。

李鹏总理还就代表们提到的问题谈了自己的看法。

陈祥麟代表谈到治理整顿虽然已经收到效果,但仍然形势严峻。对此,李鹏总理说,治理整顿半年来,已取得初步成效,但不能估计过高。有些问题还没有从根本上得到解决,还隐藏着一些矛盾。治理整顿需要付出代价,是一项非常复杂与艰苦的任务,不是短时间内可以完成的。国务院和各级政府要不折不扣地贯彻落实中央有关政策措施,兢兢业业做好工作,遇事同群众商量,倾听群众意见和呼声,注意及时发现问题,解决问题。

张仲礼、吴慧芳等代表都谈到物价上涨幅度过大,影响群众思想情绪。对物价问题,李鹏指出,确保今年物价上涨幅度明显低于去年,是今年政府工作重要的奋斗目标。管好物价是中央、地方政府、企业和商业部门的共同责任,要靠社会各方面共同努力,并实行有效的群众监督。李鹏还强调说,蔬菜、副食品供应关系到千家万户,城市蔬菜与副食品的价格稳定是很重要的。各级政府都应抓好"菜园子"、"菜篮子"。上海用"菜园子"来保"菜篮子"就搞得不错。

在谈到如何缓解当前资金困难的状况时,李鹏说,一个重要方面是,要发扬爱国主义精神,提倡储蓄,这样既利国又利民。

李鹏总理强调,治理整顿中尽管采用了一些应急的行政手段,但这是为了经济健康发展,决不会回到过去过度集中、管得过多过死的老路上去。他说,我们正在探索建立适合中国国情的社会主义有计划商品经济宏观调控体系,探索社会主义公有制的有效形式。我们讲社会主义,有两条必须坚持,一是公有制为主体的多种经济成分,二是以按劳分配为主体的多种分配形式。

李鹏总理感谢上海人民对本届政府工作的支持,感谢大家对政府工作说了肯定的话,感谢大家对政府工作和报告提出批评和建议。

能源部长黄毅诚、国务委员李贵鲜、国家计委副主任叶青在会上向代表们介绍了能源供应、货币发行和当前经济形势。(本报驻京记者张默、狄建荣)

《解放日报》1989年3月24日

上海代表热烈发言议国是　李鹏总理认真倾听谈大计——上海代表与李鹏一起讨论政府工作报告侧记

上海代表团的代表们,今天下午早早来到讨论会场。3时整,穿着一身灰色中山装的李鹏总理,在朱镕基市长和叶公琦主任陪同下,准时来到会场。代表们以热烈掌声欢迎李鹏总理。

就座以后,主持会议的叶公琦代表说:"我们今天非常高兴,李鹏总理亲自来听取上海代表的意见。希望大家各抒己见,畅所欲言。"他还向代表们一一介绍了随同李鹏总理一起来的李贵鲜、罗干、黄毅诚、叶青等同志。荣毅仁代表风趣地插话说:"今天是管钱、管物的都来了。"代表们笑了起来。这时,李鹏总理从衣服口袋里掏出大笔记本摊在桌上,开始听取代表们发言。

好几位代表举手要求发言。上海格致中学校长高润华代表抢到了"头筹"。她就义务教育法、青少年保护法、加强中小学德育教育以及增加教育经费等问题谈了看法。她呼吁政府要重视新的"读书无用论"的泛起和精神文明建设的"滑坡"。李鹏总理边听边在日记本上记着。

上海古籍出版社总编辑钱伯城代表接着发言。他充分肯定了政府工作报告,对报告中谈到的私有化问题提出一些看法,认为私有化不是资本主义的"专利",要允许在理论上探讨。讨论气氛越来越热烈,代表们发言争先恐后,以至主持会议的叶公琦代表不得不要求大家"排队"发言。

上海市计委主任陈祥麟代表谈了近几年上海市经济改革的成就,也列举了存在的问题。王治钢、张仲礼、王佩洲、吴慧芳、梅寿椿代表也分别就保护民族工业、解决能源紧张、资金短缺、加强工人队伍建设等问题谈了自己的意见。他们都认为李鹏总理的报告实事求是,对成绩和问题分析得让人信服,令人振奋。

在张燕代表就农业问题发表意见时,李鹏总理问:"你们上海有没有搞土地规模经营?"张燕介绍了上海的土地规模经营情况后,指着坐在李鹏总理身后的上海南汇县彭镇乡"海源"家庭农场场长徐明官说:"他就是搞规模经营的。"

李鹏总理感兴趣地转过身问徐明官:"你经营多少亩?"徐明官回答:"107亩,三个人。"李鹏总理用上海话说:"三个人经营不容易呀。"他接着说:"看来粮食收购价格的调整,对从事土地规模经营的农民还是比较起作用的。实行规模经营,有利于提高效益。"

接着李鹏总理关切地问上海的猪肉自给率是多少。他说,现在我国人均大概每年消费46斤猪肉,你们上海是多少?张燕答,上海人平均消费60斤左右。

能源部长黄毅诚、中国人民银行行长李贵鲜、国家计委副主任叶青分别就能源、资金、今年头三个月的经济形势等问题向代表们作了介绍。

这时已是下午5时半了,许多代表还想发言,但大家更希望听听李鹏总理的讲话。

李鹏总理最后发言,他首先感谢上海人民一年来对政府工作的支持,感谢代表们在发言中对政府工作报告的肯定,更感谢大家对报告提出的宝贵的意见、建议和批评。

李鹏说,治理整顿半年来,已取得初步成效,但不能估计过高。有些问题还没有从根本上得到解决,还隐藏着一些矛盾。治理整顿需要付出代价,是一项非常复杂与艰苦的任务,不是短时间内可以完成的。李鹏说,国务院和各级政府要不折不扣地贯彻落实中央有关政策措施,兢兢业业做好工作,遇事同群众商量,倾听群众意见和呼声,注意及时发现问题,解决问题。

在谈到物价问题时,李鹏指出,确保今年物价上涨幅度明显低于去年,是今年政府工作重要的奋斗目标。

他说,管好物价是中央、地方政府、企业和商业部门的共同责任,要靠社会各方面共同努力,并实行有效的群众监督。

李鹏还强调说,蔬菜、副食品供应关系到千家万户,城市蔬菜与副食品的价格稳定是很重要的。各级政府都应抓好"菜园子"、"菜篮子"。

在谈到如何缓解当前资金困难的状况时,李鹏说,一个重要方面是,要发扬爱国主义精神,提倡储蓄,这样既利国又利民。

李鹏总理强调,治理整顿中尽管采用了一些应急的行政手段,但这是为了经济健康发展,决不会回到过去过度集中、管得过多过死的老路上去。

他说,我们正在探索建立适合中国国情的社会主义有计划商品经济宏观调控体系,探索社会主义公有制的有效形式。我们讲社会主义,有两条必须坚持,一是公有制为主体的多种经济成分,二是以按劳分配为主体的多种分配形式。(驻京记者赵斌、王捷南)

《文汇报》1989年3月24日

欲罢不能　意犹未尽——记上海代表团审议政府工作报告的最后一天

8月27日,七届人大二次会议审议政府工作报告最后一天。时针指向17点半。上海代表团联组会议主持人张仲礼宣布:会议结束时间到了。

话音刚落,代表们反对声四起:"我还有一个问题。""我还有一句话。"顷刻间,列席会议的经贸部部长郑拓彬、国家教委副主任朱开轩处于代表们连珠炮式的问询包围之中。

蔡娅娜(吴泾化工厂总工程师):"我请问郑部长,对重复引进、超需要引进,经贸部有没有管?"

郑拓彬:"经贸部、国家计委都要管,已有明确的规定。"

蔡娅娜:"谁来检查?有了规定不执行等于零。"

郑拓彬:"经贸部要检查。"

吴慧芳(金山石化总厂工会副主席):"对教师搞'第二职业'、'创收',国家教委有何评价?"

朱开轩:"我管高校,中小学情况不清楚。"

吴慧芳:"你分管哪方面,就回答哪方面。"

朱开轩:"高校教师主要精力要集中教学,有富余力量可以搞'有偿服务',也可以兼职。"

高润华(格致中学校长)插话:"我们认为'第二职业'是不利于教学的。"

朱开轩:"对不起,我没有提'第二职业',是有意避开这样的提法。"(众笑)

问题一个比一个尖锐。会议主持人张仲礼怕部长们招架不住,再次宣布休会。但是复旦大学教授徐鹏已经抢过话筒:"我再说一句:大学教师职称有'全国粮票'、'地方粮票',还有'食堂饭票',教委什么态度?"见政府官员还热心回答,主持人张仲礼也趁机塞了一个问题:"经贸部如何改变引进项目层次低的状况?"

时间过了18点,代表们不得不"休战"、有人还"意犹未尽",又拽住国家教委负责人继续询问、切磋……(新华社记者吴士深、李志勇)

《文汇报》1989年3月29日

格致中学乐育英才——教改取得可喜成果　学生特长得到发展

【本报讯】格致中学教学改革取得可喜成果,学校已初步形成了一个课内与课外双轨同步的教学模式,学生在学习基础知识的同时,动手能力得到培养,个性特长得到发展。五年来,这个学校先后有900余人次的学生分别在国际和全国、市级的数学、物理、力学、天文、计算机、外语等学科竞赛中获奖;先后有100余人次的学生分别在全国各种报刊上发表了数学、哲学等方面的论文和作品。这个学校在课堂教学中实行"教学时间少、教学内容精、教学方法活"的原则。学校还在初中预备班进行全面综合试验,结果85％以上学生通过一年学习达到初中一年级水平。今天是格致中学建校115周年。在此前夕,学校收到了江泽民同志"乐育英才"的亲笔题词。(通讯员卫永成)

《解放日报》1989年7月15日

格致中学以光荣校史为教材　引导学生增强时代责任感

【本报讯】上海市格致中学运用本校革命斗争历史,对学生进行坚持四项基本原则和爱国主义教育,增强了学生的时代责任感。同学们表示,我们新一代青少年要像老校友那样爱党爱国,追求真理,奋发向上。

格致中学数以千计的校友曾在抗日救亡、解放上海的斗争中,参加各种活动,为党为国建立了功勋。学校组织师生开展校史调查,访问在本市科技、教育、公安、文艺、卫生等各条战线及外地工作的数百名校友,编写了校史,举办了校史展览。以30年代校友、国务院副总理吴学谦为名誉会长的格致中学校友会成立了校友讲师团,向同学们介绍他们当年同日本帝国主义和国民党反动派作斗争的情景,有的校友还到班级与同学座谈、对话。

格致中学举行了"发扬格致的光荣革命斗争传统,做党的好儿女"主题班会、队会和征文活动。在该校的艺术节中,同学们用诗歌、散文等形式表达了学习校史的感想。该校坚持引导学生进行社会服务、社会考察和社会实践,许多学生到农村参加农业劳动,到部队进行军事训练,到厂矿企业进行社会调查,写出了数十万字的有关改革的典型调查报告。(卫永成)

《文汇报》1989 年 7 月 15 日

格物致知　求实求是——格致中学课余生活剪影

百年老校格致中学以"格物致知,求实求是"闻名于世,在她 115 周年校庆之际,我们摄取了几个学生课余生活的小镜头来反映这所学校是怎样教书育人的。

走进格致校门,你会发现自己置身于一个信息窗口的世界,各年级、各班在墙报、园地和刊物上设立了科技之窗、数学之窗、历史之窗、世界之窗……总数超过 30。据统计,全校课余兴趣小组有 40 多个,参加的人次是全校学生总数的 110%。

格致中学还有一个料天如神的气象小组,每天发布气象预报。学校召开运动会,除听广播外,还要请教这几位小专家。一次,学校决定周六开运动会,有关气象预报说有时有雨,但什么时候下雨呢?气象小组的同学测定傍晚 5 点前不会有雨。校长依计而行,果然运动会结束之后的晚上 6 点才下雨。

像这样学生把知识扩大运用到生活中去的故事在格致中学非常多,每个学生在正常的课程外,还可以选修声乐欣赏、花卉盆景等 20 多门"闲课"。

格致中学在提高学生能力的同时,一点没有放松德育教育,在闹市区的车站、码头、天桥、图书馆、影剧院,格致中学学生设立了 26 个青年服务固定点。下课之后,学生们清洗车辆,修补图书,为孤老送米送煤送去一片温暖。这支学生服务队被评为市优秀服务队。学生们在服务中陶冶了情操,提高了思想,一大批学生加入共青团,还有 4 名中学生入了党。(本报通讯员卫永成　本报记者瞿鹭)

《新民晚报》1989 年 7 月 26 日

1990 年

稳定,压倒一切——江泽民与上海代表共商国是纪实

今天,北京春雨潇潇。七届全国人大三次会议上海代表团会场荡漾着浓浓春意。

上午 8 时 50 分,中共中央总书记江泽民作为上海代表团代表来到会场,拱手向大家致意。他刚一落座,代表们便拥上去,递过一张张人大会议纪念封:"请老市长、老书记签名。"江泽民一一接受,一连签了二十多个。代表们高兴地发出一片笑声。

在亲切、热烈的气氛中,上海格致中学校长高润华代表率先"抢"过话筒发言:经过去年的政治风波,教育工作者对邓小平同志关于十年最大的失误是在教育方面发展不够的论断有了深刻认识。现在正如政府工作报告所说,重要的是加强国情教育、爱国主义教育,并在全社会造成良好的舆论和文化环境,培养德才兼备的接班人。(后略)(新华社记者吴士深、陈新)

《光明日报》1990 年 3 月 24 日

江泽民昨与上海代表共商国是　希望能很好地稳定住局势　千方百计把国内的事情办好

【本报北京 3 月 23 日专电】今天上午,上海代表团举行第一次全团会议,继续审议李鹏总理的政府工作报告。8 点 50 分,中共中央总书记、上海代表团代表江泽民在叶公琦、朱镕基代表陪同下来到会场,早已等候的上海代表们以热烈的掌声表示欢迎。

江泽民拱手频频向代表回礼,他走到梅寿椿代表面前,一边握手一边关切地问:"怎么样,今年纺织行业日子好过吗?"他转身看到苏步青代表,立刻上去握手问候,并对苏老说:"你的身体真好。"

与代表们合影之后,主持会议的叶公琦代表说:"今天很高兴,泽民同志来和我们一起讨论。泽民同志今天是以三重身份来参加会议的,首先他是上海人民选出的代表,今天是来履行代表职责的;他又是上海的老领导,今天来和大家共叙友谊;他现在又是中共中央总书记,今天也是来听取人民代表意见的。"这时江泽民从口袋中掏出一个大笔记本摊在桌上,开始听取代表发言。

上海格致中学校长高润华代表再次夺得发言"头筹"。去年她在人代会上发言,批评了精神文明建设的"滑坡",今年她欣喜地看到了思想政治战线和精神文明建设出现了明显的转机,行之有效的思想工作得到了恢复,社会风气有了明显好转。但是对"出国热"

已波及中学,她表示了忧虑。

荣获一号议案"四连冠"称号的张仲礼代表接着发言,他在认真分析了出现"市场疲软"的原因后,有针对性地提了四条建议。同时,他再次呼吁党和政府要重视社会科学研究,当前,尤其要加强对马列主义理论的研究。气氛越来越热烈,代表们争先发言,江泽民不时在笔记本上作记录。

王治钢代表就经济结构、产业结构、产品结构的调整提出了自己的建议;哈宝信代表就加强民族团结、重视民族教育等问题谈了自己的看法。张元震代表则希望政府要从政策上给予国产工业品以保护。梅寿椿、吴慧芳、张友隽、陈德明、张敏等代表分别结合实际说了审议政府工作报告的意见。郑霖孙、王佩洲代表关于解决资金拖欠、三角债问题的发言,引起江泽民很大兴趣,他几次插话询问有关情况,并希望代表们认真分析一下造成资金拖欠的症结究竟在哪里?从而帮助政府来解决这个问题。

谷超豪代表关于要重视人才外流问题的发言,再次引起江泽民的重视。他接过话题指出,这确实是一个必须重视的大问题,他提请代表们共同来思考:为什么50年代初,许多著名科学家放弃国外优厚待遇,远涉重洋回到祖国,把学识献给祖国的建设事业,而现在一些学生却出国不归?

时间很快过去了,虽然许多代表还想发言,但大家更想听听江泽民同志的意见。

江泽民说,国际国内的经验都说明,没有一个稳定的政治环境,没有一个安定团结的局面,要想把经济搞上去,不管在任何一个制度里面,都是不可能的。在全党全国人民的共同努力下,我们国家的局势越来越稳定,而只有稳定,我们所面临的若干经济问题才能得到解决。归根结底,我还是要说,我们希望能很好地稳定住局势,同时千方百计地把中国的经济搞上去,把国内的事情办好。针对谷超豪代表谈到的人才外流、出国不归现象,江泽民说,我们一方面要积极研究解决知识分子的物质待遇问题,但最根本的还是要开展思想教育工作,帮助青年学生、知识分子了解我国的近代史,了解资本主义发展史和世界革命史,树立正确的民主观,增强他们的爱国心和民族自尊心,克服自身的弱点和不足。

会议结束后,记者请江泽民对上海人民说几句话,这位离开上海近一年的老领导欣然接受。他说,我有好多时间没有回上海了。光阴似箭,日月如梭。我毕竟在上海工作了那么多年,特别是我青年时期有相当长一段时间是在上海度过的,所以对上海我很有感情。我是上海选出的人民代表,我想这一次,趁来参加人民代表大会的机会,借参加今天上海代表团会议的机会,向上海市的广大人民致意、问好。上海是全国最大的一个工业城市,在全国的稳定中,上海的稳定是十分重要的。我完全相信,在上海市委、市政府、在镕基同志领导下,在人大常委会主任叶公琦等同志的共同努力下,上海一定会在各个方面取得新的胜利。(驻京记者王捷南、马美菱)

《文汇报》1990年3月24日

今年高考作文题有何特点?——听格致中学高级语文教师一席谈

同每年的今天一样,高考的语文作文试题是成千上万师生和家长的热门话题。

今年上海试卷的作文考题有何特点?记者从格致中学高级语文教师钱伟康那里听

到一番深刻的分析,特别是和全国统一试卷作文考题的比较,大受启发。

作文考题历来使命题的先生和赴考的学生大为头痛,擅长记叙文的就怕遇上议论文,乐于抽象思维的又怕记叙文。今年上海的考题打破了文体这个框框,作文分成两部分:"欢送辞"和"时间啊,时间",前者是对朝夕相处的老师抒发感情,容易发挥,后者不规定文体,记叙、议论、抒情,不拘一格。全国的试卷是这样的:一对孪生姐妹在玫瑰园里,一个对母亲说这是坏的地方,因为花下有刺,另一个说是好的地方,因为刺上有花。要求考生有三:一是用5至15个符合两姐妹当时的心态及情境的字加进这段文字;二是用100字为小姑娘进行肖像描写;三是针对第一个女孩的说法展开议论。显然,这道作文题比上海的要难许多。

到底应该选择哪条路子?上海教育界认为试卷应是易中见难,主题要简洁明了,不让学生把时间和精力花在揣摩题意上。实际上,今年上海的作文试题要写得有新意、有诗意,同样是很难的。另外,由于不拘文体,也给日后的阅卷评分带来困难。(本报记者 瞿鹭)

《新民晚报》1990年7月7日

教育会堂迎亲人　载歌载舞颂园丁

昨天下午,刚刚举行了落成典礼的上海教育会堂迎来了60多名本市教育系统的劳动模范、特级教师、优秀青年教师。

下午1时半,记者跨入了金碧辉煌的一楼歌舞大厅,就被热烈、欢快的气氛所感染:鲜花、彩灯、歌声,烘托着一派节日气氛,大厅中央帷幕上悬挂的一幅"劳模联欢会"巨大横幅,十分引人注目。教师和市领导同志分坐在25张小方桌边,边交谈,边观赏文艺节目。

在欢乐的人群中,记者遇到了市教育局副局长刘期泽高级工程师,他兴奋地说:"这几年市委、市府为教师办了许多实事:解决了满30年教龄的教师退休后的奖励工资;从1984年起,已建造了88万平方米教工住宅;去年抓市区新增5.6万名小学生全日制就读问题;今年提前完成了'七五'期间改造市区64所弄堂小学的任务,第一届教师节提出的兴建教育会堂、教师塑像、教育画廊三项工程已全部完成……"在谈到下一步的打算时,他提到了要通过住房制度的改革加快住房建设,解决"85"期间小学、初中入学双高峰叠加的困难,在职教师加快岗位培训等等。

对参加这次教师节联欢会,教师的心情都很激动。华东师大地理系党总支书记罗一华、复旦大学教授郑祖康说,这次教师节市里不搞大型活动,而让我们到教育会堂座谈、联欢、参观展览会,这种形式很好。大家对新落成的教育会堂赞不绝口,认为它是自己的"家",功能齐全,是教师理想的活动场所。

教师们在这里游乐、休息,但大家议论的话题仍旧集中在教育上。格致中学特级教师高润华说:"德育教育不能单靠班主任,要靠全体任课教师一起做,要把它渗透到各个学科中去。去年开始,我校提出'德育合力'、'齐抓共管'取得了较好效果。"市北中学校长、特级教师方仁工介绍说,该校本学期提出了把学习的主动权交给学生,培养学生自学、自锻、自我管理能力,作为深化教改的突破口,把学生的潜在能量开发出来。他们采取的延长图书馆开放时间、开设"微型课"等做法,很受学生欢迎。

曹杨二中特级教师金志浩,延安中学校长、特级教师陈昌富,上海外语学校校长、市劳模罗佩明等则在一起议论课程改革问题。

联欢会上,嘉定县教工艺术团的乐队吹奏起了令人心旷神怡的"90之春圆舞曲",华东师大教工合唱团的教师唱起了女声三重唱"红梅花开"、"送我一枝玫瑰花",有的教师步入舞池翩翩起舞,尽情欢乐。(本报记者陶洪光、浦建平)

《文汇报》1990年9月10日

1991 年

求学少年郎　匆匆过浦江——一些浦东学生舍近求远到浦西就读

每天乘市轮渡过江的人,总可以看到一些佩戴红领巾、肩背书包的中小学生簇拥在人群中间。有的手中还推着一辆小轮自行车,这些孩子都是家住浦东,到浦西就读的。

近年来,随着浦东开发,从浦西搬迁到浦东的居民激增,过江的学生也在逐年增加。据某区一所重点中学的统计,全校近千名学生中,家住浦东的达170人,平均每个班级有8名学生每天起早摸黑往返于申江两岸。这一现象造成渡轮拥挤、自行车交通事故增多,而对青少年学生的身心健康也有不利影响。

现在有的区在浦东没有重点中学,或虽新设一所重点中学,但僧多粥少,满足不了日益增长的浦东学生的需求。某区在浦东有3个街道和一个镇,拥有数万户居民,仅新设一所重点中学,一些进不了该中学的学生,只能流向浦西。由于浦东新区某些中学的师资力量和教学设施尚未相应跟上,对浦东学生缺乏吸引力,因而有的全家迁居浦东后,将孩子的户口留在浦西老人处,根据户口"就近"入学;有的搬家后不办理转学手续,仍让孩子到浦西读书,宁可舍近求远;少数浦东居民则通过关系将孩子转到浦西的学校"借读"。

浦东学生每天挤车(或骑车)、乘轮渡、再乘车,浪费在路途上的时间得2—3小时,许多学生疲于奔波而影响学业和身体健康。德州新村有一位居民,从虹口区搬到浦东已近两年。因为"信不过"浦东学校的教学质量,将读初二的儿子仍留在原校读书。他说:"孩子每天5点钟就得起床离家赶路,等天全黑了才能回到家里,没有精力做功课,成绩和体质都明显下降。"

许多浦东居民认为,在开发开放浦东的同时,加快建设浦东的教育事业刻不容缓。近据报载:黄浦区的市重点名牌学校格致中学和南市区的百年老校敬业中学即将迁往浦东,这对浦东居民来说,无疑是个令人振奋的消息。然而偌大一个浦东地区,仅仅两所名牌学校,仍只是杯水车薪。有识之士认为,市区教育主管部门如果通过解决教师的住房问题等途径,可吸引一批骨干教师充实到浦东任教;另外,增拨浦东学校的教育经费,完善和更新教学设施,为浦东地区的学校提高教学质量提供各种条件。这样,学生背书包过江的现象可望减少。(罗涌才)

《文汇报》1991年2月26日

格致、敬业中学将迁往浦东

【本报讯】 为提高浦东的中学水平,适应开放开发浦东的需要,市有关部门正在规划将本市浦西两所重点中学——格致中学、敬业中学迁往浦东。

格致中学校长高润华告诉记者,格致中学准备在浦东和浦西分别办格致东校和格致西校两所完中,东校规模1500人,西校700人。东校选址已定,在张杨路、源深路一带,占地面积100亩,将建造第一流的校舍和学生宿舍、教工楼,约在1993年分校搬迁。

南市区教育局局长周复三说,敬业中学将来会"一锅端",全部迁往浦东,办成具有30个班级1500名学生的高级中学。为了保持学校体育特色,还将另外招收两个初中游泳班。学校占地100亩。

据悉,两所重点中学搬迁浦东后都将面向全市招生。(记者 陈红)

《文汇报》1991年3月28日

和总书记一起审议报告——记上海代表团审议李鹏总理报告

春雪后的北京,万象更新,生意盎然。

3月29日下午,北京人民大会堂上海厅,正面墙上悬挂着上海外滩的巨幅挂毯,厅内时而欢声笑语,时而鸦雀无声。人大上海代表团的代表们仿佛在外滩的融融春风中共商国是。此时此刻,代表团成员、中共中央总书记江泽民正和大家一起,审议国务院总理李鹏的报告。

神圣的权利,庄严的时刻。代表们都有千言万语。尽管会议主持人不得不把个人发言时间限制在10分钟内,还是有不少代表打不住话头。时间,过得太快了!

代表们的发言紧凑而热烈,江泽民代表也在一边认真地听,一边迅速地记,有时插入风趣的问话,活跃的气氛一浪紧推一浪。

几位文化教育界代表就报告中关于坚定不移地贯彻物质文明建设和精神文明建设一起抓的方针,克服"一手硬、一手软"的现象,列举当前社会中存在的问题直陈己见。上海格致中学女校长高润华认为,要把基础教育落在实处,重要的一环是全社会都要关心和加强中学教育,包括家庭教育。她主张各单位应把教育子女作为考核职工的一条标准。上海电影局局长吴贻弓则语重心长地说,调动全社会的积极性,理顺情绪,振奋精神,是宣传工作的一项艰巨而光荣的任务。全国人大常委会委员、上海越剧院名誉院长袁雪芬,以及民进中央委员陈炳生等代表,也都中肯地提出了建设性意见。

代表们的发言,引起江泽民的谈兴。他说一定要重视教育。重要的是对全国人民特别是青少年,从幼儿园、小学开始,就进行国情和近代史的教育,由浅入深,使每个人从幼小心灵中就扎下根。首先要讲爱国主义,树立民族自尊心和自信心;其次要珍惜安定团结的局面;最终全国上下形成一股劲,把社会主义经济建设搞上去。

江泽民还回顾起他去年到中国革命博物馆参观的情况,从鸦片战争到建立中华人民共和国,无数仁人志士抛头颅、洒热血!胜利得来不易。参观结束时,他建议把展览资料集中编写一本书。中国革命博物馆已经办理,不久即可出版,书名叫《浩然正气》。

中科院上海冶金研究所副所长张敏提出,发展微电子技术这一战略性产业,是综合国力的标志之一,还要着重强调。上海市这样一个科技发达的城市,人均集成电路占有量仅是发达国家的百分之一,甚至几百分之一。她笑着建议,请江泽民同志再写一篇关于发展电子工业的论文。江泽民风趣地回答:现在我不做教授工作了,还是让别的专家写吧。大家不约而同地笑起来。会后,记者向张敏代表了解,方知江泽民代表于1989年曾在上海交通大学学报上发表过一篇关于论我国电子产业发展的文章,给科技界至今留下深刻印象。

中国工商银行上海分行总会计师郑霖孙、上海市农委主任张燕、上海社科院院长张仲礼、上海市民委主任哈宝信、上海船厂高级工程师张友隽、上海外贸学院副院长封福德、上海广播器材厂高级工程师王治钢等代表就发展社会主义经济等一系列问题各抒己见,畅所欲言。江泽民说,李鹏同志作了很好的报告。农业不能放松。搞活国营大中型企业,国家、省、市要创造良好的外部条件,但加强企业内部管理非常重要,要树立长期的质量、品种和效益观念。

审议一直在热烈而活跃的气氛中进行。时针悄悄移动到下午6点多钟。江泽民代表深深理解大家的心情,大声讲了一句:今天意犹未尽,要知后事如何,且听下回分解!（本报记者曹瑞天）

《人民日报》1991年3月30日

江泽民和上海代表一起同商共研两个文明建设

雪后初晴的北京,灿烂的阳光把人民大会堂照耀得更加壮丽辉煌。江泽民总书记在装饰一新的上海厅,同来京出席七届全国人大四次会议的上海代表,一起审议李鹏总理的政府工作报告。

下午3时,江泽民同志来到上海厅,荣毅仁副委员长,朱镕基、吴邦国、叶公琦等同志迎上前去,泽民同志亲切地同大家握手交谈,并和代表们一起合影留念。江泽民亲切地对90高龄的苏步青代表说:"苏老,您好！我最近拜读过您在《人民日报》上发表的大作。"

上海人大代表团团长、市人大常委会主任叶公琦说:"江泽民总书记每年都来参加上海代表团的审议,每次相遇都感到格外亲切。现在请代表们发言。"

叶公琦的话音未落,代表们就争相发起言来。

切实加强国情和近代史教育

高润华代表首先发言。叶公琦介绍说:"她是格致中学校长。"

江泽民笑着说:"不用介绍,我跟她很熟悉。"会场气氛更加活跃起来。

高润华代表就基础教育、家庭教育等发表意见说:"要实现第二步战略目标,科技是关键,教育是根本。没有第一流的教育,就没有第一流的人口素质。因此,各行各业在注重经济效益时,一定要考虑社会效益,要净化青少年成长的大环境。"

陈炳生代表对十年规划和"八五"计划纲要中对科技教育经费有较大增加表示满意。他建议为了切实搞好教育事业,要把教育经费管好用好,并且对基础教育的经费有所倾斜,《教育法》要早点出台。

高润华、吴贻弓等代表还提出,建立一套从幼儿园、小学到中学、大学的思想道德系列教育。他们说,教育的核心是提高全民族的文化素质和思想道德素养。

江泽民非常赞同这些代表的意见。他说，在推进物质文明建设的同时，必须加强精神文明的建设，克服"一手硬、一手软"的现象。建设社会主义精神文明，要对全国人民，特别是青少年，进行中国国情和近代史的教育。党的十一届三中全会以来，我们经过十余年的改革开放，取得了伟大的成绩，国家的实力大大增强了。我们一定要坚持四项基本原则，坚持改革开放的方针，一定要沿着社会主义的航向前进。他说，我们的国情教育和近代史教育，要从幼儿园、小学、中学以至大学，由浅入深，逐步推进，逐步深化，使每个人在幼小的心灵中就扎下根。我希望，青少年学生在今年秋季入学时就能有一本关于国情教育的课本。

针对代表们提出的人才外流问题，江泽民指出，当前要采取两项措施。首先还是要强调进行爱国主义、民族气节、民族尊严的教育，要做好思想政治工作和宣传教育工作。同时要珍惜安定团结的政治局面，大家齐心协力，集中力量把经济搞上去。我们的经济搞上去了，大多数人会回来为祖国服务的。

吴贻弓、哈宝信、袁雪芬、张仲礼等代表纷纷就加强社会主义精神文明建设问题发言。吴贻弓代表说，一切思想的混乱是从理论混乱开始的，一切观念、信心的动摇首先是对理论的动摇，因此加强马克思主义理论队伍的建设十分必要。哈宝信代表建议，继续加强除"六害"和扫"黄"斗争。袁雪芬代表在发言中强调要澄清理论是非，动员和依靠人民群众实现宏伟的第二步战略目标。张仲礼代表建议尽早建立社会科学领导体制，制定社会科学研究的十年规划。

抓好农业搞活大中型企业

张燕代表发言说，我国人口众多，到2000年粮食达到5 000亿公斤，人均占有粮食也只有384公斤，所以，必须继续大力发展农业。接着，她提出了加强发展农业的几条措施。

江泽民说，去年农业获得丰收。人们常说，牛马年好耕田。今年是羊年，我们也要争取丰收。我们应该无时无刻不在想着农业。对农业千万不能放松，各级领导都要上紧这根弦。

王治钢、郑霖孙、封福海等代表在发言中对如何提高经济效益、搞活大中型企业、加快浦东新区开发、开放等问题发表了看法，并提出了制定产业政策的建议。

江泽民对代表们的发言仔细听、认真记。他说，归根结底，要把经济搞上去。经济上去了，很多问题就好解决了。发展经济搞活大中型企业是个关键。但是，要充分认识搞活大中型企业的艰巨性。要给大中型企业创造良好的外部条件，更重要的是大中型企业加强内部管理。今年不是要开展"质量、品种、效益年"活动吗？我看不只是今年，在整个执行十年规划和"八五"计划期间，都要抓质量、品种、效益，上海浦东开发应该进一步吸收外资，同时也应该得到浦西工业的支持，如果不能搞活国营大中型企业，上海的经济发展就会遇到很大困难。

张敏代表就我国如何加快发展电子工业发表了意见。她发言临结束时说："总书记，您在上海时，曾在上海交通大学学报上发表过一篇关于发展微电子产业的论文，建议总书记再写一篇有关这个问题的文章。"

江泽民一听这话笑了，摆摆手说："现在教授不当了，还是请别的同志写吧。电子技

术在本世纪末乃至下个世纪是一项很重要的技术,我们一定要有重点地把它搞上去。"(本报驻京记者狄建荣、张默)

《解放日报》1991年3月30日

市委领导同志召开精神文明建设座谈会　部分中小学校长谈精神文明建设

8月7日,市委书记吴邦国、副书记陈至立召开中小学校长座谈会,听取加强学校精神文明建设的意见。吴邦国同志在座谈会开始时就说,社会主义精神文明建设,青少年德育是很重要的方面,上海学校德育工作基本上是好的,但随着形势发展,也出现了新的问题,需要研究解决,召开座谈会是听取大家的意见。与会同志对市委领导同志关心学校工作感到很高兴,他们分别就加强学校思想品德教育的重要性、中小学品德教育的收获及问题、加强师资队伍建设、丰富校外生活,优化社会环境、呼吁全社会都来关心青少年成长等问题,发表了意见,现将部分发言内容摘要如下:

格致中学校长高润华说,抓好学校的思想品德教育,必须组织好一支德育队伍。首先,要培养好做学生思想政治工作的团队干部,然而,现在师范生毕业后不太会做学生的思想工作,缺少这方面的锻炼;其次,班主任的力量比较薄弱。班主任在学校教学中占有重要地位,称职的班主任,应该是热爱教育事业,认真贯彻党的教育方针,还要有一定的组织能力,有一定的业务能力,在学生中有较高的威信,是学生的良师益友。再是,政治课教师也不太适应要求,德育教材、德育考核的办法也亟待改进。学校教育希望能得到全社会的关心支持和配合。现在学校里希望音乐家能创作一些健康、激励学生上进的校园歌曲。建议大学校长和中学校长之间建立一定的联系,共同研究德育的衔接问题。(后略)(卢安谷)

《文汇报》1991年9月16日

1992年

不忍同窗染沉疴　寸金哪堪比寸心——格致中学、日晖新村小学师生纷纷伸出援手帮助生病住院同学

【本报讯】格致中学初三(1)班郑培华肾脏综合征复发了,这消息令师生们十分担忧。小郑因病休学,如今已21岁了。这次病发得厉害,他身体浮肿,肿得连眼睛也睁不开,需尽快住院。但因生病他家经济已十分困难,这次入院费还差很多。为此全校师生向他伸出了援助之手。

初三(1)班同学首先发起了募捐活动,同学们个个掏出零用钱,班主任朱老师也捐了30多元。中队委捧着410元人民币和慰问信,来到了郑培华家,小郑哽咽着说:"你们的心意我领了,但钱不能收。"中队长小何再三转达同学们一片真情,小郑父亲这才把钱收下。

初三(2)班的同学也送来了200多元,高中部的大哥哥、大姐姐及全校的老师们也纷纷捐款。截至3月中旬,全校师生共募捐1 300多元。小郑终于入院了。(晓鸣)

【本报讯】昨天,上海宏文造纸厂女职工杨玉凤,再次给本市徐汇区日晖新村小学写了一封充满激情的感谢信,感谢该校师生慷慨解囊,帮助解救患顽症的孩子。

杨玉凤的12岁男孩杨波,是该校四(3)班学生,因交通事故而引起了连续不断的高烧,烧坏了咽喉和上腭,在本市和各地医院四处投医,已用去4万元的积蓄。近一个月来,杨的病情日趋恶化,该校领导获悉后,将此事进行广播宣传,在师生中引起了很大的反响,在不到一周内,全校师生共募捐2 700余元。3月16日下午,该校校长周锦飙和教导主任刘向义冒雨将2 700余元钱款和同学们送给杨波的大量书、信件和录音带等送到他家。(晓鸣　陈学才　刘银妹)

《文汇报》1992年3月26日

中小学教师岗位缺乏吸引力　教育界代表坦诚述忧虑

【本报北京今日电】中小学教师岗位缺乏吸引力、凝聚力的状况如果不改变,基础教育就必将滑坡,那么培养跨世纪人才的重任也就难以承担。这是不少教育界人士在本次人代会讨论中表示的深切忧虑。

上海代表、格致中学校长高润华在上海代表团讨论中说:我们格致中学是一所有118年历史的老学校,去年下半年中国科学院增选部分学部委员,格致校友有三位。格致

中学过去之所以保持较高的教育质量,关键还是有一批高水平的教师。过去许多教师来自北大、清华、交大、复旦等名牌大学。可是现在一般综合性大学的毕业生都不愿到中学当教师;即使一些师大毕业生来校后,在教师岗位上也不安心。再说这些年,学业俱佳的高中毕业生大多不愿意报考师范,已经导致师大生源素质下降。此外,中小学教师女性化的现象越趋严重,这也在一定程度上影响了对学生数理化尖子的培养。上述状况怎不令人担忧?!高润华校长呼吁全社会都来关心、支持基础教育。

上海市实验小学校长殷国芳代表在讨论中说:现在中小学教师岗位缺乏吸引力和凝聚力,有一个重要原因就是中小学教师的经济待遇依旧太低。这个问题已经叫了多年,1989年以前,相对提高了一些;但1990年以后,其他行业调资后,中小学教师的工资水平又处在全民所有制12个行业平均工资水平之末,生活相当清苦。这种分配状况如果不改变,教师又怎能成为令人羡慕的职业,那么重视基础教育、培养跨世纪人才岂不成了一句空话。(孙洪康 郑裕利)

《新民晚报》1992年4月1日

纪念"五四"演出活动丰富多彩

"寓教育于活动之中"是格致中学教育特色之一。为纪念"五四"73周年,昨天全校师生举行丰富多彩的汇报演出。三名学部委员应邀回母校与师生们一起联欢座谈。(应富棠)

《新民晚报》1992年5月5日

爬满青藤的楼宇——格致中学青年语文教师蔡蓉速写

格致中学那爬满青藤的楼宇内,激情荡漾。汪品先、杨福家、邹世昌三位校友、学部委员回母校探亲。当他们讲完话,讲演厅里爆发出一阵雷鸣般的掌声后,一个梳着短发、穿着红衣黑裙的青年女教师登上讲坛,用一口清雅的普通话说,我们青年教师决心像格致老校友、老教师那样甘为人梯,让学生们踩着我们的肩膀,攀登上知识大厦的高层。她就是青年语文教师蔡蓉。

蔡蓉初踏上三尺讲台,雏燕翅嫩,照本宣科,上课平淡,有个学生竟然合上眼皮进入梦乡。铃声响了,蔡蓉拿着讲义夹在楼道上慢悠悠地走着,心里却翻腾开了:怎样教才能使学生入耳入脑呢?

同一个备课组的特级教师高润华向她伸出了友谊之手,允许她随堂听课。从此,只要高老师有课,她就夹着听课簿钻进教室。冬去春来,春华秋实。高润华老师的"教学严谨,精雕细刻"的语文教学风格融汇进了蔡蓉的脑海。

备课还要备人。蔡蓉除了在课间课后经常深入课堂与学生聊天嬉戏外,还经常骑上她的"小凤凰"穿梭在黄浦滩的狭街陋巷,叩开一个个学生的门扉,了解学生成长的环境与他们跳动的脉搏。后来蔡蓉怀里多了一个小宝宝,她依然故我,搂着襁褓中的儿子,东奔西跑,精心编织着她的教学"百子图"。

蔡蓉说,对于语文学习,兴趣最为要紧。她认准了这个真谛,力改自己上课平淡的弊病。

她教《苏州园林》，可说是精心雕琢。先是带领学生到豫园，爬玲珑的假山、亭台，游弯曲的回廊、曲桥，再在教室里架起幻灯机，放映苏州园林幻灯片。大量的映象进入学生脑中后，再与学生一起读读讲讲，学生就都能用正确的语言来表述分析了。

她教屈原的《离骚》、清人彭端淑的《为学》等文言文，放手让学生当"小老师"，一人主讲，全班学生与老师一起对字、句集体质疑，扫除文字障碍，加深阅读与理解。她调动了学生翻阅资料、辞典，自学古文的积极性，远胜教师一人讲、学生记解释的古文的传统教法。

朱自清的《春》是一篇优美的散文名篇。蔡蓉知道教这篇脍炙人口的名作，关键是要把学生引入春的万物复苏、群芳争艳、蜂飞蝶舞的美好意境。她抓住盼春——绘春——赞春的主线，运用师生问答、齐声诵读、个人抒情地朗读等办法把学生渐渐引入佳境。提问后林立的手臂，小个儿男孩的侃侃而答，以及一位小女孩绘声绘色地朗读，表明了蔡蓉已使他们理解了课文，掌握了文章写作线索，并对文学产生了浓浓的兴趣。

为了让学生从兴趣爬上乐趣、志趣的高坡，蔡蓉不仅沉浸在作文、练笔、周记等六叠高高的作业本堆里精批细改，而且还深入进行课外阅读指导。中学低年级学生往往开始涉猎武打小说。蔡蓉对一些迟迟不肯进入有益阅读圈的学生开出了一张读书单：人物传记、短篇散文、小小说、历史故事。而且在每节语文课前加两分钟口练，把他们读的作品中最精彩部分讲给大家听，既是口头表达的练习，又是概括能力的训练。经过一段时间训练后，蔡蓉的不少学生善于滔滔不绝的讲演，且美词美句珠串玉连其间。蔡蓉还把学生中涌现出的佳作诸如《伤疤逸事》等推荐到语文等刊物上发表。学生们看到自己的作文变成了铅字印刷的作品，写作的情趣就更浓了。

叶圣陶先生曾云："学生须能读书，须能作文，故特设语文课以训练之。最终目的为：学生自能读书，不待老师讲；自能作文，不待老师改。"一年多来，蔡蓉正是照着叶老的话在做，她领着少男少女们度过14岁的溪流，掌握打开语文宝库的钥匙，逐步走向熠熠闪光的语言文字的高层。她所带领的班级荣获区先进集体；她在黄浦区青年教师大奖赛中两次捧得了一等奖的桂冠；她还被评为区新长征突击手、市三八红旗手、市优秀青年教师等光荣称号。蔡蓉用自己的青春与其他教师一起浇灌着学生成长的沃土以及浇灌那楼宇上的满满的青藤。蔡蓉爱这幢爬满青藤的楼宇，她要让这幢楼宇更加青葱翠绿，闪射更加灿烂的青春的光华。（卫歆煜　马联芳）

《文汇报》1992年5月23日

1993 年

黄浦区投资八千万元支持格致中学造教学大楼

【本报讯】本市格致中学将有大变化。据全国人大代表、格致中学校长高润华前天透露,黄浦区政府投资 8 000 万元支持格致中学建造一幢 8 层高的教学实验大楼,决心把格致办成有特色的"精品"学校。

高润华说,新建的教学大楼,将配备现代化的实验设备,可容纳 30 个班级的学生。新教学大楼竣工并投入使用后,重点中学效益将可得到进一步发挥。在这同时,师资队伍也要进一步充实、提高。高润华还说,我们有信心要把格致中学办成现代化的与国际教育接轨的第一流学校。(记者 庄玉兴)

《解放日报》1993 年 1 月 30 日

共青团十三大代表全部抵京

【本报北京 5 月 2 日讯】参加共青团第十三次全国代表大会的 1 420 名代表今天已全部抵京。

作为全国 5 600 万共青团员的代表,他们深知自己肩负的使命,纷纷表示要把大会开好。今天凌晨抵京的山西代表支树平告诉记者,出席这样的大会,感到心里热乎乎,肩上沉甸甸。他表示,要虚心向兄弟省市代表学习,把大会精神和各地好的经验带回去,发扬革命老区的优良传统,更好地带领全省 800 万团员青年投身到改革开放和经济建设中去。

在代表驻地京西宾馆,记者看到了延安泽东青年干部学校安吴堡青年干部训练班全体校友发来的贺信。贺信中说,"欣闻共青团十三大召开,我们这些在半个世纪前从事青运工作的老青年也为之精神振奋。祝愿大会在小平同志建设有中国特色社会主义理论指导下,继承五四爱国主义传统,总结改革开放 15 年来青年工作的经验,激励全国青年,在新的历史时期,再做新贡献"。

据悉,1 420 名代表中,有青年工人、农民、知识分子、解放军官兵、青年学生和团的干部等。少数民族代表占 13.3%,代表平均年龄 30.6 岁,其中年龄最小的代表是上海格致中学学生、上海市优秀少先队长宗臻,年仅 14 岁。(唐维红 董宏君)

《人民日报》1993 年 5 月 3 日

出席共青团十三大上海代表昨天抵京

【本报北京5月2日电】出席共青团第十三次全国代表大会的上海代表今天到京,下榻在京西宾馆。

上海的33名代表和团中央委托上海选举的4名代表,共37名组成上海市代表团。钟燕群和王仲伟,分别担任代表团正副团长。

上海代表中最年轻的是格致中学初二学生宗臻,他戴着红领巾,一脸的孩子气。当大会工作人员误认为他是代表带来的小孩时,他挺起胸前红色的代表证说:"我是上海的正式代表,要和大家一起讨论团的大事呢!"一席话,引得满堂笑声。

据记者了解,共青团十三大于明天上午举行预备会,下午3点,党和国家领导人接见全体代表后,举行第一次全体会议,全国团员青年注目的盛会正式开幕。(驻京记者李文祺)

《解放日报》1993年5月3日

红领巾当上了团代表——记格致中学初二学生宗臻

出席共青团十三大的上海代表中,有一位年仅14岁的戴红领巾的共青团员,他就是格致中学初二(2)班的宗臻。

说起宗臻,认识的人都说这孩子不一般。小学四年级起,他就爱读《周恩来传》《论权威》《青年团的任务》等名人传记和理论书籍,尽管难读,但宗臻兴趣浓厚,而且从中悟出许多道理,并且运用到实际行动中。

前年宗臻当选为上海市红领巾理事会副主席,他运用学到的理论知识,结合实际,写出了《中学少先队工作的思考》《中学少先队员的一些想法和建议》《红领巾理事会组织建设之我见》等论文,宗臻的许多好主意现在已经融入了上海的红领巾事业之中。

是不是宗臻像个不可亲近的"小古板"?宗臻的同学们说,他对小伙伴们非常关心,谁有困难,他会伸手帮助,同学们有什么心事,也愿意向他诉说。宗臻有个小学就同班的同学叫小张,宗臻几年如一日帮他补课,帮他改正自由散漫的缺点,两人一同考进重点中学。

宗臻是上海49名团代会的代表中最年轻的一个,但他的志向一点不比别人小。这次团代会回来,他又将带回许多新的捷报,新的点子,为小伙伴们做更多的好事情。(本报记者瞿鹭)

《新民晚报》1993年5月11日

"四心"俱备的教坛新兵

踏上教育岗位还不满三年的格致中学青年教师杨永武,遵循学校对青年教师提出的"安心、虚心、专心、爱心"的八字要求,全身心地投入教学、教育工作中。他说:"要做好一名教师,必须做到'二多一忌',即多为班级花费点时间,多为学生投入一些情感,处理问题切忌立竿见影。"平时他在校乐与学生共进餐,同娱乐。他担任班主任、任教语文,但什么学科都管。班上外语、数学成绩不好,他就自己去进修,然后再辅导学生。在业务上他向有经验的老教师求教,不断进取。去年,他带的班级被评为黄浦区先进集体,第一小队被授予市自动化小队。(曾友苏)

《新民晚报》1993年5月17日

数学英语试卷难易程度如何　且听部分教师考生评价分析

数学、英语高考试卷难易如何？这是社会各界关心的问题。昨天，笔者分别在一些试区听取了部分数学、英语教师和考生对试卷的评价。

数学：数学高级教师、鞍山中学校长黄报慈认为，今年数学试卷是按教学大纲范围出题的，题量、难度等与去年相比没有什么大起伏。考生只要平时扎扎实实按大纲要求学习和复习，都能考出水平，因此对中学教学的导向较好。整份试卷涉及了中学数学的绝大部分知识点，有一定的区分度。最后两题的要求稍高些，这也是拉开成绩档次的需要，相当部分肯钻研、基础知识扎实的考生，是能够做的。但该校三名平时中上成绩的考生认为这两题的计算量过大，最后一题来不及做，或做完后没有时间检查，他们认为这类题应该着重考思路，不应有大量计算。

英语：洋泾中学外语高级教师沈兆祥、格致中学外语高级教师林立勋等认为，题型比较稳定，难度大致与去年相当。试卷有"坡度"。试卷前面部分绝大多数考生都能对付，但后面几道题有一定难度。最后一道作文题（20分），根据试卷提示的情景（我们的学校历史悠久。它的学生中不少已成为各自领域中的专家。近年来我们的学校发生了很大的变化。我们为自己的学校感到自豪），要求考生用英文写出一段80至100词的通顺恰当的短文。这道题出得较好，它贴近生活，又有一定难度，可以检测考生运用语言的能力，有一定区分度，能够拉开考生档次，有利于高校选拔学生。

不少考生反映，今年英语试卷较难，试题中生词较多，量也比较大，答题时间不够。

而几位外语命题教师则强调英语试卷内容没有超出教学大纲的要求，很多内容都结合课文但比较注重测试考生的阅读、理解能力，其中第5大题"单句理解"，最能反映出考生的外语基本素质。与去年的英语试卷相比较，今年的题目是充分考虑了上海外语教学的实际情况的，增加了区分度，这有利于高校选拔学生。（钟勤　陶洪光）

《文汇报》1993年7月9日

全市重点中学新学期纷纷推出新举措　深化教改寻找一流教育通途

【本报讯】在新学期即将到来之际，本市一批市重点中学纷纷推出教改新举措，努力促使教育水平上一新台阶。（中略）格致中学除了开办高中理科班以外，还建立带优异生制度，对个别学有所长的优秀学生实行优才优育。（后略）（记者奚迪华）

《文汇报》1993年8月30日

大手笔描绘教育蓝图——黄浦区教改大格局全面启动的第一步

路过广东路广西路交界处的市民一定会惊讶：原来的200来户居民和10多家单位转眼间拆迁一空，莫非又要盖什么商业大楼？不。这块2300平方米的宝地上正投资近亿元建造一幢10层高的新教学楼，它是格致中学第一期扩建工程。

感到不可思议？这仅是黄浦区教育改革大格局全面启动的第一步。不搞小修小补，运筹脱胎换骨，在大上海的中心城区办出第一流的教育，黄浦区委和区政府在这种指导思想下，用大气势、大手笔描绘一幅教育蓝图：扩建格致、光明两所重点中学，成为上海的"精品名牌"；拆并一批中小学，在四个街道集中各办一所九年一贯制学校；结合黄浦区商业、金融、旅游、外贸四大经济支柱,扩大和新办四所一流的职业学校;办出两所示范性幼儿园。这个被区重大工程办公室列为一号的项目就叫"2442 工程"。

黄浦区早就有了发展教育的大思路,今年上半年教育工作会议的春风给改革添翼鼓劲,他们在抓好师资队伍建设、确保教师人均年增收 2 000 元,积极开展教学常规改革之外,把重点放在成规模、上等级上,聚零为整,由小变大,改劣成优,使全区的教育焕然一新。

担任"2442 工程"前线总指挥的分管副区长沈立恭说,除了格致中学一期扩建工程年内动工,1995 年投入使用外,新办和扩大的金融和旅游职校已挂牌,外贸职校已在中心地段选定校址,即将建造。黄浦区一中心、裘锦秋、金陵西路小学和天津中学已选为九年一贯制学校,扩建工作已列入计划,音乐幼儿园和山东路幼儿园已经或正在改造⋯⋯

"2442 工程"完成的那天,黄浦的教育是如何景象?老沈举了一个例子:格致二期扩建工程计划向东伸延至浙江路,整个一圈街坊都属于学校。他反问道:你看这是如何景象?(本报记者瞿鹭)

《新民晚报》1993 年 10 月 25 日

黄浦区扩大名牌学校办学规模　格致教育城首期工程开工

【本报讯】黄浦区决定将格致中学改建为格致教育城。改建一期工程——新教学大楼昨天破土动工,共需资金近 1 亿元。

有 120 年历史的格致中学是一所市重点中学,它以高水平办学闻名海内外。为了充分发挥名牌学校的示范作用,黄浦区政府决心扩大这所学校的办学规模。区房产经营公司积极配合投资 5 000 多万元,动迁居民户和单位 200 多个,征地 2 300 平方米。教学楼高 10 层,建筑面积 1.6 万平方米,可容纳 36 个班级、1 800 名学生,还设有 10 多间专用教室,预计 1995 年完工。

在昨天的开工仪式上,黄浦区教育局局长谢俊洲向记者透露了黄浦区教育的"2442"工程:黄浦区在办好所有学校的基础上,将重点扶持格致、光明两所重点学校,改建四所九年一贯制学校,办好商业、外贸、金融、旅游四所职校,办好两所特色示范幼儿园,使黄浦区教育更上一层楼。(记者庄玉兴)

《解放日报》1993 年 12 月 23 日

百年名校将展新姿　投资亿元的格致中学扩建工程启动

【本报讯】已有 119 年历史的市重点中学——格致中学将以新的面貌迎接 21 世纪。投资达 1 亿元的格致中学第一期扩建工程昨天破土动工。这标志着黄浦区大规模调整教育布局的"2442"工程正式启动。格致中学原名格致书院,是我国第一所培养科技人才的新型学堂。近十年来,该校加强科学管理,并建立了"双轨同步"教学体系,"第一课堂打基础、第二课堂出人才",教学质量大面积提高,近几年的高中毕业生全部升入高等院校,从 1984 年到 1992 年,共有 1 500 人次学生在市级以上竞赛中获奖,其中在国际上获奖的就有 152 人次,但该校地处市中心,校舍狭小陈旧。为了使这座老校焕发青春,黄浦区政府决定筹巨资改造该校,首期工程由黄浦房产股份有限公司负责动迁该校北面 180

多户居民和21家单位,辟出2 260平方米土地,建造建筑面积达1.6万平方米的十层教学大楼。从北海路到广东路之间、临广西路的半个街区都将成为格致校园。格致中学的首期扩建仅仅是黄浦区教育发展新蓝图的第一页。按照规划,该区将在三至五年内,运用地块置换的方式调整学校布局、扩大办学规模效益,利用级差地租筹资、资金滚动,再扩建重点中学光明中学,格致中学也将扩建到包括整个街区;除了裘锦秋实验学校外,还将把天津中学、第一中心小学、金陵西路小学扩建为九年一贯制学校;改建市旅游职校、商业职校、市中外贸职校、金融职校;建设两所示范幼儿园。(记者浦建平)

《文汇报》1993年12月23日

格致中学教学大楼开工

【本报讯】建校已有119年历史的上海市格致中学将焕发青春,一幢总建筑面积15 000多平方米的新的现代化教学大楼日前开工奠基。

新扩建的格致中学教学楼位于广东路以南、广西北路以东、格致中学老教学楼以北,占地2 260平方米,高10层,建成后它是一座与现代化教学方式相适应的新型教学建筑。(记者卢方)

《新民晚报》1993年12月24日

1994 年

上海设立"卫康奖"

【本报讯】以"希望戴眼镜青少年越来越少"为主题,由上海卫康隐形眼镜公司和中国青年报、东方电视台发起设立的青少年保护视力"卫康奖",近日在上海揭晓:上海南市区万裕街小学、格致中学、闸北区第三中心小学、长宁区古北路第三小学、市九中学和上海红十字青少年近视眼防治研究所获得了总数为二十三万元的奖励,用以进一步推动青少年"防近"工作。(陈卫)

《人民日报》1994 年 11 月 2 日

格致新教学大楼封顶

【本报讯】格致中学今年 7 月刚举行过成立 120 周年庆典,今天又迎来喜事——扩建的一幢高 10 层、建筑面积约 16 000 平方米的新教学大楼上午结构封顶。(辛浦)

《新民晚报》1994 年 12 月 29 日

格致中学喜添新教学楼

【本报讯】百年老校格致中学新教学大楼昨天结构封顶。承担建楼任务的华颖建筑装饰工程公司昨天出资 20 万元,设立了华颖—格致教育奖励基金。(庄玉兴)

《解放日报》1994 年 12 月 30 日

1995 年

格致中学重视培养超常人才　十年来有两千人次在市级以上竞赛获奖

【本报讯】格致中学培养超常人才,硕果累累。近10年来,该校共有2 000人次在市级以上的各类学科和科技竞赛中获得等级奖,其中在国际级竞赛得奖的达230人次。在去年本市举行的7项国际、市级数学竞赛中,该校获得4项团体冠军。

这所百年老校以培养"尖子"闻名遐迩,中国科学院、中国工程院有8位院士曾在该校就读。在大面积提高教育教学质量的同时,该校十分重视发现和培养"尖子"学生。学校建立了近百个学科、科技、艺术类课外兴趣小组,参加者达2 000人。学校分别从初一至初三建立数、理、化梯形兴趣小组,优胜劣汰,层层选拔"尖子"。近20个数、理、化、天文的"尖子",由高级教师带教或重点辅导。学校还邀请大学教授来校开讲座,同时组织部分"尖子"到大学实验室做实验。

学校对"尖子"学生不溺爱,不放纵,从各方面严格要求。在各种竞赛中得奖的学生绝大部分是共青团员,他们中有6人入了党。对有些在学科上"跷脚"的"尖子",学校为他们制订补课计划,促使他们全面发展。(庄玉兴　曾友苏)

《解放日报》1995年1月17日

格致中学社区教育日益兴旺

【本报讯】在昨天举行的格致中学社区教育工作会议上,金陵股份有限公司向该校赠送了一辆桑塔纳轿车;平安报警系统公司和兴南置业发展公司分别出资20万元和10万元,设立教育奖励基金;东亚华颖建筑工程公司在去年出资20万元设立教育奖励基金的基础上追加10万元基金,学校社区教育工作出现兴旺景象。

格致中学是闻名海内外的市重点中学。三年前,学校与黄浦区内的20多家大厂、名店挂钩,组建了社区教育委员会。各委员单位采取各种形式,尊师重教。华新电子仪器总厂捐赠价值近10万元的56台电子琴,为学校装备音乐专用教室。金陵股份公司、东辉气体站和申花集团分别出资设立了"伯乐奖"、"百花绿叶奖"和奖学金,三年中,共奖励师生1 500余人次。格致中学也以教育资源的优势回报社会,还向委员单位送教上门,先后为数百名职工或职工子女补习文化。(记者庄玉兴)

《解放日报》1995年6月28日

书画名家挥毫祝贺格致新楼落成

【本报讯】沪上一批知名书画家欣闻百年名校格致中学新教学大楼落成启用,日前奋然前往挥毫相贺。胡文遂、沈剑南等八位书法家、画家赐以书画,吴野洲、施南池、任政等书画名家当场笔走龙蛇。该校日前同时成立了学生书画社,数位书画名家被聘为艺术顾问。(记者浦建平)

《文汇报》1995 年 10 月 18 日

格致中学组团赴泰观测日全食　拍摄罕见天象照片百余张

【本报曼谷 10 月 24 日专电】专程赴泰国观测日全食的上海市格致中学日全食观测团,于曼谷时间今天上午 9 时 10 分 43 秒至 12 时 27 分 21 秒,在泰国中部达法(东经 100°30′38″,北纬 15°21′08″)观测到日全食,并用直径 120 毫米的望远镜拍摄到日全食照片。

今天,当地天气晴朗,骄阳似火,气温高达 33 摄氏度以上。同学们用直径 120 毫米天文望远镜及 5 架相机进行观测,共拍摄到 100 多张日食照片,其中有倍里珠(日全食刚开始或结束时,太阳边缘的某个地方突然大放光芒,犹如金刚钻的闪光)、日珥、日冕等罕见的天象,记录了几百个数据,取得了极其珍贵的资料。尤其在发生日食的 1 分 36 秒内,天空如同黑夜,现出点点繁星,一轮"黑太阳"周边有非常美丽的银色日冕。这时,远处传来了敲击桶、盆的声音,夹杂着阵阵鞭炮声,大概同我国民间传说"天狗吞太阳"的原因相似。一忽儿太阳又发出万丈光芒。

连日来,有成千上万的天文爱好者从世界各地拥至曼谷,全食带内(70 公里宽)的旅馆半年前已被预订一空。当地电视台、报纸宣布泰国王储将前来观看,在民众中掀起了一阵观日食热,市场上观测镜早已脱销。

格致中学观测团一行 7 人是 20 日到达曼谷的,受到中国驻泰大使馆的热情接待。在金桂华大使及夫人的亲切关怀和具体安排下,得到了曼谷气象厅的鼎力相助。24 日凌晨 3 时,他们派专人陪同,用专车将观测团送到曼谷以北 250 公里的观测点农业气象站,受到主人的热情款待。观测结束后,站长摆好了丰盛的饭菜和香甜的瓜果,招待中国小客人,大家欢声笑语,频频举杯,祝贺观测成功。

《解放日报》1995 年 10 月 25 日

格致中学新教学大楼落成

【本报讯】建校 122 年的市重点中学格致中学的 10 层现代化教学大楼已全面竣工,昨天举行落成仪式。在这座现代化教学大楼中,所有的教学设备都严格按国家教委颁布的示范性高中的标准重新配置。它有全市普教系统最大的电脑教育中心,装备 140 台 486 电脑;有设备最齐全的电教中心,装备有闭路电视系统、电化视听室和多媒体电化教室;有面积达 3 000 平方米的学生课外活动中心;还有用于对学生进行天文、天象普及教育的现代化天象厅。

《解放日报》1995 年 12 月 29 日

1996 年

市教委授予特级教师高润华"格致中学名誉校长"称号

【本报讯】市教委昨天授予特级教师、格致中学原校长高润华名誉校长称号,以表彰她终身从教、辛勤耕耘的功绩。

高润华从事语文教学43年,形成了"精雕细刻"的教学风格。她在担任格致中学校长的10年中,逐渐形成了"治学严谨,管理有方,全面育人,发扬特色"的办学风格。

高润华先后多次荣获全国三八红旗手、全国劳动模范、全国优秀校长称号。(曾友苏 庄玉兴)

《解放日报》1996年1月10日

市教委授予称号 高润华为格致中学名誉校长

【本报讯】上海市教委副主任张民生昨天在格致中学向该校师生宣布,市教委决定授予特级教师高润华为格致中学名誉校长的称号。40年来,高润华倾注全部身心从事语文教学,形成了"精雕细刻"的教学风格;10年来,她作为校长投入全部精力探索市重点中学的学校管理,逐渐形成了"治学严谨、管理有方、全面育人、发扬特色"的办学风格,并多次荣获全国及本市先进称号。(通讯员曾友苏)

《文汇报》1996年1月10日

"小天鹅"羽毛初长——新民格致现代芭蕾班近况

昨天早上,裹着一身的寒冷走进新民格致现代芭蕾班的排练房,顿时感到如同进入一个温暖的童话世界。宽敞的大厅里,立式空调喷出的暖风迎面拂来,平滑的地板光可照人,墙上的大镜子映出一群身穿紧身衣裤的孩子正扶着把杆,伴着音乐,踢腿舒肢转颈弯腰,动作规范整齐,令人马上会联想到巴兰钦根据排练厅生活编导的《小夜曲》中那种恬静、圣洁的场面。

去年夏天,作为在本市进行专业艺术教育和文化教育的先行者,这个现代芭蕾班的举办在社会上引起了广泛反响。记者当时目睹家长们携着子女顶着酷暑络绎不绝前往应试,这一转眼,已经是半年过去了。

半年,意味着这个班进行了一个学期的教学,因此,昨天他们请来了方方面面的人士,上了堂公开课,从素质训练、基本功训练到小节目表演,一切都有板有眼。指导这些孩子的吕老师是新中国成立后第一代的芭蕾演员,曾经亲手培养出许许多多芭蕾明星。昨天她像以前在舞校上课一样,轻轻一声口令,孩子们便似有心中默契,齐齐地做一个动作。看得出,经过半年的训练,孩子们已不再是不入门的"丑小鸭",而是羽毛初长的"小天鹅"了。

负责这个专业班的杨晓敏告诉记者:由于接受的是系统的专业教育,孩子们的素质水平提高得很快,女孩子基本上已过了脚尖关,而更重要的是,这些孩子在格致中学与其他同学同班学习文化课,刚刚结束的期末考试中,有一半以上成绩达到优良。杨晓敏高兴地说:"很多人都认为,这样的办法培养芭蕾人才,不仅可以出优秀演员,更有利于推出有文化的编创人才。"

舞台上的辉煌是用台下无数个日子的辛劳换来的,看得出,这些孩子对训练很刻苦。他们都是本市普通市民的子女,平时住在学校里,每天要与别的同学一样上完课做完作业,然后再接受3个多小时的芭蕾训练,但他们很自觉,因为他们知道自己是从上千人中挑选出来的佼佼者,这一切来之不易。(本报记者杨建国)

《新民晚报》1996年2月4日

多方联姻"格致"芭蕾特色班成绩可喜

【本报讯】多方联姻,以培养具有文化素养和艺术特质的高起点芭蕾人才的一种崭新培养教育模式,在沪上重点中学首创并推出,经半年施行获得成功。日前,格致中学和小天鹅芭蕾舞团等联合开办的芭蕾专业特色班,经过半年的学习、训练,这个班的学生不仅芭蕾水准迅速提高,而且一半学生的基础文化课考试成绩达到优良。在日前举行的公开课上,学生的表演受到行家的称赞。

《文汇报》1996年2月8日

格致中学高中队和曹光彪小学队将代表中国参加世界OM决赛

【本报讯】在刚刚结束的上海第九届头脑奥林匹克竞赛中获得"OM发明"冠军的格致中学高中队和"趣味巡游"冠军的曹光彪小学队,将代表我国参加6月初在美国依阿华州举行的第17届世界头脑奥林匹克决赛。这是上海市头脑奥林匹克协会理事会日前经投票决定的。

"OM发明",是本届世界头脑奥林匹克决赛的长期题。这道题是应1996年亚特兰大残疾人奥运会组委会的请求设计的。它要求参赛队员运用工业设计者使用的方法设计新产品,或对现有的一个产品进行重新设计,用以帮助残疾人。格致中学高中队设计了一张"牛顿3号轮椅床",残疾人可以不用他人帮助而轻松地上床和下床。曹光彪小学的"趣味巡游",是一道与环境保护有关的长期题。他们在解题中制作了一辆车子,并在队员们独创的两个主题公园中完成了五项有创造性的任务。(周敏)

《解放日报》1996年3月26日

"床中间是一只轮椅……" 格致中学此项"OM发明"夺冠将参加世界决赛

【本报讯】在刚刚结束的(中国)上海第九届头脑奥林匹克竞赛中获得"OM发明"冠军的格致中学高中队和"趣味巡游"冠军的曹光彪小学队,将代表中国参加今年6月初在美国依阿华州举行的第17届世界头脑奥林匹克决赛。这是上海市头脑奥林匹克协会理事会日前经投票决定的。

格致中学的高中队在这次比赛中设计了一张"牛顿3号轮椅床"。这张床的中间部分是一只轮椅,下肢残疾的人坐在轮椅车上可以不用他人帮助而轻松地上床和下床。格致中学的这项"OM发明"获得了包括中国工程院院士、交通大学校长翁史烈在内的评委们的高度评价,一致认为这项发明很有实用价值。(周敏)

《文汇报》1996年4月1日

嵊泗岛上观"百武"行踪　格致中学师生摄有6张照片

【本报讯】4日晚,格致中学6名学生由向学禹老师带领,在浙江嵊泗的小洋岛上,观测到了"百武"彗星的行踪,并拍摄了6张照片。

前些日子上海阴雨不断,"百武"彗星的观测难以进行。向学禹老师是格致中学地理特级教师,也是上海天文学会理事。为了抓住这次难得的观测机会,向老师决定带着6名学生赶赴浙江观测"百武"彗星。4日下午,他们登上了浙江嵊泗的小洋岛,进驻该岛上的青少年科普基地。

4日晚6时40分,向老师与6名同学选择岛上的"茅草头"为观测点,架设调试好了一台120 mm天文望远镜与配套的相机。6时50分,在西北方向,地平高度45度,同学们用双筒望远镜搜索到了"百武"彗星,它呈云雾状卵形。从7点35分到8点43分,大家一边用天文望远镜观测着彗星,一边拍摄了6张照片。(记者刘珍华)

《新民晚报》1996年4月8日

严谨治学　勇于创新　英才辈出——百年老校格致中学桃李芬芳

【本报讯】久负盛名的百年老校——上海市格致中学,坚持严谨治学、勇于创新的办学传统,培养了一批又一批的基础知识扎实,动手能力强,具有一定特长的全面发展的优秀生。近10年来,该校的高中毕业生基本上都升入高校,其中有2/3进入重点大学,并在国际、全国和市级的各类竞赛中获奖2 800人次。学校连续3次评为市文明单位。

格致中学摈弃应试教育,坚持给学生打厚实的基础,长期来形成了"热爱学生、教学严谨、勇于探索、言传身教"的教风和"勤奋、踏实、进取、创新"的学风。学校注重教学中的每一个环节,培养学生良好的学习习惯。教师按照学校制订的作业规范化要求,认真批改作业,有些学科教师还坚持当面批改作业,答疑解难。该校被授予市教学常规免检单位。

格致中学的教师不管教学内容是否属于升学考试范围,都严格按照教学大纲进行教学,并且尽可能扩大学生的知识面。经过比较,该校在初中部采用国家教委肯定的中学数学实验教材;初中英语增加香港地区的教材,以提高学生的听说能力。该校相当一部分高三学生的英语,已达到大学英语二级水平。高二数学中的"参数"内容不属会考内容,由于它对培养学生的思考能力很重要,所以,教师仍把"参数"作为比较重要的知识来教。

除重视课堂教学外,格致中学还注重在课后、校外培养学生的实际能力,发展个性特长,努力全面提高他们的素质。该校开设了近百门学科、科技、艺术类的选修课,每天下午第二节课后是选修活动时间,100%的学生按照各自的兴趣分别参加,其中70%的人参加两门以上。学校要求高二学生全部参加市民计算机应用能力初级考核,参加考核的学生全部获得合格证书。学生通过各种活动,增长了知识和才干,在今年本市头脑奥林匹克(OM)竞赛中,该校初中部、高中部双双获得第一名;高中部的学生还将于本月26日赴美国参加国际"OM"竞赛。(庄玉兴　徐松华)

《解放日报》1996年5月20日

百年老校更辉煌——记格致中学

在东风劲吹、春光明媚的日子里,上海市格致中学迎来了建校122周年的喜庆日子。122年,在历史的长河里也许只是一朵浪花,而对于格致中学来说,是经历了艰巨、曲折、开拓、发展的过程而享誉海内外。

"老树发新枝"

1874年中国科学家、"中国化学之父"徐寿和英国人向中外绅商集资创办了格致书院,1876年暑假正式招生开学。当时办学的宗旨是:"便于考究西学格陵之学,工艺之法,制造之理",学校有计划地引进、介绍西方科学技术新知识,对国内兴办近代科学教育起了很好的示范作用,是我国第一所培养科技人才的新型学校。在漫长的岁月里,格致中学几经易名,1942年改校名为"上海市市立格致中学",直至1949年上海解放后军管会接管,格致中学才回到了人民的怀抱中。

现为格致中学的名誉校长高润华回顾说:"格致中学是所百年老校,又是一所不足10亩的'小'校。被人称为'鸽子棚'。在100多年的创建发展中,特别是改革开放以来,'格致'发生了巨大的变化。"而今10层新教学大楼拔地而起,楼内理、化、生、地实验中心、电教中心、语言中心、演播中心、电脑中心均已齐备,教室内有闭路电视、放像机、录音机、幻灯机等现代化教学设备,为提高教育质量,创造了极为有利的条件。一所全新的、高规格的格致中学在上海市中心区脱颖而出。百年老校如今焕发青春,为培养跨世纪人才而作更大的贡献。

继承传统,发扬特色

格致中学是一所有122年历史的老校,为国家培养了一大批优秀人才,曾任国务院副总理的吴学谦,原子物理学家、复旦大学校长杨福家,原中央新闻局局长钟沛璋等均是"格致"的校友。长期以来,学校以"格物致知、求实求是"的精神严谨治校,传统的校风、优良的学风、严谨的教风已在学校形成。

格致中学的德育工作,是学校教育工作的组成部分之一,也是学校教育工作的一大特色,学校成立了"德育工作领导小组",经常召开德育工作研讨会,努力探索新时期中的青年学生心理素质和思想品德的发展规律。学校以"德育大纲"为指导,以爱国主义、集体主义教育为主线,以爱校教育为重点,以"行为规范训练""三周"、"二节"为抓手,逐步形成了以培养"新一代格致人"为目标的德育工作系列,出现了寓德育教学活动、集体活动的社会实践中,德、智、体、美、劳互为渗透的新格局,德育工作取得了令人瞩目的成绩:去年格致中学再次获得了"上海市中学生社会实践先进集体"称号;"德育工作六大教育系列模块"被《上海德育年鉴》收录;从1991年起学校被连续命名为"上海市中学生行为规范示范学校"等。

根深叶茂育英才

当年,江泽民总书记曾为"格致"题词:"乐育英才";国务院副总理朱镕基在视察学校时曾赞誉说:"三流的校舍,二流的设备,培养了一流的人才。"的确,格致中学在122年的发展进程中,为国家、社会培养了无数的优秀人才。他们之中有国家高级干部、科学家、高科技人才、企业家、文艺界人才等等,可谓人才辈出。近年来,新增的中科院学部委员中有3位是格致的校友。去年,高中毕业生99.3%升入高校,重点院校上线率为85%,入学率74%。同时,在去年上海市头脑奥林匹克竞赛中,组建7个队参加中学组全部项目的比赛中获两项团体第二、两项团体第三的佳绩。此外,学校还重视培养艺术人才,先后成立了弦乐队、书画社、小天鹅芭蕾舞特色班等学生艺术团体。格致中学在培养人才方面所取得的丰硕成果,是与学校坚持学生德智体全面发展、重视学生素质的全面提高的结晶,并且有一支教学严谨、高质量的教师队伍分不开的。

在谈到学校发展的前景时,现任校长姜秀娥说:"我们必须继承传统,发扬特色,加大改革力度,再创'格致'辉煌。"是的,崭新的远景蓝图使全校师生群情振奋,他们将以昂扬的斗志和顽强毅力去拼搏,使百年老校在历史的新时期中振翅腾飞。(本报记者郑菁深)

《解放日报》1996年5月21日

格致中学喜庆建校122周年　吴学谦与青年教师、学生党员座谈

【本报讯】上海市格致中学昨天在新落成的现代化教学楼中迎来了建校122周年。当年格致中学中共地下组织的创始人、全国政协副主席吴学谦专程从北京赶来祝贺并在庆祝大会上作了热情洋溢的讲话;上海市市长徐匡迪、市委副书记陈至立分别题词,表示祝贺。副市长、市政协副主席谢丽娟和市政协副主席赵定玉等领导参加了校庆活动。

由"中国化学之父"徐寿于1884年创建的"格致书院",以"科学报国"为办学宗旨,成为国内第一所传授科学知识、培养科技人才的新型学堂,一个多世纪来,格致中学为国家培养了一大批优秀人才。在昨天的庆祝活动中,吴学谦、谢丽娟还为设立在浦东新区、由格致承办的东格致中学揭牌,它标志着格致教育改革的深入,名校效应和办学规模的进一步扩大。校庆大会后,吴学谦和当年的地下党员、地下学联成员,与青年教师和学生党员进行了座谈。(记者庄玉兴)

《解放日报》1996年5月26日

格致中学全面提高学生素质　近十年来,该校毕业生基本升入大学;2 800多人次在国内各类竞赛中获奖

【本报讯】享有盛誉的百年名校上海市格致中学,昨天在新落成的设施一流的10层教学楼告捷中迎来了122周年校庆。格致中学中共地下组织创始人、全国政协副主席吴学谦专程来沪参加校庆活动并热情祝贺,老校友、副市长、市政协副主席谢丽娟,市政协副主席赵定玉也前往祝贺。上海市市长徐匡迪和市委副书记陈至立分别为格致中学题词表示祝贺。作为国内第一所传授科学知识、培养科技人才的新型学堂,该校形成了爱国传统和科学传统,培养了一批优秀的人才。多年来,该校致力于学生全面素质的提高,倡导"勤奋学习、尊师守纪、艰苦朴素"的校风,形成了"热爱学生、教学严谨、勇于探索、言传身教"的教风和"勤奋、踏实、进取、创新"的学风。近10年来,该校的高中毕业生基本上都升入大学,其中三分之二进入重点大学,有2800多人次在国内各类竞赛中获奖。该校连续三次被评为市文明单位,被授予市教学常规免检单位。在昨天的庆典上,吴义谦、谢丽娟为该校承办的上海市东格致中学揭牌,"东格致"是扩大名校效应和规模,作为黄浦区教育体制改革的重大举措而新办的,从今秋起招生。(记者 苏军)

《文汇报》1996年5月26日

两百万中小学生今开学　龚学平慰问师生要求搞好素质教育

【本报讯】 申城220万中小学生今天迎来了新学期生活。龚学平副市长和市教卫党委、市教委及黄浦区领导上午来到格致中学,慰问师生,并向他们提出要求。

如何尽快实现由应试教育向素质教育的转变是龚学平此行提到的最多的话题。他表示,素质教育十分重要,现在的学校教学中,科技活动和课外活动还应该多增加一些,这样才能真正减轻学生的课业负担,促进学生智力的发展。学校不仅要提高文化课教学质量,还应重视对学生进行德育、美育、体育、科技知识的教育,使学生德智体全面发展,成为社会主义建设的有用人才。龚学平表示,振兴教育的关键在于教师,要解决部分教师的住房困难,使他们有一个安静舒适的环境,更好地做好教学工作。(记者 高晨)

《新民晚报》1996年9月2日

每周一星

黄浦区格致中学青年教师蔡蓉虚心好学,敢于探索,勇于实践,在语文教学中取得一定成绩。她深入细致地钻研教材,领会作者的思想感情,根据教材特点和学生的认识规律结合灵活多样的教学方法,将课上得生动活泼。她因材施教,通过课内课外的启发引导,发展学生的个性特长和聪明才智。她还注重培养学生的学习习惯,指导学生掌握最佳的学习方法。近年来,她先后荣获市、区三八红旗手、优秀青年教师、新长征突击手标兵等荣誉称号,成为该校的学科带头人。

《文汇报》1996年9月23日

没有教不好的学生——记格致中学沈咸勋老师

沈咸勋老师前几年送走了一个高中毕业班,立即又接了一个问题复杂的初二班组,这里仅在男生中就有6名个性突出的学生。其中小刘有一副与众不同的胖胖的体格,一看就知道他是营养过剩者。他学习不努力,作业常常缺交迟交。在课堂上,他随意插话,好讲废话、爱开小差,到处惹是生非,屡屡违反纪律。而使教师们最感头痛的是他的"有错不认账"。

为了寻求家长的配合教育,班主任和另一位女教师,决定进行登门家访。谁知,刚走到二楼房门口,就遭到小刘的很不友好的挡驾。当眼看挡驾不成时,他就立即搬了一只方凳,快速走到面向马路的窗边,一脚站在凳子上,一脚踏在窗台上威胁地说:"你们走进房间一步,我立即往下面跳……"面对这近乎发狂的表现,全校震惊了。校长亲自找了小刘和家长谈话,要求家长带领小刘到医院进行诊断,是否患有生理上的病症。众多的老师和学生都希望学校领导能劝小刘办理退学手续。

通过深入调查,了解到小刘的父亲曾在"文革"时做过工宣队员,思想极"左",对儿子的教育方法粗暴、专横。小刘的母亲则截然相反,宠爱、庇护儿子,唯一的教育手段就是在儿子面前苦苦哀求,痛哭流涕。小刘就是在这种畸形的家庭熏陶下铸成了近乎粗野的性格特征。对此,沈老师采用了"热来冷处理,冷来热处理,冷热相结合"的教育方法,长期以来,小刘所听到的几乎都是批评声,在思想上已没有任何关心集体、积极进取的观念。为了激发起他的自信心、进取心。沈老师专门召开了一次班干部会,提出每个班干部都要用发展的眼光看待小刘。有一次,由于卫生值日生的疏忽,课间黑板没人擦,沈老师走到小刘身边,轻声地点拨:"小刘,你看到了没有,今天没人擦黑板。你学一学雷锋,去把黑板擦干净。"果然,小刘十分认真地把黑板擦得干干净净。事后,沈老师在全班讲评会上,郑重其事地进行了表扬;提议全班同学报以 10 秒钟的掌声,热情祝贺和鼓励小刘的进步;教室的黑板报上也刊登出《平凡小事不平凡》的表扬文章。擦黑板这件再平凡不过的小事,竟然受到全体师生的热情赞扬和充分肯定。小刘从中体验到,为集体做好事的社会价值和意义,也从中学到了今后行为的坐标,更唤起了他的自尊和自信。

沈老师深深体会到,孩子都有一颗向上的心,没有教不好的学生。

《解放日报》1996 年 12 月 24 日

1997 年

黄浦区两重点校初高中脱钩

【本报讯】黄浦区教育局昨天透露,市重点格致中学和区重点光明中学将结束初、高中兼收的历史,今年秋季起,实行初、高中脱钩,不再招收初中生。同时,在小学中逐步推行"无分数"、"无留级"的措施,以加大实施素质教育的力度。

今年秋季起,黄浦区将取消初中入学考试,全区小学五年级学生全部免试相对就近对口进入初中。据悉,由格致中学承办的东格致民办中学,初、高中暂不脱钩。另外,该区教育局在区一中心校、厦门路小学试点的基础上,将在全区小学中逐步实行"无分数"、"无留级"的教育。(曾友苏　庄玉兴)

《解放日报》1997 年 1 月 7 日

此时无声胜有声——岁末走访寒假中的新民格致芭蕾班

快要过年了,格致中学的大楼里清静无声。打开底楼一隅的舞蹈房玻璃门,钢琴声扑面而来,12 名新民格致芭蕾班的学生身穿练功服,在老师的指导下,一招一式,训练得热火朝天,汗水沁透了他们的衣裳,湿透了头发。这是昨天下午记者见到的一幕。

去年,舞蹈房的门口簇拥着接孩子的家长,今年,一个也没有。这意味着这群孩子长大了。格致中学芭蕾班在一年半前是特招进来的,如今这些学生都上初一、初二了,但他们的成绩倒是没有拉后腿。学校的老师为了这群学生,不知放弃过多少次休息,给他们补上文化课。像女孩子蔡婵,读小学时就成绩平平,最近的一次考试居然在格致中学也能排到中等以上水平。

昨天上的是基训课和脚尖课。老师的要求很严格,孩子们一语不发,非常安静地一遍又一遍反复练,看得出,他们对动作的要领掌握得很好。平时,他们的业余时间要比普通学生少得多,除了读书,大量的精力要扑在练功上。一年多了,站在面前的这群学生,举手投足之间,已经蛮有芭蕾的韵味了。负责芭蕾班的杨晓敏老师显然对学生们的表现很满意,她告诉记者:"他们都已懂得,成为具有较高文化素质的芭蕾演员是自己的追求,因此特别喜欢开动脑筋,这些学生将来如果上舞台,一定会与众不同的。"这时,"台上一分钟,台下十年功"这段文字突然出现在记者的脑子里。

舞蹈房的角落里,放着台秤,墙上贴着一张记录学生身高和体重的表格。杨老师关照学生:"过年的这几天,在家里要坚持练功,年初五再到学校里来上芭蕾课时,还要看看

大家的体重发生什么变化,千万不要超重了!"(本报记者杨建国)

《新民晚报》1997年2月6日

班班开设艺术角　师生同绘百花图——格致中学艺术教育有特色

【本报讯】一向重视培养数理化人才的格致中学艺术教育进行得有声有色。昨天,记者来到这家有着百年历史的中学。一踏进校门,就感受到了强烈的艺术氛围。下午3时,全校师生举行了隆重的文化艺术节开幕式。台上弦歌一堂,操场里100位师生和前来参加艺术节的画家们一起挥笔创作迎接香港回归的百花图。有意思的是,作为艺术节的一项内容,全校每个班级都在教室里开设了一个艺术角。记者有心走访几个班级,发现学生布置的艺术角很有创意。在高二(4)班,同学们在教室的一角安放了一个木架,上面靠着一把吉他,一幅学生自己画的风景油画。在吉他旁边还放了一只篮球,整个构图有方有圆,十分生动。学生们还为艺术节设计了节标和吉祥物。在艺术节期间,学生们还将评出代表格致学生形象的"格致之星",并邀请作家叶辛来作文化讲座。同学们还将去逸夫舞台观赏京剧表演。艺术节闭幕式上将由本报与格致中学共同创建的小天鹅特色芭蕾班作汇报演出。这家学校的领导告诉记者,他们希望通过这些活动倡导高雅艺术,树立格致文化形象。(记者李坚)

《新民晚报》1997年5月6日

"立志十八"留下闪光一笔——格致中学13年来有近千名学生参加党章学习小组

【本报讯】在格致中学的校园里有本"立志十八"的留言纪念册,记载着近千名历届党章学习小组同学走向政治成熟的足迹。昨天,党章学习小组又举行了"立志十八"仪式,为留言册添上闪光一笔。

1984年,格致中学高中学生自发组织了党章学习小组,校党支部对此十分重视,专门请青年党员教师做他们的辅导员。校党支部根据高中生年龄特点,高一起就从党的基础知识普及入手,由浅入深地设置党课教育内容,营造格致校园内奋发向上的政治氛围。同学们通过教育活动,把原来凭热情参加党章学习小组的动机,逐步升华到确立坚定政治方向,把追求理想信念内化为自身需要,激发了政治热情。13年过去了,党章学习小组从当年的20人发展到每届有100多名同学参加,学生入党人数逐年增加。每年都有一批同学离校毕业,他们难忘这段教育,因而书写"立志十八留言册"留给下届同学。(特约通讯员纪振英)

《新民晚报》1997年7月5日

"立志十八"留言册——记格致中学校园内的党章学习小组

在格致中学的校园里有本"立志十八"的留言纪念册,记载着近千名历届党章学习小组学生政治上走向成熟的轨迹。

1984年格致中学出现高中学生自发组织的党章学习小组。校党支部十分重视,请青年党员教师做辅导员,由浅入深地设置党课教育内容。组织学习邓小平建设有中国特色社会主义理论,开展社会考察活动,营造奋发向上的政治氛围。

通过教育,学生逐步确立了坚定的政治方向。13年过去了,党章学习小组从当年20人发展到每届有100多名学生参加,向大学输送800多名入党积极分子、23名共产党员,学生入党人数逐年增加。学生毕业离校前,他们难忘这段教育,因而诞生了"立志十八"留言册,留给下届同学。

"难忘一课,启迪一生",这是即将奔赴清华大学就读的学生党员崇臻的留言;"共产主义信仰不是虚无缥缈,而是建立在为人民服务之中",这是刚刚通过入党审批的麻端同学的志向,他参加党章学习小组后,就与山西居委会的孤老结对,每天放学后到孤老家中,帮助老人料理家务。

党员方老师既是班级的学课老师,更是政治上领路人。她为党章小组学习当参谋,把党课活动搞得丰富多彩,还开展"一颗星照亮一群人"的活动,组织同学参加学校和社会公益活动。这个班级有28位同学报名参加党章学习小组,15位同学提出入党申请。(纪振英)

《解放日报》1997年7月15日

格致中学师生踊跃申请入党

【本报讯】在短短的三个星期里,仅一个年级申请入党的学生就从1名增加到19名,这是本市格致中学成立"邓小平理论读书会"后出现的可喜新气象。格致中学是本市一所重点中学。读书会成立三个多星期来,通过通读、自学党的十五大有关文件,会员们从整体框架和理论体系上了解了邓小平理论的基本内容和思想观点。45名青年教师中也已有18位教师向党组织提出了申请报告。(记者周忠麟)

《文汇报》1997年10月28日

"小天鹅"羽毛丰舞姿美——新民格致芭蕾班昨汇报演出

【本报讯】由本报资助成立的新民格致小天鹅芭蕾班,一眨眼已迎来了它两周岁的"生日"。昨天上午,芭蕾班在美琪大戏院举行了一场展示阶段教学成果的汇报演出。

大幕缓缓拉开。晨光中,"小天鹅"们矫健的身姿渐渐清晰……这个名为《校园清晨》的节目,实际上正是芭蕾班的孩子们日常基本训练的真实写照。新民格致小天鹅芭蕾专业班是两年前由本报出资,在市重点中学——格致中学内创办的一个培养文化型艺术人才的新型特色班。两年来,12名学员在老师们的悉心培养下,克服种种困难,在芭蕾艺术的天地里迈出了扎扎实实的一步。在昨天的汇报演出中,赵佳璐表演的《天鹅之死》和商进等表演的天鹅湖片断《三人舞》,确已达到了一定的水准,而后一个节目在其他芭蕾院校一般是要到高年级或毕业班才能开始排练的。昨天的演出结束后,小天鹅芭蕾舞团团长杨晓敏破例给每位小演员发了一块巧克力。而在平时,这诱人的食品是绝对禁食的。

芭蕾班的孩子们负荷很重,他们既要在艺术上有所长进,又要跟上市重点中学各门课程的教学进度,因而他们得付出比别人更多的汗水、泪水和孩提时的欢乐。然而也正是这些付出,使他们在素质上的提高更为全面。目前,芭蕾班中有三分之一学生的学习成绩达到优秀,另有三分之一学生的学习成绩为合格。

本报总编辑丁法章、副总编辑朱大建出席观看了昨天的汇报演出,对芭蕾班学员所

取得的成绩表示由衷的祝贺。(记者张坚明)

《新民晚报》1997年11月30日

上师大—格致教科中心成立

【本报讯】上海师范大学—格致中学教育科研中心昨天成立。

该中心成立后,上师大将派出专家、教授到中学指导教师开展教科研活动。上师大承担了国家级重点课题《从情感维度系统优化中学教学的研究》的任务,邀请格致中学教学教研组参加。两校还将共同探索为期一学期实习期的教学、班主任工作等。(记者庄玉兴)

《解放日报》1997年12月26日

教育界两报六刊成"联合舰队" 上师大与格致中学携手办教研

【本报讯】原先在上海教育战线分兵把守的"两报六刊",今天组成"联合舰队"——上海教育报刊社。新成立的上海教育报刊社拥有《上海教育报》、《家庭教育报》、《上海教育》、《上海成人教育》、《上海托幼》、《当代学生》(中学版、小学版)及《教育参考》,发行总量达到135万份。

本市的高校和中学之间又架起一座"桥梁"。昨天,上海师大——格致中学教育科研中心在格致中学揭牌。这是上师大在本市普教系统建立的十大实验基地之一。(记者姚阿民)

《新民晚报》1997年12月26日

1998 年

格致读书会缅怀伟人业绩

【本报讯】在邓小平同志逝世一周年前夕,上海格致中学青年邓小平理论读书会隆重集会,学习小平理论,缅怀伟人业绩。三位学生会员代表分别汇报了各自的学习心得体会。长诗《邓小平之歌》的作者桂兴华应邀介绍了赴广安小平故居,寻访伟人事迹,进行艺术创作的经过。(张高炜)

《文汇报》1998 年 2 月 18 日

树立榜样争创佳绩——"为黄浦增辉"十佳集体等受表彰

【本报讯】连续 9 年开展的"为黄浦增辉"活动不断为黄浦区的两个文明建设树立榜样。今天,黄浦区再度评选揭晓"为黄浦增辉"十佳新闻、集体和个人,并给予了隆重热烈的表彰。今天评选揭晓的"为黄浦增辉"活动是对该区去年两个文明建设所取得成果的检阅。来自金陵街道的老妈妈禁毒宣传队、外滩女子保洁队、勇擒歹徒的民警沈红财、格致中学教师向学禹等脱颖而出,成为全区干部、群众"身边的榜样"。在表彰会上,黄浦区还宣布对勇擒歹徒的公安民警宋供力给予特别嘉奖。(记者郑裕利)

《新民晚报》1998 年 3 月 5 日

邓小平理论进高中课堂 格致中学开设邓小平理论课程

【本报讯】格致中学"青年邓小平理论读书会"昨天举行专题讨论会。与会观摩的市教委有关领导和教育专家对格致中学开设邓小平理论课程,给予充分肯定:邓小平理论进高中课堂,既十分必要,也具有可行性。

党的十五大的召开,在格致中学学生中掀起了学习邓小平理论的热潮。该校在高一到高三年级分别开设出 5 到 6 个必修课课时,系统地了解小平同志光辉的一生,学习邓小平理论,了解邓小平理论的历史地位和指导意义,通过由浅入深的学习,掌握邓小平解放思想、实事求是的理论精髓,并指导自身的社会实践。

在必修课之余,学校还积极组织学生参加各种社会实践。去年学校组织学生前往邓小平曾经工作和战斗过的大别山区进行考察,并把当地的小朋友接到上海的家中过年;该校 14 个团支部分别与金陵街道 14 个基层党支部结对,担任见习居委会干部,为居民开办爱心学校等。目前,该校已有 21 名学生向党组织递交了入党申请书,5 位同学光荣

1998年

加入了中国共产党。（实习生王昉　记者庄玉兴）

《解放日报》1998年6月26日

格致学生参加理论读书会

【本报讯】今年暑期，格致中学又有一批高中同学报名参加邓小平理论读书会。格致中学党组织从去年起，在高中部学生党员和入党积极分子中建立邓小平理论读书会。聘请社科院邓小平理论研究所专家担任读书会导师。

《新民晚报》1998年7月20日

格致中学读书会行进大别山

【本报讯】本市格致中学邓小平理论读书会一行29人，日前前往地处大别山区的安徽省太湖县弥陀镇学习调查。读书会成员沿着邓小平当年走过的足迹，参观了刘邓大军在刘畈胡氏祠堂召开旅以上干部会议的旧址，考察了乡村中小学，走访了不少农民家庭，进一步增强了责任感和使命感。（刘福朝）

《文汇报》1998年8月10日

格致中学聘4位院士为顾问

【本报讯】黄浦区格致中学昨天成立素质教育推进委员会，中科院院士叶叔华、杨福家、汪品先、邹世昌等被聘为顾问。（记者庄玉兴、徐敏）

《解放日报》1998年10月30日

格致成立素质教育推进委

【本报讯】依托社会各方力量，为学校素质教育工程"添砖加瓦"。昨天，百年名校格致中学在全市率先成立素质教育推进委员会。

据了解，该委员会由中科院院士叶叔华、杨福家、汪品先、邹世昌等担任顾问，分设专家委员会、社区委员会、校友委员会、家长委员会和教师、学生委员会，成员多数为指导青少年综合素质、科学技术和艺体教育的专家。学校将依靠这六支力量，形成和拓展以素质教育为共同目标的大教育网络，优化教育资源，完善全面实施素质教育的运行机制。（记者姚阿民）

《新民晚报》1998年11月2日

上海一批中学成为话剧校园

【本报讯】话剧艺术在中学生中觅得越来越多的知音，本市一些中学相继成为话剧基地。这是记者在昨天举行的上海话剧艺术中心与格致中学结对签约仪式上获悉的。近一两年来，话剧艺术中心为了让话剧走进中学校园而作了许多努力。他们的新戏《护照》《蠢货》《歌星与猩猩》等都曾经为中学生演出。最近复排的《尊严》也已经到市郊五六所中学里去巡演。这些剧目引起了青年学生们的浓厚兴趣，推动了校园戏剧活动蓬勃开展。（记者陈竹）

《新民晚报》1998年11月19日

1999 年

小平理论哺育下一代成长　格致中学学生踊跃报名选修

【本报讯】本市中学生学习邓小平理论的热情日渐高涨。开学伊始,格致中学开设的"邓小平理论导读选修班"就已"人满为患",原计划招收学员 40 名,可报名者多达 178 人。在广大学生的要求下,学校只得将这个选修班"扩容"。

为把邓小平理论作为青年接受马克思主义的最佳切入点,使学生能把个人的成长与国家的命运、祖国的发展结合起来,一年多前,格致中学成立了青年邓小平理论读书会,同时拟订了《高中阶段学生学习邓小平理论教学提纲》《高中阶段学生学习邓小平理论选修课、活动课教育计划》等。通过研读原著、专题讨论和社会实践三条途径,又以必修课、选修课和活动课三大板块作为载体,将邓小平理论的学习在高中课程中做到了科目化。一年多来,通过学习邓小平同志的有关著作,广大学生的思想面貌发生了很大的变化,不少学生还主动向党组织提出了入党申请报告。

为进一步推动中学生学习邓小平理论,中共黄浦区委和区教育局党工委日前要求全区的中学、职校学习格致中学的经验,让祖国的下一代在邓小平理论哺育下更健康地成长。(记者周忠麟)

《文汇报》1999 年 2 月 26 日

格物致知　求实求是——格致中学庆建校 125 周年

【本报讯】百年耕耘满庭芳——格致中学今天迎来建校一百二十五周年校庆。中共中央政治局委员、上海市委书记黄菊发来贺信;全国政协副主席钱伟长、经叔平,教育部部长陈至立分别题词祝贺或发来贺信。副市长周慕尧、市政协副主席谢丽娟等参加了校庆大会。

格致中学在百余年的办学中,逐步形成"格物致知,求实求是"的校训,学校以爱国、科学的优良传统享誉海内外,培养了一大批优秀人才。(记者姚阿民　实习生李晔)

《新民晚报》1999 年 7 月 18 日

说难不难有坡度　命题思路重实际——上海部分中学教师考生评说英语试卷

【本报讯】一年一度的高考于昨天降下帷幕。最后一门英语考试结束后,教师和学生反映,英语试卷难易适中,强化了学生对英语的实际运用能力。

(中略)

格致中学外语高级教师林立勋看了试卷后的感觉是,命题思路比较符合学生实际,题型未有大的变化,难易也较适中。选择题大多是基础知识,也有"翘尾巴"的部分,如能力较强的学生看得懂题意便能做出,如果学生只把英语作为知识来学,不重视语言包含的信息内容,不能真正理解的话就做不出。阅读部分题目也不偏,学生基本上能理解接受。翻译部分设计较好,考句型、结构的掌握,把高中阶段重要的知识点都包括了。功能部分考查强调了实用性,语法、词汇等都没有偏题。试卷对今后的外语教学有一定的导向性,就是要重视培养外语语言的应用能力,特别是在阅读方面。

考试铃响后,较早走出试场的东格致中学的陈宵烨神情怡然地说,题目和平时做的差不多,没有偏题。作文更不难,老师给我们讲过这种类型。光明中学的魏中杰、格致中学的钱亮等都面带微笑地在与家长交谈,他们都称今天的题目不难,尤其是作文好写,感觉都还不错。(记者陈红)

《文汇报》1999年7月10日

格致中学喜迎建校125周年 黄菊等写信题词表示祝贺

【本报讯】以"爱国"和"科学"的优良传统享誉海内外的上海市格致中学,昨天迎来了建校125周年。上海市委书记黄菊,全国政协副主席钱伟长、经叔平,教育部部长陈至立,上海市市长徐匡迪和市人大常委会主任陈铁迪等分别发来贺信或题词,表示热烈祝贺。副市长周慕尧、市政协副主席谢丽娟等出席了校庆庆典。

格致中学的前身是创建于1874年的格致书院,在125年的办学历史中,逐步确立了"格物致知,求实求是"的校训,形成了科技素养和艺术体育素养教育见长的办学特色。学校连续四届被评为"上海市文明单位",被教育部命名为"现代教育技术实验学校"。近年来,学校以师资队伍的高层次、教学工作的高质量、行为规范的高要求、教务管理的高科学为抓手,大力推进素质教育,取得了明显成效,全校初、高中毕业生的综合素质和学习成绩居全市领先水平。近10年来在各项全市、全国和国际竞赛中共有3 000多人次荣获市级以上等级奖、全国以上等级奖达600人次。(记者苏军)

《文汇报》1999年7月19日

既要授之以鱼 更要授之以渔

上海市格致中学的英语高级教师林立勋认为,今年的英语试卷对今后中学英语教学的导向是:要重视英语基础知识的落实,培养学生初步运用英语的能力。我们今后的授课不仅要授之以"鱼",更要授之以"渔"。

林立勋表示,今年的试卷其实就是让学生在运用英语准确地接收和表达信息的能力上比试高低,它强调了基础知识和语言的实际运用,如语法题、翻译题等都很实在,且都是来自课本的,这就要求教师在平时的教学中实实在在地教,学生实实在在地学,不要一味钻在偏题、难题中。要让学生学了英语后既能够接收和理解外界的信息,要听得懂、看得懂,又要能够表达、会讲、会写。英语教学应扎扎实实地传授基础知识,语言训练要讲究实效,要与语言运用、语言交际能力的培养相结合,尤其要创造条件,花大力气提高学

生的语言表达能力,特别是写作能力。(本报记者陈红)

《文汇报》1999年7月28日

格致六师生赴欧洲观日全食

【本报讯】格致中学天文协会师生一行六人今天飞赴欧洲,将于8月11日在慕尼黑观测本世纪陆上最后一次日全食。他们此行还将参观德国、法国等国的国家天文台,与各国天文学家进行交流。这是该校普及科技教育、推进素质教育的一次社会实践活动。

格致中学开展天文活动历时20年,被黄浦区命名为天文特色学校,曾赴美国、泰国和我国的海南、漠河等地,成功地观测过多种特殊天象,并在天文科普竞赛和论文评选中获得全国及市级奖70余次。(记者姚阿民)

《新民晚报》1999年8月7日

"我们永远是朋友"——上海格致中学赴大别山考察团纪行

初到弥陀镇,他们就被大别山人民的盛情感动了。那天下午五六点钟,汽车已经在弯弯曲曲的山路上盘旋了六七个小时,加上前一天晚上坐了一夜的火车硬座,这些上海来的学生与老师们都有些疲倦了,迷迷糊糊地打起了盹儿。突然,一阵鞭炮声"噼噼啪啪"地响起,铿锵的锣鼓声也倏地传入耳鼓,探头一看,只见彩旗飘扬,学生们整齐地列队相迎,镇上的不少居民也都拖儿携女地沿街相望,他们的睡意一下子被冲到了九霄云外,心里开始有一股难以名状的激动翻涌起来:这种贵宾式的礼遇,还是第一次经历呢……

一

位于大别山南麓的安徽省太湖县弥陀镇,有着光荣的革命传统。在第二次国内革命战争时期,这里属于鄂豫皖革命根据地;在抗日战争时期,这里是著名的游击区。弥陀镇是太湖山区的革命摇篮,为传播革命火种作出了重要贡献。

如今,大别山区的人民在社会主义建设中不断作出新贡献。只是由于历史、地理条件,这里脱贫致富的任务仍很艰巨,年人均收入仍不到千元。虽然弥陀镇人非常懂得尊师重教的必要性,镇政府甚至在不宽裕的财政收入中,下狠心花了一百多万元建了几所中小学。但每年总有为数不多的孩子要含泪离开课堂。

格致中学的师生来到太湖县,已经是第三次了。三年前,一个来自弥陀镇的青年在上海打工。经过他的牵线搭桥,格致中学与弥陀镇两所中学结成了对子,并商定每年暑假,格致中学组织一批老师和部分高一、高二学生来山区考察,同时送教下乡,互相学习、交流。这对于这些初次走出大城市的学生来说,无疑是一次极好的锻炼。为了在学生中开展革命传统教育,格致中学把弥陀镇定为自己的德育基地,并把每年考察一次定为一个制度。这不,今年又有40多名学生、20位老师来到了这里。

同学们都没想到,当他们四个一组在老师带领下住到农民家里的时候,他们会受到那样高的礼遇——

向那间高大轩敞的农舍走去的路上,郭藩还在和同学兴奋地议论:"这里可不像城市生活那么拥挤,你看这房子多大!"可当他们踏进屋门,却有另一番感受——只见宽敞的屋子,只有几件极其简单的家具。同时,却见满墙的奖状,显示出一家子的上进、努力。

走进厨房,见满头大汗的女主人正在灶前忙着。郭藩长这么大,还没见过这种柴灶,想帮女主人一把却不知道从何着手。主人忙着把他们往房里让,切开一个大西瓜让他们吃。西瓜,是常吃的,可在这里吃,郭藩他们的心里却另有一番滋味了……

菜做好了,主人一碗一碗往桌上搬,鱼啊肉的都有,满满的一桌!山里人好客,主人还拿出了一瓶酒,连说"感情深一口闷"呢。郭藩一仰头,真的一饮而尽。后来才知道,那一桌菜,山里人家准备起来可不容易呀。晚上,睡在主人特地让出来的大床上,郭藩的心里第一次有了一种受宠若惊的感觉。

高旭新他们住在另外一家。和主人天南地北地谈了一通后,他准备去洗换下的衣物,但见自己的衣服已挂在了晾衣绳上。原来,女主人早已把他们的衣服洗了。高旭新心里一阵惭愧:老师还说要帮主人家干家务,可我们连自己的事都没有自己做……

二

刚到大别山的那个晚上,高一学生徐冠夏就病倒了。在上海时,他因踢足球扭伤了脚,怕老师不让他来,他就隐瞒了这一"情况"。经过一天一夜的颠簸,他的扁桃体发炎了,只好连夜到镇卫生院去打吊针。打完吊针已是深夜11点多了。可是,第二天一早,徐冠夏和别的同学一样起床了,还争着挑水、打扫院子、整理房间,并和同伴们一起下地插秧,挑着几十斤重的箩筐,来来回回地收庄稼。到了晚上一看,他的脚直肿到小腿。瞧他这副样子,有人提议别让徐冠夏参加劳动了。这下,徐冠夏急了,说:"脚伤可以慢慢治,劳动的机会这次错过就没有了!"这以后,走几个小时山路给山里孩子送衣服、送书,徐冠夏一点也没落下过。有一次要过河蹚水,脚上敷的药浸湿了,他也没吭一声……

三

格致中学的柴志洪校长、孙兆桂副校长讲起这些学生,一股欣喜之情不由溢于言表。虽说这次来的学生并未经过特意挑选,可谁也没给格致中学丢脸。早上6点刚过,学生们就下地帮着干农活去了。这些城里的孩子以前谁也没有插过秧,可他们心灵手巧,很快就挺像那么回事了。水田里有蚂蟥,顺着小腿往上爬,往肉里钻,他们一点也不怕,用手拍几拍,把蚂蟥震下来,然后继续忙着插秧……

这时,两位校长正在一门心思地开始策划上午的三节公开课。为了这三节公开课,杨永武、葛赪、凌萃华三位老师尽管已经筹划了一段时间了。但是送教下乡,对格致中学来说毕竟还是第一次。瞧他们,先是拿着精心准备的教案给大别山区的老师看过,征求意见,然后根据山区的教育进度再进行调整,精心设计出最能体现格致教学风格的一课,与山区的老师进行交流。

那天,弥陀镇上所有的老师都来了;学生们有的早上4点就从家里出发,走三四个小时山路赶来听上海老师讲课。数学课从滑滑梯的例子开始,复习了全等三角形的性质。葛赪老师鼓励孩子们对数学问题也可以先进行猜想,再进行证明。孩子们则觉得前所未有的新鲜,也都提起了学习兴趣。一节课上得有声有色。语文课上,杨永武老师让孩子们进行课堂讨论,孩子们回答完问题,则让大家为他鼓掌。气氛很活跃,就连观摩的老师也都被吸引住了。

四

扶贫是这次考察活动的一个重点内容。从他们踏上这片土地的这一刻起,就把目光聚向一个个贫困孩子身上,聚向一个个有发展前途的孩子身上。三年来,格致中学的每个班级都助养了一个大别山区的孩子,捐助这个孩子的学费直到他毕业。再加上二十几位老师各助养的一个,共助养了60多个孩子。他们把行前每个班级募捐的现金,买了学习用品,再加上他们自己在出发前为助养的孩子准备的物品,送到被助养的一个个孩子家里。

火辣辣的太阳照着无遮无拦的山路,师生们上路了。三十七八度的高温,动一动就是一身汗,他们顺着羊肠小道,走着走着,只感到背上的背包越来越重了。高一(3)班的余祎慧,走着走着脸色开始发白了,她有轻度的心脏病,渐渐觉得透不过气来。这时,她发现路边一棵树上挂着两条蛇,吓了一跳。她觉得自己快要晕过去了。好不容易到了,一进门,老乡见她脸色不好,马上给她端来糖水,又到地里摘黄瓜,去小店买瓜子。看着老乡淳朴的笑容,余祎慧心里暖暖的,觉得走这么一次非常值!

郭藩这一组是走得最远的了。十几里的山路上去就用了两个多小时。几个女孩子觉得自己简直快不行了。可当他们刚到半山腰时,便看到村里的一大帮孩子迎了出来。在孩子们的护拥下,他们走进了徐素云的家。他们刚把衣服递给徐素云的爸爸,这位中年汉子的眼圈一下子红了,喉咙哽住似的,一句话也说不上来。目睹此情此景,师生们忙上前握住他的手。他们真切地感受到:彼此相隔千里,大家的心却是相通的。

杨永武老师说:"出来一次,才发现我们的学生真的很好!有的学生在学校里看看有点娇气,出来都是好样的。"他们这一组上山去,本来没有捐款的打算,看到一位老乡家里连像样的鞋都没有几双,周琢悄悄地把他拉到了一边:"杨老师,我们捐点钱吧!没想到这位老乡家里这么贫困!"于是五个人一凑,捐出了250元。他们对山里孩子说:"只要你肯读书,上高中上大学我们都资助你!"下山了,周琢又若有所思地冒出了一句:"我们班级只要一人少吃一顿肯德基,就是1 000多元,可以为这里的孩子交两三个学期的学费了。"

五

就要走了,别情依依。弥陀镇人民每年都要举办一个盛大的篝火晚会来欢送这些来自上海的朋友,山里的孩子走上几小时山路,也要来赶这一个"节日"。这不,山里的孩子又早早地等着了,师生们也不敢松懈,郑重其事地排练起节目来。

就在这时,令人感动的一幕出现了——与高一(5)班结对子的弥陀一中初二年级的殷多敏,拎着大包大包的东西来了,说是要送给早上去他家送捐款的哥哥姐姐们吃。打开一看,几十只鸭蛋,一大包茶叶,还有大袋的糯米。同学们说啥也不肯收下,他们知道殷多敏家境的贫寒,爸爸妈妈都有病,姐弟二人都在念书,家里正想让姐姐休学……就是这样一个家庭,却拿来了他们家最好的、连自己也舍不得吃的农副产品。同学们推了半天,殷多敏的眼泪在眼眶里转来转去,非要这些上海姐姐、哥哥带着路上吃不可。面对真情,同学们只答应一人拿一个鸭蛋,算是领了这份情。

正推让间,一位老太太颤巍巍地走了过来。她是叶坳小学最贫困的学生余斌的奶奶。上午师生们刚去她家,下午她就拖着患风湿性关节炎的腿,走了一小时,来回赠给师生们一袋家里腌的咸鱼干……

还有一位老人,带着孙女兴奋地到处打听:"黄老师来了没有?他认养了我孙女儿,我想叫他到我家去玩。"原来这位老人一大早就出了门,走了八里山路,又在烈日下整整等了一个下午,只为了看一眼黄老师。一名搞摩托车运输的山里人,见是上海来的学生要去学校开会,马上把他载过去,硬是不肯要钱。一位母亲知道上海的学生来了又要走,跟着学生后面赶了五里路,只是为了叫一个孩子再次到她家去吃饭……

这就是大别山的人民,纯朴而又真挚的人民!

篝火晚会上,格致中学副校长刘福朝将1 000元学费郑重地交给格致中学集体认养的高中生李小红。

被篝火映得红红的脸蛋上洋溢着笑容,歌声在风中荡漾:"让我们永远是朋友……"
(本报记者王珏磊)

《解放日报》1999年8月8日

世纪天象　异地捕捉——格致中学天文协会成功观测日全食

【本报讯】前往德国慕尼黑观测日全食的格致中学天文协会师生们,昨天给学校传来喜讯:当地时间8月11日11时16分至14时01分,他们成功地观测到本世纪最后一次日全食,其中2分13秒的日冕、日珥等现象非常美丽壮观。

当天上午9时左右,慕尼黑航空博物馆的草坪上陆续聚集了数千名各种肤色的天文专业人员和天文爱好者,各种望远镜和摄像机林立。尽管天气不尽如人意,但格致中学师生因为有以往赴泰国、漠河观测日食的经验,大家应付自如,成功捕捉到这次珍贵的日全食过程,抢拍下150幅照片。其间,德国巴伐利亚州电视台还对远道而来的格致中学师生进行了采访。(记者姚阿民)

《新民晚报》1999年8月13日

格致中学举行陈妮娟独唱会

【本报讯】昨天在上海音乐厅,伴随着《我的祖国》雄壮的乐曲,一位女教师登上了舞台放喉高歌,拉开了"园丁献给祖国的歌"音乐会的帷幕。这是格致中学举办的"陈妮娟老师独唱音乐会"中的一个镜头。为音乐教师举行个人独唱音乐会,是格致中学为庆祝今年教师节而安排的特别节目,也是该校普及高雅艺术提高学生素质的举措。陈妮娟老师执教学校音乐,热爱艺术和艺术教学。昨天她演唱的12首民歌,委婉动听,情真意切,让学生感受到了歌唱艺术的魅力。(记者苏军)

《文汇报》1999年9月9日

2000 年

校园荧屏　学生舞台——记常办常新的格致中学学生电视台

　　每天上午 7 点 35 分至 7 点 55 分,格致中学例行的晨会课与众不同,"格致学生电视台"准时播出的节目在各班教室电视机屏幕上"全线"上演,学生们聚精会神地观看,不时还要议论几句,进行点评,他们盼望这扇校园文化的窗口日日出新。由上海市市长徐匡迪题写台名的该校学生电视台越办越红火。日前该校举行了首届"格致电视节",成为本市校园电视台中的首创。

　　这家学生电视台,开设的格致新闻、新闻聚焦、科普 20'、科学与幻想、校园花絮、新海岸等 10 多个新闻类、科普类和综合类栏目深受学生青睐。学生天天在校园生活,拍摄播放他们的生活还有意思吗?回答是肯定的。《"校服"大家说》,学生七嘴八舌,还真有服装设计师的眼光;《运动会前奏》把各班体育尖子的训练劲用形象展示出来,颇有"人生能有几次搏?"的雄风;《男孩,女孩》针锋相对的有声论辩与形象展示,给同伴许多启示。校园电视台还制作了近 50 个专题电视片,将学生带入到广阔的社会生活中去。南京路步行街、陆家嘴中心绿地等成为他们走向社会、增长知识的场所。学生在街上拍摄《广告》专题片,然后进行妙趣横生的点评,让大家分享快乐和知识。《棒棒糖的经济价值》把学生自产与商家的商品进行比较,充满了经济学知识。而上海图书馆新馆的介绍,则把学生引入了课堂之外一个无垠的世界。

　　学生走出校门拍摄的《一次"脱贫"之行》,真实地记录了电视台成员第一次赴大别山老区考察的行程。调查和拍摄短片时,要住在老乡家里,这对城市学生来说确实是一个考验。白天,他们冒着酷暑顶着烈日,调查访问拍摄采访,晚上即使蚊叮虫咬也要写日记和采编旁白,一天只睡几个小时,但他们把这当作磨炼自己的机会,没有人叫苦喊累。该片获得了上海市第三届学生电影节优秀短片一等奖。在颁奖会上,学生们流下了激动的泪水。一位学生说,通过在农家的生活和劳动,与老乡座谈,使我们对农村的现状有了一些感性了解,从而也加深了对邓小平理论的认识和理解,学到了在课堂上无法学到的知识。许多学生在拍摄贫困孩子渴望学习的镜头时,深受感触,纷纷把平时节省下来的零用钱捐出来资助他们上学,既培养了勤俭节约的习惯,又弘扬了关心他人的精神。每逢暑假,他们都扛着摄像机,到大别山革命老区考察采访,先后制作了《情系大别山》《希望的呼唤》《1+1＞2》《大别山手记》等 5 部专题片。(本报记者苏军)

《文汇报》2000 年 1 月 13 日

大别山的同学来咱家 "给予比接受更幸福"

这几天,格致中学高一、高二的学生还处在"给予"的幸福之中。因为他们在今年寒假接待了一批来自安徽大别山区的小客人。

高一(1)班茅蔚同学的妈妈杨美娟体会最深:"儿子长这么大,从没见他怎么关心、体贴过人。这次家里接来的是安徽省太湖县弥陀二中初三(1)班的朱礼鹏小朋友。我发现,这几天儿子似乎一下子懂事了许多。"那天火车站接人,他和同学们一起,在寒风中等到近晚上9点,个个都已冻得脸蛋红红、手脚僵僵的,可当看到那8位风尘仆仆、又有点怯生生的"小不点"走下车来时,竟不顾一切地和其他同学一起,一窝蜂地拥了上去,帮他们拎包,嘘寒问暖。茅蔚和同学们"争夺"了半天,才终于把朱礼鹏小朋友"抢"回家。他对朱礼鹏小朋友的那个呵护劲儿,真像一个大哥哥对自己疼爱的小弟弟。

第二天,茅蔚同学把小礼鹏从上到下、从里到外打扮一新,并放下正在看的书和作业,邀了同学一起陪小礼鹏玩。临走的那天,为了给小礼鹏捎带点吃用的物品,妈妈、茅蔚和小礼鹏去了超市。付完账,茅蔚一把抢过马甲袋,拎着就走。这个小小的动作令杨美娟的心里很是欣慰:"以前儿子可是不大会想着给别人拎东西的!"

格致中学和安徽省太湖县弥陀镇两所中学结对子,已经是第四个年头了。每年暑假,格致中学都会组织一批高中学生去大别山区参加劳动、考察;寒假,则有一批品学兼优而又家境清贫的弥陀镇的学生来到上海作客。

"这几天可真累!虽然累,可心里挺开心。"高一(2)班的寿釜、虞磊他们接待的是一个12岁的小同学、弥驼一中初二(4)班的李姗。6个大同学陪着小妹妹,玩遍了上海所有有特色的景点。凡是有彩灯的地方、漂亮的地方,说得出名来的,他们都去过了。他们还给小妹妹买了很多吃的和学习的用品。李姗来的时候一个包,回去时是满满七个大包,寿釜他们又替小妹妹把东西搬到火车站,送上行李架,放妥帖才告辞。"没想到陪一个人玩这么累!现在才体会到父母的辛苦。"寿釜、虞磊他们第一次体会到了父母当年的辛劳。

也难怪,对这些从来都是家庭中心的独生子女来说,关心一个比自己小的孩子,还真是第一次。不少同学以前还真的没学习过照顾别人呢。

"从被人照顾到照顾别人,我们实现的是能力的跨越,人生观的飞越。""没想到,给予比接受更幸福!"——开学后的班会上,同学们说得多好!

"他们都长大了,懂事了"——老师如此评价。(本报记者王珏磊)

《解放日报》2000年2月25日

上海市格致中学重在培养学生创新精神和实践能力 将研究型课程列为必修课

【本报讯】重点高中不以升学率为唯一办学质量标准,上海市格致中学就此作出实质性改革:从本学期起将研究型课程列为高一、二年级学生的必修课,学生以论文、调查报告形式作出的成果作为硬指标列入学期总评成绩,使培养学生创新精神和实践能力的素质教育落实到课程设置中。

作为市重点中学,该校有较高的升学率,这为拓展学生创新精神和实践能力的培养提供了空间。他们近期开出了与语文、数学、政治、生物、历史、地理、劳技、综合理科等学科教学相关的10门研究型课程,学生在这种课程中取得的成绩占学期总评成绩的30%,达不到要求的将影响毕业。

该校的这一改革目前正在探索中稳步推进。学生对研究型必修课怀有浓厚兴趣,他们除了完成学校规定的必修内容学习外,还根据个性爱好和特长有所侧重,学有所长。在地理课上,在天象馆里,一些学生被变化莫测的天体运动所吸引,学会了综合利用知识解释自然现象的基本方法。有的学生回家后,利用夜晚还连续择日观察月亮等天体运动。为了观察得更仔细,有的学生还走出家门,四处寻找最佳角度,并将观察到的情形记录下来,丰富了课堂知识。学生对以观察报告、小论文和小组课题等形式出现的作业颇有热情,十分投入,做得有劲。

依托社会大课堂,让研究型课程与社会实践紧密结合,这是该校课程改革的特点。许多教师转变教育观念,纷纷尝试新的教学方法。如在生物、地理课上,教师们将有关的学科知识进行有针对性的传授,然后选择研究项目,让学生分成小组进行现场观察,采集样本,回校后做实验,写出分析报告。高二(1)班贺新临等6位学生在调查苏州河后提出从截污、治污、调水、清淤、复氧和绿化等入手加强综合治理,并将一些具体措施提供给有关部门参考。一些学生深有感触地说,研究型课程的开设给我们开辟了创新和实践能力锻炼的天地,使我们受益终身。(记者苏军)

《文汇报》2000年6月21日

2001 年

想当 APEC 会议志愿者

格致中学高一的严密同学的"世纪心愿"是当一名 APEC 会议志愿者。

严密是个热心的孩子,在建平中学读初中时,她就参加了学校的养鸽队,她还是班级里《小队报》的主编。成绩优秀的严密后来凭"零志愿"被格致中学提前录取了。进入高中后,她自荐当上了班里的卫生员和生活委员,平日里和学校卫生室保持联系,每个月还要负责收全班同学的饭钱,对待这些鸡毛蒜皮的工作,严密总是尽心尽力,"同学们都觉得我办事仔细才把这些工作交给我做,我当然要做好啦"。(后略)(郭颖)

《青年报》2001 年 1 月 6 日

申城校园迎 APEC 热　小东道主各展风采

(前略)黄浦区格致中学的小严同学,想当 APEC 志愿者的世纪心愿被社会了解后,"2001 年 APEC 会议志愿者工作领导小组"当即决定满足其心愿。上海特爱外语进修学校表示愿意免费接受小严入学,迅速提高其外语水平,助她好梦成真。APEC 会议志愿者工作领导小组同时还希望有更多的市民学好英语,争当 APEC 会议志愿者。(王晓晶　俞丽辉)

《青年报·学生导报》2001 年 3 月 26 日

暑假:将"研究"进行到底——格致中学学生如是说

放暑假了,格致中学校园内依然人进人出,热闹非凡。

学生们是来补课的? 当然不是。

原来,自学校开设"研究性学习课程"以来,学生的学习积极性空前高涨。于是,学校决定,节假日向学生开放所有的活动场所,包括实验室、电脑房、图书馆和大小会场,供同学们自由使用。暑假当然也不例外,照常开放。

尽管校长曾戏言:"放假了,你们可以回家休息、睡觉去。"但胸中涌动着理想、回荡着激情的学子们又怎肯错过这么一个提高素质、张扬个性的机会? 于是,每天都有学生自觉地相约在图书馆、电脑房、实验室,为自己的"研究",查资料、做实验、准备论文答辩……用一位女生的话说:"研究性学习不但有独到性,有挑战性,而且都是自己感兴趣的课题,积极性自然高!"

这不,放假了,同学们依然兴趣不减,誓言:将"研究"进行到底!

动一动手,体会就深

"研究性学习,是与以往传统课程完全不同的一门课。开设这门课的目的是改变学生的学习方式和思维方式。这是让学生走出课堂、走出校门的一系列体验式过程。"柴校长这么告诉笔者。

对于这门没有讲义,也没有专门授课老师的课程,学生们都喜欢,因为它有大可拓展的空间和自由想象的余地。

这天气温高达38摄氏度。在化学实验室,笔者见到了刚刚从家里赶来撰写《钼对雄性小白鼠生殖系统的影响》的论文的五位作者:付晔、徐嬿、张立君、孙明瑞和帖焱。你不能想象当时他们有多兴奋,因为该论文的大纲经中科院院士、上海生命科学院院长裴钢教授看过后,所得评价是:"中学生能做此课题有价值,不容易,不简单。"裴院士的认可和鼓励,极大地鼓舞了他们的信心。"不要说放弃整个暑假,就是一辈子搞这研究也值了。"头上仍冒着汗的付晔同学如是说。

研究钼对生物体的影响,属毒理学范畴。千万不要以为,同学们在该课题立项之前就胸有成竹。其实五位同学开始时只有兴趣,连钼是什么都不懂,他们一连翻阅了一个多月的相关书报和听了几场讲座之后,才刚刚知道点钼的皮毛。至于写论文前的实验——在小白鼠身上用腹腔注射钼酸钠的方法使之染毒,对他们来讲更是头一回。用他们的话来说:"从小到大只有被别人打针的体验,从来还没有机会、甚至设想一下自己用针头、针筒给别人打针。更不要说是给小白鼠打针了,它是那么小,那么软绵绵的,抓在手里已经要有很大的胆子了。"但是,他们硬是在老师指导下,从用生理盐水练习注射开始。刚起头,捏着针筒就手抖,不听使唤,针头刺入的深度更是把握不准。有一次,一针下去,小白鼠当场就死了。为此,他们还难过了一阵。待初步掌握了注射技术后,他们根据实验需要,给小白鼠编组,5只为一小组。25只为一大组,连续注射5天;第二大组25只则连续注射30天。在这期间,他们天天利用中午休息时间注射,双休日也照常到校。染毒完成后,为了观察,他们连续在实验室里工作了整整8个小时:解剖、观察、对比、分析,为最后撰写论文积累了充分的数据。

谈到有什么体会时,徐嬿、张立君同学说:经过两个多月的努力,我们不仅对这个研究课题的目的、意义有了进一步的了解,而且对科学实验的方法、过程有了切身的体验。一句话:动一动手体会就深。

不会发现问题,只是"两脚书橱"

10楼的小会议室里,人声鼎沸,一群女生正在热烈地讨论着她们的论文《世纪饮料与校园文化》。

这是一个茶艺研究课题,参加这一课题研究的是一群酷爱祖国茶文化的高二女生。为了了解现代人饮茶的第一手资料,她们曾来到豫园湖心亭,衡山路休闲街采访各类茶客。这都是茶客云集的地方,她们原先以为随便找几个人聊一下,就能掌握大量的资料和信息,就能撰写论文了。可是去了几次后,她就发现茶客大多不怎么愿意接受调查,问多了,茶客们以及茶室的服务生还会对她们下逐客令哩。

怎么办呢?商量后,她们发现,茶客来喝茶大多是为了休闲,亲朋好友聚在一起聊天。谈兴正浓时,你硬插上去问这问那,还要人家填问卷,谁会有这耐心?

经过简单的心理分析后,她们改变了调查的方式,采取因人而异的方法——茶室门口蹲点与街头设摊询问相结合,果然得到了一些人的配合和支持。并很快总结出了一套调查方式:对中老年人以询问有关茶的认识和感受为主,对年轻人以询问有关饮料的认识和感受为主;对步履匆匆的行人,不挡道不询问,对悠闲逛街的行人,多说明多询问。结果出奇的好。

"不会发现问题,只是'两脚书橱'。"谈到这次调查,陈震文、沈明佳同学有太多的欣喜。中学生现在最缺的,就是发现问题的能力。课堂学习上如此,研究性学习亦如此。"这次调查研究,我们自己找到了问题的症结,而后进行分析,最后自己解决问题。过程尽管曲折,但提高了发现问题、分析问题的能力,这样的学习才能培养我们的创新思维。"

李禅颖、张莉、庄圆同学在一旁补充道:"我们选定的题目是属于社会类的研究课题。自从确定这个题目开始,我们几个同学就主动地关心起市场,关心起喝茶和喝饮料的不同人群,以及它们背后的文化影响。所得到的远远大于课堂上几小时、几十小时的灌输。"

王学敏同学的体会则是,在调查和分段撰写论文大纲过程中,大家有分有合,使我们学会了如何与他人进行合作研究、查找资料。整合信息也是我们原来从未尝试过的学习方法,十分有意思。

"我们更加关心国家大事了"

暑假刚过了一半,一篇洋洋万言、题为《我国未来海军建设》的论文就完稿了,作者是薛涛和戴伟庆等六位同学。

面对面,坐在笔者面前的他们无拘无束。一开口则俨然小小军事专家,对我国的许多先进武器如数家珍,火力特点、装备用途、与国外同类武器的比较等等,说来头头是道。

薛涛同学实话实说。他们之所以选择军事课题进行研究,"老实讲,开始纯是对兵器性能感兴趣,其实很多男生都是这样的。但经过学习、研究,对祖国的昨天、今天、明天有了更多的了解,我们的爱国主义情感也有了进一步的提升……"

此话一点不假。请看,他们六人仅收集的军事类书刊就达三百多本,资料记了厚厚六大本。戴伟庆同学讲:"不错,起先是出于兴趣,研究到后来,就自然而然地产生了一种责任——我们高中生也应该关心世界和平和我国的国防建设。"他告诉笔者,"在收集材料过程中,恰逢撞机事件发生,当时大家都气愤极了。爱国主义的热情更激发了我们研究的自觉性,使我们更加关心国家大事了。"

正说着,课题组的另外四个同学林音、黄政、周轶杰、王善鸣大汗淋漓地赶来了。见到笔者专程采访,他们都抑制不住内心的喜悦,黄政说:"研究海军装备的初稿写好了,还需要修改。接下来我们再想研究陆军。"周轶杰则说:"没有想到,原先以为玩玩的'研究'竟使我们学到了许多教科书上学不到的东西,比如收集材料、去粗取精的能力,政治理论的水平和关心国家大事的习惯,等等。所以,我们决定将'研究'进行到底!"

这种"累",可愉快了

相比实验室的静谧、教室的喧闹,会议室里的分贝介于两者之间。

张惠、王涛同学坐在圆桌靠墙的一头。圆桌四周围坐着老师和同学。这里正在进行一场论文答辩。

"我们的论文题目叫《纸的使用现状调查与对策》",张惠同学的话音未落,他背后的大屏幕上就打出了论文名。随着他们的论述,大屏幕上显示的便是一张张调查表格。张惠和王涛同学轮流地用电子指示棒指着大屏幕,一一向老师和同学介绍。

"论文宣读完毕,下面请老师和同学们提问。"讲完最后一句,两位同学坐回到桌前。

笔者发现许多同学同时举起了右手。

"你们提倡使用再生纸。从保护环境角度看,我同意。但请问非再生纸与再生纸的成本差价是多少?又如何推广?"一男生问得直截了当。

兵来将挡,王涛沉着应答:"根据我们调查,两者的差价大致是15%至30%。从回收的角度讲,再生纸是便宜的,有市场空间的。当然,推广过程中,还要靠媒体的宣传,要提高大家的素质,尤其是环保的意识。"

会议室内掌声响起。

"请问我国一年可回收多少废纸,排世界第几位?"

一位老师的这个问题显然难住了王涛和张惠,他们面面相觑……

据了解,为了准备这次论文答辩,张惠和王涛期末考试一结束,就投入了论文的最后攻关,还拍摄了许多照片,自己制作了幻灯片。直至此刻宣读,他们暑假里还未真正休息过一天哩!但用王涛的话说:"这种'累',可愉快了。放假了,与其去参加补习班,盲目'补课',不如干几件我们有兴趣的事儿。像这种研究性学习课程才是我们学生真正喜欢的素质教育!因为它给我们自由发挥的空间,使我们的学习充满创意。"

张惠同学说:"研究性学习是一种自愿、愉快的学习模式,我们学生可以根据自己的兴趣单独或合作选择一个课题,非常有意思。它跟我们原来习惯的学习不一样,要走出校门,走向社会。而且能与老师面对面地平等讨论,这种体验是很愉快的。"

编后:

格致中学的学生是好样的。

我们常这样说,教育并非强制的灌输,而是一种谆谆引导(蔡元培语)。自1997年始,上海在高中阶段试验开设以学生为主、教师为辅的"研究性学习课程",把基础教育的课堂"延伸"到社会,正是这种精神的延续。它为学生们开辟了一片自由拓展、想象创新的"天地"。

中学生的兴趣是广泛的。让他们接触一些课本外的知识,既是学科知识上的一种拓展,也能从小培养他们一种科研精神、创新精神。这不但不会妨碍课堂教学,相反能丰富同学们的知识,提高他们的综合素质,符合新时期教学改革的方向。这便是格致中学学生一席谈给我们的启迪。

我们可以预见,在不远的将来,上海中学生在这片自由飞翔的天空中会有更加令人瞩目的成就。(曾经文)

《解放日报》2001年7月27日

青少年科技竞赛　女生撑起半边天

(前略)格致中学姚畅老师多年从事科技教育,他说女生热衷科技活动是近年出现的新鲜事。四五年前,学校要开设一个科技兴趣小组,为考虑男女生兼顾,老师不得不到各班去拉女同学,结果响应的女生还是寥寥无几,但现在情况却截然不同。对此,姚老师还说起了一件趣事。学校原准备派三支男生队去参加市里的中学生机器人比赛,但有几位女生不服气地向老师表示,想自行组队参赛,结果,女生制作的机器人在比赛中成绩竟超过了男生,为学校争得了荣誉。姚老师分析说,除了女生自身观念的转变,以及家长对女孩科技素养要求的提高,再加上这几年重点高中女生入学人数的增多,因此,校园科技活动中女生增多,也就不足为奇了,更何况女生在科技活动中往往显示出特有的细心和耐心,所以到科技赛场上去摘金夺银也就顺理成章了。(王蔚)

《青年报·学生导报》2001年11月19日

2002 年

地球村里的"DIY"

　　"东方绿舟"里的"地球村"是由风情迥异、形态不一的世界民居组成的。4月3日,格致中学高一师生入住了"地球村",发起了一次"地球村里的DIY"活动,对西班牙公寓进行了一次"内部装潢"。同学们在底楼布置西班牙综合国情、"申博廊",二楼成为"艺术长廊",三楼是"体坛风云",置身其中,令人感受到西班牙民俗文化的气息。(后略)(梁敏)

《青年报·学生导报》2002 年 4 月 22 日

2001 年度上海市"共青团号"名单公告(共 161 家)

　　(前略)

　　上海市东格致中学英语教研组

　　(后略)

《青年报》2002 年 5 月 11 日

享受快乐 6 月

　　"认认真真学习,开开心心看球"。近期,凡是有中国队的比赛,本市多数学校都组织全体师生观看中国队和哥斯达黎加的比赛。6月4日下午2点到5点,记者在本市格致、光明、逸夫职校、华东模范、同济一附中等学校进行了现场采访。

　　格致中学的小王同学是位铁杆球迷,脸上贴了一面小国旗,她的面部表情随着屏幕上的赛况时而阳光灿烂,时而阴云密布。光明中学的小张虽然高三了,但是几乎每场球都看,他在赛前的预测居然应验了,虽然他为中国队的首战失利感到痛惜,但也为自己精确的分析颇为得意。华模的小郭同学说,平时我上课不容易集中注意力,但这场球我是凝神屏气看完的,虽然感觉很闷,但我仍然会为中国队加油呐喊……记者还了解到,在家里、在酒吧,都有学生们的眼睛,注视着电视机,关注着中国队。可以说,全市 200 万中小学生,此时的脉搏,都是随着世界杯在跳动的。

《青年报》2002 年 6 月 10 日

高润华从教 50 周年

　　【本报讯】上海市格致中学名誉校长高润华迎来了从教 50 周年。昨天,黄浦区教育

局、上海市语文学会和格致中学等9个单位联合举行了庆贺高润华从教50周年大会。（苏军）

《文汇报》2002年12月8日

环保使者欣赏中国学生　国际知名动物行为学家珍·古道尔作客格致中学

前不久的一个下午，上海格致中学的大礼堂内一片欢声笑语。应格致中学"根与芽"社团的邀请，联合国和平大使、"根与芽"组织的创始人珍·古道尔博士来到了同学们中间，和大家一起分享美妙一刻。

（中略）

在格致中学迎接珍·古道尔博士来访的欢迎仪式上，同学们首先用一台自编自导的英语小品——《一枚金戒指》，生动地表达了现代人要重视环保的深刻主题。而后，一个由同学们亲手制作的"环保倡议书"被搬上了舞台。"倡议书"倡议全校师生从回收废电池、旧报纸、书籍，减少餐巾纸使用次数，少用塑料袋等小事做起，关心和保护身边的环境。值得一提的是，这份倡议书上一幅精美的世界地图就是由同学们用一张张碎的废纸亲手粘制而成的。

接着，珍·古道尔博士在当场观看了一段格致学子假期到大别山体验生活的录像后，代表"根与芽"组织向大别山的贫困学生献上了一份爱心。刘福朝校长向博士赠予证书，以表达谢意。博士则一时兴起，兴致勃勃地为同学们模仿起了黑猩猩的叫声，惟妙惟肖的模仿立即赢得了场内一片热烈的掌声。

在温馨的烛光中，欢迎仪式最后于同学们《Live for love United》的美妙歌声中结束。（吴燕）

《青年报》2002年12月9日

我参观　我制作——上博与格致中学合办互动式主题展览

【本报讯】近日，一个名为"充满趣味的钱币世界"的展览在格致中学揭幕。虽然这个展览不起眼，却是上海博物馆和格致中学"联姻"探索馆校互动教育的新尝试。

博物馆在馆外进行流动展览并非新鲜事，但上海博物馆在选定目标观众群、并由目标观众群参与制作展览的做法在国内博物馆中是首屈一指的。这次展览就由格致中学的学生依托博物馆的资源优势，自主选题、自主设计、参与制作完成的。学生在专家指导下制作展览，把枯燥的钱币知识化成了生动的图文介绍，实现了研究性学习。（记者金志刚）

《新民晚报》2002年12月20日

圆一回当上海学生梦　澳大利亚中学生访问格致中学

前不久，上海市格致中学的同学们依依不舍地送走了6位来自澳大利亚Presbyterian Ladies' College（简称PLC）学校的女生，让她们也实实在在地感受了一回做上海学生的滋味。

位于墨尔本市的PLC学校是格致中学的友好姊妹学校，两校间一直有着亲密的互访接触,今年暑假就有4位格致学子到PLC进行了为期两周的考察访问。这次,听说姊妹学校的同学要来,大家可高兴啦。在为期两周的考察中,白天,6位澳洲女生就和同学们一起在课堂里听课,最有趣的是连语文课她们也听得津津有味呢! 晚上,她们则住在同学的家里,亲身体验"上海爸妈"的关怀和"上海家庭"的温馨。

乘着周末,同学们还欣然陪同她们游览了朱家角、苏州,参观了南京路、上海城市规划馆和上海历史博物馆。上海城市的现代风情、上海菜的精致口味以及上海人的热诚善良,都给她们留下了深刻印象。临行前她们都表示,希望以后有机会能再来上海,继续圆一回"上海学生"梦。(吴燕)

《青年报·学生导报》2002年12月23日

2003 年

格致中学学生大剧院里展才艺

日前,上海大剧院一流的舞台上,一台一流的"上海市格致中学2003新年音乐会"拉开了序幕。多才多艺的格致学子们,用才艺表演的方式喜庆新春的到来。

格致中学的弦乐队,在上海市的学生乐队当中可谓是独树一帜。乐队成立于1996年,长期聘请上海音乐学院张眉教授,上海交响乐团姚世美、李雅芬、刘大海、胡纪春等专家和教师进行专业指导。在老师们的精心指导下,乐队近年来取得了诸多骄人的成绩。1996年,乐队夺得上海市第二届学生艺术节器乐比赛一等奖;2001年10月,应邀担当中央电视台APCE之夜的音乐伴奏;2001年12月,于上海音乐厅与胡咏言带领的上海广播交响乐队合作,并获得专家的一致好评。

今年格致弦乐队满7岁了。在七年的漫长岁月中,整整一届的格致学子茁壮成长了起来。于是,这次新年音乐会又成了如今高三的一批乐队成员,回报学校、回报老师的汇报演出。大家包含着激情和感激先后为大家演奏了《勃兰登堡协奏曲》《蓝色的多瑙河》《良宵》等名曲。上海音乐学院丁芷诺教授和中国著名指挥家曹鹏老师,先后上台为乐队做指挥。(吴燕)

《青年报·学生导报》2003年1月13日

爱心教师执教"爱心学校" 免费为困难家庭孩子"义诊"

【本报讯】今天是双休日,又是寒假的第一天。爱国中学语文教师胡宏君和市西初级中学化学教师沈重园却放弃休息,冒雨赶到格致中学参加为贫困学生开设义务专家"门诊"。原来,这两位曾获"上海市金爱心教师"称号的优秀教师,荣幸地成为今天揭牌的"上海市金爱心学校"首任教师。

让人惊讶的是,这所学校竟然没投入一分钱资金。爱的教育研究会理事长倪美琪解释说,所有上课教师不拿任何报酬,教室由格致中学免费提供。据了解,爱的教育研究会主办的"上海市金爱心教师"评选活动,到目前为止已进行了8年,近千位教师获此殊荣。去年,金爱心教师联谊会在成立之初,提出办一所义务为困难家庭孩子服务的业余进修学校。寒假前,首次推出的初三学生辅导班,由于报名教师太多,远远超过实际需要。为满足大家的积极性,教师们只能轮流任教。今天,又有15位高中金爱心教师赶来,筹划为高三学生开设"义务专家门诊",帮助今年参加高考的学生答疑解惑。

金爱心学校校长、格致中学物理教师朱莹毅说，考虑到不增加学生过重的负担，假期中仅安排了6个半天的辅导时间。尽管如此，参加授课的老师们早就在精心备课，争取让学生们有真正的收获。大家再三表示，不拿一分钱报酬，车马费自摸。"因为，一切建立在爱心之上！"朱校长道出了金爱心教师们的心声。（记者姚阿民）

《新民晚报》2003年1月25日

环保从身边做起　格致中学同学乐做有心人

"回收盒饭的橡皮筋、尽量少用餐巾纸、用足试卷的正反面、午餐自带餐具……"这可不是出自哪位环保专家之口，而是格致中学"根与芽"社团的同学们自己开动脑筋想出来的环保"金点子"。莘莘学子是这样想的，更是这样做的。

和上海市的许多中学一样，格致中学的大部分学生午饭享用的是快餐公司送来的营养午餐，同学们便把注意力集中到了午餐的饭盒上。细心的同学们发现，为了防止饭盒张开、菜从里面晃出来，送到手的每个盒饭上都会绑着一根橡皮筋。时间一长，势必会造成大量皮筋的浪费。在一次社团的例会中，一位同学提出了回收皮筋并将其编成长皮筋送给体育组的想法，大家立即拍手称好。此后的每个中午，吃快餐的同学们都会自觉地把盒饭的皮筋交到班级的一位负责同学手里，这位同学再将一周汇总的皮筋交给"根与芽"社团。不久后，数十根同学们亲手编制成的长皮筋被送到了体育组。从此，同学们尤其是女生体育课上又多了一项游戏内容——跳皮筋，而通过这件事所得到的感受，每位学子的心中亦是或深或浅。更令人惊喜的是，同学们的环保举动很快影响到了盒饭公司，皮筋就这样从午餐饭盒上"销声匿迹"啦。

去年11月，格致学子们欣喜万分地迎来了国际"根与芽"组织的创始人、著名的动物行为学家珍·古道尔博士的来访。在欢迎会上，一幅色彩鲜艳的大型"环保倡议书"尤为引人注目。在"倡议书"的正中央，有一幅具有立体感的世界地图。你知道吗？这幅地图是近20位同学花了近一周的时间，用一张张大小适中、颜色各异的废旧试卷纸和宣传纸亲手粘制而成的。

如今，像这样贴近生活的环保创意和举动还有很多很多。就如一位"根与芽"成员所说的那样："保护环境需要我们每一个人从自己做起，从身边做起。环保就在我们身边。"（吴燕）

《青年报·学生导报》2003年2月17日

黄浦区依托重点高中带动初中整体发展

为了积极有效地促进区内教育的均衡发展，黄浦区开展了一项名为"加强初中协作块工作"的活动。此项活动，旨在通过区内大同、格致、大境、市八、敬业、光明六所市、区重点高中，与区内初级中学"一对多"的带动协作，全面提升全区的整体教育水准。（后略）（吴燕）

《青年报·学生导报》2003年3月31日

百年老校，生命力何在？

作为中国现代教育的发祥地之一，上海云集着一批历史悠久、文化积淀深厚的百年老校,对于整个社会来说,这是一笔不可再生的教育资源。如何保持旺盛的生命力,是摆在这些老学校面前的新课题。

在上海,建校时间超过一百年的中小学大约有二三十所,近几年不断有一些学校度过百岁生日,加入百年老校这一行列。据华东师范大学教育学系主任、教育史研究所所长杜成宪教授介绍,上海的近代教育开始于19世纪60年代,当时的学校多以教会学校为主,而中国人自己办的中等学校大约出现在19世纪末,20世纪初清政府推行新学制和民国建立,使上海的中学得到较大发展,特别是20世纪20年代,这是上海教育比较好的发展时期。那时兴办了很多学校,也进行了不少教学改革,这成为今天上海中小学发展的基础。

上海中学、南洋模范中学、格致中学、光明中学、敬业中学、市三女中、徐汇中学、育才中学、向明中学……上海几乎每个区都有几所历经岁月洗礼、积淀下深厚文化底蕴的百年老校,她们在历史的动荡中形成自己的办学特色,培育出数以万计的栋梁之材,在教育发展史上留下光辉的一页。

(中略)

继承:不能忘却的传统

百年老校有一个得天独厚的优势就是历史给学校留下了传统。格致中学校长柴志洪说得好:"一种办学的传统,它能延续几十年,甚至上百年,就说明了这些传统具有不可低估的价值和优势。"相对于老建筑、古树这些外部环境,一个学校的内在精神更值得我们关注,它是学校得以延续发展的文化根底。

由"中国化学之父"徐寿先生于1874年创办的格致中学,一百多年来,在"格物致知,求实求是"精神引导下,经数代人的努力,创立了"热爱祖国"和"崇尚科学"两大传统,为中华民族培养了大量优秀人才,学校也因此成为以教学严谨,育人高质而享誉海内外的"百年名校"。柴志洪强调,这些传统和特色是学校赖以发展的生长点,"'爱国、科学'依然是我校的特色,'格物致知,求实求是'仍然是我们的校训。"(后略)(李雪林)

《文汇报》2003年4月7日

校园里过把"动漫"瘾

日前,一辆"动漫之车"驶进了上海格致中学的菁菁校园。来自全市的中学生动漫爱好迷们,在这里过足了一把"动漫瘾"。来自洋泾、南模、大同等各个中学的动漫社团摆起了展摊,同学们画的画、展的展、卖的卖,忙得不亦乐乎。

周祺,是上海工艺美校广告专业的学生,从初三开始迷上动漫的她,和自己的一位同窗好友特地赶来参加"动漫情报先锋行——格致首站"的活动。周祺和她的好友都喜欢画漫画,在现场,她们兴致勃勃地当起了一回卖画小艺人。正好有位同学过来求画,周祺只花了几分钟就完成了。来自洋泾中学的动漫社,在现场展示了自己学校学生的原创画稿,还卖起了同学们自己制作的书签、明信片和相框。(后略)(吴燕)

《青年报·学生导报》2003年4月7日

小身材　大收获(有删节)

那天,格致中学的底楼大厅中人头攒动,老师与同学们围绕在几米来宽的长桌前,面对公开展示的一只只文件夹议论纷纷。走近一看,只见文件夹蓝色的封面上赫然印有三个大字:成功袋。仔细翻阅,文件夹中可谓是"别有洞天":一幅幅风格迥异的水彩画、一篇篇感人肺腑的随笔心得、一张张凝聚着心血与汗水的得奖证书……都一点一滴地记录着格致学子的成长历程。

除了个人的成功袋以外,还有班级成功袋的制作。在大伙的辛勤努力下,"电子版"与"人工版"班级成功袋相继问世。通过"理论学习"、"社会实践"、"心理健康"、"学子形象"、"各显神通"等十个篇章,集体的形象跃然纸上,它让学生们在充分运用现代化教育手段的同时,增进了班集体的凝聚力!高二(3)班的班长王莹对此深有感触:"'成功袋'的制作,使我们挖掘到班中不少人才。原来我班学生在绘画、摄影、电脑、篆刻等方面真是'十八般武艺,样样精通'啊!"现在,如果轻点鼠标,进入格致校园网,你就能看到同学们精心制作的琳琅满目的"电子版"班级成功袋。(梁敏)

《青年报·学生导报》2003年4月7日

为"抗非"一线的爸妈祝福

(前略)这些天,对格致中学高一(11)班的倪力来说,是漫长而难熬的。要是在半年前,"非典"在他的脑海里还只是个模糊的概念。然而,随着上海对非典防治工作的重视,随着全国医务人员的死亡率逐渐上升到了全体的1/4以上,倪力的心为之一抽,这使他猛然想到了自己的母亲。作为一位医务人员,倪力的母亲就工作在收治非典患者的上海市肺科医院,战斗在这没有硝烟的战场上。(后略)(吴燕 周丽)

《青年报·学生导报》2003年5月12日

母亲·护士·抗非

(前略)在眼下"非典"肆虐时刻,母亲节与护士节碰在了一起,这让那些自己的母亲是护士的学生心中多少有些激动。在东格致中学念初二的钱逸诗就是其中之一。(后略)(何颖洁)

《青年报·学生导报》2003年5月19日

文凭为何只有"一张脸"? 中小学毕业证书设计期待个性化

(前略)格致中学高二的张竹凝同学特意从家里翻出了自己的小学和初中毕业证书,发现两本证书除了大小不一和里面的照片、毕业时间等相应内容有改动外,几乎没有什么差别。另一位女生细心地发现,两本毕业证书里的底纹竟然都是一样的,都是淡粉色的东方明珠的风景图片。面对这样的证书,同学们坦言,其实他们也十分地希望自己的毕业证书能做出新意,别出心裁。(后略)(吴燕)

《青年报·学生导报》2003年6月16日

首届"上海市青少年科技创新市长奖"正式候选人主要事迹简介

(前略)

朱哲明,男,1987年5月,上海市格致中学学生,中国少年科学院院士。成功研制了

"智能用电接口"和"微机控制水箱节水系统"。荣获上海市优秀发明一等奖、上海市 Intel 青少年创新大赛一等奖、第九届全国创造发明金牌奖,全国动手做创新大赛一等奖、全国少年儿童海尔科技奖等,获上海市首届"明日科技之星"称号。

（后略）

《青年报》2003 年 7 月 10 日

敢创新勇探索——记首届上海青少年科技创新市长奖部分获奖者

首届上海青少年科技创新市长奖已于 8 月 19 日颁发,本报于次日刊登消息和名单,并介绍了 11 名获奖者中年龄最小的覃含章。今天,我们再以图片报道的形式介绍 4 名获奖者。

"上海市青少年科技创新市长奖"是在市委、市政府领导的高度关心和大力支持下设立的面向全市青少年的一项具有导向性、示范性和群众性科技创新最高荣誉奖项。在刚刚举行的颁奖仪式上,市领导勉励上海青少年立大志、攀高峰,敢创新、勇探索,胜不骄、败不馁;同时希望全社会进一步支持青少年科技创新活动的开展,促进广大青少年综合素质和创新能力的全面提高。

可以预见,上海科苑新蕾将争相绽放,科坛硕果将成批涌现!

（中略）

朱哲明

1987 年出生,团员,上海市格致中学高二学生,中国少年科学院院士。他积极参加各种科技活动,多年来获得的奖项达 40 余项。"多功能安全电烙铁"获得第九届全国创造发明金牌奖。"输液监视报警器"获得上海市第八届青少年创造发明二等奖,作品的改进型——监视系统获得了上海市优秀发明一等奖。"盲人口杯兼全自动饮水器"获上海市第十届青少年发明创造一等奖。"智能用电接口"在第十七届上海市英特尔青少年创新大赛中获得一等奖。今年,朱哲明以新发明"微机控制水箱节水系统",获得上海市首届"明日科技之星"称号。

（后略）

《文汇报》2003 年 8 月 24 日

把甜蜜留在嘴里　把祝福系在心里

一年一度的教师节,同学们总是习惯用贺卡传递对老师的深深祝福。今年,格致中学的同学们想到了一个更具特色、更环保的祝福方式——送苹果。

此次被命名为"把甜蜜留在嘴里,把祝福系在心里——用苹果和丝带代替贺卡"的活动,是由格致中学的"根与芽"社团发起的,创意一提出,立即得到了同学们热情的支持。

（中略）

"4 000 张贺卡等于一棵大树",这样的事实相信很多同学都知道。然而,格致中学的同学们用自己的实际行动保护了树木、保护了环境,让环保的理念和信念真正地深入人心。（吴燕）

《青年报·学生导报》2003 年 9 月 15 日

南京路上的"啄木鸟"——记上海格致中学"啄木鸟"行动

近一个月里,上海市格致中学就宣传"国家通用语言文字法"这一主题,在校外开展了一次"啄木鸟行动"的学生社会实践活动。同学们利用业余时间5次来到南京路(从南京东路外滩至成都路),逐家逐户地全面检查沿街店面、单位的名称招牌等用字规范、拼音及英语拼写情况;并与不合格书写的单位进行交涉、发出整改通知单,同时完成了复查与再查的相关工作。总计参与此次活动的学生达262人次,涉及单位100多家。(后略)(严瑾丽)

《青年报·学生导报》2003年10月20日

中学生物理竞赛上海36人获奖

上海市物理学会日前在格致中学举行第20届全国中学生物理竞赛(上海赛区)颁奖大会,上海共有36人获奖。格致中学有10名学生脱颖而出,获得上海赛区一等奖,同时捧得团体总分第一名的奖杯。其中,谢睿获上海赛区总成绩最高奖奖杯,魏玮获女生最佳成绩奖奖杯。

《青年报·学生导报》2003年11月24日

福州路上小导游

每逢周六上午,如果你正好去逛福州路,一定会看到一些面带微笑、身披红色缎带的学生,在福州路的各个路段正忙着为过往的游人做向导。他们,就是上海市格致中学的"福州路文化小导游"。

这些"文化小导游"都是格致中学高一(11)班的学生。高一(11)班是外语特色班,在团委张燕老师的指导下,同学们把志愿者服务活动的现场"搬到"了就近的福州路文化街上。谷一鸣和刘辰是导游小队的负责人,她们告诉记者,导游小队是今年9月份新成立的,成员就是班级的全体同学。(后略)(吴燕)

《青年报·学生导报》2003年12月15日

2004 年

学生欢迎"另类寒假作业"

【本报讯】把寒假作为培养学生综合素质、走向社会增长才干的"预习"。今年寒假前夕,本市不少中小学着眼学生能力锻炼,纷纷布置了一些富有特色的寒假作业,这些有别于一般学科作业的寒假"另类作业",体现了素质教育的要求,受到了学生的欢迎。

(中略)

在组织学生社会考察中屡出成果的格致中学,给该校党课学习小组的成员安排的寒假作业是,赴秦山核电站社会考察,了解如何实行现代企业制度和分配制度。而给该校邓小平理论读书会的成员安排的是考察温州,听取有关温州经济发展的报告,了解温州私企经济的发展。调查神力集团与大虎打火机厂两个私企,提出自己的看法与建议,写出论文或调查报告。(记者苏军)

《文汇报》2004 年 1 月 14 日

杨福家院士寄语高中生——"讲真话"是基本素质

昨天是中小学开学首日,中科院院士、英国诺丁汉大学校长杨福家连续第七年在这个特殊的日子,站到了母校格致中学的讲台,和往年一样,在为学生亲手颁发了由他出资设立的"格致中学爱国奖学金"之后,他为即将毕业的高三学生说了几句"心里话"。

"不讲真话,社会很难前进,不能坚持讲真话,人也很难真正成才。"杨福家用自己的成长经历向学生们诠释了这一深切体会,"53 年前,我走进格致中学时,对自己的未来完全糊里糊涂,是这里的老师让我懂得了人为什么要活在世界上,点燃了我对科学的兴趣,更让我懂得了在追求理想的过程中必须尊重客观、尊重知识。"

在知识经济时代,"讲真话"的重要性显得尤为重要。"没有尊重知识的道德氛围,就不可能出现比尔·盖茨。可以想象,如果他发明的软件一出来就被盗版,他怎么可能成为世界首富?"说起"盗版",身为《辞海》副主编的杨福家道出了一桩无奈:正是因为担心被"盗版",汗牛充栋的《辞海》丛书至今"不敢"出光盘。

"美国一所大学发生的一件事给我留下了深刻印象,一位教授上课时引用别人的一段话作为结束语,刚说完,下课铃声响了,他来不及说明出处,结果被听课的学生'投诉',

不久教授解职而去。"杨福家说：这种"较真"放在国内学术界几乎"不可理喻"，然而，这可能正是中国科学与世界一流相比所差的最重要的"一口气"。（本报记者金柯）

《解放日报》2004 年 2 月 10 日

本市中小学新学期开学第一课："零距离"学榜样

上海中小学新学期昨天开学，一个个别具一格的开学典礼引出了共同的主题："零距离"学榜样。

格致中学院士开讲第一课

昨天，全国科协副主席、中科院院士杨福家教授第 7 次登上母校讲台，为格致中学品学兼优的高三学生颁发"爱国奖"并热情洋溢地为师生作专题演讲。

1997 年，54 届校友杨福家个人出资设立"格致中学爱国奖"，激励毕业班学生全面发展、勇攀高峰，以优异成绩报效祖国。此后，杨福家每年都回母校一次为获奖学生颁奖，同时举办科普报告，介绍当今世界科技发展的最新成果，深受师生欢迎。校长张志敏说，杨福家的每次演讲不仅引领师生关注世界科技前沿动态，而且饱含爱国主义激情，成为"格致科学大讲坛"的一档优秀节目。（后略）（本报记者苏军）

《文汇报》2004 年 2 月 10 日

黄浦区成立中小学生《道路交通安全法》宣讲队

4 月 25 日，黄浦区"中小学生《道路交通安全法》宣讲队"正式成立。来自区内包括格致中学、大同中学、尚文中学、曹光彪小学、徽宁路三小等 12 所中小学的同学们，从相关老师的手中郑重地接过了大红聘书，正式受聘成为宣讲队的队员。

谭娜是上海市格致中学高二（6）班的学生，她告诉记者："一个城市的形象，最直观的莫过于交通。如今，上海的交通硬件趋于完善，但令人扼腕的是，交通的'软件'，即上海人对于交通法规的认知程度还有待于进一步培养和提高。因此，我们宣讲队的 12 位成员将深入区内的各个学校和社区，对即将实施的新的《道路交通安全法》进行宣传，从而为塑造上海的城市形象、体现上海的城市精神出自己的一份力。"（后略）（吴燕）

《青年报·学生导报》2004 年 5 月 10 日

中美学生"喧闹"齐奏一曲《良宵》

【本报讯】美国阿拉斯加青年弦乐团一行 40 人日前来到上海格致中学，与学校的弦乐队进行了交流演出。音乐一下子把大洋两岸的年轻人连接在一起。

该美国乐团成员都是青少年，最小的才 7 岁。礼堂里，金发碧眼的孩子们和学校乐队成员坐在一起合奏了《良宵》《喧闹的舞会》等诸多中外名曲。乐团在其中国艺术总监夏国华的影响下，一直对中国文化充满了好奇和向往。因此，夏国华萌生了带学生们来中国直接感受风土文化的想法。他表示，格致中学的弦乐水平非常专业，成员在各大音乐比赛中获得奖项，这对阿拉斯加乐团是很好的促进。（记者朱光　实习生龚丹韵）

《新民晚报》2004 年 6 月 14 日

寻伟人足迹　看今朝巨变

格致中学是上海市中学生纪念邓小平诞辰100周年、走邓小平之路活动的发起者。

根据中央加强未成年人思想教育的要求，丰富学生的暑期生活，让学生走进社会，接触社会，提高其素质，今年暑期，格致中学组织学生走邓小平走过的路，在考察社会中了解伟人邓小平，了解我国的改革开放的整个过程，了解新世纪的中国将如何发展，从而明确自己身上的历史责任。

格致中学与其他4所学校共分5条路走近伟人邓小平：童年、青年邓小平（四川广安）、战争年代的邓小平（广西百色起义）、"文革"时期的邓小平（江西）、建设时期、改革开放时期的邓小平（深圳和北京）。格致中学主要走深圳和北京两条线——

小平与北大

寻着小平爷爷深深的足迹，迎着满目的碧草与苍树，我们走进了北京大学，走进了这所令人神往的大学名府，踏上这一片曾令小平爷爷牵挂并关注的土地……

邓小平的一生多次为北大带来春天般复苏的机会。1964年11月，"社交"运动在北大爆发了，黑暗笼罩着北大，让人透不过气来。就在这危难的时刻，邓小平站了出来，他坚决肯定了北大的成绩，为北大拨开云雾见日出。然而，乌云并没有就此散去。由于"四人帮"的错误，1965年3月，北大在陕西汉中建立了分校，并于1969年10月18日，被迫将数学力学系、无线电雷达系等多个系迁往汉中，而且一迁就10年，严重阻碍了北大科研的发展，教学工作更是无法顺利开展。

值得庆幸的是，"四人帮"倒台后，邓小平作出了"与其在汉中办分校，不如在北京多招生"的指示。这无疑是一阵春风吹入了北大的校园。1979年1月，广大汉中师生经历了10年的艰辛，终于再一次回到了朝思暮想的北京母校怀抱。

1955年1月，邓小平首先批准了北大物理研究室的成立。1977年5月，邓小平指出"要办重点小学、中学、大学"，同年2月，他又作出了"要抓一批重点大学""重点学校教育部要抓""清华、北大要给他们好的学生"等一系列重要的指示，为北大教育、科研的发展作出了重大贡献。

还记得建国35周年，北大生物系4位学生在天安门扯出的"小平，你好"的横幅，还记得，小平爷爷主张恢复高考后全国知识分子的欢乐雀跃，更记得1997年长安街万人再道一声"小平，你好"的悲壮……生命的永存，精神的永恒，郁乎苍苍，无穷无尽，像滚滚奔涌的长江，震撼着每一个人的心扉。

"咔嚓"，照片留住了我们在北大门前的合影，也将"小平与北大"永远永远地留在了我们的心底。

走近南岭村

7月2日，我校一行12人踏上了深圳之路。

南岭村是深圳发展过程中涌现的一个典型，从当初的小渔村到如今的经济大村，其变化不得不令人惊叹！南岭村是在党中央的政策鼓励下发展起来的，然而仅仅靠政策鼓励就足够了吗？不，是远不够的！南岭村的发展不仅是依靠政策，更是南岭人努力奋斗得来的。敢想、敢做是南岭人最大的特点，也是南岭村最大的优势，正如邓爷爷在南方讲话中所说的："改革开放胆子要大一些，敢于试验，不能像小脚女人一样。"

此外,南岭村发展的关键是它的党政领导班子,作为南岭村的领导者,他们眼光长远,极具开放精神,更拥有极大凝聚力与号召力。

然而,南岭村目前却面临一个极大的弊端,领导班子的家庭制影响人才的引进,优秀人才很难走进来,即使走了进来同样很难在真正意义上发挥其作用。正是由于这种制约,导致了南岭村整个产业水平较低,如何改变这种现状已成了每个南岭人所担心与深思的。

南岭村的发展是深圳经济发展的缩影,是改革开放在深圳绽放出的花蕾。在坚持深化经济体制改革的同时,深圳还在政治体制的改革上进行试点,在现阶段深圳的政治管理体制下,深圳已实行80%执行机构,20%监督机构。这样的结构将政府管理进行了细化,表面看来似乎效率较慢,但实际却可减少大量的失误。

深圳,改革开放的前沿,当年在邓小平爷爷的大力支持下发展起来的经济特区,如今已成为了老大哥。但我相信,这位老大哥在这一代深圳人的努力之下将焕发出新的光芒!(倪力 施宋晶)

《新民晚报》2004年8月9日

格致中学今启动扩建二期工程

【本报讯】今天上午,黄浦区百年名校格致中学二期扩建工程启动。二期工程新增的综合楼以科技教育和学科实验为主,艺体中心的游泳池、健身房、乒乓房等,学术中心设置演讲厅和大礼堂,室外体育场有200米塑胶跑道、篮球场,校园绿化面积也扩至4 000多平方米。全部扩建工程将于明年8月完成。(记者姚阿民)

《新民晚报》2004年8月11日

格致中学改扩建

【本报讯】黄浦区格致中学改扩建工程昨天启动。扩建后,该校将新增1.7万平方米建筑面积,为学生营造一个更加现代化的教育环境。该项工程将于明年8月竣工。

据悉,黄浦区政府及区教育局积极优化区内百年名校格致中学的办学条件,花巨资在市中心城区动迁居民约300户,拆除旧建筑1万余平方米,合围了广东路、广西路、北海路、浙江路的整街坊作为改扩建空间。扩建后的格致中学将大大拓展办学空间:增添一幢新教学综合楼;6 500余平方米的艺体中心内游泳池、健身房、乒乓房、篮球和排球馆、文艺活动室等场馆一应俱全;学校绿地率比原先翻一番。(记者徐敏)

《解放日报》2004年8月12日

格致中学改扩建开工

【本报讯】建校130年的沪上名校——上海市格致中学踏入发展的新节点,昨天,该校二期改扩建工程开工打桩,明年8月竣工后,将使学校的面积扩大一倍,拥有二个"格致"。这是黄浦区发展以"精、特、优"为特征的教育,扩大优质教育资源而采取的具体举措。(记者苏军)

《文汇报》2004年8月12日

"教书就是为人民服务"——上海市格致中学纪念教师节

在今年教师节即将来临之际,上海市格致中学教职工重温了毛泽东同志在55年前给该校教师许志行的信。校长张志敏表示,积极落实新颁发的《上海市中小学教师守则(草案)》,对学生以育德为先,减轻过重课业负担,这是格致中学当前贯彻和弘扬毛泽东同志关于"教书就是为人民服务"嘱托的具体体现。

1949年10月25日,日理万机的毛泽东同志给时隔20余年后新续上联系的许志行先生回信,对他在上海教书表示"甚好",并对教师职业赋予新的内涵,提出"教书就是为人民服务"。这封信令许先生及格致中学的同事们备受鼓舞。

在崇高目标的引领下,许志行先生像每一位站起来的中国人一样,焕发了极大的工作激情,精益求精,诲人不倦,被全校师生公认为"善教现代文学,尤其是鲁迅等名家作品"的优秀教师。而始建于1874年的格致中学则步入历史发展的辉煌时期,其"爱国、科学"传统也自觉地融入服务新中国建设的时代潮流之中。

半个世纪过去,"教书就是为人民服务"始终鞭策着格致中学的教师。为努力满足新时期社会发展对学校教育的需求,该校通过年年举办"格致论坛",及时研讨热点和难点问题,不断探索理论和实践的新突破,进一步优化师资队伍,提高教学质量。近10年来,该校有一大批师德好、业务精的教师脱颖而出,其中有3项团体、8项个人获得一批国家级嘉奖。目前,高级教师达教师总数的49%,平均年龄45岁。格致中学的学生面对广阔的成长空间,学科功底扎实,个性特长明显,除在邓小平理论研究、天文学习开发、生态环境保护等领域于市内中学独树一帜外,还在国际头脑奥林匹克等大赛中频频获奖。(柯瑞逢)

《人民日报》2004年9月7日

首批示范高中亮相 市民可上网评议,标志上海重点高中将逐渐消失

(上略)

黄浦区:大同中学、格致中学、大境中学 卢湾区:向明中学 徐汇区:上海中学、位育中学、上师大附中 长宁区:延安中学、市三女中 静安区:育才中学、市西中学 普陀区:曹杨二中、晋元中学 闸北区:市北中学、新中中学 虹口区:复兴高级中学、华师大一附中 杨浦区:复旦附中、控江中学、交大附中、杨浦高级中学 闵行区:七宝中学 宝山区:行知中学 嘉定区:嘉定一中 浦东新区:华师大二附中、进才中学、建平中学 松江区:松江二中 (记者蔡玲玲整理)

《青年报》2004年11月27日

爱国是最起码的情感——杨福家第8次为格致学子颁发"爱国奖"

这一天,是格致学子盼望的;这一天,是院士与学子真诚对话的时刻。昨天下午,全国科协副主席、中科院院士杨福家教授按时践约,兴致勃勃地来到母校——格致中学,第8次为格致中学品学兼优的学生颁发"爱国奖"。

1997年,五四届校友杨福家个人出资设立格致中学"爱国奖",当时以及随后几年,不少人都提议命名为"杨福家物理奖",但都被杨福家本人婉言谢绝了。昨天记者特意向杨

福家提起此事，他表示，爱国观念现在在一些人身上有些淡薄了，由于经常在国外，他对此感触很深。作为中国人，爱国是最起码的情感，自己看不起自己，对自己的国家不热爱或热爱不够，是绝对说不过去的。设"爱国奖"，就是希望格致学生铭记自己是祖国的儿女，激励自己担负起祖国赋予的责任。

颁奖仪式后，杨福家发表了深情的演讲。他感谢格致中学给了他人生两件最宝贵的"东西"：一是人生观，从没梦到有梦，有了追求；二是培养了学习和后来做学问的兴趣，原来他对学英语不耐烦，是格致中学老师的循循善诱，让他喜欢上了英语。

"中学教育，最重要的是点燃火种"，杨福家强调，21世纪的教育就是要为不同学生提供不同的教育和不同的教育方法，即符合现代化的国际教育和个性化的教学。中国学生在世界上是不错的，问题是怎样培养，他明确反对文、理分班。

杨福家昨天的演讲题目是"理想、立志、成才"，背景屏幕上出现的第一个画面是"我有一个梦"。他以真挚的爱国情感和丰厚的知识修养，点燃了格致学子心中的梦想。（本报记者苏军）

《文汇报》2004年12月21日

2005 年

让教师评语更贴近学生本人更激励学生成长 格致中学创新试用"欣赏卡"

【本报讯】本报 1 月 24 日刊登有关中小学"成长手册"的讨论,引发了不少老师、家长的浓厚兴趣。记者从黄浦区格致中学了解到,学校在本学期对学生评语方式作了新的改革尝试,学生反响十分热烈。为使对每个学生的评价更贴近学生本人的实际情况、起到激励作用,格致中学今年的做法比较个性化:学校先向每个学生发送"欣赏卡"和"尊重卡",让学生自己选择填写,评价对象是每个学生自己的同桌,然后由老师阅读后写上评语反馈给学生。高一(11)班的马莹老师说,学生们对来自同学的评价十分看重,也充满期待,卡片上留下的是他们最工整的字迹和最诚心的赞赏。学校德育室张燕老师介绍,除了小卡片,他们还在学生中倡导一种不定期的全面记录自己成长的"成功册",学生在其中可以尽情地展示自己各方面的能力、喜好和特长。记者看到这些由同学们自己自由发挥的记录册制作得格外精心和漂亮,其精美程度和包含的丰富内容都大大超过了统一下发的"成长手册"。张老师说,这种可以不一定等到期中或期末才做,也不作硬性规定的"成长记录"方式,受到了大多数学生的喜爱和欢迎。(记者宋铮)

《新民晚报》2005 年 1 月 26 日

廿八所实验性示范性高中昨揭晓

【本报讯】本市首批 28 所实验性示范性高中昨天揭晓。据悉,实验性示范性高中不搞挂牌仪式,不设终身制,每三年复核一次,违反教育法律法规和政策情节严重者,将被取消称号。同时,实验性示范性高中的命名"重在荣誉,淡化利益",将取代原先市民熟悉的"重点中学"。首批 28 所实验性示范性高中学校分别是:上海中学、复旦附中、交大附中、华师大二附中、上师大附中、大同中学、格致中学、上外附属大境中学、向明中学、位育高级中学、延安中学、市三女中、育才中学、市西中学、曹杨二中、晋元高级中学、市北中学、新中高级中学、复兴高级中学、华师大一附中、控江中学、杨浦高级中学、七宝中学、行知中学、嘉定一中、建平中学、进才中学、松江二中。(记者陆梓华)

《新民晚报》2005 年 2 月 26 日

天文"魔室",如何展现"魔力"?

专用于和星空打交道的房间有两种,能开启屋顶让你和星空亲密接触的天文台和能模拟星空让你感受浩森宇宙的天象馆。它们都有圆穹,看起来就像童话中的"魔室",耗资往往得好几十万甚至上百万元。有学生读了本报23日"爱和学生'聊天'的老师"的报道后来电询问:我们学校也有这样的天文"魔室",可为什么一点也感觉不到天文的"魔力"?记者调查后发现:在上海的中学里,大大小小的天象馆和天文台还真不少,但能正常运作的却不多。

建造与使用

上海师范大学附中的天文台有一架40厘米口径的天文望远镜,堪称沪上中学之最。其实,这并不是上师大附中的"独家宝藏",另一架40厘米口径望远镜一直被本市某中学置于"冷宫"——从未安装就已沦为废铜烂铁。

在南汇中学里,投资90万元的天象馆很快将启用;上师大附中天文台历史上已完成过两次信息化改造,今年又要升级;格致中学的天象馆每年都要接待好几千校外参观者,天文望远镜的口径今年即将"扩大"。

当一些学校的天文"魔室"忙于自我完善之时,另一些学校的天文台和天象馆却继续"城门紧锁",有好几所学校的天文台开幕式甚至直接和"闭幕式"画上了等号——因为落成后就从未正常运转过。

魔宝与魔力

格致中学特级教师向学禹和南汇中学天文教师樊忠玉认为,天象馆或天文台都不仅仅是辟一间房这么简单,里面的附件大有讲究。尤其是天象馆,九大行星能不能"到齐",日食、月食、流星和彗星可不可以尽收眼底,完全在于附件的配置。很多天文现象的观测必须去郊外,便携式望远镜必不可少;彗星、星云等很多天体"天性黯淡",需用赤道仪和自动跟踪系统才能摄下其踪影。但据调查,本市28所建有天文台或天象馆的中学里,配有便携式天文望远镜和赤道仪的分别仅有11所和3所。

更多的学校天文台和天象馆里"空洞无物":流星雨专用摄影器材,全市仅1所中学有;配有天文钟的学校,仅2所;与大型望远镜配套使用的全天星图,谁都没有。如此"徒有其表",怎能展现天文"魔室"的"魔力"?

其实,同学们关注的,不是"我们学校的天文台多气派",而是"我们的天文课多有趣"。"魔室"自然需要"魔法师"来当家,若是没有一位懂天文、会观测、能摄影的老师,天文台或天象馆里再多的仪器设备都只能是摆设。

独乐与众乐

其实,即使每所中学都备齐了天文台或天象馆及相关附件,也都请到了称职的天文老师,资源浪费依然在所难免——"独乐不如众乐"!

常听学校管理层自豪地跟人介绍:"我们学校的电脑紧跟时代潮流,已经更新到奔五了!"殊不知,在美国的很多科研院所里,常能看见配置很低的电脑——对付一些简单的计算问题,哪里需要出动奔五的大驾?如果学校里压根没有天文教学的基础,何必急吼吼地盖起天文台或天象馆?

有关专家认为,天文台和天象馆均耗资巨大,投资要慎重,选址要合理,使用时更应在一定范围内实现资源共享。如果学校没有组织天象观测和摄影的经验,不如先购买望远镜和摄影器材,把天文实践搬到郊外去;如果地处中心城区,与其建天文台不如引进天象馆,因为上海市区日益严重的"光污染"经常令人找不到星星;如果已经大手笔打造了天文台或天象馆,不妨建成全区的天文科普中心,向区内学校甚至社区适时开放。(本报记者董纯蕾)

《新民晚报》2005年3月29日

《高考生建议教辅循环利用》后续　市教委:校方可适当引导

(前略)把参考书送给学弟学妹、统一捐给大别山区,甚至在学校摆地摊进行低价甩卖……格致中学教导处的张老师告诉记者,学校每年高考考生对教辅的处理方法不尽相同,对此学校没有硬性的规定,充分尊重学生个人意愿。"至于今年如何处理,要看考生们自己了。"张老师说。(后略)(蔡玲玲)

《青年报》2005年6月17日

从黄浦江畔到科尔沁草原——上海格致中学千里祭扫校友麦新

"麦新是谁?"能应答的人不多。但一提《大刀进行曲》,受访者会无一例外地慷慨激昂,肃然紧拳。这首反映中国军民殊死抗击外敌侵略的战歌的词、曲创作者正是麦新。1937年"七七"事变,蓄谋已久的日军集中优势兵力向北平进犯,驻守宛平的我29军"宁作战死鬼,不当亡国奴",跃出战壕,端起机枪,抢起大刀,顽强阻击了侵华日军的万丈凶焰。29军大刀队同仇敌忾,所向披靡,"日军行近,大刀队突起,挥刀大杀,日军头颅随刀而下,伤亡无数",极大地鼓舞了全国军民的抗日士气。上海的青年学生立即走上街头,踊跃募集捐款,为前方将士赶制大刀……前线和后方的激情热血,极大地促发了麦新的爱国精神和创作冲动。当月,23岁的麦新就在上海谱写了这首彰显中华民族大无畏气概的《大刀进行曲》。

创作《大刀进行曲》后不久,麦新同志参加党领导的战地服务队,在各地从事抗日宣传。1940年,到延安鲁迅艺术学院音乐系工作。抗战胜利后,被派往东北新解放区(当时通辽归吉林省辖),任开鲁县委部长兼组织部长。1947年6月遭土匪袭击,在英勇搏斗中壮烈牺牲,时年33岁。据统计,麦新短暂的一生共创作抗战歌曲67首,歌词37首,撰写音乐理论、音乐批评等文章14篇。

上海市格致中学是麦新的母校。今年7月,格致中学校长张志敏一行风尘仆仆,赶赴内蒙古通鲁县的麦新纪念馆和麦新镇的麦新烈士陵园。走进庄严肃穆的麦新烈士陵园,来自母校的祭扫人从两处细节尤能感受到当地群众对人民音乐家的深切怀念。一是烈士墓碑的匠心独运,该碑下方2/3是麦新生前亲密战友、原中国音协主席吕骥题写的"麦新烈士墓";其上1/3刻着一把敦实的大刀,大刀周边是虚化成飘带状的五线谱,图案简练凝重,艺术地概括了烈士对祖国和人民的功绩。二是烈士坟茔的造型别致,成洁白的蒙古包形状,赫然有别于资料照片中1997年之前的土堆式样,极有可能是近年来生活水平提高后,当地群众对先烈陵墓进行了重新修缮。

通辽市委宣传部副部长李明专程驱车200多公里热情充当向导,他由衷感叹他的"前任"成长在黄浦江畔,献身于科尔沁草原,希望能继承和发展这革命的机缘。张志敏就此话题介绍了格致中学以弘扬麦新校友事迹为契机,设立"麦新班"、"麦新艺术奖",开发"麦新与抗战歌曲"研究型课程等,进一步深化格致中学建校131年来"科学·爱国"传统的情况,以及与当地麦新中学深入交流,彼此促进的意向。

夕阳西下,格致中学一行人依依作别:麦新校友安息,我们还会再来。(柯瑞逢)

《人民日报》2005年8月16日

高唱《大刀进行曲》

为庆祝格致中学建校131周年,昨天下午,格致中学举行校友麦新作品音乐会。麦新当年的亲密战友、90高龄的著名音乐家孟波老人应邀参加音乐会,并指挥全场师生高唱麦新的《大刀进行曲》。(本报记者张龙、陆梓华)

《新民晚报》2005年11月26日

让校史"活"起来

上海市格致中学在今年建校131周年之际,与上海市社会科学院共同举办"格致论坛",主题为"格物致知与现代教育"。校长张志敏认为,建设好现代格致是历史赋予格致人的神圣使命,而理性把握格致的文化传统,梳理宝贵的历史积淀,则是走好今后发展道路的前提。

校庆庆什么?各校各有其道,而把校史研究作为庆典的"主宾",颇具眼光和谋略。

校史,是一部"百科全书"。历史是积淀而成的,百年校史,虽是尘埃落定,呈现在纸面上更多的是泛黄的色彩,但透过纸背,能让后人琢磨发展的轨迹。校史,虽不断地被送进"档案",但不应冷落。这次格致论坛选择校史作为研究的对象,这正是对历史的尊重,也是对现在的珍惜。开发校史档案,就是重新阅读学校的"百科全书",如果能保存完好,那更是万幸了。

校史,是一部"教育经典"。能组成校史并能温故知新的便是流淌在时光中的教育痕迹。格致中学最近刚出版了还充满油墨香的《格致校史稿》第一卷,收录整理的是建校1874—1949年,页码长达307页。其中不乏令今天羡慕的"东西",具有真正教育意义的"经典"。教育,从某种意义上说,也是一部人类文明史的一个侧面,螺旋式上升会有重复现象,但不会是原地或原来意义上的复制,善于从已有的宝库中寻宝,这是聪明的表现,我们能借鉴过去的经典,何必再花心思"重蹈"?该用更多的精力去原创,当然原创是一种继承与发展。

校史,是一枚"办学镜子"。经得起历史检验的东西,总有其规律性的凝聚。举办"格致论坛"的意图非常明确,即汇聚专家智慧,追寻格致传统,传承格致精神,探究现代教育,创新办学思路,发扬办学特色,培养时代新人。张校长从六个方面对格物致知的"体悟"和"新解",肯定会对格致的走向产生影响,能融入到办人民满意的教育的不懈追求之中,并转化为全体教师的共识、精神底蕴和自觉追求,那培养更多具有格致文化内涵、独特精神气质的高素质格致新人就很有底气了。(苏军)

《文汇报》2005年12月19日

未来老师,你最缺什么?

前几天,一群来自华东师范大学的未来教师们,厉兵秣马准备了充足的"粮草"(认真备好课并制作了精美的课堂演示PPT),信心满满地进入了"战场"——市中心的格致中学,他们在正式的课堂面对学生展开了一次"真刀真枪"的教学技能竞赛。可担任评委的多位著名中学校长,在充分肯定这些师范生已较好掌握基本技能的同时,不约而同地指出:作为未来的优秀教师,他们还缺一些非技能的,至关重要的东西——

对学生的"大爱"

格致中学校长张志敏在竞赛之后的"晨星杯"校长论坛上举了这么一个例子:有位班主任因为班里一个学生得了肺病耽误了高考深感内疚,她十分后悔自己没有早一些了解到,是学生的妈妈先得了这种会传染的病,如果她早点将学生安排住进学校,就可以避免问题发生了。张校长认为,对学生有没有一种发自内心的"大爱",是能不能做好老师的关键。他提醒年轻的师范生说,不要太依赖现代化的电脑,而应在教学的内涵上下苦功。格致中学的教师们,曾就"多媒体技术对课堂教学的利弊"进行过辩论,结论是:能不用尽量不用!这个结论让师范生们在意外之余领悟到了教学的真谛。

教师的人格魅力

大同中学校长杨明华从事教师工作至今已有32年,32年来有一件事他从未改变:每天清晨7点以前到学校。杨校长觉得做教师必须有一种自己职业的价值认同感和责任感,有了这个前提才能建立起教师的人格魅力。学生对老师没有一种人格认同,老师所教的知识就不能真正地进入他们的心田。

毋庸讳言,目前我们的学校仍处于"应试教育"的模式,但杨校长对此"深恶痛绝",并正在为将应试教育向真正的素质教育转变而努力奋斗。但他很遗憾地发现,新一代的未来教师们,似乎依然缺乏创新意识和以学生为中心的意识,事实上,改革中国教育的重任,必定会落在他们的身上,但眼下让杨校长看到的是他们注重技巧而忽视了"人"的重大欠缺。

心灵沟通的能力

"你喜欢当老师吗?"

"真的吗?"

"是发自内心的吗?"

以上三个问题,是甘泉外国语学校校长刘国华对每一位新老师的提问,他认为,教师没有内驱力,就无法完成这样两个任务:一是认真研究学生心理,二是为教好学生提高自己。他对目前师范生课堂教学的意见是:教师与学生心灵交流的东西太少了!是否能与学生作心灵沟通,这恰恰是判别一个老师优秀与否的重要标志。

发起这次竞赛和论坛的华东师范大学负责人告诉记者,让学生在实践的"摔打"中成长,是他们的主旨。(本报记者宋铮)

《新民晚报》2005年12月26日

毛泽东与格致中学教师的佳话

作为131周年校庆的"重头戏"之一,格致中学校史馆于12月7日开馆。观毕该馆二楼陈列的1874年到1949年资料,拾级而上,赫然注目三楼展区毛泽东同志致当年格致中学语文教师许志行的信,由此引来毛泽东与格致中学的故事。

1919年,18岁的许志行辗转嘉兴、上海、长沙当了四年学徒。他受"五四"运动新文化、新思想的影响,不愿再继续奴隶式的学徒生活,渴望能重新求学。抗争的火花驱使他逃离长沙那家五金店,沿火车铁轨流落到汉口。

同一时刻,因编辑《湘江评论》而颇具影响的27岁的毛泽东,则代表新民学会赴北平参与驱逐湖南督军张敬尧活动,正途经汉口。传奇般的邂逅,引发了两人的一段友谊。

毛泽东非常赞赏许志行的选择,赠予路费建议他先回浙江海宁的老家,等自己北上使命完成后,再与之联系。

1921年春,回到长沙的毛泽东信守承诺,致函许志行秋季赴湘就读由其筹办的"成年失学补习班"。欢天喜地的许志行,不顾一切,从家里偷偷逃到长沙,与毛泽民同班读书,年幼的毛泽覃则就读小学部。时任湖南一师附小主事的毛泽东承担了他们的学习费用。一年后,毛泽东介绍他们三人参加了社会主义青年团。

国共合作时期,受中共指派任国民党中央宣传部代部长的毛泽东安排许志行当宣传部交通局干事,负责与上海进步文化界的联系。1927年,国共合作破裂。毛泽东回湖南发动农民起义。许志行回海宁策动农民暴动失败后与党组织失去了联系,辗转各地以教书为生,1945年起到上海格致中学任教。

1949年10月29日,刚忙完开国大典的毛泽东写信给别离二十余载、终于续上关系的许志行,信直接寄到了格致中学。他在信中告知:毛泽民于八年前被国民党杀害,曾教过许志行的谢觉哉在北京,自己身体尚好。还勉励许"教书甚好,教书就是为人民服务"。后来他又陆续来过四封信,其中一封也是寄到格致中学的。

1957年,许志行应邀赴北京住了将近一个月,毛泽东两次宴请他叙旧,兴致极高。随后又安排他重访阔别了36年的韶山,除精心关照旅途食宿之外,还送了500元稿费。许志行为纪念这次难忘的会面,回沪后用部分稿费买了一台凯歌牌收音机留念。

星移斗转,将近半个世纪过去。校史馆筹备组到浙江嘉善许志行先生后代征集校史资料时,又看到了那台收音机,它被恭敬地置放在书架的上端,似乎正在深情地播讲那段往事。

2005年9月,格致中学二期改扩建工程竣工,学校正门恢复到广西北路,这正是毛泽东当年致函许志行的地址,为此学校于门侧树一硕石,按信封手迹凿刻"格致中学",以铭记那段动人的佳话,并弘扬该函提及"教书就是为人民服务"的教诲。(柯瑞逢)

《新民晚报》2005年12月27日

2006 年

中学生发明助盲提示器

上海格致中学的中学生科普爱好者,运用课堂上学到的科普知识,研制出一套盲人安全过马路红外线遥感提示装置,为城市无障碍设施的建设出力。(杨建正)

《新民晚报》2006 年 1 月 6 日

格致中学自编教材让生命教育融入学科课程 用数学题"丈量"环境生命

【本报讯】某市 2000 年底荒漠化土地占全市土地面积三分之一,根据治理要求,2007 年底荒漠化土地要减少到该市土地面积的十分之一。该市计划每年将上年的荒漠化土地以 50％的速度整治好,但由于自然因素每年约有 5％的土地被荒漠化,按这样的速度,2007 年底能否完成治理要求?为什么?

这道看似数学题,但蕴含丰富生命意义的"生命题",近日出现在上海市格致中学举行的"生命、青春、责任"展示活动的"生活中的数列"课上,学生们不仅计算着"时间",而且丈量着环境生命的"长度",受到了观摩者一致好评。

作为上海中小学生命教育试点,该校采用自编教材,努力使生命教育融入学科课程,让师生对生命意义的探寻落到教学主渠道上。现在该校生命教育已有效地渗透在语文、数学、英语、地理、劳技等课程之中,而且与环境教育、青春期教育和道德教育紧密结合起来。他们自主开发的《互动式环境教育》《生命的律动》和《生命的理性》三本校本教材,作为限定性选修课,在高二年级全面铺开。

此外,该校还引导学生通过社团活动,在社会实践中领悟生命的价值。以"珍爱地球,节约能源"为宗旨的惜源联盟社团,开展了许多校园资源节约方面的活动。参加"模拟企业"课程的学生,运作"格致影城公司",去年在北京举行的全国中学生模拟企业大赛上荣获商业计划书一等奖。(记者苏军)

《文汇报》2006 年 5 月 16 日

2007 年

黄浦中学生集中展示社团文化

据介绍,除了这些文体兴趣社团外,中学生对于环保公益性、心理咨询、理论学习社团也很热衷。格致中学的"惜缘"社团、光明中学的伙伴心理咨询社和大同中学的党章学习小组就都是区里的"明星社团"。正值十七大召开之际,大同中学的党章学习小组、格致中学邓小平理论读书会、光明中学"三个代表"重要思想研读会等中学生理论学习社团还向全体黄浦学子发出学习十七大精神的倡议。(刘晶晶)

《青年报》2007年10月22日

让理论学习不枯燥　黄浦区青年"头脑风暴"聚焦理论学习

昨天的会场,来自格致中学、黄浦区经委、黄浦烟草糖酒有限公司、南京东路社区M.Y.白领青年俱乐部的中学生、机关青年、白领青年用DV、展板等方式带来了各自的学习案例,互相交流学习理论的经验体会,同时也提出困惑,而由区里的青年代表、专家学者们组成的"观察员"们既能挑挑刺,提出自己的看法,也能提供改进的建议。

格致中学邓小平理论研读会的会长徐冰倩说自己开始进入邓小平理论研读会的契机是听说能有很多社会实践的机会,慢慢地在实践、调查、学习中,在活动方案的设计中,从被动变为了主动。这一亲身经历给了很多人启发,观察员黄浦区卫生局青年理论学习第一联组组长李伟说:"学生关心时事、热心实践,热爱思考,对社会未来的探索很有热情,兴趣是原动力,参与能激发积极性,这才是这个中学生理论学习社团十年来长久不衰的原因。"黄浦烟草糖酒有限公司青年理论学习小组通过排演《亮剑》、南京东路社区M.Y.白领青年俱乐部通过开展环保野营、参观展览、文化寻根、植树、怀抱孤儿、与贫困学子结对等活动,用时尚的方式让白领青年学习理论,实践理论,这些经验也得到了大家的称赞。而针对中学生提出的社会经验缺乏限制了实践、机关青年对于理论活动形式与内容如何统一、企业青年对于学习理论的态度等困惑,大家则群策群力,讨论更是热烈。(刘晶晶)

《青年报》2007年11月10日

2008 年

三大途径供应本市中小学生午餐　部分学校想方设法改善伙食　家校协商　家长贴钱学校加菜

（前略）记者昨天中午在格致中学看到,该校的午餐配送使用了一种新方法,学校把地下车库内的食堂租给了一家快餐公司,省去了午餐装盒运输的过程,让学生可以第一时间吃到热腾腾的饭菜,学校还根据学生口味对菜式进行了改进。

记者在食堂内实地观察后发现,校内"现烧现卖"方便了学校监控并选定菜单。格致中学将每天的午餐分成5种组合,每种组合包括一大荤配一小荤和一素,如"咖喱鸡块＋青菜＋肉丝"等,让学生自由选择。这样一顿午饭的价格为6元,其中30％为快餐公司的人工费,剩余为成本。（后略）（顾卓敏　丁烨）

《青年报》2008年2月29日

哲学必修课打开学生思路——格致中学强化高中生哲学教育受到欢迎取得成效

【本报讯】对高中生该不该强化哲学的学习？高中生能不能掌握聪明的哲学？上海市格致中学将校本课程"经典哲学"作为学生的"必修课",开课两年来取得令人欣慰的成果：学生学哲学不仅成为自觉的需求,看事物的思维方法更科学了。

记者昨天获悉,该校自编的校本教材《经典哲学》修订工作近日完毕,修订本根据两年的教学情况,在内容上作了增删,更突出了在生活中学哲学、用哲学思想认识事物的基调。

一些高中生看问题片面,认识较偏颇,曾让老师觉得现在的学生很难教育。多次赴国外考察教育的校长张志敏,在调研基础上,提出学生要多学哲学。他认为,高中生的思想及其思维方式,对其今后的人生道路起着重要的影响,也是建立正确的世界观、人生观和价值观的基础。学校经过认真研究,决定在高一、高二开设"经典哲学",既为高三政治课教学内容中的马克思主义哲学进行衔接,又为深入学习作必要的铺垫和深化。教材分两册：中国版介绍孔子、孟子、老子、庄子、朱熹、王明阳、孙中山、毛泽东等10位中国哲学家；外国版介绍柏拉图、亚里士多德、贝克莱、培根、伏尔泰、黑格尔、费尔巴哈、尼采、萨特等10位外国哲学家,从历史的脉络上"夯实基础",使学生对哲学有所了解、发生兴趣。

该校在教学中,几乎都采用案例教学法、讨论法、辩论法、小品等手段,充分调动学生的积极性,使学生在活动中学会用正确的思维方法认识事物。如何平老师在"由'四假象说'想起的……"一课中,把培根的"四假象说"介绍给学生,使学生了解培根对人类错误观念产生的若干原因探索,同时也让学生思考自己有没有类似的情况。当时,课堂气氛十分活跃,学生在亲身体验中领悟培根的"四假象说",明确主观性、片面性的危害。通过讨论,学生明确了培根的"种族假象",即人类作为一个种族,会以自身为尺度,不按自然的本来面目去认识事物,把客观事物拟人化,歪曲了事物的真相,导致错误的结果,这就是人的主观性产生的原因。这样的教学方法,使学生既学到哲学观点,又看到自己身上存在的主观性、片面性。

哲学学习打开了学生的思路。在讨论柏拉图用麦穗喻意爱情选择的哲学命题时,一名女生说:选麦穗,其实不仅是选爱情,也是在说明我们人生道路上有各种各样选择,每一次选择,都是对我们的考验,只要符合自己的实际情况就是最好的。找工作也是如此,只要符合自己的实际,又符合国家需要社会需要,就是最好的。爱情也是如此,只要符合自己的,两相情愿,就是最好的,不能见异思迁。讨论让学生不仅明确了如何对待爱情,也明确了自己的社会、家庭责任,更明白了生活中的哲理,即从实际出发,实事求是。

有的学生认为,学习之后对生活中碰到的困难,可以想开一点。如原以为高考是人人要走的独木桥,现在想想也不一定都要走,只要符合自己的就是好的,其他方面也是可以发展的。(记者苏军)

《文汇报》2008年3月14日

格致中学学生向世博会无偿转让专利　让太阳能指路牌夜间"发光"

【本报讯】上海市格致中学高二女生邓蓓佳日前将一项发明专利无偿转让给上海世博会,受到世博局肯定。该发明创新点在于设计了一种用太阳能电池点亮发光二极管的指路牌,让行人在夜间也能对路牌上的字一目了然。世博局表示将积极推进该发明在世博会的应用。

邓蓓佳考察了本市大小道路的指路牌后发现,到了傍晚,行人大都看不清指路牌,特别是道路照明光线较暗的地方,凑上前去也未必辨认得出。小邓想到用发光二极管和目前的指路牌"合二为一",将几十根二极管嵌于字内,并在路牌顶部安装一个太阳能电池,白天用于蓄电,夜晚可发电,节约能源。查阅资料后,小邓发现目前国内还尚无将二极管和太阳能结合起来的指路牌。

考虑到电子设备不能被雨水淋湿,小邓还设计了防水结构:指路牌做成矩形的铁框架,最上面采用不锈钢顶盖,底部设置一块五毫米厚的绝缘板,以便放置降压变压器等。如何给指路牌装上"定时开关",小邓想到将其电源引自道路照明灯电源,因为后者电源都已设置"自动开启"装置,所以指路牌二极管也能随路灯的关闭而关闭。她还提出,现在的指路牌东南西北方向是用英文字母标示,一些老人并不了解,也应配中文。

小邓向世博局写了一封推荐信,"希望我的发明能为游客及外国友人的寻路提供方便。"不久前,她收到世博局来信:"你无偿转让专利,大家非常感动,世博会也需要你们中学生的参与。"世博局负责人表示,邓蓓佳的发明受到了国家半导体照明工程上海产业基地等专家肯定,认为其设计很有创意。

目前,世博局正在研究采纳其建议,在世博园区运用此指路牌,国家半导体照明工程上海产业基地、上海半导体照明工程技术研究中心也邀请小邓加盟"专利池"。(记者彭薇)

《解放日报》2008年4月1日

"小院士"向世博会无偿转让专利

前不久,上海市格致中学高二女生邓蓓佳收到一封特殊来信——上海世博局的感谢信。原来,之前邓蓓佳将自己刚刚获得的"太阳能指路牌"发明专利无偿转让给了世博会。而这项专利仅仅是这位青少年科学研究院"小院士"拥有的十项发明专利中的一项。(王钰倩)

《青年报》2008年4月14日

创新给百年老校增加无穷活力

从1874年创办"格致书院"至今,格致中学已经走过了三个世纪——创新给百年老校增加无穷活力。

走进格致校园,感受到的却是这所百年老校的年轻和活力——数学、天文、物理奥林匹克竞赛的光荣榜上,获奖学生名单一届届"刷新";模拟联合国、"根与芽"等中学生社团活动中,格致学子频繁亮相;来自学生的创造发明专利,以100余件的速度,逐年增长。

这所中国近代史上率先介绍西方自然科学的新型学堂,秉承着"格物致知"传统,更凭借创新的精神,点燃学子自主学习的热情。

A. 人人都要学"创新"

邓蓓佳,高二(6)班一名普通女生,最近成了格致校园的明星——她将自己有关太阳能电池点亮发光二极管指路牌的发明,无偿贡献给2010年上海世博会,得到了世博局专家的肯定。

小邓发现,每到傍晚,尤其是在照明光线较暗的地方,行人就很难看清指路牌,于是,她设想将几十根二极管嵌于指路牌的字体内,并在路牌顶部安装一个太阳能电池,通过白天蓄电、夜晚放电,达到照明效果。为了使其可以自动开关,小邓将其电源引自道路照明灯电源,使路牌二极管也能随路灯的关闭而关闭。世博局表示,将积极推进这一发明在世博会的应用。国家半导体照明工程上海产业基地、上海半导体照明工程技术研究中心也邀请她加盟"专利池"。

发光二极管指路牌,这并不是小邓的第一个专利。从外壁无油垢油壶,到海浪发电设备,再到刚刚荣获英特尔创新大赛二等奖的风筒风力发电装置,高中两年间,小邓已经先后获得10项专利。她将自己的成功,很大程度上归结于学校校本课程"创新学"。

从2005年起,格致中学在高一年级开设了这一课程,每两周一节。学校科技总辅导员李军老师负责编写了相关教材,在他看来,结果并非唯一目的,"最关键的是要培养同学们的创新意识"。老师们鼓励学生通过改变身边小事,点燃创意火花。于是,格致的校园里,处处可见学生的创意在闪光。上海市优秀社团"惜源联盟"便是创意高手。看见教室日光灯频繁开关,通过测量和演算,他们提出合理省电方案;想到雨水白白流进下水沟,他们设计雨水收集系统,如今已在教学楼屋顶花园上派上了用场;他们计算了自闭式水龙头的水流流量和水压,调整了水流延时时间,避免浪费……在老师看来,无论学生将来从事什么专业,都要有敢于打破陈规的勇气和智慧。校园,就是要给学生们提供这样一个舞台。

本学期起,一个全新的"创意工作坊"在教学楼地下一楼建成了,利用中午和下午放学后向全体同学开放。车工、钳工、金工、电子……各工作区内，迷你车床、数控车床等仪器设备一应俱全。一张工作台上挂着高一女生秦笑薇铅笔绘制的设计图纸，一把"带抽屉的椅子"已具雏形。让学生在实践中体会创意的过程和乐趣，这正是工作坊想给予学生的经历。

B. 我的社团我做主

卜青青，高三女生，校学生会副主席，已通过复旦大学自主招生考试。在复旦自主招生面试中，教授们希望她谈谈除了学业，在学校里还参加过哪些工作。"你对领导这个概念怎么看""工作中遇到的最大的困难是什么"，面对考官的提问，卜青青娓娓道来。

回想三年高中生活，卜青青最大的收获便是社会实践能力的提高。"以前，我总觉得当干部、搞活动都是老师安排好的"，进高中后，她发现什么都需要自己争取，并且，"老师只是在需要的时候给我们建议。"参加"根与芽"环保社团，担任学生会外联部部长，担任校学生会副主席，一步步走来，她感谢老师的"放权"，让她得到了充分的锻炼。高二时，她作为"社团节"的总策划，在全校发起为期三天的"致娱至乐"才艺风采展示大赛。第一天，她将比赛安排在放学后，结果，稀稀拉拉的观众让她很受挫。在老师的鼓励下，她开始思考自己安排上的不足，将活动时间调整至午休，在校园广播台加大宣传力度。果然，之后的两天大赛，人气火爆。

在学校的鼓励下，在这所以理科见长的学校里，喜欢文学的同学们聚在一起自发成立了"新叶社"；充满爱心的学生成立了关爱智障儿童的社团"四叶草"；中学生崇尚推理世界，"侦探社"应运而生。去年，校长张志敏赴澳大利亚一所中学访问时，当地高中生自编自演的一出音乐剧让他印象深刻。听了张校长的讲述，同学们来劲了。小提琴手、小"戏剧表演家"、电脑小子、"DIY"女孩、绘画高手，以及更多特长并不出挑但充满热情的同学，一共百余名同学自发组成了本市第一个中学生音乐剧社团。从用英语"串烧"经典名剧，到自编自演原创剧目，一年下来，格致音乐剧社奉献了好几场精彩演出，已经小有名气。

"我们要满足学生不同需求，让每个人都有自己发展的空间，更鼓励他们三五成团，然后逐步规范。"校团委书记何刚说。在格致中学，现已形成了六大类，即理论学习类、学术科技类、社会实践类、文娱体育类、兴趣爱好类、志愿服务类近30个学生社团。经过发展创新，在每年评选格致中学最受欢迎学生社团的基础上，逐步形成了以校明星社团、特色社团、潜力社团为核心的三级体系。

如今，学校每年拨出一定款项，成立社团发展基金，扶持学生社团健康成长。教学楼一楼专辟区域，展示学生社团风采。每年4月学生艺术节、5月学生科技节、9月学生体育节、12月学生社团节，都成为格致中学校园文化建设的亮丽风景线。通过"自我认识"、"自我管理"、"自我教育"，每名格致学子都获得了多元发展的可能。

C. 文理兼备促发展

亚洲物理奥林匹克竞赛银牌和铜牌，全国奥林匹克天文竞赛第一名，国际天文奥林匹克竞赛获得铜牌，上海市高三物理竞赛团体第一名，全国五门理科奥林匹克竞赛中，18人获一等奖，29人获二等奖，20人获三等奖，获奖人数名列本市中学前茅。

这份名单，记载着格致学子去年取得的成绩，也延续了格致以理科见长的办学特色。每年，格致中学都将为新生开设两个理科班，满足一部分学有余力的同学的需要，学生参加数学、物理、化学、生物、计算机和信息科学等五门理科学科竞赛,每周都将得到任何老师和大学教授的特别辅导。

从学科竞赛,到研究型课题,再到网络、电脑、环保、国防,学校的科技教育涵盖多个领域。格致先后培养出邹世昌、汪品先、杨福家等八位"两院"院士,他们和其他专家、校友组成了讲师团,不定期向学生开设科技知识讲座。

随着国际交流的增多,英语作为工具的重要性日益显现。高二年级英语特色班班主任詹玲喜欢用英语和同学们辩论哲学问题,并尝试带领高中生品读大学英语精读。没想到,同学们完全可以"消化"这些英语美文。从去年开始,学校在原有英语特色班的基础上,和安生基金会剑桥大学遴选中心合作开办了"剑桥基地班"。"我们的目的不是增加学生的负担,而是帮助一部分学有所长的同学,开阔视野,给他们更多接触世界的机会。"班主任江柳介绍,基地班为学生提供了更为广阔的教材选择范围,三年高中学习,同学们将学习SAT数学课程、雅思系列教程。本月,基地班还将在一门叫作"环境小硕士"的网络课程上,每周和世界各地的学生在线讨论环保问题,完成课题。

去年,他们创建了学校第一个英语社团"En-zone(英语地带)",在学校电视台和广播台录制英语节目;如今,他们组织全年级一起参与"英语PK",营造浓厚语言氛围。在老师们看来,举办特色班并不仅仅是让少部分同学一枝独秀,而是希望他们带动全体同学,更上一层楼。

学校简介

上海市格致中学始建于1874年,是我国最早中西合办、最先传授自然科学知识,培养科技人才的新型学堂。学校继承"爱国,科学"的优良传统,弘扬"格物致知,求实求是"精神,为国家培养了大批优秀人才。学校于1958年即为本市首批市重点中学,现为上海市首批"实验性示范性高中"之一。

学校拥有诸多市和区的教育教学骨干,有4名特级教师主持了各自的黄浦区名师工作室,其中一人兼顾了上海市名师工作室;还有全国骨干教师1名,区学科带头人7名;高级教师达70名,占教师总数的61%;以及一大批德才兼备、教有所长的青年教师。

学校重视对学生思维品质、创新意识和实践能力的培养。多年来,形成了"和谐发展,理科见长"的教学优势以及由"人文"、"科技"、"先导"、"艺体"四大类80余门课程组成的学校课程体系。2005年至2007年,格致学生在全国中学生理科奥林匹克竞赛中获一等奖55人次。其中两位学生参加亚洲中学生物理竞赛分获银、铜牌。仅2007年,学生科技发明创造就申请了国家专利132项。

学校在保证高升学率的同时,注重学生的个性发展和特长的培养,为每一个学生今后踏入社会具有较强的竞争力打下坚实的基础。学校有学生社团50多个,其中学生"邓读会"、惜源联盟、天文学会、爱心大使等社团先后被评为上海市学生"明星社团"。学校的女子排球、国际象棋、游泳等体育运动项目在全市具有优势。学校的弦乐队、民乐队、茶艺队等先后在国际大赛中获奖。学校的育人口号是:"让每一个学生都成功!"

(陆梓华)

《新民晚报》2008年4月18日

60所中小学被命名为上海艺术教育特色学校

【本报讯】记者昨天获悉,市教委命名60所中小学(含中等职业学校)为2007年度上海市艺术教育特色学校:大同中学、格致中学。(后略)(苏军　焦苇)

《文汇报》2008年4月22日

环境教育唤醒中学生责任意识

6月5日是年度一届的世界环境日。出于对环境治理问题的忧虑和对环境教育课题的关注,每年的世界环境日前夕,我都要到学校、社区了解一下上海在环境保护领域的最新进展情况。

今年环境日的调研活动别有趣味,我应邀到百年名校格致中学出席一个以绿色文明为主题的研讨会,与中学生们的环保社团进行了热烈的对话。需要说明的是,和苏步青、叶圣陶等学术大师当年长期热衷于和中小学师生交流的经历不同,我只是在担任全国人大代表之后,与同为代表的基础教育界人士如现在格致中学的名誉校长高润华等同仁有了积极的交往。而上周,和比我小70多岁的青年学子,就共同关心的绿色文明和学生社团等话题展开沟通,倍感温馨。

这些晚辈,主要来自"根与芽"、"惜源联盟"、"绿缘社"等社团。其中,"根与芽"原本是个国际性的非政府环保组织,由著名的人类学家珍·古道尔博士创立,其宗旨是保护环境、保护未来。一个叫杨菲的女同学首先告诉我"根与芽"这个名称的由来——根向地下无阻延伸,形成稳固的基础,芽虽然看起来娇小薄弱,却为了能够寻觅阳光而破土移石,如果我们为地球所制造的各种问题是一道道坚固无比的墙,那么遍布世界各地的环保社团和组织就是生根萌芽的千万颗种子,足以改变世界。显然,这一比较形象的理念是非常适合在青少年中间进行传播并引发责任意识的,而目前上海很多知名学校都有类似格致中学的分支社团,也显示了上海基础教育与国际先进理念的无缝对接。

格致中学的"根与芽"社团2001年成立,当时绿色文明、生态文明的概念在我国学术界也是刚刚萌芽。这些年来,孩子们一直围绕着"关爱动物,关爱社区,关爱环境"三大主题展开活动。如在各个班级放置废纸回收箱,收集同学们平时用过的草稿纸以及看过的报纸,每月社员们都会定期回收,送至再生纸厂进行处理加工。他们也曾参观再生纸厂,观察纸张的生产流水线。最近,"限塑令"开始实施,这对公众习惯的修正是个很大的挑战,"根与芽"社团又积极参加"减少塑料袋"项目的社区活动。孩子们还在学校进行专题讲座和问卷调查,主要是宣传环保袋的使用价值,同时也附赠一个给参加讲座的每一个同学。

孩子们思维活跃,责任意识很强,让我感到很欣慰。我也告诉他们,自己担任全国人大代表的20年里,有好几次和教育界代表联合发起的提案都涉及到环境保护。我记得最早的一次就是自己历史上的第3次1号议案,也就是1989年的那个第一号议案——关于"节约能源,保护环境的立法监督工作"。后来,经过各方努力,我国《环境保护法》终于在1996年得以问世。我还告诉他们,目前"节约资源和保护环境"已经成为我们国家的基本国策;而基本国策的实施,需要一代代人的不懈努力,尤其需要青年一代的身体力行。

和孩子们的对话里,自然还谈到了上海即将举办的世博会。我们一致认为,这也是促进上海环境保护工作和促进全社会生态文明共同意识的好机会,我们也都期望2010

年的上海能够成为国家级的环境保护模范城市。然而,上海离这一目标还是有不少距离的,特别是在集中式饮用水水源地水质、生活垃圾无害化处理率和交通干线噪音等指标方面,还有待明显的进步。

当然,我相信有着广大教育工作者、青年一代、各类志愿者以及专业人员的群策群力,上海不仅会成为国家级的环境保护模范城市,也一定会成为国际级的生态文明城市。而从这个角度来看,蕴涵着责任意识、国际视野、人文关怀、专业技能和创新思维等多方面品质的环境教育,其意义已经超出了学校知识教育本身的空间纬度,进而成为素质教育的经典尺度。(张仲礼)

(作者系上海社会科学院研究员,第六至第九届全国人大代表)

《文汇报》2008年6月10日

"90后"省下旅游费用捐献灾区

九寨沟是不少高三学生高考后热衷的暑期旅游目的地,但是在地震后,不少考生主动削减了旅游费用,捐献给灾区。"本来还和同学说好今年暑假到九寨沟去玩的,发生地震后,我就把这笔钱捐了出去,现在考完了,还是觉得不是疯狂娱乐的时候,毕竟国家还是面临很大的灾难。"格致中学朱文婷说。(石凯峰　刘晶晶　刘昕璐)

《青年报》2008年6月10日

自带水杯　少用瓶装水——格致中学学生环保倡议获"绿色成长计划"大赛一等奖

【本报讯】"青少年绿色成长计划"节能环保行动大赛日前传出消息:上海格致中学高三年级王珏等13名学生"提倡自带水杯,减少校园瓶装水使用量"的环保倡议获大赛唯一一等奖。国家环保部宣教中心等评委认为,学生们的环保倡议与生活息息相关,具有可行性和持续性,值得肯定和推广。

提出这项倡议的是该校高三年级13名选修地理学科的学生,他们自发组成"绿色小组",关注环保问题。学生们发现,带瓶装水到校的同学越来越多,有的甚至一天要带两三瓶矿泉水。该小组就瓶装水问题算了一笔细致的账:全校约有47.8%的同学每天至少饮用一瓶瓶装水,消耗塑料瓶710多个,按每年在校200天计算,共约消耗塑料瓶14.3万余个。学生们还从学校后勤部门了解到,学校平均每月需购买40箱瓶装水用于各种会议,全年约消耗塑料瓶9 600个。两项相加,全校每年要消耗塑料瓶15.3万个左右。

王珏等学生查阅资料后发现,每生产1个550毫升容量的塑料瓶,需要消耗5克标准煤,排放12.5克二氧化碳。由此算来,学校往年仅使用瓶装水一项,就要消耗标准煤765千克,排放二氧化碳1 912.5千克。目前,全市在校中小学生人数约150万左右,格致中学学生数为1 500人,假定学校的瓶装水使用量处于本市平均水平,即可推算出,全市中小学生每年在校期间约消耗塑料瓶1.53亿个,生产这些塑料瓶需要消耗标准煤765吨,排放二氧化碳1 912.5吨。(记者彭薇)

《解放日报》2008年10月12日

2009 年

共青团上海市委表彰的上海市先进团组织名单
（前略）
上海市格致中学团委
（后略）

《青年报》2009 年 1 月 9 日

金融危机下，格致中学让学生学会"绿色消费" 学校设"经济理财"必修课
　　金融危机席卷全球，也成为中小学生课堂教学的关注点。记者昨天了解到，这个学期，格致中学将把经济理财课放入课堂，与语数外一样成为全体高一学生的必修课程。
　　使用自编教材
　　从这个学期起，这门名为"经济理财"的课程将每两周上一次，每次 40 分钟，并成为高一年级的"限定选修课"。不同于让学生自选的选修课，"限定选修课"是所有学生必须上的选修课，被列入高一每个班级的课表中，其实就是格致中学学生一门特有的必修课，并使用由学校老师编写的教材。（后略）
　　开课源于学生"呼声"高
　　格致中学校长张志敏向记者表示，决定开设这门课程的初衷是学生有需求。格致中学每年都会对学生开展一次课程需求调查，已经连做了两年。调查发现，学生对于财经类课程的呼声很高。（后略）（刘晶晶）

《青年报》2009 年 2 月 10 日

一中学生专利无偿献世博——2009 上海飞利浦杯青少年专利申请奖揭晓
　　昨天，2009 上海飞利浦杯青少年专利申请奖揭晓，共有 114 项来自全市各中小学的学生专利获奖。其中，格致中学学生邓蓓佳的获奖专利"风筒式风力发电装置"，将无偿赠送给上海世博局。
　　小邓是五位发明专利申请金奖获得者中唯一的女生。小邓解释说，传统的三叶式风力发电机组在风速较小风向杂乱的情况下，电能转换效率不高。参考各类书籍后，她灵机一动，决定采用风筒式发电装置，这种装置对风力、风向的"要求"没那么高，因此适用范围更广，可以最大程度地利用风能发电。小邓自豪地介绍："我已经试验过了，上海市区的普通家庭如果每户装一个空调外挂机般大小的风筒发电机,全家的用电需求就能'自给自足'啦!"

作为高中生,小邓经常自己跑去上海书城看各类工科书籍,掌握了许多机械原理、新材料方面的知识。平时积极参与各类环保活动的她,已拥有19项和环保、资源节约有关的小发明,堪称"发明大王"。她此前还有个"作品":用太阳能点亮发光二极管的指路牌,去年她抱着试试看的心态,给上海世博局领导写了一封信,表示愿意将自己的发明成果无偿赠送给世博局。这份来自普通中学生的心意,让世博局工作人员大为感动,正在考虑具体实施的可能性。

"上海飞利浦杯青少年专利申请奖"今年已是第三届,参赛人数为历届最多。今年共收到611份申报材料,其中发明专利有253件,比去年的157件增加六成。小学生的参赛积极性也很高,今年共有202件"娃娃专利",其中静安区第一中心小学的二年级学生金熙闻也获得了发明专利申请金奖。(本报记者章迪思)

《解放日报》2009年4月12日

格致中学高三女生邓蓓佳申请专利"上瘾" 三项发明无偿转让世博局

【本报讯】 2009年上海飞利浦杯青少年专利申请奖上周末揭晓,在发明专利申请一等奖的5名得主中,格致中学高三女生邓蓓佳格外引人注目。从高一至今,她已申请了19项专利,其中10余项已经获得专利证书。出众的发明创造和探究能力,也帮助她拿到了美国南加州大学的提前录取通知书。

申请专利会"上瘾"

小邓告诉记者,自己对发明创造的兴趣,来自高一时学校开设的一门"创新课"。仔细观察,她发现只要肯动脑筋,就能发现并解决很多司空见惯的小麻烦。爱干净的她把第一个目标对准了厨房里黏糊糊的油壶。如何能在倒油时不让油顺着外壁滴下来?她设想,把油壶把手和油壶连通,并在把手上装一个类似针筒的"唧筒",每次倒完油拉一下,在大气压力的作用下,剩余的油滴就又回到了壶内。抱着试一试的心态,小邓申请了专利。2008年7月,"外壁无油垢油壶"成了她获得的第一项发明专利。

看到传统塑料大棚被风吹倒的新闻,小邓设计出更加稳定的"梯形生态大棚";海边旅游时,小邓发现传统的三叶式风力发电机在风小的时候无法工作,她用一个形似喇叭的"风筒式风力发电装置",空调外机大小的机器身材小,本领高,不仅可有效转化能源,还能为边远山区送去光明。

"能获得专利确实很惊喜,也更加激发了我对发明创造的兴趣。"小邓说在申请专利的过程中,自己的综合能力也得到了提高。

专利送给世博会

小邓发现,每到夜晚或在照明光线较暗的地方,行人就很难看清指路牌。于是,她发明了"太阳能电池点亮发光二极管指路牌",即将几十根二极管嵌于指路牌的字体内,并在路牌顶部安装一个太阳能电池,通过白天蓄电、夜晚放电,达到照明效果。其电源可引自道路照明灯电源,使路牌二极管也能随路灯的关闭而关闭。去年,小邓拿到了专利证书,她给上海世博局写了封信,希望无偿转让自己的这个发明,世博局有关负责人肯定了她的创意,并表示正在研究实施的可能性。

如今,小邓的另外两项发明——可重复使用的环保伞套和带警示标志的雨伞,也开始了专利申请之路。小邓说,"我也希望把它们无偿转让给世博会!"

上海市知识产权局副局长吕国强介绍,上海飞利浦杯青少年专利申请奖已经举办了三届,青少年参赛者日益增加,发明专利申请更是比去年一下增加了六成多。通过专利申请,引导孩子们关注身边"小事",带来的可能是未来的大惊喜。(记者陆梓华)

《新民晚报》2009年4月14日

建议奖励邓蓓佳

邓蓓佳何许人也?上海格致中学高三女生。我也是昨天才注意到她,小小年纪,已申请获得10余项发明创造专利,其中3项发明无偿转让世博局,本报昨天要闻版刊发了她的事迹。

蓓佳这孩子令人叹服,不仅仅因为她超凡的创新精神,还因为她的无私奉献,具有难能可贵的公民品格。我想,国家能有这样的小公民,城市能有这样的小主人,我们还要感谢她父母的培养,感谢他们同样具有无私奉献的精神,不然,即使孩子想无偿转让,也不一定会很顺利。

还要感谢许多人,蓓佳的老师、同学、亲戚、朋友,我们有理由相信,是许许多多美好的感情和爱护,成就了邓蓓佳;是不是还应该感谢蓓佳校园里的某棵小树、某扇窗户,或许它们也曾照亮蓓佳创造的心灵。集热成火,光明可以传递。蓓佳的创造精神、奉献精神、公民品格等,应该能照亮许多人的道路。在路上,大家能分享光明,创造光明。无疑,蓓佳的这些美好精神和品性,需要在激励机制的作用下,放大它的光和热。

当蓓佳把她的3项专利,无偿转送给世博局时,我不知道有关领导在接受这番盛情后,会后续做些什么表示?这让我想起了孔子和他学生间的一段故事。春秋时,为了防止人口流失,鲁国法律以赏钱的方式,鼓励国民赎回被他国抓去的奴隶。孔子的学生子贡赎回奴隶后,未去官府领赏。孔子说:子贡做错了。后又有学生子路,看见有人落水旋即施救,对方牵牛来谢,子路欣然受牛,孔子说:子路做对了!

"义利之辨",是先秦诸子百家争辩的一个大话题。儒家的精神是重义而轻利,但这并不影响孔子在社会管理的问题上,提倡用利来激励善。

一个优良的社会,必然是鼓励人们创新,激励人们奉献的;一个高明的管理者,也一定懂得拿捏"利"与精神世界的关系。

圣哲言行,可为世范。我建议奖励邓蓓佳。(赵红玲)

《新民晚报》2009年4月15日

上海18岁高三"女发明家"一人拥有19项专利 "专利赠世博,不会卖掉牟利"

【新闻回放】

2009年4月,高三毕业生们都在为高考做最后的冲刺,格致中学高三(六)班的女生邓蓓佳却在她的房间里"笃悠悠"地画着图纸。旁边,是一纸来自美国某大学的提前录取通知书。

(中略)

"把发明当作了自己一生要做的事"

18岁的年纪,19项专利。成功来自哪里?创意又来自哪里?对于这样的问题,邓蓓佳愿意相信她确实拥有这方面的天赋。但是,一直在旁边看着女儿的父亲却悄悄道出了一句话,"她脑瓜子好使,但主要是爱钻研。"这一点,从格致中学到上海书城之间那条已经被她走过成千上万遍的小路知道,那些被她反反复复划烂了的无数张图纸知道:所谓天才,其实就是1%的灵感加上99%的汗水。

格致中学与上海书城仅仅一路之隔。那座拥有无数书籍的书城,就成了邓蓓佳课余时间最好的消磨地。每天下午,她总是先在学校里写完作业,然后到书城里去看一些有关机械设计、环境保护类的书籍,"也许别人会觉得这方面的书籍很枯燥,但是我觉得每次看这样的书都会感到很有趣。因为,我是把发明当作了自己一生要做的事情去做的。"

(后略)(朱文娟)

《青年报》2009年4月17日

上海"追日族"移师武汉铜陵

(前略)"现在安徽铜陵的大通分会场附近离全食初亏还有24小时,天气晴,云量覆盖约50%,云层较薄。""杭州、宁波的兄弟,知会一声,你们准备往哪里走?""向驾车溯江而上的同志们致敬!"……在"天之文"论坛里,不少已经离开上海的网友发帖询问究竟哪里是最佳观测地。已经身在铜陵的格致中学老师张跃军表示,这次他带了一些学生和老校友一起开车出来。目前观测点定在哪里,还要看晚上的云层情况而定。"如果云层不厚,天文望远镜仍然能够观测到日全食情况。"然而,张老师也表示自己做好了最坏的打算。"万一有下雨的可能性,还会再开车往西边跑。"(胥柳曼)

《青年报》2009年7月22日

上海市新增普教系统特级教师、特级校(园)长名单

经上海市普教系统特级教师专家评审委员会评审、上海市特级教师评选表彰工作领导小组审定,市教委和市人力资源社会保障局批准,2009年本市新增81人为"特级教师";经上海市普教系统校长职级专家委员会评审,上海市普教系统特级校长职级认定工作领导小组审定,市教委批准,2009年度本市新增40人为"特级校(园)长",名单如下:

(前略)

特级教师　吴　照　格致中学

(后略)

《文汇报》2009年9月10日

"中国学生要学会豁得出去"——格致中学学生参加联合国青年大会深有体会

【本报讯】日前,格致中学高二学生刘明扬赴美参加第六届联合国青年大会。这是中国代表团首次参加大会,上海有两名中学生入选。刘明扬说,会议给她最大的体悟是,要学会"豁得出去",更好地展示自我风采。

刘明扬介绍,由于语言限制等原因,会场上,中国学生普遍发言交流不多,但一些非

洲国家中学生却感动了她:"他们英语虽不好,却踊跃发出声音,甚至不惜手脚比画或带上翻译,说出看法。"她对大会主席的一番话记忆深刻:"要想获得成功,实现梦想,除了要有黄金般的品质和才能,还要有足够的勇气和胆识。"

指导老师潘燕雯说,一些国际性夏令营或社会活动中,中外学生主动性差异明显。如活动安排任务让学生自我推荐当"领导",外国学生跃跃欲试,热情很高,认为这是锻炼自己的好机会,"中国学生则比较内敛,不够活跃,碰到问题宁可闷着,不太主动和别人沟通交流,这方面有待突破。"

联合国青年大会由联合国非政府组织的友好大使基金会等主办,每年在联合国总部纽约召开。全球各国优秀青年可就教育、卫生、环境等话题进行交流。中国代表团主要由杰出志愿者、优秀企业家、青年学者、优秀学生等组成。(记者彭薇)

《解放日报》2009年9月24日

格致中学举行135周年校庆

【**本报讯**】昨天,格致中学举行建校135周年校庆庆典活动,同时举行"格致地质馆"和"格致书馆"揭牌仪式。

格致中学前身为格致书院,由中国近代著名科学家徐寿和英国著名学者傅兰雅等人创办,开创我国近代自然科学教育先河。近年来,格致中学在学校文化建设、校本课程开发、学生个性发展、综合素养提高等方面都有建树。据不完全统计,历届校友中有11人被评为两院院士,1人被俄罗斯自然科学院评为外籍院士。

市政协副主席钱景林出席。(记者彭薇)

《解放日报》2009年10月19日

格致中学庆135岁生日

【**本报讯**】培养出邹世昌、汪品先、杨福家等12位"两院"院士的格致中学昨天度过135岁生日。

格致中学始建于1874年,前身为格致书院,是我国最早中西合办,最先传授自然科学知识,培养科技人才的新型学堂。学校继承"爱国,科学"的优良传统,弘扬"格物致知,求实求是"的精神,为国家培养了大批优秀人才。(记者陆梓华)

《新民晚报》2009年10月20日

校园庆生日建起地质馆　格致中学师生校友家长纷纷捐出宝贝

刚刚迎来135周岁华诞的格致中学,收到了一份特殊的"生日礼物"——一个由全校师生和校友共同DIY的校园地质馆。从展品的收集到分类、布展,全部由老师和同学们自己完成,今后,这里还将成为同学们的地理课堂。

师生共捐珍贵展品

几个大型玻璃柜,几张展台,就成了各种矿石、岩石宝贝们的家。地理特级教师吴照介绍,展示区陈列了包括岩浆岩、沉积岩、变质岩、土壤、金属矿物、非金属矿物、动物化石和植物化石八大类共计400余个标本。这些展品一部分来自校地理教研组老师多年采集和整理,听说学校要筹办地质馆,很多师生和校友都捐出了自己的收藏。有同学捐出了父母从海外带回的宝贝。

学生参与展品分类

今年暑假,校绿缘社的十几个同学和老师一起,承担了展品分类、标签制作的工作。

为了帮助更多同学读懂石头们的"心",大家把每件展品的化学成分都标注得清清楚楚。遇到一些身份难辨的产品,大家一起找鉴别方法。一次,同学们在几块"疑似"方解石面前犯了难,查找资料后想到了鉴别好方法——方解石成分是碳酸钙,加上稀盐酸,能起化学反应;如果是透明的方解石,光线透过它,能产生叠影效果。如何展示它这种特性?经过琢磨,大家觉得还是最简单的方式反而最直观——在其背后衬一张纸片,画上一道直线,经过方解石的部分一道直线很明显变成了两道,一目了然。

记者发现,有部分展品还没有贴上标签,原来,这不是工作疏漏,而是它们的身份一时难以辨别。老师在校园网上发出了征集帖,希望更多的小地理迷一起来解开谜团。(本报记者陆梓华)

《新民晚报》2009 年 10 月 21 日

申城校园频添文化新景观　校长们建议打破各自为政局面实现资源共享

【本报讯】伴随着鞭炮声,古香古色的大门徐徐开启,身着古装的学生在"读懂中国"文化体验馆门前拱手揖客;在经典的日本乐曲声中,"樱和轩"日式茶室也同时开门迎客。这是昨天出现在上海市甘泉外国语中学校园中的一幕。

今年秋季新学期开学以来,沪上校园相继开出一批"地质馆""古代历史教育馆""文化体验馆"等,成为校园文化景观的新亮点。这些新景观,均与所在学校追求的办学特色一脉相承。例如格致中学的校园地质馆,便是由全校师生和校友共同 DIY 而成。地理特级教师吴照介绍,展示区陈列了包括岩浆岩、沉积岩等八大类共计 400 余个标本。校长张志敏说,学校有天象馆,现在又有了地质馆,可拓展学生的天文和地质知识,与学校"格物致知"的办学追求很吻合。(后略)(记者苏军)

《文汇报》2009 年 11 月 4 日

直推环节全透明　不拿声誉开玩笑

在通向高校的路上,"直推生"无疑是最诱人的一个苹果,可免试进入部分名校的自主招生环节,并在高考和录取过程中享受相当多优惠。这两天,各高中陆续公布直推生名单,不仅受到高三学子关注,也有很多高一高二学弟学妹希望得知,直推生究竟是如何产生的?

直推生是谁来"推"?

在给高校的推荐表上,都会有一段校长评语或要求校长附上推荐信。各校都会成立一个选拔小组,基本由任课教师、年级组长、校领导等组成,通过一定程序,决定最后名单。

"即使是校长推荐或写评语,也通常由任课教师和班主任执笔,再由校长把关。"一名高三年级组长觉得,这么做,是为了更准确地体现学生的特长特点,便于高校选才。格致中学校长张志敏说,自己会为教过的学生亲笔写推荐信,学生的潜质是他在推荐信上着力体现的内容。他告诉记者,连续两年,学校都有竞赛成绩优秀、学业能力突出的学生在国内几所名校自主招生过程中落马,究其原因,是因为这两名学生都属于较拘谨、放不开的性格,在自主招生环节中有些吃亏。而在张志敏校长看来,他们是从事基础性研究的理想人才,这种潜质,正需要高中校长的举荐。

直推经过哪些程序?

记者了解到,"直推"通常先由高三学生自由填报相关高校志愿,再通过排名产生最后名额。今后的自主招生名额,也基本通过类似程序产生。沪上高中自主招生直推评价大致有两种依据:

● 考试成绩为主要推荐依据

通过几次重大考试的加权处理进行名次排位。有学校以高三几次月考相加取平均分进行排名,这样,学生不因为一次意外缺考失去竞争机会。有学校对学生高三开学至今的摸底考、月考和期中考试三次年级名次相加,取平均数进行排名。也有不少学校允许学生凭借竞赛获奖成绩,根据奖项等第不同,获得5到10位排名的提升。

格致中学的直推程序,经过几年运行和优化,得到了学生认可。该校把高二至高三共6次重要考试成绩,乘以不同权重系数,相加进行计算。时间越是往后的考试,所占权重也就越大。根据这一分数得到的排名将成为学生的基础排名。

● 由学业水平、社团活动、竞赛成绩、文体特长等组成"综合素质评价"

格致中学在基础排名的基础上,学生可以凭竞赛成绩、公益服务和社会活动中的表现、文体特长,获得排名8至10名的提升。为了规范操作,学校对某项比赛某个等级可获得多少加分,都做出细化规定,并明确,获得社团活动类名次奖励,必须担任一定组织工作,并取得较大影响。这两天,已经产生的直推名单在学校公示,基础排名和奖励排名,全部一一罗列,接受学生监督。

市三女中在对学生进行成绩排名外,还必须参考该生历任班主任,以及在学校 IACE 成长课程中的综合表现,决定直推人选。校长徐永初说:"我们也会在高一高二年级家长会上介绍学校直推标准,作为学校人才培养导向。"

会不会"田忌赛马"?

有些人觉得,学校会把高考把握大的学生留在学校冲高考成绩,而把并不那么十拿九稳的学生推荐给高校,以求"田忌赛马"效应。但是,业内人士指出,这种担忧大可不必。首先,直推标准、过程和结果都在众目睽睽下产生,并非校长或少数人"一言堂",很多学生自己都能根据标准进行排名,作假自然不能服众。

而且,每所学校当年获得的直推名额多少,和该校上届考取相关高校的生源直接相关。不少高校也会对直推生入校后表现进行跟踪,"以次充好"只能影响来年高中学校获得的直推名额。"学校不可能拿自己的声誉和学生的未来开玩笑。"不少高中校长直言。

(本报记者 陆梓华)

《新民晚报》2009年11月23日

一边健身一边给路灯供电——格致中学学生将环保课题变成现实

尽管学业繁忙,但格致中学高三(8)班莫威格、查嘉玥、徐萌、万绍楠等四名同学还是对正在哥本哈根召开的气候大会非常关注。

上周,受国家环境保护部和瑞典YMP研究中心邀请,他们作为唯一获邀的中国学生出席了在南京举行的第十二次中欧领导人峰会,现场展示了自己的"健身环保两不误——健身器材发电装置的探究"环保课题。

骑自行车发电

灵感来自住宅小区的运动器材,"既然机械能能转化为电能,如果把健身器材和发电设备结合起来,所产生的电能能否给楼道照明供电呢?"大家调查了一个居民小区,结果76%的居民认为这个想法"很新奇",47%居民表示很有兴趣参加环保活动,98%居民支持他们把这个想法变成现实。

同学们用自行车、发电机、蓄电池组成一个发电电路,再把8至10个发光二极管并联组成一个照明电路。骑自行车时,轮子带动发电机对蓄电池充电,再对发光二极管进行照明供电。大家设想,如果将来小区建设时,能将蓄电池埋在地下,再通过管道将电线和器械连在一起,或许他们的创想就能成真了!

全班每人都有课题

辅导教师李艳介绍,作为英语特色班,同学们从高一起就参与全英语授课的瑞典YMP(Young Master Program,环境小硕士)课程学习,由生命科学、地理、化学等多学科老师全英语授课。从生命科学、经济学、社会学领域,探讨经济发展和环境保护之间的关系。

"关键是学生们不是空想,而是真正开始动手做环保!"李艳告诉记者,三个学期课上下来,全班五人一组,全部都有了自己的课题。(本报记者陆梓华)

《新民晚报》2009年12月14日

传承"格物致知"开辟新天地 发展"格致课艺"续写新篇章 高中课程:创新能力的"引擎" 上海市格致中学打造适合学生和谐而个性发展的新课程

"格致课艺新编":格致课程特色的"精品"

学校生活,从形态看,课程是最基本的方式,无论从时间和空间上说,课程构成了学校教学的主要载体。一所学校的课程结构、课程门类、课程实施、课程评价,都是展示办学特色和育人特点的最主要的一张"名片"。

课程,要为学生和谐发展和个性发展服务,要为科学见长增色。格致将课程建设放到了一个突出的位置,用心智精心打造和运作。

格致的前身是格致书院,它是近代中国以科学教育见长的新型学堂。格致传承当年《格致课艺》"经世致用"的精髓,对现有学校课程进行时代性、创新性和校本化的"系统更新",更加注重学生创新精神和实践动手能力的培养。

根据学校的办学传统特色和学校的育人目标,格致以上海市二期课改理念为指导,充分考虑学生的需要,对学校课程进行结构性改革,有机整合校内外课程资源,为学生全面、和谐、个性的发展提供多元、多样、交互的课程,形成具有格致特色的课程体系,尤其是《格致科艺新编》的"创意技艺类"课程的推出,引起了热烈反响,产生了积极效应。

课程结构：立体多元整合

基础型课程校本化、拓展型课程多元化、研究型课程自主化，这是格致课程设置的指导思想和实施方略。学校将现有的国家课程、地方课程和学校课程进行校本整体设计，使基础型、拓展型和研究型三类课程互为一体，构成更为优化的立体课程体系。

● 活化：基础型课程校本化

学校保证所有基础型课程"开齐、开足"，严格执行课程计划。学校各教研组认真研读新课标和新教材，制定格致校本化课程标准和教学要求。目前，已经完成"格致中学学科课程标准和学科教学要求"。

● 强化：拓展型课程多元化

学校拓展型课程力求体现学校办学特色和学生发展需求，特别强调丰富、多元、高选择性。学校拓展型课程分为两类，即限定性拓展课和自主性拓展课。限定性拓展课程主要是体现格致特色的、格致学生必选课程，如"经典哲学""格致学""创新学""金融常识""关注生存环境""综合才艺拓展"等；自主性拓展主要以培养学生个性特长为目标，从学生兴趣和需要出发，目前学校设有120多门选修课程，每学期都开设近70门。同时，根据资优学生的特殊需求，在拓展型课程中突出部分学科的先导学习，在数学、物理、化学、生物、信息技术、艺术、体育学科聘请大学教授和专家实施课程。

● 优化：研究型课程自主化

为更有效地实施研究型课程，学校制订了格致研究型课程实施计划。研究型课程充分尊重学生的研究意愿，通过学生自主选择课题自主研究和合作研究，培养学生发现问题、研究问题和解决问题的能力。为了帮助学生高质量地完成研究课题，学校在研究型课程中，通过举办课题研究指导讲座、优秀课题报告评比等，落实研究型课程计划。每学年，学校对起始年级的学生进行课题选题、课题研究方法、课题开题报告撰写、课题结题报告撰写等课题研究指导。学校要求所有学生在校期间至少完成两项课题研究，分别涉及自然学科和社会学科。学校还开发了基于网络的"格致中学研究型学习管理系统"，以加强过程管理。

旁白：课程结构的优化在于——既坚持奠定共同基础的"普惠性"，也体现发展个性特长的"个性化"，让每个学生找到成长的"各自阶梯"。

课程体系：全面个性综合

课程体系可以简要表述为"四类、八群、百门"，强调学科性与互通性的统一，普及性与提高性的兼顾，明理性与实践性的融合。

● 衍化：整合为四大类课程

学校对课程进行结构性整合，创造性地确定了课程的四类（公民人格类、文化科学类、身心意志类、创意技艺类）、八群（民族历史与文化、科学知识与技能、人类社会与自然、艺术审美与体验、心智意志与体魄、社会责任与能力、学科前沿与先导、世界文化与视野），由127门课程组成了《格致课艺新编》。

● 物化：培养目标各有侧重

格致的四类课程互为联系、互相补充，形成了既注重个性特长、又注重和谐发展的课程体系。以培养完整的"人"为出发点，四类课程的培养目标各有侧重：公民人格类课程，旨在培养学生的政治素养、道德修养、民族精神、公民意识、全球意识、领导能力;文化科学类课程,旨在培养学生的科学精神、人文素养、科学态度、科学方法、探究能力、共生意识;身心意志类课程,旨在培养学生的意志品质、健康心理、关爱生命、合作竞争、运动技能、健身习惯;创意技艺类课程,旨在培养学生的创新意识、创意谋略、创作才能、创造技能、表演才艺、审美情趣。

旁白:课程体系服从于学生全面综合发展的需求,有利于形成学生优秀的思想品质、优良的知识结构、优异的成事技能、优雅的生活情趣。

校本课程:独特深蕴适切

校本课程是国家课程和地方课程的补充,这种补充强调基础内容的拓展、创新意识的激发和实践能力的培养。格致中学创意技艺类课程正是着眼于此。

● 演化:"创意技艺"标新立异

学校的"创意技艺"类课程始于2000年地理、生物、化学三门学科联合开展的研究性学习活动。此后,劳技学科开展了头脑奥林匹克、英特尔创新活动,语文学科开展了文学创作,艺术学科开设了音乐剧创作与表演等课程。在总结经验的基础上,逐步推广到所有学科。目前已构建了在基础型课程中夯实"创意技艺"文化科学基础、渗透"创意技艺"意识,在拓展型课程中培养创新"创意技艺"谋略和技能,在研究型课程中展现"创意技艺"成果的"创意技艺"类课程群。

● 入化:校本课程独具一格

格致的校本课程,既有传承的底蕴,也有创新的成分。有六门课是格致学生进校后必修的选修课。它们是——

"格致学",让学生了解"格物致知"在中国近代史上的地位和影响,深入理解"爱国、科学"的内涵,增强报效祖国的责任感。

"创新学",传授一些基本的创造发明的方法,学生运用到实践。为了让学生体验实践的过程,学校建造"创意工作坊",添置一些小型的机械加工设备,为创新人才的培养搭建个性化发展的一个平台。在这之前,格致学生的发明专利每年为一二十项,而开了这门课之后,两年来共申请获得国家专利350多项。高三有位女同学邓蓓佳三年共获得19项国家专利,其中3项无偿转让给了上海世博会。

"经典哲学",让学生多学习一些哲学方面的知识,多了解一些中外著名的哲学家和经典的哲学观点,形成正确的世界观,用科学的方法论指导自己的成长。

"金融常识",让学生了解金融常识,懂得人生价值也是一个不断增值的过程。

"关注生存环境",帮助学生了解环保意义,参加环保活动,争做环保公民,宣传环保知识,多提环保建议,养成环保习惯。

"综合才艺拓展",旨在培养学生高雅的审美情趣和多样的艺术才能,如演讲、朗诵、声乐、舞蹈和创作等。

● 智化:教师研究团队出教材

经过多年的努力,学校各教研组已形成合作的研究团队,共同研讨教学、参与课题研究,并共同开发校本课程,如数学组的《数学思想方法》,语文组的《听说课程》,政治组的"经典哲学""金融常识",历史组的"格致学",地理组的"互动式环境教育",劳技组的

"创新学",艺术组的"综合才艺拓展课程",生物组和心理老师的"生命教育"和体育组的"击剑""校园瑜伽"等。

旁白:校本课程讲究学校特色教育资源的利用,彰显学校育人目标的特征。因此,它不是简单的补充,而是有意义的拓展。

课程文化:厚重发展融合

课程建设说到底,是用文化的方式建设课程文化。特色的课程一定有着独特的文化作为支撑。格致善于古为今用,善于着眼未来,打造具有格致特色的课程组织。

● 范化:"格致课艺"与86道考题

当年的格致书院制定的课程叫作"格致课艺",这个"艺"指的不是音乐绘画,而是技术和工艺,是动手操作的技能。当时国家没有统一的课程,书院就自己设置了一个以学生发展为本、培养学生多元兴趣的课程。格致书院实施的课程是一种多元的、综合的课程,其时书院设置六类课程:矿务、电学、测绘、工程、汽机、制造,皆以数学(21门)为基础课程,学生必须精熟几何、代数、三角等数学基础知识,才可研习专业课程。《格致书院课艺》所录的86道考题中,时务类占49%,科学类占27%,经济类占15%,凸显了"经世致用"的课程特色,折射出"富国强兵"的时代要求。

● 深化:《格致课艺新编》新意迭出

格致的前身格致书院的课程设置使传统"格致课艺"成为中国近代新型学校的样板,也对《格致课艺新编》的构建和实施产生了积极的影响。

近年来,学校在课程改革实践中,注意传承"经世致用"的课程特色,比较完整地构建了具有格致特色的课程体系。在编制学校课程时,力求课程能够鲜明地体现历史形成的办学特色和现代社会的育人目标,特别强调课程建设的自主性和科学性。这种课程文化,实际上关注的是"以人为本"理念的落实。

旁白:文化必然在学校办学特色和课程体系的形成中留下烙印。这种文化必然会弥漫在学校的一切工作中。

格致概貌

● 相关链接

格致是上海市闹市中心的"教育绿肺"。校区是完整的街区,占地20亩。学校按教育功能分成"五楼一区":格意楼、物趣楼、致远楼、知行楼、校史楼,以及室内外运动区,包括户外运动场和室内球类馆、室内温水游泳池、室内击剑馆、健身房、棋类室、乒乓房、桌球房、射击馆等运动场馆,为开展游泳、射击、击剑、跆拳道、篮、排、网、乒乓、羽毛球等项目提供了优越的条件。学校还设有乐团排练厅、合唱室、书画室、茶艺室、戏曲排练室等艺术活动区。学校的创意工作坊、数学建模实验室、物理创新实验室、化学数字化应用实验室、生物视频网络实验室、分子生物学组织培养实验室、信息技术创新实验室、多媒体创新设计实验室、劳技中心、环境科学实验室、数字化地理实验室、天象厅、气象站、地质馆、格致书馆、电子阅览室、语音实验室、校园鸟类观察与研究网络平台、远程视频教室、学生电视台、学生网站、学生社团活动中心等实验室和活动场所配置齐全、设施先进。

《文汇报》2009年12月24日

2010 年

格致中学校牌的来历

　　1949年2月下旬的一个下午,上海格致中学语文教师许知行突然接到一个神秘电话,对方低沉地说:"火速离开上海,危险!"说完电话马上搁断了。许知行有点丈二和尚摸不着头脑,是有人恶作剧,还是朋友紧急报险?新中国成立前夕的上海,社会一片混乱,国民党特务到处抓人,地痞流氓也乘机绑票勒索。同事们见许知行接电话后脸色有异,忙问出了什么事?他搪塞说孩子病了,急需送医院。出了校门,许知行雇了辆黄包车,直奔轮船码头。

　　事情还得从当年1月前说起,许知行在上海听到北京和平解放,毛泽东已成为全党和全国人民的领袖时,心情极为兴奋,马上给毛泽东写了一封长达3 000字的长信,向毛主席汇报了自己20多年来的生活工作情况,信中还谈到了他曾先后3次到长沙、湘潭、西安寻找党组织的经过。信写好后,因当时上海还未解放,为安全起见,许知行特地跑到苏北解放区寄出了信。毛泽东收到许知行的来信后也很高兴,在日理万机的工作中立即抽时间亲笔写了回信,并请许知行到北京来一叙。考虑到当时上海还没有解放,毛泽东把这封回信交给了一位有事要去上海的新华社记者,托他亲交许知行。谁知那封信在半路上被记者弄丢了,要是落到敌人手里,后果不堪设想。这位记者火速赶到上海,冒险给格致中学许知行打了一个电话,因而出现了开头的一幕。

　　许知行在浙江海宁家中躲了一阵,听听外面没有什么风声,又回到了上海,他左思右想猜不出那只神秘电话是谁打的。上海解放后,许知行于6月10日又给毛主席写了一封信,在信中还问起昔日同窗好友毛泽民、毛泽覃的近况。10月1日,毛泽东主席登上天安门城楼,宣布新中国的成立。10月底,许知行突然收到一封北京来信,信封上清楚地写着:上海广西北路格致中学,许知行先生,毛泽东。见到毛主席的亲笔来信,格致中学的师生们十分高兴,学校把信封上"格致中学"四字录下来,制成校牌,挂在大门口引以为荣。(杨维忠)

《新民晚报》2010年4月19日

上海7月首开AP课程班

　　【本报讯】记者昨天获悉,上海市格致中学和安生基金会联合引进美国高中的精英课程,自7月起将在沪首开AP课程班,这是本市首次引进受到美国一流名校欢迎的三年制 AP 大学先修课程。完成初中学业的学生通过相关测试即可在该班报名就读。

AP 课程为美国大学先修课程,目的是为美国的优秀高中生提供机会,允许他们提前选修大学课程。AP 成绩已为全世界 40 多个国家 5 000 所大学承认,其不仅已成为美国常青藤名校等一流大学录取新生的重要依据,同时也是目前高中生留学语言培养和课程学习中,唯一一个能提前修读,并能换取今后所读大学学分的课程,学生不仅可提前毕业,还能节省时间和金钱。据了解,在 AP 课程教学计划中,还融入 SAT 和托福考试,可满足学生的留学所需。(记者 苏军)

《文汇报》2010 年 5 月 26 日

美国高中课程　首次登陆本市

AP(Advance Placement)课程,即美国大学先修课程,由美国大学理事会组织和指导,目的是为美国的优秀高中生提供机会,允许他们提前选修大学课程。记者昨天从上海格致中学和某基金会联合举行的新闻发布会上获悉,今年起,这一三年制的美国高中精英课程将首次登陆上海。上海的优秀初中毕业生在上海就可读"美国高中",通过三年的学习及考试后,不仅能直接申请就读包括哈佛、耶鲁等名校在内的全世界 5 000 多所大学,且三年内修读的 AP 课程学分还能换取大学学分。(刘晶晶)

《青年报》2010 年 5 月 26 日

格致中学启动学生海外研究项目　8 位高中生将赴国外研习

【本报讯】在校高中生也能带着自选课题远赴重洋,到国外开展研究,记者昨天获悉,上海市格致中学高一(2)班许永超等 8 位学生,今年 9 月将首批赴美、法、德等国进行海外研习。

为培养学生的创新精神和实践能力,开拓学生的国际视野,锻炼学生的自主能力,最近该校决定设立学生海外研究项目,由学校与其海外友好学校合作进行,首批确定的对口学校为美国普那胡学校、澳大利亚 PLC 学校、德国柏林波茨坦席勒高级中学和法国里昂圣托玛斯·阿奎中学。高一、高二在读学生均可报名参加,该校每年选拔一批品学兼优、具有一定研究能力的学生,带着自己的研究课题赴海外友好学校进行短期的专题研究。经公开选拔,该校 8 位学生脱颖而出,通过自主选定和学校及海外友好学校的认可,他们确定并准备在海外进行的研究课题分别为:中西建筑艺术同异比较、中法历史建筑和传统民居的对比与研究、中美中学生课余生活对比和夏威夷艺术文化与其地理位置的关系,8 位学生将在海外友好学校进行两周时间的专题研究。据悉,海外友好学校将安排有一定中文基础(或英文出色)的学生作为翻译,同时由与学生专题项目相关的学科教师提供指导。校长张志敏认为,新设立的学生海外研究项目,旨在给学生提供更广的学习平台,通过中外文化的比较与探讨,培养综合能力。(记者 苏军)

《文汇报》2010 年 7 月 5 日

世博小使者陈慈钰　世博志愿经历从小学就开始了

(前略)

升级为了"初中生",陈慈钰的世博热情依旧,一进校门便在格致中学成立了"世博宣传快乐营",同样招募了100多名团队成员。

（中略）

以优秀的成绩考入格致高级中学后,陈慈钰已是"准高一"学生,世博会要结束了,俱乐部还会办吗?漂亮的小姑娘眨巴着大眼睛摇摇头,"应该不会了,但是还想成立社团,可以是环保或者志愿者主题的。"（朱莹）

《青年报》2010年7月13日

多国高中生来沪拓展"中国视野"

昨天,黄浦区政府迎来一批特别的小客人。来沪参加"中国视野"普通话学习课程夏令营的30名各国高中生走进区长办公室,围绕自己感兴趣的话题和黄浦区区长周伟面对面交流。

这一活动由格致中学与香港范迪信环球教育基金会合作举办,营员来自美国、英国、荷兰、西班牙、德国、比利时、约旦、瑞典、埃及等多个国家。在豫园感受传统之美,漫步外滩金融街发现上海的繁华,各国高中生们好奇,上海如何将传统和现代结合得如此融洽。有同学向周伟讨教学中文"秘笈","不仅要学习语言,还要了解当地的文化和民俗风情",周伟答。

格致中学校长张志敏介绍,参加夏令营之前,很多孩子对中国、对上海并不了解,眼见的一切让不少人惊讶不已。举办这一活动,正是想为各国年轻人搭建一个了解和沟通的舞台。来自美国新泽西的女孩奥黛丽关注,在保护老房子方面,黄浦区有什么心得;西班牙女孩卡罗想知道,五年以后,这片土地会发生什么变化;纽约男孩则对如何保护中国本土中小企业感兴趣。因为去过荷兰男孩的家乡阿姆斯特丹,周伟和大卫饶有兴致地聊起那里时常遭遇的城郊堵车现象。"哦,我特别留意了一下,上海的地铁网络已经很完善了,大家都应该少开车,多坐坐地铁!"说到如何缓解堵车的麻烦,大卫提出了自己的建议。一同参加活动的格致中学学生则发现,无论来自哪个国家,大家关注的焦点竟惊人的相同。（本报记者陆梓华）

《新民晚报》2010年7月23日

格致中学"低碳"社团学习研究欧登塞案例

【本报讯】昨天下午,世博会欧登塞案例馆亲善大使米戈（Mikkel Stroerup）来到格致中学,与学校"低碳乐活族"社团的同学们,围绕低碳生活来了次"头脑风暴"。丹麦的欧登塞是安徒生的故乡,那里80%的孩子上学都靠自行车代步。听了欧登塞的案例介绍后,同学们觉得,低碳可以从自己开始身体力行。（记者许明）

《新民晚报》2010年10月28日

2011 年

名校自主招生开考　半月内考生忙赶场

格致中学教导处副主任蔡青向记者表示,据她所知,这种情况在部分高三学生中确实存在,但是在她看来,两者并不很矛盾。"很多寒假作业本身就能帮助学生巩固知识点拓展知识面,再者,报考交大自主招生的,本来加试物理的,化学总得再巩固巩固,反之亦然。所以,正确处理好寒假作业,并不会给学生带来很多额外的负担。"

格致中学教导处副主任蔡青指出,考生还是应该放平心态,及时调整生物钟,不要一味地为复习自主招生而影响高考。前晚,复旦大学自主招生的过来人、复旦云聚社的大学生们也在微博上给诸位考生贴出一条贴心建议:"基础作保,心态为王,与其临时抱佛脚,不如一颗平常心。"(朱文娟)

《青年报》2011 年 2 月 12 日

聊成长路:"适合孩子的才最好"

在格致中学,有个出了名的"小书法家",叫赵之玺。他写得一手好字,获得书法 10 级证书,是上海市书法家协会会员。小赵除了书法特长,还获萨克斯 10 级证书,初中、高中多次夺得全国和上海市物理、数学、化学竞赛奖,日前被清华大学提前录取。这名多才多艺的学生,究竟有何成长秘笈? 在一次格致中学为小赵举行的小型书法展上,记者和赵之玺父子拉起"家常"。

要学什么自己选

记者:目前,我们的教育鼓励学生德智体全面发展,小赵学习好,在艺术方面也取得不错的成绩,确实很"加分"。孩子的这些特长,当初是怎样发现的?

赵父:这些兴趣爱好全是他自己选的。从小,家里想培养他的体育爱好,给他买篮球,他不要;乒乓球,也不喜欢,有关体育的他都不爱好。读幼儿园时,我们偶尔带他去邻居家玩,当看到挂在墙壁上的漂亮书法作品时,他就一直站着不肯走,最后对我们说:"我也要写这么漂亮的字。"

赵之玺:学萨克斯也是如此,学这些,一开始纯粹是好玩,或者是一种向往。那时,我们班很多人都在学奥数或者英语,但我还是对书法和乐器感兴趣。但没想到,学特长,也是对耐心的一种考验,学进去了会很苦。初一时得了中耳炎,一度想放弃吹萨克斯,而且每天练书法觉得太没劲了,还不如看电视、玩游戏呢。可是父亲一直说:"你都练了这么久了,突然放弃,不觉得可惜吗?爸妈从不强迫你做什么,但你一旦选择了,就应该坚持,不能虎头蛇尾。"

赵父:学任何东西都是辛苦的,只要"挺"过来了,还是感受得到快乐。儿子现在经常和我们聊书法的"美","书法布局讲究平衡和结构稳定,与物理还有蛮多相通的地方。"

勤奋比天赋更重要

记者:赵之玺可以学习、艺术两不误,他是怎么做到的?可以给同龄孩子哪些启发?

赵父:如果说儿子在艺术方面有些天赋,但是在学习上,我认为"勤奋比天赋更重要"。学习不花苦功就想保持高水平,我认为是不大可能的,我们有过这方面的教训。孩子读初中时一度因为贪玩,不花时间在学习上,导致成绩大幅下滑,基本一个学期不在状态,班主任老师都找我们谈过几次。

赵之玺:平时学习我还比较自觉,父母管得少,但那一次,我对学习有些厌倦了。父亲开始对我采取"盯梢"战术,严格监控我的课余生活,并且告诫我:"'老本'吃不了多久,别指望不用功就想坐享其成。"对学习重新投入时间和精力后,我的成绩又上来了。通过这次教训,我发现学习最需要专注,学的时候就该百分百投入。为了学习,有时我也会"加班加点",参加一些理科竞赛时,经常做题做到深夜,连着几个月时间没有业余生活。

为了考验我在学习上是否有定力,父亲还经常出"怪招"。有一次做功课,他故意捧着笔记本电脑坐在我身旁,打我最喜欢的游戏"红警",还把音量调得很大。起初,我还时不时凑过头指导他两下,后来识破他的"阴谋",就继续埋头做功课了。其实,真的钻到一道题目里,外面的声音好像听不到了。

人生"起跑线"才刚开始

记者:被名校录取,在很多家长看来是一种成功。孩子实现了梦想,也是父母教育的成功。您认为呢?

赵父:也许在很多人看来,孩子考上名牌大学,父母终于可以歇口气,放心了。我认为,考上名校并不是终点,成功更加谈不上,最多只是突破了自己,孩子的人生道路恰恰才刚开始。现在很多家长总认为孩子不要输在起跑线上,从早教机构,到幼儿园、小学等,都要选择最名牌的。我不赞成"起跑线"之说,赵之玺就读的幼儿园、小学都不是名校,只是他后天的努力让他取得现在的成绩。孩子今后的人生道路还很长,做父母的不能强迫他做什么,只能把把关,我更注重品行的修炼。

赵之玺:父母从来不会用权威来压制我,而是尊重我的选择。清华大学让我选专业时,我决定读电子工程系,父亲起初并不是很赞成,因为他自己就从事这一行,以他多年的经验告诉我,学这一行会非常辛苦。面试前一天,我和父亲长谈,从自己的特长、兴趣、将来规划等分析我的选择,获得他的认可。

赵父:任何教育,都没有统一模式,适合孩子的才最好。在我们家,谁有道理,就听谁的。(本报记者 彭薇)

《解放日报》2011年4月2日

我见识的"美国高中课堂"——高中生刘柳发表日志,讲述自己海外游学经历

暑假来临,海外"游学"逐渐升温。为了给今后的留学生涯做准备,一些学生到国外高中短期"驻扎",感受国外的教育氛围和文化特征。

格致中学高二学生刘柳曾到美国明尼苏达州圣保罗市的一所高中游学三周,跟着当地学生一起上课。"国外念书真比中国轻松吗"、"美国高中课堂有什么不同"……日前,刘柳将自己的经历和感受整理成海外游学日志,发表在博客上,从一名高中生的视角说说"美国的课堂"。

自己选课表,课间来回跑

到达美国的第一天,校长热情地接待了我。他拿出一张表格和几页纸说:"这是你的课程表,所有的课程自己挑。"我非常惊讶,反问了一句:"想学什么就学什么?"校长温和地笑着说:"当然,我们这儿的学生都是这样。"

能够自己挑课,我很兴奋。要知道,在中国,一个班的学生都是共用一张课表,上同样的课。而在这边,想学什么完全自己做主,只要修够学分就行。而且,在美国上课没有主课和副课之分,只有必修课和选修课。必修课也不像我们的语文、数学、英语,而是美国政治、美国经济、美国历史和健康课等。一天上七门课,最后我选了物理、艺术、社团活动、政治、微积分。

第一天上课,我有点傻眼了,原来,"课间十分钟"对美国学生来说是一种"奢侈"。第一堂物理课结束之后,走出教室,只见走廊上的每个学生都抱着一摞书,匆忙地奔向专属书柜,拿下一节课的课本,再奔向另一间教室,如果下节课的教室在另一幢楼里,十分钟基本就在赶路了。这就是我常听说的"走班",大家没有固定的班级,没有固定的同学,而是跟随自己挑选的课表来回跑。

和记者的交谈中,刘柳说,美国教育很注重学生兴趣和特长。比如,数学课不需要代数、几何等"全面开花",只要学其中的一部分,积够学分即可。不过刘柳也觉得,美国基础教育阶段的课程与中国相比不太全面。"美国学生的系统知识不如我们扎实,他们高一的内容我们初中就学过,我还当起他们的'小老师',他们夸中国学生'真棒'!"刘柳认为,高中阶段应把基础打扎实了,到了大学阶段再发展兴趣特长,这样更有持续性,但是美国教育把学生兴趣和个性特长放在第一位的理念值得借鉴。

课堂探究忙,"另类"有加分

第二天的物理课,讲的是直线运动速度和位移的关系。老师列出公式,问我们:你们有什么想法?我忍不住在底下偷笑:这么简单的公式,在中国,老师5分钟就讲完了,我们再跟着公式解题就行了,在这里还真"折腾",一个公式原来也可以讲一节课!一堂课结束,我才明白,原来他们老师要求的不是对公式死记硬背,而是学生融入自己的思考,自己设计解题情境,让公式更加"可亲"。

上了几天课后,一个最大的感受是:在这里,探究无处不在,渗透每一堂课。我很喜欢美国的课堂氛围,随意轻松。大家不是一行一列排排坐,而是围成圈,同学和老师之间就像朋友,互相探讨问题。上课时,你甚至可以走来走去,想提问还可以随时打断老师讲话。美国教室的功能也很多,它还兼作老师办公室,摆放了很多书籍资料和教学用具,每一间教室看上去都像一间图书馆。布置也讲究个性,物理、化学老师的教室像实验室,艺术老师的教室有很多图片和装饰物,布置得像舞台……

美国也有政治课,上得"别开生面"。比如,老师将学生分成几个小组,各自代表一个

"国家",让大家构建一个"新政府",一周五节课全部用来讨论设计政府宣言、国旗,还要制定详细的法律法规。大家凑在一起可热闹了,唧唧喳喳谈论,有的上网查资料,有的草拟法律条文。还有同学提议:对最严重的犯罪分子的惩罚应该是"将他送上宇宙船,流放到别的星球去"。老师听了并没有否定这种异想天开,而是打趣地说:"要是真的有这条法律,政府肯定要破产了。"

"上课时,你敢异想天开,甚至质疑老师吗?"面对记者的提问,刘柳笑着说,大胆质疑老师的勇气,在中国学生身上并不多见。而如果异想天开的话,老师说不定会立刻否定你的想法,甚至认为"你很另类"。而在美国,那些大胆质疑的学生,他们的成绩单上还可能多加几分,老师以此鼓励学生多思考、多提问。刘柳认为,美式教学更看重学生的想象力和创造力,经常进行小组讨论,培养大家的合作精神。他们更强调过程探究,不管结果是正确还是错误,只要体现了思考和创意,就算达到目的了。

作业讲"花哨",动手花时间

去美国之前,我经常听见别人说:美国的学生真轻松,学习一点也不苦。这其实是误解。美国的小学生的确很轻松,但高中不那么轻松,除了一天满满的课程,作业也不少,相当花时间。

我们的作业是动手写,而在美国,很多学科的作业要动手做,强调"手脑结合"。物理课作业是做一个手电筒,生物课制作标本,艺术课设计一个装饰物等,就连外语课也要裁裁剪剪。有一天,法语老师给我们布置的家庭作业,是根据新学词汇制作一张家庭图谱。我到处搜寻旧报纸和杂志,在房间里铺了一地,剪下适合的照片,有的图片找不到,就自己画简笔图。到了汇报那一天,每个学生用法语解说自己的图谱,我还得了高分呢。

刘柳说,美国的作业周期比较长,一般是一周布置一次,但"长作业"很花时间,学生们往往费尽心思,以求做得"出彩"。她认为,美国的作业讲究花哨,拼写、练习题等相对很少,而中国的作业强调基础训练,更实在。

刘柳印象最深刻的是"课外阅读"。她说,中国学生的课外阅读不作硬性规定,但美国严格要求学生的课外阅读量,比如文学课,一周时间就要读一本书,并且写读书笔记。美国的历史课甚至老师不讲解,而是规定一周阅读任务后,下周就举行考试,这对学生的自学能力是很大的考验。"美国教育的深度绝对不如我们,但他们的精髓是'独立',从小培养自学能力。"(本报记者彭薇)

《解放日报》2011年7月3日

山里孩子纷纷来电:祝老师快乐!——"阿拉教师"刚从云南回到上海,节日问候便接踵而至

飞鸟说,幸福是蔚蓝的天际;游鱼说,幸福是清澈的涟漪;骏马说,幸福是复苏的草场;高山说,幸福是永恒的屹立……而对于格致中学支教教师刘骏来说,幸福是真情的传递。

今年教师节前夕,刘骏结束了一年支教生涯,从云南回到上海。快过节了,他的手机、QQ响个不停,打开一看,全是云南孩子发来的节日祝福:"刘老师,我们想你啦"、"祝你快乐幸福"……有的孩子跑几个小时的山路到小镇上,就为了给刘老师打个电话送祝福。刘骏说:"大山里的孩子,感情就是这样淳朴,他们始终是我的牵挂。"

2010年8月下旬,刘骏作为上海市第十批赴滇支教教师,赴云南省孟连县红塔中学支教。初来乍到,云南的饮食、肆虐的蚊虫、害羞的学生、陌生的方言等,都是阻挡在支教教师面前的座座"大山"。红塔中学85%以上的学生是拉祜族、佤族、傣族等少数民族,第一次碰见上海教师,孩子们害羞地绕道而行,甚至不敢直视。所有学生都在校寄宿,刘骏就利用晚自修时间和学生"套近乎":"你们这有什么好吃的"、"你好、谢谢,用你们的民族语言怎么讲"……一来二去,学生们渐渐打开了话匣子,围在刘骏身边,不停地问这问那。

和上海教师熟识之后,少数民族孩子显露了热情奔放的一面。过节时,学生们会把老师拉到学校空阔的操场,即兴献演山歌,跳民族特色舞蹈,还从口袋里掏出热乎乎的自家做的"芭芭"(芭蕉叶里包糯米)给上海老师吃。今年春节,学生们还给刘骏准备了小礼物:小工艺品、瓜果核桃、水杯等,后来刘骏才知道,这些大城市孩子不足为奇的东西在当地却弥足珍贵,全是孩子们一元、两元凑份子买的。

刘骏说,支教条件很艰苦,但山里孩子的吃苦耐劳给了他莫大的勇气。他还记得家访时,很多学生住在山上简单搭成的草屋里,一年四季用不起热水,甚至大冬天洗澡只能用冷水浇。木板上铺上一张草席就成了床,而停电停水更是常有的事,孩子们常常点着蜡烛做功课。学生们的水平也是参差不齐,有的读初中了,连自己的名字也不会写。教生物的刘骏放弃以前的教学计划,将课本里的案例统统"改头换面",变成孩子们熟悉的日常生活。给他们讲身体的奥秘,带他们一起观察学校的小植物,给昆虫拍照,记录他们的活动等,形象的教学让孩子们爱上了生物课。

朝夕相处,刘骏早把云南的学生当成自己的孩子,而孩子们也把"阿拉教师"当成了亲人。最后一堂课上完,刘骏刚合上课本,只见学生们齐刷刷全部站起来,捧着一本大本子,还有一个小玻璃瓶:"老师,你不让我们送礼物,怕费钱,我们一人给你写了一句话,每人还叠了一颗小星星。我们舍不得你走,还想为你唱唱歌。"全班学生唱起整齐的山歌,男生女生,全部边唱边哭,小眼睛专注地凝望着老师。此情此景,让刘骏这个七尺男儿不禁落下泪来,和学生们抱在一起放声哭泣。

刘骏临走时已经放假,他特意没告诉学生们归期是哪一天。但不知怎地,大家全知道了,上海教师出发前一刻,学生们从四面八方赶过来送行。"老师,你会忘记我们吗"、"还会回来吗……"孩子们抱着上海老师,难舍难分。到校门的短短几十米,足足走了20多分钟。

冰心曾说:"爱在左,责任在右,走在生命之路的两旁,随时撒种,随时开花,将这长途点缀得花香弥漫,使穿枝拂叶的莘莘学子,踏着荆棘,不觉得痛苦,有泪可流,却觉得幸福。"刘骏说,如今还会回想那片热土,湛蓝的天空,流动的白云,青翠的绿树和纯净的空气,还有那些淳朴的山里孩子。他也经常和上海学生、教师提起那段幸福时光,"对老师来说,爱与责任是一生的信仰,而幸福源泉来自于学生"。(本报记者彭薇)

《解放日报》2011年9月9日

百年中学,朗朗书声代代重生

北郊高级中学:北效中学是由明强男中和晏玛氏女中在1952年合并而来。这两所中学都是19世纪末期由美国南浸会创办的教会学校,曾经共用一个校园。两校的学生由同一个校门进去,经过一条很宽的通道,这条通道的一边拐向男中,一边拐向女中。

格致中学：格致中学前身为"格致书院",始建于1874年,由清朝重臣李鸿章倡议,又由近代著名化学家徐寿和时任英国驻沪总领事麦华佗联合创办,迄今已有137年历史。它是我国近代最早开办的中西合办、最先传授西方自然科学知识、培养科技人才的新型学堂之一。

上海中学：上海中学的前身是创始于1865年(清同治四年)的龙门书院。上海中学是历史悠久的著名中学,民国时期,与江苏省立的苏州中学、扬州中学和浙江省立的杭州高级中学,并称为"江南四大名中",又称"江浙四大名中"。校友中两院院士就有49人之多。

敬业中学："敬业"一词出自《礼记》中"一年视离经辨志,三年视敬业乐群"。敬业中学的前身是创建于清乾隆十三年(1748年)的申江书院,如以当时算起,距今已有263年历史之久。

徐汇中学：徐汇中学创办于清道光三十年(1850年)。道光二十九年(1849年),江南地区洪水泛滥,来徐家汇的难童很多,徐家汇本地居民无力食养,便将难童送至徐家汇天主教堂。时任徐家汇耶稣会院长的晁德莅收容了这些孩童,并将教堂的数间茅屋作为教室,由神父授课。这就是徐汇中学的前身。(王俊逸)

《青年报·生活周刊》2011年9月27日

格致中学选拔具有研究能力的高中生走出国门　带着课题"海外游学",开眼界得真知——"教改新观察"之四

对于格致中学的高中生来说,学校为他们又开了一扇"学习窗"：学校推出学生"海外研修"项目,今年40名学生赴美、法、德等国"游学"。与一般意义上的游学相比,此次海外研修更突出自主研究,要求学生带着自选课题,深入国外的学校、社区、家庭和公共场所等,开展实地调查。

负责老师何刚介绍,学生经过选拔产生,要求品学兼优,具有一定研究能力。开展课题研究,主要与海外友好学校进行合作,为期两周左右,学生全部"住家"。今年的学生海外课题覆盖面广泛,包括艺术、建筑、环境、交通等方面,普遍具有较浓的"社会情结",如上海与法国城市公共交通人性化设施比较、上海与纽约室内装潢的废气处理与研究、中美青少年志愿者服务对比等。

短暂的游学经历让学生们受益匪浅。不少学生表示,与以往课堂做课题相比,此次游学是一次"专职研究",开阔了眼界。学生杨柳青的课题是研究中法公共交通的人性化设施,她在巴黎、里昂等地反复乘坐公交、地铁等,细心观察并记录温馨细节："巴黎地铁里的扶手都有三个分枝,可以服务更多的站立乘客,地铁车厢出口都有专门的残疾人通道……"喜欢艺术的卞怡婧在卢浮宫看到了名作《蒙娜丽莎》,"和书本里的感觉完全不同,色彩让我震撼",她游览巴黎街景后,结合当地环境对起源于法国的印象派绘画感触更深了。

做社会公共课题研究,对学生的研究能力是一次提升。学生们都设计了详细的调查

问卷,做对比研究、数据分析等,最后形成详细的课题报告。邬开戌调查了中美青少年志愿者服务情况,走访了美国当地大型的志愿者机构,统计了美国青少年做志愿活动的项目、情况等,与上海中学生的志愿服务进行比较分析。姜森磊在街头调查纽约当地市民对室内装修污染的认识和措施,并归类整理,他发现,与中国家庭普遍使用活性炭、植物等除甲醛方式相比,美国家庭更偏向于选择专业公司处理装修废气,并定期检测。

通过实地调查访谈,学生们对上海城市发展提出一些建议。杨柳青说,上海公交车可借鉴国外经验,取消车厢里的几级台阶,让人们出行更方便。王琪在法国调查时发现,对当地家庭来说,进行垃圾分类是强制性任务,干湿垃圾、可回收和不可回收垃圾等,首先从家庭开始分类,摆放在不同的垃圾筒,由专门的机构来回收,如果家庭垃圾不分类,专业机构可拒绝回收处理。她建议,为了更好地推广垃圾分类,可以使其成为一项制度,严格执行。

据透露,格致中学今后将成立专门的海外研修基金,扩大参与人数。若干年后,争取让50%以上的学生都能走出国门,打开视野,考察体验海外风土人情和社会发展。

【专家声音】做一个"有想法的人"

格致中学校长张志敏:除了课堂学习,研究性课程也是高中生的一项重要学习内容,它主要是通过做课题开展研究。而如今在应试环境中,学生们研究课题大多是"虚拟研究",从图书馆或者网络上查资料,几小时就能形成研究报告。鼓励学生开展海外研修,一方面是拓展高中生的国际视野,让他们见识国际前沿文化、技术等,另一方面也是让他们回归"实境研究",始终做一个"有想法的人"。

【记者手记】另类游学的深意

如今很多高中生都有游学经历,利用寒暑假出国,走访当地名校,体验当地生活等,但格致中学推出的"海外游学"更有深意,而且由学校层面组织,并形成长期项目,并不多见。

另类游学是一道复杂的综合考题,它不仅考察了学生的调查研究能力,同时也考验了独立生活和应变能力。短期出国游学,没有旅行团安排布置,从机场出发,到当地开展调查等,都由学生自己完成;做主题研究时,他们同时要克服诸多不便,如语言、出行、与陌生人打交道等,碰到突发情况,也要自己想办法解决。带着课题游学,不是简单的走马观花、泛泛体验,它追求的是实学践行,"纸上得来终觉浅,绝知此事要躬行",这是高中生应有的治学态度。(彭薇)

《解放日报》2011年10月27日

章泽人:拯救生命的小志愿者

周末,南京路步行街上,一辆无偿献血车格外引人注目,不少路人驻足,仔细阅读着宣传展板。"欢迎你加入到无偿献血的队伍中来,你有什么疑问,我可以为你解答。"一位身着红马甲的年轻人热情地向路人宣讲着无偿献血的知识。他就是格致中学高二(9)班的章泽人同学,一位年龄最小的宣传、服务无偿献血志愿者。因为多年热心志愿者工作,章泽人今年荣获了"金爱心十佳标兵"称号。(王钰倩)

《青年报》2011年10月31日

2012 年

以科学周全的评价引导学生全面发展　以高位优质的质量提升学校育人水平　评价：成长的"引擎"与"明镜"　上海市格致中学推出"新版"评价方案反响热烈

对学生如何评价，虽说是备课、上课、作业、辅导和评价"教学五环节"中的一环，但这种评价要有效并不容易。况且，单一的学业评价，并不能完全反映学生的全面状况。

而评价又是近年来高校自主招生的一个重要依据。现实情况就是这样，有时候某一所高校向学校下达了自主招生的名额，学校究竟如何推荐合适的学生，这又成了校长和老师的难题：推荐的依据在哪里？这样的推荐对学生公平吗？学生能接受这样的推荐结局吗？

显然，对学生的评价，已不是教学领域中的一个狭隘课题，也不是为了应付高校自主招生的一个方法问题，而是学校具有"牵一发而动全身"的全局性课题。

评价，历来为各方所重视。《国家中长期教育改革和发展规划纲要（2012—2020年）》明确提出："全面提高普通高中学生综合素质。""建立科学的教育质量评价体系，全面实施高中学业水平考试和综合素质评价。"《上海市中长期教育改革和发展规划纲要（2010—2020年）》明确提出："注重基础知识和基本能力的培养，为学生的人生发展奠定坚实的基础。""增强学生的人文素养与科学素养。"《黄浦区"十二五"教育事业发展规划（2011年—2015年）》提出："完善黄浦区学生学业质量监测体系，体现学生的个别差异和个性发展，使学生学业质量监测过程更加完整、具体、全面、科学，为学校教育提供准确有效的诊断和指导。"

校长张志敏介绍说，在这个背景下，为破解这个难题，从2010年开始，格致提出"全员、全面、全程"的绿色评价理念，建立了"包含全体学生、涵盖五个方面、立足三年跟踪终身"的"格致中学学校全面质量评价与保障体系"。评价内容由道德素养、学能素养、身体素质、心理素质、实践创新素养五个方面和20个评价量表组成，评价过程采用"学生个人输入、教师定期认定、家长辅助参与、学校学期评价"的方法。目前，这样的评价已在高一和高二两个年级全面实施。

这个"新版"评价方案，以素质教育目标为导向，以发展性评价为手段，以过程性管理为保证，为全体学生都能得到全面、主动、积极的成长创造良好的教育环境；关注学生全面素质的合格程度、全面发展的和谐程度、学习能力的持续程度和创新能力的践行程度。

可以说，这个"新版"评价方案，摆脱了纠缠于单一学业成绩的羁绊，突破了评价仅评价以往的局限，实现了评价功能的转型，是一次更高层次、更大层面上的评价改革，具有"评价新政"的价值。

这个"新版"的评价方案已经产生了很有潜在发展前景的效应,获得了师生的基本认同,引起了各方关注,带来了许多启示。

体现全面观念:从单一评价到多元评价

评价从单一的学业评价走向综合评价,从封闭的评价走向开放的评价,从注重眼前的评价走向前瞻未来的评价,是格致"新版"评价方案的主要特点。

经过多年研究与实践,学校认为,评价要以"学生综合素质"为基点,新的评价更要有全面性、前瞻性和引导性。

学校研究的学生综合素质,包括道德素养、学能素养、身体素质、心理素质、实践创新素养五方面。

——学生道德素养评价,主要由四部分构成:班主任育德能力的监控与评价、学生基本素质的监控与评价、学生个性化发展的监控与评价、班级日常管理的监控与评价。同时也包括教师学科德育渗透及育德能力的监控与评价。

值得一提的是,学生个性化发展的评价与监控,由学生在教师指导下建立个人电子成长档案袋,由网络中心参照学生成绩管理软件系统中的个人成绩,查询制作。档案袋分为三大模板:一是自我认识——学生客观评价自己在道德素养、学能素养、身体素质、心理素质等方面的优缺点,准确定位自己的未来发展方向,制定达成目标的具体措施。二是实践之旅——学生在社会实践活动、社团实践活动、创新实践活动等实践活动中的有关记录。三是风采展示——学生在道德素养、学能素养、身体素质、心理素质、实践创新等方面取得的成绩。

——学生学能素养评价,学生学习情况自我监控与评价,在学能素养评价小组指导下,由学生对自己的学习情况进行自我监控与评价。具体内容包括:学习态度、学习习惯、学习能力、学习成绩。

——学生身体素质评价,全面实施《国家学生体质健康标准》,从"体能素质"和"生理素质"两方面落实对学生身体素质的监控与评价。评价内容:一是体能素质监控与评价,二是生理素质监控与评价。

——学生心理素质评价:一是通过相关心理测试量表(如 SCL-90,16PF 等)对全体学生测试,建立心理档案,以了解学生的人格、兴趣、能力、情绪等状况,为学生更好地适应高中生活,自我发展提供有针对性的指导;并对测试结果需要重点关注的学生进行定期随访,改善其所在系统的阻力。二是通过高中生涯发展教育系统为学生提供生涯辅导,帮助提高学生自我认知,培养规划意识,科学地进行文理分科和职业方向选择;为在生涯规划中遇到困惑的学生提供咨询服务。三是通过各种活动,关注学生在学习过程中情感、态度、自我意识、创新精神和实践能力的培养,帮助学生认识自我,接纳自我,发现和发展多方面的潜能,促进学生在原有水平上的提高;并在活动中发现一些不愿或没有意识主动接受心理辅导的学生并提供时机性辅导或个别辅导。

——学生实践创新素养评价,从创新素养、个性特长、课题研究能力三个方面进行全面监控与评价。评价内容,实践创新素养不仅包括创新实践能力,更包括强烈的创造激情、探索欲、求知欲、好奇心、进取心、自信心等心理品质,也包括具有远大的理想、不畏风险的勇气、锲而不舍的意志等非智力因素。通过对个性特长的监控与评价,激发学生的潜能,发展学生的个性,培养学生的创新精神和探究能力,促进学生素质的全面发展。学生课题研究能力是指以问题为起点,以研究为中心,面向整个生活世界充分发挥学生自主能力的学习方式,强调团队合作,重视实践体验,是创新能力和实践能力的具体体现,对于发展学生的多元智能,形成健全人格,促进学生整体和谐的发展具有重要的作用。

评语评价的全面,不仅是内容的全面,而且是整体育人观的再现。

记者手记 激活评价优化发展

在今天,评价,不仅是教育教学的检测手段,而且是实施素质教育的题中之义。什么样的评价内容、方法和途径等,决定了这种评价的质地。显然,从教育的属性角度,从育人的站位高度,来重新审视评价,这是一个急需破解的课题。

最近,市教委推出的中小学生学业质量绿色指标就是一个很好的导向。格致中学实行的"新版"评价方案,是对推行"绿色指标"的有益探索。

高中教育在学生的一生成长中,具有奠基的意义。而如何评价,会有导向的作用。因此,把评价从事务性的狭隘中解放出来,从只关注结果的局限中解脱出来,让评价产"值"、升"值",这是非常有价值的事情。

评价的指标、内容,其实是社会对高中生的要求与期望,也是高中生成为有用之人的方向和目标。因此,格致推出的"新版"评价方案,结合了时代对学生的要求、社会对学生的期望,遵循了学生的成长规律,突出了心理和创新素养的品质。一言以蔽之,这是学校对素质教育落实到学生身上的"解读"、学校对高品质育人的"版本"、学校对学生全面成长的"引领",同时又是用新的标尺衡量学生的"度量衡"。

用正确的评价导向激励学生,用科学的多把尺子鼓励学生,从而激活评价过程,优化学生发展,这是格致评价改革的价值所在。格致不仅看重评价的区分功能,更注重评价的导向功能;格致不仅看重评价的结果效应,更注重评价的过程推力。

由此可见,评价,是一枚观照的明镜,而不是计算的器械;是一个发动的引擎,而不是僵化的记录。如果评价能对学生的一生发展产生持续影响,那么这样的评价就是最好的。

突出全局意识:从评价学生到提升质量

格致此次推出的"新版"评价方案,是从提升办学质量、育人水平的全局出发的,不仅限于单一地对学生的评价,也从教育质量、育人质量的角度入手,拓展了评价的功能。

学校提出全面质量评价与保障的内涵,方案体现学校全面质量评价与保障的全员性、全面性和全程性。全员性,指的是监控与评价面向全体学生,为每一个学生建立反映全面素质的成长档案。同时,全面质量管理涉及教育教学各部门,每一个教师参与。全面性,指的是监控与评价包含学生的道德素养、学能素养、身体素质、心理素质和实践创新素养五个方面。全程性,指的是监控与评价贯穿于学生入学至毕业的全过程,贯穿于教育教学活动的全过程,贯穿于学校对各部门工作管理的全过程。

同时,全面质量管理是人人参与的管理。学校认为,有必要增强人人参与质量管理的主人翁意识,让学校管理成为全员参与的全面质量管理,从而发挥群体功能、形成人人育人的良好环境。

全面质量管理是全方位的管理。学校以教育教学为中心,建立完善的全面的质量监控体系,充分调动一切积极因素,为教育教学服务、为师生服务。同时,全面质量管理联系动员学生家长代表、社会各部门,努力形成教育合力,为学生健康成长提供必要条件、创造良好的社会育人环境。

全面质量管理是持续改进的管理。学校注重对教学管理过程持续不断的反思,对存在的问题进行不断改进,使其更趋完善合理,从而实现持续改进,达到更高效的教育教学管理水平,获得更优质的教育。

评语评价对教育教学的反馈,是办学的财富。

突出导向功能:从评价过去到引导未来

在过去,评价基本上处于"静止状态",是拿一些冷冰冰的指标去"套"学生,仅仅是用来测定学生的学业成绩而已。

而格致"新版"的评价方案,不是简单的修修补补,而是站在全面育人高度,注重在评的过程中实现由"评"走向"导",导向素质全面培养;由"测"走向"明",明晰今后努力方向。

如"学生道德操行监控与评价量表",一级指标为"理想抱负"、"道德品质"、"责任意识"、"行为习惯"和"伙伴关系"。二级指标为"国家意识"、"理想信念"、"国际胸怀"、"民族精神";"校内守纪"、"校外守法"、"正直诚信"、"关爱生命"、"保护环境";"孝敬父母"、"帮助弱小"、"奉献精神"、"集体观念";"热爱劳动"、"讲究卫生";"团结友爱"、"诚恳待人"、"团队合作"、"乐于助人",而"评价标准"40项细则,更具体,更有引导的价值。这样的评价内容,与其说是评价一个人的表现,倒不如说规范一个人的行为,不仅能用来测定,更有导向的作用。

这样的道德操行指标,等于树起了高尚的人的方向标,体现了"学会做人"的指向,是一种不可多得的导向。

另外,学校提供道德素养的学习锻炼场所,如重点建立的格致中学校外实践基地,目前首批共有38家签约合作,涵盖志愿者服务、高新科技考察、科学知识普及、帮困扶弱服务、校园文化展示、家政礼仪实践等六大类,就是一种有效的引导。

评语评价的导向功能也许比选拔功能更有意义。

突出个性培养:从评价一般走向评价特点

个性培养,一直是教育界关注的课题。格致"新版"评价方案,具有引导学生注重个性培养的功能。

按照传统的评价办法,某些优秀的学生,主要表现为学业优秀。现在通过"五能"的评价,使学生更能了解自己的长处和潜力之处。

在格致,只要打开电脑,老师就能看到学生的"五能"情况,这里有几种类型,如,"综合素养全面",高二(9)班陈同学,在学校"五能"评价中名列前茅,其中社团活动、课题研究、志愿者服务、活动组织等方面特别突出,是一名能充分体现学生综合素养全面发展的优秀学生代表。

再如,"学能突出,其他素养一般"。高二(2)班徐同学,高一年级第一、第二学期学业成绩名列年级前三,但是其他素养表现一般,如果按照传统的学业成绩排名,表现为优异。如果按照学校"五能"评价,则表现一般,特别是创新素养和道德素养得分较低。该生在发现自己问题后根据"五能"评价的要求,积极参与各项活动,且表现出色,在高二年级第一学期的综合素养评价中得分名列前茅。

又如,"学能一般,其他素养突出"。高二(7)班田同学,在年级里学业成绩一般,中等偏下,如果按照传统的评价方式,该生属于不受欢迎的所谓"后进生"。但是该生特别爱好发明创造,参与多项市、区级科技创新大赛并多次获奖;动手能力特别强,制作了多项科技作品,如"折叠桌"获得了国家实用新型专利。他还组织班内几位有一定专业知识的同学共同设计并制作了以发光二极管为主要材料的"爱 7 班"班级班牌。他还积极组织策划班级主题班会,深受师生好评。通过"五能"评价,该生的排名位于年级前列。

同时,在活动中评价,如在心理素养评价中,采用"我的名片"的做法,请学生画一幅画来代表自己,可以是人物肖像、动植物、风景等,任由学生发挥,然后写一段介绍自己的话(性格、个性、爱好、期望等),但不署上自己的名字。先让同学猜,然后再自我介绍。这样的活动,更有对个性培养的鼓励。

评语评价要为个性发展提供蓝图,而不是过分强调划一。

显现多重作用:评价效应的叠加与放大

评价,不仅要让学生明白自己的状态,而且要有激励和选拔作用。

学校规定:

——道德素养的评价结果作为评优评先、奖励表彰的重要依据。学校在升学推优中,将学生道德素养的评价结果作为重要依据。学生在完成阶段性学业后,只有道德素养的评价全部达到合格或合格以上,方可取得毕业证书。

——学生学业成绩评价结果作为评优评先、奖励表彰的重要依据。学校在升学推优工作中,将学生学业成绩评价结果作为重要依据。学生在完成阶段性学业后,全部达到合格或合格以上,方可取得毕业证书。

——体能素质监控与评价的数据,作为学生体质健康达标的重要依据。体能素质监控与评价的数据,作为学生评优评先的重要参考依据。体能素质监控与评价的结果,作为学生阶段性学业完成的重要指标。

——学生心理素养评价结果,量表测试结果作为了解学生基本心理状况的参考。量化的评价结果以等级形式出现,分为优(85 分及以上)、良(70~84 分)、合格(60~70 分)、需努力(60 分以下)。质性的评价结果以描述性的评语为主,学生的每一次活动和每一份作业均有书面或口头评语。

——创新素养评价结果,根据学生自评互评、指导教师评价、年级组评价和学校学生评价小组评价相结合的原则,每学年评选出不同等第的优秀作品或优秀学生。根据评价结果,对优秀作品、学生和指导教师进行表彰和奖励。根据评价结果,经申报遴选优秀课题,资助赴海外进行课题研究。

评语好的评价方法具有多功能。(本报记者苏军)

《文汇报》2012 年 2 月 8 日

班主任要先会玩 iPad——格致中学尝试引入平板电脑进行班级管理

【本报讯】目前,iPad 等平板电脑逐渐深入中小学,上海、南京等地学校陆续出现"苹果班",推行"iPad 进课堂"。今秋新学期起,格致中学出现一支"iPad 教师团",全校在 35 名班主任中试点用 iPad 软件进行班级管理,这在沪上中小学里并不多见。

学校教研室负责人介绍，引入 iPad 进行班级管理，主要考虑它的便捷性。平板电脑本身比较小巧，便于携带，教师可以随时随地添加信息管理。今年3月，格致中学申请了一个市级教育信息技术项目，率先在高中阶段推出"iPad 进课堂"，"要给学生提供更开放便捷的移动学习环境，教师要先会玩。"

老师们领到的 iPad 上，都安装了一款专门设计的个人管理软件。打开程序，老师可在上面创建新班级，输入学生和家长基本信息，还可配上照片等。另外，该软件还能进行过程管理，随时记录学生出勤、考试成绩、获奖情况、阶段表现等信息。老师也能将课表、备忘、时间安排等输入其中。

用 iPad 进行班级管理，一些老师明显感到不适应。多数老师对于操作习惯的改变不适应，"老班主任习惯用纸和笔记录，年轻班主任更多的是使用电脑，用鼠标加键盘的方式记录，而 iPad 操作是用手指划屏、手写输入法等，感觉比较麻烦。"一位40岁左右的老师说，班级管理软件大多是国外软件，很多是英文注释，对于这些专业术语，他们并不熟悉，要查阅词典等，颇费工夫。还有的老师认为新的管理方式由于并不熟悉，无形中增加了他们的负担，"批改作业和试卷都来不及，哪有时间弄这个新玩意"。

一些适应性强的老师认为，使用 iPad 进行教学或管理，是未来发展趋势，而且教学软件资源丰富，可以使课堂增色。地理老师何刚说，讲到一些地球运动时，用 iPad 上的教学软件可以立体展示地球自转公转等现象，更方便学生直观理解。一些物理老师"玩转"iPad 后，已经将其引入课堂，设计了 PPT 等，展示力学等知识点。

学校将推出相关培训，帮助老师尽快适应 iPad 软件操作，给他们提供更多的教学和管理手段。今后，学校将在一些学科试点推出"iPad 教学"，还将开发相关软件，在 iPad 上导入 PPT 教案、电子书教案等，让 iPad 成为老师的备课工具。

记者手记　技术流与传统派之争

十年前，课堂引入 PPT 等多媒体教学时，教育界有过争议，现在不少老师尽管已习惯将 PPT 作为课堂教具，但争议仍在继续。如今，随着平板电脑的普及，iPad 作为教具进入中小学，教育界又起争议，而且这样的争议也会延续。

其实，任何新兴事物出现，都会引发争议，因为它挑战了传统课堂和教学。用 iPad 进行班级管理，让 iPad 进课堂，挑战了人们的学习习惯和思维模式，这对于看惯了传统书本的学生和老师来说，会有不适应。比如，一些班主任始终习惯用纸和笔书写，一些老师也习惯在黑板上推导数学公式等。

技术的更新，的确给老师提供了更多的教学方法和手段，但是无论如何变革，技术终究是为人所用。作为教师来说，对于新技术，不必嗤之以鼻，因为它毕竟代表了一种技术方向，有其优势；也不要神化其力量，甚至全盘推翻传统方式。老师们都有自己的教学习惯和风格，要允许这些教学方式百花齐放。对于"技术流"老师来说，无论使用何种教学工具，都不要"躲"在机器背后。因为技术再发展，人与人之间的交流不可取代。（记者彭薇）

《解放日报》2012年9月25日

沪7所中学入围"领军计划"　清华大学自主招生今起网上报名

【本报北京11月18日专电】记者今天了解到，上海共有7所中学入围清华大学2013

年自主招生"领军计划",分别为华东师范大学第二附属中学、上海中学、复旦大学附属中学、格致中学、七宝中学、上海交通大学附属中学、上海外国语大学附属外国语学校。19日起,被这7所中学推荐的优秀高中学生将开始网上报名。清华招办专家组在审核报名材料后,将于12月7日公布通过审核的学生名单。

"领军计划"选拔今年新增"学业成绩排名在全年级前1%的应届高中毕业生优先"政策。清华大学招生办公室主任于涵透露,今年在入围选拔过程中,将展开学业成绩、高中阶段综合表现、清华大学综合面试成绩等多方面综合评价,最终认定"领军计划"人选。清华大学将派专家赴"领军计划"优秀生源地实地考察,并对候选学生的为学为人、是否具备自强、厚德、忠诚等非认知能力素质进行重点考量。(驻京记者王乐)

《文汇报》2012年11月19日

黄浦团区委多角度引领青少年"永远跟党走"

【本报讯】今年9月,黄浦团区委联合区教育局共同成立黄浦区青年马克思主义学校,为"火红青春迎盛会——黄浦区团员青年迎接党的十八大思想理论学习月"拉开了序幕。随着中学理论社团交流会、"团员青年与黄浦好人面对面"主题沙龙、"与黄浦发展同行"青年主题座谈会等活动的相继推出,黄浦团区委创新方式,多角度引导青少年坚定"永远跟党走"的理想信念,引导青少年在服务城区经济发展中贡献力量。

中学生理论社团蓬勃发展

成立于1997年的格致中学邓小平理论读书会,是上海市第一个由中学生自发组建的学生理论社团。

"邓读会"社团活动的开展注重理论学习与社会实践并重。近年来,"邓读会"又将理论学习与研究型课程学习相结合,由学生自主提出课题,经过老师的指导形成结合社会热点的专题进行研究,如《人民广场护绿现状》等。从实践中发现问题,研究问题,解决问题,培养了学生的实践能力、创新能力和社会责任感。

据介绍,在黄浦区的中学中,目前已形成了百余家青年理论社团,除了格致中学的"邓读会",还有大同中学的党章学习小组、向明中学的青年共产主义党校等,努力通过道德与文化实践推动青少年思想进步。(后略)(刘晶晶)

《青年报·学生导报》2012年11月28日

格致中学奉贤校区开工

【本报讯】昨天,格致中学奉贤校区开工仪式举行。新校区计划于2014年开始招生。

该校由奉贤和黄浦两区合作办学,校址位于南桥新城中心区域。新校区总用地面积86 000多平方米,共36个班,是一所寄宿制公办高级中学,将与位于黄浦区的格致中学本部实施"教育资源共享,教学管理同步,整体综合联动"。

副市长沈晓明出席开工典礼。(记者彭薇)

《解放日报》2012年11月29日

胜似"风景"：学生的"海外课堂"——上海市格致中学学生海外课题研究的"教育学"价值

学生走出国门，开展海外课题研究，可称为上海市格致中学精心推出的富有"格物致知"特点和迸发"创新实践"智慧的"海外课堂"。——这既是对研究型课程内涵发展的"海外拓展"，也是对高中生自主发展的"海外磨砺"，——这既是对学生拓阔视野走向世界的鼓励，也是对学生承担责任、服务社会的激励，——这既是对格致中学悠久历史和文化积淀的传承，也是在新时代新时期办学和育人规格的提升。

学生海外课题研究的"教育学"意义和价值，展现了格致中学仰望星空育人与脚踏实地做事的风格，体现了办学传统传承与内涵特色发展创新的统一。

2010年，当格致中学建校136年之际，一项具有"爆发力"和"科学力"的"教育生命"新胚胎开始孕育而生，从2010年下半年开始，随着"格致学生海外课题研修计划"的启动，以学生海外课题研究项目为载体，一个现代而又意味隽永的"海外课堂"开始开设。

实施"学生海外课题研修计划"不同于单纯的海外游学，它立足于学生独立进行或者团队合作开展的课题研究，依托和深入格致在境外的研修基地、社区和家庭开展实境研究。目前，每年遴选若干项学生申报的研究课题，资助部分学生前往美国、法国、德国等格致海外课题研修基地开展考查研究。

三年来，74人次赴海外进行了实境研究，学生海外课题研究完成27项，涉及课堂教学、社团活动、城市交通与建筑、服装、环保、志愿者服务、当地民俗和自然环境等众多主题。与美国、英国、法国、德国4国的10余所学校建立课题合作关系。学生在境外开展的研究中，求真务实的精神、科学严谨的态度以及合作交流的能力得到友好学校的好评，也取得了一定的研究成果。

实践证明，海外课题研究不仅提升了学生的研究能力，而且他们的交往能力和应变能力也得到了历练，更为有意义的是，他们的责任意识、自主精神和自理能力得到了提高。

张志敏校长表示，格致今后将建立专门的海外研修基金，扩大参与人数。若干年后，争取让50％以上的学生都能走出国门，打开视野，在考察体验海外风土人情和社会发展中，在实境研究中，获得高品质、宽视野和强能力的锻炼与成长。

注重实境研究：让课题在"落地"中生效

研究型课程在实施中，遇到了一些现实问题，诸如"学习包"教学的概念化、基于因特网的"虚拟研究"等。对此，格致在实施中，强调激发学生研究的自主性，鼓励学生用自主性的行为反证、落实课堂中教授的研究性学习方法，扩大观察视野，积累人生经验，积极开展"实境研究"，使学生不仅关注国内民生社会热点和焦点展开问题研究，还能走出国门赴海外进行课题研究。

学校学生近年申报的自然科学类和社会科学类课题有725项，其中自然学科类有221项，其中审批通过201项，通过率为90.9％；社会科学类504项，审批通过464项，通过率为92％。从课题总量来看，社会科学类比重较高，自然科学类较低。究其原因学生研究型课程开设初期，参与的教师主要是文科老师为主，在开展课题指导方面主要侧重与本学科和专业相关的领域和内容。同时，高中生在确定课题时往往认为社会科学类的比较简单，容易操作，加上在国外学习的周期往往比较短，理科类课题不易展开。针对以上问题,学校将通过调整研究型课程教师学科构成比例,加大理科老师的参与度,引导学生积极开展自然科学类的研究。目前,这一状况在不断改善。随着学校研究型课程的深入开展,教师参与的方式也在改变,由过去学校指定改变为目前的根据学生课题面向全体教师双向选择。这一方式的改变有效促进了学生和教师参与课题研究的积极性和研究的有效性。同时,在此基础上组建创新教研组,构建研究型课程教师核心团队。

自创新教研组组建以来,在学期研究型课程结束之后都会认真总结反思,并对其中课题研究的佼佼者进行表彰和奖励。2010年度余安妮等同学的《从人民广场地铁站看申博前后上海地铁交通服务变化》等7项课题获学校科技创新课题研究一等奖。另有9项课题获二等奖、15项课题获三等奖。黄雨健同学的《不同条件下四角状ZNO纳米结构的合成与其特征的研究》,丁晟超的研究课题《上海轨道交通车站出入口布设现状调查及相关研究》同时荣获了第二十五届英特尔上海市青少年科技创新大赛二等奖;吕帆晶同学的研究课题《传统无尘粉笔对人体的危害及粉笔与传统黑板的改良》荣获了第二十五届英特尔上海市青少年科技创新大赛优秀青少年科学论文和创造发明的三等奖。今年章泽人同学的《人乳抑制黑素瘤生长与转移的实验研究》获第二十六届英特尔上海市青少年科技创新大赛一等奖。

值得一提的是丁晟超同学的课题从2009年开始,经过前期通过网络、报刊和学生观察等渠道获得的相关信息,以及对于文献的阅读分析及整理形成前期研究方案,通过大量实地调研、走访开展具体实景研究。对已建成的车站,采用观察、拍照等方法进行实地考察,系统把握当前车站出入口布设的现状。最后结合前期调研结果进行综合分析,提出相应的优化方案,研究意义和前景密切民生。在上海轨道交通的总体规划中,运营里程将超过970公里,车站总数将达到524座。在轨道交通网络这个发达"硬件"的背后,必定需要车站出入口布设这个优秀"软件"予以辅助。该课题对车站出入口布设现状进行分析并做出优化浅析,以期使上海轨道交通车站出入口的布设更加合理与人性化。

从2010年下半年开始,学校启动学生海外课题研究项目,先后有四十多名学生先后到美、法、德等三国进行为期两周至三周的课题研究活动。参与此项目的学生在国内先设计好课题方案,由学校创新教研组评审,最后综合评定立项。在国外的日子里,课题组的学生亲历当地学校活动,深入当地的文化生活,各种调查和访谈、修正自己的研究方案,丰富课题论据,强化论证的力度。实践证明,海外课题研究不仅提升了学生的研究能力,他们的交往能力和应变能力也得到了历练。

建立常态机制:让课题在"机制"中运行

学校开展学生课题研修是落实高中研究型课程目标的有效途径之一。研究型课程是学生运用研究性学习方式,发现和提出问题、探究和解决问题,在尊重学生愿望、适应学生需求的基础上,立足科学素养和人文素养的和谐整合,培养学生自主与创新精神、研究与实践能力。合作与发展意识的课程,是全体学生限定选择修习的课程。

学生课题研修纳入学校研究型课程管理体系,学校将研究型课程排入课表,每星期两节。高一年级侧重基础学习,在教师指导下完成自选课题的设计、申报、论证和立项工作。高二年级突出课题研究的实施和反馈,通过国内实践或海外研修等形式完成课题的结题报告和交流展示。

课题研修分为国内课题和海外课题两大类。国内课题研修面向全体学生,教师指导,学生自由组合,不需要选拔。海外课题研修在面向全体学生的同时,根据不同的海外研修基地,进行相应的遴选和再指导,其研修过程分为前期选拔、国内准备和国外实践三个阶段。前期包括设计、申报、论证和立项,后期包括实施、修订、结题和展示。创新教研组负责课程的实施和评价,通过遴选和评审,确定每年的优秀课题,从中确定海外研修优秀项目和特色项目,并给予不同额度的资助和奖励。学校为学生顺利开展相关研究提供全程指导和帮助。

开展海外研修,主要目的是为开拓学生的国际视野,提升学生创新精神和实践能力。今年,学校再次于2012年9月底10月初组织学生前往美国、法国、英国的友好学校开展为期十天左右的海外课题研修。

同时,为保证学生海外课题研修高质量完成,学校建立了一批海外课题研修基地。这些基地学校主要从学校的海外友好学校和一流高校中确定。目前已确定的基地主要在美国、英国、法国、德国、澳大利亚等国家以及我国香港、台湾地区。如美国兰卡斯特蒙诺高中,位于美国东部,邻近费城,是格致友好学校,每年该校都会组织学生到格致访学。作为格致海外研修基地,该校拥有先进的课题研究数据库和管理平台,可以提供全方位的学生海外课题研究支持。特别是通过学生住家接待,能深入体验好客、热情、严谨的美国家庭生活。再如美国加州穆瑞塔平顶山高中、穆瑞塔山谷高中、维斯塔穆瑞塔高中,办学规模、教学设施等都堪称一流,可以开展各类课题研究。当地市政府非常重视该项交流与研修项目,全力支持学校学生在当地开展海外课题研修。再如法国里昂托马斯阿奎学校,是格致在法国的友好学校。从2010年开始学校将互访活动提升为海外课题研究基地,重点开展人文类课题研究。法国深厚的文化底蕴、丰富的人文资源将极大拓展研究领域,让学生从不同的文化视角获得实践体验和感悟。还有英国剑桥大学,拥有一流水准的教学条件、师资力量以及优美的学习生活氛围。课题研究项目依托剑桥大学优势学科,学校学生可以在世界著名的实验室中开展相关研究。重点研究方向有:工程学、计算机学、数学、生物学、地理和地质学、商学、历史等。

拓宽研究视野:让课题在"世界"中比较

研究型课程是学校高中学生的必修内容,主要是指导学生发现现实生活中的问题并展开研究。当今应试环境下的课题研究大多是从图书馆或网络上查找资料的"虚拟研究"。格致中学鼓励学生带着自选课题,深入国外的学校、社区、家庭和公共场所,在全新的陌生国度借助于团队展开实境研究,在拓宽国际视野的同时感受国际前沿文化和技术,学会与人和谐相处。

10月2日至10月11日,学校2012年度海外课题研修项目——英国课题小组前往英国剑桥大学开展了为期十天的课题研究活动。剑桥大学以其一流的教学条件、师资力量以及顶尖的学术氛围为格致学子提供了优越的课题研究条件。作为剑桥大学旗下的教育文化交流机构,剑桥东方教育与发展协会和剑桥各专业院系、行政机构以及教授导师均建立了密切的合作关系。学生在访问期间不仅能深入体验到异国的生活情调,更能够直接接触到剑桥的教授和各类学术资源,并有机会体验到纯正的大学课堂和研究氛围。在剑桥的学习调研活动中,学生分成四个课题组,由四位导师的带领开展研究。调研结束后学生分组做课题报告陈述,最后导师根据平时表现和课题报告水平给予学生综合评价并颁发证书。课题调研之余学生还参观了伦敦、牛津、温莎城堡、巴斯和巨石阵等英国著名景点,充分体验了英国悠久的历史和文化。

此次剑桥课题研究得到了剑桥大学领导的一致好评,他们对学生学习态度和个人综合素养大加赞赏,希望将来能够与学校建立长久的友好合作关系。出访学生一致认为:深入体验了剑桥大学的海外生活和学习氛围;在导师的指导下体验了学术研究方法,建立了基本的学术思维模式;零距离接受教授的亲自辅导;学会了演讲和报告的基本方法;充分感受了团队的合作意识;同时也充分感受了英伦名胜古迹和风土人情,加深了对西方社会的认知和理解。

2012年10月1日至10月10日,学校2012年度海外课题研修项目——美国课题小组前往美国加州开展了为期十天的课题研究活动。来自 Murrieta Mesa High School、Murrieta Valley High School 和 Vista Murrieta High School 三所学校的师生热情接待了学校美国课题研究小组,并分别结对带领学生参观了校园,了解了学校课程设置情况、欣赏了学生社团的表演,还分别跟他们走班进教室上课,充分体验了美国文化、教育和生活方式,并与结对的美国学生结下了深厚的友情,留下了终生难忘的记忆。当地的报纸也用了大幅的版面报道了学校学生在 Murrieta High School 的学习交流活动。Murrieta Mesa High School 校长还带领学校师生兴致勃勃地参加了学校美国课题研究小组学生的课题研究汇报,对格致中学学生的研究水平和良好素质赞不绝口。她感慨地表示,格致中学的学生全面发展,并都深深热爱自己的学校,这给她留下了极深刻的印象。她表示希望将来能够与学校建立长久的友好合作交流关系,将竭力为"格致学子赴海外研究课题项目"提供支持和协助,并欢迎更多的格致学子到他们学校交流访学。

值得一提的是,张一尘等同学根据国内志愿者服务的情形,带着《中美青少年志愿服务对比研究》的课题,来到美国宾夕法尼亚州的兰卡斯特镇,对80位当地学生及家长进行了调研,与当地学生一起体验他们的志愿服务并且重点探访了当地的专业社区志愿服务机构 United Way。在完成课题的过程中得出了一些耐人寻味的结论与思考,引起了大家的兴趣与关注。

镜头连线海外课题研究"嘉年华"

海外课题研究,能有什么新鲜与独到?2012年12月4日,格致中学240报告厅座无虚席,热气腾腾,"在实境中感悟,在研究中升华"海外课题汇报会在这里举行,又一次掀起了涟漪,呈现了高潮。

这是一批"特殊的学生",带着热情与期盼,更带着课题与探索,来到法国、英国和美国"求证";这是一批"出口转内销"的成果,带着异国他乡的寻味,带着中外比较的发现"发布"。

海外课题汇报会,一反念稿子的程式,代之以采访的形式进行,课题组的"海外学员"成为"发言人"主角,坐在台上,接受坐在台下的同伴"记者"的"提问"。"从法国塞弗尔窑看中国均窑的比较研究""上海与加州体育课程比较研究""上海复旦大学与英国剑桥大学学生社团建设及管理类比较研究""关于行人闯红灯原因的研究及改善建议"和"探究从鲜花中浸提香料过程中的影响因素"五个课题小组成员分别在主持人的访谈中展现他们各自的研究过程、内容结论和整体印象。台上台下学生间的互动相当热烈,掌声此起彼伏。区教研员李艳老师和市专家顾问奚定华老师对学生的课题研究予以了高度的评价。

创新教研组组长童松华为海外课题研究的前期准备和过程管理及后期汇报做了大量工作,随后进行的教师汇报,也是精彩纷呈。吴燕、杨敏、李芳芳老师分别从"有效指导海外课题""英国剑桥课题研究指导""海外课题指导教学与反思"三个维度,对如何指导学生进行海外课题的研究进行了汇报,为前来听课的老师提供了海外课题研究实践指导的方法和借鉴。

这是学生海外课题研究的"嘉年华"。

【记者手记】"海外课堂"的"教育学"探寻

毕竟是一所有着悠久办学历史和深厚文化底蕴以及丰厚创新传统的学校,推出的学生"海外课堂",有着不一般的"风景"、不寻常的"运作"、不同等的"收获"。

作为"学生海外课题研修计划",格致中学从2010年起推出的"学生海外课题研究"项目,为学生创造了一个无法估量的"海外课堂"。都说眼见决定境界、作为决定地位,"海外课堂"的开设,从"教育学"角度去探寻,有着深不可测的"教育能量"。

研究时空的"位移"与"扩大",使学生的研究从"学科"变成"科学"。这样的"位移"与"扩大",不是简单的时空的拓展,而是深厚的教育的深化。从单个领域、国内范围到综合领域、国际范围,研究的时空转换,对学生在更大的平台上展开更有比较性的研究,"海外课堂"的周长很长。

研究对象的"具体"与"细致",使学生的研究从"虚拟"到"现实"。格致推崇的"实境研究",讲究人与事在行进中的融合,讲究现象问题与解决处方的交叉,讲究在体验中思考,在比较中长智。实境研究,使"海外课堂"的容量变大。

研究精神的"培育"与"弘扬",使学生的研究从"事相"到"道理"。格致的学生海外课题研究,既是研究型课程的"海外游历",而且是责任意识的"海外磨砺",身处不同国界,能感悟到的民族责任,将会更为务实,这样使"海外课堂"的品位更高。

在教育走向现代化、国际化的今天,格致学生海外课题研究走出的一步,是走向在国际视野中培养有民族底气和多元文化的"中国人"的"一大步",是走向在优质教育中培育有国际视野和国际理解的"世界公民"的"一大步",其意义不能小觑。这着实表现了格致培育一代新人的"教育海量"。(苏军)

《文汇报》2012年12月26日

2013 年

"微课程"里的大梦想

每周一下午都是格致中学拓展课的时间,但这学期课表有些不同,新增加了一类"微课程"。顾名思义,"微课程"短小精悍,整个课程仅需 8—10 个课时,而更特别的是,这些课程完全由同学自己开发、主讲、评价。"微课程"成为格致师生实践"教育梦"的舞台。

本学期开学前的一天,格致中学高一年级的"数学达人"于彧同学收到一条短信:"学校想在本学期让同学来当小老师,上什么怎么上都由自己做主,怎样?有兴趣尝试下吗?"发信人正是校科研室主任刘俊老师。

"将代数三角化,三角代数化,是非常有用的解题方法。不信,我们来看这道例题。"周一下午的拓展课上,"于老师"的《巧学数学》"微课程"开讲了。讲台上的"于老师"一边奋笔疾书,一边仔细讲解着。"好了,你们都点头了,那我就请一位同学上来复述下。"冷不防还来个突击抽查,看来,上"于老师"的课可不能开小差呀。

"我们相信学生是最了解学生需要的,希望给同学提供乐教、乐学的舞台。"刘俊老师道出了"微课程"开设的初衷。于彧对数学情有独钟,从小到大数学竞赛的奖也拿了不少,今年虽然才念高一,但是已经自学完了高中三年的数学课程。不过,第一次当小老师的于彧发现,自学与上课完全是两码事。为了当一名合格的小老师他可没少下功夫,制订教学目标、设计教案,最难的就是找最典型、最能说明问题的例题。一切准备就绪,他还不忘在家试讲,把握课堂节奏。高中数学在不少同学眼中颇为枯燥,如何激发同学听课兴趣"于老师"也有绝招,《课堂上听不到的数学传奇》里的小故事是他的开场白。"我不仅要帮助同学们提高解题技巧,更要让他们摆脱对数学的恐惧,增强对数学的兴趣。"于彧说道。

几堂课下来,"于老师"的"粉丝"越来越多。施易嘉同学告诉记者,"于老师"虽然没有数学老师讲得那么系统、专业,但胜在针对性强,实用性高,几堂课下来,自己这次的月考成绩就明显提高了不少。而对于"于老师"本人,综合能力的锻炼更是不言而喻。

近年来,格致中学一直在推进"核心课程校本化、拓展课程精细化"工作。在课程推进过程中,学校格外重视学生在课程建设中的参与作用,重视对学生兴趣的培养以及学生综合能力的锻炼,"微课程"正是实践的最佳舞台,因此,"电子技术 DIY""动漫基础""韩国流行文化"等十多门由同学自己开发、主讲、评价的特色课程成为了格致校园一道道靓丽的风景线。

"这是真正的自主学习、真正的能力培养,尽管小老师可能没有我们老师教得那样专业,但我们坚信最终的教学结果不会输给老师。"刘俊老师说道。(王钰倩)

《青年报·学生导报》2013年4月15日

"一体化办学"彰显"格致"风格 格致中学今在奉贤招收40名学生

随着去年11月28日,上海市格致中学奉贤校区开工仪式在奉贤区南桥新城举行,坐落环境优美、交通便捷的南桥新城生态核心区域的格致奉贤校区建设正在加快,建筑体已露出地面,预计将在2014年完工启用。

奉贤新生随机编入格致本部高一班级

格致中学校长张志敏昨天透露,为了早日让奉贤的初中毕业生享受到优质高中教育资源,学校根据市教委的安排和黄浦区、奉贤区的商定,决定在今年中招以"零志愿"的方式,在奉贤区招收30名,并接受10名"推优生",这些来自奉贤的40名学生,将受到学校的特别关照。据悉,这些招生名额已列入市教育考试院编制的招生计划。这批学生将入格致本部学习,随机编入各个班级并持续到毕业。张校长表示,考虑到方便他们学习,学校将安排他们住宿,并配备专门的校车,每周日下午接他们回校,每周五送他们返回奉贤。

格致办学的优势

格致中学是创办于1874年的一所百年老校,是近代上海最早中外合作开办的学校,也是上海市首批"实验性示范性高中"之一。为了使南桥新城高中教育实现高起点高标准办学,满足新城人民群众对优质教育资源的需求,奉贤区政府通过市政府、市教委的支持和牵线搭桥,自2010年开始,与黄浦区政府开展了广泛联系,经过双方友好磋商和深入交流,达成了在南桥新城合作举办格致中学奉贤校区的合作协议。两区合办格致中学奉贤校区,既扩大奉贤优质资源,也给格致中学带来二次创业转型发展新机遇。

"我们对在奉贤办学充满信心。天时地利人和,将是奉贤校区的优势",校长张志敏强调说。格致,不仅有着"格物致知"的办学文化,"格物致知,求实求是"的校训倡导"认识事物、探究事理、获求真知、实事求是"的学校精神,而且近年来学校进入了优质化、高品位的发展阶段。格致的课程具有深邃的内涵和丰富的外延,确立了"生本、多元、整合、创意"的课程理念,做到"基础型课程校本化,拓展型课程多元化,研究型课程自主化"。"基础型课程校本化",紧缩基础型课程的学习时间,从而腾出更多时间拓展学生的学习领域;"拓展型课程多元化",更多元地发展学生的个性特长;"研究型课程自主化",培养学生探究和合作的精神。从2012年开始,学校以四门核心课程(语文、数学、外语、物理)为龙头,进一步优化、细化基础型课程校本化实施,形成了符合学校实际的校本教材。每类课程相对应的共有八个学科群,总共开设了120多门拓展型和研究型课程。

学校拓展育人之道,经过近三年的实施,学生海外研修也取得了显著的成效,共完成海外课题27项,在学校举办了5次课题成果发布会。如高三(9)班张一尘等同学根据国内志愿者服务现状,在美国宾夕法尼亚州的兰卡斯特镇,对80位当地学生及家长进行了调研,与当地学生一起体验他们的志愿服务,并重点探访了当地的专业社区志愿服务机构 United Way,完成了"中美青少年志愿服务对比研究",并通过人人网建立了"上海市青少年志愿者之家"网站。

格致实行两校区一制

目前,奉贤的初中毕业生对格致奉贤校区充满了憧憬,同时他们希望更多地了解新校区。对此,张校长拿起《奉贤校区办学方案》表示,格致中学本部和奉贤校区不搞"一校两制",而是同体一制,奉贤校区办学性质为公办高级中学,与格致中学本部实行一体化运作,即实施"教育资源共享,教学管理同步,整体综合联动",办学传统和办学特色一体化,育人目标和培养方式一体化,运行机制和管理模式一体化,"这不是一般的承诺,而是切切实实的行动。"

学校对奉贤校区实行一体化管理,在奉贤校区坚持"文化立校、学术兴校、管理强校"的办学策略,实现内涵发展、特色发展和持续发展,努力把奉贤校区建设成体现格致文化底蕴深厚、现代化特征鲜明的实验性、示范性校区。(苏军)

《文汇报》2013年5月9日

格致中学:理科生也"文艺"

【本报讯】昨天,格致中学举办"工艺美术周",一批精美的扇面画、刻章、剪纸等亮相。让到现场参观的家长和老师没想到的是,这些原创的"艺术作品"全出自理科生之手。

高二学生赵洁用炭笔轻描了几朵莲花,再用手指均匀涂抹,让涂鸦画别有韵味。"我的涂鸦线面有点像密集主义流派风格,但不固定。"美术老师吴燕很惊讶:热爱绘画的赵洁没上过一天培训班,全靠自学,"婴儿清澈的眼神、向日葵迎风飘扬,画得很灵动"。正是因为不拘一格,赵洁的绘画工具中还会出现粉笔、眼影等,给她的原创画增添了别样的色彩和质感。

李佳依是学校的刻章"达人",最擅长在橡皮上刻动漫人物。小李都是利用业余时间,从网上下载详细教程,在家边做边学。在瓶盖大小的橡皮上刻画,考验眼力、手力和耐心,小李有时一坐就是一整天。

程一凡擅长原创剪纸。她剪出来的图案没有现成的模板,全靠自己布局和把握,"简单点的,我一看就能剪出来;复杂的,要先描些线条。"

学校调查发现,理科生热爱艺术创作,并不影响他们的学业,相反成了一种放松方式。赵洁说,绘画讲究线条、结构、空间布局,沾了绘画的光,她数学立体几何学得特别好,"不管将来从事科学还是艺术工作,两者的结合能让我学得更好更快"。校长张志敏介绍,学校开发了综合才艺拓展课,包括创意美术、音乐剧、声乐戏曲等,"让艺术素养激发理科思维,科学与艺术相辅相成"。

昨天,格致中学高二的李佳依同学正将她的印章作品盖在格致中学张志敏校长的手臂上,作为告别美术课特殊的"汇报作品"。(记者彭薇)

《解放日报》2013年5月15日

格致中学面向奉贤招收40名考生

【本报讯】记者从格致中学获悉,格致中学今年将在奉贤招收40名学生。其中包括

30名"零志愿"考生和10名初中推荐考生。这40名学生不单独编班,根据情况分到不同班级,3年都在格致黄浦校区就读,学校提供住宿和校车。据悉,作为本市中心城区优质教育资源辐射郊区的重要项目,格致中学奉贤校区也将在2014年正式开学。(记者陆梓华)

《新民晚报》2013年5月16日

突破传统分班格局　不唯分数重"志趣"

【本报讯】按新生学习成绩分班将成为历史,代之而起的是按学生"志趣",结合分班考试成绩,编入具有个性发展特点的特色班,让学生个性发展与社会需求对接起来。记者昨天获悉,上海市格致中学从今秋起实施了一项重大改革,提出"志趣最佳发展域"的理念并进行探索,聚焦"志趣"的"最佳发展域",引领高一新生找到志趣和潜能、需求的结合点;构建个性化的课程,帮助学生选择适合自己个性和潜能发展、社会需求的课程。

根据学生的兴趣、特长和潜能,结合学校现有的课程开设能力,学校在拓展型课程和研究型课程领域设计了十个"志趣最佳发展域"课程模块:经济金融、语言文史、机械工程、生化工程、政法哲学、新闻传媒、电子工程、信息技术、环境工程和艺术才艺。"面"上继续保持了原有拓展型课程的特色,将六门"限定性拓展型课程""经典哲学""格致学""创新学""心理学""关注生存环境""综合才艺拓展"作为必修,面向高一全体学生,分四个学期授课。"点"上,则根据"志趣最佳发展域"模块的不同,课程的内容与方向体现差异性。(记者苏军)

《文汇报》2013年9月2日

第三届上海市教育功臣

为促进教育事业发展,表彰在教育教学、教育科研和教育管理工作中作出突出贡献的优秀教育工作者,2002年本市设立"上海市教育功臣"荣誉称号制度。"上海市教育功臣"每5年评选一次,每届评选10名,由市政府发文表彰。2003年、2008年本市已评选表彰两届共19名"上海市教育功臣"。

2013年6月,本市组织开展了第三届"上海市教育功臣"评选工作。经各高校、区县教育局、有关委局控股(集团)公司两轮推荐,"上海市教育功臣"评选工作专家委员会评审、网上公示,"上海市教育功臣"评选工作领导小组审定,市政府批准,卞松泉、汤钊猷、刘宪权、邬宪伟、杨榇、何积丰、张志敏、张洁华、范立础、封莉蓉(按姓氏笔画排序)等10位同志获"上海市教育功臣"荣誉称号。

(中略)

引领师生在创新中发展

张志敏是一位创新型的校长。他提出"在传承中创新、在创新中发展"的办学理念,使格致中学"和谐发展、理科见长"的办学特色进一步彰显。

在张志敏的领导和构划下,学校创造性地构建了由四类(公民人格类、文化学科类、身心意志类、创意技艺类)、八群、百门课程构成的格致校本课程体系,鼓励老师开发并实施校本课程。张志敏为积极推进学校课程建设和课程改革,不仅深入教学一线,坚持任课,同时还身体力行承担"二战经典战例启示录"拓展型课程,深受学生欢迎。

张志敏提出"全员、全面、全程"的绿色评价理念,谋划学生综合素质评价,建成"格致中学学生综合素质评价系统",从"道德操行、学习研究、运动健身、心理心智、创新实践"五方面实施评价,格致的综合素养评价系统以素质教育为目标导向、以发展性评价为手段、以过程性管理为保证,为全体学生都能得到全面、主动、积极的成长创造良好的教育环境。这个系统关注学生全面素质的合格程度、全面发展的和谐程度、学习能力的持续程度和创新能力的践行程度。格致综合素养评价系统的实施,正在发挥正面导向作用,为促进学生素质的全面提高,为学生的终身发展奠定坚实的基础,在促进学生全面而有个性发展方面发挥了重要作用。

张志敏力推"上海市普通高中学生创新素养培育"实验项目,先后提出"让创新发生在每一位师生身上"和"让每一位师生在创新中发展"作为项目推进的理念和目标,以"科文结合、体现创意;点面结合、全面推进;内外结合、借助外力;知行结合、注重践行;师生结合、激发能动"为指导思想。

学校以"公民人格类、文化科学类、身心意志类、创意技艺类"四类课程构建学生成长"金字塔",着力打造创意技艺课程,为学生提供创新实践机会。

学校创新课题研究形式,开展"实境研究",丰富学习经历,设计建造创新实验室,为学生提供创新实践的场所。格致中学在上海市首批创新实验室案例评选中,物理、地理、生物三个学科的实验室案例入围,在全市23个入围的实验室中位列第一,目前又有化学和机器人创新实验室入围。创新素养培育实验项目的实施取得了显著成效,格致学子的创新意识得到提高,创新素养初步显现,研究性学习方式和探究学习的兴趣正在彰显。

张志敏还非常注重学校德育工作和两纲教育的实效性、创新性。其中师生20年如一日对大别山教育基地的社会考察,步步深入联系实际的学生"邓小平理论读书会"和学生党课课程的开发,在全市有深刻影响。同时,立足本校人文资源,师生通过发掘毛泽东致格致中学老教师的信函,弘扬"教书就是为人民服务"的爱岗敬业精神;亲赴内蒙古整理校友麦新资料;开辟校史馆,启发和组织对学生开展生动活泼的民族精神教育。另外,学校又通过科研引领、课程支持、学科渗透、社团配合的有机协调,全方位推进学校的民族精神教育、生命教育,在全市取得积极影响。

(后略)

《文汇报》2013年9月8日

大胆去想 放手去做 校长不说 No——记第三届上海市教育功臣获得者格致中学校长张志敏

"很亲民""总是笑眯眯的""鼓励多于批评"……在格致中学,"校长"不是一个令人敬而生畏的词。

就是在这样一位"零距离"校长、上海市特级校长张志敏的带领下,格致学子创造了一个个格致纪录——近五年来,在五大学科奥林匹克竞赛中获得上海赛区一等奖的超过100人。今年,顾超同学还代表中国队摘得国际中学生数学奥林匹克竞赛桂冠。近几年,格致学生共完成各类课题研究成果871项,师生的科技发明申请并获得国家专利共计

700余项。

张校长说,学校十分注重学生创新素养的培育,格致的努力目标就是"让创新发生在每一位学生的身上"。

少说"No"鼓励师生创新

在格致中学科研室副主任何刚印象中,"放手去做"是张校长对师生们说得最多的话。面对师生各种大胆的想法,张志敏很少说"No"。

地理组老师有丰富的私人矿石标本收藏,学校拨款补充购买一批标本,在图书馆一角,迷你地质博物馆开张了;同学们缺少动手制作的空间,学校将教学楼底楼东侧和地下室打通,作为学生"格物社"的工作坊,车床、铣床、电工设备一应俱全;格致中学成立了上海中学第一个音乐剧社,张校长要求音乐剧社不要只满足于"克隆",要有自己的原创作品。现在,每个班级都有学生自己创作的班歌、设计的班旗和班级格言。

"一些学校会想方设法鼓励尖子生即便拿到国外大学录取通知也要参加高考,为学校拉分,但在我们学校,张校长从来不这么做,他觉得要给学生更多空间,去更大的舞台上展示自己。"格致中学首届创新班班主任周雯婕坦言,身为班主任,自己压力减轻不少。创新班章泽人同学对生物学有浓厚兴趣,但所做课题需要经常去专业科研机构做实验,而该机构只有周一至周五上班。张校长破例同意小章每周半天离校去做课题。最终,小章获得了上海市英特尔创新大赛一等奖,并作为唯一中学生代表参加全国细胞生物学论坛。

"接地气"坚守三尺讲台

直至两年前,张志敏还坚持给学生上语文课。如今,他仍给学生上拓展课。这几年,他为国际班开设了"诗性中国"的拓展课。他发现,传统的诗歌教学通常以鉴赏为主,创作很少。于是,他鼓励学生动笔创作诗歌。最后,他把学生的诗作编成两本学生原创的诗集。这学期,他新开设的拓展课"《批判与创新》"又将开讲。张志敏常说,不离三尺讲台,是为了"接地气",通过课堂教学真正了解学生所思、所想、所缺。

张校长只要有空总喜欢进教室听课,而且听完课不是直接走人,而是留在教室里和学生探讨这节课教学的得失,然后把学生的感受反馈给老师。一次,有一个班级正在进行学生习作的互评,他也从老师那领了一颗五角星,贴在自己欣赏的学生习作前。

每天,张志敏到校第一件事就是打开电脑接收师生的邮件。在他看来,学生说的,都是"最重要的小事"。有同学反映厕所异味会因风向吹向教室,他确认后,立刻请后勤部门改造厕所的清洁系统;有同学提出,学校的生态环境要更有"灵性",他"请来"各种小鸟,在学校的"空中花园"安家。

"五爪图"鼓励多元发展

从2010年起,格致中学利用网络平台建成了"格致中学学生综合素质评价系统",鼓励学生从"道德操行、学习研究、运动健身、心理心智、创新实践"等五个方面,记录自己成长点滴。每一学期,系统会自动生成一张类似雷达扫描记录的图片,清晰显示五个方面的成绩和不足,同学们亲昵地称它为"五爪图"。

格致中学学生会主席、市三好学生陈慈钰凭借优异的综合表现,今年被保送至复旦大学。"评价系统促使我们关注自己的不足。"陈慈钰说,高一第一张"五爪图"呈现后,她发现自己在创新方面比较欠缺。于是,她尝试与同学共同设计了班标并创作班歌。在高中期间,她还发起成立"乐活族",组织同学们去新天地上海城市志愿服务站参加每周日长达10小时的志愿服务。

"张校长总是鼓励我们,既然做了,就要一直坚持下去。"陈慈钰说。(本报记者 陆梓华)

《新民晚报》2013年9月10日

2014 年

"美丽中国,我的中国梦"格致中学宣讲进社区

【本报讯】昨天,"美丽中国,我的中国梦"格致中学宣讲进社区活动在黄浦区南京东路街道社区文化活动中心正式拉开帷幕。

学生们围绕"人文古国梦悠长"、"腾飞大国梦复兴"、"美丽中国梦有我"向社区居民开展了宣讲。从中华文明到中国精度、中国深度、中国速度,腾飞的中国让世界瞩目,激情的演讲感染了参与活动的每一个人。作为黄浦区市民学习基地,格致中学在黄浦区南京东路街道、黄浦区教育系统关工委、黄浦区社区学院的指导下,以了解"人文中国",宣传"腾飞中国",感受"美丽中国"为主题组织宣讲团,走进每一个结对的居委,以"文文明明幸福行"社区实践行动把"美丽中国,我的中国梦"播撒到社区居民的心中。(顾卓敏)

《青年报》2014 年 1 月 28 日

格致中学与麻省理工学院合作创建 FabLab 内地首家创新实验室将投用

【本报讯】在一间置身于校园的"小型工厂"里,学生可以自己动手,将脑海中的创意变成最终成品,这一畅想将在格致中学变成现实。记者日前获悉,格致中学将与美国麻省理工学院比特与原子研究中心(MITCAB)合作创立中国大陆第一家 FabLab (Fabrication Laboratory,即创新实验室),该实验室预计于 9 月投入使用。

据介绍,FabLab 创新实验室是由 MITCAB 在 2001 年创立并管理的教育实践研究项目。项目设计之初是为社区或企业提供可以制造产品最初雏形的平台。随着项目发展,FabLab 被越来越多的学校采用。通过这个实验室,学生们可以动手做一些与科学、技术、工程、数学相关的实验和产品。

根据已有的 FabLab 的经验,这个实验室与各大高校的有效整合,充分地满足了学生的天然好奇心以及制作东西的兴趣,使学生在实验的基础上,了解事物的制作原理,做出他们所想所需的东西。由传统的"为以后做准备"型的知识学习转变为"我就在此刻开始着手做"的知识学习模式。

格致中学 FabLab 主要由一套数字化制造机及快速成型机所构成,其中包括:大型数控路由器、3D 桌面机和扫描仪、刻字机、激光切割机、电子工作台、数控车床,以及用于进行软件设计、计算机编程等多台计算机,类似于一间"微型工厂"。

据格致中学校长张志敏介绍,借助于 FabLab,该校将设计并实施以下两个方面的校

本课程：一是科学、技术、工程和数学等方面的综合类课程；二是动手能力培养的创新实践类课程。通过提供给学生相应的实验工具，格致FabLab将学生置身于一个可以探究工程和制造设计整个流程的真实情境之中，使学生脑海中初步的概念能够落实在图纸上，再从初步的模型到有一定规模的模型制作，再经过反复设计与再设计，生产出最终的成品。

目前，世界上40多个国家已建成267个标准FabLab。数据统计显示，中学生（尤其是女学生）以及来自低收入家庭的学生参与FabLab学习后，在科技感知力与科技创新自我效能感方面，得到显著提升。全球267个FabLab之间也已实现联网，鼓励世界各地的参加学校通过视频会议等方式实现在线沟通，分享智慧和经验。（记者苏军、钱钰）

《文汇报》2014年3月10日

格致中学奉贤校区今年9月开学　为优秀学子提供"准大学"体验

格致中学奉贤校区简介

格致中学奉贤校区是根据上海市教育均衡化发展要求，由黄浦区人民政府和奉贤区人民政府联合创办。

格致中学奉贤校区坐落于南桥新城，毗邻S4公路南桥出口，交通便利。奉贤校区按上海市实验性示范性寄宿制高中标准建造，新校区占地面积128亩，建筑面积62 466平方米，总投资近6亿元。

140年前，由清朝忠臣李鸿章提议，中国近代化学家徐寿和英国汉学家傅兰雅在黄浦江畔创建了近代中国第一所系统传播西方自然科学知识、培养民族科技人才的新型学堂——格致书院，经过近一个半世纪的历练，上海市格致中学已经成为沪上首屈一指的高中名校。

红墙、黛瓦、绿草如茵、流水潺潺……今年9月，一座延续了格致传统的"英式"风格校园，即将落户奉贤区南桥新城，格致中学奉贤校区即将迎来第一批新生。百年名校的优质教育资源，将把这里打造成一个博雅的知识乐园和缤纷的青春世界。

两个校区"一体化"管理

格致中学将对奉贤新校区实行"一体化管理"，即教育目标一体化、课程安排一体化、师资配备一体化、资优培养一体化、推荐评优一体化、毕业文凭一体化。

格致中学形成的"四类、八群、百门"课程将在奉贤校区全面实施，针对学生的个性发展，推进"志趣最佳发展域"课程模块建设，并通过远程网络与本部实现视频对话。

奉贤校区的理科特色教育，将秉持格致"理科见长"的特色，发掘学生理科兴趣和潜能，为学生学科实践和竞赛、海外研修和交流开设先导课程；并与格致本部实行资优生培养一体联动，本校拥有精良的奥赛教练队伍和强大的海内外大学优质资源支撑，为学生参加学科竞赛、国内联赛、国际奥赛提供悉心指导。

格致中学是"上海市普通高中学生创新素养培育实验项目"学校，奉贤校区将为学生提供高于平均水平的基础型课程；以麻省理工创新实验室项目为抓手，创设更多的个性化学习时间和空间，提供丰富多样、符合学生个性特长和发展潜质的课程与实验。

格致中学（奉贤校区）管理团队已组建完成。由上海市教育功臣、国家督学、上海市特级校长、格致中学校长张志敏担任校长,特级教师、上海市基础教育特聘教授、格致中学副校长吴照担任执行校长。格致中学名誉校长、语文特级教师高润华,上海市名师基地主持人、物理特级教师、原格致中学副校长庄起黎担任顾问。学校选派一批特级教师、学科带头人、区级骨干教师等资深教师到奉贤校区长期任教,每门学科都有格致资深教师领衔。本部资深教师还将定期到奉贤校区指导,在两个校区实现一体化联动备课、听课、评课等各项教育、教研活动。目前奉贤校区教师团队包括特级教师3名、上海市名师后备3名、上海市优秀班主任1名、区拔尖人才1名、区学科带头人4名、区骨干教师3名、原格致教研组长2名,确保奉贤校区首届新生享受与格致本部同等师资。

给学生"准大学"体验

格致中学奉贤校区实行寄宿制管理,"我们要提供他们'准大学校园'的体验,发掘他们的兴趣和潜力。"张志敏说,"为了方便学生的校园生活,学校为学生免费提供床上用品,方便学生拎包入住。临湖的餐饮中心,为学生提供中西式套餐和特色小吃。"奉贤校区除了常规教室和选修课教室外,还精心打造了"科技创新中心、人文艺术中心、现代学习中心、学生自主中心、体育活动中心"等八大中心,为学校逐步实施"走班教学"、"个性学习"的改革提供了可能。

张志敏介绍,奉贤校区除了常规教室外,还有33间常规实验室和创新实验室,为学校逐步提高"走班教学"比例提供可能。宽敞的校园也为学生自主发展预留了充足的空间——学生会、团委、各类学生社团都有专用活动"领地";宿舍楼底楼设有公共活动区域,师生可在此交流,学生也可在此阅读、休闲;多幢大楼顶层的"自主空间",等待学生发挥创意自行设计;食堂有望在夜深时开放,供自修累了的学生小憩片刻,或者捧上一杯咖啡,实现灵感碰撞。学校运动设施齐全,无论是炫酷的滑板小子、劈波斩浪的游泳健将、女排二线运动队、市级学生艺术团队——弦乐团、射击、击剑,还是专注的围棋、国际象棋棋手,都可在专业教练指导下,实现自身飞跃。

格致中学简介

上海市格致中学前身为格致书院,系中国近代化学家徐寿和英国汉学家傅兰雅等人于1874年创办。它开创了我国近代科学教育之先河,是我国近代最早系统传播西方自然科学知识、培养民族科技人才的新型学堂,也是上海近代第一所中外合作创办的学校。

作为上海市首批"实验性示范性高中",继承"爱国"和"科学"的优良传统,格致中学秉承"格物致知,求实求是"的谆谆校训,发展"和谐、崇理"的办学特色,为国家培养了包括原复旦大学校长杨福家、现复旦大学校长杨玉良、复旦大学副校长金力、中国首席海洋科学家汪品先等13位两院院士在内的大批优秀人才。

近年来,格致学子先后在全国理科奥林匹克竞赛中,获得国家级和市级以上一等奖223项、二等奖479项、三等奖407项,近五年,获五大学科奥赛一等奖并进入冬令营、国家集训队和国家队的学生共32名,其中2013届顾超同学以最高分进入国家队,代表中国获得第54届国际数学奥林匹克竞赛金牌。格致中学也是清华大学、北京大学、中国科技大学、复旦大学、交通大学、浙江大学等国内知名大学的优质生源基地学校。

格致中学奉贤校区招生计划

2014年格致中学奉贤校区的招生计划分为普通招生计划和国际部招生计划两部分。

- 普通招生计划：120 人

以格致中学奉贤校区的名义单独对外招生，招生代码为 10109。奉贤当地的招生计划应为 60 个，其余 60 个名额面向全市其他区县招生。

根据现有的市教委中招文件规定，市实验性示范性高中招生品种有：自荐、推荐、零志愿、名额分配和统一录取。

格致中学（奉贤校区）120 名学生编为 4 个教学班，其中一个为理科班，一个为科技创新班，两个平行班。

- 国际课程招生计划

提供美国高中高级学业课程和 AP 课程。国际课程班的师资均为持有外国专家证的教师，拥有多年教学经验。课程班同时将选派双语教师在 3 年中进行教学和教学辅导。

格致中学首届国际课程毕业生 100% 获得美国百强大学录取通知书，约 70% 美国排名前 50 强大学。

（后略）

《新民晚报》2014 年 4 月 9 日

为啥天气影响心情　格致高中生提问入选"中国好问题"

高中生眼中的"好问题"是怎样的？日前，由格致中学等主办的"中国好问题"征集活动揭晓，六名学生的提问入选"好问题"。

什么样的问题是"好问题"？评委之一、美国麻省理工学院生物医学工程中心副主任张曙光教授说，能迅速找到答案的问题，不是好问题；开放性的，甚至有争议的问题，更能体现思考能力。这次评选的好问题由格致中学高中生提出，涵盖科学、社会、心理等领域。六个获奖"好问题"依次是："为什么天气能影响人的心情"，"一个人内心承受能力的强弱是怎样形成的"，"大脑能力源自先天禀赋还是后天练成"，"既然一切生物由单细胞构成，那么第一个单细胞是如何形成的"，"为什么人总会感觉遇到曾经梦到的场景"，"为什么人们总是在犯错时更容易原谅自己而非他人"。

性别不同，提问关注点有差异。男生提的科技类问题，占了 40%，而女生仅占 6%；女生提的心理类问题占了 33%，而男生仅占 8%。女生所提的问题比较细腻，注重感情，比如"为什么人的选择越多越难作决定"；男生思维活跃，更注重理性思考，比如"万有引力过大是否会导致空间崩溃"等。

张曙光认为，提出问题比解决问题更重要。"中国非常缺少'从 0 到 1'的人才。"他打比喻：从 10 元到 1 000 万元创造财富，这样的人才在中国有很多；但是从 0 到 1，从无到有，这样的开拓性人才却很缺乏。格致中学校长张志敏说，问题没有好坏之分，没有哪个问题是愚蠢的，提问的过程本身就是大脑在思考运作。

近年来，瑞典皇家科学院每年都会举办提问大赛，全球 18 岁以下青少年都可参加。一名 16 岁男孩提出"黑色比绿色能吸收更多的阳光，为什么植物都没有黑色的"，并展示了他的思考过程，最终捧得大奖。瑞典皇家科学院评委专家认为，对青少年来说，几个成长指标最重要，分别是好奇心、创造性、诚实和知识。（本报记者 彭薇）

《解放日报》2014 年 6 月 8 日

为"高科技高中"招募导师　格致中学向社会发"英雄帖"

新学期开学,格致中学奉贤校区迎来首批120名新生。作为本市第一所定位"高科技高中"的学校。校长张志敏面向社会发出"英雄帖",招募各领域专业人士担任学校拓展型课程导师。

格致中学将在奉贤新校区实现师资、课程、设施等优质资源共享,培养学生发现、探索、创新的高科技素养,也将在两个校区引入美国麻省理工学院为全球200余所高中设计的FabLab高端创新实验室,配备3D桌面机和扫描仪、3D打印机、激光切割机、数控车床等数字化制造机和快速成型机,让学生置身"微型工厂",适应项目研究的"跨界学习模式"。张志敏介绍,基于这一办学定位,特聘专家需要在某一领域具有专长,有一定的语言组织能力,可以与学生进行课内外交流。课程主题将主要聚焦在现代信息、生化工程、材料科学、空间科学、海洋开发、新能源、数学建模、媒介创意、人文艺术等9大领域,面授和视频互动授课。特聘专家为公益志愿行为,格致中学提供授课场所,并将授予证书。有意向者可访问格致中学校园网(www.gezhi.sh.cn)报名。(本报记者陆梓华)

《新民晚报》2014年9月3日

麻省理工"创新梦工厂"　格致中学引进率先体验

【本报讯】如果能将脑海里想象的东西,设计制作成现实中的物品,那会是一件美妙的事。昨天,麻省理工学院著名的FabLab(创新实验室)在格致中学亮相。在这个"梦工厂",高中生可以将想象变成现实模型。

据悉,这是麻省理工在大陆与中国学校创设的第一家创新实验室。500多平方米的空间就像一个小型工厂,主要由一套数字化制造机及快速成型机组成,包括大型数控路由器、3D桌面机和扫描仪、激光切割机、精密雕刻机、数控车床、三维打印机等。高中生可通过电脑编程、精密雕刻、3D打印等技术,动手设计加工模型和产品。

麻省理工学院纳迪尔老师介绍,FabLab在美国已有150多家,主要分布在大学、中学和社区。对学生来说,这里就是一个发挥创意和动手能力的自由空间。据她观察,和美国学生相比,中国学生自控力更强,不缺钻研精神。但是"中国学生怕犯错,不敢大胆想象创新。"纳迪尔说,制作过程中,中国孩子如果认为有可能出错,不再创新。而美国孩子喜欢尝试各种各样的方法,他们享受这个过程,"FabLab没有那么多条条框框,就是鼓励想象和创新"。

FabLab创始人、麻省理工学院尼尔教授接受采访时表示,就像电脑普及一样,FabLab其实是工业化生产的个人化空间,今后有望逐步普及,每个人都能设计和加工属于自己的创意和产品。对高中生来说,学习这些知识和技能,就等于提前接触了前沿科技。

记者了解到,麻省理工除了提供设备外,还将为中国教师培训,提供软件服务等。格致中学将陆续开发与此相关的科学、技术、工程和数学等学科综合类和创新实践类课程。(记者彭薇)

《解放日报》2014年11月9日

"成长导师"应运而生

市八中学校长卢起升认为,让学生将来能找到真正合适自己并可以胜任的工作十分重要,高中学校可以做的是尽可能做好信息收集和分析工作,帮助学生预览职业前景,更多了解社会,这也是高考改革后赋予高中学校的重要使命。

这两天,该校高一年级组正在对一份"职业倾向调查表"进行最后的完善。期中考试后,全年级200余名学生都将接受一次职业倾向调查。卢起升介绍,这份调查表按照霍兰德职业理论,将学生分为现实型、研究型、艺术型、社会型、事业型和常规型等六大类型。学生们将根据问卷结果分组,到感兴趣的企事业单位进行交流。

"我们将整合家长和校友资源,尽可能让每个同学有三个领域的考察机会,了解普通员工、领导岗位等不同角色在企事业单位的发展。"卢起升介绍,此举旨在帮助学生在全方位了解职业发展前景的基础上,聚焦兴趣所在。此外,学校也将利用假期组织学生到工作岗位上进行工作体验,帮助其做好专业规划。

姜惠敏今年6月是复旦大学人口、资源与环境经济学专业博士毕业,9月,她成为格致中学一名地理老师。与此同时,她也和学校另外十余名青年教师一起拥有了另一个身份——"青年成长导师"。

这是格致中学今年起在奉贤校区推出的新举措,开学伊始,高一年级所有新生可按照"是否任课教师""同性还是异性"等选项选择心仪的老师,再由学校根据学生意向,在人数上稍经调整,保证每名导师带10名左右学生。"青年成长导师"均为85后甚至90后,和班主任不同,他们扮演的更多的是"成长伙伴"和"生涯领航员"的角色。

谈到导师在生涯发展中的作用,姜惠敏颇有感触。当年,她接受调剂志愿进入华东师范大学地理专业就读本科,当时的迷茫、无奈至今记忆犹新。幸运的是,大二那年,华师大推出了由著名教授领衔的"本科导师制",经过双向选择,她和另一个男生由时任校长俞立中亲自带教。"无论俞校长多忙,每两周,他一定会和我们聊一聊近况,渐渐地,我对地理专业的发展前景有了深刻认识和认同,更确定了站上三尺讲台的决心。"姜惠敏说,复旦大学博士毕业后,她回到中学当老师,周围很多人不理解。"想清楚你想做什么,能做什么。"俞校长的叮嘱让她坚定了自己的选择。

对自己的新身份,姜惠敏笑言,她希望和学生们共同成长,不仅是三年,要像俞校长一样,成为学生永久的朋友。(本报记者陆梓华)

《新民晚报》2014年11月12日

格致的"好问题"与"成长树"

"为什么天气能影响人的心情?""为什么人在犯错的时候总是更容易原谅自己而非他人?""为什么人们拥有的选择越多却越难作出决定?"……最近,一场"'创新杯'格致好问题"征文评选活动,正在格致中学校园里如火如荼地展开。以"格物致知,求实求是"为校训的格致中学,在140年的办学实践中形成了"和谐发展、理科见长"的办学特色,注重对学生进行"大胆假设、小心求证"的科学素养培育,同时,也引入了科学评价方法,让学生的综合素质得到了全面提高。

将创新思维渗透进每一课

爱因斯坦曾说:"提出问题比解决问题更重要。因为提出新的问题、新的可能性,从新的角度去看问题,都需要有创造性的想象力,这标志着科学的真正进步。"全球范围内,针对中学生的"国际好问题大赛"于每年3、4月举行。去年,一位担任美国问题大赛评委的华裔教授来到格致中学做了一场关于"国际好问题大赛"的讲座,受其启发,格致中学德育处和创新教研组在校科技节联合举办了"格致好问题大赛"。

何谓"好问题"?即富有想象力、敏锐洞察力和有趣的问题。有同学发现,黑色比绿色能吸收更多的阳光,但鲜有植物利用这种能量进行光合作用,于是提出"为什么植物不是黑的";也有同学观察到,活的生物和无生命的物体虽然基本行为不同,但组成物质的分子结构都是一样的,于是提出"本质是什么,重要吗"。所有参赛者,不仅要求写明所提问题的内容,还需要列出该问题提出的理由,并用文献综述、自我解释。评选出的好问题,将被推荐去参加2015年春天举行的"国际好问题大赛"。

教科研室主任何刚介绍说,好问题大赛的具体实施者是学校的创新教研组,汇聚了来自物理、化学、艺术、地理、体育等各科目的既有创新开拓性、综合能力又强的老师,他们还负责格致中学限定型选修课——创新课的教学。在格致,除了基础课程外,还设有拓展型课程、研究性课程。限定型课程即必选课,所有学生从高一开始,就接受创新课的教学。

除了在创新课上培养学生的创新性思维,格致中学还将创新性思维渗透进了心理课、劳技课、艺术课和音乐课等课程。一堂心理课上,老师拿出一只看似装满水的杯子,要求学生们想办法放东西到水里,观察杯子里的水到底满了没有。于是,学生们纷纷尝试各种实验方法,有同学说,可以加盐;有的同学说,可以加粉笔头;还有同学说,可以把杯子放在阳光下,让阳光照射进水中;更有学生突发奇想:可以对着水说话,在水中加入声音、加进天上的云彩……"那怎么把云加入水中呢?"老师问。"把水杯带上飞机!"同学答。"但现在民航规定,乘客不能外带自己的水上飞机。"老师反问……一场创新的思维挑战由此展开。

"这种实验没有唯一的标准答案,不会禁锢学生的思维。"格致中学心理教研组组长周隽说。实验的过程,让学生们认识到了看世界的视野应该是多元的,不能仅以单一视角来对待。如果一条路不通,那就尽快再想另外一条路,条条大路通罗马。

给学生更直观的愿景期待

提高学生的综合素养,还需要科学的评价方法来测定和推进。格致中学心理教研组在高一和高二年级组中选择试点班级进行了"威廉斯创造力测试"。

"威廉斯创造力测试"从人格和思维这两个方面对学生的创造力进行测定,为全面识别和评价学生素质提供较为客观的依据。何刚介绍,"每一位学生,入校后都会有一个用户名和密码,学生可以自己登录个人综合素养评价系统"。为了能让学生更好地了解个人的发展是否均衡,该评价系统利用现代信息技术,在原有"五能雷达图"的基础上,特别增加了"学生成长树"这一更为形象直观的呈现方式。

所谓"五能雷达图",包含了五个评价维度,即道德操行素养、学习能力素养、健身运动素养、心理心智素养和创新实践素养等五个方面。在评价系统中,学生是否积极参与志愿者活动、课题研究能力是否强等,都得到体现。评价的主体是学生而不仅仅是老师,学生参与的各类创新实践活动都由学生自主评价,老师只需要最后认证即可。

"学生成长树"以树叶和果实呈现学生的成长过程,树中的背景可以理解为期望目标,希望学生的成长都能实现枝繁叶茂、硕果累累。五颜六色的树叶和果实表示经过审核的有效信息,其中,树叶表示经过标准化处理的一般信息,果实表示经过标准化处理后的高质量信息,一个果实相当于五片树叶。每一个分叉表示评价的一级指标。当鼠标移动到枝干、果实和树叶上时,会呈现相关评价内容概要,直观形象。硕果累累、枝繁叶茂的愿景期待,无形之中也让学生有了不断努力的目标。

记者在采访中获知,上海市格致教育集团筹建工作已正式启动,格致教育集团成员学校由上海市格致中学、格致初级中学、浦光中学、应昌期围棋学校、曹光彪小学五所学校组成,力争打造成区域教科研平台、课堂教学示范基地、教师专业发展高地,更努力成为"学生们喜爱的学校"。(许沁)

"格致好问题"摘选

为什么天气能影响人的心情?

如何证明我们是存在的?

糖中是否含有某种物质能使人变笨?

万有引力过大是否会导致空间崩溃?

既然一切生物都是由单细胞构成的,那么第一个单细胞是如何形成的?

为什么有时在现实生活里的场景仿佛在梦里曾经出现过?

一个人内心承受能力的强弱是怎样形成的?

大脑能力源自先天禀赋还是后天练成?

为什么人们拥有的选择越多却越难作出决定?

是什么造成了男生和女生性格上的偏差?

判定食物被煮熟的标准是什么?

为什么我们记忆力会下降?

为什么人们总是在犯错的时候更容易原谅自己而非他人?

《解放日报》2014 年 11 月 24 日

格致中学 140 周岁啦!

【本报讯】140 岁的格致中学重新焕发青春,隆重的庆典在黄浦老校区和奉贤新校区同时举行,校友、著名主持人张泉灵主持校庆典礼。白发苍苍的老校友们举着精心制作的校旗、班旗,兴冲冲地赶来奉贤新校区,他们要亲眼目睹百年老校新的活力。

格致中学前身为格致书院,由中国近代著名科学家徐寿和英国著名学者傅兰雅等人创办,开创了我国近代自然科学教育的先河。

《青年报·学生导报》2014 年 11 月 24 日

2015 年

五校勾画发展蓝图

根据"教育资源共享、管理模式同步、整体发展联动"的一体化原则,集团内5所学校勾画出发展蓝图。

格致中学

"创智空间"国内领先

大到未来校园的创意模型,小到机器人身上的一个齿轮,全部能够在高中的"创智空间"实验室内做出来!去年11月,美国麻省理工学院在中国大陆开设的首家Fab Lab创新实验室落户格致中学,为学生提供将创意变成现实的"创客"空间。激光切割机、3D打印机、刻字机、电子工作台、刻板机、打磨切割机……各种数字化制造设备满足学生创新制作的各种需求。

始建于1874年的格致中学,秉承"格物致知,求实求是"的传统,重视对学生思维品质、创新意识和实践能力的培养。

高考综合改革对学生综合素养评价提出更高要求,早在2010年,格致中学利用网络平台建成了"格致中学学生综合素质评价系统",鼓励学生从"道德操行、学习研究、运动健身、心理心智、创新实践"五个方面,全员、全面、全程记录自己的成长经历。这套评价方式,也将向格致教育集团内其他学校推广辐射。从2011年至今,格致中学连续获得了"清华大学'新百年领军计划'优质生源基地"的称号,同时还获得了教育部全国重点大学暨"211工程"大学生源基地的称号。30余个学生社团中,天文学会、环保社团、学生理论社团、模拟联合国等社团成为上海市学生明星社团,体现了学生自主发展的成果。

(后略)

《新民晚报》2015年4月8日

两国中学校长共话个性化教育

"学校评价标准应该是让每个学生在养成共同性的社会人格后,形成个别化的成长路径,拥有独特性的创造力。"在昨日举办的"2015美国年度荣誉校长中国行"之"学生综合评价与个性化发展"主题论坛上,上海市格致中学校长张志敏的一席话得到广泛认同。

作为全美最好的教育创新学校之一，The FAIR School 在为学生创建个性化教学方案上走在前列。副校长玛丽介绍说，学校为每个学生创建电子成长档案，涵盖学生的学习成绩、不同学段都参与了哪些活动、家长对于孩子的评价和关注等。九到十二年级的学生每个星期还要通过网络进行各类职业倾向测评，了解自己的职业倾向和兴趣所在。"学校还特别成立专门负责记录学生成长的部门，在整个记录过程中，学生是主体，老师和家长起辅助引导作用，我们希望通过这些记录让学生自我发现兴趣所在。"

利用数字化手段记录分析学生的成长过程，在沪上高中也早有探索。格致中学从社会责任感、创造时间能力、运动健康、情绪调试、学习研究等五个维度对学生进行评估，以便更好地引导学生发展。上海市实验中学作为一所十年一贯制学校，更是从学生入校第一年起，不断记录并追踪学生的成长轨迹，为学生提供个性化的教学方案。

为学生提供内容丰富的课程，需要学校挖掘自身资源。建平中学校长杨振峰称，学校鼓励教师开设与学科相关的兴趣课，受到学生欢迎。而 The FAIR School 更多撬动了社会资源丰富课堂，迈克尔·埃尔斯顿是该校专职负责挖掘社区资源的教师，在他的努力下，各类社区艺术家、大学教授、当地知名企业等都成为学校教学资源。（本报记者张鹏）

《文汇报》2015 年 7 月 22 日

种下公益种子　盼更多实践土壤——志愿服务成高中必修课后，沪上各基地暑期"爆棚"

作为新一轮高考改革的配套政策，《上海市普通高中学生综合素质评价实施办法（试行）》（以下简称"评价办法"）公布后的首个暑假，高中生志愿服务密集进行。数据显示，截至 7 月底，通过上海市学生社会实践信息记录电子平台信息平台发布的 13 多万个社会实践岗位，95.8％被预约。志愿者服务需完成 60 学时成了"必修课"，有人担忧：高中生志愿服务会不会只是"应付应付"？也有人点赞：做总比不做好，如果通过"硬性规定"提升学生志愿服务的行动力、潜移默化地培养学生志愿服务习惯和社会责任意识，也很有价值。暑假临近尾声，记者群访了一批从"一线实践岗位"上完成志愿服务的高中生，究竟是走过场还是有收获，听听"小鲜肉们"的声音。

（中略）

"近距离看社会，学会团队协作"

仁济医院志愿者　丁顿　格致中学

"我的任务其实并不复杂：教病人及其家属如何使用自助挂号机；在志愿者服务台和便民服务中心为他人解答、指路；给我留下最深印象的是走进病房做随机的满意度测评。在我们做志愿者服务的活动过程中，我们面对和接触的是形形色色的人群，他们有不同的年龄、不同的口音、不同的职业，这无疑是一个机会让我们更贴近这个社会，也是开阔自己眼界的一种方式。我们在不断培养自己随机应变、独立思考的能力，也在不断学习如何与别人更好地交流。"

作为组长，丁顿也发现了同学们的一些小变化：一些原本内向的同学渐渐乐于并敢于主动上前提供帮助，一些原本倾向于自己小世界的同学也渐渐融入这个有爱的集体。这不仅能完善个人的自我管理能力，同时也有助于团队协作，培养团队精神。

"我们还因此结交了许多外校的小伙伴,在收获友谊的同时,也会产生一种竞争意识——看看哪所学校的同学服务态度更好?哪所学校的同学学习能力和适应性更强?"

(后略)(朱筱丽)

《青年报》2015年8月18日

2016 年

英国皇家莎士比亚剧团走进沪上中学

今年适逢莎士比亚逝世 400 周年,英国皇家莎士比亚剧团日前首次大规模访沪,为申城市民带来最新史诗巨作"王与国"系列三部曲:《亨利四世》上、下篇以及《亨利五世》。访沪期间,演员们走进沪上高中校园,用独具特色的戏剧教育课程,让申城学子近距离感受戏剧魅力。

在格致中学,一个半小时的课程中,剧团两名老师引导学生模仿亨利五世在阿金库尔战役前演讲片段。一名男生将亨利五世慷慨激昂的演讲模仿得惟妙惟肖,引得在场师生一片掌声,两位老师不时夸张幽默的示范动作和同学们精彩表演让整堂课充满了欢笑。格致中学学生周月泠告诉我们,以前读过莎士比亚原著作品,但毕竟年代相距久远,加上语言的隔阂,感觉较难理解。戏剧表演的形式则能让自己身临其境。"我读懂了一位叛逆堕落的少年王子如何成长为雄才大略的青年君主,也对英格兰中世纪的宫廷争霸和平民社会有了更多的了解。"周月泠说。英国皇家莎士比亚剧团教育总监雅基·海伦表示,剧团通过戏剧教育的方式,让青少年走进经典作品。"今后我们希望能更多和中国学校与企业合作,进行文化交流和学习。"她说。

格致中学党总支书记王丽萍表示,莎士比亚的作品是世界艺术史上的瑰宝,将其引进学校让学生们收获良多,而两位老师独特的授课方式也很受学生们的欢迎。"我们将继续鼓励学生在学习的同时发展艺术才能,并在校内普及艺术教育。"(本报记者陆梓华 实习生郜阳)

《新民晚报》2016 年 3 月 2 日

17 所高中戏剧特色学校命名,有你们学校吗?

一批中学与大学签约共建,正携手推进文教结合工程。近日,上海市特色戏剧学校命名仪式在上海举行,北虹高级中学、松江二中等首批 17 所高中戏剧特色学校与上海戏剧学院签约共建。

全市各区县建戏剧特色学校

根据协议规定,今后,这些戏剧特色学校将有机会优先了解上戏提供的戏剧教育的学术动态和演出信息,优先享受上戏提供的戏剧教育授课资源和专业指导,优先接受上戏提供的戏剧教育的最新理念和最新模式。

上戏方面,则将为这些戏剧特色学校努力提供新颖优质的教学资源,认真制定科学合理的教学计划,尽力打造寓教于乐的教学演出剧目、模式,热情搭建校际交流等更多展示师生艺术情怀的平台。据了解,这次参与签订协议的戏剧特色学校涵盖了上海全部16个区县。

党的十八届三中全会决定要求,改善美育教学,提高学生的审美素养和人文素养。去年9月底,国务院办公厅又下发了《关于全面加强和改进学校美育工作的意见》,明确指出,要在有条件的地方开设戏剧课、舞蹈课等艺术课程,这都体现出国家在推进美育教育工作方面是有明确要求的。为此,上海市教委决定在全市命名一批戏剧特色中学。同时,为更好地推进这些戏剧特色学校的美育教学,上海戏剧学院与这些特色校签订了发展合作协议。

为中学开列菜单上戏送教上门

这次签约合作的艺术教育,跳出了传统的精英式、展示式艺术教育的模式,它面向全体师生,争取以课程(讲座)的最大受众而不是以演出(展览)的骨干受众为基础,以戏剧首先作为一种理念、一种趣味教学和人际沟通的方法而不是一种技艺、一种谋生手段为突破口,进行全方位的大戏剧观普及。

因此,上戏对这些戏剧特色学校的扶持将不仅仅满足于一般的老师教学、学生训练的常规课程,还将从情景关系营造、戏剧教育法推行、优秀剧目指导等角度全面渗透,更多地传授艺术育人的新招,搭建艺术展示和人际交流的新平台。

今年春季开学前,上戏已经为这些特色学校开列了菜单:戏剧(小品)创作、戏剧导演、戏剧形体、戏剧诵读、戏剧舞美、戏剧美学等选项,学校可以根据实际情况点菜。上戏将派出师资以及兼职研究生送教上门。

此前,在高中生戏剧夏令营、高中生戏剧艺术拓展课和大学生高雅艺术校园行等活动的不断推进中,本市已经有很多中小学参与其中,获益匪浅。这一次戏剧特色学校的命名和发展,是上海在大中小学艺术教育、艺术育人一体化建设方面部署的又一个关键环节。

17所戏剧特色学校名单

北虹高级中学

松江二中

上戏附中

上大附中

新中中学

闵行中学

嘉定一中

青浦高级中学

奉贤中学

张堰中学

市二中学

宜川中学

格致中学
复旦附中
延安中学
进才中学
城桥中学
(后略)（刘昕璐）

《青年报·学生导报》2016年3月28日

刷题时间少一些　社会实践多一些　格致中学"焕彩青村"项目摘得全国中学生领导力展示会特等奖

【本报讯】白墙点缀上青莲和荷花，屋檐下长出藤蔓枝丫，这个夏天，在奉贤区青村镇，一排排古旧民居正换上新装。来自格致中学奉贤校区的一群高中生，用手中画笔，为这个不为人知的千年古镇做起了形象设计（本报今年5月5日曾有相关报道）。昨日，凭借"焕彩青村"项目，他们摘得了正在沪上举办的第七届全国中学生领导力展示会特等奖。

来自全国26个省、市、自治区和香港特别行政区的近1500名高中学生带着对周遭的关注齐聚上海。这一大赛由中国教学协会、教育部校长培训中心等主办，上海市教育学会、奉贤区教育局和黄浦区教育局协办。同学们将目光投向面临危机的传统文化，投向身边弱势群体，他们说，用刷题的时间为社会做一些改变，值。

冒着酷暑，同学们已经基本完成了青村镇27个"睦邻点"的美化工作，"民宿"的改造也受到了越来越多村民的欢迎。

在格致中学黄浦校区，同学们则将目光投向了离学校咫尺之遥的大世界。"我们三四岁时，大世界就停止营业了，只听长辈们说起过以前这里多热闹。"队长、高二男生李亦飞从小由外公外婆带大，对上海记忆有着特别的情节。几名同学商量后有了主意，何不将大世界改造成优秀非遗传承保护中心？大家从网上查到，上海目前有39所非遗特色学校，通过走访和交流，由格致学子发起的非遗特色学校联盟成立了。

令他们兴奋的是，今年3月，同学们把自己的策划书递交给大世界办公室，得到了对方热情回复。"没想到，我们的想法和大世界不谋而合了！"他们开通了"非遗青年"微信公众号，希望扎扎实实把非遗的传承和推广继续做下去。

"同行助弱解困，携手踏平崎岖。"这是香港培正中学喊出的口号。女生沈铠霖告诉记者，这两年，学校里从内地来的学生数量增多。一些同学初来乍到，英语和粤语交流都跟不上。为了帮助这些新同学尽快融入香港生活，他们开展了调查并制作了一本精良的指南手册。

在天津市红桥区，有数十个沿街商家如今成了环卫工人的"温馨驿站"，工人们累了可以进门喝口水，歇个脚。这是天津市民族中学同学们努力了几个月的成果。（记者陆梓华）

《新民晚报》2016年7月25日

高招对接综合素质评价,改变了高中的评价标杆　上海高中教育走向"全面育人"

在上海,有不少高中早已实施了综合素质评价体系,并开展了各类拓展课程,却一直被此类评价体系在高招中"用不用"的问题所困惑。复旦等4所高校综评信息使用办法的公布,意味着普通高中综合素质评价和高校招生的正式接轨。

格致中学校长张志敏认为,如今"软参考"变"硬参考",将改变只以分数为评价标杆的倾向,指引高中教育更注重全面育人,对高中素质教育提出明确要求,让学生在高中这样一个成长过渡期,就可以为自己的人生提前做好规划。

（中略）

全面育人关注个体发展

在格致中学,一项校内综合评价在6年前就已经开始实施。在新生报到的第一天,学生就会拿到这个系统的个人账号和密码,他们的第一项"摸底考"就是完成初中时的"五能评价"——德能、学能、体能、心能和创能,相对应学生的德、智、体、心理和创新能力的评测。这样的评价体系,将一直陪伴每个学生到高三毕业。每个学生每个月都要进行信息输入和自我评估,大到参加的课题研究,小到参加校内社团活动,记录着学生三年成长的轨迹。

这样的评价体系成为了校长推荐学生报考北大、清华以及出国求学推荐的重要依据,因为除了学业成绩以外,这些学校特别看重学生个人的综合素质。经过几年实践,这样"我的成长我做主"的评价体系,渐渐成为学生直观认识自己成长轨迹,并且及时作出调整的重要参考。

顾超是格致中学全国奥数金牌的获得者,但他校内综合评价的"雷达图"却是"缺只角"的。社会活动和社团活动参与度不够,让他这个"学霸"并不够完美。之后,他积极参与集体活动,自己的"雷达图"也慢慢变得丰满,顾超也变得更加活泼、开朗,乐于融于集体。

在张志敏看来,综合素质评价信息对于学生个人发展而言,更是一个明确自己爱好、规划自己人生的重要途径:"高中是成长过渡期,这个时期的孩子有责任对自己的未来负责并做好规划。"

如今,大学招生对接综合素质评价信息,使得学生未来可以选择自己喜爱的专业来学习,因材施教,并且早早做好职业规划。张志敏说,格致中学曾有一个全国物理竞赛一等奖的学生,最终却选择了法医专业;也有化学竞赛得奖的学生,最终却读了北大的文博专业,钻研辨识文物真伪。"其实这样的学生有很多,如果未来的高校招生中,每个学校把综合素质评价信息的使用办法具体细化到各个专业,将有更多的学生可以从中受益,选择自己的爱好和兴趣去学习、就业,走适合自己的人生道路。"（本报记者龚洁芸、许沁）

《解放日报》2016年9月13日

非遗保护从青年做起　沪上高校学子、高中学生开展相关创新项目

近日,海派文化公益讲座"探索非遗的3D创新世界"在上海三山会馆举办,本次讲座由上海后世博研究中心文化与科技创意推广委员会、上海三山会馆、星喀联盟联合主办。讲座探讨了如何利用创新思维和科技手段,成功使非物质文化遗产的表现形式更新颖时尚，吸引更多年轻人的关注，以更好地保护和传承非遗。值得一提的是，沪上已有部分大学生和高中生在积极关注非遗，并集思广益，不仅在学术上研究非遗相关课题，而且还开发出了具体项目。他们说，非遗传播要从青年人做起，希望影响更多人重视非遗、保护非遗。

现状　传承面临断裂　保护工作难度大

目前，非遗保护的现状不容乐观。由于非遗产品不太受消费市场欢迎，从事相关工作很难获取较高的经济利益，且制作工序繁杂，很多年轻人因此并不愿意学习并传承非遗技艺。

非遗作品讲究手工艺技巧，并且耗时耗力，所以往往售价高昂，不太受大众消费市场欢迎。

复旦大学生物科学专业大二学生徐心怡曾在大一学年与6名同学在"形式与政策"课程中组成了课题小组，研究的课题是《探究非物质文化遗产——徐行草编的保护现状以及发展》。经过走访，他们发现徐行草编虽然曾经风光一时，但目前在市场化的道路上举步维艰，"草编制品如果对外零售，同品类的替代品众多，作为手工艺品在价格方面并无优势；而且草编作品易腐烂，也不适合作为高端艺术品留存；虽然产品一度外销走俏海外市场，但目前海外订单的容纳量并不大"。

通过对政府相关部门工作人员的采访，他们认识到虽然当地政府积极保护徐行草编，但保护的力度还是难以跟上衰落的速度。政府部门成立了上海徐行草编合作社，开展相关的群众文化活动，推动草编产品的开发，并给传承人发放补贴。但当地的草编艺人通常都已五六十岁，很少有年轻人主动加入编织的队伍，在传承上面临着很大断层。

目前，大多数非遗传承人已经迈入了中老年阶段，而随着时间流逝，找不到合适的传承人，甚至后继无人已成为不少非遗项目普遍遭遇到的难题。据上海电力学院创行团队队长王同学介绍，前几年，为运行推广蓝印花布的项目"韵蓝舞动"，他们在制作蓝印花布的正兴染坊调研得知，染坊主人王振兴已经70多岁了，而他的子女并不愿意传承印染技艺，"老人的子女认为，当下蓝印花布并不被人们广泛使用，即使传承了这项技艺，也没有太大的用武之地，而且经营染坊也无法获得较高的经济收入"。

创新　调研非遗课题　开展相关项目

目前，已经有许多高中生和大学生走在了传承和保护"非遗"的道路上，他们在传播非遗信息时大多结合线上平台，使用信息化手段，推广相关资讯。

比如，格致中学的高三学生李亦飞与5名同学组成了"上海非遗青年"小组，今年5月初，他们在"上海非遗青年"的微信公众号平台上成立了"上海特色非遗信息中心"。据介绍，该信息中心不仅展示了上海非遗特色学校的活动内容，还推广了多家学校社团的非遗传承和保护活动。此外，与上海师范大学非遗中心合作建立了青年非遗传习的交流平台，使各学校非遗社团（工作室）能在此平台上为保护非遗文化、传承非遗技艺、挖掘非遗项目及传承人建言献策。

（后略）（陆安怡）

《青年报》2016年10月11日

校园里建油画创作基地

【本报讯】不出校园,就能欣赏名家美术作品,并能在宽敞的画室中提笔创作,沉浸于艺术世界中。日前,上海师范大学美术学院与格致中学共同合作的格致油画创作基地在格致中学奉贤校区亮相。汇聚了上师大美术学院院长俞晓夫等一批沪上中青年画家作品的"艰苦卓绝创伟业油画作品展"成为该基地迎来的首场展览。

上师大美术学院是沪上历史悠久的两所美术学院之一。"艰苦卓绝创伟业油画作品展"是今年上海市重点项目"海上绘画名家工作室"的第一批成果,集中表现了红军长征的峥嵘岁月。格致中学校长张志敏强调,中学生除了有科学的知识,还要有人文情怀,更重要的是对社会美的关注。该基地的成立,让中学生有机会和一流艺术作品零距离接触,并有机会在高校专家指导下,发现艺术潜能,提高艺术素养。与此同时,该基地也将探索美术特长生的培养新模式,通过高校和基础教育"联姻",提升学校的艺术教育水平。(记者陆梓华)

《新民晚报》2016年10月19日

2017 年

减负之重,第一课堂如何撬动?

连日来,"减负"一词在城中热议。作为教育实施主体的学校如何发挥课堂的作用,同样引人关注。一位中学老校长说:"减负是多年的老话题啦……"在教育领域,减负实践究竟面临怎样的"结",又有着怎样的探索和突破?

教育领域有一个"结"

"教育领域,有一个'结',是教育人始终在解的。"格致中学校长张志敏说,随着学习要求的提升,课程内容不断向多元拓展,这些任务都需要时间来实现;而与此同时,为了确保不加重学生负担,又不能占用学生太多时间。

家有二年级读书郎的翁女士,在朋友圈里晒出孩子的回家作业单"发牢骚"。她困惑的是,为啥自己小时候二年级回家没啥作业天天玩,现在自己孩子要学那么多,有些需要动用电子产品录音录像的,还需家长陪做。

其实,这样的困局在世界很多地方都存在。要学的越来越多,越来越深,如何确保学生能接受?此时需要探讨的,不仅仅是"负",更是"效"。以增效来推进实质性减负,是教育专家们给出的答案。在上海,探索始终在进行。

近年来,上海教育综合改革把减轻中小学生课业负担作为重点工作努力推进。例如,在全市所有小学低年级推行零起点教学,严格要求学校不拔高教学要求、不争抢教学进度、不加大教学难度,着力缓解盲目"早学抢学"、追赶教学进度和拔高教学要求等问题。根据第三方调查显示,零起点教学实施以来,本市小学低年级学生在睡眠时间、学校适应、学习兴趣、上学愉悦度等方面均有好转,受访家长、教师给予积极认可。目前这项改革已向中高年级延伸。

值得关注的是,对于"减负"这一长期课题,上海坚持优质均衡的教育发展理念,已从"减负增效"进入"增效减负"的需求阶段。不再简单地规定作业量上限、发布各类禁令等,而是聚焦课堂质量、师生关系、作业效能以及学生自主管理等模块。

老师增负"换"学生减负

在黄浦区卢湾一中心小学有着这样的传统。每到开学前,教导处汇集各科大教研组,海量搜集、研究"题海",从中消化吸收,在教学和布置作业过程中,出题力求量少而质精。三门主课,给同学带回家的习题,有个共同的名字:"巴掌作业",意为才巴掌大小,特别少,特别有用。"学生减负,对教师授课出题提出了更高要求。"卢湾一中心小学校长吴蓉瑾说。

除了作业外,追求轻负高质的课堂同样不容易。静教院附校以"轻负担、高质量"教育成果闻名。近年来,校长张人利将目光聚焦"家常课"教学实践的研究,将授课变成"遵循学生认知规律让其自行建构"。在这一改革的推进过程中,老师被"逼"得很痛苦。

张校长坦言,基于学生的认知规律,课堂改革并不容易。最初校内没有一个人认同这个想法。突破是从一堂课开始的。那时,他去找分管物理学科的副校长周骏,问他"觉不觉得你上课话太多了?""我们物理成绩可是全区第一。"一句话就弹回来。张人利说:"我们就试一节课。"接下来,周老师在初二两个水平接近的班级,分别用传统方法和"看书、讨论、提升"的新方法讲了同样一节课,物理学科的改革顺利推进。半年后,全区物理质量检查结果公布,周骏跑来对他说:"我们做下去。"

张校长说,"我始终认为,教育教学改革最难的部分在课堂。一方面,每位老师都有自己的惯性,从按照学科逻辑,转换到给予学生认知逻辑,不容易;另一方面,课上讲得少的老师,在课前课后,工作量增加了许多。"

激活学生内心动力

市教委副主任贾炜曾有比喻:"一只鸡蛋,从外部破壳,蛋就碎了,而从内部被小鸡啄破,那代表着新生命的诞生。"在他看来,改变课堂,增效减负,重点在于激活学生内部动力。

格致中学有两位老师特别受学生、家长欢迎。历史老师叶开江,把历史知识点融入小故事,枯燥的年份、地名、国名、国力情况等,成了历史故事的背景,同学们听得津津有味,背得心甘情愿,几乎每一次考试,叶老师带的班成绩都是最好的。另一位生物特级教师刘俊在教学中注重提问题,让学生自己寻找答案,再回到课堂精讲拓展,将更多前沿学科知识融入40分钟高中课堂。此前有位学生小许生物底子不太好,经刘老师针对性带教后,对生物豁然开朗,学得废寝忘食。去年她在上海大赛中拿下一等奖,刚刚在全国冬令营大赛中取得铜牌。

"负担这个事儿,不仅仅是客观的,还有主观的、孩子心理上的,当学生爱上学习,再多的时间精力也乐于付出,"张志敏校长说,从这个立场来看,更高层面的减负,应是对学生内心兴趣、力量的激发,而这道思考题,同样是教育领域没有止境的恒久命题。(本报记者彭德倩)

《解放日报》2017年1月18日

"不加分"的学生乐团才减负育人

(前略)

走进艺术课堂为孩子"减负"

2016年,20名艺术老师获得前往国外进修的机会,在德国学习了一个月艺术课程。这在上海艺术教育历史上,还是第一次。

改变课堂教学,激活学生内部动力,把更多的孩子从培训机构中"解救"出来,让他们在未来的生活中拥有艺术兴趣和才能,这也是上海在减负增效进程中进行的大胆尝试。去年,教育部开启推进学校美育综合改革的序幕,上海和其他六个省市成为了"排头兵"。

去年贺绿汀音乐厅的学生交响乐联盟专场音乐会,上海中学的孩子们"包办"了整个上半场。这让汪雨申感到很意外:"上海中学的交响乐团,以前大多数都是国际部的少数孩子参与,这几年来,国内部参与的学生也越来越多。他们愿意分出更多的时间来练习乐器,排练节目。"

上海交通大学实验小学的舞蹈课是这样上的:在"翻转课堂"上,主教老师可以直面每一个孩子亲自教授,在负责伴奏的副教即兴发挥中,学生们翩翩起舞,不管是"小胖墩"还是"小豆芽",都可以尽情张扬表现。

夏星是格致中学弦乐团的带团老师,在她带团期间,鲜有团员会因学业而退团;相反,这些孩子能在繁忙的学业中找到属于张扬自己个性的一片天地。她说:"练乐器的孩子普遍都品学兼优,在乐团中成长的历程,也让他们在进入大学之后更加自信。很多孩子如今都是外企的顶梁柱,都有拿得出手的一技之长。这些相比课外补课的知识,更可以让他们受用一生。"(本报记者龚洁芸)

《解放日报》2017 年 1 月 23 日

育人标尺补上传统文化刻度

在格致中学,有一群优秀的"上海非遗青年"。从率先成立"上海非遗青年"团队,到参加全国中学生领导力展示,这群年轻人最大的感受和收获是,非遗保护是大众的一种意识,也是一种文化的传承。他们不仅将保护传承非遗的经历,记录在高中生综合素质评价中,更印刻在成长之路上。

从育分到育人,评价是一把尺。无论是小学等第制评价、学生成长记录手册,还是高中生综合素质评价,在上海,传统文化教育的熏陶,始终渗透在育人评价中。

非遗融入研究性课题

格致中学高三(4)班学生李亦飞今年将迎来新高考。在刚完成的高中生综合素质纪实报告中,他将一段难忘的"上海非遗青年"经历作为典型案例写入其中。李亦飞说,之所以选择"非遗"作为课题,是因为格致中学有着地理上的优势:周边的豫园、大世界等,都是上海非物质文化遗产保护的集成地。2015 年 10 月,在李亦飞和小伙伴们的组织下,"上海非遗青年"团队成立,希望以此激发每位青年的责任感和使命感,切身感受非遗带来的乐趣和中华文明的博大精深。

成立之初,这群"非遗青年"走访了朱家角、城隍庙等地,了解非遗手工艺人现状;向全市发放网络问卷,进行非遗普及调查。此外还建立了"上海非遗青年"微信公众号,联合 10 多所优秀非遗学校创立了"上海特色非遗信息中心"。

停业 13 年之久,承载着几代上海人回忆的"大世界"如何复出?去年,"学生眼中的大世界"项目是"非遗青年"最重要的活动之一。小伙伴积极为大世界非遗元素展示策划方案,包括老上海创意园区、非遗传习基地、非遗项目展示游园会等,将传统活动和高科技相结合。这份向大世界集团递交的中学生策划案,得到专家肯定。

"非遗青年"还请来上海著名滑稽戏演员钱程,就上海习俗的传承保护开讲座,在地铁 8 号线大世界站宣传非遗知识和文化。在第七届全国中学生领导力展示会上,"上海非遗青年"学生团队荣获领导力优秀项目展示特等奖。李亦飞说:"文化自信正是在这样

的实践过程中扎根于我和每位参与者的心中,真正达到保护文化遗产的目标。"(后略)
(本报记者许沁)

《解放日报》2017年2月27日

"吃货"版招生海报走红网络　　原创者是格致中学奥赛学霸

　　从上周末起,沪上百年名校格致中学在网络上着实火了一把,只因一张"吃货版"招生海报。海报上没有任何学校介绍,仅用几行大字将多家网红美食一网打尽——"距喜茶370米,距鲍师傅480米,距哥老官500米,距光之乳酪470米,距哈灵牛蛙面480米,距杏花楼青团770米。欢迎报考上海格致中学。"海报一出,引起了兄弟学校接龙效仿,一张张沪上校园美食地图接踵而出。"真没想到会这么火,做这个图就是为了好玩,表达一下对母校的感情。"海报作者、2014届校友唐嘉沁说。

　　三年前,这名理科班学霸凭借着全国信息奥林匹克竞赛一等奖的成绩,被南京航空航天大学电子信息科技专业自主招生录取。

　　唐嘉沁告诉记者,从初中到高中,自己在格致度过了7年时光,对母校及其所在的人民广场区域自然充满感情。

　　身在外地,就更加思念那些熟悉的味道。"每天放学都经过各种美食店,小摊上的羊肉串、大壶春的生煎和来福士层出不穷网红店……什么美食新出来,我们都去当第一批试吃员。"唐嘉沁说,更令他怀念的是如今很难再相聚的"吃货"同学,亦师亦友的老师,和忙碌却快乐的中学时光。最近,人民广场排队"三巨头"人气爆棚,室友们看到了,自然第一时间就转发给小唐。他拿手机地图一测算,果然,每一家网红店都和母校只有几百米距离。

　　唐嘉沁告诉记者,他只是凭借着一名毕业生对母校的自豪,写下了这段文字,在招生季,希望更多同学对这所百年名校多一份了解。后来觉得应该再好玩一点,才有了现在版本。

　　唐嘉沁没想到的是,周五下午2点左右在朋友圈发出后,就立刻被刷屏。不仅勾起本校同学的"集体回忆",也引来跟帖效仿无数。

　　"看到海报火了,一开始我们都在猜,是不是哪个老师精心设计的,当得知是一名毕业已经三年的校友时,我们还是非常感动的。"格致中学学生发展指导中心主任张燕说,这两天,学校正好在拍新一季宣传片,来自学生的网红帖带来了新鲜的思路,"官方"版宣传片添一点这样的小幽默,也未尝不可。(本报记者陆梓华)

《新民晚报》2017年3月20日

我看"吃货版"海报

　　拥有140多年历史的格致中学,最近因为"吃货版"招生海报火了,这份学霸校友设计的作品标出学校与六种网红美食售卖点的距离,用数字说话,引来网友的赞叹和其他学校的效仿。

　　没错,从美食切入最易找到共同语言,有时几乎胜过千言万语,因而,这份海报的灵光闪现确实夺人眼球。近年来,以"吃货"自居者大有人在,明显有蔓延之势,听上去有点谐谑、自嘲,渐渐也夹杂着些许自豪。如今,从年轻学生口中喊出这一口号,我觉得笑不出来。年轻人最应朝气蓬勃、奋发进取,然而,开开心心地给自己贴上"吃货"标签,一遍遍强化这种暗示,时间长了,或许真会认同它,未免太颓废了。

从校名来说,弄明白"格物致知"的来历和含义就可以让学生心生向往,掂出这所学府与众不同的分量。中学阶段,不仅伴随着书本知识的积累,也意味着拓宽发现美、鉴赏美的眼界,打开认识世界的窗口,这是一段稍纵即逝的时光。不说别的,格致中学周边就有上海博物馆、上海音乐厅、天蟾舞台、大世界、福州路一条街等去处,徜徉于历史、音乐、戏曲、非遗、书香的氛围中,能发掘多少姿采各异的乐趣啊!一个"腹有诗书气自华"的青年,有修养,有情趣,比一个开口闭口"吃货"的人,要有趣些、招人喜欢些,不是吗?

在格致这样的名校念书,没勤奋的劲头、没两把刷子不行,竞争是激烈的。如果连日常作业都做不好的"吃货"冲着这个海报来报考,恐怕要接连吃瘪。(阿惠)

《新民晚报》2017年3月31日

不仅会做作业 还要会做课题

这两天,九寨沟地震牵动人心。而在上海徐家汇学生社会实践基地,小学生们刚刚完成一次有关防震建筑的探究。为他们上课的,是来自格致中学的高中生。从寒假开始,格致中学高一年级"龙溯"小队的7名队员从中国古建筑的榫卯结构得到灵感,开始了一项名为"旧筑新究"的课题探索,在一次次实验、调查、走访高校的过程中,课题雏形初现。

除了会做作业,也要会做课题,学会更深入和系统地思考。和他们一样,越来越多的申城高中生开始练习"做课题"的新技能。作为全国高考综合改革试点省份,随着"新高考"启动,上海探索基于统一高考和高中学业水平考试成绩、参考综合素质评价的多元录取机制,并建立了普通高中学生综合素质评价体系。综合素质评价信息内容主要包括:学生思想品德发展状况、中华优秀传统文化素养、修习课程及学业成绩、创新精神与实践能力、身心健康信息、兴趣爱好与个人特长等都成为考量标准,高中生们开启和以往不同的学习方式。

为将来储备学习能力

格致中学高一(7)班女生欧阳钟秀是龙溯小队队长。她告诉记者,自己对课题研究并不陌生。在格致初级中学就读时,老师就会建议,有兴趣的同学可以趁寒暑假找一些自己感兴趣的方面进行探究。进入高中以后,学校也开设了研究型课程,对学生进行课题指导。

"一开始连选题都想不出来,后来逐渐知道,选题的切入点要小,再一点点深挖。我也发现自己很多能力上的不足,比如一篇论文要怎么写开题报告、结题报告、做摘要、做目录,怎么利用软件设计问卷、提出好的问题……"欧阳钟秀说,有时,组员们会意见相左,作为队长,她还要协调好团队的关系。在完成课题的过程中,她能明显感受到自己的能力得到了提升。利用双休日假期,同学们来到同济大学请教建筑系专家,又到松江方塔园实地琢磨古代亭台结构,并回到学校实验室,将自己设计的榫卯结构小屋进行抗震实验。

最近,九寨沟发生地震,这让她和队员们觉得,自己的研究更有意义了。他们设想利用竹子等天然材料,设计出便于拼搭的榫卯式抗震小屋。欧阳钟秀说,即便将来小组成员们未必都会报考建筑类专业,但这份经历,将成为高中生涯难忘的收获。(后略)(本报记者陆梓华)

《新民晚报》2017年8月11日

让初高中教育更连贯　一体化课程可是"解药"?

(前略)

为什么一些初中阶段的"成功者",上高中后学习困难?

近几年,格致中学每年会从格致教育集团的三所成员初中中挑选40名预备班学生。这些学生每周五到高中来上课,学校为他们开设机器人、创新设计、天文学、信息技术、物理试验、化学试验等初高中一体化课程。这些拓展型、研究型课程,都由高中老师设计和实施。

"这些工作如果完全由初中承担,难度不小。"格致中学副校长钱勇伟告诉记者,相对于初中而言,高中的教育资源相对丰富,而初高中一体化课程能够帮助初中生"自然延伸学习的宽度",在亲身体验高中课程体系和氛围的过程中,更快适应未来高中的学习节奏。

更重要的是,初高中一体化课程,可以使初中学生习得更好的思维方法。"在初中阶段,不少'成功者'的思维和学习方法,是靠机械记忆和训练,但到了高中,他们就会发现,这个办法行不通。但在初中,能够培养学习思维能力的老师数量却很有限。"一位资深高中教师道出了初高中衔接中的一个难点——学生如何完成学习思维的转变。

(后略)(本报记者朱颖婕)

《文汇报》2017年8月18日

2017年"上海市园丁奖"光荣榜

(前略)

本着公开、公平、公正的原则,坚持以重贡献、重能力、重实绩为主,经学校和基层单位民主推荐、区教育局和有关单位评审公示、上海市教育委员会和上海市中小学幼儿教师奖励基金会审核同意,上海市格致中学周雯婕等1 090位教师荣获2017年"上海市园丁奖",由上海市教育委员会和上海市中小学幼儿教师奖励基金会予以表彰、奖励。

(后略)

《文汇报》2017年9月4日

"中国教育学会科创教育发展中心"落地上海

11月17日,中国教育学会杨念鲁常务副会长与上海市黄浦区人民政府李原副区长,在上海市格致中学正式签署共同组建"中国教育学会科创教育发展中心"协议,这是继今年3月下旬中国教育学会在京成立"科创教育联盟"、7月中旬在沪举办"首批科创领航教师培训"之后的又一重大举措。

随着国际、国内科创教育的深化和交流,目前国内不同区域、各地学校对科创教育的师资培训、课程确立、教学衔接、学术交流、成果鉴定等要素均予以高度关注。于是肩负探索、实践、示范、辐射宗旨的"科创教育发展中心"应运而生。

上海市教育学会尹后庆会长、华东师范大学考试与评价研究院陈玉琨教授热忱寄望"发展中心"能积极推进科创教育因材施教、发扬光大,促使学生勤动脑、多动手,融直接知识与间接知识于一体。

同济大学与上海十余所中小学校在签约仪式现场展示的科创教育丰硕成果引来与会代表的浓厚兴趣。杨念鲁常务副会长热情赞扬孩子们的想象力和创造力,鼓励师生再创佳绩、带动好周边的小伙伴。

上海市教委倪闽景副主任鼓励青少年锻炼"创新基因"、为建设上海"创新之城"打好基础。

中国教育学会副会长、科创教育发展中心主任、上海市格致中学张志敏校长则期待"发展中心"在学会和各级领导指导下,不辱使命、群策群力,为尽快落实科创教育的本土化和生态链建设,作出积极贡献。

"人民网"2017 年 11 月 20 日

无论"D"几次,都会"I"上你——2017—2018DI 上海青少年创新思维竞赛落下帷幕

(前略)

今年的挑战 D,相对于去年来说道具条件发生了变化,即兴要素增加、时间的改变都成为各支参赛队的新挑战。黄浦区卢湾实验小学的领队左静坦承,新接触挑战 D 的队员们都需要花费大量的时间去解读题目、克服困难。曾经与老队员一起参与过即兴挑战课程的同学发出了感慨:"以前表演的时候,我只要跟着他们演就行了,今年完全不同了,都要靠自己上,感觉好难啊!"孩子们刻苦的训练换来了挑战 D 第二的佳绩。

参加挑战 B"意想不到的吸引力"的格致中学姚润珂同学,记录下了队员们参赛前的"意想不到"。原来在游乐设施的搬运过程中,由于连接电路的某根导线断裂,导致装置无法成功运行。队员们用最快的速度将可能发生问题的导线一一断开并重新连接,最终成功地在赛前修好了挑战重点之一的游乐设施。对于他们而言,冒了一身冷汗后再"玩"一次"意想不到的游乐设施"也真的够"吸引力"。

收获:挑战成功靠的是优秀的团体

此次作为东道主的华师大一附中收获颇丰:三支队伍分别获得高中组挑战 A 团队挑战第一名,挑战 D 团队挑战第一名和即时挑战第一名,挑战 E 获得团队挑战第三名以及达芬奇特别奖。在 19 日下午的颁奖大会上,揭晓获奖名单的那一刻,队员们激动万分。

(后略)(记者朱筱丽)

《青年报》2017 年 11 月 21 日

第十二届 DI 国赛落幕 上海代表团拿下 36 个奖项 "上海小囡"实现各组别"大满贯"

(前略)

格致中学的章旭承已是第三次参加 DI 了。参加过艺术类挑战的他,此次选了科技类

挑战。让他觉得乐此不疲参加DI的理由就是能学以致用,"比如电路、机械传动这些课本知识,包括高二要学到的角动量,都在道具中得到运用"。他所在参赛队设计的"没有应用于得分项"中的道具,不仅外表精致,还可以完成点头、摆手、敲击等各种动作的小机器人,收获了评委的赞。(后略)(徐红清 朱筱丽)

《青年报》2017年12月12日

2018 年

做为人师表楷模　当立德树人先锋——上海市中小学德育研究协会第四届"育德之星"表彰名单

（前略）

育德之星奖

班主任专业委员会

周雯婕　上海市格致中学（奉贤校区）

（后略）

《文汇报》2018年1月18日

比知识更重要的是什么？"未来问题解决全国展评"告诉孩子们：是创新力！

"世界上最高的山峰是什么？""是珠穆朗玛峰。"

"也对也不对。这不是一个创新答案！"在2018未来问题解决全国展评活动的颁奖典礼上，中国教育学会副会长、中国教育学会科创教育发展中心主任、上海市格致中学校长张志敏给孩子们出了一道题。

谜底揭晓，张校长给出的答案是"世界上最高的山峰是我自己"，最可贵的是自己的想象力和创新力。现场的孩子们，则刚刚经历了一场想象力和创新力头脑风暴——由中国教育学会科创教育发展中心和FPSPI未来问题解决国际项目中国区组委会主办，由上海青年国际文化交流中心和上海市中小学博雅教育研究所协办的2018FPSPI未来问题解决全国现场活动展评活动。当天，来自全国的50支青少年队伍，在滴水湖畔参加了其中的两个项目"全球问题解决"和"社区问题解决"，优秀表现者将晋升到全球国际会议活动中。

一次有趣的"心情的颠覆"

这次的全球性话题是"云存储"，孩子们先是在3个小时内以填写工作手册的方式，针对未来场景中"云存储"可能发生的问题给出解决方案。接下来，主办方公布了两个强制性道具——抱枕和紫色公仔小熊，和三选一的名言，孩子们有三个小时的准备时间，在4分钟的时间内展示他们的行动计划，并把道具和名言融合进去。

在赛场外，记者遇到了刚刚参加完小学组展评的文来中学的孩子们。未来云存储可能被黑客攻击，文来孩子的解决方案是运用分布式系统，多重加密来阻止黑客窃取信息。

孩子们表示，这是他们参加的第一个团体形式的比赛，队长徐上善负责给大家"派任务"，在上午的书面挑战中，四位同学同步进行六步解决方法的书写，而针对行动计划展评，"赵晶莹负责写剧本，汤歆妍和邝彦卿负责做道具"。既有写，又有演，需要团队合作，参加过不少比赛的邝彦卿觉得这是他经历过的最有趣的比赛了。

参加未来问题解决到现在，徐上善说大家好像经历了一次"心情的颠覆"，并没有标准答案，你永远不知道你哪个步骤 get 到了点。

学会沟通解决身边问题

平时，同学们关心过身边的社区存在什么问题吗？有没有试图去改变呢？在"社区问题解决"项目中，孩子们通过创意展板，展示了他们在社区中发现的问题，并如何解决问题的真实过程。

比如，浦东新区新世界实验小学的几位同学，觉得自己学校的图书馆空间被实验室、舞蹈房、美术室等侵占了，他们针对全年级 150 位同学做了一个调研，向校方提出建议，还请了外援对学校图书馆空间进行改造，并由此引发社区图书馆的话题。

卢湾二中心小学的唐诗吟、陶奕洋和吴静怡三位同学，发现心脑血管疾病是导致老年人死亡的重要原因。他们通过在社区普及健康知识、心脑血管急救知识，希望爷爷奶奶们远离心脑血管疾病。

上理工附小的同学们做了个小调研发现，公办小学有 30％的同学参加过小五班，民办小学则有 55％，他们觉得小五班给学生和家长造成了极大的负担，希望通过调研最终取消小五班。

卢湾二中心的陶奕洋说，他们通过搜索网络和访问社区医院的医生，得到心脑血管的相关知识，通过社区物业的协助来宣传健康常识，他们还在学校的环保袋上绘制了心脑血管知识漫画。家长们觉得，这个过程让孩子们学会了如何通过和社区相关部门沟通来解决问题。（郭漪）

《青年报·学生导报》2018 年 4 月 17 日

关注本土化，注重生态链——中国教育学会在沪定向培训科创教育老师

6月4日至8日，来自西藏、新疆、广西、四川、贵州、福建、海南、安徽、江苏、浙江等地的近40位中小学老师，参加了中国教育学会科创教育发展中心承办的首批定向公益培训。

学员们通过专家的通识讲座、到中小学观摩展示课、在实践基地实训操作、进科技馆拓展视野等环节，进一步充实理念、加强体验、提升素养，收获良多。

半年多来，中国教育学会科创教育发展中心通过对广西钦州市、福建晋江市、甘肃天水市、安徽蚌埠市、贵阳南明区、成都金牛区、盐城盐都区等地教育局及学校的调研，更加坚定明晰了"关注本土化，注重生态链"的科创教育社会责任，从而促成了旨在目标精准的"定向"公益培训。中国教育学会副会长、学科创教育发展中心主任、上海市格致中学校长张志敏强调：所谓"本土化"，是指联系实际，用"接地气"方式，勇攀"制高点"的决心、智慧和措施；"生态链"，则不仅指学段、师资、课程的有机衔接，更指各地学校百花齐放、各领风采的繁荣局面。

中国教育学会常务副会长杨念鲁先生从筹备开始,就十分重视这次培训,予以诸多指导。开班后,又亲临教学课堂和实训基地把关,并高屋建瓴,提示大家:在普及高科技时,宜自觉兼顾对教育本原和教育伦理的引导,以利青少年的全面发展和健康成长。

天水市学员实训时,成功制作完成了他们的"飞天使者",满怀激情地寄望返校后,迎头赶上,冲天一跃,"努力为天水乃至甘肃的孩子们创造一个放飞梦想的平台"。

耳目手脑并用,集思广益切磋。海南等地的学员们感慨:两天实训,饱尝协作、创意、制造的乐趣,奇思妙想迸发,让自己美美地过了一次创客瘾!

来自拉萨中学的白玛次珍学员说,尽管带高三,正面临高考,但学校非常珍惜这次机会,还是派她来了,从而有幸经历了令人震撼的五天。她的心早已飞回拉萨,期待尽快同自己的学生分享收获!

在汲取先进理念、课程、技术、设备的同时,学员们也从曹光彪小学展示课中领悟:用纸、剪刀、胶水这些简单的工具,也能让学生"脑洞"大开,原来科创教育不一定完全依赖"高大上"的教具呀!在上海,这些见识和眼界深刻地影响了自己,回去后必然也会影响学生,继而学生又会影响社会。在实现理想目标之前,咱们的科创教育不能丢失这种精神。

培训期间,上海市奉贤区袁园副区长莅临现场勉励学员。同济大学设计创意学院、FABLAB实验室、"数制"工坊;上海市格致初级中学;黄浦区曹光彪小学;上海易教信息科技有限公司;商汤科技;上海科技馆等单位予以倾力合作。(柯瑞逢)

"人民网"2018年6月14日

关于上海市中小学校卫生工作先进单位与先进工作者评选结果的公示

为贯彻落实《国家中长期教育改革和发展规划纲要(2010—2020年)》和《健康中国2030规划纲要》精神,更好地宣传各学校卫生、健康教育工作的先进做法与特色经验,进一步提高学校卫生保健人员专业水平,促进学校卫生工作有序开展,在上海市教育委员会的指导下,经上海市中小学幼儿教师奖励基金会和上海市学校卫生保健协会研究决定,2018年开展"上海市中小学校卫生工作先进单位与先进工作者"评选活动。

经各区教育局推荐、2018年6月19日市级评审,评选出上海市格致中学等40家单位为上海市中小学校卫生工作先进单位,常瑛等60名个人为上海市中小学卫生先进工作者。现予以公示:

一、上海市中小学校卫生工作先进单位(40家)

1. 上海市格致中学

(后略)

《新民晚报》2018年6月21日

当教育打开通往世界的大门——专访复旦大学教授、宁波诺丁汉大学校长杨福家

人物小传·杨福家

1936年6月出生于上海,核物理学家,中国科学院院士,中央文史研究馆馆员。1958年毕业于复旦大学物理系,先后担任中国科学院上海原子核研究所所长、复旦大学校长、

中国大学校长联谊会创会会长、英国诺丁汉大学校长、宁波诺丁汉大学校长。

1978年,中国教育开放的大门渐渐开启。而杨福家,就是见证人之一。

作为新中国第一批被派往西方深造的人员,1963年,杨福家到丹麦玻尔研究所进修,为期两年。回国后,玻尔研究所不断向他发出邀请,但由于史无前例的"文革",直到1979年,他才再次踏上前往丹麦的旅程。

幸好,自此以后,杨福家走向世界的脚步再没有停歇。

2001年,杨福家担任英国诺丁汉大学校长,成为出任英国名校校长的首位中国人。2004年,杨福家又创办了中国第一所中外合作的大学——宁波诺丁汉大学。

如今,中国教育对外开放的大门已经敞开。作为中国教育从封闭一步步走向开放的亲历者,82岁的杨福家由衷说道:"开放不意味着全盘照抄。中国教育要学习西方教育之长,办出自己的特色。"

过了语言这一关,意味着从此打开了通往世界的大门

解放周末:您生平第一次出国是在1963年,作为新中国第一批去西方深造的人员到丹麦玻尔研究所进修。当时为什么会选中您?

杨福家:用上海话来说,我是"额骨头高",运气好。1962年,中苏关系破裂,邓小平同志指示说,那么我们就派人到西方去留学深造。这个决定改变了我的命运。

到西方去留学深造,需要有良好的英语基础,当时在全国范围内选了几十位同志集中到北京进行英语强化培训,复旦大学就选了我一个。我在中学、大学里学过英语,能翻译有关学术资料,但从没有开口讲过英语。

到北京后的第一堂课,由当时在北京外国语大学任教的许国璋老师对我们进行考核,他让我们每个人读一段英语,再问两句话让我们回答。考核下来,没有一个人合格。当时他说:以你们的英语水平,再学习两年能通过已经不错了。

被许老师这么一说,我们都吓傻了。怎么办?第二天上午,我和北大的陈佳洱一起散步时,两个人约定,从今以后每天散步的时候我们不讲中文,只讲英语。就这样坚持了半年,到正式考试的时候,我们两个人都通过了。后来我去了丹麦,他去了英国。

顺利地过了语言这一关,对我来说意味着从此打开了通往世界的大门,我的人生轨迹发生了重大的改变。

解放周末:玻尔研究所是当时国际物理学的三大研究中心之一,被许多物理学家誉为"物理学界的朝拜圣地",当时它给了您怎样的震撼?

杨福家:玻尔研究所是哥本哈根大学的一个独立的研究所,当时由物理学家小玻尔主持。我到达哥本哈根时,到机场迎接我们的布朗教授把我们直接带到研究所,不是先报到,而是先来到一间教室,参加周五例行的学术讨论会,当时讨论的氛围非常热烈。让我感到惊讶的是,在这里每个人都是平等的,鼓励任何人发表自己的观点,大胆地提出任何问题。这和我原来所在的大学完全不一样,当时在复旦,大教授给学生上课,学生有问题一般只敢问助教。

研究所里的午餐给我的印象最深刻,不是因为午餐的味道怎么样,而是因为每次午餐的时候总是大家讨论问题最热烈的时刻。一般吃一顿午餐要花2个小时左右,我在玻尔研究所里的很多朋友都是一边吃午餐一边讨论问题时结交的。这就是所谓的"哥本哈根精神"——平等、自由讨论和相互紧密合作的浓厚学术气氛,没有什么人高高在上。

解放周末:研究所的同事对您的态度怎么样?

杨福家:我刚到丹麦的时候,发现外国人对中国非常不了解,认为中国很落后。通过交谈,他们逐步了解了中国,很多人表示希望到中国去看一看。

第一年,我和一位丹麦同事合作搞研究,做出了一些成果。当时研究所一共有80位研究员,其中60位都来自国外。第二年有一个美国人加入了我们的研究小组,最后要发表论文时,我请示大使馆,大使馆认为我和美国人一起署名不妥当,于是最后的论文我没有署名。这个美国人感到非常惊讶,也很不好意思。后来我才知道他在美国武器实验室工作,很多年以后他还邀请我去美国参观了他们的实验室。我在国外的朋友就是这样越来越多的,而我也一步步走向了更大的国际舞台。

解放周末:后来您是否回过玻尔研究所?

杨福家:1979年,我又访问了玻尔研究所,那是"文革"后破天荒的第一次。"文革"期间,玻尔研究所邀请过我好几次,都没有成行。1978年以后对外开放了,我先是一个人去了丹麦,后来玻尔研究所又邀请我的夫人一起去,领导也同意了。我还记得当时我和夫人第一次一起出国,复旦大学的副校长亲自去机场送我们。再后来,出国这件事就变得习以为常了。

在华盛顿的总统早餐会上,我第一次听克林顿提到"知识经济"

解放周末:在玻尔研究所的科研经历对于您日后从事的教育工作,带来了哪些影响?

杨福家:我回到复旦大学给学生上核物理课,上课的时候也积极鼓励学生提问题,但是课堂上几乎没人举手,我只好让学生在课后以书面形式向我提问。后来我当了复旦大学校长,积极倡导"给青年人以机会""名教授上基础课计划"等等,也都是因为这段经历带给我的启发。

解放周末:您于1993年1月开始担任复旦大学校长,上任后不久就狠抓考试作弊问题,实行了"谁作弊谁退学"的制度。为什么会花那么大力气去做这件事?

杨福家:上世纪80年代初,一名复旦毕业生向美国哥伦比亚大学递交申请书时,伪造了一位教授的推荐信。这件事被揭露后,每年复旦大学都会接到不少外国大学要求核实学生推荐信和成绩单的信件,经我手的就有10封左右。复旦要创立一流大学,如果还有学生在作弊,这算是什么学风?所以我要把这件事作为大事来抓。我想,小打小闹是禁不了的,于是发布了规定:谁作弊谁就退学!当年,就有30多名学生因为作弊被勒令退学,其中有一名学生来自我的母校格致中学,我也毫不留情按规定要求他退学。就这样,一下子把作弊的风气给止住了。

解放周末:另一件引起广泛关注的事情,是您对"知识经济"这个概念的引入,能介绍一下这件事的来龙去脉吗?

杨福家:我在丹麦认识了很多朋友,有一些是美国朋友,其中有一位请我去华盛顿参加一年一度的总统早餐会。被邀请参加总统早餐会,是一件很荣幸的事情,那一天总统会接见与会者,还会做即兴演讲。1997年,在华盛顿的总统早餐会上,克林顿总统在演讲中提到"知识经济"这个词,我听了之后觉得这是个非常重要的概念。回国之后,我找了很多这方面的材料,写了《关于知识经济》这篇文章,刊登于《人民日报》《光明日报》《解放日报》等报刊上。这是我一生中被引用次数最多的一篇文章,当时江泽民同志还做了两次批示。

这是一个影响世界大局的重要观点,我们进入了一个新的历史时期——知识经济时代,它与以往的历史时期完全不同。以前的时代,劳动力是第一生产力,但在知识经济时代,知识可以转化为生产力,所以要对知识充分重视。知识经济的一大特征就是"千变万化",所以我提出,像复旦大学这样的重点大学,必须把素质教育与通才教育放在学生培养的首要位置,否则,我们的学生很难适应瞬息万变的知识经济时代。

中国人竟然在这所英国有名的大学当校长,这是前所未有的事

解放周末:您从2000年至2012年一直担任英国诺丁汉大学的校长,为什么英国人会打破惯例请一位中国人当校长?

杨福家:经济的全球化,会加快教育融入国际发展潮流的趋势,诺丁汉大学敢于邀请外国人当校长,也是他们走向国际化的一个措施吧。他们当时的校长柯林很有远见,他认为单单靠英国人办学是不够的,所以一直在国外物色校长人选。

我是怎么引起他们的注意的呢?因为中国教育越来越开放,所以给了我很多机会。1996年,我第一次参加国际大学校长协会的会议,这个协会已经成立30多年,但在执行理事会里一直没有中国大陆的代表。我事先做了充分的准备,于是被选入执行理事会。正是作为执行理事,我后来参加了多次国际会议,还带领校长代表团访问了英国。

在多次接触后,我和诺丁汉大学的校长成了好朋友,我们在教育观点上有很多共识,所以在我卸任复旦大学校长后不久,他就向我发出了邀请。我很快答应了,因为我认为这是一个深入了解英国教育的好机会,我希望真正了解他们的教育体制是怎样的、学校是怎么运转的,这是普通的访问所无法了解到的。

在英国历史上,皇家特许的大学校长大多是由王室人员担任,有很高的地位,诺丁汉大学打破了这个传统,可以说是迈出了勇敢的一步。中国人竟然在这所英国有名的大学当校长,这是前所未有的事。

解放周末:担任诺丁汉大学校长,您印象最深刻的是什么?

杨福家:我的一项主要工作就是出席毕业典礼。我每年要参加学校里不同院系的16场毕业典礼。他们的毕业典礼和我们不一样,原来我在复旦大学当校长的时候,是让学生代表上台来把毕业证书成捆地领回去,再发给每个学生,对此我感到很惭愧,觉得对不起学生。在英国,校长必须穿上正式的服装,戴上全校唯一一顶金边帽子,亲自把毕业证书交到每个学生的手里,以示对学生的尊重。每一次,当我坐在台上主持毕业典礼时,我的心情都非常激动。

解放周末:在任职期间,您感受到中外大学教育有什么不同?怎样的大学才是真正的世界一流大学?

杨福家:第一,体制不同;第二,他们的教育绝对是把学生放在第一位。我们的教育基本是以教师为主导的,而英国学校几乎所有的工作都是围绕学生开展的,学生有任何要求,有任何不满意,只要合情合理,学校都会尽量满足或者改正。

在我们的大学里,教师一般是上大班课,讲完课就走了,学生很少和老师互动;但英国学校不是这样,他们的老师会花很多时间和学生在一起,随时随地帮助学生解决学习中遇到的问题。

我认为,看一所大学是不是真正的一流大学,有这样两条标准:一条是,学生在大学毕业后,是否会得出"这所学校改变了我的一生"这个结论;另一条是,大学是否能给教师足够的空间让他们安心做学问。这是我走访了很多国外一流大学后逐渐认识到的。

如果是出于赚钱的目的,那肯定是办不好大学的

解放周末:2004年9月17日,宁波诺丁汉大学正式成立。作为中国第一所中外合作的大学,它的筹备过程仅用了20个月,这背后有着怎样的故事?

杨福家:我一边在诺丁汉大学做校长,一边总想着要为自己的国家做点事情,于是开始打听中外合作办学的消息。2003年3月,中国教育部发布了《中外合作办学条例》,"鼓励在高等教育、职业教育领域开展中外合作办学"。在得到英国方面的支持后,我们开始和宁波万里教育集团一起筹建宁波诺丁汉大学。

筹建大学的过程非常顺利,虽然当时在中国已经有了一些中外合作的高等教育机构,但由国外大学独立进行教学计划的中外合作大学,宁波诺丁汉大学是第一所。

解放周末:这所大学与中国的其他大学有什么不同?

杨福家:我们第一批招生一共招了254名学生。第一次上课我去听课,按照老师的要求,把大教室一分为三。一位来自英国的老教授走进教室,每张桌子前坐着5个学生,一共有15个学生上课。老教授讲了10多分钟课后,就下来走到桌子旁,蹲在那里和学生们展开讨论。他鼓励每个人参与讨论,不管答案正确与否;他还鼓励每个学生提出自己的问题,什么问题都可以提。

与一般的中国大学不同,宁波诺丁汉大学是以小班课为主,即使大教授上的也是小班课。过了一段时间以后,很多学生说:"这个学校改变了我。"因为这个学校让他们开始思考,开始提问题。

此外,在宁波诺丁汉大学,学生可以自己组织社团,开展各种活动,老师只负责提供各种帮助,比如提供经费,安排学生走出校门到农村、工厂去参加社会实践,这是培养学生各种能力所不可缺少的。

解放周末:目前在中国,中外合作的大学越来越多,您觉得要办好这类大学关键在于什么?

杨福家:关键在于办学者的理念,办学首先要懂教育,而不是为了赚钱。如果有些中外合作的大学是出于赚钱的目的,那肯定是办不好大学的。

中国教育应该学习西方教育之所长,办出自己的特色来

解放周末:您更喜欢做一名物理学家还是更喜欢当校长?

杨福家:我的人生以1991年为界分成两段:在1991年之前,我的主要精力在搞科研上;1991年之后,我主要做教育工作。我觉得这两个工作我都喜欢。我的人生哲学是追求卓越,要么不做事,要么就把事情做到最好。

解放周末:经历了从封闭走向开放的40年,您觉得中国高等教育有了什么样的改变?

杨福家:和先进国家的接轨更明显,国内外交流更频繁,我们的高等教育工作者也越来越自信。

解放周末：有学者指出，"教育与国际接轨"这个说法值得反思，因为每个国家的教育都是根据自己的环境和条件发展起来的，并不是与"国际接轨"的结果。您对这个问题怎么看？

杨福家：教育与国际接轨，其实是说中国教育应该向国际上的先进做法学习，而不是说，与国际接轨就是全盘照抄西方教育，要把中国教育搞得和西方教育完全一样。事实上，即使你想完全拷贝西方的教育模式，也是不可能实现的，哈佛大学就是哈佛大学，它有自己的特色，你拷贝是拷贝不来的。中国教育应该学习西方教育之所长，办出自己的特色来。每个学校都应该发展自己的特长，都应该形成自己的特色。

解放周末：您认为我们真正应该向西方教育取的"经"是什么？

杨福家：美国有一批非常优秀的本科院校，有人把它们称为"文理学院"，但我认为应该称作"博雅学院"更合适。这些院校所遵循的"博雅教育"理念，正是西方教育的精华所在。"博"，是指文理融合，学科交叉，在广博的基础上求深度。学生不要把自己限在很窄的范围里，文理科要结合。"雅"，是指"做人第一，修业第二"，世界上几乎所有的一流大学都把这八个字放在首要位置上。我认为这才是我们应该真正向西方教育学习的地方。

解放周末：您对中国未来的高等教育有哪些建议？

杨福家：我认为，要办好高等院校，一定要选好大学校长。现在一些有名的大学校长非院士不能担任，在许多国家上并没有这种现象。校长是校长，院士是院士，院士和校长完全是两个概念，没有必要一定选院士来当校长。此外，中国的大学校长一般任期为5年，而美国著名的、做出较大贡献的校长，一般都任期长达20年以上，所以从学校长远建设的角度来说，可以适当延长大学校长的任期。（本报记者徐蓓）

《解放日报》2018年6月29日

走进城市之心——南京东路街区的百年变迁

（前略）

西学东渐中的名人与名校

格致中学前身为"格致书院"，系晚清重臣李鸿章、英国驻沪领事麦华佗等倡办，旨在使国人"便于考察西国格致之学、工艺之法、制造之理"。这所中西合办的学府是近代中国最早系统传播自然科学知识、培养科技人才的新型学堂之一。格致书院初创时的中流砥柱徐寿、傅兰雅、华蘅芳、伟烈亚力、徐建寅、赵元益等，也是中国洋务运动摇篮之一的江南制造局及其翻译局的核心人物。他们各领学科风骚，精通机械研制、传世科技译著。如此触类旁通、多元建树的精英汇集，奠定了"格致教育"经世致用的实学根脉。其后，王韬、傅兰雅等人对书院课程设置、考试方式与内容的革故鼎新，更清晰反映了书院联系实际、探索社会转型的济世心态和求学轨迹。格致书院中西方董事的长期通力合作，不仅推动了院务的理想运作，更为中西方的文化通融树立了典范。

格致书院1913年移交公共租界工部局，改名华童公学。1916年迁至现址（广西北路66号），建新校舍改名工部局局立格致公学。1937年改为上海特别市市立格致中学。1949年5月上海解放，改名格致中学。（记者吴赛华整理报道）

《新民晚报·家庭周刊》2018年8月8日

寻找全国最会提问的中小学生　本报参与协办第二届中国学生好问题征集评选

【本报讯】今天,你是善于提问的"好奇宝宝";明天,或许便会成长为科创中心建设的"生力军"。由上海市教育学会、上海开放大学指导,上海市电化教育馆牵头主办,中国教育学会科创教育发展中心、上海市科技艺术教育中心联合主办,新民晚报、上海教育报刊总社、中国教育技术协会创客教育专委会、网龙华渔教育等单位协办,全国近10个省市百万青少年参与的第二届中国学生好问题征集评选活动日前在格致中学启动。

"我们要让学生从单一接收式的学习,转变成探究式学习。"中国教育学会副会长、上海市教育学会会长尹后庆认为,要把创新、研究、问题解决的素养,植根于教育之中。在上海教育学会副会长、上海市格致中学校长张志敏眼中,当学生能把老师问倒的时候,教育就成功了一半。"学生走出校园,不能只会做题,更要做事。"张志敏说。这一活动正是为了鼓励学生对客观事物、对社会生活保持好奇心,深入探究,激发学生的求知欲望和创新能力,塑造敢于质疑、勇于探索、大胆求证的批判思维和科学素养。

本届活动将主要从科学价值、学术逻辑、新颖性和原创性等方面进行考量。活动分设了小学、初中、高中三学段赛组的"好问题千人计划奖",优胜者将有机会前往美国参加瑞典皇家科学院主办的国际分子前沿提问大奖赛(MFIP)。该活动面向全球18岁以下学生征集具有创新性的科学问题,由诺贝尔奖得主在内的科学家团队评选出10个最佳问题,今年将在美国麻省理工学院举行颁奖典礼。

与此同时,第二届中国学生好问题奖研金也从上一届的10万元升级至50万元,用于开展好问题研学旅行和支持全国更多的中小学生敢于提出问题、乐于探索分析、大胆实践求证,积极开展科学探究活动。据悉,本次活动组建了一个由教育界、科学界多位专家组成的专家库,将为参赛学生提供专业指导和建议。(后略)(记者陆梓华)

《新民晚报》2018年9月3日

各位同学上课了!今天我们来学习人工智能——全球第一本面向高中生的人工智能教材走进沪上多所实验学校,进一步推广还需迈过多道坎

(前略)

2. 高中开课意义何在　属启蒙教育,为大学学习提供方向

人工智能课程的第一课,确实"好玩",但之后的课程也让不少学生感到有难度,听完"似懂非懂"。"人工智能是教育的前沿热门,更是未来方向,虽然人工智能课程涉及到一些高深的数学知识,但这些理论学习并不是教学的主要目的,并非为了攻克人工智能的核心技术,而是想让学生掌握人工智能的原理,为了给学生构建面向未来人工智能社会的一种基本认识,让他们对社会发展的方向和趋势有一个整体把握,更好地为未来做好准备。"市西中学副校长林勤说。

上海交通大学附属中学信息技术教师胡志洪认为,对于绝大多数学生而言,高中阶段的学习,应该是人工智能的"启蒙阶段",比如对于"什么是人工智能"有一个大概的了解、体验,并且理解和掌握相关的基础知识。如今,对于人脸识别、图像识别,很多学生已经接触,并且简单了解了其中的原理。

格致中学物理老师徐正一也认为,高中阶段的人工智能学习,最主要的目标是让学

生了解相关原理、掌握基本知识。"这对于很多即将踏入大学的高中生而言,对人工智能有了初步的了解和兴趣,将为他们进入大学选择相关专业提供方向。"他认为,其实和目前学校内很多科创竞赛一样,随着人工智能课程普及,也会有一批在这方面有天赋的孩子可以参与比赛,做些人工智能的成品。

盲人进入电梯后,如何准确揿下电梯里的楼层按钮?其实,早在去年,市西中学高二研究型课程课题研究时,就有学生提出了"盲人在电梯中准确揿下楼层按钮的方案设计",这是一个典型的人工智能方案。在林勤看来,学生所设想的语音方案和腕表方案,都是利用人工智能技术来设计的,这也说明,学生在自己的学习生活中,已经开始接触并对人工智能技术有了学习需求。还有些高二学生已学完了深度学习、深度神经网络、Python语言编程等人工智能相关内容,并且加载到机器人的运行中。"基础教育就应该为他们提供必要的资源和课程,这既是教育面向现代化,教育与科技发展、社会发展接轨的具体表现,也是教育走向个性化、促进学生个性发展的具体措施。"林勤说。

开设人工智能课程,为高中生打造了面向未来的智慧学习环境,探索了一种崭新的学习方式。下一步,市西中学打算分步走:在广泛开展包括讲座、文化旅游在内的人工智能科普活动,普及提高学生对人工智能的认识之外,开展课程学习和实验室同步建设,通过开设人工智能的拓展型、研究型课程,让学生从基本的对人工智能原理、模块功能了解开始,逐步进入语言和算法的学习,进一步建设与人工智能课堂配套的实验室,从而探索人工智能的学校教育管理。

(后略)(许沁 龚洁芸)

《解放日报》2018年9月19日

2019 年

麦新：《大刀进行曲》创作者

【新华社上海4月22日电】"大刀向鬼子们的头上砍去,全国武装的弟兄们,抗战的一天来到了,抗战的一天来到了!"82年前,这首慷慨激昂、震撼人心的《大刀进行曲》在抗日烽火中诞生,它的词曲作者就是麦新。

麦新,原名孙培元,曾用名孙默心、铁克,1914年12月出生于上海,1929年考入上海美商开办的"美亚保险公司"当练习生,后转为职员。1931年"九一八"事变后,开始参加抗日救亡运动。

麦新爱好音乐,积极参加上海抗日救亡团体"民众歌咏会"的演唱活动和进步音乐组织,向群众教唱聂耳的《开路先锋》《义勇军进行曲》和冼星海的《救国军歌》《打回老家去》等抗日救亡歌曲。

1936年8月下旬,麦新创作的处女作《九一八纪念歌》经冼星海谱曲,很快传遍上海。此后,他还创作了《牺牲已到最后关头》《保卫马德里》《只怕不抵抗》等著名作品。

1937年7月7日,日本帝国主义制造卢沟桥事变,发动了全面侵华战争。卢沟桥事变的第二天,中国共产党通电全国,号召全国人民、军队和政府团结起来,筑成民族统一战线的坚固长城,抵抗日本的侵略,驱逐日本侵略者出中国。同时,驻守卢沟桥的国民党第29军大刀队英勇杀敌的捷报不断传来。麦新热血沸腾,彻夜不眠,于8月8日创作了《大刀进行曲》这首不朽的时代战歌。这首时代战歌一经诞生,就如疾风闪电,迅速传遍了大江南北、城镇乡村、前线后方,成为振奋民族精神、争取民族解放的号角。

1937年9月,麦新参加中共上海地下党组建的"战地服务队",开赴前线参加抗日。1938年1月,加入中国共产党。1940年10月,经周恩来批准,麦新奔赴延安,任"鲁迅艺术学院"音乐系党支部书记,参加了著名的大生产运动、整风运动及延安文艺座谈会。

抗战胜利后,1945年8月,麦新随大批干部奔赴东北。1946年2月,调内蒙古科尔沁草原哲里木盟开鲁县工作,先后任宣传部部长、组织部部长,参加领导当地的土改运动和武装斗争。其间,创作了一批反映时代要求的革命歌曲。1947年6月6日,麦新在执行任务途中遭匪徒袭击,壮烈牺牲,年仅33岁。

如今,在上海格致中学,学生们对麦新这位老校友充满敬仰,当《大刀进行曲》的合唱声响彻校园,当年抗日救亡的豪情壮志与新时代年轻人的蓬勃朝气在时空里碰撞。格致中学格致文化研究室主任柯瑞逢告诉记者,学校设有"麦新杯",作为艺术类奖项鼓励学

生传承麦新炽热的爱国情怀和坚韧的品格。（郭敬丹、吴振东）

《光明日报（数字报）》2019年4月23日

上海公办初中强校工程效果初显

（前略）

为打造实验校的强师队伍，各区通过优质引进、学校培育等途径，实现128所都有1名市级名校长（含培养对象）、2名名师（含培养对象），每所学校不少于5%的教师入选上海市第四期"名校长名师培养工程"种子计划。计划入选人、曹杨二中校长王洋告诉记者，他每周至少有一半时间在兴陇中学，把这所实验校真正当成自己的学校，兴陇中学经过多方助力、自身努力，在区域初中已崭露头角。

除了师资力量提升，各区还因地制宜，采取市和区实验性示范性高中、优质品牌公办初中、优质民办初中、区教育学院等优质资源进行整体带动提升。黄浦区教育局局长姚晓红告诉记者，在黄浦，5所实验校都有至少一所市实验性示范性高中和一所优质初中共同支持带动，比如格致中学利用慕课平台为应昌期围棋学校提供线上线下课程资源，将大别山社会实践活动拓展到实验校学生；向明中学向金陵中学、清华中学辐射科技创新课程，派驻优秀带教教师，辅导学生创新活动等。此外，为推进强校工程向纵深发展，市教委和各区也在不断完善支撑服务体系，确保取得实效。（郭娜）

《劳动报（数字报）》2019年4月25日

汪品先：海洋与创新，风雨七十年

【人物档案】

汪品先，祖籍江苏苏州，1936年11月出生。我国著名的海洋地质学家，同济大学海洋与地球科学学院教授、中国科学院院士。

1960年，汪品先毕业于莫斯科大学地质系。回国后，他先后在华东师范大学和同济大学任教，历任同济大学海洋地质研究所副所长、海洋地质系主任、海洋地质教育部重点实验室主任。现任同济大学海洋与地球科学学院教授。1991年，他当选为中国科学院院士（学部委员）。

几十年来，汪品先努力推进中国的深海科学研究。1999年春担任首席科学家，在南海主持了中国海区首次国际大洋深海科学钻探（ODP 184航次）。2006年起，成功推进我国海底观测系统的建立，由他指导的团队建立了中国第一个海底观测试验站。2011年起，汪品先任国家"南海深部计划"指导专家组组长，使之成功发展成为我国最大的深海基础研究计划。

"我这辈子最想捕的'大鱼'，终于捕到了！"当记者再一次来到汪品先院士的办公室，他兴奋地告诉记者，他和同事们正在为成果发表做准备，"这可能会成为我此生最重要的论文"。

这条"大鱼"就是历时八年的"南海深部计划"终于有了系统性成果。"我们终于可以说：南海不是小大西洋！"汪品先说，通过这八年的研究，他的团队将提出一些新的理论框架，对中国南海的形成、对全球气候的演变，发表新的见解。

汪品先的眼中闪着欣慰、快乐的光芒。上一次见到他这样的眼神，是2018年的5月。当时他刚乘南海科考船返回，那次他实现了一个长达40年的心愿：乘坐载人深潜器，下潜到了1400多米的海底，真切看到了海底世界的模样。走出我国自主研发的载人深潜器"深海勇士"，汪品先感叹："我感觉自己好像爱丽丝，刚从仙境漫游回来！"

而在此之前，每次采访汪品先，总觉得他心中埋藏着很多忧虑：我国的海洋科学落后于国外；缺少自己的大洋钻探船、深潜器……

"一直到现在，我仍然觉得自己的人生还在走向未来，还有很多事没有做完。"这位敢于针砭时弊的院士，直到83岁仍葆有着一颗赤子般的心灵，充满好奇、追求真善美，又知足常乐。他说："站在现在的角度往回看，我对自己的人生很满意！"

"这本书如果浓缩到底，那就只剩下四个字：'深海'和'创新'。"这句话出自汪品先为《瀛海探径——汪品先科学人文随笔》一书所撰写的前言。这四个字也正是他几十年倾注心血最多、投入思索最多的所在。

"我出生在上海，从小见过侵华日军的凶残蛮横，因此懂得国家强盛、和平安定的价值。"汪品先说，懂得珍惜、愿意付出，是时代与经历给他们这一代人所带上的烙印。从早期研究海洋微体古生物化石，到跻身国际大洋钻探计划，再到推动中国建设海底观测网、实施中国的"南海深部计划"，汪品先戏称自己的视野"从显微镜底下，一路放大到了全球"。

庆幸遇上最好的时代

作为1936年出生在老西门、成长在六合路的"老上海"，汪品先的童年记忆里有着苦难的深深烙印。在他只有八个月大时，父亲因逃难而亡故，母亲拖着他们兄弟三人清贫度日。汪品先上小学的时候，附近的慕尔堂是日本兵的营部，教堂门口有日本宪兵扛着枪把守，行人走过一定不能将两手插在裤兜里，不然就可能"挨枪子儿"。直到今天，他依然没有将手插裤兜的习惯。

"我是三兄弟中最小的一个。1949年，我和二哥都在格致中学上学，他高我两个年级，解放前就接触地下组织，时不时用报纸裹着进步书籍拿回家看，一解放就准备瞒着家里与同学一起'南下'当兵，没有成行就得了伤寒去世。"汪品先说，那是他第一次懂得人是会死的。

在格致中学的六年，对汪品先的影响很大。今年是格致中学建校145周年，汪品先应母校之邀，为母校迎新中国成立70周年的文集撰写序言。他这样写道："现在的同学，大概很难想象上世纪50年代初期母校师生那种热血沸腾的心情。在当时的革命巨浪里，同学们把进课堂学习和上前线参军，同样看成是投身宏伟事业的实际行动。"

直到中学毕业，汪品先和同学们总是抱着这种热情努力学习、参加社会工作。如何报效国家，就是当时学习的目标。上世纪50年代，地质找矿是国家的突出需求，加上格致中学解放后的第一任校长陈尔寿曾聘来一批造诣很深的地理学家给学生上课，燃起了青年人对地球科学的热情。因此，包括汪品先在内的不少学生，后来成了地质学家。

而当时的语文老师许志行，又为汪品先在独立思考上打下基础。还在解放之前，许志行就组织学生展开辩论，第一场辩论的题目就叫"要辩论还是不要辩论"，是当时教育界里的空谷足音。

这种独立思考的习惯与能力,使汪品先一生受益。但凡与汪品先接触过的人,都会为他清晰的逻辑思维、充满热情与活力的言语而折服。

"可能没有哪一代人,会经历像我们这一代这么多的风雨飘摇与回转往复。如果不能独立思考,只是盲从,分不清什么是对、什么是错,真的很容易迷失自我,找不到自己的方向。"这是汪品先从自己在莫斯科大学留学的经历,以及后来的起起伏伏中,所体悟到的。正因为此,他才没有只埋首于学术,而是更关注于为破除种种时弊、为创新文化而奔走呐喊。

1953年,中学毕业的汪品先被选送到北京留苏预备部学习。与许多老解放区来的同学相比,从上海"十里洋场"来的汪品先,总带着一种"原罪感",真诚地想改造自己,其中一个重点就是批判个人主义。1959年,在莫斯科大学留学的最后一年,汪品先参加毕业实习,跟随老师一起翻过高加索山脉进行地质考察。但是当下到海边的时候雨后路滑,他们的汽车失控翻车。事后汪品先深感内疚,因为"当我醒来后,我的第一个念头是'我还活着!'"他感觉自己的想法那么自私:为什么不是首先想到要救别人?这就是个人主义!他说,直到过了很多年,他才改变了想法,认为求生本能的反应并没有错。

"我们这代人的经历,现在的青年很难理解。"他说,"比如,思想上不自然的苛求是不真实的,因而也是误导的。"

在这个世界上,容易迷惑人的表象很多,要拥有真正让内心顺服的理念,必须通过独立思考,看清未来的方向,义无反顾地坚持下去。"我是幸运的。"汪品先说,"尽管经历了几十年的风浪,无论从我工作的单位,学术界的同行,以至于自己的家庭,都能得到理解和支持,这就是幸福。"

自从在留苏预备部遇到了当时的班长孙湘君,汪品先就认准了她这个人生伴侣。哪怕曾经恋爱关系切断,哪怕为了海洋事业长期分居,这对科学伉俪始终相互扶持守候。"当我们终于结束了长达30年的分居,生活在一起时,发现彼此之间居然依旧十分默契,我真的觉得老天对我太好了!"汪品先说到这里时,禁不住欢快地笑出了声。

在同济大学海洋与地球科学学院的三楼,汪品先与夫人的办公室相邻,有一扇小门相通。平时,两口子一起去学校的食堂吃饭,食堂大叔总会将他们领到队伍的最前面,让这对八旬老人先打上饭菜——这可是校领导都没有的待遇。

深海大洋的无尽探索

1991年就当选为中国科学院院士(时称学部委员),可汪品先却认为,直到1999年,自己的业务方向才算确立。"当登上国际大洋钻探船时,我感到自己终于找到了真正的人生方向。"

其实,汪品先在莫斯科大学学的并不是海洋,而是地质学里的古生物化石。从苏联留学归国后,汪品先来到华东师范大学地理系,加入筹备中的"海洋地质系"。上世纪50年代末"全民找矿"的热潮兴起,上海也准备在海上找矿,但那时连陆上出差都困难,遑论海洋!

多年以后,国家在上海设立"627工程"准备东海、黄海的石油勘探,方才出现了机会。在1969年"文革"下乡期间,汪品先与几位同事起草的建立海洋地质系的建议,很快被采纳。1970年,华东师范大学开始招收海洋地质系本科生。1972年,当时的国家计划委员会地质局一份通知,将该系转到同济大学,与同济的水文地质专业合并到"地下工程系",于1975年正式挂牌成立海洋地质系。

在那个国民经济百废待兴的年代,学校连一条小舢板都没有!怎么去海里找石油?汪品先回忆,靠一些出海的船只带回黄海海底的泥巴,他带着学生用吃饭的大搪瓷碗将泥巴泡开,然后在厕所的自来水龙头下淘洗,再在一台勉强可用的显微镜下观察——就这样开始了向海洋科学"进军"的第一步。

"我最感到幸运的是,'文革'结束后,我成为同济大学最早出国的老师。"汪品先说,1978年9月跟随当时石油部科技代表团出访美国和法国,使他顿然开了眼界,一股"中国要跻身世界海洋科研"的愿望,在心头勃然而生,历久弥坚。

上世纪80年代,世界强国之间的海洋之争已初现端倪,海洋科技的较量也已开始。汪品先看在眼里,急在心里:国外大石油公司、名牌大学都在研究海洋、勘探海洋,然而我国连一点信息都不曾得知,当时国内对海洋的认识,还停留在"舟楫之便,渔盐之利"的传统思路上。

就在那次出访时,有一位法国专家在饭桌上向汪品先介绍乘坐载人深潜器潜入地中海海底的经历:"漂亮极了,到处都是海百合,安静得没有一点声音。"套用一句90后的流行说法,这位教授成功在汪品先心里"种"了"草"。直到40年后的2018年,汪品先才如愿以偿。

1981年,汪品先获得洪堡奖学金去德国基尔大学深造,那里正是德国的海洋中心。回顾起来,也许是命运使然:"文革"之后,汪品先得到了进军海洋的各种机遇,在国内外开创了海洋地质的合作交流。1977年,他应邀去海南岛参加南海第一口探井"莺1井"的地层分析,从此和南海石油勘探长期合作;1980和1984年,在同济先后举办了碳酸盐和古海洋学的国际讲习班;1988年,"第一届亚洲海洋地质大会"在同济召开。种种进展,都为同济的进一步发展准备了前提。

此后几年里,担任全国人大代表、当选学部委员、建立海洋地质教育部重点实验室……汪品先在忙碌中开始反思:为何我国的海洋地质科研看起来干得轰轰烈烈,却难以获得国际学术界的关注?

"过去,我们的科研属于劳动密集型工作,没有独特的、新颖的科学见解,怎么可能真正赢得关注与尊重?"于是,汪品先在分析了国际海洋科学的前沿动态后,决定将科研方向从近海转向深海。

机遇来了!始于上世纪60年代的"深海钻探计划"于1985年结束了,而新的"大洋钻探计划"开始了。中国科学家一定要介入!尽管那是一个"富人俱乐部",每年要支付数以百万计的美元才能成为会员国——这在30年前的中国无异于天文数字。随着改革开放的进程,1997年国务院批准参加国际大洋钻探;同年,由汪品先执笔的南海钻探建议书,在国际评比中以第一名的成绩脱颖而出。1999年2月,汪品先作为南海航次的两位首席科学家之一,登上钻探船。

"当钻探船从澳大利亚西部启航驶向南海时,我在甲板上感慨万千,感到自己终于成为名副其实的海洋地质学家。"汪品先在一篇文章中写道:"从长江口起步,到实现大洋钻探的深海探索,我个人经历了30多年……两个月的南海大洋钻探,取上了5 000多米质量空前的深海岩芯,提供了3 000多万年来环境变迁的连续记录……"

就在大洋钻探取得丰硕成果的同时,我国的海洋事业也在蓬勃发展:海洋科考船陆续兴建、7 000米载人深潜器"蛟龙号"启动研制、海上钻井平台不断发展……2011年,在大量前期铺垫之下,国家"南海深部计划"终于启动,汪品先任指导专家组组长。此时,同济也涌现出翦知湣、周怀阳等一批中青年科学家,他们已挑起了科考的大梁。

2012年,汪品先在接受记者采访时说:"我要去南海抓一条'大鱼'!"现在,这条"大鱼"终于抓到了。大洋钻探的成果,证明南海的形成是西太平洋俯冲带的产物,大西洋建立起来的成因模式并不适用,"南海不是个小大西洋"!

"我们终于用自己获得的海洋地质样品数据,形成了自己的新观点,挑战传统的认识。"他说,过去很多理论往往以欧洲、北半球为中心,但从很多新的证据来看,可能很多理论并不一定站得住脚,"是时候提出中国科学家的理论和观点了"。

不停歇的创新脚步

从无道路处开出一条道路,从来没有一路顺遂的。每一步前进,汪品先总会遇到或大或小的阻力。他就似一个永远奔跑在最前面的人,不断回头招呼大家赶快向前去。

很多科学家,乃至院士,很少愿意面对公众,更不愿意面对媒体。即使接受采访,也极不愿意谈出超出本人成果的话题。但汪品先是个例外,他愿意发表自己的观点,愿意引起争论与共鸣。其实,他并不想成为"网红",只是希望通过自己一记记的"重锤",为中国科研的发展,破除一些思想观念上的禁锢,纠正一些谬误,让开拓创新之路上的后来者,可以少一些障碍。

"科学界应检讨院士制度""汉语应成为科学语言""治理科学界的精神环境污染"……每次,汪品先都用逻辑清晰、旁征博引的优美文章,来有力地表达自己的观点。

2011年、2014年,汪品先两次与本报合作,共同发起"创新障碍在哪里""如何重建创新文化的自信心"的大讨论,在知识界引起了强烈反响。

"我建议在科技快速前进中勒马反思:我们发展科技的途径,是不是过于偏重了物质,疏忽了精神?""能不能找到一种途径,既能提高英语使用水平、加强我国科学的国际化,又能推进汉语在科学创新中的作用,逐步使汉语成为英语之外,也具有创新功能的语言工具"……至今,汪品先仍忧心不已。

投身科学,第一层次是好奇心驱动,第二层次是成就感驱动,第三层次才是名利心驱动。他一直认为,海洋也代表着一种文化属性。他希望,中国文化可以吸纳更多有利创新的元素,"我总感觉希望在未来"。

【记者手记】深海情深,赤子之心

2012年,记者曾经以《中国版"老人与海"》为题,报道过汪先生的学术思想与经历。他的那种锲而不舍,那种"天下兴亡,匹夫有责"的担当感,以及知识分子忧国忧民的情怀,通过他富有感染力的声音与文字的表达,令人深切感受到"那一代人"的精神特质。

诚如汪品先自己所言,经历过历史风云变幻,他们这一代人更懂得珍惜,更懂得奉献,对个人利益考虑没那么多。

是的,早在1991年就当选院士的他,至今衣着朴素,经常步行、骑车去办公室。有一年夏天,他还因一辆轿车在校园里的不文明现象,发公开信谴责。认真,执着,疾恶如仇,他始终葆有着一颗纯真的赤子之心。

从国门初启时对海洋的懵懂,到"海洋强国"战略的实施,汪品先的人生轨迹与中国的海洋事业交叠在一起,带给年轻一代以价值观的启示:个人的命运,与国家的命运紧密相连。每个人都全心推动祖国的发展,会让国家更加昌盛富强;唯有祖国的不断前行,才能使个人不断看到未来发展的希望。(本报首席记者许琦敏)

《文汇报》2019 年 5 月 5 日

00 后包场　期待"满格想象力"——上海代表团出征 DI 全球总决赛,21 支队伍创新高

千奇百怪的赛题,等待着全球青少年的锦囊妙计。上海的"DI 小达人"已经准备好了!一年一度的 DI 创新思维全球总决赛即将于当地时间 5 月 22 日至 25 日在美国密苏里州堪萨斯城举行。5 月 21 日,由 21 支队伍、186 人组成的上海代表团正式飞赴美国赛场,他们将和中国区其他参赛队伍一起,展现中国青少年的创意与梦想。

(中略)

课程孵化,涌现更多参赛队

此前参加 DI 全球总决赛,上海代表团展现出了雄厚的实力,屡屡斩获大奖,在学校的素质教育中也是成绩斐然。今年第七度出征,上海代表团既有大同中学、华东师范大学第一附属中学、上海师范大学附属卢湾实验小学等老牌劲旅,也有一举派出两支参赛队伍的闵行区上虹中学,还有一批近年来通过不断的科创素质教育探索、课程孵化,首次亮相 DI 全球赛的新秀,如嘉定区金鹤中学、浦东新区凌兆小学、黄浦区蓬莱路第二小学、上海民办永昌学校、格致中学(奉贤校区)、上海外国语大学松江外国语学校等。

(后略)(青年报记者姚佳森)

《青年报》2019 年 5 月 22 日

泛在式个性学习　探寻有价值的教育

基于社会发展的态势,教育工作者必须关注泛在的个性学习,即关注人全面而个性地发展。

大众化的精英教育时代已经到来。未来是一个问号,有待于发展、有待于构建。这时,人们看到的信息不仅仅是一种暂存的东西,而是作为信息的保存进入了数据时代,使教育出现一种新的形态、新的样式,这是一种泛在式的个性学习。

上海市格致中学校长张志敏解释称,所谓泛在式,是指有了网络,就可以无时无刻地学习。因此基于这样一种社会发展的态势,教育工作者必须关注泛在的个性学习,即关注人全面而个性地发展。

面对未来社会,什么是最有价值的东西?"核心素养和关键能力。"张志敏回答说。

首先,教育是立德树人。学校教育必须要塑造学生共通性的社会人格——关爱、平等、公正等,还包括追求真理、热爱祖国。其次,是为学生设计一种专享性的成长路径。面向未来的学习一定是泛在的个性学习,所以学校的教育必须为每一个学生规划专享的成长路径。第三,要培育学生独特性的创新素养。

国家正在启动新一轮的课改,明确提出核心素养,这意味着学校的课程与教学,从

"知识本位"转向"素养本位",开启了新时代的知识观和学习观。

在关键能力方面,包含以下几个能力要素:

第一,培养认知能力。中国文化传统中有一个概念叫教学相长,三人行必有我师焉。这就是对认知能力的概括,和西方所崇尚的"吾爱吾师,吾更爱真理"有异曲同工之妙。面对未来世界,切忌人云亦云。判断某人水平高不高、认知能力强不强,其中一个重要标准就是评价其提出的问题好不好。而能够提出好的问题,前提就是独立思考。

第二,培养合作能力。引导学生学会自我管理、与他人合作,前提是自我管理,包括时间控制、健康管理、情绪管理、同理心等诸要素。

第三,培养创新能力。呵护孩子们的想象力、好奇心。

第四,培养职业能力。即要引导学生适应社会需求,树立爱岗敬业、精益求精的职业精神。

张志敏借助美国哲学家杜兰特的观点,讲述对于"有价值的教育"的思考,分成三个层次。

第一层,通过健康、性格、智慧和科技来控制生活;第二层,通过友谊、自然、文艺和艺术来享受生活;第三层,通过历史、哲学、伦理来理解生活。"我们既要培养学生能够控制生活,又要注意让他能够面对生活、享受生活,更重要的是理解生活。"张志敏说。

生发于三个层次,张志敏认为,如果再增加一条更高层次,应该是创造生活。在掌握了知识储备、社会情绪能力、执行能力之后,孩子从幼年走向成人,具备了基本的生活体验和自我认知,在步入青年时代后,萌发创意,更加独立,富有自己的想法,学会自我控制、人际交往,懂得价值判断,明了社会责任。(史博臻)

《文汇报》2019年6月2日

赛场反哺课堂,激活更多想象——上海代表团从DI全球赛凯旋,十五项大奖连奏凯歌

(前略)

必胜技　金点子还得靠团队齐心

高手如林,要想在全球近1 300支队伍中脱颖而出,绝非易事。作为一项以鼓励青少年创新思维为核心理念的赛事,"妙想"是DI举足轻重的关键词。在今年的DI全球赛上,上海代表团脑洞大开、各显神通。结合挑战任务,上海市格致中学(奉贤校区)未来梦之队上演了"宇宙外星穿越记",来自商业会计学校的超越小队,则把勾起一代人回忆的红白机游戏《魂斗罗》搬上了舞台。

(后略)(青年报特派记者姚佳森)

《青年报》2019年6月3日

第二部分
师生作品

1949 年

对今后学习的一些意见

学代大会就要在这一两天内开幕了,非但同学们寄予最大的关切,就是我们做教师的,也寄予无限的殷望。过去,中国的学生运动,在反帝反封建反官僚资本主义的斗争中,已经发挥了它最大的力量,今后在新中国文化建设的热潮中,一定也能负起时代给予它的使命。学习是学生的基本任务,我们对于如何搞好学习,想提供一些意见:

一、课内学习与课外活动结合起来——我们强调学习,绝不是希望大家死读书,"死读书,读死书,读书死"是反动派毒害青年的唯一妙计。我们说的是要"活读书,读活书,读书活"的问题。也就是课外活动配合了课内学习,帮助了课内学习;没有课外活动,课内学习就显得枯燥、无生气,不能实际的解决问题。反过来,只有课外活动,没有课内学习,一切都会变得盲目,缺乏理论指导。要认清这一点,那么我们就要多发动到工厂去参观,进行农村调查,研究时事,与社会活动连接在一起。即使是文娱活动、体育活动,也都是为了调剂身心,使学习生活更生动有力。

二、个人学习与集体学习结合起来——以前,一切都是个人主义,没有自学互助的精神。学识也好像是私有财产,唯恐被别人劫去,这观点是错误的。今后我们认清了学习为的是什么,如果是为了新中国的建设的话,那么我们就要有自学互助的精神,个人与团体结合起来。把个人的经验贡献出来,只有在集体里,个人的才能,才会很好地发扬,也只有在集体的学习下,个人的进步才最完善最快。

三、文化课与政治课结合起来——许多人以为学习文化课是学生的基本任务,而政治课则无关紧要,只是少数爱活动同学的玩意;而且,关心了社会活动,文化课就一定搞不好,把文化课与政治课截然分开了。其实呢?要培养学生新民主主义的思想,各科正应该有机的、正确的配合政治思想教育;也说说,文化课如何贯彻思想政治教育的问题。任何一种课程,都必得贯串着科学的、唯物的、人民大众的观点、立场和方法。因为只有一个认识真理,掌握了社会发展规律和有着政治觉悟而有坚定立场的人,他的文化程度和技术水平也才能提高,才能很好地发扬。因而,政治思想教育与文化教育这两者是绝对分不开的。

我站在一个教师的立场,向同学们提出了这样的学习方法,希望大家展开讨论。(格致中学陶漪文)

《文汇报》1949 年 11 月 10 日

1950年

乔老板——和平签名运动的宣传助手

上海市的和平签名,在工人、职员、学生、市民中展开了。

我们学校里决定了发起"一人五人"和平签名运动,我正在动脑筋怎样超额完成任务……

饭后,我到离学校旁边的一个小店铺去买纸烟,店老板和我攀谈起来,他用肯定的口吻问我:"你是格致中学的教师么?"

我惊奇地问他怎么认识我的,他得意地笑道:"常看见你在这里来往,近边又仅有一个中学。"

他接着又说:"我每天看报,这几天和平运动搞得很热烈,今朝报上讲你们学校发起'一人五人'的和平签名运动,假使全体师生保证完成的话,这个数目倒蛮可观的呢!"

"是呀!一个人保证至少要用劝导说服的方法,争取五个人签名,全校一千三百多人,一共可争取到六七千人!"我告诉他。

这样,我就把话题转到签名运动上来,心里想,他一定很高兴谈的,而且可能做我们的宣传助手。出乎意料的,当我们谈得起劲的时候,连顾客们也歇住脚听我们谈话。门对面摆鸡粥摊的吴老板,听到乔老板大声大气的,也放下生活走过来听个明白。

"……签名可以表示出和平的力量,假使全世界亿兆人民,都响应这个运动,签了名,紧紧地团结在一起,帝国主义就不敢乱动,它打了一个,后面有千万个……"乔老板越谈越起劲。

这时候,来听的人越聚越多了。趁乔老板停顿了一下的时候,我就插上嘴,掏出签名书问:"你们各位都在和平书上签过名了吗?"

立刻,柜外的一位顾客就说:"签名虽然好,但美国人有原子弹,危险总是有的。"

"我们并不怕原子弹。苏联掌握原子能后,把它用来发展生产,我们也反对战争贩子用它来杀人。签名就是表示我们反对战争,要和平,反对帝国主义用原子弹来进行残酷屠杀,假使全世界绝大多数的人都来签名,都不替战争贩子打仗,帝国主义就发动不起战争……"我这样向他们解释。

乔老板擦了一根洋火,给这位顾客点上香烟,接着说:"喂!朋友,这话说得对。侬勿要看轻了伊张签名纸,一个名字就是一分力量呢!虽然纸头挡不住大炮,但是,如果全世界人都明白帝国主义和资本家出钱出枪,要老百姓是去做炮灰,如果人人不替他们打仗,这力量不是比大炮更坚强、更伟大吗?"接着他就向我要去签名书,铺在柜台玻璃上说:"来,大家签个名!"

我又提出最近发生的事情,我说:"最近美帝国主义支持李承晚打朝鲜人民军,又开出第七舰队准备武装侵占我们的台湾,这种不要脸的违反国际公法的强盗行为,我们就让它去吗?"

一位顾客插上来说:"这个当然不行。""台湾是我伲中国的呀。"

"喔。我们的签名就是给他一个警告,向他示威,叫他看看我们的力量。"我向他解释。

"啊!我伲明白了,我愿意签个名。"他把香烟含在嘴里,接过乔老板送过来的毛笔,在和平书上签了名字。

乔老板指着摆鸡粥摊的吴老板:"你签过名没有?2月6日轰炸后,美蒋匪机常来骚扰,不是吵得你生意也做不成吗?现在好了,这是人民力量的伟大。快来签一个名吧。"

给乔老板这样一提,他冒起火来了说:"狗王八蛋的匪机,弄得生意一点也不好做;有一次在南市差一点吃着流弹。"他一面摩拳擦掌地大骂"蒋该死",一面接过笔在和平书上写下了他的名字——吴余兴。

隔壁的孙先生领了两个孩子来买棒棒糖,乔老板招呼他说:"你签了名没有?"他回答说已经在街上签过了,但一个年纪大一点的孩子却吵着问:"阿爸,伊啦在写啥?"

"小孩子懂啥!伊啦在讲和平签名。"孙先生叫小孩不要多嘴。

"小孩子是国家小主人,我们要好好地教育他……"乔老板笑着说。

孙先生被感动了,想了一想,他当然希望孩子们在将来永远过和平幸福的日子,所以就抱起大孩子,叫他签上一个名:孙育中。另外一个不懂事的小弟弟,却睁大着充满稚气的眼睛,望着他的哥哥沾上了墨迹的手。(王一夫)

《解放日报》1950年7月5日

1951 年

我这样纪念"一二·九"

编辑同志：在"一二·九"十六周年纪念日，我愿意说一下自己准备怎样用具体行动来纪念这一光辉的节日。首先我认为纪念"一二·九"运动，必须继承"与工农兵结合"的光荣传统，这是我们革命青年学生的唯一正确的方向，为了朝着这个正确的方向作不断的努力，我在日前检查与修订了一下自己的爱国个人计划，主要补充进去的有这么几条：

一、向工农兵学习，彻底肃清个人主义、自由主义的思想意识，全心全意争取思想改造。

二、学习工农兵的艰苦朴素作风，厉行节约，爱护公共财物，珍惜时间。

三、改进学习方法，合理支配作业时间，做好捐献"上海学生号"飞机的宣传工作，并保证超额完成十二月份的捐献计划。

四、注意健康。

为了有计划有目的地把自己改造成一个具有共产主义觉悟水平的青年，我建议青年们，把自己怎样发扬"一二·九"的光荣传统，怎样贯彻增产节约，捐献支前，思想改造的具体计划订立到爱国公约里去，这是我们纪念"一二·九"运动最具体的表现。（格致中学许良中）

《新民晚报》1951年12月10日

1952 年

各校同学应认真收听《青年广播》节目

编辑同志：人民电台的《青年学生》广播节目对我们学生是富有教育意义的政治大课，正因为这样，本市中等以上学校的同学都组织收听。我校在每星期一这天，全体同学分别在教室内集体收听，大部分同学都能静心听讲，并做笔记。但有少数同学，趁教师不在时放弃了收听，有的谈谈笑笑，有的看小说，有的做别的功课。这种现象是应该纠正的。据说其他学校也普遍存在类似的情形，希望加以注意。在多次收听中，我体会到这一广播节目对我们青年学生的生活与学习，是有重要的指导作用的，我希望各校同学以认真的学习态度来进行收听。（格致中学学生黄铣铭）

《文汇报》1952 年 5 月 13 日

小学校应注意儿童安全

【编者按】黄铣铭同学的意见和关心小学生安全的热情是值得重视的。现在嵩山区人民政府根据这一情况已作有效的处理，并来信说明处理情况："我们认为这种关心小朋友的意见很好。当即责成福慈、利生两校行政当局切实注意向小朋友进行教育，加强护导制度，并通知全区公私立小学普遍注意小朋友的安全。我们对黄君所提宝贵意见表示谢意。"编辑同志：我每天走过顺昌路福慈小学、利生小学时，看见有许多小学生在马路上玩耍、做捉人游戏、吵架、抛皮球等。皮球抛在马路中，小学生就不顾车辆急驶的危险，到马路上去追逐皮球，这是多么危险啊！倘使有撞伤等不幸事件，叫谁负责呢？希望福慈、利生两小学和其他小学校注意这个问题，尽量设法改善。最好使小学生在校内进行各种文娱体育活动，并限制他们到马路上去游戏，这是保护小学生的健康与安全的必要步骤。（格致中学学生黄铣铭）

《文汇报》1952 年 5 月 26 日

同学们应纠正应付测验的读报观点

编辑同志：我校建立了读报制度，每天上午有 20 分钟时间是全校性的读报课，学生会宣教股也推动各班级同学组织了读报组，经常阅读报纸；校方为了检查读报成绩，在每星期六读报课时举行全校性的时事测验。这一制度的建立，使大部分同学都能经常注意时事，每天阅读报纸，所以时事学习在同学中成了每日生活中不可缺少的精神食粮。获得这一成绩的主要原因是同学自觉地认识到学习时事的重要性和目的的缘故。但还有少数同学,没有做到经常阅读报纸,错误地认为读报是无关紧要的,虽然有时也捧着报纸,但都是走马看花,看看大标题而已。据他们说这样看报的目的是为了应付每周的时事测验。我了解这种现象在其他各校也是普遍存在的,希望教师们注意纠正这种忽视时事学习的偏向。(格致中学学生黄铣铭)

《文汇报》1952年5月30日

体育锻炼中的安全卫生教育问题

市体育会筹备会负责同志在全市冬季体育锻炼测验裁判研究会上报告说:"据不完全统计,从冬季体育锻炼推行到现在,仅仅在几个区里就发生了很多大小伤痛,如跌断手臂、痉挛、脱臼、肌纤维裂断等现象。"会后大家交换意见,觉得安全卫生问题值得我们重视,纷纷研究发生伤痛的原因与防止的方法。过去报上虽已经发表过几篇文章,我认为还有重新提出的必要。

发生伤痛的原因,不外下面几点:

(一)准备运动做得不够或者未做,很容易使肌肉细胞筋腱和韧带受伤,甚至于撕裂和拉断,关节损伤,呼吸急喘,心跳亢进,胸部难受,再进一步,如果经常不做准备运动,还能引起心肌性和心脏衰弱病症。但做准备运动必须针对主要运动是什么?假使是下肢运动,那么就要多做下肢准备运动,如北京体育教师林启武在爬墙时脚后筋扭断,他并不是未做,而是下肢部分准备运动做得不够。

运动后要做整理运动,否则肌肉的弹性会减退,并且对于内脏器官也是有害的。

(二)服装问题。运动时服装要注意,穿了上装和长裤去运动,身体被衣服束缚着,影响动作;尤其穿着皮鞋去锻炼更糟,不但对于成绩有关系,并且很容易发生伤痛。

(三)跳高时,不爱劳动,不愿掘沙;沙坑的沙很硬,极易使下肢受伤。其次,怕脏,而在跌下去时手部用力过猛,结果手臂折断,这种情形也是有的。

(四)对体育课学习观点不正确,以为体育课是"打打球"、"白相相"而已,在体育教师讲解时不留心听,因而对运动的方法理解不够,或者不懂,课外锻炼时,发生跌伤等等大部分是这类同学占多数。

(五)不守纪律,无组织性,亦是在体育锻炼中发生伤痛原因之一。例如:澄衷中学许湖东跌断臂骨,就是忽视组织性与纪律性(请参阅1月20日本报),他在刚吃过饭就去锻炼,在锻炼时争先恐后,甚至有开玩笑的现象,这样就发生了很大的不幸。其他如跑60公尺两人对面相撞,跳高时两人同时跳,掷手榴弹不按次序拾取与投掷,或者在掷手榴弹区域内,跑来跑去,打破头等伤痛,就是这样发生的。

(六)运动前不检查场地设备,像同济大学同学爬竹竿将要爬到顶端时,竹竿断了跌下来,很好地说明了这一点。

(七)好胜心太强,不管自己身体有没有病,亦不衡量一下自己的能力,盲目锻炼。江湾中学有两位女同学,月经来时,跑五百公尺,在中途先后晕倒;另外像长跑时吐血等。这种情形,体育教师事前知道不加禁止,应由教师负责;有时,教师不了解同学情况,仅凭同学一时好胜,出了问题,这一点,同学们应该提高警惕的。

上面是发生伤痛的原因,我们可以针对这些问题研究防止的方法。至于责任问题,一部分由同学负责,学校行政也应该负一部分,不过争取行政重视、提高同学对运动方法与运动中防止伤痛等的认识,主要环节还是在体育教师。如果体育教师对事情不负责,对工作敷衍,则后果是严重的。例如天津圣功女中体育教师王漪,就是如此,在测验五百公尺时,没有要同学做好准备运动,事前也未通知同学,对请例假或有心脏病的同学不作适当照顾,仅仅为了完成测验任务,结果有五六位同学因为运动过急而晕倒、肺胀、心跳、胸部发闷等。体育教师除了树立正确工作态度外,更应做好体育锻炼中安全卫生教育工作。现在研究怎样做好这一项工作,我提出几点意见,和大家商榷:

(一)安全卫生教育工作,要提高到作为一件很重要的群众工作来搞,使学校行政与同学大家来重视这一问题,假使单靠几位体育教师与少数同学是不够的。格致中学单杠柱坏了,因为柱子腐烂是接近埋在地下部分,体育教师检查设备始终没有发现,依靠了群众才知道,然后把它拆除。所以我深深地感觉到这一件工作要做好,必须发动群众,依靠群众。

(二)体育锻炼中发生伤痛,原因与防止方法要多讲解,特别要结合具体事实,例如有同学发生伤痛,就分析发生伤痛的原因,进行教育,这样才能收到效果。

(三)经常检查场地设备,有危险不牢固的运动器具要及时拆除与修理,沙坑沙不够,应该添加,不可因陋就简,以致危害同学健康。

(四)严禁同学们在体育锻炼时的轻率行动,例如在沙坑边上用钉耙玩耍,用细竹竿做撑竿跳高,爬竹竿不好好向上爬或者爬到树上去,发现这种种情况时,必须及时加以制止,这是防止伤痛很重要的一点。

(五)既然发生了脱臼等伤痛,就应该请有医疗常识的先生与同学矫治,或者送医院,不能让任何人做这一项工作。有一次,有一位同学上胯,反而装碎了臂骨,结果再请医生医治,花上了一个多月时间才把这只手臂医好,弄巧成拙,反而受到更大的损害。

体育锻炼中的安全卫生防护工作,是经常的严肃的工作,一霎时的大意或疏忽,就可能发生伤痛事件。所以必须随时反复不断地进行教育。行政上、体育教师和同学们必须共同提高警惕,为消除体育锻炼中的伤痛事件而斗争。(格致中学体育教师竺林)

《文汇报》1952年6月6日

温课互助制度帮助同学提高了学习成绩

编辑同志:我们学校同学通过"三反"、"五反"运动的教育,政治觉悟提高了,大家认识要求得考试成绩优良,必须大家团结互助才能办到。过去在考试时,成绩好的同学躲在家里死啃书,成绩不好的同学抱了"横是横"的态度,弄得大家各不关心。现在各班级同学已在自觉自愿的基础上组织了温课互助组,同学团结起来,都在互相帮助下进行集体性温课。在集体温课中,大家发挥了高度互助友爱的精神,因此大家的学习成绩都提高了一步,而且同学们对温课也有了劲,都说:"集体温课真好啊!"现在我们发觉互助温课的办法,一方面可以发扬同学的集体精神,又可以使同学间团结友爱,所以我们认为建立温课互助小组是温课的好办法。(格致中学学生黄铣铭)

《文汇报》1952年6月16日

歌颂共产党员"吃苦在先享受在后"的精神　学习杭佩兰无私的优秀品质

编辑同志：看了你报刊登的国棉一厂先进工人杭佩兰把自己住曹杨新邨的权利让给别的工人同志的新闻后，我得到了启发和教育。杭佩兰同志是一个优秀的共产党员，她为了照顾其他居住困难的工人兄弟，宁愿放弃自己应享的权利。这种"吃苦在先，享受在后"的精神，只有忘我无私的共产党员才能充分表现出来。杭佩兰同志在生产上有伟大成就，对人民的贡献很大，却又不接受人民给她的报酬。在迎接伟大日子——"七一"的时候，我要歌颂杭佩兰同志的优秀品质，歌颂共产党的丰功伟绩！我是一个青年学生，三年来在党、毛主席的教育下，有了很大的进步，但是资产阶级的思想还存在我的脑海中，我如果再不彻底改造，怎样对得起共产党、毛主席呢？（格致中学学生黄铣铭）

《文汇报》1952年6月30日

格致中学新旧同学表现了团结友爱

编辑同志：本学期我们学校招生中共录取了高中生一百名、初中生二百五十名。在这许多新同学中，大部分是工农劳动人民的子弟，他们都热爱劳动热爱学校，在短短的时期中新旧同学已表现了无比团结、友爱。

当新同学录取的第一个星期日（每星期日是我们学校举行大扫除的日子），新同学就主动地帮助旧同学大扫除，在工作中他们都表现了很好的组织性、纪律性，得到了学校的表扬，有许多新同学还参加了暑期夏令营。目前新旧同学中开始滋长了深厚的友谊，大家共同来过这一个快乐的暑假，并迎接新的学期来到。（格致中学学生黄铣铭）

《文汇报》1952年7月28日

王国忠同学在郊游时表现了高度的服务精神

编辑同志：我校高二乙的同学最近去高桥郊游了两天，在这次活动中，青年团员王国忠同学表现了对同学们的高度关怀及帮助，他的模范行为，使同学们都很感动。在行军的时候，王国忠同学一方面要照顾队伍的整齐，另一方面还不断地注意着大家身体的健康情况。比如张佩英同学走得肚子痛了，他立刻将背包接了过来，挂在自己身上。他不管身上背得怎样重，仍然负责地照顾着队伍，使得大家都不掉队。

我们寄宿在高桥中学的教室里。到了那里，同学们都很疲乏，大家都在休息了，可是王国忠同学却细心地一遍又一遍地打扫教室，替大家安置睡的地方，一直等到全部准备妥当的时候，他才停下来休息，然后去弄自己的床铺。晚上，天下着雨，王国忠睡在中队的办公室，距离同学们的宿处有一段路，但他还是冒着雨一次又一次地跑来，害怕同学们着凉，替大家盖上被子。他这样地关心别人像关心自己一样，使大家能安安稳稳地睡了一夜。他不但经常地关心和帮助别人，并且还负责地搞好了工作。在同学们午睡的时候，他去看地形，准备做军事游戏和体育比赛，处处都把群众的利益放在个人的利益前面。

我认为王国忠同学这种模范行为是值得同学们学习的。（格致中学学生陈之鹠）

《文汇报》1952年9月5日

我正确认识到体育活动意义

编辑同志：看了你报8月31日"读者来信"栏刊登的：华东海军甲级战斗模范赵孝庵同志写的《身体是革命的本钱》一文后，使我深深体味到游泳不但对健全体格有益，对保卫祖国建设国防也同样非常重要。赵孝庵同志在战斗中的英勇事例，纠正了我过去对锻炼体格的不正确看法。

过去，我对体育活动是从"兴趣"出发的（如球类活动就高兴参加，舞蹈等活动就不参加），在这次暑期中，我也与同学们去游泳过几次，但是我游泳的目的，是抱了"好玩""轧闹热"的心情去的，根本没有在思想上认识到游泳的重要性。战斗英雄赵孝庵同志，在海上与敌人战斗，身负六处重伤的情况下，还是坚持十几小时的游泳，直到战斗胜利，这不就充分说明了游泳在国防建设中也是重要的一项锻炼吗？

做一个祖国光荣的建设者和保卫者，不仅在思想上要有高度的政治觉悟和为人民服务的决心，还要掌握各种科学技术知识，强健的体格也是不可缺少的一项条件。

为了把学习和工作搞得更好，我决心向赵孝庵同志学习，把体育活动重视起来。（格致中学黄铣铭）

《解放日报》1952年9月12日

运用苏联儿童文学来培养教育我国儿童

苏联文学是一种新的文学，是过去世界里所没有的文学，社会主义的现实主义文学。

文学自从被列宁规定为无产阶级的总的事业的一部分后，即赋予了新的生命，具有了新的意义和新的作用；完全区别于过去任何一个时代的任何派别的文学。在列宁讲过这话之后，特别是近三十年来，这种新的文学在苏维埃政权下的广阔土地上繁荣滋长，它不仅反映了苏联各个伟大历史阶段的面貌，并且推动和帮助了苏联在各时期艰苦的斗争任务的胜利。苏维埃文学在促使苏维埃政权的巩固和发展上尽了它的巨大力量。

苏联文学在苏联人民中间，是不可缺少的精神生活的一部分。苏联文学的特点是运用生动丰富的艺术形象来鼓舞人们，教育人们相信真理，坚持真理，忠诚于自己的祖国，为共产主义革命事业效忠；它叫人勇敢、正直、乐观，它叫人不怕一切困难，勇往直前，为建设和创造自己美好的幸福前途而斗争。就是这样，苏联文学在其奠基人高尔基的一手培植下，在列宁、斯大林、党的关注下，三十多年来获得了辉煌的伟大成就，如同在苏联其他的任何一个部门所获得的伟大成就一样。

按照高尔基的说法，文学即是教育，而教育的目的，"就是教人去革命"。正是这样，苏联文学针对着每一个苏联人，从学龄前的孩子到成年人，都作为它自己进行共产主义教育、培养苏维埃人的高贵品质的对象。它运用各种不同的文学形式来向各种不同的人们进行鼓动和教育。

苏联儿童文学就是向苏联孩子们（儿童——少年）进行培养教育的一股力量。它在整个文学艺术部门中占有一个特殊的地位，成为苏联文学中一个不可分割的有机组成部分。

儿童文学在苏联正如诸文学艺术在苏联一样，是完全区别于美国那些资本主义国家里的所谓文学的。在资本主义国家里也有"儿童读物"，不过正像资本主义的整个"文化"

很难算作为文化的一样,那里的"儿童读物"不是在教育儿童正直、进步、爱劳动、爱和平。它不但画面粗俗恶劣,而内容是一片荒谬,它所讲的不外是庸俗的滑稽、浅薄的噱头、种族歧视、谋杀和恐怖、色情和下流,与其说是"儿童读物",毋宁说是投给孩子的染了糖浆的毒饼。显而易见,在这种精神教育影响下的儿童不是未来的凶杀者便是人间的白痴。而美国却正在把这种所谓"儿童读物"大量地在它自己本国泛滥,并大量地向它的仆从国、殖民地推销。我们很喜幸,也很骄傲,在三年之前我们赶跑了美帝国主义,我们也从此赶跑了它带来的毒饵——低级下流的"儿童读物",使我们的儿童再也不受它的荼毒之害了。

苏联儿童文学是在高尔基和马耶可夫斯基的培植关怀下逐渐成长起来的,到今天已是蔚然可观的文学部门了。苏联儿童文学犹如苏联文学一样在我国是非常熟悉的。我们可以举出一些其中著名的作家来,如写《铁木儿及其伙伴》《学校》《让它发光》等的盖达尔,写了许多民间故事的A·托尔斯泰,写过许多非常出色的儿童诗、儿童剧和故事的马尔夏克,以及《表》和《文件》的作者班台莱耶夫,还有像写《红领巾》《我要回家》的米哈尔科夫,写了很多受人欢迎的科学小品的伊林等等。当然还有许许多多有才能的作家(他们以儿童文学为其终身事业)和许许多多出色的作品(它们受到苏联儿童的热烈欢迎)。

在这些出色的儿童文学作家中特别值得一提的是已经牺牲了的盖达尔,盖达尔不但在苏联大受苏联儿童的欢迎(苏联的成年人也爱读盖达尔的作品);在我国儿童群中,对盖达尔的熟悉是超过苏联其他著名作家的。我亲耳听到孩子们热烈而兴奋地谈论着这个孩子们的好朋友、伟大的战士和作家,他们深为盖达尔迷人的作品倾倒。

盖达尔在牺牲之前,在卫国战争初期,出版了著名的《铁木儿及其伙伴》,使整个苏联的年幼一代马上掀起了铁木儿运动,在苏联全国各地,在前线,在后方,在德国强盗占领下的农村和城镇里,出现了无数铁木儿式的孩子,他们按照盖达尔塑造的铁木儿的英雄行动来要求自己,向铁木儿学习。

这就是苏联文学教育了人们,书本上的故事变成现实社会里的物质力量的千百件生动事例中的一件。这就是苏联儿童文学。

苏联文学对我们中国人民说来早已不仅仅停留于欣赏和阅读的阶段了。苏联文学对我们中国人民进行革命的斗争中是起了巨大的教育作用和鼓舞作用的。我们可以从抗日战争时期说起,敌后的革命人民和革命战士像爱护自己生命一样地珍爱着《毁灭》《铁流》,他们从书中学会了如何爱自己的人民,如何打击人民的敌人。解放战争时期,我们的战士阅读着《日日夜夜》《恐惧与无畏》《人民是不朽的》,来学习如何去战胜敌人。而在最近三年来,特别是最近一年中,保尔·柯察金、卓娅、舒拉、马特洛索夫、奥列格……这些青年英雄人物在我们青年一代里所掀起的学习热潮和它所产生的不可估量的伟大教育意义是非常之广阔,非常之深远的。它在促使改变我国青年一代的道德面貌的伟大精神活动中发出了巨大的推动力量。

毫无问题,苏联儿童文学对于培养教育我国少年儿童一代是起着重要的作用的。

当我们的少年儿童因为年龄和文化水平的限制,尚不能阅读《青年近卫军》,阅读《卓娅和舒拉的故事》,阅读《钢铁是怎样炼成的》,阅读《普通一兵》和《我的儿子》时,我们认为用适合于他们年龄、适合于他们文化水平的苏联儿童文学来进行教育是非常必要的。

尤其在今天，我国的儿童文学事业还正在萌芽时代，我们虽已有了像张天翼等的优秀的儿童文学家和他们所写的出色的儿童文学作品，但在目前，在数量上还是远远落在时代需要后面的（当然新的儿童文学是会随着文化建设高潮的来临很快地成长起来的，并且已经在成长了）。用苏联儿童文学来满足这个形势的需要，是完全适当的。

苏联儿童文学的中译本，根据最近不完全的统计，全国三年来约出版了五百十五种之多（占全部苏联书籍中译本的四分之一），数目是不算少的了。凡是著名的苏联儿童文学作品大致都有了中译本，有的甚至有四五种译本。这给我们一个有利条件，我们尽可从中挑选适合不同年龄不同程度的少年儿童的不同需要的书籍。

苏联儿童文学有特别合乎少年儿童心理的教育性。它对一般少年儿童所常犯的错误和缺点提出了善良的劝告；它教孩子们如何认真学习，锻炼身体；教孩子们彼此之间互助友爱，帮助别人；告诉他们不可贪小便宜，不可贪懒好玩，等等。关于培养教育少年儿童健全发展，成为新社会的优秀的新人物的种种良好的教育方面，全都包含在如此生动丰富而有趣味的艺术形象中了。此外儿童通过苏联儿童文学作品的阅读，可以加深对苏联的认识，从而提出向苏联儿童学习的口号也是非常自然的事了。

当然，中国少年儿童阅读苏联儿童文学不是没有任何不适合的地方的，因为目前两国的物质生活和随着物质生活而起的各种社会风习生活方式有所差异，苏联社会今天的某些事物和生活习惯对我国的年幼儿童一时是尚难完全理解的。不过，这些问题的产生也是很自然的，问题倒不在乎孩子，在乎我们自己，在乎教师、辅导员和家长们如何来指导。

学校中的教师和辅导员，孩子们的父母亲，一定要经常关注儿童的课外阅读，在推荐苏联儿童文学时应当自己细细阅读，而后再作介绍。

苏联文学是进步人类一切知识的宝藏和力量的泉源，只待我们去发掘去吸收。我们应善于运用苏联儿童文学的鲜明的艺术形象和真实动人的故事人物来教育我们的儿童学习苏联，培养他们以新道德，使他们成为新社会中的健全的新人物。（格致中学 汤廷诰）

《文汇报》1952年12月14日

1953 年

格致中学高二甲班的品德考查

品德考查是提高同学思想水平、启发推动同学学习自觉性与积极性的一项重要工作。过去几学期,我们把品德考查工作看作"例行公事",从班主任到班会干部和每个同学,思想上都不明确。同学反映:"这是老一套!"班主任也感到有些疲沓,鼓不起劲。本学期,学校行政上为了扭转过去偏向,选定高二甲班为品德考查的重点班级,取得经验,推广全校。在班主任亲自掌握下,同学们迫切要求进步的气氛中,使这一考查工作取得了初步的成绩。

在这次品德考查过程中,行政和班主任的领导思想上掌握了"启发同学们的积极性与自觉性""依靠干部、运用干部力量"这两个主要环节。工作开始前,班主任首先估计了干部中可能发生的问题,召开了班级中的主要干部(包括学生会执委、分支委、班委等)会议,透彻说明这一工作的重要意义及干部应起的作用。接着又召集全班团员,作进一步的动员,要求全体团员积极行动起来,并做好下列三项工作:一、自己必须重视、带头做好品德考查。二、要帮助基础较差的同学一起做好。三、要及时了解情况。会后,团员在班级中作初步酝酿,收集思想情况,班主任找个别同学进行了解。经过三天酝酿,在班主任主持下进行全面动员,动员内容主要有三部分:

一、说明品德考查是祖国对我们青年学生的要求,继而举例说明祖国今年开始的经济建设的巨大规模,青年学生处在这个年代中,应全面发展,并自觉地积极地搞好学习,培养成为未来共产主义的建设者。

二、说明这次品德考查是在爱国主义教育的基础上进行的;这学期来通过人民助学金评议、国庆纪念、中苏友好月等一系列活动和教育,同学们思想上都有了显著的提高。在这基础上来进行一次系统的总结,是完全有必要的。对进步慢的同学鼓励他们迎头赶上,进步快的同学更应该继续提高。同时说明,在这次考查中,发现了缺点,不应采取消极的态度,而应该不断改正缺点,积极进取。此外,要求同学们初步领会与运用批评与自我批评的武器。

三、针对具体情况,解决同学的思想问题。普遍存在的是认为品德考查"老一套",班主任即说明品德考查是正确认识自己、改正缺点、提高思想的教育过程,同时,可使组织更了解每个同学,以便更好地进行帮助;同学之间的团结也会由此加强。另一个问题是不少同学怕受批评,怕暴露思想。对这些问题,班主任都作了亲切的启发与批判,并要求同学们在自觉的基础上、要求进步的气氛中进行工作。最后宣布了提纲。提纲的内容主要是要求同学检查在国庆、中苏友好月等活动后思想上提高了多少,学习态度怎样。

动员报告后,班级中都纷纷组织互助小组,讨论怎样检查,怎样写好报告。有的同学不动脑筋,把提纲看作问答题,经过互助,就深刻检查了。在小组讨论时,干部、积极分子首先带头展开批评与自我批评。小组长、班主席、团分支书记每天向班主任汇报情况。班主任也下小组,掌握全面情况。

通过这次考查,同学们的觉悟都有了提高,看清了自己的优缺点所在。同学们都感到祖国形势这样飞速发展,要求进步更加迫切。韩春芳同学说:"我不再满足于原有的成就,我要进一步提高自己。"顾耀良同学一向以为功课很好,时事学习无关紧要,现在他体会到这种思想危害性很大。批评与自我批评的运用,也促进了同学间的进一步团结。有的同学说:"过去我们间的关系,建筑在吵吵闹闹的基础上,今后我们一定要建筑在集体主义的基础上。"白英泰同学在批评后第二天,要求大家再对他多提意见。由此证明,品德考查不仅提高了自己思想,也促进了彼此的了解和团结。

我们有两点体会:一、品德考查工作必须由班主任亲自掌握,具体领导;只能是依靠干部,不能依赖干部。互助组只能起推动、辅助作用,主要的应该由班主任根据一学期来平日在课堂教学中,在课外活动中对每个同学的深刻的观察、实际的接触,到进行品德考查时,再加以总结提高。工作进行前也必须认真听取同学意见,收集思想情况。二、品德考查本身是灌输爱国主义思想的教育过程。教育的内容必须提到爱国主义的高度,不要抓住若干生活作风上的细节不放,而忽略了同学们的思想实际。至于在互助组上可能发生的生硬的追问方式必须防止、纠正。这就是说,品德考查必须在启发同学爱国自觉的基础上来进行。三、对同学们进行教育,必须首先肯定成绩,再指出缺点,加以分析批判,鼓励他们在原有的思想基础上再提高一步。(格致中学叶晓寒、周文英)

《文汇报》1953年1月24日

克服忙乱我搞好了学习

几学期来,我一直负责学校宣传工作,在工作中存在着严重的忙乱现象,造成了不良的后果。上学期在团组织的领导下,大力克服了这种忙乱情况,取得了很大的成绩。这里我谈一下自己在克服忙乱中的一些体验,并谈一下今后的决心和信心,供同学们在开学时继续巩固上学期克服忙乱的成果作参考。

以前,在工作中我包办代替,搞了过多的工作:负责广播(包括读报,收听青年学生节目、少年儿童节目以及其他重要转播,并了解收听情况、同学的意见和要求等),书刊发行和介绍(包括推销廉价书,发动订阅期刊,介绍内容等),领导班级宣传工作(包括经常召开宣传干部会议,布置每一阶段宣传要求、内容、步骤、方式方法,并及时检查、研究和解决具体问题等),以及编辑或审查黑板报、大字报的稿子等。另外甚至还代替了其他部门的一些工作,如办全校性墙报(应由学习部负责),编快报(应由群众文化部负责),召开班主席会议,掌握汇报情况等(应由组织部负责)。这样,我整天浸入工作,参加各种会议,顾此失彼,除了使工作受到损失之外,还严重地影响了学习和健康。统计一下,每星期工作和会议时间竟占了卅多小时,每天睡眠时间不到五六小时,使自己非常疲劳,在上课时无法理解老师的讲解,再加上听课时还要考虑工作,因此学习成绩很落后,作业经常拖延不交,体格也逐渐衰弱下来。

在团市工委的领导下,上学期大力克服了忙乱。我认真检讨了自己,认识到青年学生现在面临着祖国大规模建设时期。要建设祖国,就需要有大批牢固掌握现代科学技术的干部,祖国已经向我们提出了"向科学作群众性的进军"的号召,如果让这些忙乱现象继续发展下去,那我将会变成怎样的一种人呢?我将如何来实现"我爱祖国,我一切为了祖国"的诺言呢?我就下定决心和忙乱现象作斗争。学校里也进行了一系列克服忙乱的具体措施,精简了工作和会议。这样我很快地克服了忙乱,取得了很大的成绩。

由于克服了忙乱,我的学习和生活有了极大的改进,和过去的情况形成了明显的对比。在工作上加强了计划性,克服了混乱,并真正加强了自己的宣传业务。最重要的是在正课学习方面有了极大的改进,在上课时我集中注意力听讲,并订出学习计划,充分掌握时间进行预习、复习和做作业。不多时候,我已经把过去所不理解的功课都补上,完成了各种作业,新的功课都能深刻地掌握。在上学期期终考试前我进行了全面的系统的总复习,在几门课程上并有可能去帮助其他同学,我自己的学业成绩平均达到九十分以上。除此以外,我每天积极参加班级里各种体育文娱活动,并再抽出时间进行体操、长跑、双臂屈伸、单杠、爬杆等项体格锻炼,我觉得自己精神逐渐饱满起来,肌肉也发达起来了,在期终考以后,我的体重增加了五市斤。其他,我进行了文艺阅读,并改进了家庭关系。过去因为太忙了,对家庭谈话的机会都没有,现在有可能经常谈一些目前形势和其他问题,家庭关系更加融洽了。

在这次寒假中,我根据团市工委的指示,有计划地安排了自己的生活,达到了生动活泼而有意义的要求,并在寒假中通过学习更明确了目前形势与我们学习之间的关系。祖国把我们当作宝贝一样看待,我们应当像志愿军进行战斗一样地去完成自己的学习任务。学习的好坏,这是测量每个同学爱国主义的标志。通过克服忙乱,我更感谢党和团对我的关怀和培养,我决心在这学期保持高昂的学习情绪,巩固克服忙乱的成果,进一步团结同学搞好学习,培养自己成为全面发展的人才!(格致中学学生席与钤)

《文汇报》1953年3月2日

文史地课的时间就是这样溜走的

上学期我们班级的学习纪律是存在很多问题的。很多同学上课不专心:画人头儿,相互讲话,看小说,或者做其他功课的习题。有的同学甚至在上课时与先生讲话,故意提难问题来破坏课堂秩序,而更严重的是我们班上的有些同学竟有上课"四不听"的现象:有些同学对"口音不懂"的课就不听,有些同学对教师"水平差"的课不听,有些同学对不合自己"兴趣"的课不听,有些同学对自己跟不上的课不听。由于这种情况,使课堂秩序更乱,严重地影响了课堂教学的正常进行。

我们的历史教师是四川人,有些同学就借口"语言不懂"而不好好听课,课堂上总是乱哄哄的,这样连原来在静心听课的同学也听不进去。

语文课是我们班上秩序最乱的一课,同学们本来就不重视语文,上课时不是说"先生教学法不好",就是"思想水平差",因而不是好好听讲,却常常在一些枝节问题上作无谓的争执。有一次教《龙须沟》一课时,为了先讲人物性格还是先介绍剧情而各执己见,白白浪费了宝贵的四十五分钟。

重理轻文的观念还支配着部分同学的思想,因而产生了单凭兴趣而学习的现象。因此,在数理化课以后再上文史地课,同学们就认为"休息"时间到了,可以"轻松一下了"。有的同学似听似睡地把头偎着桌子;有的同学靠着后面的桌子在闭目养神,有的同学正好赶做别的习题。文史地课的时间往往就这样非常可惜地被浪费了。

祖国要求我们全面发展、牢固掌握科学知识,而课堂正是我们获取知识的主要场合,但是课堂秩序松弛却妨碍着同学完成祖国交给他们的这个要求。(格致中学高一乙学生何金荣、姚晓平、余子豪、唐蓉)

《文汇报》1953 年 6 月 2 日

我上课时为什么不专心听讲

我是一个即将高中毕业的学生,在中学最后一个学期开始的时候,我带着十分后悔和羞惭的心情,回忆着过去。

我一向自恃"天资聪明""理解力强",把学习看作是轻而易举的小事情。

在上课的时候,不肯专心听老师讲解,尤其是被我一向轻视的文史地课,我觉得老师讲得太枯燥,内容和书上的材料差不多,我只要花十分钟就可把老师所讲的内容"掌握"了。至于上语文课,我就更随便了,反正听不听差不多,认为听了并无多大"收获",不听也没有什么"损失"。因此,在上文史地课时,便心不在焉,有时和旁边的同学谈谈话,有时拼拼俄文生字,练练美术,我还自慰是"抓紧时间"学习呢。有时我也能很专心地听老师讲课,那只是因为故事"有趣"。

我平时把作业看作是不得已的负担,当作是欠人的债,为了还"债",不得不完成作业。做起作业来是越快越好,愈少愈好;老师催得紧些,就赶得快些。老师催得不紧,就拖拖欠欠,如上学期只交了二篇作文。遇到困难的问题,不是仔细思考,而想依赖、参考其他同学的作业。

一到考试的时候,我就认为难关到了,吵着要老师指定范围和重点,这样可以开快车,突击记忆一下,想把一学期或半学期的功课,一下子装进脑子里,不管能不能消化,只要分数多,我就心满意足了。

由于上课时不专心,对课外作业抱敷衍态度,到了考试时临时抱佛脚。这样,我学到的东西,都是浮面的没有多久就会忘记的,高一、高二所学的东西,现在都已经不大清楚了,有些已经忘记了。现在检查起来,都是因为上课不专心,对各科知识不能消化、牢固掌握的后果。至于史地课,那是老早已经忘得一干二净了,就连我自己认为有把握的数学(大代数、三角)也差不多全忘了,因此在寒假里复习"三角"时就觉得很吃力,好像以前没有学过一样。同学来问我,我只好说:"不知道!"至此,我才深深地体会到我过去那些满足于分数、不能脚踏实地地学习态度的害处。

现在我已经认识到这种学习上的不老实态度是妨碍自己进步的绊脚石,我一定要下决心搬掉这块绊脚石,努力学好正课。上课的时候一定做到思想集中,课后认真复习,准

时交作业,通过学好正课来培养自己成为真正有用的人才。(格致中学学生邵醒凌)

《文汇报》1953 年 6 月 4 日

加强组织性和纪律性　端正态度明确锻炼意义　使体育锻炼为学习服务

编辑同志：我校(格致中学)自通过校、区体育大会后,同学们对体育运动的意义有了进一步的认识,纷纷参加了体育锻炼,使活动有了较好开展。其中大部分同学能遵守纪律进行正常的锻炼。但有部分同学在锻炼时因为组织性纪律性不强,或者好高骛远以及单纯从兴趣出发来参加体育运动,以致发生了很多伤害事件。像最近举行体育考试(结合体育锻炼标准测验)时,高三乙沈凤华同学原来在跳高架旁做保护工作,但她不遵守纪律,突然地也来跳一下,由于她对跳高的锻炼已间断了一个时期,跳前也没有做准备活动,跳时又用力过猛,结果膝盖骨裂开了;又如初一甲詹宝华同学因为没有很好掌握技术,在考试跳高时身体失去了重心,摔下来手臂脱臼;高二甲吴肇汉同学在锻炼时,乱用掷铁饼的姿势来掷"手榴弹",因而扭伤了脚踝骨;同班另一位同学因为没有做准备活动就去掷"手榴弹",结果手臂受伤;初二甲熊开鑫同学一天打了好几个钟头篮球,两眼发花,还坚持打球,在抢球时眼睛就受了伤;又如初三乙杨佩宣同学因运动时间过久,没有适当休息,又去练双杠,失手碰伤了睾丸,小便有出血现象……

以上所发生的一连串伤害事件,是非常使人痛心的。因为这不仅使同学在身体上受到了很多痛苦,同时还影响了学习,并且也是和体育锻炼的目的不相符合的。

为了避免伤害事件的发生,使同学们通过锻炼真正能增强体质,从而提高学习效率,我建议同学们应该端正锻炼态度,加强组织性、纪律性,服从体育老师的指导,努力锻炼,提高体育技术;克服拼命主义和单纯兴趣出发的观点,不要好高骛远、盲目乱搞;在锻炼时注意安全卫生,做好准备活动。只有这样才能防止和减少伤害事件的发生。(格致中学何良智)

《文汇报》1953 年 7 月 4 日

学习做一个人民教师

我和所有的应届毕业同学一样,在行将升入高等学校之前,内心觉得无限的高兴,高兴的不仅是我将要毕业而升入高等学校,而且因为我毕业、升学于这样伟大的时代、这样伟大的祖国。我们同学都欢喜这样一首歌,"在祖国和平的土地上,生活天天向上升,青年人怀着远大的理想,老年人越活越年轻……"的确,同学们都怀着远大的理想,这种理想是美丽的,也是现实的。

我和同学们一样也有着自己美好的理想,我的理想是升入师范学院学习,将来做一个出色的人民教师。

很早就想过要做一个教师,但当时却只是从兴趣出发,觉得自己愿意做个教师,也不问人民是否需要我做教师,也不问自己是否有条件做教师,总之是没有牢固的思想基础和知识基础的。因此,当想到一些学师范的具体问题时,我就难以解决。譬如,当我知道了师范学院要学心理学、教育学、逻辑学……总之是我认为很枯燥的内容,我想,恐怕除了教育实习以外,其他所读的东西都很单调而乏味。这种疑问,今天我是解决了。开始的时候,有一个正在读师范大学的同学写了一封信给我,她详细的介绍了他们生动而丰富的学习情况。她对我说:"教育工作是一件复杂的艰巨的工作。"之后,我看了《一个女教师的笔记》这本书,使我真正体会到了一个教师之所以成为心灵的工程师的原因,这位苏联女教师为祖国培育着下一代,把坏孩子教养成为优秀的儿童,这就是她在祖国面前的成绩。这是一个真正复杂而艰巨的过程,没有较高的为祖国服务的事业思想,没有较高的教育业务水平,难道能做到这样的吗?我想起了苏联专家戈林娜教授的话:"任何机器没有比人这机器更复杂,任何创造和发明没有比创造一个人更复杂。"学习工科是为了掌握机器的规律,学习心理学是为了掌握人的规律,我有什么理由把读师范看作一件枯燥而单调的事情呢?更何况兴趣原是从工作和学习中培养起来的,假如真正认识了自己的工作给人民带来了好处,那么无穷无尽的兴趣就会产生出来。我曾经看过话剧《在新事物的面前》,剧中的薛志刚本来是解放军战士,组织上需要他去领导一个钢铁厂的工作。我想,一个战士去搞炼钢厂,开始的时候一定也谈不上什么兴趣,可是,祖国的需要就应当成为我们的兴趣,薛志刚在为人民服务的思想基础上接受了这个工作,而且,在剧中我们可以看到,薛志刚把工作做得很好,从工作中他培养了深厚的兴趣与感情。也有人不赞成我去读师范,他们说:"做教师没出息,读工科才吃香。"过去我也曾有过这种想法,但随即认识到这种想法是不对的,我想到史瑞芬同志。史瑞芬同志初到清水塘的时候,既没有校舍,也没有学生,这时她也考虑了自己的前途,也问过自己:"就这样的下去吗?"但是,史瑞芬同志坚持下去了,发展了人民的教育事业,她受到了人民的尊敬和热爱。在新社会里只要你的工作对人民是有利的,你的工作就有光明前途。所谓教师没出息,那是过去的事情,读工科当然很好,因为祖国需要大批工业建设干部!没有成千成万的人民工程师,我们的工业化就不能实现,然而,我们要问:这些干部是从哪儿来的呢?无疑的,这个培养人才的光荣任务就落到了教育工作者的头上。这样,我对所谓"吃香不吃香"的问题便有了比较正确的认识。当我想到,有一天我将要为祖国培养出许多人才输送到建设岗位上去的时候,我感到很愉快。我下了这样的决心:"要学习史瑞芬同志的榜样,学习做个人民教师,把劳动人民所给予我的知识,更多地教给劳动人民。"(格致中学高三学生陈之骝)

《文汇报》1953 年 7 月 20 日

1954 年

怎样避免游泳中的抽筋？

为什么进行游泳运动时时常会发生抽筋现象？根据上海市黄浦游泳池医务室统计：水温在八十一度左右时，每场抽筋的有三四十人（次）。这说明抽筋与水温有很大的关系。水温越低，抽筋的可能性就越大。现在来谈谈在游泳时应当怎样防止抽筋和抽筋时怎样避免发生危险。

（一）抽筋的原因

抽筋是腿部肌肉长时间不自主收缩的现象。引起抽筋的原因很多，而游泳时抽筋的原因有下列几点：

1. 在水中活动过久，肌肉已达到疲劳的程度，而仍继续在水里活动，这时候肌肉本身以及支配肌肉的神经中枢都发生了机能上的变化，抽筋就有了可能。经事实证明，在游泳池里出现抽筋现象的人，绝大多数不是经常从事游泳锻炼的人，因不经常锻炼，也就容易疲劳。但由于他们难得上游泳池，兴头特别好，不玩则已，一玩就是一两个钟头不出水，实际上肌肉已经疲劳了，而自己还没有觉得。为此，乐而忘返，就会给身体带来坏处。

2. 踢球打球也会抽筋，但没有水上运动那样多。这是因为水从人体上吸取热量的作用要比空气强得多。水越凉，体温就越容易降低，因为皮肤受了凉水的刺激，引起了皮下血管的收缩，血液就由皮下血管流入内部器官去了。肌肉的温度降低后，就会影响肌肉的活动，就有出现抽筋现象的可能。经常从事凉水锻炼的人就不会抽筋，这是因为皮肤的抵抗力增强了。

3. 凉水刺激感觉器官所产生的神经冲动，又会改变神经系统特别是大脑皮层的活动状况。这也是会引起抽筋的可能。游泳时抽筋必然具有以上三个因素之一，甚至是三个因素的综合结果。此外，还有其他原因，如年龄特点、体质特点、运动技术等等，但不是主要的。

（二）防止抽筋的方法

1. 入水以前，必须先进行冷水淋浴（海滨游泳也是一样），使神经系统、皮肤、肌肉、感觉器官对水的作用有了初步的适应。因此，游泳池要求每一个同志在入水前进行裸体淋浴，这不仅是为了保持池水的清洁，更重要的是为了使人体各部有效地适应水的温度。

2. 冷水淋浴后，接着要做好准备运动，使身体温暖，然后下水，这样就会延缓疲劳的发生。在气温和水温低的时候尤为必要。最简单的准备运动就是做广播体操或跑步，即使在炎热的天气也是不可省免的。不做准备运动,是最容易抽筋的。在运动以后,浑身大汗,也不能立刻跳向水里去,应该先把汗水揩干,休息两三分钟,再行入水,更好地使身体与水温相适应,否则就等于为抽筋创造条件。

3. 不要在水中活动或停留太久(经常锻炼的人例外),特别是初学的人或者是儿童,一般在水里每隔十分钟左右,就应该上岸休息一会,再行下水,气温和水温低的日子更要注意。以后可以随着锻炼的程度,逐步地增长时间。漫无节制以及突出地表现个人英雄主义,往往是造成抽筋的温床。在游泳池里跳水,是最最欢乐也是最最有益的活动,但是必须量力而行,适可而止,不要凑趣,不要过度。尤其应该注意的是跳水应放在最后练习,因为它的运动量大。如果一进游泳池就扑冬扑冬地跳水,跳到疲倦了还不肯休息,就会抽筋。

(三)抽筋时避免发生危险的方法

发生了抽筋现象,就应该立刻出水,在浅水处可自行设法,在深水处应尽可能保持镇定,让身体很自然地漂浮水面,呼救生员或旁人救援。(在游泳池里应绝对让救生员救援)抽筋情况不严重者,只要不性急不乱动,会游泳的人,一般能利用背泳或侧泳慢慢地游达池边。上岸后,可用松节油或热毛巾摩擦患处,如无效,则伏卧地上,请一人协助,做按摩和放松肌肉的动作,历三四分钟就会恢复正常。复原后,必须要有适当的休息,才好下水。(格致中学体育教员竺林)

《文汇报》1954年8月25日

1955 年

一个永远健康的青年

我在去访问顾筱鸿的路上,脑中一直浮现着一个脸色苍白、声气虚弱的青年的形象。我想,也许比想象中的还厉害些哩,他就是在床上躺了整整四年的人呀!

可是,当我端详着他那红润的脸色、焕发的精神时,就觉得自己一路上想的太好笑了。

"四年前,那时候也正是刚开学,我在格致中学念书。读完这学期我就初中毕业了。你总可以想得出我那时候有多高兴。毕业以后我可以去继续读书,去参加生产,去……祖国是多么广阔呀,而我的一生才开始哩!但是,哪知道,一天突然两腿发酸,没几天就酸痛得起不来了。打这时起,一躺就是四年,要不然……",他停了一停,指着高高地弓起的两膝,"喏,就病在这里,还有股骨两侧。医生说是结核性关节炎。这下半身已经不属于我了,我使唤不了它。"

当回忆起关节炎发作的那些日子,往日痛苦的影子掠过他的嘴角。他说:"那种剧烈的抽痛和发酸是想象不出的,成日成夜每隔五分钟来一阵,只要旁人在走动时稍微重了点,震动了地板,我就像触电一样浑身痉挛。"

肉体上的折磨,精神上的苦闷,紧揪着他。于是,悲观、绝望在这刚十六岁的年轻人的心头逐渐滋长着。窗子外面是明媚的春天,远处飘来小学生们春游的歌声,而他那瘫痪了的身体老躺在病床上。

"希望在哪里呢?"

正在这时,学校中的团组织派同志来安慰他,告诉他:"在新中国,只要思想不残废,青年人是不愁自己的前程的。"并且鼓励他坚持和疾病作斗争。团引导他看到了前途,重又唤起了他在发病之前所抱的美妙的理想:争取入团!

"但是,讲起来便当,做起来难。"顾筱鸿迟疑了一下,说:"当医生告诉我关节不能伸屈已经固定了,就是说我往后不用想站起来了,那时我想:多可怕呀!我当真要躺一辈子了。我妈听了为我愁红了眼,我当着面安慰她,背着面自个儿也难过得无法抑止。我的一生才开始哩,却就结束了。"

经年的病床生活对一个一向活跃的青年来说是一种何等残酷的刑罚啊,但有什么办法呢?顾筱鸿就只好以看书来消磨悠悠的岁月。他困难地一页一页地读完了《安格林娜自传》《普通一兵》……英雄人物的形象不知不觉地轻轻地扣着他的心扉,使他又重新燃起火来。但是一个疑问却横在他的心头：不能比，人家都是健康的，而我是残废的；要学，又从何学起呢？

"多少文艺书看过了。终于，一本鼓舞人心的好书到了我的手里，这就是《钢铁是怎样炼成的》！"讲到这里时，他那兴奋的激情是难以形容的。"我一口气读完了它，这下我找到了自己真正的好榜样和好朋友——保尔·柯察金。我想，保尔不但也不能走，终年躺着不动，而且他还瞎了两眼。但是，他有毫不动摇的志向、极大的耐心和镇静，终于在最困难和艰苦的条件下坚持着学习和写作，而我为什么不能？这时我就打定了主意：向保尔学习！"

不久，入团申请被批准了。团给了顾筱鸿以更大的勇气和力量，给他指引了生活的方向。他向往着伟大的苏联，他希望自己能成为一个翻译工作者，为祖国贡献力量。所以，他就参加了俄语广播学校学习。

"你知道我是怎样学起俄文来的？起初我以为只要听听广播、查查字典就得了，哪知道一开头发音就咬不准，拼音也很困难。"他指着床边搁板上的一架老式收音机说："外加它老是'唧唧嘀嘀'地哼，听起来费力极了。为这我就早上听一遍，重播时再听一遍。后来，学变格了，困难更多了。附近的俄文小组都垮了，说自学俄文等于做梦。

"多谢广播学校，他们知道了我的情况，就帮我解答疑难，团组织也介绍了复旦大学的一个团小组给我，这些热心的大学生轮流给我写信，帮我学俄文。

"艰难的两年过去了，广播学习结业了，我已掌握了二千多个单字。得来好不容易啊。但光懂了这些也不顶用呀。继续自学！问题又来了，凭什么呢？"他从床畔的搁板上拿出一本翻旧了的俄华字典给我看，"靠它！不过它收字不多，而我新的又买不起，一逢到查不到的生字就只好写信去问通讯的朋友们，由他们查了再写信告诉我。

"自学是艰难的，进程也很缓慢，不过有恒心有意志还是能行的。从前年起我就练习译点童话寓言什么的了。

"不过，要真正搞翻译工作还不行，我的祖国语文根基太差。"接着，他娓娓不倦地和我谈了许多中俄文句法的差异和中国词汇的丰富多变。我翻阅他的练习本，上面密密麻麻地记着从《保卫延安》等书上摘下的词汇：谚语、警句、歇后语、同义词，原来他还在学语法修辞哩。

我问他最近在读什么，他抽出伊凡宁古的中篇小说《亲爱的孩子们》，说："新的，每天边读边译，已译出两章了。懂得的太少啦，该学的太多啦，比如这本书里讲到的西伯利亚、卫国战争等，我就只懂些皮相，译的时候就非常困难，译到关于少先队的组织名称时，就只得请教邻居小朋友了。"他欣然地拿出一沓誊好的译稿给我看。当我捏着这书写工整的稿纸时，就想到这上面每一字，都是他躺在床上，一手托着硬纸板，一手捏着笔，费劲地写出的。我不禁深深地感动了。这包含了多大的志向和忍耐啊！

顾筱鸿躺着，他不仅学习俄文，学习中文、地理和历史，他还和全国人民一道学习了总路线，讨论了宪法，这证明他是作为一个青年团员在生活着。总路线的光芒照得他心里充满了阳光。当毛主席号召青年做到"三好"时，他也愉快地响应了，即使在动作万分不便的情形下，他每天早晨也做些两臂伸屈动作，学会了弹凤凰琴，还听广播学唱歌。他热爱生活，也理解生活。他的床所以移在靠街的楼窗畔，就是为了好用镜子来反照街上人们的活动。

他家中就是他和他亲爱的母亲两人,收入靠他母亲糊人丹封套,他一有空也帮着折。生活是艰苦的,但他说,因为情绪很安定,所以也就很愉快。

当我问他:"现在,你寂寞不寂寞呀?"他诙谐地说:"学习也来不及,哪有工夫来'寂寞'呀!你也不要看我一个人躺着,关心的人可多着呢。常有人来看我,相识的不相识的,小学时代中学时代的老同学,团总支书记,报社的记者……也有不少人和我通讯;远在朝鲜的志愿军,大学生们,和我一样长年躺着的朋友们……"他请他母亲从橱柜里找出最近积起的一捆信件给我看,我一封封地看着,他在旁兴致勃勃地给我解释。我想,这真是新的时代啊,这些怀着同情的心,伸出友谊的手,用友情来温暖他关怀他的人——见过面的,或没见过面的,都以新社会同志式的态度,来同他交朋友,无怪他说一点也不寂寞了,他是生活在集体的友谊中啊!

去年冬天,在老闸区第一次团代大会上,顾筱鸿的动人事迹,受到了表扬。当人们向他祝贺时,这位未来的翻译工作者、优秀青年团员激动地说:"我做的还远远不够。这都是靠团支持了我,教育了我,同志们帮助了我。我现在还得加紧学习。"

顾筱鸿,虽然身体残废了,但坚强的意志和青春的热情在他心胸中燃烧着,使他像春日的花朵一样茁壮,焕发,使他成为一个永远健康的青年。(汤廷诰)

《解放日报》1955 年 4 月 4 日

自学有困难,但是能学好!

【编者按】顾筱鸿同志和疾病斗争艰苦自学的动人事迹,曾经受到青年团老闸区第一次代表大会的表扬,本报并在今年 4 月 4 日以"一个永远健康的青年"为题详细介绍了他的情况。这里发表的是他报告自学体会的来信,他这种不怕困难坚持学习的乐观主义精神,是值得今天参加自学小组的同学学习的。

编辑同志:现在从高小或初中毕业的同学,在理论上一般都了解升学、劳动生产和自学三条道路,不论走那一条都光荣都有前途。但是当不能升学真的要自学时,有些人就暴露出心里还是看不起自学,也有不少人因为没有自学过,所以怕学不好,信心也不高。

我本来在格致中学念书,后来因为生了结核性关节炎,不能起床,就离开学校,到现在在家自学已经有好几年了。虽然我的情况和别的同学不同,学的内容也跟大家不尽相同,但总算摸索过一些日子,所以我很高兴把自己的一点自学的体会,跟大家谈谈。

刚开始自学时,我感到样样不便当,要书没有书,要问没处问,因为生病躺在床上不能出去,只好一个人学,常常感到很孤独,想起学校生活中的热闹情景就很难过。那时,我读了不少文艺书籍,书中的英雄人物给我以很大鼓舞。在《钢铁是怎样炼成的》一书中,我找到了保尔·柯察金这个值得自己学习的好榜样,于是我对自学开始有了信心,青年团组织又给了我以更大的勇气和力量。我当时身体很虚弱,只是跟着俄语广播学校的教学进度学习俄语,不懂就得写信去问。自己文化水平低,身体弱,又没能参加小组,学俄文感到异常吃力。后来广播学校了解了我的困难情况,介绍一个情形相仿的同志与我认识,于是碰到学习上的疑难就常常写信去请教他。以后又认识了几个情况相同的同志,大家经常联系,订了书报互相寄阅,虽然从没见过面,信上谈起来却像是老朋友。这些书报对我说来太可贵了,即使是大热天,闷得受不住,我也不肯丢下它。经过了艰难的两年,我在广播学校结业了,这时我已掌握了二千多个单字和基本语法,以后就继续自学。一天天自学,我越来越感到自己知识的贫乏,因此就渐渐扩大学习面,现在我除了练习翻译俄文以外,还在学习中文语法和历史地理,我知道这些都是一个翻译工作者必须具备的起码知识。我体会到自学是不简单的,的确有困难,一天两天看不出成绩,但只要坚持学习认真学习,就一定会有收获的。现在我的兴趣越来越浓,信心也越来越高了。可以这样说:自学有困难,但是能学好。看不起自学是没有根据的,问题在于自己是否努力。

自然,刚刚离开学校转入自学生活的同学,一开始定会感到样样不便当:没有学校,没有教室,不懂也不能立刻举手去问。可是我觉得你们的学习条件是很优越呢!你们不是能组织小组好多人在一起学吗?不是能从收音机中听到教师的声音吗?你们身体很棒,要到哪里就到哪里,做完功课,不是能大家一起去逛公园,看戏,参观展览会吗?政府、党、青年团和社会各界不是都在鼓励你们自学,帮助你们解决困难吗?所以说,困难不过是在于开头不习惯。其实不论什么事,开头总是有些困难的。但在勇敢的人面前,困难是一脚就能踢开的草包,并不能挡住人前进。我们是新中国的青少年,不应该望见困难的影子就畏缩不前,我们应该挺起胸来大步朝前走。(顾筱鸿)

《解放日报》1955 年 8 月 12 日

我在病榻上坚持自学

看到了《文汇报》上刊载的陈宗德同学的来信,以及很多同志的文章后,我也想来谈一谈自己的体会。

四年前,我还只 16 岁,在上海市格致中学初中三年级学习,有一天两腿突然疼痛不堪,没有几天就不能起床——我患了结核性关节炎。据医师诊断:下半身将不属于我的了,我将终身瘫痪在病榻上(目前医师诊断,可能以后还会走),当时一股绝望、悲观的神情,使我日夜盼望建设祖国的雄心立时成为"幻想"。当时我是如何苦痛呀!妈妈时时为我悲泣。当了她老人家的面,我还得含着眼泪劝慰她,但背人时泪珠亦不由自主的流了下来。我想:"我可完了,一个残疾的人,对祖国还会有什么用呢?"

"你有没有试试去战胜这种生活?你是不是已经尽了一切努力来挣脱这铁环呢?……即使到了生活实在难以忍受的时候,也要找出活下去的方法,使你的生命有用处吧?"保尔·柯察金的光辉形象,鼓舞着我去战胜这种生活。当时团组织亦派人来慰问我,更增加了我的信心。我常常对自己说:"好好学习,像保尔一样为祖国贡献出一份力量。"

一天我在报上看到了俄语广播学校的招生广告,恰巧家里有一架收音机,我想这样对我还适合,就暗暗下定了决心,准备自学俄文。

说来便当,做起来就难了。自学俄文给我带来了无比的困难。发音、单字、变格、文法……都极难搞懂。有不懂的问题,又不能走去向老师或同学请教。特别是单字发音,收音机时时发出了杂音,像声音相同的单字"Ж"、"Ш"等发音就很难辨清。有问题,只好写信去问电台的老师与一些跟我一样躺在床上的朋友。但回信时很难把问题解答得十分清楚,像单字发音等。加上我家庭经济较为拮据,仅靠我和母亲糊人丹封套的收入过日子,有时寄信的邮费亦发生困难。疾病又时时向我侵袭。但当我想起了我是在为祖国学习时,就产生了克服困难的力量。我向往着自己能成为一个人民的翻译工作者。

困难虽然很多,但是支持我、关心我的人也很多。有一次,卫生局一个同志为了调查一件事遇到了我,当他知道我在病榻上学习时,就非常关心我,经常借一些文艺书籍给我看;好心的邻居刘同志常常为我从家里(法华镇)一直到外滩的一家图书馆去借外文书籍,图书馆的同志也尽可能给我借书的便利,团组织更关怀我,批准我入了团。

经过了两年的学习,在广播学校结了业,掌握了两千多单字,以后的学习是更艰难了。不用说,一个翻译人员如果只懂两千多外文单字,他怎能翻译呢?同时我的本国语文程度和各方面知识还很差,所以今后不仅要进一步自修俄文,还要艰苦地学习其他方面知识。过去学俄文做练习还可以听广播学校的一次校对,现在练习翻译,只能将译好的东西辗转相传给和我一样躺在床上的朋友,相互修改,相互帮助,一次修改往往要花很长时间。过去我有一个天真的想法,以为学了俄文就能翻译,但事实很快地就告诉了我,如果不精通祖国的文字,掌握一些必要的知识,就根本谈不上翻译,于是我又开始学习语文,看一些修辞之类的书籍,摘录着优秀文艺作品上的词汇,学习着地理、历史和文艺理论、批评的文章,练习翻译文艺作品与儿童文学……为我今后正式从事翻译工作创造条件。我除了在病榻上紧张地进行自学外,还适当地处理自己的生活,虽然下半身是瘫痪的了,上身还可做些双臂伸屈动作,有时也跟无线电学唱歌,生活是很有趣的。去年冬天,在老闸区第一届团代大会上,我光荣的被表扬为优秀团员。这一切都在预告着,我将重新走回生活的行列。

在我们国家里,新鲜的事物,无论在它开始时受到多大的打击、讽刺,但最后的胜利是一定属于它的。在党和政府的英明领导之下,社会舆论正确的支持下,家庭和学校的帮助下,自学是一定能取得成绩的。希望陈宗德同学树立起信心来,我在病榻上预祝同学们在自学中取得胜利。(顾筱鸿)(项德宝记)

《文汇报》1955 年 8 月 19 日

1958 年

政治、艺术两者不可偏废

厚古薄今是现行文学课本的致命伤。但把它全盘否定的看法我以为还值得好好研究。它多少是参照，吸取了几年来语文教学的实际、教训而编成的。今天用薄古厚今的原则重新把它修改，还是能够的，不必重起炉灶。删掉一些已为大家公认的、不适于青少年读的古诗文（但面不宜过广，如《君子于役》之类的仍应保存）和可以作为课外阅读的长课文（如《岳飞枪挑小梁王》《诉肺腑》等）。增添一批现代文学作品，1942年后的应该与1942年前的并重，多选各个时期的代表作。另外每学期留出一到两篇作为临时选定的教材。文学知识和文学史的专题应该保留，但可重新编写得简明点。

过去一个时期内为了适应新形势，文学教材经常变更，这做法还是对的。但教育部门应该在今后逐步使之趋向于相对的稳定。因为建设社会主义的总方向是坚定不移的，文学教学的目的任务也是确定了的，遵循这个总精神便可办事，便能做到少变少动。列宁同志曾就教科书作过一段非常重要的指示："只有能使用几十年的通俗读物，才是好的，才是适用的。因为通俗读物是民众的教科书，而教科书叙述的基本的浅近知识，却是数十年不会变更的。"（转引凯洛夫《教育学》）我觉得这段话是值得大家在讨论时重视的。

至于河南的做法，在批判纯文学观点上，做得有首创精神，但作为文学教本而选材过于忽视文学作品，轻视文学知识，也是偏向。我总觉得他们看得近了些。勤工俭学、半工半读，教学结合实际是我们的办学方针。但我们的学校终究不是短期训练班。我们讲功利，但不能单纯只看眼前。像教化学，不能以单讲肥皂、雪花膏制法才算是结合方针，为勤工俭学服务；我们的文学教材也不能把选材的范围规定得太狭了。文学的标准是毛主席早规定了的：政治第一，艺术第二。两者都不可偏废。狭隘的理解：唯有大量增加政治论文，减少文学作品才是加强政治，结果会重走过去走过了的弯路；有些思想水平、业务水平不高的教师，把文学课当作政治课、班会课上，结果既非文学课，也非政治课。政治思想是每个学科都应贯穿着的，但它与社会主义教育课又有区别。文学课的思想教育还是应该通过对作品的形象和语言的感受来贯彻，它应该是有内涵的。新的文学课本应该在政治、艺术两者都不偏废的前提下就现行课本作合适的修改，并使之逐步稳定下来。这是我的一点浅见。（格致中学汤廷诰）

《文汇报》1958年3月29日

在今古兼收的原则下稍厚于今

《文汇报》3月29日的社论中,谈到关于教材改革的问题:"根据我们的教育方针和受教育者的特点来检查一下我们的教材",确实存在很多问题。就拿中学文学教材来讲,其编选的内容,已远远落在目前形势的后面了。

关于如何改革的问题,见解各有不同:有的主张"厚古薄今",有的主张"厚今薄古",有的主张"今古兼收,厚薄等同"。这三种见地,我看都有偏颇。

就"厚古薄今"来谈,这意味着偏宠古人,认为教材中应大量编选古典文学,而现代文学,则应处于次要或不重要的地位。这样,不但与中学生的年龄特征和接受能力不相适应,也与当前的教育方针和政治形势无法配合。

至于"厚今薄古",则是低估计了古典文学尤其是民间文学的教育价值。在教材中不选或极少选教古典文学,会使青年们不能或很少有机会从我国几千年以来所积累的文学财富中吸取营养。也无法通过古典文学的学习来认识中华民族优秀的文化传统。甚至可能连屈原、陶渊明、李白、杜甫也不知道是何许人,这不仅是我国文学遗产的一个创伤,无疑的,也是青年们的一个损失。

谈到"厚今",这是应当肯定的,但也不能把文学课直截了当地变成政治课。不必篇篇谈形势,课课有劳动,使同学分不清政治课和文学课的主要区别,觉得每周有了七堂政治课。这就失去了文学应有的独立性和特点。

我并不是说,文学不负贯彻政治思想教育的责任。谁都承认,文学和政治是相辅相成的,它是应当贯彻而且最便于结合政治教育的,不过其贯彻形式不同于政治课和其他学科,它是通过人物的形象及艺术的感染来潜移默化地改变青年们的精神面貌的。这一点,不论古今文学在不同程度上都可办到。但现代文学更易收到教育效果。

再说"今古兼收,厚薄等同",我以为把"今古""等同"起来看待,其实是偏厚于古了。

毛主席教导我们:"没有正确的政治观点,就等于没有灵魂。"要负起改造青年思想、提高青年政治觉悟的责任,在文学方面讲,古典文学即使是最富于人民性、最富有现实主义精神的作品,也无法负担起这个任务来。这个任务,必须让社会主义现实主义的现代文学作品来担当。那么即使"今古兼收",厚薄何能"等同"呢?

为了使青年有机会认识我国古代人民所创造的优秀的文艺作品和这些作品中所体现的时代的生活、人民的愿望及富于创造性的艺术风格,而另一方面又能配合当前跃进的形势,在"培养今时今地今人"的要求下,把青少年培养成为社会主义劳动者,我以为应在今古兼收的原则下而稍厚于今。在编选的教材中,最好能有三分之二或四分之三的现代文学作品。所选的古典文学作品,应掌握系统性、代表性,并要求最大限度地与时代要求相适应。什么"窈窕淑女,君子好逑"之类的作品,可以割爱。这样可使同学在获得形象艺术感染之余,同时能略窥我国文学史的发展概貌。

以上的看法,是否正确,尚待指正。(上海市格致中学田载贤)

《文汇报》1958年4月1日

提高学生的数学水平

中学数学,在解放后曾经进行了重大的革新,学习苏联先进经验,制订了教学计划、教学大纲和教材。通过革新,摧毁了资本主义的教育思想体系,初步地树立了社会主义的教育思想。但是从今天生产大跃进、文化大跃进的新形势来看,这些改革还很不够,主要表现在下面几方面:

一、不符合"多快好省"的要求。

苏联十年制中学的数学课程和内容,我们中小学要读十二年,而质量不及苏联高。我们各级学校的学生都要参加生产劳动,但各阶段中所学到的数学知识,为生产服务的就很不够。例如小学六年级只学到简单的分数和小数,珠算和速算的技能很少培养。又如初中代数不讲二次方程,几何不讲相似形以及以相似形为基础的简单的三角;高中不讲平面解析几何,但这些在生产上或进入高等学校都是很需要的。

二、教材内容没有很好地联系生产实际。

初中毕业生参加农业劳动,很需要珠算、农业簿记、简单统计等知识和技能,但现行中学算术教材里讲得很少。各年级测量作业,大纲中虽作了规定,但教材没有将它具体化。尤其是高中几何、三角,关于面积、体积的计算和测量,很可以结合工业零件等问题;高中代数与几何,讲极大、极小,很可以联系修建仓库、挖井、积肥、节约原料等实际问题,但教材都没有很好地结合。高中立体几何未担负起简单机械图的教学,使学生对简单的工业上的蓝图还不认识。此外,数学与物理学科的联系不够,如高一物理讲运动力学要用到图像来解释二次方程,来计算,而代数尚未讲到,给物理教学带来困难。

三、教材重复。

如小学算术讲整数、小数、分数的运算,初一算术又提出;平面几何提出了解直角三角形,而三角又提出;初三代数讲了一次不等式,而高三代数讲不等式时,又从一次不等式开始,这些都是不必要的重复。

为着使中学数学能够更好地为生产服务,为政治服务,我们认为,除了仍要注意科学性、系统性、思想性以外,必须大力删除重复部分,增加与工农业生产有关的内容。初中代数教完一元二次方程,精简分式,减少因式分解教学时数。初中几何教完平面部分,精减一些繁复论证,增加测量实习作业。有些概念的引进,可从定义出发,如圆的度量问题,在高中代数讲极限时结合进去。高中代数在高二下教完,高三的数学复习课,进行系统的综合的联系实际的复习工作。高三教平面解析几何。高中三角与立体几何,增加测量实习作业,立体几何与机械制图结合。

为了更好地改进数学教学,教师必须下工厂,下农村,与学生一起参加勤工俭学来搜集有关数学在工农业生产上应用的资料,以边学、边编、边教、边改的方法,逐步做到理论联系生产实际。(上海市格致中学数学教研组)(黄松年执笔)

《文汇报》1958年4月7日

1959 年

中学生射击破全国纪录

在一次上海市射击表演中,格致中学高三(5)班的学生王智令以命中 96 环的成绩,打破了 1957 年女子"3+10"卧姿无依托 95 环的全国最高纪录。

王智令过去对射击运动的目的性并不明确,只是利用业余时间玩玩而已。在党团组织的帮助和大跃进形势鼓舞下,特别经过整风学习,她的思想面貌有了变化,认识了体育运动是为生产和国防服务的,进行体育锻炼不是为了个人而是为祖国和人民力争荣誉。从此,她进行了艰苦的锻炼,在很短的时间内,成绩飞速提高,打破了全国纪录。

王智令表示:要使自己成为一个具有共产主义风格的运动员,要在 1959 年五一劳动节以前达到健将级标准,并力争打破世界纪录来向党献礼。(张浩)

《文汇报》1959 年 1 月 10 日

小牛回来了

晚上回家,爱人激动地对我说了下面这件事:

快五点了,小牛这孩子还没有回来!平时,十二点一刻这孩子就要回到家里的。她本想到学校里去接孩子,但家中还有三个小的,怎么走得开呢?而且,学校离得又很远,自己没去过,连路也不认得,只好在家中干着急。

小牛是聋哑人。才九岁,新从乡下来。从聋哑小学回到家里要穿过好几条马路,还要坐半个钟点的汽车。这孩子上学也曾跑错过几回路,都被好心的伯伯送到了学校。怕他再走失,我爱人在孩子的书包上钉了一个写着学校地址和家庭地址的布条。

"当,当……"五点了,小牛还没回来。"会不会发生车祸?"她惶惶若有所失,再也安不下心来,就下定决心拖着三个孩子到学校里去寻找。当她准备好一切预备出门的时候,一个老妈妈领着小牛走进来了。

老妈妈说:"这孩子今天吃的苦头可不小哇!武夷路不正是在修着吗?路的两旁全堆着泥土、石子、水泥什么的,又有水沟,走起来可真不容易呀!这孩子不知怎么跌到水沟里去了。正巧我的儿子水根打那儿过,把他拉了起来。领回家来给他烤衣服,吃中饭。"

"真太好了!谢谢你们!"我爱人感激地说。

老妈妈临走时还说:"以后下雨天,可别让孩子一个人去上学呀!"(格致中学周艺)

《解放日报》1959 年 2 月 23 日

1959 年

围墙里外

夜深了,近处工人文化宫的工人乐队已经停止了悠扬的吹奏,只有对着窗口的永安公司屋顶上的那盏红灯,还在夜空闪烁着光芒。我改完了最后一本作文,倦极了,便点上一支烟,步向露台。四周静极了。月光下有一条赭红色的带子呈现眼前,那是学校的围墙。我想起十一年前,初进这个学校的时光,也曾在深夜倚着露台,望着月光下的这一带赭红色的围墙出神。可是十年来,围墙的里里外外已经起了多大的变化啊!

我顺着围墙,巡视着这一带房屋,凭着依稀的记忆,识辨着十年来这条广西路的变迁。这儿曾经开设过多少妓院、花柳病诊所和燕子窝啊,正如郭沫若早年的一首诗中写的那样:"游闲的尸,淫嚣的肉,满目都是骷髅,满街都是灵柩。"今天,马路仍是这条马路,却已是"面目全非"了!那北海路上的国营艺术灯彩工厂,原是一片片专制冥器的"巧玲珑",如今那些匠师已用运斤成风的手法美化着舞台,打扮着多少节日的街头巷尾。紧挨着围墙的仍是旧货摊,不过已不再是出卖装木屑的奶粉罐头、马粪纸做的皮鞋和坐收贼赃的黑市。斜对角的那家茶铺,十年前是白相人讲斤头、打群架的地方,如今已成了居民食堂了。白杨飒飒地吹响着,我又想起十年前的一幕幕景象:就在这带围墙下,严冬腊月,水门汀地上横七竖八地躺着盖着申报纸麻袋过夜的"小瘪三"和"白粉鬼";每天黎明,附近普善山庄的收尸人,经常抬着作为临时容器的棺材,来装殓这些找到了最后归宿的人。

那时,每当上灯时分,这条街便分外热闹了。隔壁弄堂里有比这所老牌学校还闻名的人肉市场。黑牌汽车、美国吉普从弄堂口一直排到校门口。这是王八满天飞,淫棍到处钻的时刻!绿色的破楼房里传出刺耳的铃声和淫荡的叫嚣,直到过了半夜才能慢慢平息下来。而半夜过后,附近的居民又常常会在睡梦中被一阵阵惨厉的哀号和幽幽的啜泣所惊醒,一听到这些声音,人们便会想到那些出卖灵肉的女人们的悲惨身世。……如今,那座丑恶的破楼已经被荡为平地,代替淫荡的笑声的是孩子们的欢呼——这块平地已改成附近小学的操场了;去年全民炼钢时期还曾是里弄居民的工地。

我回看围墙里面。在那些可怕的年头,围墙里外是一样漆黑。想今天离端午还有近十天,但是,当年此刻,已有多少教师在为张罗一份孝敬校长、主任的节礼而愁肠百结了。为了活命,有的教师每周兼课超过了四十节,然而声嘶力竭地叫喊了一个月,换得的成捆的钞票,还换不上几斗大米!而那些充当校长、主任、训育员、公民教员的国民党特务们,则大摇大摆,出出进进,吃鱼吃肉,统治着这个学校!他们豢养作为打手用的三青团学生,是二号特殊人物。他们可以不上课,可以不参加考试,可以当官作弊,可以公开辱骂教师,也可以隔着楼窗向对面妓院里的女人高声调笑眉目传情而不以为耻!那是什么样的学校,又是些什么样的"学生"啊!

1949 年 6 月,学校被接管了,噩梦苏醒了,从那时候起,围墙里外,一片新绿!学校的大门为历来向隅的工农子弟敞开,十年来,这个改造成为社会主义学校的地方,已培养出数以千计的社会主义劳动者,其中有不惜牺牲生命保护国防器材的不朽烈士,有荣膺全国冠军的女子射手,有社会主义建设积极分子,有驰骋在荒原的开垦者……

月亮已经行走到中天了,微风拂过,一股清凉的夜气弥漫于四周,洁净的操场上空,缤纷的彩旗摇曳不定,我想起明天这儿将要举行全校性的夏季运动会,该有一番何等样的热闹!

该睡了,明儿好起个早。(格致中学汤廷诰)

《解放日报》1959年6月3日

这里闪烁着青春的光芒

有一天,我上好第二节课,刚刚下课,一个高个儿的解放军战士笑着走到我的面前,向我严肃地行了一个军礼,喊了我一声"夏老师"。我端详了一会,惊呼起来:"你不是曹达成吗?"他点点头说:"是的,我是曹达成。"原来他是早几年参军的初二学生。他离开学校已经五年了,他说:"我这次回家只打算停留五天,虽然时间很短,我一定要来看你一次,表示我对你的怀念。"这时,我的心情是欣喜,是激动,实在无法表达。总之,我已深深尝到人类灵魂工程师的无限愉快和安慰了。我们谈了两小时,他几乎是从家庭到工作,无所不谈,无话不说。他告诉我本校参军的同学林财法,在东海舰队上冒着风雨为抢救国家军备而牺牲的悲壮经过。我告诉他,学校为了响应党的全民炼钢的号召,为了教育与生产劳动结合,曾经发动全体师生炼钢。有一个学生在炼钢当中,误拿了滚热的火钳,手被灼得红肿了,他始终坚执着火钳,不让坩埚倒翻,为的是不使已炼成的钢水受到损失。我告诉他,同学们共产主义的道德品质在不断地迅速成长。我又引导他巡视学校一周,他觉得这几年来,母校也是随同祖国一时一刻地在变化发展。临走时,他说了这样一句话:"这里在党的领导下,闪烁着青春的光芒。"

是的,十年来,由于党对教育事业的正确领导,我们的学校已经恢复了它的青春,连我这个年过六旬的人也被社会上的人们所尊敬,成为一个真正的教师了。记得解放前,有一位校长曾经笑着对我说:"顾客是商人的衣食父母,我们现在做的是教育生意,换句话说,学生就是我们的衣食父母。"他平日不常到学校来,但当学期开始时,就看见他西装笔挺,手里提着一个大皮包,和他的爱人翩然惠临,三日以后又看不见他的影子了。学生们都毫无顾忌地喊着"老板和老板娘"。

于是,一般教师的教课,都要迎合学生的兴趣,否则得罪了学生,赛过得罪校长的衣食父母,弄得不好连"饭碗"都要敲掉。

当时,我是语文教师,但是不如说我是"说大书"的更为恰当,我当时上课,只求把稗史谈得有声有色,博得学生哄堂大笑,不逃课就算完成任务了。

那个时候,为了生活,我又兼了另外两个学校的教职,我天天像磨盘似地在旋转,我一星期要上四十八节课,午饭没有工夫好好吃,只好在路旁买些烤山芋,钻进弄堂里吃完后再到另一个学校去上课。但是家中大小还是有一顿没一顿得吃不饱。我的小儿子天天放学回来,要去卖报。

对于这样的生活,虽然也往往受着良心的责备,可是我无法摆脱。

解放了,十年来在党的领导下,我才真正认识教育工作的意义和教师的重要性。我懂得了我们教师的责任是要培养一批为社会主义事业服务的人才。我开始在党的教导下履行一个教师应尽的职责,也受到了学生的尊敬。

不但如此,党关怀我的健康又是无微不至的。记得有一天晚上,学校正在开会,同志们正在踊跃发言和争辩,可是窗外的凉风不时从窗缝里向我袭击,我有些感到寒意,看看墙壁上时钟正指示九点半。

忽然,离我座位很远的校长,走来轻轻地在我耳边说道:"夏同志,时候不早了,你先回去吧!""不!我吃得消。"我故作坚持地答道。

他摸摸我身上所穿的衣服,接着说:"你快回去吧!不然会受凉的。"

我终于低着头,默默地离开了会场,心中充满着不可遏止的激动。

上学期暑假到了,我又被邀往杭州屏风山工人疗养院去休养七天。正是:

滥执教鞭四十年,辛酸生活记从前,
冷嘲热骂知多少,教学由来不值钱。

服务方针明确时,为人岗位任何之,
等闲识得庐山面,人类灵魂工程师。

在此庆祝建国十周年之际,我深深为能够生活在毛泽东时代而自豪。(格致中学夏筠荪)

《解放日报》1959年9月28日

"精批细改"是为了贯彻教育方针

作文怎样"精批细改",对我们是一个新的问题。开始时教师有畏难情绪,一方面是还未掌握方法,不知如何精批细改,但更重要的是对它在整个语文教学中的地位及作用不明确。经过讨论,我们认为精批细改是写作教学的一个环节,又与讲读课有紧密联系,既有教养意义,又有教育意义,所以"精批细改"不是为批改而批改,而是为了贯彻教育方针,提高语文教学的质量。

全面改,重点批

至于方法,我们认为,"精批细改"不是"多批多改",而是当改则改,不当改则不改;当批则批,不当批则不批。我们批改的原则是"全面改,重点批"。所谓"全面",包括字、词、语句、思想内容,但改时要尽量尊重原意,可改可不改的就不要改,硬加改笔就更不需要。所谓"重点批"的"重点",我们认为有这样三方面:年级要求;本次作文要求;每个同学的具体写作情况。比如初一学生用比喻句不当,只改不批,因为"年级要求"只要求能掌握"形容";初二学生有这样的错误就要批了,因为掌握"比喻"已是这个年级基础知识的要求。高一学生单句结构不完整,只改不批;对高二学生的类似错误,就可以用语法术语来批了,因为"年级要求"规定他们必须掌握复杂单句,他们也已懂得了"介词结构""主谓结构"等术语了。至于本次作文要求的重点,一般根据市教育局编发的《写作教学意见》中所提出的对每次作文的要求,如"运用一些形容词语""运用对比手法""选材要有典型性"等。至于各个同学的不同重点,是根据他在作文里比较突出的问题来确定的,如某同学哪几个字常写错,或句子中当用"的"字结构的总不用,对症发药,及时指出,就易于改正。

对"当改则改,当批则批,不当改则不改,不当批则不批",我们也有些体会。比如一个学生写:"解放军同志在那样的艰苦条件下还那样努力,而我们在这样有利的条件下,却不能做到努力学习、刻苦钻研,这又是多么惭愧啊!"教师把"不能"改为"没有",眉批中写:"不是'不能',而是'没有'"。我们认为,这样一改一批,有思想教育意义,虽是小地方,却当改当批。又如一个学生写:"死去的战士,只能增加他们对敌人的仇恨和对胜利的信心。"教师把"死去的战士"改为"战友的牺牲",眉批:"想想看,这句的主语是什么?妥当否?"我们认为这也是当改当批,有基础知识的教养意义。又有一学生"这""只"总用错,教师眉批:"'这'是指示代词,'只'是副词,不能乱用。"这是根据这个学生的具体情况来批的,也很必要。又一个同学写:"郭老的《向地球开战》一诗里,主要歌颂了人民解放军战士的不断革命精神。"教师在"郭老"前加了一个"在"字,我们就认为改得多余,因为用"里"的时候并不一定非用"在"不可。

一环扣一环

其次我们认为,精批细改是写作教学中的一个环节,但不是孤立的,它和命题、课前指导、作文评讲课是密切结合着的,而且是有内在联系的。如果放松了这一环,就影响了另一环,而造成恶性循环。反之则一环扣一环,一环指导一环,写作质量提高,批改也就较省力,批改质量、速度都能提高。

这里举一个班的例子。高二某教师根据教学计划,紧紧抓住以讲读课为中心,并以写作教学的四个环节(命题、课前指导、批改、评讲)配合讲读课,进行了一连串的有计划有目的指导。教师考虑到第一篇讲读课文是《向地球开战》,接着是阅读课文《永不放下枪》,第一次作文就则按写作计划,结合讲读课,写"《永不放下枪》读后感"。第二个单元的讲读课是两篇论文,写作也是论说文。教师就考虑到这个单元的讲读课、阅读课、写作课的关系,这个单元的教育、教养目的,以及与下一单元的联系。教师以为,第一个单元的教育目的应以领会不断革命精神为中心,启发学生在受到感染后写联系思想实际的文章。同时针对同学写作不会选材、层次不清的毛病,培养他们编写提纲的能力,以及初步能围绕论点提出论证的能力,为下一步读两篇论说文和写论说文打下基础。因此教师在分析《向地球开战》一诗时,通过语句突出了"英雄解甲重上战场"的不断革命精神。接着教《永不放下枪》,仍是贯彻这精神,指导学生朗读、背诵、写提纲以至写读后感。在写作指导时并不明白讲出"论点""论据",而是要求学生根据作品中的句子提出自己的看法,同时更提出对这篇作文的具体要求。经过了指导,写作比较合乎要求。教师根据要求,进行精批细改、下眉批总批都比较顺手,批改速度也就渐渐提高。接着对下面的两篇论说文,教师都指导学生编预习或复习提纲。事实证明,学生编提纲的能力也逐渐提高了。在评讲课上,教师仍以承上启下的方式,既巩固讲读课,又指导写作课;既总结上一篇作文,又指导下一篇作文。下一篇作文是论说文。教师结合本班一个优秀团员的事例,以"从×××同学的事例说明树立共产主义人生观的重要性",要求在思想内容上仍体现不断革命的精神。教师的评讲内容是结合复习课文,提出论点、论据;结合学生上次作文优缺点,进行了语法修辞方面的评讲和指导;还结合选材、编提纲,进行了思想教育。这堂评讲课全面贯彻了语文教学的目的任务。我们认为,这位教师是紧紧抓住以讲读课为中心的写作的四个环节,而这四个环节是由一条线贯串起来的。这条线就是这一单元的教学目的,也就是语文教学的教养任务、教育任务。同时这四个环节又有内在联系,做到了一环紧扣一环。

我们还感到,作文不仅反映学生的语文知识表达能力,也反映学生的思想面貌和学习态度。教师的认真批改,可以启发和诱导学生认真学习。同时,通过精批细改,教师还可以针对作文中反映出来的一些思想情况，及时对学生进行思想教育。所以"精批细改"又不但有教学意义，还有教育意义。

"精批细改"能提高讲读课质量

再次，我们认为，"精批细改"能促进讲读课提高质量而讲读课质量的提高又启发了学生写作的积极性，激发了对写作的兴趣。通过精批细改，就能在学生写作中，发现他们基础知识上所存在的问题和教学上存在的问题而在讲读课上有的放矢地进行补课。这也就提高了讲读课的教学质量。比如我们在批改学生作文中发现很多"动宾不配""主谓不配"的句子，像"响应八届八中全会精神"，像"环境是相当严重的""目前情况有些消极"等句；又句子结构不完整，如"我非告诉营长，你不肯让我们照顾你""忽然传来了发现前面有敌人出现"等句；还有乱用"使"字，以介词结构做主语等，如"从这里，使我们看到了人民解放军的优秀品质"等句子。教师就在讲读课中结合课文中的语句，着重讲解这些语法知识。又如高三学生在写论说文时论点论据有问题，教师就在《和平宣言》这一课讲解摆事实、讲道理的论证方法时，结合同学写作予以说明。又如高二教师在教了《向地球开战》后，发现有些同学在写作中对诗中的不断革命精神并没有领会也就发现了自己的教学并没使全班学生接受，作了重点补课，提高了教学质量。

同时，因为讲读课质量提高了，也启发了学生写作积极性，激发了写作兴趣，因而又提高了写作质量。比如高三教《万水千山》一篇时，由于教师形象地分析了一些词语，如"狡猾的外衣""营救"等，突出了草地环境的艰苦，也就突出了红军克服困难的精神。又对对话进行了深入分析，并进行分配角色朗读，突出了红军，尤其是指导员李有国的优秀品质，使学生受到感染。因此第二篇作文"改《万水千山》第五幕为记叙文"的质量就比较高。因此我们说，精批细改提高了讲读课质量，又进而提高了写作质量。

能不能"多快好省"？

有人说，精批细改虽好，可是费时间。如果要快，质量就不能保证，因此不能"多快好省"。我们认为，"多快好省"是总路线精神，教学虽有自己的客观规律，但与总路线精神决不矛盾。只要树立了教学的全面观点，加强各环节的教学，写作与讲读课配合，基本练习为讲读课做好巩固工作，使技能化为技巧，这就为作文质量的提高打下基础。再加有了写作教学计划，明确每次要求，加强评讲；对要求掌握得熟练之后，改多了，熟能生巧，教师水平逐步提高，同学写作水平也提高了，批改速度无疑的也就会提高。目前批改要想有重点，但批改费时最多的却是错字错句，因此快不了；错字错句减少，写得清顺，就好改了。

而要全面提高批改质量，提高语文教学的质量，归根到底，又在于教师政治水平和业务水平的提高。一方面要加强进修，一方面要研究教学方法。比如我们有两位新教师，起初改一本作文要四十分钟，后来抓紧写作教学的四个环节，批改的质量和速度就都有很大提高，现在一小时可以改四本作文了。而且，精批细改，在目前是多费一些时间，但多费一些时间是有收获的，有助于语文教学的其他各个方面的提高。而整个语文教学的质量获得提高，精批细改也自然能做到"多快好省"了。（上海市格致中学语文教研组）

《文汇报》1959年10月27日

1960 年

不让一个同学掉队

新的一年开始了,党向我们发出了战斗号召:温课迎考,争取优良的成绩。

原来,我们中间有人认为考试太紧张,有畏难情绪。听了党支部书记的报告后,我们知道工人同志在取得1959年的辉煌成就以后,已经实现了1960年开门红,我们应当向工人同志学习,以优良的成绩向党汇报,也来个"开门红"。这次考试是在进一步贯彻党的教育方针的情况下举行的,意义更大,我们更要用优良的考试成绩,回击右倾机会主义分子对党的教育为政治服务、教育与生产劳动相结合的方针的污蔑。我们决心以个人为主、集体为辅的方法进行复习,好的更要好,差的也要好,决不让一个同学掉队。(高中学生章祥孙)(选自格致中学黑板报)

《解放日报》1960年1月10日

向英雄的朝鲜人民致敬

朝鲜解放已经15周年了,我们上海人民正以欢欣鼓舞的心情,庆贺朝鲜人民自己的节日。我是中国人民志愿军的一员,归国已经有四年五个月了,但朝鲜人民的英雄形象、美丽的朝鲜山河,特别是中朝人民用鲜血凝结成的战斗友谊,常常引起我的回忆。

在五次战役前夕,为了攻下具有战略意义的无名高地,战斗在激烈地进行着,同志们艰难地在沼泽地里匍匐前进。许多朝鲜老大爷和老大娘毫无畏惧地带着担架与战士们一起爬行。突然间,一颗炮弹落在志愿军战士附近15米处爆炸,在这千钧一发之间,有一位白发斑斑的朝鲜老大爷立即丢掉担架,伏在我们战士身上。两人都中弹了,顿时两股鲜血流溶在英雄的国土上。战斗胜利结束后,去探望这两位勇敢的战士,志愿军战士腿部负伤已包扎完毕,而朝鲜老大爷弹片正中腰部已奄奄一息。老大爷艰难地微微睁开眼睛问:"志愿军同志怎么样了?!"我们的战士泣不成声地喊出:"老大爷,我要为您复仇,要为全朝鲜人民向美帝国主义讨还这笔血债!"朝鲜老大爷就这样壮烈地牺牲了。中朝人民用鲜血凝成的战斗友谊比山还高,比海还深。

朝鲜老大爷、老大娘照顾我们,胜如自己的父母。记得停战后,我们搬出坑道建造营房。朝鲜人民为使我们及早居住新屋,积极帮助我们打地基,到山上一起去砍树木,搬到营地。老大娘们看到我们紧张造房,无闲洗涤和修补军服,她们就悄悄地瞒着我们,把衣服拿去洗好、补好放回在原处。新鲜的蔬菜、水果上市了,总是首先拿来给我们尝。这种亲如兄弟般的友情,永远使我不能忘怀。

朝鲜停战已七年多了,英雄的朝鲜人民在劳动党和金日成首相的英明领导下,迅速恢复了战时创伤,并且跨上了千里马,沿着美好的社会主义建设大道飞速前进。我为朝鲜人民有这样的成就而感到万分喜悦。

最近,美帝国主义又在不断加紧侵略活动,越来越严重地威胁中朝两国和亚洲及太平洋地区的安全和和平。爱好和平的人们坚决反对万恶的美帝国主义战争政策和侵略政策。在侵朝战争中,美帝国主义这只丑恶的纸老虎已被戳穿,中朝人民是爱好和平的,但如果美帝国主义胆敢发动侵略战争,那你们只能像肮脏的垃圾一样,被伟大的中朝人民和全世界爱好和平的人民从地球上扫除干净。

愿中朝人民友谊万古长春!(前中国人民志愿军少尉、上海市格致中学教师张浩)

《文汇报》1960年8月16日

教育学生热爱农业

各行各业在支援农业,普通中学能不能支援农业呢?这是摆在我们教师面前必须回答的问题。有人说:"支援农业跟我们关系不大",这是不对的。教育事业是随着国家经济建设的发展而发展的。解放初期上海市区中学很少,现在已有二百多所,还在不断地新创和扩建。建校的资金哪里来?还不是因为工农业生产的迅速增长而得来的么?教育与生产劳动相结合,我们就一定要为农业生产的发展服务。随着农业迅速的向现代化迈进,急切需要教育事业培养几百万农业技术人才,这些人哪里来?农业中学土生土长是一个方面,普通中学也担负了很大的责任。

前几天,有位教师对我说:"支援农业是应该的,我们最多只有在夏收夏种或三秋时下乡去参加一下义务劳动。"我联想到过去的浦东县东沟、高南人民公社等地,有些生产小队只有十多个女劳动力,要管一两百亩地。农忙时劳动力紧张,我们下乡一方面可帮助抢收抢种,同时可以开展扫盲、宣传和农具改革等活动,所以师生下乡劳动确实是个好办法,今后还应大力加强。

但是,作为一个人民教师,我认为,单单参加一些义务劳动是不够的。除了组织和参加这些工作外,平时还要做到:一学二讲三教。

一学:学习毛主席的"农业是国民经济发展的基础"的思想,学习党的有关以农业为基础的方针政策,学习《毛泽东论教育工作》,学习农民艰苦朴素的作风,学习农业技术。破轻视农业的思想,立教育事业为农业服务的观点。教育者必须先受教育,只有以毛泽东思想武装自己的头脑,认识到支援农业的重大意义之后,才会千方百计去积极地支援农业,才会多快好省地为农业战线培养更多的人才。

二讲:讲是做宣传工作。我们学习了毛主席关于农业的思想,还要大讲特讲,讲得深入人心,家喻户晓。这是我们每一个教育工作者应尽的职责。不仅在学校里讲,在社会上也讲;对学生讲,对家长、亲戚朋友讲,对一切人讲。讲明我们党的农业建设方针的重大意义,讲清我们农业美好的远景。我们不仅今天讲,明天讲,一直要讲到未来的共产主义。调动一切积极因素,让每个人在支援农业中贡献出自己最大的力量。

三教:我们是教育者,是党的方针、政策的积极贯彻者,培养有社会主义觉悟的、有文化的劳动者是我们终身的职业。学是为了更好地讲和教。目前有些同学的思想还不能符合党的要求。比如我校这次二百多个毕业生中,只有少数人愿意学农。这就要求我们应该加强教育。青年学生容易接受新事物,只要我们坚持说理教育,他们这些错误思想是能够克服的。最近,我校在这方面做了些工作:上了团课,参观了张庙一条街,树立了决心红在农村、专在农村的标兵,在平时也加强了这方面的教育。不少的高三毕业生纷纷表示:假如投考大学不录取,只要党需要,就愿背起行装到农村去,决心把祖国的农村都建设得像张庙一条街那样美。当然,这个工作仅仅是开始,今后我们决心在党的领导下,全心全意,为支援农业献出我们的全部力量。(上海市格致中学教师陈国泰)

《文汇报》1960 年 8 月 24 日

一言之差

"你再哭?再哭送你到乡下去!"这是一个母亲对孩子说的话。这句话看来很平常,但对孩子的影响很不好。

孩子的心灵是非常纯洁的,任何生活细节(不管是好是坏),都可能深深地印在他那幼小的心灵上。有一次,我在马路上听见这样一段对话:"叔叔,你的钱掉了。""噢,谢谢你,你真是个好孩子。嗳,我问你,这是谁教你的?""我爸爸说的,他说拾到东西要还给人家。"又有一次,也是在马路上,我看到一个小孩,身上围着幼儿园的白围涎,由妈妈领着,看上去约莫四五岁。他看到有人随地吐痰,就马上说:"叔叔,请不要随地吐痰!"他妈妈说:"要你管什么?""这是阿姨说的,痰里有——"天真的回答使妈妈红着脸笑了。可见,父母和社会的教育,对孩子的影响多么大啊!

目前,祖国正在号召加强农业生产第一线,为什么有很多的青年能积极地响应,有少数青年却心怀顾虑呢?原因很多,但归根结底还是受了旧社会遗留下来的坏思想的影响。现在的孩子还可能受到这些影响吗?我说可能的。以孩子的父母来说,他们多半是从旧社会里生活过来的,在有些父母的头脑里轻视劳动特别是轻视农业劳动的思想可能还没有根除,并在言行中以自己对于农业劳动的不正确看法影响了孩子,这与党的把下一代培养成为有社会主义觉悟的、有文化的劳动者的要求不是背道而驰了吗?因此做父母的必须以身作则,树立正确的劳动观念,清除轻视农业劳动等等错误思想。(格致中学吴建国)

《解放日报》1960 年 11 月 27 日

这牵涉到培养目标的问题

文汇报编辑部把"知识青年应该怎样正确对待农业劳动"的问题提出来在报上展开讨论,我认为非常有必要。因为,这个讨论还不单单是帮助知识青年怎样正确对待农业劳动的问题,更重要的是直接关系到今后怎样进一步贯彻党的教育方针的问题。对我们教育工作者来说,是进一步明确教育工作的基本任务,到底应该把下一代培养成为什么样的人的问题。这里,我想谈些个人的意见。为什么有些同学认为参加农业劳动贡献不大,是大材小用,攻不出尖端,做不出大事业呢?为什么有些同学认为农业劳动简单,知识青年只要做一个会劳动的知识分子就可以了呢?这主要是对于做一个有社会主义觉悟的、有文化的劳动者的培养目标还缺乏正确的全面的理解。他们一提到做个普通劳动者就以为是农民、清洁工、炊事员等参加体力劳动、搞些简单劳动的人；反过来，他们把工程师、专家、医生等看作是高贵的劳动者。他们实质上是把劳动分等级。尽管有些同学认为自己并不反对参加农业劳动，或者说攻尖端是为了填补国家空白。但是，如果我们进一步分析一下，就可清楚地看到这些说法里面是有着形形色色的东西的。

有的同学认为，知识青年留在农村不及升大学后当农业专家或技术员对国家贡献大。我觉得这种看法是不正确的。对国家能作出多大贡献，问题不仅仅在于一个人的知识才能，主要决定于对党对伟大的革命事业的赤诚的心。最近涌现的农业战线上的标兵不就是很好的例子吗？而且，对国家贡献的大小，还不能单从一个人创造物质财富多少来看，更重要的要看一个人的思想和行动对社会生产的发展能否起推动作用，对人民群众思想觉悟的提高、革命精神的激发能否起促进作用。像邢燕子、朱玉琪、浦锦文等同志崇高的理想和英勇的行动，激励着青年人树立雄心壮志，破除轻视农业劳动的观念，帮助人们确立"农业是国民经济的基础"的思想。我就认为他们对国家作出了巨大的贡献，这要比创造一定的物质财富更为可贵。因为，他们起到了推动社会主义事业发展的作用，起到了带动大批青年积极参加到农业生产第一线的作用。反过来看，有些同学认为只有当了农业专家、技术员才能发挥一顶几十，甚至一顶几百的作用，才能对国家有很大的贡献。难道真是这样的吗？其实不然，这只是说明了他们仍存在着对劳动者的等级观念。试问：一个忠实于党、忠实于人民的人，怎么会一直在个人成"家"的问题上打圈子而不是从国家需要这一方面来考虑问题呢？难道不是"家"就无法做出一顶几十，甚至几百的成绩吗？我们学校有个同学在学习了"以农业为基础"的方针后讲得好。他说："过去我对当农民为什么不感兴趣？主要是觉得当个农民在亲友中喊不响，辛辛苦苦地劳动下来，工钱不多。做个什么'家'，就叫得响，生活也比较适意。"依我的看法，这个同学确实道出了某些同学隐藏在所谓参加农业劳动贡献不大这一说法后面的真实思想。

从这个例子可以看出，要使同学们树立对待农业劳动的正确态度，关键在加强教育，使他们明确党的教育方针，明确培养目标，特别要从知识分子劳动化着眼。那种认为学生只要做个会劳动的知识分子的说法，其实质还是认为知识分子比劳动者高一等，脑力劳动比体力劳动高一等。这对于进一步贯彻党的教育方针，完成培养共产主义新人的任务是有妨碍的。因此，必须对学生加强劳动思想教育，积极引导学生自觉地投身于劳动大海中，吸取工农养料，使青年学生有坚定的政治方向，经得起风浪，挑得起重担，真正达到知识分子劳动化的目的。（上海市格致中学教师牛寄萍）

《文汇报》1960年11月30日

1963 年

向学生不断提出严格要求（有删节）

我们上海市格致中学中二(4)班的学生，绝大多数出身于职员家庭，也有一部分是工人和资产阶级的子弟。在小学时，他们的学习成绩比较好，而且几乎全部都当过班、队干部。进入中学后，大部分也都学得较好，很多学科优良成绩在80%以上。全班54人中，有15人已打入团报告，有38个同学自觉听团课，目前已有6个团员。课堂纪律一般良好。似乎一切都太平无事。

但是学习了党的八届十中全会公报以后，以培养坚强的革命后代这一标准来衡量，我们就发现学生思想上存在不少问题。比如有些学生认为自己功课好，品德好，样样都很好；认为老师信任，父母信任，自己又一向是个队干部、班干部，高人一等。同时在学习上、生活上又怕艰苦，经不起挫折。同学之间经常发生背后议论人、挑剔人的事情。有些学生看见别人受表扬心里就不舒服。有些学生轻视平凡劳动，缺乏劳动习惯，对应该成为怎样一个劳动者不很明确。有些学生在要求入团的动机上，也存在一些问题。

这些问题的形成，原因是多方面的。他们是在顺利的环境下成长的，不懂幸福果实的来之不易；特别是这个班的学生，大都从小就得到学校老师、家长、亲戚的赞扬，在学校里一直被称为好学生，在家里又是父母的宠儿。他们是在一片赞扬声中成长的。家长和我们老师只看到他们学习成绩好、听话、守纪律等一面；而忽略对他们在政治思想和道德品质上提出严格的要求，有时甚至在无意之中以旧思想、旧意识影响了他们。例如有不少家长和老师，对他们的评价，往往只以学生手册上的分数为根据，以考得上学校、考不上学校为标准，也有从能不能当上干部来决定，没有对学生提出全面的要求。

因此，我们感到，能不能帮助他们健康地成长，能不能把他们培养成为坚强的革命后代，我们班主任担负着特别重大的责任。

针对以上情况，我们做了如下一些工作：

一、以革命前辈在青年时期的光辉形象教育学生，并进行团的知识教育，启发他们的政治上进心

初二年级学生年龄一般是十四五岁，正从少年向青年过渡。从政治要求来看，他们已不满足于少先队的生活，而向往加入共青团。教师应该注意这个年龄学生的心理特点与他们的愿望，积极地教育和鼓励他们的政治上进心，使他们提高阶级觉悟，树立正确的生活目的，树立远大的革命理想。

针对这一特点,我们组织学生开展了一次学习革命前辈的活动。一个小队访问了一位家长——赵伯伯。赵伯伯是老红军,他和学生谈了自己在17岁的时候怎样参加红军,谈了当年革命斗争的艰苦生活。教育大家要将革命进行到底,担负起解放全人类的重大责任。访问回来后,同学们对参加革命,参加共青团的目的,认识有了提高,知道参加共青团不是为了个人的光荣,而且不仅是为了在建设祖国中发挥自己的作用,还要担负起与帝国主义、各国反动派和现代修正主义作斗争,解放全人类的重大任务。有的小队阅读了《刘胡兰小传》,还把它编了活报剧,演出了刘胡兰就义的一场戏。在活动中学生们受到了教育,他们说:刘胡兰为着革命,十五岁那年就献出了自己的生命。我们同样是十五岁,安逸地在学校里念书,却还为了分数,为了一些小事而和老师闹别扭,和同学闹不团结;碰到一些困难、碰到一些不称心的事就不开心,自己的觉悟真是太低了。曾经扮演刘胡兰的学生,原来在学习上,工作上都怕困难,通过这些活动后,感受特别深。她说,我一定要像刘胡兰大姐姐那样忠于革命。目前一定要克服学习上、工作上的困难,克服缺点,做个好队员,争取加入共青团。

(中略)

三、抓住各种机会和场合,教育学生严格要求自己,让他们在各种场合中得到思想上、生活上的锻炼

经过了一段时间的教育,同学们比较明确了自己的政治方向,也看到了自己的缺点,克服了一些骄气和娇气,但认识还是很初步的,不巩固的,往往不能对自己严格要求。例如,有的女同学还经不起批评,听不进别人的意见,我们便促使她们开展批评与自我批评,过好小组生活。就在小组会上,使他们认识到背后议论人、相互不服帖,这些都是旧社会的遗物,是资产阶级思想的影响。也分析了这些思想对革命事业的危害性。她们提高了认识,纷纷表示决心,一定要克服缺点,要像雷锋同志那样,对同志像春天般的温暖,对个人主义像秋风扫落叶。从此,女同学中的情况有了一些改变,两个已有一年多不讲话的学生也自动的和好了。

我们还有目的地运用一些文艺作品中的人物形象,组织学生学习。有一次我们去看了话剧《霓虹灯下的哨兵》,就着重分析了童阿南和陈喜的故事,使学生认识到我们一直在顺利环境中成长,就更应提高革命警惕,经常自觉地严格要求自己,互相帮助。最近,同学自己缝缝补补的多了,打补丁的衣服也肯穿了;有些同学还经常向团组织汇报思想,不少人提出了入团申请。

学生们对自己的要求是比以前严格得多了,为集体做好事的人也越来越多了,但很多还只是行动上的模仿,对雷锋的革命思想认识还是不深的。如有的学生说:"学习雷锋和学习文化知识究竟那个放在第一位?"针对这种想法,我们又组织学生进行小组讨论、研究。经过讨论,大家觉得所以会有这样的想法,还是没有把雷锋思想学到手,还是没有懂得"活着,就是为了使别人过得更美好"的意义。这更说明学习雷锋、好八连的必要性。经过讨论,同学们对艰苦奋斗的意义,也有了进一步的认识,懂得了在日常生活中力求勤俭朴素,不铺张浪费,还只是一个方面。更主要的是要求我们具有旺盛的、坚强的战斗意志和不怕困难的大无畏精神,要求我们在劳动、学习和其他各项工作中都能发愤图强,埋头苦干。这些讨论,使大家在认识上、觉悟上都有了提高。

通过一年来工作的实践,我们还深深感到,对学生的教育不可能是一劳永逸的。资产阶级思想和旧的习惯势力还不时影响着他们。要进一步提高这些孩子们的觉悟,培养他们成为坚强的革命后代,还需要继续进行工作。作为班主任,首先自己要有明确的政治方向和政治敏感性,不断认真改造自己的思想,才能完成这个艰巨的任务。(周文川)

《文汇报》1963年7月6日

1966年

一次测验

有次测验,我发觉不少学生情绪紧张。我就要求他们停笔三分钟,同同学们一起回忆了一小段《放下包袱,开动机器》的毛主席语录,然后请大家想一想:"徐寅生说,在打球的时候应想些什么呢?如果有任何一点个人的私心杂念都会影响人的斗志。你们现在又怎样呢?有没有人尽想着分数之类问题呢?"同学们都笑起来了。最后我要求同学们冷静一下,排除个人杂念,放下思想包袱,学习徐寅生打球的精神。测验又继续进行下去,整个课堂情绪就好得多了。

测验结束时,我又向学生宣布:试卷一律不交,带回家去,在正常的精神状态下重做一次,明天交来。但是必须在试卷背面写下自己在这一次考查中思想上、知识上存在的问题,从中提高认识,吸取教训,并且可以对教师提出意见和要求。

第二天,卷子纷纷交来了,大多数同学都是在同样的时间内独立完成的,而且全做对了。少数同学仍有一题或二题错误。有些同学说明了经过再一次复习以后才做出某一题的等等。大家都觉得印象特别深刻。他们还认为,这种做法,鼓励了他们再前进的信心,调动了他们学习的积极性。

测验的目的不是为了"将"学生的"军",为难学生,而是为了使学生更牢固地、更灵活地掌握知识,那又何必一定要一考"定终身"呢?(上海市格致中学潘为南)

《文汇报》1966年3月5日

1980年

为四化培养更多更好的建设人才

　　教育得到了高度的重视,这是我参加这次人大会议后的深切感受。华国锋同志在讲话中说,科学是生产力,教育也是必不可少的生产力,听了真受鼓舞。"教师光荣"确实不是一句空话了。会议期间,教育部散发了教育十年规划草案,会议一结束,教育部领导就召开了教师座谈会,听取了我们的意见。许多代表在发言中对学校、青少年教育表示了极大的关注。现在从上到下对教育如此重视,寄予很大希望,鼓起了我们进一步搞好教育的信心,更感到责任重大。我们教师一定要加倍工作,为四化培养更多更好的接班人。
(格致中学特级教师高润华)

《解放日报》1980年9月18日

1983 年

从"自我"走向集体——试析《青春万岁》中李春的形象塑造

影片《青春万岁》在成功地塑造人物形象方面是令人赞叹的。只要一想到那些经历、性格各异的女中学生,她们就会在我脑海里活动起来,组成一幅富有时代感的人物群像,栩栩如生,使我难以忘怀。

在这幅群像中,李春是个很有意思的人物。尽管相对杨蔷云而言,在剧中她是次要的,但呈现在银幕上的她的形象,却引起了当代中学生的思考。

聪颖勤奋的李春,在班里是学习上的佼佼者,还颇有文学才能。她是青年团员,品德并不坏,然而思想中个人主义的成分却不少。在自我的小圈子里,李春经常打着个人的小算盘,喜欢计较个人得失。不是么?国庆之夜,她看到游行队伍中被人们簇拥着的志愿军英雄,就感叹有的英雄幸运,有的英雄(指牺牲的)不幸运。殊不知,正是因为他们具有高度的爱国主义和国际主义精神,不顾个人得失,才成其为英雄。

个人主义的思想意识,派生出了李春的性格特征:傲气重,自尊心过强。她是带着一股子傲气出现在观众面前的。学期初得了学习奖章,她便觉得"我"比谁都强。于是神气高傲地面对着同学们羡慕的眼光,大有鹤立鸡群之势。杨蔷云给她提了一条小小的意见,触犯了她的自尊,她马上愤愤然,把善意视为嫉妒,毫不客气地予以回敬。她对吴长福求助表示不屑一顾以及对其进行戏弄,显然也是一种傲气的自然流露。团支部会上批评她撕墙报稿,她更是不服。影片在以上情节里暗示了李春的自我同集体的对立。这时她的傲气虽被打掉了一些,但同时强烈的自尊心却占满了她的心胸。她拼命写剧本,想要一鸣惊人。结果稿子被退,物理考"焦",她垂头丧气,感到脸上无光。

生活在火热集体中的她,不热爱集体,遇事老是考虑"我",得荣誉时自我陶醉,还要猜忌别人嫉妒她;有缺点时听不进别人的批评,拒绝同学的帮助。因此,她不可避免地和大家难以相处,使自己陷于苦闷之中。影片正是把李春放在自我与集体的矛盾中,有层次地展开了上述情节,并在其间使她的性格越来越鲜明,从而给观众留下了深刻的印象。

当李春在自我的小圈子里碰了钉子的时候,集体向她伸出了友爱之手。袁老师、郑波都曾肯定过她的优点;她身上的缺点,大家也时常给她指出。杨蔷云对李春的帮助更大。她们之间有过隔阂,但当杨蔷云主动提出让李春参加学校演讲比赛,并热诚地替她当参谋时,李春终于被感动了。她深深地感受到了集体的温暖。于是,李春开始变了,开始迈出了从自我走向集体的第一步。总之,不难看出,影片对李春的塑造,紧紧扣住了人物的思想性格特征和人物从自我走向集体的线索,这两方面一结合,李春便在银幕上"活"起来了。

有人看完影片后说,不少当代的中学生对李春这个人物形象之所以感兴趣,原因也正在于此。我想,我们现在中学生中一些与李春具有相似思想的人,着实应该从李春身上吸取教训,勇敢地走出自我的小圈子,投身于集体中。当然,我们有些教师和同学,也应该像袁老师、杨蔷云、郑波那样,全面地看待他们,热情地帮助他们。我想这就是李春这个人物形象所具有的现实意义吧。(格致中学周竞)

《文汇报》1983年12月8日

A的兴起与B的改革——小议个体经济的存在及其与公有制经济的关系

党的十一届三中全会以来,整个社会呈现出蓬勃的生机,新事物层出不穷。对于这些,如果浮光掠影,则无"味"可"品",但仔细观察,却令人感到欢欣鼓舞。

一年多前,在闹市的一条街上,出现了一家买卖兴隆的个体小点心店A。它以"南翔小笼"、"北方水饺",赢得了盈门的顾客,与它比邻的国营B饮食店却显得门庭冷落、生意清淡。由此,不少人纷纷议论:"国营店比不过个体户。""B该打烊了。"可是,事隔仅仅半年,B却一改老面孔,各类小吃应有尽有,由于价廉物美,吸引了大量顾客。对此又有人议论道:"个体经济毕竟不行!"对此种种议论,到底该如何看呢?

从A的兴起,到B的改革,究其实质是一个个体经济的存在、合理发展与公有制经济的正确改革、当好"领导者"的问题。

生产关系一定要适应生产力发展的要求。当它们相适应时,就促进生产力的发展;反之就起阻碍作用。我国经济形式的现状是多层次的,尤其是存在许多尚处手工劳动的小商品生产,诸如小修小补,点心小吃等等,而这些适于分散经营的行业,无法由公有制经济包揽下来。因此个体经济的存在就十分必要了。A就是以它别具特色的服务项目,小巧清洁的店堂吸引顾客。它方便了群众生活,满足了人民的需要,这不是一件很好的事吗?

社会主义条件下的个体经济虽然允许劳动者私人占有生产资料,但劳动者本人亲自从事劳动。它依附于公有制经济,其原料、经营范围、价格、规模及数量都受到公有制经济的制约。因此劳动者个体经济是社会主义国民经济的一员。

既然如此,那么为什么在A鼎盛时,有人会怀疑到公有制经济地位的牢固性呢?这里就有一个公有制经济需要改革的问题。改革掉那些吃"大锅饭"的经营作风,改革掉那些少考虑顾客要求的"官商"作风,只有这样才能提高经济效益,受到顾客的欢迎。难道公有制经济就是那样"裹足不前"吗?不,要"力争上游",公有制经济的生命力和优越性是不容否认的,尽管在经营上还有这样那样的弊病,但主导地位是稳固的,B的改革正说明了这一点。

而在B重整旗鼓时,为什么又有人断言"个体经济毕竟不行"呢?其根源在于他们对于个体经济的存在与作用缺乏了解。当我们在个体点心店用完早点时,当我们在集市贸易上买到称心的小商品时,我们可曾意识到个体经济的作用呢?而它的作用又何止于活跃市场,方便人民生活?它对于促进商品生产,活跃城乡经济,扩大就业面都有积极的作用。因此,个体经济是十分必要的,对公有制经济也是必要的有益的补充。

让我们祝愿公有制经济与个体经济在满足人民需要方面各显其能,促使城乡经济进一步繁荣!(格致中学高三(1)班陈志坚)

《文汇报》1983年12月29日

1991 年

必须坚持不懈地抓"扫黄"

近几年,党和政府下力气抓"扫黄",这是大快人心的事,是功德无量的事。作为一名在教育战线工作了40年的教师,作为一名全国人大代表,我认为这件事必须长期坚持不懈地抓下去。因为它关系到青少年健康成长这个大问题。

前一段时间,黄色的图书、音像制品曾在社会上到处传播甚至泛滥,造成很坏的影响,特别是对青少年,危害很大。青少年的好奇心强,模仿意识强,加之世界观不成熟,对于什么是美,什么是丑,有时候认识很模糊。而黄色东西的传播,毒害了社会环境,更有的黄色东西直接传到青少年手里,使一些尚处在人生最初阶段的孩子误入歧途,意志消沉,不是好好学习,天天向上,而是滑向资产阶级的泥坑。据了解,我国青少年犯罪率有上升趋势,这与黄色出版物在社会上的大量出现不无关系。一颗子弹只能打死一个人,一本黄书,一部黄色录像,可能毒害一大批青少年。这个问题绝不可等闲视之。

党的十三届四中全会以后,我们在全国范围内连续开展了两次大规模的"扫黄"行动,挖出了一批"制黄"、"贩黄"的团伙和地下网络,依法严惩了一批罪犯,荡涤了大批精神垃圾,这对于净化青少年成长的大环境有很大作用。但当前国际上风云变幻,和平演变与反和平演变的斗争将是长期的、复杂的。其中,在文化市场,这一没有硝烟的"战场"上,争夺青少年的斗争将会是很激烈的。我们要培养社会主义的"四有"新人,在加强爱国主义、集体主义教育的同时,必须牢牢把住文化出版物这一点。因此我完全赞同李鹏总理报告中关于深入开展"除六害"、"扫黄"斗争的论述。

李鹏总理说:"我们五亿青少年是跨世纪的一代,是祖国的希望和未来。"我想,每一个负责任的中国人,都应看到"培养社会主义事业建设者和接班人的极端重要性和紧迫性。"

为了孩子们,我呼吁,全社会都要重视"扫黄",全社会都要坚持"扫黄"!(高润华)(作者为全国人大代表、上海格致中学校长)

《光明日报》1991年4月10日

1993 年

迎春时节放"彩蝶"

小时候,每当春姑娘到来的时候,我总喜爱放风筝,特别喜欢放"彩蝶"。看"彩蝶"在那瓦蓝瓦蓝的天空中越飘越高,在轻盈柔美的白云下渐渐变小,我爱张开遐想的翅膀:如果我拥有魔术师手中的"神线",无限止地放长,那么"彩蝶"会不会飞越海岸线,跨越太平洋,慢慢飘到大洋彼岸?

遐想变成了现实,"彩蝶"真的飞走了!前年春节前夕,爸爸打来国际长途电话,传递了在美国举办国际儿童艺术节"彩绘世界"美术展览的消息。我立即投入到紧张的创作之中。我在宣纸上用浓墨淡彩画了一群天真烂漫的孩子。他们在风景如画的湖边载歌载舞。湖水映衬林荫,林间闪烁阳光,和煦的阳光里渗透着甜蜜的情谊。波光粼粼,乐曲声声,可爱的小熊、稚气未脱的小斑马、聪明的大象、高大而谦和的长颈鹿闻声赶来……想不到这张画在圣路易斯艺术博物馆展出后,吸引了异国他乡的小朋友,被画展评为最高奖,一些美国报纸还刊登了照片。这次画展的展品可卖,我的这幅画以最高价被美国小朋友买去了。

前不久,圣路易斯艺术博物馆又给我来信了,希望我有作品参加今年五月在那里举办的"让我们成为朋友"国际儿童美术展。接到信时又是春节前夕,依然是春姑娘走来的时候。我立即动笔构思。

除夕之夜,火树银花。看完中央电视台的春节联欢晚会,放完迎春爆竹,已是正月初一凌晨。我趁着兴致,构思了两幅画。其中一幅设计了一个美术展览大厅,中国小朋友的画正在那里展出,它们深深打动了美国小朋友。此情此景使一幅画中的米老鼠异常感动,赶紧伸出手来,表示友谊,仿佛情意绵绵地说:"让我们成为朋友……"

春节一过,这两只"彩蝶"又结伴东飞。我希望它们能双双飞进展览大厅,为国际儿童艺术节的百花园增添几分春意。(上海市格致中学预(3)班陈颖)

《新民晚报》1993 年 4 月 20 日

最后的辉煌

如果说高考首场考试前夕我们感觉自己像将被拉上屠宰场的牛羊,那么末场考试结束的前夕,在座的考生们则一个个像庖丁一样,面对自己胜利解完的牛踌躇满志、四下里环视。

那时,考生们大多已完成答题,确切地说,顺利完成了两天四门考试的全部答题。他们有的在做最后检查,有的在专心致志地涂着自觉还不够标准的圆。突然,外面电闪雷鸣,天空像裂开了一道口子,滂沱大雨顷刻自天而下,本来就不亮的考场这当儿更增加了一层昏暗。要在平时,再安静的教室也会骚动起来,可那天,周围同学埋头做自己的事似乎什么也没发生,是啊,这地狱般可怕的昏暗反而能让我们更好受些,一年来我们走过的日子哪天不是类似的可怕、难熬,现在大家都受受吧!但是,我也分明感到了轰隆的雷声和雪亮的闪电在周围人心头激起的震动,是惊恐、庆幸、烦躁,还是过瘾的刺激?大概都有吧。"总算结束了。"不知是谁轻吐出一句。

走出考场,看见几个同学在倾盆大雨中骑着飞车,颈上挂了一条毛巾,有的像纤夫,他们才不管哩,兴高采烈地谈论着……我这才感到打雷那时的辉煌……(格致中学高三(2)班朱亚蒙)

《新民晚报》1993 年 8 月 9 日

1995 年

看不懂的"王先生"

影片《王先生之欲火焚身》的故事究竟要告诉观众什么？这，连影片主人公王先生自己末了也不得不承认"看不懂"。

应该说，编导试图表现的反映旧社会下层小人物憎恨丑恶、渴求寻找一块"干净的地方"的强烈愿望的主题是不错的。然而，纵观影片，我们非但看不到关于主人公在这方面的一丁半点的描写，而且连原来仅有的一丝"亮色"——完全可能成为领着沦落天涯、遭人欺凌的穷歌女伊雯奔向自由幸福的热血青年达生，后来也莫名其妙地被处理成苟且偷生、卖国求荣的日本帝国主义的走狗。影片通篇渲染的，不是王先生与小陈拈花惹草的洋相丑态，就是商会沈会长和陆老板争风吃醋的明争暗斗。最叫人"看不懂"的是，为了从汉奸达生那里夺回垂涎已久的伊雯，沈陆竟然联合率部赤手空拳地同全副武装的日本兵硬拼。也许，编导此举的意图是为了表明中国人的一点什么，然而，沈会长临死前开枪打死达生时的一句话却道出了个中的"天机"：我得不到的，别人也休想得到。显然，沈的"英勇"之举决非为了维护中华民族的尊严，而是出于自己可耻的占有欲的需要。（上海市格致中学张高炜）

《解放日报》1995 年 1 月 18 日

致格致中学全体同学公开信

亲爱的同学们：

格致中学是我的母校，对她我一直怀有深厚的感情。不久前我闻悉，由格致中学保送到复旦的某同学因请人代考某课程被复旦大学勒令退学。该同学及其家属均痛哭求情，但法规如山，上午作弊行为被证实，下午退学布告就已登出，没有任何商量余地。据说此同学曾有过不少优秀事迹，现在被逐出复旦校门，很多人表示惋惜，我作为格致校友，复旦校长，同样深感遗憾。

自一年余前，复旦公布"谁作弊，谁退学"的规定以来，我们曾一再告诫同学：在珍贵的学校生活中，首先要学习的是如何做人，如何做一个有用于祖国的人。对此，人的品格的磨炼是十分重要的。（我经常说：格致中学给我最可贵的财富是：初步懂得了，人活在世界上做什么？一个人应该怎么生活？）作弊是十分可耻的行为，是与上进青年的素质毫不相称的，是绝对不允许在任何一所大学中存在的。可以说，在世界上所有向前迈进的国家里,都讲究"诚实"两字。在社会主义中国,更不例外。

"宝剑锋从磨砺出,梅花香自苦寒来"。在追求知识和塑造健全人格的人生道路上,只有经过艰苦的跋涉和辛勤的耕耘才会取得丰硕的成果,没有别的捷径可走。我们把以上这些想法告诉了学生家长。

从1993年复旦实行"谁作弊,谁退学"的规定以来,我们收到过很多同学、家长的来信,对此表示拥护。有一位学生说:"在我们学校里,作弊之风盛行,我考90分有什么意思呢?!现在复旦的分数体现它真正的价值。"有的家长说:"这是培养优秀人才必须采取的步骤"、"我们理解校方的良苦用心"、"假冒伪劣污染大学岂能容忍"、"大学生投机取巧后果不堪设想"、"我们更注重孩子的品德";一些学校校长、研究所所长,都表示支持复旦的做法。最近美国著名的奇异公司(通用电气公司又称奇异公司)的代表对我说:"复旦这一政策与奇异公司的政策很相像。在我们公司,由于能力、水平缘故而犯这样或那样的错误,我们均可原谅,但是谁有欺骗行为,谁就要被解雇。"某国一位外交官也说:"复旦这样做,使我们对复旦的分数可以放心。"

因作弊被退学的同学,是否有出路?有。如果他们反省前非,可以按照有关规定重返学校学习。

复旦大学在过去数十年内,已培养了一大批人才,现在在政府部门担任要职的、在科研教育和其他各部门担任领导、学识上有成就的,真有点数不清了。我充分相信,对绝大多数优秀毕业生,在他们就读期间,"作弊"这两个字在他们的脑海里根本就没有出现过!

格致中学是一所优秀的中学。我希望同学们在校期间懂得树立正确人生观的重要性,努力学习如何做人的道理。去年暑假,上海地区的高分学生大多数进了复旦大学,他们在浓厚的学术、文化氛围和催人奋进的环境中如饥似渴地学习,复旦大学给了他们很多的机会。今天蒸蒸日上的中华大地为年轻人创造了从未有过的机会,等待你们的是:努力,努力,再努力!复旦的大门永远为你们敞开。

(复旦大学校长、中国科学院院士杨福家　一九九五年二月十日)

《新民晚报》1995年2月20日

这就是"机会"

新学期伊始,"该不该再给他个机会"成了我们的热门话题,学校老师及时把握这一教育契机,组织我们深入讨论。我们认为复旦大学校方对周××的处理非常必要,从现象上看,惩处的是一个考试作弊的学生,但从根本上分析,打击的是腐蚀校园、危害学子的不正之风。它对于整肃纪律,端正学风所产生的积极影响,已经远远走出复旦校园。

我们是高三年级的毕业生,热诚向往着进入高校深造,但是说实话,以前我们也常常为今后的学习环境担忧。听说一些大学管理乏力,纪律不严,歪风邪气屡禁不止,学生难以公平竞争,甚至流传着什么"不作弊吃亏论"。

现在,复旦校方的做法给了我们很大的鼓舞,坚定了我们勤奋学习、踏实进取的信心。我们学校是市行为规范示范校,历来把学风、教风的严谨作为办学的一条重要准则,老师经常教育我们要"终身老实",提倡人前人后一个样。学校把这方面的德育工作贯穿在整个教学过程中,几年来坚持文明试场评比,倡导"无人监考"的考试形式,我们感到这是对学生的信任,是让学生自己教育自己的良好手段。

周××被处理的事实说明,保持优良的学风至关重要。进入高校对于个人来说,是深造成才,将来为国家和民族作出更大贡献的良好机会,有了这个机会就要好好珍惜。所以对于"作弊"行为,我们绝对不能姑息、宽容。从这个意义上讲,复旦校方倒是真正给了周××一个机会——即彻底改正错误的机会,我们希望他深刻反省,吸取教训,永不再犯。据说复旦大学表示,周××表现好的话,一年以后可以考虑他重新入学的要求。这当然又是一个机会,问题就在于他自己怎么把握了。(格致中学高三(4)班全体学生)

《新民晚报》1995年2月20日

城隍庙新图

我和城隍庙也许真有着不解之缘。童年时,我的第一幅国际上得奖的绘画作品《我的故乡》就是在这儿完成的。那幽幽的九曲桥,古老的楼阁令人至今难忘。而今,我又背起我的画夹来到这里,准备画下"三年大变样"后城隍庙崭新风姿。

白描

叫了500多年的"老城隍庙"已经一去不复返了,如今展现在人们面前的不仅仅是一座商场而是一座具有特色的文化城。建筑是新的,楼台亭榭、飞檐翘角、黛瓦朱栏,独具匠心;格局是古的,明清遗韵蕴藉中,商城的楼宇与九曲桥、湖心亭浑然一体,庄重而清秀。颇具风采的是镇楼兽、狮子、麒麟……每一座都可引出一段动人的传说。更有意味的是整个商场所有的匾牌、楹联,每处均有书法家的题字,这令游人在游兴之余又饱览了名人大家的墨宝。

在这曲折的石桥中来去,望着这熙熙攘攘的人流,宏伟的建筑群,哦!我发现画中的城真的变大了,我的画纸装不下呀!

着色

现在到城隍庙去,你能体味到一种真正的上海色彩。中国传统点心依然在这里独领风骚,吸引着广大国内外游客。与此同时,台湾的大班饼屋、香港的克莉斯汀西点、日本的莫师汉堡、美国的"天使冰王"纷纷落户于此,使这里古老的景点透出了浓浓的时代气息。

老庙黄金以其丰富的品种和亲切的广告语"老庙黄金给你带来好运气"而博得人们的青睐。外地顾客千里迢迢来到这里挑选自己喜爱的黄金饰品;国外游人看了这里的饰品也爱不释手。"老庙黄金楼——亚洲第一金店",上海人自豪地向别人介绍,如今"老庙黄金"打响了自己的牌子,走出亚洲,奔向世界。

新的城隍庙一期工程正是上海人在三年中创造出的累累硕果之一。在城隍庙的周围还在继续进行着第二期、第三期的扩建工程。工地上打桩声,混凝土的搅拌声、拆房声奏出了和谐和自豪的乐曲。

在乐曲中,我仿佛感到一座更美更新的城隍庙屹立在眼前。

城隍庙是我童年时代的一块乐土,伴随着我的成长而变化。它如同壮志凌云的青年,跟着时代的步伐,展现上海英姿。快拿起我的笔用最准确的笔调画下这巨大变化,用最绚丽的色彩去勾勒上海新三年的美好前景吧!(格致中学高三(1)班刘晔)

《解放日报》1995年3月14日

教师说——大学可否"宽进严出"

造成中小学生课业负担过重的原因是多方面的,这个问题只能通过综合治理方能解决。

对于社会,首先是树立正确的人才观,即:未上大学者不一定不是人才;上过大学的也未必就是人才。现在已有不少公司在招聘人员时,不相信文凭,而看重实际工作能力和水平,显示社会对"人才观"的一个积极转变。

其次,从教育内部来说,我们必须端正办学思想,转变和更新教育的质量观。高分和高升学率并不一定意味着办学的高质量。各级教育行政部门不必再搞学校考分和升学率排队之类的名堂,而应该采用更综合、更科学的指标来客观评估一所学校。

在逐步解决上述观念问题同时,当务之急便是尽快改革现行的高考制度,削弱考试的指挥棒作用,真正把"应试教育"引导到注重全面发展的"素质教育"上来。此外,借鉴美国等国家的办法,对大学采取"宽进严出"的制度,即可改变目前大学生队伍比较松懈的状况,促使其在大学阶段努力拼搏,又可把中小学生从太大的竞争压力下解放出来。
(格致中学教师张高炜)

《解放日报》1995年4月6日

把春游和上课内容结合起来

我们教师中的一些人,往往把春游看成是可有可无的单纯的"玩玩",甚至是吃力不讨好,要冒安全风险的"额外负担"。于是,为了增加"保险系数",有的学校就一再缩小学生出游的范围。今年去公园,明年去公园,甚至小学这个公园,中学还是这个公园。如此周而复始地"炒冷饭",怎不令学生大倒"胃口"呢?

古人云:读万卷书,行万里路。在改革开放的今天,任何试图把学生封闭在眼皮底下某个小圈子里的做法都是不合时宜的。学校的春游活动应紧密配合上课内容,将其纳入教育教学的轨道,形成一个类似大纲的系列,使之成为教改的一个不可分割的有机组成部分。要根据不同年级学生的特点,因人而异,因需制宜地制订一个合理有序、切实可行的计划。如文、史、地等学科中有着丰富的爱国主义的好素材,我们完全可以充分利用春游活动的契机,有的放矢地让学生身临其境亲身感受一下,从而在加深对课本知识理解的同时,接受看得见、摸得着的活的爱国主义教育。只要我们精心策划、精心组织、精心安排,春游活动就定能配学生的"胃口",真正做到"寓教于乐",取得教育教学的双丰收。
(格致中学语文组张高炜)

《解放日报》1995年6月3日

假如我会七十二变

当我吞下七十二变"浓缩丸"时,首先我要大叫一声:"变成侯耀文!"在一片烟雾中,我成了相声大师,嘿!这下可以尝尝当明星的味道了。我走在马路上立即被一大群人围住了,有的要和我拍照,有的要我签名,里三层,外三层,我简直快陶醉了。

国庆休假四天,语文、数学、英语作业像三座大山一样压了上来,我做得手酸脚麻,可还有一大堆,于是我又服一粒"七十二变"丸,变出七个、八个的"我",再多的作业,一人一本也能很快完成。这样别的"我"做作业,我自己打游戏机,既玩个痛快,又完成了作业,最后每个"我"学到的知识汇总到我的脑子里,真是得来全不费功夫。(格致中学初一(1)班董学铖)(王芸芳老师推荐)

《解放日报》1995年10月28日

悄悄话

　　亲爱的爷爷奶奶,自从我进了中学之后,你们每天五点就拧着我的耳朵,把我从床上"拖"起来。逼着我复习功课,还经常振振有词地说:"早上头脑清醒,容易记牢,我们是为了你好啊!"这样做真的"好"吗?你们可知道,我们用了一天的脑子,十分疲劳,需要充足的睡眠。自从你们向我施行了"早读"后,我一到上课就眼皮直打架,打不起精神来,由于劳累,我自开学以来扁桃腺连连发炎。可每当我发病时,你们又责怪我不争气,你们有没有想过自己的错误呢?

　　爷爷奶奶,孙女希望你们在这些事中悟出些道理,也恳求你们在关心我学习的同时,也关心一下我的身体,好吗?(格致中学预备1班曹逸帆)

《解放日报》1995年12月16日

1996 年

取消重点初中升学考试后,少数重点中学利用"名牌效应",把初中部变为"私立学校",教育界人士呼吁——办私立学校应严格把关

在向尚未取消重点初中升学考试的外区迁移户口的考生"大逃亡"的同时,为迎合这些成绩优秀、学有潜力的学生的家长对重点中学的迷恋心理,一些有眼光的重点中学巧妙地利用重点中学的名牌效应,不失时机地将初中部摇身一变,改为收费的私立学校,或者其他什么特色学校。于是,有钱人家的孩子照样可以名正言顺地进入重点初中。这与刚刚开始起步的取消重点初中、实行免试就近入学的教育改革的尝试似乎很不协调。对于广大的工薪阶层来说,这些收费高达几万元的私立学校,无疑是可望而不可即的。但为了下一代的智力投资,为了取得某种心理平衡,甚至为了互相攀比,他们宁可节衣缩食,勒紧裤带。我们不否认学校对学生学习的影响,但决定学习好坏归根结底取决于孩子自身。倘若孩子自己不想学,那么即使进了私立学校,也是枉费心机,甚至反而会给孩子在学业上和精神上造成一种重压。应该说,目前搞收费私立学校的,不少是出于一种试图改善办学条件的无奈。在这个意义上,"两条腿走路"也无甚不可。然而,据了解,不少私立学校的师资大多为返聘的退休教师,或在职的兼职教师,有的甚至是一般普通中学的教师。由于他们年龄大,教学任务重,流动性大,在客观上容易给教学质量带来一定的影响。这就需要我们主管部门严格把关,加强对私立学校师资队伍以及学生收费标准的管理。愿收费的私立学校不要搞成令普通百姓咋舌的"贵族学校",或者以盈利为目的的"学店"。(格致中学语文教研组张高炜)

《文汇报》1996 年 7 月 29 日

1998 年

秦文君送我签名本

我很爱看书,平时常随爸爸去书店里转悠。一次我偶然买到了儿童文学作家秦文君写的《男生贾里》和《女生贾梅》,回到家,我如饥似渴地扑在床上看了整整一下午。书里的语句朴实、生动,把人物刻画得栩栩如生,贾里想的做的,就跟我们青少年一模一样。我一下子就把他当作自己的朋友了。

前不久,我从爸爸那里得到了一本秦文君老师送我的《男生贾里全传》签名本,上面还有她写的一句话:"贾里问你好!"我高兴得一跳三丈高,当晚就看了起来,仿佛又与老朋友重逢了,别提有多亲切。过了两天,我把书拿到学校里"显宝",引来了不少同学的羡慕,尤其是那个显眼的签名。和我最要好的三个同学让我代他们各买一本。

周末,我和爸爸又去了书店。令我失望的是,这本书还没上架。怎么办呢?爸爸出了个好主意,说我可以写信托秦文君老师买,还可以让她签个大名。是吗?我有点半信半疑。当晚我即挥笔写信,还夹上我的51元零花钱,让爸爸寄去。

原本我以为秦文君老师很忙,不会有空去买书。可是才过了一星期不到,书竟寄来了,而且三本书上都有她潇洒的签名。她还另外送我一本她的新书《宝贝当家》,里面还有一张贺卡,上面有一句话:"送给最爱书的小朋友"。现在,我可以把贾里的一句话改一下说:"我敢下赌注,世上像我这样走运的男生并不多。"(格致中学初一(1)班沈思真)

《解放日报》1998年1月4日

穿西装的吹气熊

一个夏天的中午,塑料吹气熊正在树荫下睡午觉。突然,吹气熊隐约听到湖边有人在喊:"救命啊——救命啊——"吹气熊一听不好,立刻爬起来向湖边跑去。

吹气熊来到湖边一看,啊,原来是布娃娃掉进水里了。他赶忙跳到水里,像一艘橡皮艇一样向布娃娃冲去。然后,吹气熊又像救生圈似的,把布娃娃托出水面,救上岸。不妙的是,"啊嚏!啊嚏!"吹气熊一连打了几个喷嚏,原来他感冒了。到了晚上,他又发起烧来。

布娃娃赶快请来了河马医生。河马医生给吹气熊打了一针退烧剂,可是一拔针头,吹气熊漏气了。河马医生一看,赶快在针眼上贴了块橡皮膏,然后再吹足气。吹气熊每天要打针,河马医生就每天在他身上贴一块橡皮膏。

过了一星期,吹气熊病好了,可是身上贴满了橡皮膏,小动物们都笑话吹气熊。布娃娃觉得挺过意不去,就做了一身西装送给吹气熊。吹气熊穿在身上,橡皮膏就看不见了。

穿西装的吹气熊,变得更神气了。(格致中学初二(2)班胡静蓉)

《解放日报》1998年8月30日

1999 年

相信明天会更好

每当我来到外婆家宽敞、气派的新居时,总会情不自禁地问道:"外婆,您一个人住这么大的房子,寂寞吗?"外婆每每百感交集地说:"寂寞?一个楼面三户人家,一共只住四个老人,能不寂寞吗?"接着,她自言自语地说:"以前,整天为住房拥挤而烦恼,如今好了,住房不再是个问题了。"

外婆家的旧宅,我至今记忆犹新。我小时候便是在那里度过的。那是位于复兴东路的一间不足18平方米的过街楼,简陋的木板将小屋一分为二,自搭的阁楼又将小屋分为楼上、楼下。当时,舅舅和外公、外婆住楼上,我们一家三口住楼下里间,外间则兼作餐厅、客厅。听外婆说,这里曾有过同时居住三代、三家、十来口人的"光荣历史"呢!

后来,我们有了自己的新居。再后来,外婆也搬进了现在的新居。原来的地方已成了通衢大道,崭新的轮渡码头,雄伟的人行天桥,花草树木荫翳的绿化带,与日见清澈的黄浦江交相辉映,汇成一幅现代都市的壮美画卷。

是的,建国50周年来,上海人面临的天字号难题——住房问题,已得到了根本的改观。如果我有权参与诺贝尔奖的评选,我一定把这庄严的一票投给伟大的中国共产党和人民政府。是党的正确领导和改革开放的英明决策,使我们的国力不断增强,使人民的居住条件犹如芝麻开花——节节高。我坚信,明天一定会更好!(东格致中学初三(5)班学生张经纬)

《解放日报》1999年9月26日

2000 年

文庙换书记

记不确切是哪一年了,大约是初一时吧。一个星期天上午,我在文庙从一个陌生人手中,花5元钱买回了第一本金庸的武侠小说《射雕英雄传》第一册。谁知就此迷上了金庸,养成了读书的习惯。

那时,每逢双休日,文庙的书市总是人头攒动,三三两两,东一堆,西一群,尽是挟着书,拿着书,可能是来淘书或卖书的。去的时间多了,便发现还有换书的。他们拿着手中多余的书,和别人换自己所需要的书。当然,换书后,因价值不等,一方再"贴"足另一方书价钱的事也时有所见。

在文庙,你若一门心思非要买哪一本书不可,则未必能如愿以偿。一来价钱不一定谈得拢;二来有的人只想换书,调剂余缺,节省口袋中的钞票。于是,碰得巧,换书倒常有"得来全不费功夫"的收获。以书换书,互通有无,偶有所得,真是其乐无穷啊!有时,双方一时达不成"协议",甚至提出"换来翻翻,看后再还"的人也有。

起初,我寻求的主要目标是金庸的武侠小说。因为手中的零花钱不多,新书买不起,就想以书换书来达到看全金庸小说的目的。当然,很难按着阅读次序第一第二册地"换"来看。但是,持之以恒,拿自己看过用过,束之高阁的其他小说书、教学辅导用书去换,一本、两本……终于功夫不负有心人,约花了一年多的时间,让我给换全了整套金庸的小说。不过,其中上了好几回当。当时,我不懂得书还有版本之分,尽管封面印着第一、第二册,但内容并不能相连贯;还有全本、简本和缩写本之分。好不容易换回家的书常常大小不一,版本不同。有时,我换出去的书新,换回来的书却缺页少角,事后常有所悔。但有时一想,跟我换书的,大都你情我愿,属我同类,喜欢读书,又囊中羞涩。那么,我的书流传到他手中,必定会给他带来快乐,于是也就释然了。

我去文庙换书,舍弃了自己一些喜欢的书,也换进了一些自己需要的书,使得我手头有限的藏书得到了新陈代谢。

升入高中后,随着学习的紧张,文庙已不再去了,换书也已成为往事。但作为我读书生活的片断,常存于记忆之中,使我温暖,催我努力。(格致中学学生陈凯)

《解放日报》2000年12月25日

2003 年

也谈高考语文改革

　　读了复旦附中语文特级教师黄玉峰的文章《高考语文须改弦更张》后,不禁拍案叫好!这真是道出了我们高三学子的心声!作为一名刚走出考场的考生,我想在此谈谈自己的看法与遗憾。

　　高考语文为何不考基本功?现在全国卷坚持在考查错别字、成语、名句、名篇,上海为何不考?像在我所在的市重点中学里,仍有同学连"千钧一发"、"九死一生"等这类小学五年级水平的词都不会写、不理解。这种例子真是不胜枚举。高考纯粹的几篇现代文阅读加上刁钻的问题,怎能真正反映学生语文水平的高低?怎么能拉得开差距?市教委要求我们中学生的必读书目,读了又有何用武之地?说是"语"、"文",为何不考纯文学作品?对美文的感觉、体会,对文章细节审美的把握,又从何体现?

　　作文也还有问题,一篇作文就能完整反映学生运用语言能力的水平高低吗?有的同学只能写议论文,写起记叙文来干巴巴,索然无味。为何不能增多考试时间同时写两篇大作文?甚至更多?一篇记叙、一篇议论或话题作文。作文很能反映学生语文的积累。让考生尽情地发挥,所想、所观、所感,让文字变为心灵的眼睛,梦想的翅膀。让作文真能够行云流水般顺畅,直抒胸臆,对生活、人生的热爱和思考!

　　语文总说要厚积薄发。现在就算"厚积",又"发"到哪里去呢?语文成绩的高分、低分,几乎相差不到二十分,语文水平的高低,知识的积累从何体现?学生就算语文水平低陋,现在除了在作文里写几个错别字,被扣一二分,其他与积累多的同学无甚差别。甚至可以说,小学语文水平的同学也能在高考中混个及格左右。现在还谈语文的积累,这样的积累,还不是竹篮打水一场空?心中藏有的好词佳句,大量的成语典故的积淀又有何用?

　　为何英语、数学、物理很拉得开差距,语文却不能?特别是英语,没有大量的背、读积累,考试绝不会有好成绩,口口声声说语文也靠积累,可事实是积不积累无所谓,考试不考基本功。

　　因此,要提高人文素质,要提高人们对语文的重视程度,我觉得,该是狠抓基本功的时候了。让语文考试,也能拉大学生的差距,让有阅读量,有积累的同学亮出来吧!

　　作为一名高三学生,不知天高地厚地在此大放厥词,深感羞愧。但是,闷在心里不说,总觉得会留下遗憾。但真心希望高考语文能改弦更张!让以后的高三学生不留遗憾,在更多的基础题、主观题上能自由、潇洒地发挥!(格致中学高三(9)班刘琼)

《新民晚报》2003年6月23日

2004 年

院士校友与百年格致——上海市格致中学创建 130 周年特写

1874 年 3 月 24 日,也许是一个平凡的日子。然而,对已经走过 130 个春秋的上海市格致中学而言,这是一个值得珍藏的一天,如今闻名遐迩的格致中学,就在这一天诞生,为中华民族的基础教育增添了一份光彩。

这又是一个值得记忆的一件教育大事:取名为"格致"的中学,建立了我国最早系统传播近代科学知识,造就科技人才的新型学堂,而且"格物致知"的内涵和外延,紧跟时代发展的步伐,不断得到丰富和拓展。

创办已 130 年的"格致",培育了一大批德有所秀、学有所长和体有所健的学子,而后来成为中国科学院或中国工程院院士的校友,更是其中的杰出代表学校不仅以"院士"从这里起步为荣,更为夯实广大学生平和心态、进取精神和多才多艺的可持续发展的基础而歌。

> 百年格致风貌
> 格物致知追求超越
> 格调致雅教人求实
> 格局致谨办学有方
> 院士风采
> 为祖国做贡献为四化育英才

方守贤,48 届校友。中国科学院院士(数学物理部主任)。

曾任中科院高能物理研究所所长,是我国高能电子加速器领域内的优秀专家和学术带头人。

在高水平学校得的严格训练与教育,既授予我知识与能力,更教会了我应该如何做一个有价值的人。

邹世昌,49 届校友。中国科学院院士。

曾任中国科学院上海微系统研究所(原冶金所)所长,现任该所研究员博士生导师。获国家发明一等奖,科学院自然科学、科技进步等 14 项奖励。被推选为国际上离子束领域两个主要学术会议国际委员会委员。

当时年小,只记得大人说"格致"是个好中学,慕名而来,果然名不虚传。

汪集旸,49 届校友。中国科学院院士。

在中国科学院地质与地球物理研究所工作。长期从事理论和应用地热研究,在大地热流、深部地热、地热资源以及石油——矿山地热等方面均有建树。

辛勤育桃李奋力兴中华

陈联寿,52届校友。中国工程院院士。

国家攀登计划工程和技术科研重大基础研究项目首席科学家,长期从事全国灾害性天气的研究工作。曾任中国中央气象台台长、中国气象科学研究院院长、中国气象学会副理事长等。

饮水思源叶茂根深

汪品先,53届校友。

中国科学院院士。全国政协委员。曾任中国海洋研究科学委员会主席,国际海洋研究科学委员会副主席,中国"大洋钻探184航程"首席科学家。现任同济大学海洋地质重点实验室主任。

在格致的三年令人难忘,它使我的人生观发生了很大的变化。

杨福家,54届校友。中国科学院院士。

曾领导、组织并建成了"基于加速器的原子、原子核物理实验室"。用γ共振吸收法发现了用此法找到的最窄的双重态。在国内开创离子束分析研究领域,在国际上首次把运动电场用于束箔机制。曾任复旦大学校长。现任全国科协副主席,英国诺丁汉大学校长。

培养高素质人才的摇篮

李家春,57届校友。中国科学院院士。

现任中国科学院力学研究所学位委员会主任,学术委员会副主任。长期从事流体力学研究,在湍流、非线性波、海洋工程力学,环境流体力学,应用数学等方面的研究取得进展。曾获国家自然科学四等奖,中国科学院科技进步二等奖等科技奖励。

中学教育对一个人的成长十分重要。格致中学给我知识和学习方法让我终身受用。

杨玉良,68届校友。中国科学院院士。

国家"攀登计划"高分子凝聚态物理首席专家,国家"973"项目"通用高分子材料高性能化的基础研究"项目首席专家。现任复旦大学副校长,高分子科学系主任,教育部聚合物分子工程重点实验室主任,上海市高分子材料研究开发中心主任。

"格致"经典

"格致"校名的由来

格致中学坐落在上海市中心城区,是一所有着130年历史的上海市重点中学。1874年3月24日,格致书院"良好祝愿者"会议在"外滩源"圆明园路上的上海博物馆召开,格致书院董事会宣告成立。

我国近代科学、教育先驱徐寿与英国麦华陀等人取《礼记·大学》中首次提出并经历代先哲发展形成的"格物、致知、诚意、正心、修身、齐家、治国、平天下"八条中的"格致"二字创办"格致书院",建立了我国最早系统传播近代科学知识,造就科技人才的新型学堂,也就是今日格致中学的前身。

"格致"特色

回眸"格致"的办学历程,一个多世纪的风云岁月,处处闪耀着令人瞩目的光彩。

校训 格物致知、求实求是

优良传统 热爱祖国、崇尚科学

办学理念 坚持"科教兴国",传承民族优秀文化,弘扬时代人文精神

办学特色 和谐发展、理科见长

今日"格致"

建校130年来,学校为国家和民族培养了大批素质全面、有科技特长的人才,赢得了社会美誉。改革开放以来,百年老校青春焕发,新一代"格致人"着眼于学校新一轮发展的理性思考与执着追求,从1999年下半年起,学校制定并实施《建设实验性示范性高级中学办学规划》(1999.9—2002.7),办学水平又得到了全面提升。

目前,学校已全面实施又一轮办学发展规划(2002.8—2005.7),正朝着把格致中学办成上海一流、国内知名、有一定国际影响的,体现大都市中心城区特色的,以科学教育见长的名校的目标迈进。

"格致"新内涵

格致中学作为一所历史名校,有着深厚的文化底蕴,科学教育历史悠久,成果丰硕。从格致书院的创始人、我国第一代科学家的代表、中国"化学之父"徐寿到校友——著名物理学家、中科院院士杨福家教授,他们走过的路就是有"格致"特色的科学救国、振兴中华之路,展示了"格致"科技教育见长的办学特色。

一所名校,它的魅力不仅在于深厚的文化历史底蕴,更在于它与时俱进的教育理念和办学实践。名校决不能被动地任凭时代大潮挟裹着向前跑,而应该在教育现代化发展的进程中审时度势,创新发展,始终走在教育发展的最前列。

由此,学校加大力度弘扬"格致"优良传统,对"格致传统"的内涵作了与时俱进的理解:

对"格物致知"的深入理解——观察事物,了解事物,分析事物,探究事物,改造事物。

对"爱国传统"的深入理解——有远大理想,有国际胸怀,有报国之志,有强国之才。

对"科学传统"的深入理解——实事求是,追求真理,实践创新。

"格致"的目标是继承和发扬优良办学传统,为国家培养顶尖人才,让每一位学生都获得成功。格物致知,追求超越,与时俱进,再创辉煌。

继往开来

格致中学是全国科普先进集体、首批上海市科技特色示范学校、上海市头脑奥林匹克特色学校,在培养学生的创新精神及实践能力方面具有优势。厚重的学校文化积淀,在区、市乃至全国产生了较大的影响。一大批科技爱好者从学校走出,丰富的科技活动培养了学生的创新精神和实践能力,使学生终身受益。

格致中学根据全面、均衡、可持续发展的科学发展观,围绕一流城区、一流教育的总体发展战略,坚持"精、特、优"为标志的都市型精品教育的发展目标,在新一轮发展中提出了学校发展的远景目标和近期目标。

近期目标——使格致中学在上海市实验性示范性高级中学群体中,在理科教改、理科教学质量上取得"高地辐射效应"。

远景目标——通过努力,把格致中学建设成为名副其实的现代名校。这两个目标既

有理论支撑,又有鲜明的校本发展特色,正在激励当今"格致人"为实现学校瑰丽的前景而努力。

格致中学一直得到社会各界和广大校友的关心,尤其是恒源祥集团的大力支持。在此鸣谢。(格致中学名誉校长高润华)

《文汇报》2004年3月24日

到大别山感悟人生真谛

怀着好奇、期待、憧憬又无比崇敬的心情,我们格致中学、格致初级中学一行18名同学踏上了前往大别山的征程。

我们的大巴在高速公路上飞快地行驶,路两旁的风景渐渐由高楼林立转变为绿荫葱葱,道路也由宽阔平坦转变为高低不平。终于经过12个小时的舟车劳顿,我们兴奋地踏上了大别山这片红色的土地。

走进弥陀一中那用几根篱笆围成的"校门",脚下是沙砾地,校舍是简陋的三层楼。那天正是当地学生考试发榜的日子,有许多同学站在教室门口,用好奇的眼光看着我们,从他们清澈的双眸中,我们看到的是最最质朴最最纯洁的心灵!

带着行李,我们来到了宿舍。这是一间不大的房间,却紧挨着放着六张床。这一张张小床都是由一条条木板拼成的,不仅硬邦邦而且高低不平,但就是这样的床,当地的学生却要睡两人。最让人无法适应的是洗澡和上厕所——扑鼻而来的恶臭和不停蠕动的蛆,让同学们不禁大呼小叫。洗澡,无论男生女生都只能简单冲一下凉,冲去一天的汗水。这对我们都是一种前所未有的体会,也给了我们这些城市里长大的孩子以前所未有的感悟!慢慢地,我们逐渐适应了当地的生活。

大别山是充满生命力的,它有青衣覆盖、终年不变;大别山是富有灵动美的,它有清水环抱、穿梭其间;大别山是神秘的,它有红色历史、未知未来;大别山是珍贵的,它有无尽财富、不朽意义……我们正是带着透视的眼镜,考察大别山的过去、现在和未来。大家的研究内容涉及到"职业教育"、"农业生产""发展中的大别山""大别山的学子之梦"等等。

我们学校14人自动分成4组,在出发前就确立了各自的研究对象,并做了相应的资料收集。在短短的一天中,我们相继来到了解放前最后一次高干会议的遗址、访贫问苦的学生家中、实践调查中的各级部门及农民家中等等。同学们不辞辛劳地顶着炎炎热日,走街串巷,搜集最可靠的资料信息。有的为了寻找山里的人家,而费尽心思、不言放弃;有的为了获得第一手的教育资料,而走进大小不一的各类学校;有的为了有数据可依,而一一落实、眼见为实……同学们在这片热土上,忙得不亦乐乎,用最坦然的心去面对一切消息,用理性的思考分析闲杂之事,用真诚的心,换取意见的灵感,思维的严密。

当晚,我们就分组纂写了调查报告。在第二天的思想交流汇报会上,大家侃侃而谈,说出实践的心得、提出自我设想、道出真诚的祝愿。或许我们的建议只是尽绵薄之力,但我们会将自己的亲身感受带回上海,带给更多的人,让弥陀镇为更多人所关心与支持。

虽然我们已回到上海,但我们的心依然没有停止前进的步伐,就让我们继续这大别山之旅,用心承载更多的人生真谛。(格致中学晓何)

《新民晚报》2004年7月12日

2005 年

难度略有提高　强调语言能力
英语卷

卷子的质量较高,强调知识的运用,强调语言能力。与去年的试卷相比略难。语法题题干长,阅读增加了一篇,作文较难写,有不少同学反映时间比较紧。

1. 听力

相对而言,比较简单。

今年播放英语听力的速度比平时训练的时候慢,停顿的时间长。给考生判断的时间也就相应长一些。

2. 语法

本套卷子的语法词汇题出得较有质量。

淡化语法并不是将语法题简单化,让懂一点语法的都会做,而是不出怪题、偏题,减少题量。

这 20 道题的题干都比较长,考学生的理解,考学生的读句能力,将语法知识与阅读能力结合起来。但是语法题中的非谓语动词的考题过多,共有 4 题;另外还有两题是以非谓语动词作为干扰项的。因为语法题的总量已从过去的 20 题减少到 15 题,而非谓语动词的考题并未减少。从培养学生的语言能力出发,考各类从句的题应适当增加。

3. 完型填空

两篇完型填空出得好,文章选得好,题目也出得好。所有的空,考的几乎全是理解,而不是简单的考词汇或语法。

第一篇容易,但是第 47 空容易出错,选项 A. such 作为第一选项,语法上没问题,读起来又顺口,很容易上当。第二篇比较难,尤其是第 58 空、第 62 空和第 64 空对学生是个挑战。有区分度。

4. 阅读理解

阅读理解共五篇,比 2004 年的试卷增加了一篇。选材注意到了趣味性、可读性、适宜性。

前两篇较容易,后三篇稍有难度,可能是因为考虑到阅读量大的原因。总体上来说,阅读是比较容易的。题目及选项的设计也比较合理。有干扰项,且干扰适度,能考出学生理解上的差异。但是推断词义的出了两题,把第二个猜词题去掉是否更好些呢?

5. 翻译

翻译共六句,比去年增加了一句。总的来说比较简单,只是第六句"刮目相看"有点难度。虽说简单,但是要考满分却并非易事。其中第五句(popular)这个词1998年的试卷上已考过,学生对此非常熟悉,不如换一个词考一考。

6. 写作

题目反映出命题者不仅要考学生的文字表达能力,叙事议论的能力,用小事来说明大道理的能力,更注重学生平时对生活的观察和思考,考学生的思想积累。

但是"通过描述你生活中的一件事"来说明"天生我才必有用"对于中学生来说是有一定难度的。(格致中学顾汉章)

《新民晚报》2005年6月13日

2006 年

论诸葛孔明

诸葛孔明,隆中卧龙。收复二川,巧排八阵,六出祁山,七擒孟获,严明军纪斩马谡;收取西蜀,平定南蛮,联盟东吴,抗击北魏,一心只为酬三顾;草船借箭,舌战群儒,妙借东风,大摆空城,水面偏能用火攻;鞠躬尽瘁,死而后已,纵横沙场,叱咤风云,中军帐里巧运筹……

可是,天妒奇才,五丈原前,英杰死矣,将星陨落。那一刻,英雄迟暮,那一刻,英雄泪落,那一刻,他的心在滴血,那一刻,他的思绪已疲惫,那一刻,水冷风寒,那一刻,鸟兽哀鸣,那一刻,草木抽泣,那一刻,天地同悲。一代名相长眠于地下,带着点滴的遗憾,带着些许的忧思,带着丝丝的不舍,带着依依的惜别。因为他放不下刘禅幼主,放不下先帝的嘱托,放不下蜀汉,放不下兴复汉室的重任。可是,他又能如何?他为光复汉室,劳心劳力,夙夜忧叹,积劳成疾,食少事烦,其能久乎?所以,等待他的是壮志未酬,夙愿难了。

孔明留给我们的是一份遗憾。为什么一代英杰出师未捷?为什么一代英雄含忧而终?孔明留给我们的是一份残缺,为什么卧龙之才梦难圆?为什么他的故事会如此落幕?为什么?为什么?为什么?

但是,正因为这份遗憾,才让我们的心久久难以平复,无时无刻不怀念着他的传奇,正因为这份残缺,才让他的模样、伟绩成为我们午夜梦时的绝响、心灵深处的珍藏。

或许,每一个人都有遗憾,但是正因为有遗憾和残缺,才让人感到一种浑厚的悲剧美,催人向前奋进。我想,遗憾是人向前的催化剂,因为这样人生,才会拥有梦想和希望。

当孔明弃剑而叹曰"死生有命,不可得而禳也"之时,他自己明白阳寿将终,万事不由人做主,一心难与命争衡。我没有为之落泪,因为我知道只要孔明努力过、追求过、奋斗过、拼搏过,他就无愧无悔于人生!如果说这就是人生的遗憾,那么正是它,在闪烁着阳光般的辉煌的亮色。我认为,失败同样精彩,梦断五丈原,又何妨?将星坠落,又何妨?无愧于天,无悔于地,足矣。此时,浮现在我脑海中的依旧是孔明手摇羽扇,扇起一场惊天大火的英姿,依旧是巧舌如簧,以三寸不烂之舌气死周瑜的机敏,依旧是足智多谋,妙计以草人借数万之箭的聪慧,依旧是泰然抚琴,空城吓走魏军的沉稳……

他,一生是多么的传奇。他,一生做了多少许多人想也不敢想的事。他,一生虽短,仅54岁,却千秋凛然,万世流芳。他,多少人眼中的神。

或许,从古至今,对孔明的评价众说纷纭。但数千年来,这位长眠者依旧安然地躺在定军山上,武侯祠依旧有人前来凭吊。面对这一切,我们可以说的有很多很多,但我唯一想说的是:"他,真的很棒。"(格致中学高一(7)班金佳瑜)

《新民晚报》2006年10月29日

2007 年

点燃心中的火种

2001 年,我担任了英国诺丁汉大学的第一位华人校长。有一天,一位在当地生活了五十多年的华侨协会会长对我说,过去,因为清朝政府腐败,英国人就叫我们"清人"。但是没有想到,现在这所有名的大学里面唯一的一顶金边帽,戴在了真正的华人头上。他流着泪对我说这番话,我听了非常感动,确确实实我们中国是在世界上站立起来了。

从 1951 年到 1954 年,我就读于上海市格致中学。格致中学前身为格致书院,由清朝李鸿章发起倡办,并亲自题写校匾,再由中国近代著名化学家徐寿先生、数学家华蘅芳和英国人傅兰雅等中外绅商学士共同创建于 1874 年。格致的先驱取《礼记·大学》"格物、致知、诚意、正心、修身,齐家、治国、平天下"中的"格致"二字为书院命名,建立了我国近代最早系统传播自然科学知识,培养科技人才的新型学堂。所以,"格致书院"的倡办体现了中国近代进步知识分子"修齐治平"的理想,也是"科学救国"、"科学兴国"思想的伟大实践。

经常有人问我:为什么会对格致中学有如此深厚的感情?其中主要原因就是母校指导我确立了正确的人生观和价值观。56 年前,当我刚进格致时,从没考虑过这些问题,心里糊里糊涂的。当时班主任向老师带领我们阅读《钢铁是怎样炼成的》,我逐渐领悟到:人生是很短暂的,应当在短暂的人生中,对社会有所贡献。正是格致中学这样的教育氛围,让我逐步懂得了人活着是要有理想的;有了理想,才会有生活的动力,才会有长足的进步。还让我懂得,单有理想还不够,还要艰苦奋斗,还要有机会并善于抓住机会。

我感谢格致中学的第二个原因是,母校的教师使我对学习产生了浓厚的兴趣。因为我知道,兴趣的有无,好奇心的有无,会影响到一个人的一生。

我清晰地记得,数学教师常会在课上留出 20 分钟让大家动脑筋做习题,他则来回巡视检查、答疑或启发问题的思路,重点检查和辅导后进的学生。有时,还会穿插一些趣味题以提高同学们的兴趣。即使到高三总复习,每周发约 200 道习题,也只规定同学们仔细阅读,对熟悉已掌握的题型一览而过,对不太熟练的题型详细复习归纳总结,并选几题演算到正确无误,对陌生的题型要仔细研究分析,实在"无门"时与同学讨论或请老师答疑。这种"题海战役",绝不是死做、死记、耗时、费力的笨办法,而是重在提高学生的学习兴趣。

记得格致中学的老师常说:"红木的料不能当柴烧。"不管原来基础怎样的学生,课堂提问答对了,他们都喜形于色,念念道:"好的呀!聪明的呀!"很多学生就是因为牢记亲身感受的这些循循善诱的话语,而被老师不知不觉地引进了学习的圣殿。

还记得当时学校演出过一场很轰动的朗诵剧《卓娅》,是由同学们自己根据《卓娅和舒拉的故事》改编的朗诵词;根据发型的需要,选了一位同学扮演卓娅造型,由普通话好的同学来朗诵;还凭学校介绍信,到远在郊外的上海戏剧学院免费观摩垫高鼻子的化妆技术,外语老师则将自己的俄式小红花布拉吉借给学生……

还记得学校当时采用"荣誉考试",老师来教室发完考卷就离场,不设监考,整个考场自始至终都非常安静。同学们由此而树立了自尊、自爱、自强的进取精神,终生受益。

我衷心希望我母校的老师,要点燃同学们心中求知的火种,使他们能在非常生动、活泼的环境下学习、生活,使每个人都具有过硬的本领和高尚的道德情操。

在此,我也对当代青年学生提三点建议,首先要在生活和学术上求真求实;其次是努力做到基础厚、能力强、身心健、有特长;再次要时刻牢记我们是炎黄子孙,是具有五千年文明史的光荣的中国人。(杨福家)

(作者系中国科协副主席、中国科学院院士,原任复旦大学校长,现为复旦大学教授、英国诺丁汉大学校长、宁波诺丁汉大学校长,格致中学1954届毕业生)

上海格致中学

格致中学前身为格致书院,建于1874年。

在上海的闹市中心人民广场东边,五栋外墙赭红色的建筑错落有致、庄重典雅,这就是有着133年办学历史的名校——上海市格致中学。学校正门口,有着近80年历史的"校史楼"斑驳的墙面前,有一块高达3米多的巨石,上面镌刻着毛泽东同志亲笔书写的"格致中学"四个大字。

校园里,根据功能定位,学校将其他四栋楼分别命名"格意楼""物趣楼""致远楼""知行楼"。楼名首字连续为"格物致知";次字连续为"意趣远行",寓意隽永,耐人寻味。校园里多的是枝干遒劲、姿态各异的盆景,它那历经沧桑的年轮,见证着学校的发展。学校的设计和建筑风格精妙地折射出格致这所百年老校所独有的文化积淀和历史底蕴。

学校的创始人徐寿、华蘅芳、徐建寅、王韬等人兴办新学,引进并传授西方科学知识,开创我国近代科技教育先河,为中华民族培养了第一代具有"科学救国"思想的学子。在那以后一个多世纪的风云岁月里,一代代格致人坚持"科教兴国"的办学理念,为国家和民族造就了大批人才,在丰富的办学实践中,凝炼出了"热爱祖国、热爱科学"的学校传统,"格物致知,求实求是"的校训和"教书育人、实验示范"的办学理念,并逐步形成了"以理科见长"的教学特色。

《光明日报》2007年12月14日

2008 年

以创新思维追求绿色情怀

上海市格致中学坐落在寸土寸金的黄浦区,在开展绿色文明教育方面,我们的校舍、校园等硬件条件先天不足,但这不妨碍我们以创新的思维,从"追求绿色情怀"的角度,来培育新时期中学生担当未来社会发展主人翁的责任意识。

绿色文明的培育是一个系统工程,不是靠一两门学科、三四个活动就能一蹴而就的。很多基础教育的前辈都给我们指出:对于学科渗透一是要有教师的主动性,这样才能激发学生乐学的积极性;二是学科教学中,潜移默化的环境教育更易于学生接受;三是只有各学科形成合力,才能使学生的环境意识根植于心灵深处。所以,多学科整合协调引领环境教育深化的做法是我们的明智选择。而教学实践也证明,多学科整合有助于弥补教师知识结构的局限,有助于紧跟迅速发展的绿色文明总趋势。

自上个世纪90年代至今,我们致力于开展多学科整合。这18年间,国家发生了巨大变化,社会意识处于不断进步之中,而国内外的生态危机也时有发生。根据实际需求,学校常请专家和相关教师为师生作报告。这类教育内容包括了许多因违反科学规律而受到自然无情惩罚的事实,如大气污染带来的危害、污水排放不当给人类带来的灾难、大量无约束的砍伐森林造成洪水危害等,让学生深切感受科学是真理,办事遵循科学是一种常识。

可以说,以前的基础教育侧重于科学素质和人文素质培养,是国家对于人才培养的根本要求;而如今的专题教育在此基础之上,又增加了环境保护和可持续发展的理念,并有意识地把人文与科学相整合,则是全球化时代对于当代青年的责任要求。

在这样的办学理念指导下,我们着力于环境教育的学校课程设计,并选择在拓展型课程中提升环境教育质量。这类课程把本地区的环境问题作为渗透和拓宽的重要内容;还紧密联系实际,及时将教学的内容与本地环境问题结合起来;并根据高中学生的年龄特征、知识水平和能力结构,明确要求做到触类旁通,加深理解。最初,在上个世纪90年代后期,我们开设环保类选修课,这在上海普教系统是较为领先的;2004年,我们在必修选修课双语课程中规定应有四分之一的内容为环境教育;2005年开始,在高二年级开设拓展型课程《环境教育》,每两周一课时。这样,每个学生在校期间都能接受环境教育;2006年,地理组编写的《互动式环境教育活动设计》获得上海市首届中小学环境教育教材、课例评选"一等奖"。

当然,绿色文明的培育是无止境的。今后,我们还将在系统性、科学性、可操作性和提高学生积极参与的主动性等方面进一步研究与加强,以期达到一个新的研究水平和育人水准。(张志敏)(作者为上海市格致中学校长)

《文汇报》2008年4月8日

2009 年

整理抽屉

整理抽屉，有点像洗澡，是件很私密又很享受的事情。

但又不大像洗澡，因为澡得天天洗，然而抽屉嘛，大力往里一推，"砰"地一声，不管里面乱得像鸡窝猪窝还是狗窝，外表看上去都还像个小金窝，我不由感叹人类的伟大智慧，发明了抽屉这样的好东西——抽屉一关，谁都不知道里面有料没料，究竟是啥构造。但它泛滥你的惰性，却有节制地摁下红灯提醒该整理了。于是乎当我有天发现抽屉满到被卡住了无法打开时，我脑袋里的红灯"噌"地亮起来，是该整理一下了。

我老觉得，能放进抽屉的东西，和随便丢在书桌上的总有点不同。有些仿佛被赋予了一定的意义需要由抽屉来发酵出更纯的价值；又有些仿佛被定义了某种难以启齿的耻辱需要"永远"锁进暗无天日的抽屉里。这便解释了为什么整理抽屉是一件私密的事儿了——里面藏着一架时光机。旧时好友送的贺卡，生日时收到的小玩意儿，故意摆着臭脸拍的大头照，上学时得到的奖状，积攒的作文、日记……这是一个只属于自己的百宝箱。你会看到贺卡内页其实挺没创意的祝福语却仍旧感动连连，或被从前的整人玩具吓了一跳；你也许还会把装大头照的小盒子倒出来，看着照片上故作深沉的自己扑哧一声笑出来，然后伸手摸摸脸上的青春痘；或瞥见角落里的奖状你骄傲起来："我也曾经辉煌过。"最该翻一翻的肯定是旧时的作文和日记，从一个个写得大又尽量工整的字到潦草迅疾写就的歪七扭八的小字，从毫无遮拦的天真懵懂到故作忧伤的"强说愁"，一边看一边会笑着摇头，想着从前的自己怎么是这样啊？怎么那么幼稚天真或者好笑啊？忍不住想要将这些撕成碎片试图毁灭证据，但自己就是这样一路走过来的——总免不了年少的妄自菲薄却又自以为是。然后便对自己说，留着吧，还是留着吧。

于是，整理抽屉这个本该整出一堆废物的过程成了追忆似水年华——仿佛是看着过去的自己和朋友们，将往事反刍，任由自己陷入过往中笑着哭着或窘迫着——这种时刻，又怎能让别人看着你感情波澜壮阔呢？

整理抽屉不过花费一个下午，将一件件拿出来的东西，码齐了又再摆回去，动作轻而缓慢，因为要留些时间给回忆，有时候掂量一样物什，说了好几遍扔了吧最后还是摆回抽屉——总觉得，对于过往，一不小心就忘了太多太多。

抽屉不可能时时整理，因为我们都没有太多的时间流连过去；然而抽屉一定要不定时整理，因为我们都需要一点时间来让往事提点自己，加满力量再掸掸灰尘上路。

旧电影里,满头华发的奶奶,颤抖着双手拉开雕有繁复花纹的抽屉,摸索一阵后咧开笑颜,同时荡开一圈圈皱纹,小心翼翼地将纸张泛黄的本本捧出来,仔细地来回抚摸。大概就是这样吧。(格致中学高一(2)班徐迟馨)

《新民晚报》2009年7月22日

少一分功利,多一分感恩

常听说很多父母非常痛苦,子女每天抱怨饭菜不可口、东西不够好,似乎不知道这些是父母辛苦挣来的。这些父母对他们的子女非常失望,可是没有办法。

我认为,这是子女缺乏感恩、迷失责任的体现,其本质是对子女的教导失误造成的。

子女之所以会缺乏一颗感恩的心,迷失自己的责任,是父母对他们的教导过于偏重智力而忽略了做人的能力。现代社会,功利心过重,每个人似乎都在为名利而奋斗。

父母常教导子女:"好好读书,成绩好一点,我们就开心了。"他们否定了子女做家务的请求。他们要的回报就是子女读好书,对家庭的贡献就是好成绩。长此以往,子女们忘却了自己要为父母着想,铭记着的只有父母说的"给你吃好的,你就给我读好书"。于是,抱怨、享受出现了。假如那些父母多教育孩子体贴父母的话,他们的宝贝们就会在母亲生日时,送上一块蛋糕;在父母生病时,悉心照料……所以,塑造出一个漠不关心身边的新一代,他们的父母"功不可没"。

除了父母,学校也是造成这种现象的原因。学校总是专注于对学生的智育,轻视甚至忽视了对学生的德育。许多学校在中午会组织老师进班级教书,美名曰"答疑"。抓紧一切可用时间为学生补课,却把许多安排为德育的时间都"和谐"为各科老师对学生的教育。可以说,这不是学校的错,学校是为了对学生负责,让学生有不输于别人的学习成绩;也为了学校的发展,以高升学率来吸引高水平的学生。但这间接造成了学生的感恩心的流失。

一些教育成功的学校,每周都会安排出一两节课,做一些爱的感恩的教育;每年都会办一些活动来唤起学生们的感恩和对别人的爱。这些活动唤醒了学生内心对家人、他人和社会的责任。

有人说,这应该和孩子也有很大关系。这我不同意。孩子来这世界时是一张白纸,大人们给他们选定了颜色,现在他们上了色,大人们说缺少颜色,责任自然是大人们没有确认需要的颜色。如果能少一分功利,多一分感恩,那么一切将完全不同。(格致中学高三(1)班刘君)

《新民晚报》2009年11月22日

语文阅读的整体把握三部曲

语文阅读的整体感悟,具体可从以下方面切入:

揣度题目内涵

大家知道,一篇文章的题目,往往是这篇文章的"文眼"。"文眼"即文章中最能显示作者写作意图的词语或句子。它是窥探主题思想的窗口,理清全文脉络、掌握文章各部分相互联系的关键。我们透过一些文章的题目,往往就能对整篇文章的主旨有个大概的了解。如《合欢树》一文,通过题目和作者史铁生的背景资料,我们可了解到他身边有一位长年累月默默陪伴、照顾他的母亲,从而大致猜测这可能是一篇托物抒情,表现母子深情,以及作者愧疚自责、懂得感恩的文章。

理清结构内容

揣度了文章题目,下面就顺理成章看文章的具体内容。在具体操作时,不必贪求快速把握,而是将每一段标上序号,并把其中关键的语句(包括起讫句、过渡句、鲜明表达作者情感态度的议论性、抒情性的语句等)画上记号。然后把这些语句联系起来看看:这篇文章依次写了些什么,作者详写了什么,略写了什么。做好这一步,既是为下面的感悟作者的思想感情作铺垫,同时也是准确全面地完成相关答题的必需。

如《合欢树》,我们从年轻聪慧而争强好胜的母亲,面对春风得意、作文比赛得第一的儿子,也要争上一争,结果被"气得够呛"的开场中,强烈地感受到了母子合欢的欢乐气氛。接着描写作者腿残后,母亲不离不弃,千方百计全身心地鼓励他与病魔抗争,走出阴影,直至去世。正是有了上面的种种描写,才有了下文的议论抒情:"悲伤也成享受"——母亲的去世固然令人悲伤,而深挚的母爱却始终是一种享受,并永远鼓舞着作者奋勇向前。又像《最后的常春藤叶》的开头,医生诊治时,点出琼珊病愈的关键不在药效而在于对生的信念,从而为下文情节的推进和最后出人意料的结局埋下了伏笔。

感悟思想感情

完成了前两步,第三步便水到渠成了。因为通过第二步,我们知道文章的重心在哪一部分,而文章的主要意图也正是通过这一部分来体现的。如《最后的常春藤叶》,文中写了老贝尔曼诸如脾气暴躁、极端瞧不起别人的温情、唠唠叨叨地谈未来杰作的看似负面的事,但从后文中我们得知,写这些所谓的缺点,其实是为了反衬他自称是"保护楼上两个青年艺术家的看家凶狗",愿意为她们效劳乃至不惜自己生命的无私奉献精神。

感悟思想感情还要善于抓住文本重心部分的重点语句。如《跨越百年的美丽》,我们抓住"大音希声,大象无形,大智之人,不耽于形,不逐于力,不持于技。他们淡淡地生活,静静地思考,执着地进取,直进到智慧高地,自由地驾驭规律,而永葆一种理性的美丽"等语句,就能感知到文章是在赞美居里夫人崇高的精神境界和伟大的人格魅力,一种从外貌到心灵的无与伦比的永恒美丽。

如果说,整体感悟是粗读的话,那么,品味语言便是细读。而品味语言则是为了更好地把握人物形象,理清情节脉络,领悟文章主题。(格致中学高级教师张高炜)

《新民晚报》2009 年 12 月 21 日

2010 年

巧记古代作家的名和字

高考语文中,常有要求写出中国古代某作家名或字之类的题型,不少考生因死记硬背、囫囵吞枣,未能熟练掌握而遗憾导致张冠李戴、郁闷丢分。分值虽小,意义重大:一来说明你文学常识中的姓氏文化的缺失,二则可能因此而与自己心仪的志愿失之交臂。那么,如何才能补上"这一课",将其牢记不忘,烂熟于心呢?

其实,如同任何事物都有规律可循一样,古人名字的识记也自有其巧妙之法。

名字是人的称谓符号,原先包括名和字两部分。古人有名有字,而现在的人一般只有姓名,无字。古代婴儿出生三个月时由父母命名,供长辈呼唤。男子20岁(成人)举行冠礼时,女子15岁许嫁举行笄礼时,再由尊长取字。字是名的增衍和延伸。《说文》曰:"字,孳也。"字是从名孳生出来的。《颜氏家训·风操篇》说:"古者,名以正体,字以表德。"《白虎通义》称:"闻名即知其字,闻字即知其名。"这些都说明名和字有着某种意义上的联系。归纳起来,古人名与字的关系主要有以下三种:

名与字的意义相同或相近

此类最常见。例如:屈原,名平,字原。《尔雅·释地》:"广平曰原。"班固,字孟坚。固、坚义同。欧阳修,字永叔。修:长。永:本指水流长,引申为长。曾巩,字子固。巩、固义近。杜甫,字子美。甫、子均为古代男子的美称。

名和字的意义相反或相对

这种较少。例如:韩愈,字退之。愈,越来越好、胜过,与退义相反。晏殊,字同叔。殊、同义反。朱熹,字元晦。熹,明亮;晦,昏暗。两字义反。

名与字的意义相关或相联

该类颇多。例如:孔子,名丘,字仲尼。《史记·孔子世家》:"纥与颜氏女野合而生孔子,祷于尼丘得孔子。"苏轼,字子瞻。轼:车前供人凭倚的横木。《左传·僖公二十八年》:"君冯(凭)轼而观之。"苏辙,字子由。辙:车轮碾过的痕迹。由:经历,经过。《论语·为政》:"视其所以,观其所由。"辛弃疾,字幼安,从小根除病疾,自然得获安康。马致远,字千里,骏马奔驰可致千里之意。

了解了古人名和字的由来,掌握了古人字与名的关系,我们不仅能在理解的基础上予以熟记,而且能运用这些原理来解决一些相关的实际问题。譬如,历来颇有争议的司马迁的字"子长"的读音,其中的"长",究竟念"cháng",还是"zhǎng"? 根据上述古人名与字意义相同或相近的原理推究,就不难得出正确结论:如念"cháng",形容词,表距离之大或时间之久,此义与司马迁的名无关;若读"zhǎng",动词,为生长、增进之意,则与"迁"的升官义相吻合,可见,司马迁的字"子长"中的"长"理应念作"zhǎng"。这样饶有情趣且富有意义的语文学习,我们何乐而不为呢?(格致中学高级教师张高炜)

新民晚报》2010年12月6日

2011 年

特别的年味

最近几年都不会回去了,于是今年回老家过年,我努力去记住每一张笑脸,每一寸土地。在孤单的时候,我抬起被落寞浸湿的眼睛,望向远方,说:"那里是我的故乡。"

小时候过年,热闹而又温馨,似乎早已被自己完美成一曲神话,在心中铭刻……

到了老家,首先发现的是衰败。菜园因长期无人打理而杂草丛生,道路被滑腻的令人厌恶的青苔所覆盖,从前钓鱼游泳的池塘长满了水葫芦,曾让我虚度午后的那棵老橘树也随着奶奶的离去而衰败了。旁边还堆满了扎人眼球的白色塑料垃圾。

走进如同被砍掉双手般拆去了木门的老屋,我发现桌案上的时钟依旧坚强地走动着,旁边搁着两幅布满灰尘的相片——爷爷和奶奶。有多少次新年,一个大家族曾在这间屋子中度过。墙上贴着红纸对联,门外放着鞭炮。一夜狂欢的孩子在大人的催促下一边喊着"我要看完春节晚会",一边安然入睡。

眼下,老屋却是个无人的、荒芜的、惨败的、倾颓的老人。望着这个空荡荡孤零零的老人,我心中似乎有某个一直坚持着的东西碎了。更悲哀的是,连在这儿生活了小半辈子的父亲也说:"如果没人陪,我还真不敢再在老屋里过夜。"怕什么呢?是怕魂灵依旧系于老屋的爷爷奶奶,还是害怕独自一人面对没有月光而伸手不见五指的夜晚睡不着觉,静静地对往事进行残忍的追忆?也是,想得越深,痛也越深。

老屋的厨房上了锁,叔叔说是租给了工厂,进不去了……

过年去祭祖也没有多大变故,无非多拜两堆新坟。只不过以前都是开开心心地去,高高兴兴地回来。而现在,在路上仿佛多说一个字都会引起大家无限的伤悲。我开始思量爷爷奶奶是个怎样的人,对,其实我一直都不了解他们,一直根本没想过要去了解他们,一直在自私地默认着,默认着接受他们给予我无限的爱,理所当然地毫不考虑他们,直至他们离去。

年夜饭是在叔叔的店里吃的,就是那种下面是店上面是屋的房子。从前是一家人吃年夜饭,如今是两家人——叔叔家和我家,连系两家的两根重要纽带却不知去了哪里。不过我们这个小小的青山乡如今也有好多人家拆了老屋,盖了新楼,全是小洋楼,水泥的那种,而木质带天井的石砖瓦房已荡然无存,不知是该为全乡的经济发展高兴,还是该为徽州文化的流逝而悲哀。

吃完年夜饭,和哥哥走了半小时不看星星就会掉沟里的夜路去了镇上,到那儿去滑旱冰。那里聚集了几乎镇上所有的孩子,涵盖了各个年龄段,小学、初中、高中,甚至大学、参加工作的,在灯红酒绿之下忘情地滑着旱冰,打着台球。我始终都无法融入其中,因为我似乎不属于这个地方,或许从前是,但现在绝不是。哥问我滑不滑旱冰,我说以前这个时候我们都在放鞭炮、放雷管。哥无奈一笑。

回到店里已是凌晨两点多,哥躺在床上玩手机,我则坐在床上等日出,想看着太阳怎样从群群叠叠的山峦之中痛苦地分娩出来,想看着天空从破晓黎明的寂静到昭昭清晨的生机。无论家乡怎么变,这总也不会变吧。我心里想着。

伴着一夜复杂的心绪和一声久违的鸡鸣,天亮了。

对于我,这次新年是特别的,但我无法保证十年、二十年、三十年后的我,是否会妥协于这不是我故乡的故乡。在经过一番思索后,我明白了,或许爷爷奶奶的逝去是新年变味的因素之一,但这又或许只是一个诱因。在徽州文化逐渐如紧握在拳中的沙子一般悄悄流失的大背景下,或许新年变味是必然的,也是我无法也不肯面对的。(上海市格致中学高一周夷非)

【点评】写文章贵在发现,发现生活的变化,发现身边的遗憾,也发现自己对生活独特的认识。人人都过年,但不是每个人都能在过年时发现"年"的特别的意味。小作者或许因为身处大都市,又比较敏感,所以回老家过一次年,就颇多感叹。一面,他感叹亲人的离去,家乡的衰败;一面,也是更让他心疼的是,故乡有些美好的传统也日渐稀薄了,美好的徽州文化"如紧握在拳中的沙子一般悄悄流失"了,新年也在逐渐失去往日的醇厚和温馨。作者就在这种有些淡淡感伤的回忆中,慢慢地把读者带进他所制作的"特别的年味"。

《文汇报》2011 年 3 月 18 日

一双布鞋引出的回忆

开学前的夜里,我准备着明天上学的物件。当我在鞋柜中找鞋时,不小心碰掉了什么东西。我回头一看:是一双布鞋。

哦,这是奶奶过年时为我做的。小时候,每当回安徽老家过年,小孩子都会穿上大人做的新布鞋,开开心心迎接新的一年。这双鞋可能是尺寸太小,被我扔在鞋柜中遗忘了吧。

我弯下腰,捡起一片片失落的记忆——

奶奶很疼我,年年过年都给我做布鞋。

童年的我一直觉得奶奶好厉害。因为不管我在大年夜多么晚睡,新年的第一天多么早起,都可以在床下看见一双摆放整齐的新布鞋。新的布鞋穿起来虽然有些紧,却很温暖,即使在雪堆里与小伙伴嬉戏也不觉得冷。穿上新鞋的我,总喜欢在大堂上用力地踏步,发出"嗒嗒嗒"的响声。比我稍大的表哥表姐嫌我烦,不让我踏,我偏不,反而踏得更起劲儿了。"嗒嗒嗒",我一抬头,看见很少会笑的奶奶向着我温暖地一笑。

奶奶为什么很少会笑呢?一定是因为奶奶生来的兔唇缘故吧,怪不得奶奶从不要拍照。

只要你翻开我家的相册就会发现,照片中奶奶总是低着头掩着面。爸爸说,奶奶很自卑,为了不让我们丢脸面,照相时总是把我举在她面前挡住自己。原来如此!

我喜欢吃橘子,每次回老家,总有许多黄澄澄的橘子吃。

奶奶的菜园里种了两棵橘子树,橘子个很小,但很甜。小时候的我,不知道是因为喜欢爬橘子树而喜欢吃橘子,还是因为喜欢吃橘子才喜欢爬橘子树。总之,每当我偷偷地爬上橘子树,奶奶都会等在树下,着急得直搓衣服。我不听呼喊,继续爬高,向树底下变了脸色的奶奶"吆——"地叫一声并吐着长舌,扮个鬼脸,逗得奶奶又好气又好笑。

在奶奶患癌症的最后三年里,她还不停地往我床下塞进整筐橘子。不知道奶奶是怎样挥舞着竹竿,吃力地、颤颤巍巍地打落树顶的橘子的。那么多的橘子,我是吃不完的。但奶奶还是一直不停地往筐子里塞。大概这就是奶奶表达爱的方式吧。每一个橘子的堆积,都充满了奶奶满满的爱。

我离开老家到上海之后,奶奶还不停地往我床下堆橘子。听哥哥说,这些橘子,谁也不许碰,烂了就扔掉。可又有谁知道,在每一个被扔掉的橘子上,都寄托着奶奶对我的无限的思念。

奶奶喜欢摸我的脸蛋。

我小时候胖嘟嘟的,奶奶抱着我坐在她腿上,常常忍不住要在我的小脸蛋上捏一下亲一口,我把头一别,挣开了,因为奶奶的手很粗糙。

春去秋来又一年。我淹没在回家的民工潮中,爸爸形容这是非洲大草原上角马、野牛的大迁徙。回到老家,奶奶又在为我做布鞋。我开心地奔过去亲了她一口,叫声:"奶奶!"奶奶双手拢着我的脸,又捏一下,笑着说:"好孙子,肉坨槌子!"我假装有些不高兴地"哼"了一声,就跑开了。奶奶无奈地笑笑,继续坐在大门口的板凳上,迎着寒风做我的布鞋……

奶奶过世许多年了啊。

想着往事,我吸了一下鼻子,抖了抖布鞋上的灰尘,这些关于奶奶的记忆,我永远不会忘记。(上海市格致中学高二周夷非)

【点评】这是一篇颇有"生活"的写人记事习作。无论是奶奶年年为我做布鞋,还是在我已经离开故乡之后依旧不断往我旧床下塞橘子,这样的素材和细节都散发着浓浓的乡土气息,很有新鲜感,为始终生活在大城市的学生所难得。

记叙文与议论文的取胜之道有很大差别。后者以思想深刻、见解独到来取胜,而前者往往靠题材、素材的新鲜、独特、生活气息浓郁来取胜。因此,虽然这篇习作的主题与其他几篇作文并无二致,但它用以展现主题的材料和方式却是各异的,是为作者所独有的,于是它便具备了任何一篇能够站得住脚的文章必须具备的共性特征——可读性。这也再次印证了"写作源于生活"的道理。如果应试教育强势到足以把万千学子都驱赶进同一种生活格局和学习模式中去的话,那么,他们笔下的文章就只能呈现可怕的单一和苍白!

当然,从"怎么写"的角度来说,本文还有不少应当修改之处。比如第五段的起句和奶奶因兔唇而自卑等,都有蛇足之嫌,可以删去。但这些,都是可以学得来的;而生活,是学不来的。

《文汇报》2011年9月1日

2012 年

固执的小老头

他是个平凡又固执的小老头,所有人都这么评价他。我想,爷爷是乐意当个平凡人的,但他固执得从不肯承认他的固执。

爷爷是浙大地理系毕业生,是地质研究员,最后一份职业是地理老师。在他65岁的冬天,他翻越唐古拉山,进入西藏。这是份固执的梦想,一个一生热爱地理的人,想要仰望珠穆朗玛峰。爷爷说他很幸运,他做到了。

爷爷是浙北地区地理教研大组长,每年负责高考阅卷,高考取消地理科目后,他放下手中的粉笔,离开了讲台。往日里的爷爷做事严谨苛刻,也算得上是不会说话,吵了架也不主动和解,这让大家对他固执的印象愈发根深蒂固了,都认为这真的是个平凡而又固执的小老头。

这些都是听爸爸说的,待爷爷搬来上海后我才有所体会。我真正感受到了爷爷的固执。他坚持每天在同一个点起床、记温度。他有两份厚厚的记录本,格式不外乎一个日期加三个温度,早中晚。他也曾在我三年级时,买齐了两套从一年级到五年级的辅导书,他说书要成套。我体会着他的这份固执,并不反感,因为他对我也是有份固执的爱。

《参考消息》上有个英语专栏,爷爷每周都给我留下。他还骑着自行车帮我四处跑书店买参考书,即使我从来做不完。就这样,他熟悉了上海的路。有一次,我和爷爷争了起来。爷爷为了帮我做一道小学竞赛题,问我借了第二天上课要用的书,忘记归还导致我挨了批。我和爷爷争执起来,他起初很激动,表情愤怒得吓人。后来不说话了,平静得吓人。他回了房间,我还赌气地摔了房门。晚上起来路过爷爷房间,他还在算着那些东西。我说:"爷爷去睡吧。"他固执地摇了摇头,"我还没有做完。"我们像从未发生过争执。这和我印象中那个与他人锱铢必较的爷爷截然不同。他的愤怒与不肯和解的固执最终被他对我固执的爱所打败。这份固执的爱,长达16年。

爷爷是个好学生、好公民、好老师,更是个好爷爷。在别人眼中,他是芸芸众生中的一个,在我眼中,他是我爷爷,唯一的。他很努力有想法,有梦想有追求,正在充实地度过他的每一天。

在别人眼中,他是固执、死板。在我眼中,他的固执是他对生活的态度,即使有固执,那也是份固执的爱。我想说,他其实并不是个平凡而又固执的小老头,而是最伟大、温柔

的爷爷,也是我一生的珍宝。(格致中学高一(8)班王洛佳)

《新民晚报》2012年3月18日

地理学考复习关键点

前两年地理学业水平考试试卷的题型和难度稳定,复习过程中可抓住以下关键点。

关键点一　基础要全面

复习时应注重提高对地理学科基本知识结构的理解能力,可充分利用《高中地理教学基本要求》,用其中的知识结构树状图建立主干知识体系,由此串联相关知识要点。区域地理基础知识已在初中学习,高中地理课上大量运用。在实际试题中,区域地理知识常作为情境出现,因而在复习时应适当对这部分知识加以回顾,防止因区域地理知识不熟而影响解题。

关键点二　图表是载体

地理学业水平测试中有地图、景观图、统计数据表等多样的图表,综合分析题每题至少一幅,图表分析在试卷中所占比重相当大。图表信息的获取和解析是地理学科的特征之一,考查学生的空间概念和图表分析能力,以此区分学生地理知识水平的高低。

复习过程中,要吃透教材中重点图的地理含义,掌握各类图表的判读和信息采集方法,对于图表中的数据,要从定量的分析中抓特征、找规律,并能进行定性描述。使图表不但是地理解题思路的源头,更成为地理解题思维的路径或归宿。

关键点三　学习为应用

纵观两次地理学业水平测试的第二部分试题,多是此类贴近生活的"活"题。试题不是对书本知识简单重复再现,而是通过具体的地理问题情境,考查同学们对地理知识的理解和应用,建议对典型例题应进行举一反三的转换。

最后,在平时生活中多关注新闻,看到相关的社会热点和事件时,能够自觉地尝试运用地理知识去解释、分析甚至评议这些相关事物和现象十分重要。(格致中学高级教师张跃军)

《新民晚报》2012年5月23日

提升你的"听力"

语文概念的"听"是指学生有意识地用耳朵"接收"事物的能力。在日常生活中,"听"是人们获取信息的一个重要手段。在相当多学生的印象中,似乎"听"是生来就会的,只有外语才需进行听力训练。其实,这是认识上的一个误区。诚然,只要不是聋子,无意识的本能的"听"无人不会,但主动收集具有价值的信息的"听"不经专门训练,恐怕是难以做到的。学生唯有通过这样的"听"方能逐渐培养捕捉信息、筛选信息、储存信息、运用信息的能力。"听"是基础,没有高质量的"听",就不会有高质量的"说"、"读"、"写"。

"范读欣赏法"。"听"的内容相当广泛。在课堂教学中,主要是学生听教师讲课,听同学发言,以开拓自己的思路,丰富自己的学识。而聆听教师(或音带)声情并茂的课文范读是其中最为有效的方法之一,在"听"中可以加深领会课文的意思,真切感受作者的情感,不断丰富自己的词汇。时间安排上,可以在预习时便"听",以便对课文有一个整体感觉,或在授课结束后再"听"一遍,以"听"作结,让自己陶醉在优美语言的韵律之中。"听"能弥补阅读的不足,使语言更加形象化,还能激发想象、联想的能力。

"广播熏陶法"。"听"固然是重要的,但学生如果仅仅局限于上课的"听",那是远远不够的。因为在课堂四十五分钟的"听"的信息量是极其有限的。所以,学生在课余还要注意有意识地"听"来自四面八方的各种有价值的"声音",特别是充分利用在家中洗漱、用餐或小憩的零星时间,每天坚持收听电台的简明新闻或文学节目,并要抓住中心,记住要点,边听边想。这样经年累月,潜移默化,不仅为"说"、"写"积累了素材,而且还能起到关心时事、陶冶情操、纯正语言一举三得的作用。(张高炜)

《青年报·学生导报》2012年10月22日

2015 年

一曲尽离欢——《边城》读后感

入夜想起有篇读后感要写,忙掏出语文书翻看起来。节选的两段太短,被那秀丽的边城河山占了个满满当当。跃然纸上,是"俨然吵嘴时那般认真的神气"渗出的淳朴民风;映入眼帘,是那"随时可举步逃入深山的神气"透出的纯真佳人;回响耳畔,是那"哑哑如同竹管声震荡于空气"传出的悠然歌谣;浮现眼前,是那"只作为并不听到过这事一样"现出的宽厚老者。

寥寥数笔仿若信手涂鸦,一幅带着土壤馨香与碧波清新的边城景象呈现于此。仿若飘然出尘、远离喧嚣,却并非与世隔绝、不谙世事。那些嚷嚷着的浅显语句并不觉着粗俗,反倒是带着乡土气息,显得格外淳朴与爽利。仿若一则民谣,一册童话。那雾霭氤氲、薄暮岚风将一切城市里来来去去的浮华,车水马龙的喧嚣涤荡得一干二净。"边城"便如此浸淫在那清可见底的碧波中央,那遥遥传来的一曲山歌中。一时想找个词来描绘,随即又自嘲,怎可将这满篇自然之美以一言概之。若定要斗胆说一词,也就只有"世外桃源"方能妥帖表述这过分美丽而如梦境的边城了吧?

转而看向文章后头,夕阳的余晖照耀在薄云之上,仍是如此令人心驰神往。黄昏照样温柔,可赏景之人心境已变。那仿若小动物纯真的女孩儿而今怎地就哭了起来。从不会说什么人因景生情,只有当那情本就在那儿稳稳当当地立着,然后被所谓的景掀开了幕布才蹦出来。

我看不够,翻箱倒柜爬上书橱,从中掏出一本老旧泛黄的小开本。曾想过从网上挑些在线版本以睹其芳容,却想到这样的《边城》怎可用鼠标键盘赏读。不沉心静气都算是亵玩了,更何况这透过荧光屏幕的《边城》怎能与捧在手掌中的《边城》相提并论?

一晃三年已过。一切尘埃落定。大哥走得早,出乎所有人意料。俊朗的傩送,则是再不知所踪。那个和善而略显沧桑的老者亦撒手人寰。翠翠呢,独立夕阳,守着那一艘摆渡船,静静地等着一个许是永不会回来的人儿。这样的结局无法不令人扼腕痛惜。

这清丽的人儿是那最最无辜的。她没得选择。无父无母的身世一直是萦绕其命中的一缕哀乐。仿佛是被命中注定的一样,翠翠应了她母亲的悲剧。相依为命 16 载的爷爷于雨夜溘然长逝。情窦初开的她本应最为甜蜜的爱情以此方式草草收场。翠翠的世界很单纯,也很小。小到这些便足以填满她生活的全部。然而这一切都随一阵风过烟消云散。或许生亦何欢?翠翠是无奈的,对于何人相伴,她没得选择。

老人不放心地去了。他时常念叨着若是自己走了，孙女该怎么办。这个正直的老头子总觉得有太多没能照料着孩子，有太多欠她的没还。他总觉得翠翠父母亏欠翠翠的，得等他慢慢还清了才行。饱经沧桑的他有这样的预感，仿佛看见了翠翠正走着她母亲的老路。天保、傩送双双离去，他再一走，真的只留下翠翠一人在这世上。翠翠只是个十来岁的孩子啊！老人是无奈的，对于自己何时离去，他没得选择。

傩送被认为愚蠢至极也好，不负责也罢。他赢了翠翠芳心，亦可有机会得整个磨坊作为嫁妆。但是他没有。他一表人才相貌堂堂，能歌善舞受人赏识。他赢了哥哥，又与翠翠两情相悦。他亦不在意贵贱，真爱便是真爱，磨坊还是渡船全无关系。

孰是孰非当真无法言表。到底说是谁的过错？到底说是谁应为这山清水秀之地渺远悲戚的黑童话负责呢？其实亦无益多言。有的时候当真是无人过错，事情发生了就是发生了。若定要归咎于什么，也只有上苍那个拙劣的恶作剧了吧。

不晓得沈从文是以何心境将这"边城"刻画而出。他没有浓墨重彩，没有刻意渲染，没有惊心动魄，没有撕心裂肺。有的只是那一抹撩人心弦的忧伤。回头再看，看到那边城山水仍是那么秀丽，只是这赏景之人心境已变。望着那晨昏薄暮，心里难免有些凄凉，然后不由得眼眶湿润了起来。回头再看，看到那江心悠扬的山歌，就是这渺远的旋律贯穿了始终。回头再看，看到那句"就是这种歌声唱出了你"，何尝不是这种无奈的歌声唱出了整个边城，整个生活？

最后谨以那沧桑老者之言献给每一位边城中人。

"怕什么，一切要来的都得来，不必怕！"（格致中学高一国际课程班 蒋正之）

《新民晚报》2015年2月8日

2016 年

喧哗与缄默

当今流行着一种社会病——"现代犬儒主义",即每个人都对外在的消极事物或现象说上一句"你懂的",社会似乎和谐到了极致,无人抱怨指责,但是这样"安静祥和"的气氛却让人着实感到恐怖。当今同样还流行着一个词"愤青"。当龙应台的《中国人你为什么不生气》一文被年轻人们领悟一番后,许许多多"愤青"站起来责怪国家和社会的不公,环境差,人口多,素质低。这般喧哗潜移默化地影响着更年轻的一代。

在社会异常安静时或众生异常喧哗时,往往说明我们的四周人心冷漠或迷失了自我,甚至多数人盲目跟风,随波逐流。此时,社会责任承担者不仅要学孔子"吾日三省吾身",还要"吾日三省吾社会"。

别人都大声的时候,你要安静;别人都安静的时候,你要大声。这是一位理性的社会责任承担者应具备的素质和心态。

众声喧哗时,自我的缄默能使人保持清醒冷静的头脑和明镜通透的心灵。因为缄默有时比大声更有力量,更震撼人心。一个人缄默时积累的知识和能量往往在大声说话时更有底气,更具说服力,如同常年不喷发的火山,一旦喷发,那力量更胜时常喷发的活火山。"此时无声胜有声"的智慧和哲理需要人们仔细品味,也将终生受用。

众声缄默时,自我的大声便如同"东方的微光,林中的响箭,冬末的萌芽,是进军的第一步",用沉淀的力量大声地指引出光明正确的道路。尼采曾说:"我的时代还未到来,有些人死后方生。"尼采的话不被当时同时代的人理解,但在如今却给了人们极大的启迪和智慧。

当你大声时,众生的不理睬或谩骂不能成为你住口的理由;当你安静时,众生的嘲笑和疯狂不能成为你头脑发热的借口。喧哗或缄默的力量都属于陈寅恪口中拥有"独立之人格,自由之精神"的人。

只希望现代犬儒主义者们早日学会正确地"说话","愤青们"早日擦亮双眼,懂得理性地"说话"。承担责任,让社会学会喧哗和缄默,每个人任重而道远。(上海市格致中学高三(4)班薄加伦)

《新民晚报》2016 年 3 月 20 日

细微处的爱

一双鞋,几道菜,一份等待,细微处的爱。

每个周末似乎是我最快乐,也是我最期待的时刻,不仅仅是因为"无丝竹之乱耳,无案牍之劳形"的自由空间,更是因为那深情的等待。每周末爸妈都会带我去外婆家吃顿饭,陪她聊聊天、说说话。外婆对我,也有一份不一样的爱。

我自幼的梦想或者说幻想,就是成为一名武林高手,可以飞檐走壁、劫富济贫、浪迹江湖,最终名垂青史、流芳百世。再加上金庸小说的影响,几乎逢人就宣称"我长大了要当一名武林高手!"除却同龄玩伴的嘲笑,亲朋好友的淡淡一笑,剩下的唯有外婆那一句"小鬼头,外婆相信你!"自此以后,外婆给我买的衣服鞋子上都有"一箫一剑闯江湖"的中国风式侠客图案。

每次踏进外婆家门后,映入眼帘的,首先是桌上热气腾腾的饭菜:糖醋排骨、炸鸡翅、水煮鱼……青菜基本不多看一眼。外婆总是摸着我的头说:"累了吧,快来吃吧,都是你最喜欢的菜!"

外婆有三个外孙,可唯独对我真的是"情有独钟",特别偏爱我,搞得两个小表妹对我"很不满意"。18年,6 480天,936周,无一例外,餐桌上永远都是我最喜爱的几道菜,衣服都是我喜欢的图案,玩具都是我向往已久的,我玩游戏入迷时,一个柔弱的背影映入眼帘——是外婆!手中端着热气腾腾的水,默默地走来,放下杯子,转身离去,只留给我一个充盈着爱的背影。而每次离开时外婆都是匆匆向我道别,叮嘱我好好学习,路上小心。

十年前的戏言,早已忘却脑后,我现在已经18岁了。今年春节回外婆家拜年发现,外婆为我新买的拖鞋上,依然印有中国风式的侠客图案,才唤醒了这段尘封的记忆!难以言表的感情,久久不能平息。未曾想到,已到耳顺之年的外婆,将我儿时的一句笑话,永记在心底,从未忘记。

一双鞋,圆我儿时梦;

几道菜,满我口中欲;

一份等待,爱在细微处。

细微处的爱以柔克刚,驱走内心的恐惧;细微处的爱似风似雨,过后是晴朗的彩虹;细微处的爱给你力量,浇灌你干涸的心田;细微处发现爱的身影,只有细心的人才能发现爱。(上海市格致中学高三(4)班薄加伦)

《新民晚报》2016年4月17日

2017年

上海"小作家"优秀作品选登·进步,从这里开始

"蝉鸣无止无休,温度三十五六。"在那个清凉恬静的夏夜、那个月光莹澈的宁夏、那个平淡无奇的夜晚,我找到了这一座开始进步的城市。

外公是个昆曲迷,炎夏来临,正愁没有好去处听曲。恰逢社区里正准备举办纳凉晚会,还邀请了昆曲团队来表演。他兴致极高,还不忘捎带上我,一起朝那个搭建好的舞台奔去。

到了舞台,我脑中熙熙攘攘人群的幻想,却被人烟稀少的空旷打破。想来也是,仅有几位老年人有闲情雅致听昆曲,年轻人或许都没听说过这个名词。"文化怎能传承呀?"外公叹了一句。我不禁觉得这夜,竟那么凉。

听,这是最后一个节目了。只见那唱曲人胭脂粉黛,娇滴滴地走上前来。檀板声悄起,粉墨登场,一场风华意。曲调委婉,是那《牡丹亭》:"则为你如花美眷,似水流年……""袅情丝吹来闲庭院,摇漾春如线!"我已沉醉在这优美的曲调之中,听闻的声响中仅有那天籁之音……

咦?不知何时,身边竟聚集了这么多人?多半是年轻人,有的独自前来,有的携手同行。都是被这曲调吸引来的吗?我有些惊讶,这个繁华的大都市,竟会有年轻人爱着昆曲。

某一仲夏,我望见了城市的进步。文化传承是城市之本,若文化消亡,城市的历史也不复存在。上海存这一昆曲,乃是纪念那些逝去的时光里,存着美好的事物。

再望我身后人群,时有和着耳畔低吟,哪怕是走调也唱得认真。再望台上,主人公杜丽娘,清丽脱俗,轻吟:"良辰美景奈何天,赏心乐事谁家院……"外公也用他那低沉嗓音唱到:"原来姹紫嫣红开遍,似这般都付与断井残垣!"没有手机,没有电脑,没有电视,那些现代化的设备被抛之九霄云外,但余一副天籁嗓音在城市的夜空中回荡……

在城市变迁中,上海仍把文化保留了下来,这是城市的进步。那个清凉恬静的夏夜,那个月光莹澈的宁夏,那个平淡无奇却悠闲惬意的夜晚,我发现,城市的进步,从这里,一曲昆曲,开始了。(上海市格致中学高一(7)班程思奇)

《新民晚报》2017年11月22日

半个世纪的班长

快入2018年了,我中学时代的同学都进入了"古稀之年",但无论遇到什么事,我们依旧都愿意找老班长倪蕙芳。

班里原来的一个"美女",得了绝症,挺了好多年,虚弱得脱了形。女儿在国外,孤独一人。住进医院后谁也不见,唯独班长可进门,和她说话,帮她出主意,忙里忙外。当时,班长手脱臼,连杯水都拿不起来,可她二话没说,拽着老公就上大超市,按着单子,把东西集齐了送去……

同学中有一个"才女",毕业后没多久精神就出了问题。三十多年来,班长年年去看她。病人入院前,曾写了一篇"对人生的思考"的长文,她把它交给班长保存,并叮嘱"不要给别人看",这是她心血的托付,班长一直将它珍藏着。今年的一天,病床上的同学突然用唇语跟弟弟说:"我想班长了……"班长接到电话,一刻也没有耽误去了医院。病床前,两人都掉了眼泪……不久,这位同学去世了,带着同学的温情,带着对这个世界唯一的不舍!

当年,我们这个班有五十多人,其中有十多人因为上山下乡、支内等原因离开了上海。这些人走远了,却一直没有走出班长的心。谁返沪了,谁搬家了、谁生病了……她总是第一个知道,第一个送去问候。

前几年,她那张保存了几十年的通讯录上有不少人"失联"了,她可着急了,连自己的亲戚出差都不放过,让他捎带上找人的任务。

在我们60岁那年,全班人奇迹般地聚齐了! 我们相互握手、激动地相拥。十几位曾经远航的"小船",也回到这个温暖的"港湾"。班长欣慰地笑了。

从那时起的又十年,班长更忙了。每次聚会前,班长都要亲自踩点,班长是当年的数学尖子,如今她依然精于算计,为的是让同学少跑点路,少花点钱,有更多的收获。她家门前有一块地,种的南瓜、青菜、豆角……每到收获时,她会一家一家送,让同学们一起分享。她家的被褥也特别多,这是为一些回沪没有居住点的同学备着的。

前年,我动了个大手术,出院回到家中,第一眼看到的是坐在桌前的班长,她正用面包屑裹鱼片呢。

"你怎么来了? 你怎么知道我爱吃这个呢?"她嘻嘻地笑了:"有一次聚餐时你说过。"我呆了,开刀时都没掉眼泪的我哽咽了:"班长,你……"

这么多年了,我们一直还叫她"班长"! 叫了半个世纪了。而她老也忘不了的是,当年她曾经代表我们班参加过全市的一个表彰会,会上她发言时说:"……因为我们都是兄弟姐妹。"是的,我们永远都是兄弟姐妹——因为我们有个共同的"家":格致中学六四届初三(1)班。(艺勤)

《新民晚报》2017年12月10日

2018 年

上海"小作家"优秀作品选登·改变与适应

　　世上没有简易的移山办法,唯一能改变我们和山的距离的途径是:山不过来,我过来。因此有人得出结论:改变可以改变的一切,适应不能改变的一切。但真的是这样吗?

　　适者生存这一自然法则在世界诞生之初就开始存在了,不仅是自然界,人类社会也是一样。尽管有诸如社保之类的能保障基本生活,但生活品质仍需自己打拼。社会的大环境单靠一己之力难以改变,我们暂且将其归入不可改变之中,坚信着这句话的人们便顺应这一环境改变自己。可身处当地的风气乃至整个社会并不一定是完全正确的,那么适应这个环境的人们将会变成什么样?

　　举例来说,在新中国成立之前,古代的封建思想一直统治着人们,人们本着"适应不能改变的一切"这套理论安分守己,倘若有想改变这"不能改变"的环境的人出现,他们则千方百计地阻拦他们。他们完美地适应了这不能改变的一切,可历史却告诉我们变革的必要,越来越多的人站了起来,推翻了根深蒂固的这"不能改变的一切"。

　　由此可见,对人类社会而言,并没有永远不能改变的一切,而我们只是漫长历史中的一个小点,我们的一生中或许这就变成了"不能改变"。但我们所持的态度绝不能是适应不能改变的一切,我们应当保留着去改变它的思想,并为其之后的改变打下基础。

　　对于"改变可以改变的一切",我们也应该理性对待。人类现在的能力很大,通过现代的技术,我们对于周边的很多事物都可去改变。但拥有能力不代表我们就要改变可以改变的一切,我们应当有目的地但目光长远地去改变。

　　总而言之,我们所持的态度应是:心存变革地适应不能改变的一切,理性地改变可以改变的一切。(格致中学高三(7)班赵思菡)

《新民晚报》2018 年 11 月 8 日

2019 年

六十多年前一篇文章

因为罹患强直性脊柱炎,正值青春的我成了一个完全不能弯腰,不能坐、蹲,只能笔挺躺着或笔挺站着的人。

后来,我自学俄语,从事翻译工作。我见到了奥斯特洛夫斯基的夫人,受到她的鼓励,又以自己的经历,鼓励了许多同样因为疾病而受困的人们。至今,我翻译及创作出书89种,2016—2018年译齐奥斯特洛夫斯基的全部作品。

而这一切,源于64年前,一篇刊登在《解放日报》上题为《一个永远健康的青年》的文章,给了当时几乎崩溃的我起死回生的力量。

这篇文章是我母校格致中学图书馆汤廷诰老师所写。

我清楚地记得,14岁时,我在格致中学初三读了一个学期就因病致残,久久卧床。所能动的,渐渐只剩头和手。我住二楼,楼下是商铺。有人从一楼走到二楼,那点震动,对病榻上的我来说,犹如触电上刑。日夜不停,每5分钟疼痛来袭一次,吃不下睡不着,消瘦下去。再无重回课堂可能,我垮了下来。

当时,汤老师供职于格致中学图书馆。我一名初中生,爱跑图书馆,爱看书报杂志,和他有点熟。

1955年在听说我患病卧床后,他初次登门,便拎着一网线袋的书籍,借给我看。其中有一部《钢铁是怎样炼成的》,译者梅益先生。这显然是特意挑选,我感激至今。此书和它的作者尼古拉·奥斯特洛夫斯基,对我的一生,具有很大的积极影响。此后,他一再利用休息日,横穿半个上海,登门探望,并劝慰、点拨、引导、鼓励我……他是我陷入人生低谷时久别重逢的贵人。

最意外的是,在我振奋起来后,汤廷诰老师撰写了文章《一个永远健康的青年》登在《解放日报》上,顿时引起社会关切。读者来信数百封,大多寄自本市,也有外地的,最远的是新疆。浦东有位老婆婆,独自找到长宁区法华镇路,说是要看望我。她慈和地叫我"好小囡",说了不少暖人的话,令我铭感五内……

《一个永远健康的青年》刊登在《解放日报》1955年4月4日第3版上。文章讲述我的艰困、悲观、彷徨、抗争、立志与憧憬。在文中,汤老师问我寂寞不寂寞,我答道:"学习也来不及,哪有功夫来'寂寞'呀!"他由衷地夸我"心胸中燃烧着坚强的意志和青春的热情","像春日的花朵一样茁壮、焕发"。还说我"希望自己能成为一个翻译工作者"。他的文笔,流畅活泼,清新脱俗,打动了《解放日报》的众多读者,并长期激励着我。

这篇文章还附有插图,是著名画家徐甫堡(1912—2004)特地来我家画的。搁板上的那只收音机,不仅真实,而且颇具沧桑感了。我正是靠这老爷收音机,听广播学俄语的。

2000年,上海市作协、译协及虹口区有关部门举办"五月书会",邀我去虹口书店参加揭幕式,并为自己所译的《钢铁是怎样炼成的》新版本签名售书。我自己也不晓得签了多少名。好在次日,《解放日报》以"好书永远有读者"为题,作了报道,说是有250多位。

2016—2018年,我翻译的《尼古拉·奥斯特洛夫斯基全集》相继出齐,共四种五册,这在社会上引起关注。"钢铁"的各类中译本已有百余种之多,而真正的全集,拙译似尚算得"只此一种"。年过八旬,不怕行家前辈见笑,确乎品味到了一点"成就感"。

而使我当初重燃生活希望的,正是汤老师的鼓励。就我而言,《解放日报》的爱护,汤老师的关心……我感触到国家关怀的温热、社会支持的清芬。

纵然老弱病残,身居斗室,有这样的大氛围,这样的新时代,我满怀学习自信、文化自信,愿本着十分耕耘、一分收获的态度,以国际视野,继续跬步前行,去发现与开拓一片又一片可耕地。(王志冲)(作者为上海市作家协会、上海翻译家协会会员)

《解放日报》2019年5月19日

激情澎湃时刻——上海格致中学对1949年的集体记忆

1949年,是中国发生重大转折的一年,在这非凡时刻,上海格致中学留下了许多难以磨灭的集体记忆。

1949年春,新中国即将诞生,国民党当局"戡乱救国"、"剿匪剿共"、"坚守长江天险,保卫大上海"的白色恐怖甚嚣尘上。时任学校地下党支部书记的1950届校友何祚榕清晰回忆:"当时党内生活重在革命气节教育,强调无论遇到什么艰难困苦,都要坚持斗争,树立不怕牺牲、永不叛党的决心。为防范敌人迫害,上级要求我们每天看《新闻日报》寻人启事栏目,如果有署名吴玉章的在寻人,那就是近日将有大逮捕。如果有人突然登门送两碗面条来,那就是立即转移的紧急通知。"

3月某日,地下党员1948届校友张贤弼接到"紧急撤离,暂不来校"通知,赶紧回家将一条晾在阳台上的白手绢收进来,这是表示自己"不在家"或者"出事了"的暗号。并告诉母亲,暂不回家了,"母亲知道我在干啥,默默地点了点头。我住到同学家里,保持与党组织联系,分担着党组织的任务,直到解放。1950年,在一次参观市工人文化宫布展的上海学生运动展览会上,我亲眼看到了自己的名字出现在解放前学生运动黑名单上"。

在保存革命力量的同时,党的外围组织"格致地下学联"迅速发展起来。

4月上旬某个周日,以"春游"为名,约50名学联成员赶到同济大学参加集会。上午学唱进步歌曲、学跳扭秧歌舞。中午时分已聚集各校学生近千人,在临时拉起的"沉痛悼念于子三烈士"白布黑字横幅下,浙江大学代表愤怒控诉国民党特务残害其进步校友的罪行,全场义愤填膺。突然,大批军警包围了同济校园、强行驱散学生,"我们被押上一辆辆卡车、在荷枪实弹的反动军警监视下驶回市中心。但是同学们一点也不畏惧,情绪激昂地围在一起,在卡车上高唱刚学会的《团结就是力量》、《山那边好地方》、《你是灯塔》、《向着太阳》(把'共产党'、'解放军'改成'学生们')等革命歌曲。"

4月20日,毛主席、朱总司令发布《向全国进军的命令》,接着又宣布了解放军进城的《约法八章》(即《中国人民解放军布告》),党支部当即组织成立了以地下学联为骨干,吸收进步学生参加的"格致中学宣传队":在校内秘密刻印好《约法八章》;分成小组,穿街走巷,机敏躲过军警和特务搜身,反复到闹市区大剧场、大商铺散发解放军的文告。1950届校友王宗南当时还接受了印制"宣传队"臂章的任务,他依照党组织提供的臂章图样和汤廷诰老师捐赠的一块银元,请班上擅长美术字和木刻的同学刻好模版,再添上父亲为防战时失散给自己随身携带的一块银元,扯了一大块白布,连夜制成了近百块臂章。

1953届校友陈鸿璆则接受了绘制毛主席和朱总司令巨幅画像的任务,找了关系甚好,居所宽敞的同学家里,用课堂学到的"打格放大"手法,花两天课余时间,把分开画成的好几张图纸粘合起来,圆满完成了任务。地下学联和进步学生还组成了保护学校财产组(以高二年级身体健壮学生为主)、活报剧组(请戏剧专科学校学生当导演)、歌咏舞蹈组、演讲宣传组,各司其职,分头活动。各组空闲时,又都抓紧秘密制作红星、小花和标语,藏匿起来随时备用。尽管学校驻有国民党淞沪警备司令部派来的一个小分队,大家须格外小心,但没人害怕。

上海解放前夕,曾任学校第二任地下党支部书记的1943届校友钟沛璋奉命调回上海,负责迎接解放的宣传工作,他深情回忆:

5月27日清晨,在上海四周枪炮声还不断的时候,标语、传单已遍布各处,"在跑马厅钟楼上,升起了我母亲和大姐连夜缝制的巨大红旗。在国际饭店和大新公司(现第一百货公司)窗外,挂起了毛主席和朱总司令的巨幅画像"。

许多上学途中的格致学生也突然发现警察局的门柱上已挂出白旗,"啊!上海解放了!"顿时热血沸腾,夹着书包一口气奔进学校,大家欢天喜地扛着横幅、打着红旗、带着糨糊、呼着口号、敲锣打鼓,组成黄浦区第一支欢庆解放的游行队伍,雄赳赳地沿主要马路巡进,根本无视苏州河北岸还有敌情和断断续续的枪声……一连三四天,大家以校为家,一有空就排练群众歌曲、就去工厂和学校演出,有一次去南市区学校演出,女同学不够,男生就装上假辫子、戴上草帽、套上裙子上台了。大家疲倦了,就在礼堂的长椅上、幕布旁,和衣而寝、横倒就睡,嗓子哑了、眼睛红了,依然情绪高昂。

鲜为人知的是,上海解放过程中还有一位1930届的格致校友陆大公功不可没。他在格致公学读完小学、初中和高中,后来考取工部局,进入警界,是首批掌握租界警权的中国人之一。1949年春,上海以及全国的解放迫在眉睫,根据党中央指示,为确保上海人民的生命财产安全,防止国民党垂死灭亡前的疯狂破坏,地下党指派联络员直接对陆大公开展策反争取和组织起义工作。5月25日,已接任国民党上海市警察局代局长之职的陆大公,按我党指示意见,通令上海各警察分局"时局已变,各安职守,维持秩序,听候命令",指挥各警察分局悬白旗向解放军投降,维持了上海市区的秩序,使苏州河以南地区,基本上没有发生抢劫、烧杀等破坏活动。针对后来苏州河北岸邮电大楼仍有国民党残部负隅顽抗,陆大公即与邮电局局长通话,劝降了国民党残部的两个团。同时,他还全力保存国民党上海市警察局的有关文件、档案和武器,并设法营救张澜、罗隆基等民主人士,又将所掌管的市警察局的印章上交我军管会,为上海的解放做出了贡献。他被军管会留任上海市人民政府公安部顾问,配合做好各项接管工作。

同样，当时也鲜为人知的是，1940届校友吴学谦（后排左二）是解放前夕的中共上海市委成员，他1939年在格致公学加入中国共产党，担任第一任党支部书记，积极推动上海学生抗日救亡浪潮，"在洋人所办的中学中，开辟了第一个坚强的学生运动阵地"。十年之后，他肩负重任，参与了解放上海的领导工作。

6月17日，上海市军事管制委员会派代表接管学校。随即成立校务委员会。

9月1日，学校建立了上海市中教界第一个新民主主义青年团组织，地下党员1950届校友李金贵担任团总支书记，60位新团员参加了宣誓仪式。

10月，上海市人民政府成立，正式任命地下党员陈尔寿为上海市格致中学校长。始办于1874年的格致中学翻开了新的历史篇章。

10月19日，上海市格致中学学生会成立，地下党员1950届校友黄钱根（又名黄青禾）担任学生会主席，不久他又当选为上海市学生联合会副主席。

10月25日，刚忙完开国大典的毛主席回复格致中学语文老师许志行来信，叙旧之余，热情勉励他："在上海教书甚好，教书就是为人民服务！"（柯瑞逢）

（本文作者系上海市格致中学格致文化研究室主任）

"人民网"2019年5月25日

附 录

媒体报道总目录初编
(1949年6月至2019年6月)

(本目录按时间顺序排列,遇有同一日期的报道时,以《人民日报》《光明日报》《解放日报》《文汇报》《青年报》《劳动报》《新民晚报》的顺序排列)

序号	篇　名	作　者	媒　体	时　间
1	上海市立吴淞中学通告		解放日报	1949年6月14日
2	上海市立吴淞中学通告		解放日报	1949年6月15日
3	南下服务团公布录取名单		解放日报	1949年6月29日
4	失学青年的福音——市政教育处社教室答要求补习青年		解放日报	1949年7月3日
5	上海市立格致中学暑期学校招男女生		解放日报	1949年7月11日
6	上海市立格致中学暑期学校招男女生		解放日报	1949年7月13日
7	上海市立格致中学暑期学校招男女生		解放日报	1949年7月14日
8	上海市立格致中学暑期学校招男女生		解放日报	1949年7月15日
9	教联团体组织学习等工作		解放日报	1949年7月16日
10	私中教职员热心学习　暑期班报名拥挤		解放日报	1949年7月17日
11	市政教育处所属公立中等学校联合招生广告(附表格)		解放日报	1949年7月22日
12	市政教育处所属公立中等学校联合招生广告(附表格)		解放日报	1949年7月24日
13	市政教育处所属公立中等学校联合招生广告(附表格)		解放日报	1949年7月26日
14	医务职工干部开办学习班		解放日报	1949年7月31日
15	市立杨思中学招生		解放日报	1949年8月1日
16	市立杨思中学招生		解放日报	1949年8月3日
17	江南造船所学习班总结后发挥自由思想深入展开学习　医务职工干部学习班开学		解放日报	1949年8月5日

续表

序号	篇名	作者	媒体	时间
18	世界语者协会昨开复会大会		解放日报	1949年8月8日
19	更正		解放日报	1949年8月18日
20	格致中学筹备建团		解放日报	1949年8月18日
21	格致青年团筹备会昨日正式成立		解放日报	1949年8月19日
22	市立格致中学通告		解放日报	1949年8月21日
23	市政教育处所属公立中等学校联合招生广告(附表格)		解放日报	1949年8月28日
24	市政教育处所属公立中等学校联合招生广告(附表格)		解放日报	1949年8月29日
25	人民银行第十六办事处开业		解放日报	1949年9月1日
26	树立团结群众核心——格致中学青年团成立	唐照民	解放日报	1949年9月2日
27	市中建团的先锋 格致中学同学昨行入团典礼		文汇报	1949年9月2日
28	本报代收劳军捐款报告(第四号)		解放日报	1949年9月8日
29	文教简讯		解放日报	1949年9月9日
30	格致上女两校 文工队今成立	陈鸿璆	文汇报	1949年9月9日
31	市中校长教导主任联席会号召建立新的学习态度		解放日报	1949年9月12日
32	南通学院告别上海 首批师生今晚上船 中区各校同学往码头欢送		新民晚报	1949年9月21日
33	各校像过节一样 迎接伟大的庆典		解放日报	1949年9月28日
34	加紧宣传教育组织动员 为大游行准备精彩节目 各校师生竭尽心力进行工作		解放日报	1949年9月30日
35	发动各球队参加表演 体育界布置庆祝节目		解放日报	1949年9月30日
36	全市各校挂灯结彩 师生集合狂欢庆祝		解放日报	1949年10月2日
37	中区学生展开游行挑战		解放日报	1949年10月3日
38	游行花絮		文汇报	1949年10月7日

续 表

序号	篇 名	作者	媒 体	时 间
39	格致等十六校召开动员大会 一千六百人参加游行		文汇报	1949年10月7日
40	本报代收劳军捐款报告		解放日报	1949年10月13日
41	学习苏联宝贵经验 五处演讲分别举行		解放日报	1949年10月18日
42	青年界欢迎会上伏兹尼介绍苏联青年	徐湘	解放日报	1949年10月18日
43	格致中学筹建学生会 各班级热烈讨论会章		解放日报	1949年10月18日
44	人民广播电台今日重要节目		解放日报	1949年10月19日
45	格致学生会成立 候选同学热烈参加竞选		解放日报	1949年10月19日
46	格致学生会已正式成立		新民晚报	1949年10月21日
47	"狂欢一日"征文 召开评判会议		解放日报	1949年10月29日
48	各校建团日有进展 纷纷加强组织教育工作		解放日报	1949年10月30日
49	提高劳动人民文化水平 教育局创办夜中学		解放日报	1949年10月30日
50	响应教务处和学生会号召 格致同学积极温课 开始建立新的学习态度		解放日报	1949年10月30日
51	市立各中学附设夜中学联合招生广告（附表格）		解放日报	1949年10月31日
52	"狂欢一日"征文正在评阅中		解放日报	1949年11月2日
53	格致同学积极温课 团员起核心作用	唐照民	解放日报	1949年11月2日
54	第九兵团智识青年训练班招生委员会通告		解放日报	1949年11月3日
55	第九兵团知识青年训练班招生委员会通告		解放日报	1949年11月4日
56	本报代收劳军捐款报告		解放日报	1949年11月4日
57	市教育局在各区举办夜中学 二千余失学青年重获求学机会 青年团学习会今开成立大会		解放日报	1949年11月5日

续 表

序号	篇　名	作　者	媒　体	时　间
58	格致等校掀起入团热潮	一夫	解放日报	1949年11月6日
59	南区青年团团日大会检讨关门主义偏向　新华社青年团员昨宣誓入团	张允文、沈大元	解放日报	1949年11月8日
60	俞贵芳在格致报告首都体育大会盛况	一夫	解放日报	1949年11月10日
61	对今后学习的一些意见	陶漪文	文汇报	1949年11月10日
62	遗失格致中学学生证校字第七三三号作废	顾保如	解放日报	1949年11月12日
63	比乐、格致两中学展开学习竞赛		解放日报	1949年11月12日
64	学习,向他们学习!		文汇报	1949年11月12日
65	学代大会圆满闭幕　上海二届学联产生　大会通过今后学运任务		解放日报	1949年11月15日
66	学联第二届执委　卅七个学校当选　候补执委选出四个学校		文汇报	1949年11月15日
67	各校代表总结大会收　明确认识学习重要		解放日报	1949年11月16日
68	沪西各厂各校开展文娱体育活动　中区体育教师筹组协会		解放日报	1949年11月16日
69	传达学代决议义卖徽章　各校响应热火朝天　展开学习运动师生同具信心　援助国际朋友个个争先输将		解放日报	1949年11月18日
70	学代大会闭幕以来各校积极改造学习　创造新教学法树立正确态度		解放日报	1949年11月23日
71	二届执委会首次会议　学联各部人选推定　复旦张渝民连任学联主席　加强各校联系设区联络处		解放日报	1949年11月29日
72	本报代收劳军捐款报告　第四十二号(十一月廿五、廿六、廿七日)		解放日报	1949年11月30日
73	格致建立了新校风——同学互助爱护公物,个个争取遵守学习公约	一夫	解放日报	1949年12月16日

续 表

序号	篇 名	作者	媒体	时 间
74	邱世總遗失老闸区6保19甲1户老字031043又格致中学学生证		解放日报	1949年12月18日
75	拥护胜利折实公债 格致教师展开讨论 决定尽力购买广泛宣传	一夫	解放日报	1949年12月26日
76	加强青年宣教工作 沪东青艺联成立 青年报刊联谊正筹备中	张洪渠	解放日报	1949年12月28日
77	师生员工争购公债 各校卷入挑战狂潮	一夫	文汇报	1949年12月30日
78	学联执委会二次会议 布置目前中心工作 宣传动员购买胜利公债 总结学习迎接学期考试		解放日报	1950年1月4日
79	推行折实公债运动 学联决立即大规模展开 执委会开决议准备开展总结学习运动，迎接考试		文汇报	1950年1月4日
80	贫穷阻不住一般同学对国家的热爱——学校竞购运动白热化 交大同济沪江各教授纷纷拿出薪金	玫漪、志昂、一夫	文汇报	1950年1月8日
81	买公债 谁肯落后 各校师生互相挑战 工友也节衣缩食热烈认购 同学们并准备对群众作深入宣传	陈鸿璆	文汇报	1950年1月14日
82	展开学习总结运动 格致师生热烈讨论	一夫	文汇报	1950年1月15日
83	各校发挥团结互助精神 创造总结学习办法		解放日报	1950年1月23日
84	格致总结学习成绩 初步建立自觉学习	周覃藻	解放日报	1950年1月29日
85	利用寒假提高教育工作者教育局办三种学习班		解放日报	1950年2月7日
86	市立吴淞中学招高一新生		解放日报	1950年2月7日
87	工人代表大会胜利闭幕 上海总工会宣告成立 全体委员在"二七"纪念日宣誓就职 饶漱石主席讲话勉以继续努力克服困难		文汇报	1950年2月9日
88	嵩山区续抢救灾区 分送面包等给被难同胞		解放日报	1950年2月10日

续 表

序号	篇 名	作 者	媒体	时 间
89	中央人民政府重工业部干部学校（前工作人员训练班）启事		解放日报	1950年2月10日
90	各区防空工作渐趋深入 工厂学校展开防空学习		解放日报	1950年2月14日
91	中国医科大学 哈尔滨医科大学 长春军医大学 东北兽医学校 中国医科大学药学院联合招生简章		解放日报	1950年2月17日
92	各区广泛组织群众积极开展防空工作		解放日报	1950年2月22日
93	中国医科大学 哈尔滨医科大学 长春军医大学 东北兽医学校 中国医科大学药学院联合招生简章		解放日报	1950年2月22日
94	中国医科大学 哈尔滨医科大学 长春军医大学 东北兽医学校 中国医科大学药学院联合招生简章		解放日报	1950年2月23日
95	中国医科大学 哈尔滨医科大学 长春军医大学 东北兽医学校 中国医科大学药学院联合招生简章		解放日报	1950年2月25日
96	上海市立七宝农业职业学校招生		解放日报	1950年2月25日
97	上海市立七宝农业职业学校招生		解放日报	1950年2月26日
98	市立陆行中学招生		解放日报	1950年2月26日
99	黄浦老闸新成三区积极防空 广大市民组织起来 救护纠察消防等机构均已建立		解放日报	1950年2月28日
100	市立陆行中学招生		解放日报	1950年2月28日
101	加强政治教育，搞好教师学习，健全会议制度——格致中学师生员工拟订了工作总方针	一夫	文汇报	1950年3月5日
102	中国医科大学 哈尔滨医科大学 长春军医大学 东北兽医学校 中国医科大学 药学院上海区联合招生办事处通告		解放日报	1950年3月8日

续 表

序号	篇 名	作者	媒 体	时 间
103	格致比乐等校定出本学期内工作方针 决心搞好学习加强思想教育		解放日报	1950年3月13日
104	格致夜中学职工班招生		解放日报	1950年3月14日
105	遗失		解放日报	1950年3月22日
106	中国医科大学 哈尔滨医科大学 长春军医大学 长春兽医学校 中国医科大学药学院联合招生办事处通告		解放日报	1950年3月26日
107	中国医科大学 哈尔滨医科大学 长春军医大学 长春兽医学校 中国医科大学药学院联合招生办事处通告		解放日报	1950年3月27日
108	市校照顾失学青年 补招各级插班生 本期失学同学都可投考		解放日报	1950年3月31日
109	展开红旗竞赛 格致建立新校风	一夫	解放日报	1950年4月19日
110	本市救济失业工人运动续在各工厂学校中展开 全国人民续来电慰问纷纷捐献		解放日报	1950年4月26日
111	纪念五四暨青年团成立周年 各界青年今晚集会		文汇报	1950年5月3日
112	为庆祝青年节中学运动会今日揭幕 参加学校三十九所运动员近四百人		文汇报	1950年5月4日
113	大会开幕辞 号召同学集中意志力量 迎接新中国的建设高潮		文汇报	1950年5月5日
114	在欢乐中度过自己的节日 同学们热烈庆祝五四 许多学校响应了保卫和平签名		文汇报	1950年5月5日
115	不少先生学生开会太忙 荒废教学脱离群众 各种工作应作统一布置 无准备的会应尽量少开		解放日报	1950年5月7日
116	二届学代下午闭幕 三十七校当选执委		新民晚报	1950年5月8日
117	始终贯彻团结奋斗精神 学代大会胜利闭幕 决议克服困难维持学校继续开展学习		解放日报	1950年5月9日

续 表

序号	篇 名	作 者	媒体	时 间
118	决定了今后学运努力方向 沪学生二届代表大会闭幕 大会决议欢迎苏联青年代表团来沪		文汇报	1950年5月9日
119	市师附设玩具厂由研究到生产 业务扩展并获盈余		解放日报	1950年5月18日
120	舟山解放喜讯传来 劳动人民一片欢声	各厂通讯员、涯夫	解放日报	1950年5月20日
121	在教职员学委会领导下全市教师展开学习 少数学校逃避学习应继续争取		解放日报	1950年5月21日
122	上海市教职员学委会一个半月的总结		文汇报	1950年5月21日
123	贯彻学代大会的决议 各校同学总结学习经验	格致中学通讯组	文汇报	1950年5月26日
124	互助互学互相批评 加紧学习迎头赶上 格致中学展开学习热潮	一夫	解放日报	1950年5月27日
125	虹口夜中学与格致中学同学捐款救济失学同学	虹夜中通讯组、格致通讯组	解放日报	1950年5月27日
126	庆祝解放的运动会 女子铁饼创新纪录	通讯组	解放日报	1950年5月28日
127	庆祝上海解放一周年 同学们和战士联欢 各校分别展开了劳军运动	一夫	文汇报	1950年5月28日
128	黄浦区里弄展开签名 把保卫和平的意义普遍到每个角落	怡白、罗阳	文汇报	1950年6月9日
129	请在和平书上签上你的名字——工人战士等坚决反对侵略战争	邵锡怀、周正刚、董选文、刘省元、张树人、陆德义	解放日报	1950年6月11日
130	政治教育扫除了不安情绪 格致毕业生坚定了信心 同学十九人报名去哈尔滨农校学习	一夫	文汇报	1950年6月14日
131	各中学分别组织指导委员会 协助同学升学就业 使同学澄清混乱思想安心学习		解放日报	1950年6月18日
132	毕业生出路问题座谈会		文汇报	1950年6月19日
133	格致中学校庆 义卖蛋糕救济失学	陈鸿璆	文汇报	1950年6月20日

续表

序号	篇名	作者	媒体	时间
134	开展暑期工作 格致成立工作委员会 青年团带头放弃申请减免费	许良中	文汇报	1950年6月24日
135	组织起来过好暑假 格致同学组织夏令学园	古国强	解放日报	1950年6月25日
136	交大工友参加图书馆工作 虹中同学回信给国际友人	许良中	文汇报	1950年6月26日
137	格致中学教师有重点地进行家庭访问 使家长对新教育有了新认识		解放日报	1950年6月27日
138	学校教育和家庭教育密切结合 顽皮学生陈鸿璆获改造		解放日报	1950年6月27日
139	格致中学政治课考试 理论与行动考查结合		解放日报	1950年6月28日
140	格致中学同学热爱苏联小说		文汇报	1950年6月28日
141	格致温课迎考	许良中	文汇报	1950年6月29日
142	掀起保卫世界和平的热潮! 各界大力发动签名 学校妇联等深入里弄宣传	王春三、高正、王思源、张一川、北	解放日报	1950年7月2日
143	全市签名热潮高涨 郊区农民相率投入运动 少年队员宣传获得效果	春三	文汇报	1950年7月4日
144	全市各校同学积极温课 自己懂了还要帮助别人 决心温好功课顺利完成学期考试	各校通讯组	解放日报	1950年7月5日
145	乔老板——和平签名运动的宣传助手	王一夫	解放日报	1950年7月5日
146	格致举办夏令学园 展开学习文娱等多样性的活动	古国强、李学良	文汇报	1950年7月15日
147	通过文艺形式进行宣传教育 "学生演学生"运动展开 全市性的学生文娱节目大竞赛将由学生文艺工作辅导委员会举办		文汇报	1950年7月18日
148	深入到群众中去! 格致学生会纠正过去偏向 各种工作已经顺利地展开	古国强	文汇报	1950年7月19日

续表

序号	篇　名	作　者	媒体	时　间
149	反对美帝侵略台湾朝鲜　上海人民今天举行大会　各界纷起动员部署宣传工作	格致通讯组	文汇报	1950年7月20日
150	反对美帝侵略台湾朝鲜　上海人民今天举行大会　各界纷起动员部署宣传工作	格致通讯组	文汇报	1950年7月20日
151	格致夏令学园结束　在集体生活中团结了同学	古国强	解放日报	1950年7月22日
152	格致夏令学园结束　在集体生活中改造思想　为克服困难展开学习奠定基础	古国强	文汇报	1950年7月24日
153	向工人和农民群众学习　格致同学下乡下厂　对劳动生活有了更正确的认识	古国强	文汇报	1950年7月24日
154	反侵略运动　深入到各里弄　各校普遍展开宣传	怡白	文汇报	1950年7月27日
155	以反侵略的决心迎接建军节　全市明晨军民示威大游行　连日庆祝和宣传活动已达最高潮	许良中、吴志高	文汇报	1950年7月31日
156	学校师生情绪热烈	冠华、珊	文汇报	1950年8月1日
157	格致同学编反侵略活报	贾升	文汇报	1950年8月1日
158	评弹早场会书收效良好　格致编剧参加文娱竞赛	白崖	文汇报	1950年8月5日
159	江湾中学订定暑期作息表格致"小商店"将改合作社	高明、许良中、朱世和	文汇报	1950年8月6日
160	有计划有步骤地展开活动——格致暑期工作获得成绩　克服困难为下学期的学习打下稳固基础	许良中	文汇报	1950年8月8日
161	人民广播		解放日报	1950年8月9日
162	"借红灯"将招待工人　"石榴红"下月初上映	许良中	文汇报	1950年8月9日
163	格致中学批判毒素电影	许良中	文汇报	1950年8月15日
164	格致中学图书室获得同学喜爱	谭继良	解放日报	1950年8月19日
165	政治教育研究会结束　通过工作总结批判了自高自大作风		解放日报	1950年8月22日

续表

序号	篇 名	作 者	媒 体	时 间
166	格致中学学生会 举办体育学习会	许良中	文汇报	1950年8月22日
167	帮助清寒同学！道中女中展出云花 市西中学义演名剧	郑震孙、许良中、朱伟忠	文汇报	1950年8月23日
168	把学校文艺活动提高一步 全市学生举行文艺竞赛 节目内容主要为克服困难开展学习		解放日报	1950年8月25日
169	市立师范暨七宝农业职业等学校续招高初中秋季班新生及高初中春季班插班生简章		解放日报	1950年8月25日
170	格致学习整风运动报告	许良中	文汇报	1950年8月30日
171	格致中学青年团举行建团纪念大会	许良中	文汇报	1950年9月2日
172	筹备欢迎世界青年代表团 北虹区妇女开动员会 各界青年亦积极准备中		解放日报	1950年9月6日
173	市立夜中学招收高初中暨职工班秋一新生各级插班生		解放日报	1950年9月7日
174	许杰魏金枝讲现代小说 淮剧编导展开戏改运动	大海、许良中、华田	文汇报	1950年9月9日
175	少年队员帮同学解决困难 南山师生搬黄砂节省开支	管杂霖、许良中、伦璋、卢学	文汇报	1950年9月14日
176	搞好了开学工作 育才格致学习情绪高	许良中	文汇报	1950年9月15日
177	结合当前工作 学联进行宣传动员并产生出席代表会单位代表		解放日报	1950年9月16日
178	本市各大中小学及工校先后上课 学生人数普遍增加 部分学校继续进行精简改革工作		解放日报	1950年9月16日
179	学联召开学生会代表会 郑兰荪报告四届人代会的性质和任务 会上选出交大等校为人代会代表学校		文汇报	1950年9月16日
180	江湾中学同学认真学正课 按时上课按时交作业 格致杨思等中学订出教学方针	高明、永年、敏、一夫	解放日报	1950年9月18日

续 表

序号	篇 名	作 者	媒 体	时 间
181	科技界选举人代表　吴学周等二十人当选　格致中学南洋女中等校进行选举		文汇报	1950年9月18日
182	同学们动员参加游行　美术工场赶绘领袖像	各校通讯组通讯员	文汇报	1950年9月28日
183	提高对庆祝国庆的认识　各校进行思想动员		解放日报	1950年9月29日
184	上海人民广播电台庆祝国庆三天节目		解放日报	1950年10月1日
185	文化馆放映"青年大会师"　免费招待劳动人民		解放日报	1950年10月5日
186	体坛简播	良中	文汇报	1950年10月8日
187	我接受了考验	郑笛	解放日报	1950年10月15日
188	人民广播		解放日报	1950年10月20日
189	在学校里	李曙、许良中、高明、永年、家能	文汇报	1950年10月20日
190	文艺短波	良中	文汇报	1950年10月20日
191	在学校里	张中良、秦舞阴	文汇报	1950年10月21日
192	格致中学成立文娱统一机构　展开班级文娱活动　配合正课学习丰富同学生活	许良中	解放日报	1950年10月23日
193	妇女学生各界积极动员　劝募寒衣运动热烈展开　各界劝募灾民寒衣委员会妇女分会昨日成立	良中、金崇文、李佩雄、吴志高、飞虹、重光	文汇报	1950年10月25日
194	上海市各界劝募灾民寒衣委员会通告　第一号		解放日报	1950年10月26日
195	灾区灾民冷·大家捐衣裳　各学校响应劝募寒衣运动　各区分会正深入里弄宣传	唐克农、王怡白	解放日报	1950年10月27日
196	在学校里	许良中、王菁年、蒋福生、航院通讯组	文汇报	1950年10月27日
197	上海市各界劝募灾民寒衣委员会通告　第一号		解放日报	1950年10月31日

续 表

序号	篇　　名	作　者	媒　体	时　　间
198	胡桂笙太太连捐了七次　应小妹妹独捐四十五件	修竞、项树真、琚家忠、良中、赵立、光夏	文汇报	1950年11月1日
199	各校普遍展开时事学习　同学们认识了和平力量的强大	卓焕德、方庆华、许良中、唐鸿镳	文汇报	1950年11月2日
200	上海市各界劝募灾民寒衣委员会通告　第一号		解放日报	1950年11月6日
201	庆祝十月革命节　缉槃格致赛篮球	各校通讯组、王建平	文汇报	1950年11月8日
202	举行时事测验　加强思想教育		文汇报	1950年11月15日
203	人民广播		解放日报	1950年11月22日
204	在学校里	孔昭富、国梁、高明	文汇报	1950年11月23日
205	格致中学一群学生建议取缔收听"美国之音"	格致中学许良中、董纪信、戚贲椿、顾惠灵、臧敏珠、支正心、张伯伦、张贤弼、翁善乔、黄城超	文汇报	1950年11月26日
206	上中格致两校体育结合抗美援朝运动	许良中	文汇报	1950年12月1日
207	各界人民展开捐献运动支援我志愿部队　交大等校发起献飞机运动		解放日报	1950年12月2日
208	虹口中学等校同学热烈讨论　决心参加军事干校　他们说："这是为祖国服务的时候了"		解放日报	1950年12月2日
209	纪念"一二九""一二一"运动　各校同学纷纷集会　决深入时事学习与展开宣传		解放日报	1950年12月2日
210	发扬"三、一"运动光荣传统　全市同学掀起抗美巨浪　交大格致建议捐献上海学生号飞机　南模师生援朝捐款已超过万发子弹	各校通讯组	文汇报	1950年12月2日
211	朝鲜捷报不断传来各校捐献更趋热烈	各校通讯组	文汇报	1950年12月6日

续表

序号	篇　名	作　者	媒　体	时　间
212	决进一步展开抗美援朝运动　沪各界代表会闭幕　决议以刘长胜报告中所提出的任务作为今后扩大抗美援朝奋斗的目标		解放日报	1950年12月7日
213	同学参加军校热潮愈来愈盛　签名投考者已逾两千人	各校通讯组	文汇报	1950年12月8日
214	胜利的消息鼓舞了全市同学　爱国捐献运动热火朝天　各校教师和工友纷纷响应和学生挑战	各校通讯组	文汇报	1950年12月8日
215	上海学联四届执委名单		解放日报	1950年12月11日
216	示威游行提高了爱国热情　参加军干校人数日增　许多同学说服家长报名参加		解放日报	1950年12月12日
217	鼓励子女走上光荣岗位　爱国家长纷纷表示决心		解放日报	1950年12月16日
218	钱乃荣同学怎样从堕落的深渊走上光荣的岗位？	许良中	文汇报	1950年12月16日
219	各校报名同学愈见增加　动人事例继续不断涌现		文汇报	1950年12月19日
220	投考军事干校学生今起举行体格检查　全市分五区至廿五日截止		解放日报	1950年12月21日
221	交大复旦上中等校同学参加军干校报名踊跃　沪江用民主评议方式讨论去留问题　留校同学愉快表示同样为祖国效劳		解放日报	1950年12月22日
222	青年们争先走上光荣岗位　参干学生昨起检查体格　红旗招展鞭炮声里办理报名手续　同学送茶水送面包送来无限温暖	各校通讯组	文汇报	1950年12月22日
223	格致中学在参加军干校运动中怎样克服发展不平衡的现象？	郑孝同	文汇报	1950年12月22日
224	参干报名工作已大部完成　本市各校准备民主讨论　三个中学开始讨论部分同学思想澄清	各校通讯组	文汇报	1950年12月24日
225	上海学联四届执委首次集会决定增设五个委员会并推选陈国彬为执委会主席		解放日报	1950年12月26日

续 表

序号	篇 名	作 者	媒 体	时 间
226	报名参加军干校同学将根据条件分别录取 已报名同学可申请写新志愿	各校通讯组	解放日报	1950年12月27日
227	招收军医后勤等校学员通知发布后沪各校掀起参干新热潮 体格不合空海军及学级较低的学生一致欢欣鼓舞庆幸获得了报名机会		文汇报	1950年12月28日
228	欢送参加军干校同学 各校展开筹备工作	各校通讯组	解放日报	1950年12月30日
229	格中高二甲班欢送参干同学	许良中	新民晚报	1951年1月1日
230	各区各校昨分别集会 欢送参加军校同学	各校通讯组	解放日报	1951年1月6日
231	到国防建设最光荣的岗位去 参加军干校同学今日出发 各界人民将在沿途举行盛大欢送		解放日报	1951年1月9日
232	为着祖国的安全和荣誉 坚决走向革命光荣岗位 沪参干同学今天出发 赴车站前分别在交通大学等四处集中 沿途本市各界人民将举行盛大的欢送	各校通讯组	文汇报	1951年1月9日
233	一年来的上海青年运动	鲁光	解放日报	1951年1月11日
234	美术教育问题谈荟	虞	文汇报	1951年1月24日
235	格致举办冬令学园	许良中	文汇报	1951年1月25日
236	各界人民热烈拥军优属 普陀、嵩山等区已将优待粮发放完竣 陈市长潘盛副市长发信慰问光荣家属		文汇报	1951年2月4日
237	上海市立中学招考春季新生广告		解放日报	1951年2月11日
238	海关干部训练班考试委员会公告		解放日报	1951年2月17日
239	替死者申冤	许良中	文汇报	1951年2月23日
240	迎接新形势开展爱国主义教育 各级学校先后开学		解放日报	1951年2月27日
241	反对美国武装日本 各校掀起爱国热潮	各校通讯组	文汇报	1951年3月1日

续 表

序号	篇　名	作　者	媒　体	时　间
242	让美帝国主义发抖吧！ 上海工人游行大示威花絮	乙、源、杜、平、苇、迈、康、椿、中、程洪涛、范洪凯、樊福根、庄劲时、沪西、范宗尧、徐柏林、可为、韩振民、政、康银福、周达、震孙、良中、逸华、流源	解放日报	1951年3月5日
243	纪念"三八"，反对武装日本各界妇女今日集合，明日分区游行将实施交通管制　全市妇女继续热烈动员　准备参加明日示威游行		文汇报	1951年3月7日
244	反美爱国是我们自己的事　"三八"妇女界示威游行花絮	晋元通讯组、沈、育才、交大、妇联、高维华等、家庭妇联、许良中、谊、汪、大同附一	解放日报	1951年3月9日
245	民主同盟总部民盟京市支部文教委员会邀请中教会议代表座谈		光明日报	1951年3月23日
246	格致中学高二甲订立爱国公约并订出执行公约办法　经常进行检查好的表扬坏的批评	许良中	解放日报	1951年3月23日
247	克服各种偏向　深入开展爱国教育——上海市教育局召开座谈会		解放日报	1951年3月26日
248	劳动创造世界　革大同学修路吴淞中学挖河　"复旦"教授不要兼课费　"格致"老师恢复旧交谊	林相周、兴钧、周修庆、许国梁、张增泰、许良中	文汇报	1951年3月26日
249	格致中学师生认识健康重要　脱下长袍参加运动　五十多岁老教师也参加文娱活动	许良中、姜贵庆	解放日报	1951年3月27日
250	肃清美国文化侵略势力　福建接受外资津贴中学发表宣言		解放日报	1951年3月28日
251	团市工委与市学联发出通知　各校同学准备过好春假　应结合爱国主义教育进行文娱体育活动	各校通讯组	文汇报	1951年3月30日

续 表

序号	篇　名	作　者	媒　体	时　间
252	关于中等教育的几个问题　民盟总部文教委会暨京市支部邀请出席中教会议代表座谈纪录	罗自梅、黄俊民、黄觉、周希文、白三立	光明日报	1951年4月8日
253	人民广播		解放日报	1951年4月9日
254	分类广告		解放日报	1951年4月20日
255	本市各界人民和各民主党派热烈拥护市代表会决议　一致表示要做好镇压反革命的工作		文汇报	1951年4月20日
256	本市庆祝"五一"劳动节　游行筹备工作积极展开　各区指挥部预计本星期内可普遍建立　各校同学热烈进行各项准备活动		文汇报	1951年4月20日
257	各校同学在学习中提高警惕站稳立场检举特务	各校通讯员	解放日报	1951年4月24日
258	庆祝五一广播大会今开始　准备收听人数逾三百万		解放日报	1951年4月25日
259	华东人民广播大会揭幕　饶主席陈毅同志讲话		解放日报	1951年4月26日
260	本市各大中学校学生今日集会纪念"五四"　将动员广大青年一致奋起协助政府严厉镇压反革命	各校通讯组	文汇报	1951年5月4日
261	纪念五四青年节　各校举行运动会	何俊瑞、许良中、丁寿元	文汇报	1951年5月4日
262	纪念"五四"青年节　各校今日热烈庆祝	许良中、杜有根、垩、珊	新民晚报	1951年5月4日
263	分类广告		解放日报	1951年5月5日
264	格致举行运动会　全体师生参加表演		解放日报	1951年5月5日
265	格致中学	许良中	文汇报	1951年5月5日
266	格致中学体育竞赛	梅生、格致通讯组	新民晚报	1951年5月5日
267	人民广播		解放日报	1951年5月9日
268	格致中学分食	良中	新民晚报	1951年5月16日
269	无题短文	许良中	文汇报	1951年5月19日

续 表

序号	篇 名	作 者	媒 体	时 间
270	上海市抗美援朝分会 新华书店上海分店为中国人民志愿军募集书刊鸣谢启事(4)		解放日报	1951年5月21日
271	格致中学同学深入里弄宣传		文汇报	1951年5月21日
272	交大复旦等校同学热烈准备欢迎国际战友来校参观	交大通讯组、薄澣培、陈元洪、许良中	解放日报	1951年5月22日
273	格致中学同学深入里弄宣传 事前充分准备宣传效果良好	许良中	解放日报	1951年5月22日
274	分类广告		解放日报	1951年5月29日
275	格致等校同学宣传夏令防疫	教	文汇报	1951年5月29日
276	批判错误思想认真搞好学习 格致等校检查爱国公约 把爱国运动与学习密切结合起来	各校通讯组	解放日报	1951年6月10日
277	格致中学同学 创作反特短剧	许良中、李澄生、孙斐朗	文汇报	1951年6月10日
278	本市第四届学代会今晚举行闭幕典礼——将选出全国学代大会沪市代表及本市学联下届执委		新民晚报	1951年6月13日
279	上海四届学代大会选出学联五届执委 出席全国学代会代表亦选定		解放日报	1951年6月15日
280	学代会昨举行文娱晚会 宣布大会选举结果		文汇报	1951年6月15日
281	市闻简讯		新民晚报	1951年6月16日
282	文教零讯	许良中	解放日报	1951年6月17日
283	学习和工作正常进展——记格致中学高二甲经常工作情况		解放日报	1951年6月18日
284	格致中学庆祝校庆——陈校长勉励同学们学好功课练好身体 深入爱国运动随时准备响应祖国号召	许良中	文汇报	1951年6月18日
285	学习和工作正常进展——记格致中学高二甲经常工作情况		解放日报	1951年6月19日
286	公寓居民组织起来		新民晚报	1951年6月25日

续表

序号	篇　名	作　者	媒　体	时　间
287	本市大中学生热烈响应祖国号召纷纷表示将踊跃参加军干校加强国防建设　全市学生干部昨集会布置参加军干校工作	各校通讯组	解放日报	1951年6月27日
288	市学联五届执委会　确定各部工作人选		解放日报	1951年6月27日
289	响应祖国号召参加军干校　各校进行思想酝酿　不少家长鼓励子女去报名参加	各校通讯员	解放日报	1951年6月28日
290	响应祖国召唤走向光荣岗位　广大同学热烈要求参干　很多同学写下决心书并说服了家庭	各校通讯组	文汇报	1951年6月28日
291	各校参加军干校运动动员工作逐步深入　许多同学克服了个人志趣问题	各校通讯员	解放日报	1951年6月30日
292	军事干校体格检查站负责人及地点		解放日报	1951年7月4日
293	各校同学听了干校代表报告　参干决心益加坚定　很多同学当场上台宣读决心书　家庭妇女开座谈会都以子女参干为荣		文汇报	1951年7月4日
294	为了使下一代的青春更美丽　我要把孩子交给毛主席　光荣妈妈孙玲娥一席谈	吴闻	文汇报	1951年7月5日
295	为了捍卫祖国我愿献出一切	张存惠	解放日报	1951年7月7日
296	参干学生踊跃报名　大大超过需要名额	向潮、钟家昌、念华、建设通讯组	新民晚报	1951年7月7日
297	参干光荣榜昨继续公布　各校热烈进行欢送	各校通讯组	文汇报	1951年7月12日
298	全市各界青年盛会——欢迎朝鲜人民访华团　欢送参加军干校同学	定富、家仁、雨祥、斐朗、仁寿、元骏、祖衡、宗校	新民晚报	1951年7月13日
299	走上光荣的岗位！本市参干录取同学今明两日分别离沪	许宗校、金家仁、周修庆	新民晚报	1951年7月15日
300	挺起胸膛，走上光荣岗位！　参加军干校同学分批出发　五千余人在车站热烈欢送　光荣家长们再三叮嘱子女学好本领		解放日报	1951年7月16日

续表

序号	篇　名	作　者	媒体	时　间
301	各校同学纷纷订出暑期计划　通过集体活动活泼假日生活　并有计划地学习政治进行抗美援朝宣传	良中	文汇报	1951年7月18日
302	上海市格致中学暑期补习班招生		解放日报	1951年7月19日
303	成有英	苏帆	文汇报	1951年7月20日
304	各校同学广泛展开活动　做好优属工作来迎接"八一"　格致中学已组织了十八个慰问小组	许良中	文汇报	1951年7月30日
305	冒暑访问烈军属　举行军民联欢会　各校同学热烈拥军优属	各校通讯组	文汇报	1951年8月1日
306	格致教职员工举办暑校　增产节约捐献武器　总数已达六千五百六十余万元	许良中	文汇报	1951年8月11日
307	东北人民政府工业部所属高级职业学校招生华东组通知		解放日报	1951年8月14日
308	上海市人民政府教育局公告　市教中(51)字第四七一八号		解放日报	1951年8月19日
309	教育局为解决失学青年学习问题　举行中学"同等学力"考试		解放日报	1951年8月20日
310	规定康乐活动时间　执行环境卫生检查——格致中学重视健康教育,但思想动员不够存在自流现象	许良中	文汇报	1951年8月23日
311	格致中学同学参观郊区土改	格致高二级	文汇报	1951年8月24日
312	文化生活动态	朱继功、中国福利会	解放日报	1951年8月26日
313	格致中学搞好开学工作　有计划地进行了思想教育	许良中	文汇报	1951年9月6日
314	照顾失学青年获得升学机会　本市部分市立中学招插班生		解放日报	1951年9月12日
315	本市大、中、小学校上学期混乱现象严重		解放日报	1951年9月14日
316	学校体育活动	袁中文	文汇报	1951年9月14日
317	谈宣传员的水平——从一条标语所想起的问题之一	丁牛	文汇报	1951年9月16日

续 表

序号	篇 名	作 者	媒 体	时 间
318	政治上的麻痹倾向——从一条标语所想起的问题之四		文汇报	1951年9月19日
319	本市各级学校先后开学 班次增加工农子弟入学比例大增 正积极纠正学校教育中混乱现象		解放日报	1951年9月22日
320	中央人民政府重工业部招聘处通告		解放日报	1951年9月27日
321	各校师生员工积极行动 热烈筹备庆祝国庆佳节	各校通讯组	文汇报	1951年9月27日
322	本市各学校迎接国庆 积极筹备庆祝活动	通讯员	解放日报	1951年9月28日
323	中央人民政府重工业部招聘处通告		解放日报	1951年9月28日
324	中央人民政府重工业部招聘处通告		解放日报	1951年9月29日
325	认真学习毛主席著作 上海教育工作者表示决心		文汇报	1951年10月13日
326	试登新捷克汽车 游客向往布拉格	紫晶、晋贤、志萍、影呆、大宇、顾监、遐子、元生	新民晚报	1951年10月16日
327	本市纪念鲁迅诞生七十周年逝世十五周年大会昨举行	各校通讯员	文汇报	1951年10月20日
328	上海市协商委员会暨各界代表慰问志愿军解放军在沪伤病员 全市人民欢庆抗美援朝的伟大胜利 纷纷捐献和修订爱国公约支援前线		解放日报	1951年10月26日
329	各校庆祝苏联十月革命节		文汇报	1951年11月7日
330	格致中学重视健康教育 开展体育活动 精简会议时间 改进教学方法 举行体格检查	许良中	文汇报	1951年11月10日
331	邮电部上海电信局代天津电信指挥局招考处通告		解放日报	1951年11月17日
332	东北人民政府招聘团考试通知		解放日报	1951年11月25日
333	贯彻政务院改善学生健康决定 格致中学精简课业获得成绩	许良中	文汇报	1951年11月25日

续 表

序号	篇 名	作者	媒体	时 间
334	东北人民政府招聘团考试通知		解放日报	1951年11月26日
335	东北人民政府招聘团考试通知		解放日报	1951年11月27日
336	东北人民政府招聘团考试通知		解放日报	1951年11月30日
337	东北人民政府招聘团考试通知		解放日报	1951年12月1日
338	本市格致中学高三乙班合理调配课外作业 纠正重理轻文偏向提高学习成绩		解放日报	1951年12月6日
339	中国煤业建筑器材公司华东区公司为招考工作人员通告		解放日报	1951年12月7日
340	我这样纪念"一二·九"	许良中	新民晚报	1951年12月10日
341	东北工业部电器工业管理局招聘团通告		解放日报	1951年12月14日
342	应利用读过的教科书	柳纹	文汇报	1951年12月17日
343	为加强国际主义宣传扩大与巩固组织 上海中苏友协举行首次代表会议 夏衍总干事报告两年来工作和今后任务		解放日报	1951年12月22日
344	各校同学温课迎考期 坚持冬季体育锻炼并积极拟订寒假中的锻炼计划	张全康、李祖衡、黄均圻	文汇报	1952年1月14日
345	上海市学生第五届代表大会选出的第六届执委会委员名单		文汇报	1952年2月2日
346	格致中学的讲报工作	许良中	文汇报	1952年2月3日
347	我与父亲划清界限	张瑶芬、许良中	文汇报	1952年3月19日
348	青年团员邓永庆同学站稳立场检举父亲的不法商业行为	刘玲	文汇报	1952年3月21日
349	关于中学语文教学中的偏向问题 一贯"家长"作风,恣意压制批评(读者来信之二十三)	许良中	文汇报	1952年3月24日
350	过好春假!同学们组织体育文娱活动	许良中	文汇报	1952年4月3日
351	必须学习毛泽东文艺思想	汤廷浩	文汇报	1952年4月5日

附录　媒体报道总目录初编(1949年6月至2019年6月)

续　表

序号	篇　　名	作　者	媒　体	时　间
352	教师深入各区里弄宣传　居民热烈参加五反运动	遐子、智行、捷英、小牛、国纬、筱斋、劳燕、徐波、赵基兴、武申、新知、孤群、赵均、肇辉、恩樾、德洪、小建、益文、维唐、尚文、世荣	新民晚报	1952年4月5日
353	格致中学许多同学规劝家属坦白悔过起了很大作用	许良中	解放日报	1952年4月23日
354	体育简讯	蔡琸	文汇报	1952年4月25日
355	体育简讯	郭发源、虞和谦	文汇报	1952年5月3日
356	热烈庆祝五一、五四节　各校同学展开纪念活动	生众、明英、良中、元宁、祖荪、德建、李迁、景功、式群、毓均、骏骐、思智、礼立、浩强	文汇报	1952年5月4日
357	铅笔心可以节约　自行车要装车铃	铣铭、陆成、德文、劳燕	新民晚报	1952年5月6日
358	体育简讯	虞和谦、吕惟来、周修岳	文汇报	1952年5月10日
359	各校同学应认真收听青年广播节目	黄铣铭	文汇报	1952年5月13日
360	体育简讯	黄铣铭	文汇报	1952年6月19日
361	各校动员迎接体育测验　不骄傲不灰心坚持锻炼	冯匡一、戴兆荣、徐佑贤、欧式群、吴根林、顾以温、纪大成、史有生、许子雄、顾健、陈椿华、晋元	文汇报	1952年5月24日
362	小学校应注意儿童安全	黄铣铭	文汇报	1952年5月26日
363	同学们应纠正应付测验的读报观点	黄铣铭	文汇报	1952年5月30日
364	体育锻炼中的安全卫生教育问题	竺林	文汇报	1952年6月6日
365	温课互助制度帮助同学提高了学习成绩	黄铣铭	文汇报	1952年6月16日

411

续表

序号	篇　名	作　者	媒　体	时　间
366	体育简讯	高海珊	文汇报	1952年6月19日
367	歌颂共产党员"吃苦在先享受在后"的精神　学习杭佩兰无私的优秀品质	黄铣铭	文汇报	1952年6月30日
368	格致中学新旧同学表现了团结友爱	黄铣铭	文汇报	1952年7月28日
369	集体度过愉快的暑假　各校少年夏令营纷纷开幕	沈仲书、李桐、陈之骝、姚如良、刘宏平、姚久良	文汇报	1952年7月30日
370	邑庙等区中学生深入里弄工厂广泛宣传爱国卫生运动	邑庙区爱国卫生分会、各校通讯组	文汇报	1952年8月20日
371	王国忠同学在郊游时表现了高度的服务精神	陈之骝	文汇报	1952年9月5日
372	我正确认识到体育活动意义	黄铣铭	解放日报	1952年9月12日
373	全市中学同学愉快度过暑假　思想认识科学知识健康状况都有了显著提高	川页、王泰东、朱萍	文汇报	1952年9月21日
374	运用苏联儿童文学来培养教育我国儿童	汤廷诰	文汇报	1952年12月14日
375	嵩山区店员八校同学纷纷写信给苏联人民	昌荣、丁有富、林映、黄锐铭、鳞异、王可余	新民晚报	1952年12月15日
376	本市各界人民纷纷投函本报　衷心拥护我国政府的正义主张　决心继续加强抗美援朝运动　为保卫和平而奋斗		文汇报	1952年12月19日
377	体育锻炼在格致中学	士贤	文汇报	1952年12月27日
378	格致中学高二甲班的品德考查	叶晓寒、周文英	文汇报	1953年1月24日
379	克服忙乱我搞好了学习	席与铃	文汇报	1953年3月2日
380	本市广大教师同学沉痛哀悼斯大林同志逝世		文汇报	1953年3月7日
381	以搞好学习的实际行动来悼念斯大林的逝世	罗国祥	文汇报	1953年3月16日
382	本市格致等十余学校积极筹备举行运动会	黄铣铭	新民晚报	1953年4月22日

附录 媒体报道总目录初编(1949年6月至2019年6月)

续表

序号	篇　名	作　者	媒　体	时　间
383	本市各校先后举行运动会 各项竞赛成绩有显著提高	黄铣铭	新民晚报	1953年4月27日
384	检阅自己在祖国培养教育下的进步 全市少年儿童今天欢庆"六一"节	综合通讯员、陆佩兰、席兴铃、欧式群、徐振国、珠江小学队部、杜运如、周鲁、师大附中辅导员等来稿	文汇报	1953年6月1日
385	文史地课的时间就是这样溜走的	何金荣、姚晓平、余子豪、唐蓉	文汇报	1953年6月2日
386	我上课时为什么不专心听讲	邵醒凌	文汇报	1953年6月4日
387	本报读者纷纷来信要求严办反动会道门首恶道首		文汇报	1953年6月12日
388	加强组织性和纪律性 端正态度明确锻炼意义 使体育锻炼为学习服务	何良智	文汇报	1953年7月4日
389	加强领导,重视体育测验工作,防止伤害事件	卢纹	文汇报	1953年7月4日
390	帮助同学以更好的学习成绩向祖国汇报 本市各中学开始指导同学温课迎考	根据各校通讯员等来稿综合	文汇报	1953年7月13日
391	学习做一个人民教师	陈之骝	文汇报	1953年7月20日
392	进一步认识了在国家建设时期学生的任务 同学们热情贯彻"三好"指示		文汇报	1953年11月5日
393	谈善宝同学是怎样合理支配时间的?	沈国祥	文汇报	1953年11月12日
394	浙江大学同学注意		解放日报	1954年2月6日
395	本市春节期间体育活动精彩热烈		文汇报	1954年2月6日
396	以无限缅怀的心情纪念斯大林逝世一周年 上海各校师生举行各种纪念活动	喻安玉、董家琦、金蕴玉、席与铃、杨竞秋、谢薇薇、陵洲	文汇报	1954年3月6日
397	老闸、黄浦两区中等学校联合举行文艺观摩演出大会 选拔较优秀节目参加全市学生会演		新民晚报	1954年4月14日

413

续 表

序号	篇 名	作 者	媒 体	时 间
398	迎接全市田径体操运动大会 各学校掀起运动竞赛的热潮 格致、致远等中学运动会都有很大收获	与铃、超驹、发源、成清、遂、华罡	新民晚报	1954年5月10日
399	本市各校学生纷纷举行座谈会 热烈拥护周外长在日内瓦会议上的主张	明章、席与铃、蔡冠华、张馥苹、夏华罡	文汇报	1954年5月21日
400	本市中学田径运动大会今起分九大区学行		文汇报	1954年6月8日
401	一个优秀的班级	文山	新民晚报	1954年6月14日
402	通过中等以上学校学生文艺观摩演出大会 本市学生文娱活动出现了新的气象		文汇报	1954年6月27日
403	通过上海中等以上学校学生文艺观摩演出 青年学生的文化活动蓬勃发展 在会演基础上准备大力推动暑期学生文艺活动		新民晚报	1954年6月27日
404	怎样避免游泳中的抽筋？	竺林	文汇报	1954年8月25日
405	在准备劳动与卫国的崇高目标鼓舞下 中学学生积极进行体育锻炼		新民晚报	1954年10月21日
406	本市格致中学进行《学生守则》第一条的教育		文汇报	1954年10月29日
407	本市各中学普遍推行《学生守则》一至七条		文汇报	1954年11月29日
408	格致中学学校行政和学生会帮助同学进行冬季锻炼	项德宝	文汇报	1954年12月6日
409	格致中学的群众性文艺会演		解放日报	1954年12月15日
410	坚决反对美蒋条约支援解放台湾 上海各校师生员工提出具体行动	刘启佑	文汇报	1954年12月31日
411	正常地积极温课迎接考试	项德宝	解放日报	1955年1月15日
412	上海人民反对使用原子武器签名运动进入高潮 本市签名人数已超过二百八十万		文汇报	1955年2月20日
413	格致中学加强对学生的品质教育	项德宝	解放日报	1955年2月27日

续　表

序号	篇　　名	作　者	媒　体	时　　间
414	本市各中学采取积极措施加强对学生进行共产主义道德教育		文汇报	1955年3月4日
415	星期天的文娱体育活动		解放日报	1955年3月5日
416	从人民法院对十三名流氓盗匪分子的判决中广大人民认识到抵制资产阶级思想侵蚀的重要	华东师范大学	解放日报	1955年3月17日
417	各中学学生热爱科学　课外研究小组越来越多	新华社	解放日报	1955年3月29日
418	各级学校今天开始春假		解放日报	1955年4月3日
419	一个永远健康的青年	汤廷浩	解放日报	1955年4月4日
420	本市许多中学举行春季运动会		文汇报	1955年4月16日
421	迎接阶段考试争取优良成绩　本市中学生积极复习功课		文汇报	1955年4月19日
422	青年们广泛开展各种活动纪念"五四"青年节		解放日报	1955年5月3日
423	本市各中等学校加强对应届初中毕业生进行劳动教育		文汇报	1955年5月10日
424	培养自己成为意志坚强的人	项德宝	解放日报	1955年5月21日
425	篮球联赛昨晚开幕		解放日报	1955年5月23日
426	本市广泛传达初中毕业生代表会议精神		文汇报	1955年6月11日
427	自学同学成绩展览会结束　广大师生家长看了展览会受到深刻教育		文汇报	1955年6月28日
428	应届初中毕业生开始考试		解放日报	1955年6月30日
429	上海市军事管制委员会军法处判处隐藏在学校中的反革命集团案件		文汇报	1955年7月9日
430	吸取教训,提高警惕		解放日报	1955年7月16日
431	母亲·班主任	范琰	文汇报	1955年8月5日
432	正确认识自学的人	白国良	文汇报	1955年8月7日
433	自学有困难,但是能学好!	顾筱鸿	解放日报	1955年8月12日

续表

序号	篇　　名	作　者	媒　体	时　　间
434	一个由立场反动发展到反革命的小集团	盛禹九、殷之慧	光明日报	1955年8月19日
435	我在病榻上坚持自学	顾筱鸿、项德宝	文汇报	1955年8月19日
436	一个由立场反动发展到反革命的小集团	盛禹九、殷之慧	解放日报	1955年8月21日
437	上海市格致中学表扬一批"三好"学生	项德宝	文汇报	1955年9月21日
438	中学数学教学参考书将出版		文汇报	1955年9月24日
439	上海师生热烈展开庆祝国庆活动		文汇报	1955年9月30日
440	注意死角		文汇报	1955年12月17日
441	上海各校师生准备欢度新年		文汇报	1955年12月31日
442	文联、作协规划文学讲座工作		新民晚报	1956年1月6日
443	本市各界青年开展庆祝活动		解放日报	1956年5月4日
444	本市各级组织重视青年体育联欢周　将举办多种多样的体育表演和活动		解放日报	1956年5月18日
445	各区基层积极筹备"青年体育联欢周"活动		新民晚报	1956年5月18日
446	十个中学生荣获数学竞赛优胜者称号		解放日报	1956年6月11日
447	一百多名中学教师到高等学校任教		解放日报	1956年8月6日
448	部分二部制的中小学采取措施改善对学校秩序、课余活动的领导		解放日报	1956年10月22日
449	防止学生近视眼　教室光线要充足	杨美蓉	解放日报	1957年1月4日
450	全市军民联欢序幕揭开　卢湾邑庙虹口三区昨举行大会　人民游乐场中到处洋溢欢乐气氛	吕兴臣、萧连焕、曹文彬	解放日报	1957年1月28日
451	他们十九个——悼念东海前线防空军烈士	屠培林、张锦堂	解放日报	1957年4月5日
452	倾听教师的意见和批评　教育局提出改进工作方案	杨美蓉	解放日报	1957年6月11日

续 表

序号	篇 名	作者	媒体	时间
453	青年学生分批下乡义务劳动 帮助农民拔草 受到亲切欢迎	马金权	新民晚报	1957年7月20日
454	华泾江面上看"游龙"竞渡 市划船锦标赛后天举行		新民晚报	1957年8月22日
455	上海首次划船锦标赛昨有五项创造全国新成绩 男子二千公尺双人单桨八队刷新全国纪录	施桂章	解放日报	1957年8月25日
456	上海划船赛成绩好 出现五个全国纪录		文汇报	1957年8月25日
457	划船锦标赛今晨继续举行		新民晚报	1957年8月25日
458	上海划船锦标赛结束		文汇报	1957年8月26日
459	黄浦江上赛艇飞驶 打破三项划船全国纪录	新华社	人民日报	1957年8月27日
460	穷追猛打 除恶务尽 上海全民讨伐七害		文汇报	1958年1月8日
461	上海中小学教师兵强马壮 大字报向邪气猛烈开火		文汇报	1958年2月27日
462	春风化雨 面貌大变 中小学一口气整改80—90% 抓紧提高教育质量这个关键问题深入鸣放		文汇报	1958年3月6日
463	紧紧抓住提高教学质量问题 中小学校大整大改		解放日报	1958年3月9日
464	促进三大变化 带动六项运动 中校整风全线跃进		新民晚报	1958年3月12日
465	抓住关键大整大改 全市中学比干劲		解放日报	1958年3月13日
466	促进教育事业、队伍和领导的大变化 中等学校形成全线跃进巨流 对修改教材问题将大鸣大放和在本报展开讨论		文汇报	1958年3月13日
467	传授教学经验 力争又红又专 中学老教师朝气勃勃		解放日报	1958年3月25日
468	政治、艺术两者不可偏废	汤廷浩	文汇报	1958年3月29日
469	大鸣大放 大争大辩 大胆负责 大干特干——全市中学教师都来革新教材	沈景华	解放日报	1958年3月30日

续表

序号	篇　名	作　者	媒　体	时　间
470	克服脱离政治脱离生产现象　中学自行编写教材		文汇报	1958年3月30日
471	在今古兼收的原则下稍厚于今	田载贤	文汇报	1958年4月1日
472	提高学生的数学水平	黄松年	文汇报	1958年4月7日
473	歌声在江面上回荡		文汇报	1958年6月9日
474	上海市中学、师范学校1958年招考新生联合通告		解放日报	1958年7月21日
475	顺风逆流中　比谁划得快　少年划船手昨有好成绩		新民晚报	1958年7月28日
476	有毒的"雾海夜航"	袁祥荣	文汇报	1958年8月3日
477	"分析批判能力"从何而来	黎虹	文汇报	1958年8月11日
478	中学生投入抗旱斗争		文汇报	1958年8月28日
479	让废金属归队　支援工业"抗旱"中学生为钢铁而战	杨美蓉	解放日报	1958年8月30日
480	有一分热　发一分光　大中小学师生为钢铁增产贡献力量		文汇报	1958年9月3日
481	怒火在燃烧　吼声震云霄　中小学师生强烈谴责美蒋杀人罪行		文汇报	1958年9月9日
482	中苏八亿人民坚强团结　足以战胜任何敌人　本市大中学校座谈两国领袖发言		解放日报	1958年9月10日
483	决难容忍美蒋强盗疯狂杀害厦门同学　上海青年更激怒了		文汇报	1958年9月12日
484	浦江怒潮澎湃　青年铁臂齐举　喝令艾克缩回血手		新民晚报	1958年9月12日
485	誓为保卫伟大祖国而战！我们决不饶恕敌人	马彦俊、汤廷诰等九人	解放日报	1958年9月22日
486	教育制度上的大革命　上海部分中学实行半工半读		文汇报	1958年10月18日
487	在劳动中得到了锻炼和提高	王觉成、朱万俊、李皖霞、郑云成、徐文英、梁文清、夏月莲、贺雪英、傅杰、杨天乐、颜克圣	解放日报	1958年11月5日

续 表

序号	篇 名	作者	媒体	时间
488	女学生 好枪法 击破全国纪录 别洛夫上将赠给纪念章		新民晚报	1958年11月11日
489	欢迎您,金日成首相!	张浩	文汇报	1958年12月3日
490	中学生射击破全国纪录	张浩	文汇报	1959年1月10日
491	小牛回来了	周艺	解放日报	1959年2月23日
492	遗失		解放日报	1959年3月9日
493	许多中学全面安排学校工作 学生学习积极性大大提高		解放日报	1959年4月3日
494	上海人民警告帝国主义和印度扩张主义者 向六亿人民挑衅决无好结果 破坏我国统一干涉我国内政的阴谋必将遭到可耻失败		解放日报	1959年4月25日
495	不能容忍印度反动势力侮辱我国领袖	上海市黄浦区教师红专学院全体同志以及其他有关单位同志	文汇报	1959年4月28日
496	矛盾百出	唐文伟	文汇报	1959年5月2日
497	为党的事业而顽强学习——格致中学加强对高三应届毕业生政治思想教育,积极提高学习质量,为参加劳动和升学打下基础		解放日报	1959年5月15日
498	围墙里外	汤廷浩	解放日报	1959年6月3日
499	为壮丽的社会主义事业贡献自己的青春和智慧	王觉成、朱万俊、李皖霞、郑云成、徐文英、夏月莲、梁文清、贺雪英、傅杰、杨天乐、颜克坚	解放日报	1959年6月8日
500	格致中学校友		解放日报	1959年8月20日
501	当新学年来到的时候 教师们鼓足干劲做好开学准备 积极安排进一步提高教学质量	综合通讯员来稿	新民晚报	1959年9月5日
502	党的号召为新学年带来崭新气象 上海各校正常教学秩序迅速建立 广大师生干劲十足 广泛掀起教好学好劳动好的热潮		文汇报	1959年9月11日

续 表

序号	篇　名	作　者	媒　体	时　间
503	红旗东风　百舸争流——记屡次压倒美国的上海划船队	谷苇、诸有钧	解放日报	1959年9月13日
504	这里闪烁着青春的光芒	夏筠荪	解放日报	1959年9月28日
505	"精批细改"是为了贯彻教育方针	上海市格致中学语文教研组	文汇报	1959年10月27日
506	不让一个同学掉队	章祥孙	解放日报	1960年1月10日
507	高举毛泽东旗帜　德智体育全面发展——本市格致中学党支部紧抓学生政治思想教育　高三（四）班教育质量迅速提高连续被评为"红旗班"		解放日报	1960年2月3日
508	上海各级学校今天开学　广大师生决心继续全面跃进力争新学期开门红　进一步提高教育质量迅速赶上全国最先进水平	综合通讯员来稿	文汇报	1960年2月8日
509	创造新成绩　迎接群英会——全市文教工作者热烈响应党的号召决心进一步开展文化革命和教育革命		解放日报	1960年2月13日
510	创造新成绩　迎接群英会　上海广大文教工作者积极响应党的号召	综合通讯员来稿	文汇报	1960年2月13日
511	更广泛地开展青少年科技活动　教育局团市委召开现场会议推广徐汇闸北两区先进经验　要求本市中小学校立即开展大搞科技活动的群众性运动		解放日报	1960年2月19日
512	上海市选出的全国"三八红旗集体"和"三八红旗手"名单和简要事迹		解放日报	1960年3月6日
513	青少年搞科技硕果累累　本市中学科技活动成绩展览会开幕		解放日报	1960年5月6日
514	青少年用现代科学武装起来　上海市中学科技活动成绩展览会展出大批优秀作品		文汇报	1960年5月6日
515	迎接群英会　捷报到处传　本市文教战线竞献跃进果		解放日报	1960年5月9日
516	上海文教界不断创造新成就迎接群英会　条条战线捷报频传　献礼项目如浪如潮		文汇报	1960年5月9日

续表

序号	篇名	作者	媒体	时间
517	上海市出席全国教育和文化、卫生、体育、新闻方面社会主义建设先进单位和先进工作者代表大会代表名单		解放日报	1960年5月19日
518	大力开展少年科技活动 高速度培养新的一代 潘文铮代表的发言		解放日报	1960年5月19日
519	想得美妙 做得出色		新民晚报	1960年5月23日
520	抢收三麦油菜 抢种中稻晚稻五十万人下乡支援夏收夏种 广大职工、干部干劲冲天竞为丰收出大力		解放日报	1960年5月31日
521	研究利用废物	张浩	新民晚报	1960年6月3日
522	出席全国教育和文化、卫生、体育、新闻方面社会主义建设先进单位和先进工作者代表大会代表名单		人民日报	1960年6月13日
523	中学生数学竞赛 优胜者八十名昨天获奖		新民晚报	1960年6月20日
524	全市中小学师生投入反美斗争 通过座谈集会文艺宣传等活动彻底搞臭美帝国主义		文汇报	1960年6月23日
525	积极参加劳动 大搞农具改革 广泛进行宣传 上海中小学师生热情支援农业		文汇报	1960年7月25日
526	向英雄的朝鲜人民致敬	张浩	文汇报	1960年8月16日
527	格致中学校友注意		解放日报	1960年8月20日
528	教育学生热爱农业	陈国泰	文汇报	1960年8月24日
529	革命的政治内容 精湛的艺术表演 越南电影受到上海观众赞誉 越南电影周举行以来观众已达十九万余人次		解放日报	1960年9月7日
530	度过丰富多彩、愉快有意义的暑假 师生精神饱满迎接新学年 将进一步贯彻教育与生产劳动相结合方针		新民晚报	1960年9月9日

421

续 表

序号	篇 名	作 者	媒体	时 间
531	在粮钢战线上比贡献 在教育工作中此质量——上海大中小学师生用实际行动迎国庆		文汇报	1960年9月30日
532	和学校的教学、生产劳动密切结合 经常持久开展青少年科技活动 上海中小学科技活动蓬勃发展 学生通过活动眼界更开阔知识更巩固		文汇报	1960年11月26日
533	一言之差	吴建国	解放日报	1960年11月27日
534	这牵涉到培养目标的问题	牛寄萍	文汇报	1960年11月30日
535	要自觉地锻炼自己	钱关麟	解放日报	1960年12月18日
536	劳逸结合好处多——格致中学教师、学生的笔谈	唐文伟、周文川、饶金根、朱松乔	解放日报	1960年12月30日
537	全面关心人 调动师生积极性 格致中学认真贯彻劳逸结合政策 全面安排师生工作、学习、生活，教学质量不断提高	格致中学通讯组	解放日报	1960年12月30日
538	上海语文学会讨论政论文和文言文教学		文汇报	1961年4月11日
539	上海语文学会举行一九六〇年年会 热烈讨论语言学理论等问题		解放日报	1961年4月28日
540	上海语文学会举行一九六〇年年会 就语言学理论等问题进行了十七次讨论,提出论文廿二篇		文汇报	1961年4月28日
541	祖国的需要就是我的志愿		解放日报	1961年5月22日
542	格致中学应届毕业班同学立志当第一流的毕业生 生气勃勃以高标准严格要求自己		新民晚报	1961年5月22日
543	高校考生登记十日起开始 高等艺术、体育院校招生即将开始报名		解放日报	1961年6月7日
544	欢呼三面红旗辉煌胜利 祝贺伟大祖国万寿无疆 上海人民欢欣鼓舞迎国庆	综合通讯员来稿	文汇报	1961年9月30日
545	勤学好问 刻苦钻研 有劳有逸 紧张活泼——格致中学中五(6)班的好学风	张浩	新民晚报	1961年10月30日

续表

序号	篇　名	作　者	媒体	时　间
546	语文教师也要练基本功	汤廷诰、郑耀定、刘德俊	文汇报	1961年12月9日
547	一个有趣的"热爱知识"班会——格致中学初二第四班学生提高钻研自然科学的兴趣	张浩	解放日报	1961年12月21日
548	为了教好一堂课	王澜生、张浩、陆继春	解放日报	1962年1月20日
549	熟悉教材　熟悉学生　深入浅出　有的放矢——高润华精雕细刻教语文		文汇报	1962年2月22日
550	胸怀壮志脚踏实地——记同济大学优秀学生谢敦礼	叶玉国	文汇报	1962年2月23日
551	勤·熟·巧	张黎洲	文汇报	1962年3月3日
552	从等退票想开去	林平	文汇报	1962年3月6日
553	纪念"三八"国际劳动妇女节　文教界女工作者举行座谈		解放日报	1962年3月10日
554	上海文教界妇女欢庆"三八"　昨举行集会　汇报工作成就　交流经验和体会		文汇报	1962年3月10日
555	市教育局组织老教师带徒弟　青年教师跟班学习　从课内到课外讨教具体经验		新民晚报	1962年5月18日
556	市教育局组织语文老教师带徒弟　青年教师跟班学习老教师经验	言莫	文汇报	1962年5月19日
557	"外语对白"学习会	张浩	解放日报	1962年5月22日
558	孩子们的作品	张乐平	解放日报	1962年6月1日
559	格致中学语文教研组抓住语文教学各个环节　多方设法提高学生写作水平	莆因	解放日报	1962年6月7日
560	考场见闻		解放日报	1962年7月17日
561	公园里出现小小宣传员　劝阻游水摸鱼和上树捉虫	朱赓华、姚传统	新民晚报	1962年8月14日
562	誓作古巴兄弟后盾　声讨美国强盗罪行　全国近两百万人强大示威　上海四十万人涌上街头　示威游行达到新高潮		解放日报	1962年11月6日

续表

序号	篇　名	作　者	媒　体	时　间
563	反美怒涛云涌席卷全国　京沪等地二百万人昨强大示威声援古巴		文汇报	1962年11月6日
564	各学校和有关部门组织小型多样有意义的活动　帮助广大师生过好寒假生活		解放日报	1963年1月20日
565	帮助各单位开展学习雷锋活动　青年宫举办朗诵和故事辅导会　"学习雷锋"展览照片月底开始供应	马骏、侯	解放日报	1963年2月25日
566	青年宫教唱革命歌曲　各单位二千五百多人参加了辅导活动	马骏	解放日报	1963年3月3日
567	推动群众进一步开展歌咏活动　青年宫举行教唱革命歌曲辅导会	马骏	文汇报	1963年3月3日
568	教唱革命歌曲　推动群众歌咏活动　各文化场馆的"大家唱"活动有成绩　紧密配合中心工作　鼓舞了群众的革命热情		解放日报	1963年3月14日
569	补得好	廷诰	文汇报	1963年4月20日
570	市人民代表大会四届二次会议连日举行分组讨论　欢呼上海解放十四年来翻天覆地大变化　畅谈各条战线辉煌成就　决心积极投入增产节约运动		解放日报	1963年5月10日
571	积极加强初中学生阶级教育　坚持不懈地培养红色接班人——上海市教育局召开初中班主任会议交流工作经验		文汇报	1963年6月12日
572	向学生不断提出严格要求	周文川	文汇报	1963年7月6日
573	更加热爱新社会	谢家立	解放日报	1963年7月17日
574	格致中学校友		解放日报	1963年8月12日
575	全市大中小学今天开学　两百四十多万学生兴高采烈跨入新学年		解放日报	1963年9月2日
576	让小朋友节日过得更欢乐　各中小学准备精彩活动项目		新民晚报	1963年9月28日
577	以革命英雄先进人物为榜样　进一步提高学生的阶级觉悟——上海格致中学初三(四)班逐步成为先进集体		文汇报	1963年11月26日

附录 媒体报道总目录初编(1949年6月至2019年6月)

续表

序号	篇 名	作 者	媒 体	时 间
578	用勤俭建国精神教育下一代	本报评论员	解放日报	1963年12月19日
579	勤勤恳恳节约国家财物 以身作则教育年轻一代——老校工许仁卿坚持勤俭办校	邝耀宗、蒋涵簌、张浩	解放日报	1963年12月19日
580	电视台今播普通话汇报表演 历次普通话观摩会得奖代表参加演出		解放日报	1964年1月11日
581	《小足球队》教育儿童分清敌我 教师、里弄工作者等座谈，认为这个戏很有现实意义		解放日报	1964年1月12日
582	本市中学生数学竞赛优胜名次揭晓		文汇报	1964年1月18日
583	万众一心为公益 长街积雪一扫空		解放日报	1964年2月19日
584	全市妇女欢庆"三八" 许多妇代大会代表通过庆祝活动传达大会精神 广大妇女纷纷表示要以实际行动响应大会号召		解放日报	1964年3月9日
585	全市妇女欢欢喜喜庆祝"三八"		文汇报	1964年3月9日
586	上海大中学生从张锁平事迹中获得巨大鼓舞 立志把革命需要作为第一志愿	综合通讯员	文汇报	1964年3月11日
587	演雷锋 学雷锋——黄浦区举办"千万个雷锋在成长"汇报演出		文汇报	1964年3月14日
588	全市许多中学教师根据切身经验畅谈体会 赞扬育才教学方法改得好改得及时		解放日报	1964年4月3日
589	学习育才中学新的教学方法 几位中学校长谈在育才中学听课的体会		解放日报	1964年4月4日
590	根据党的教育方针积极改进教学方法——上海中小学减轻学生负担初获成效		文汇报	1964年4月8日
591	本市部分中小学教师座谈观后感——朝鲜故事影片《红色花朵》是富有革命激情的教育诗篇		文汇报	1964年5月31日

425

续 表

序号	篇　名	作　者	媒　体	时　间
592	影片《青山恋》激起广大学生热烈反响　建设边疆建设农村是青年的光荣责任		文汇报	1964年7月29日
593	图书馆里的新风尚	傅威	文汇报	1964年8月31日
594	格致中学坚持校办工厂五年　使教育与生产劳动密切结合	夏震霏	文汇报	1964年10月20日
595	毛主席的声明极大地激励了全市人民的战斗意志　上海三十万人涌向街头游行示威　支持刚果（利）兄弟　声讨美比强盗		解放日报	1964年12月1日
596	上海八十万人大示威誓作越南兄弟后盾		文汇报	1965年2月10日
597	引导学生掌握正确学习方法　调动学生学习主动性积极性　本市中等学校积极试行开卷考试	综合通讯员	文汇报	1965年7月23日
598	全面安排为了全面发展		文汇报	1965年10月13日
599	从组织师生重新学习党的教育方针着手　格致中学全面妥善安排学生活动	马彦俊	文汇报	1965年10月13日
600	为革命而教　为革命而学——上海大中学校师生决心以王杰为榜样	综合本报通讯员	文汇报	1965年11月10日
601	在三秋劳动中学王杰——格致中学同学参加三秋劳动二三事	王宝林、武小璈	文汇报	1965年11月19日
602	热情洋溢赞王杰　真心诚意学王杰——读者纷纷来信倾诉学习王杰日记以后的感受，决心把王杰的革命精神贯彻到实际行动中去		解放日报	1965年11月22日
603	格致中学认真贯彻毛主席关于教育工作指示　启发教师革命自觉性推进教学改革	崔世雄	文汇报	1966年3月4日
604	一次测验	潘为南	文汇报	1966年3月5日
605	市区广大人民怀着欢欣鼓舞的心情投票选举区人民代表大会代表　陈丕显、曹荻秋等党政负责同志分别在基层选举单位投了票		解放日报	1966年4月21日

附录　媒体报道总目录初编(1949年6月至2019年6月)

续　表

序号	篇　名	作者	媒体	时　间
606	市区广大人民怀着欢欣鼓舞的心情投票选举区人民代表大会代表		文汇报	1966年4月21日
607	热情接待下厂劳动学生　认真做好政治思想工作——国棉二厂发扬革命风格以培养青少年为己任		文汇报	1966年5月14日
608	党中央的英明决定清除了埋藏在革命阵营内部的定时炸弹　上海人民热烈欢呼毛泽东思想新胜利决心再接再厉,横扫一切牛鬼蛇神,不获全胜,决不收兵		文汇报	1966年6月6日
609	毛泽东思想红旗永远飘扬在教育阵地上	汪孟仁、丁运珍、黄友锋	解放日报	1966年6月19日
610	决心永远紧跟伟大领袖毛主席到大风大浪中去经风雨见世面——上海广大师生和运动员衷心祝愿毛主席万寿无疆		文汇报	1966年7月28日
611	彻底改革旧的教育制度	竺天祥、吴宏梁、高吉全、郭奕诚、蔡静宜	文汇报	1966年8月11日
612	紧跟毛主席　永远闹革命	上海市格致中学全体革命师生员工	新民晚报	1966年8月12日
613	新春新风　一家人畅谈大好形势——丁惠珍一家举行讲用会作出在家庭落实毛主席最新指示的打算		解放日报	1968年1月29日
614	落实毛主席最新指示　复毛泽东思想的课　复阶级斗争的课　本市中小学在工人宣传队领导下开学		文汇报	1968年9月18日
615	争当上山下乡的带头人	高林敏	解放日报	1972年8月5日
616	同资产阶级偏见划清界限	翁璇庆	文汇报	1973年6月7日
617	抓好青少年暑假期间的思想教育——本市中小学今日开始放暑假,各级领导认真部署了暑期工作,引导广大师生　过一个革命化的暑假		文汇报	1973年7月15日

427

续 表

序号	篇 名	作 者	媒 体	时 间
618	坚持毛主席的革命路线 坚持教育革命的方向 吴淞中学结合教学加强思想教育	本报通讯员	解放日报	1975年12月1日
619	以阶级斗争为纲 抓好学生暑期生活——本市中小学今日开始放暑假,各级领导认真部署了暑期工作,引导广大师生 过一个革命化的暑假		文汇报	1976年7月18日
620	抓紧宝贵时光 学好基础知识——本市部分中学学生座谈会纪要		文汇报	1977年9月27日
621	采取切实措施 提高教学质量——格致中学党支部帮助教师解决教学中的问题,着重抓好学生的基础知识学习和基本技能训练		文汇报	1977年10月29日
622	上海市教育战线先进单位		解放日报	1977年10月31日
623	上海市教育战线先进单位		文汇报	1977年10月31日
624	先进教师赞——邓泰和	春木	文汇报	1977年10月31日
625	十七年是红线主导决不是"黑线专政" 同济大学干部和教师彻底批判"两个估计"	本报通讯员	文汇报	1977年11月20日
626	本市普陀、闸北、卢湾、杨浦、徐汇、黄浦等区分别召开中小学干部教师座 谈会或举办学习班 彻底推翻"两个估计" 甩开膀子大干快上	本报通讯员	文汇报	1977年11月24日
627	迎接社会主义的文化建设新高潮——本市教育界砸烂精神枷锁以后的新面貌		文汇报	1978年1月3日
628	满腔热忱 循循善诱		文汇报	1978年1月10日
629	本市确定一批重点中小学		文汇报	1978年2月1日
630	自力更生抓好教师在职进修——格致中学开展师资进修活动的调查报告	本报通讯员、复旦大学新闻系学员	文汇报	1978年2月16日
631	本市重点中学高中理科班考试即将举行 有关部门积极做好考场防暑工作		文汇报	1978年7月13日

续表

序号	篇　名	作　者	媒　体	时　间
632	春风入心扉　考场显身手	本报记者	文汇报	1978年7月21日
633	呕心沥血育新人　桃李芬芳颂园丁——本市十七名特级教师、三名模范班主任简介		解放日报	1978年8月28日
634	上海市革命委员会隆重宣布　提升十七位教师为特级教师　命名三位教师为模范班主任		文汇报	1978年8月28日
635	向特级教师和模范班主任致敬		文汇报	1978年8月28日
636	无题图片		解放日报	1978年10月12日
637	跃上青骢着快鞭——记本市各界爱国人士迎新座谈会	张也平	解放日报	1979年1月1日
638	全党战略转移　教育迅速跟上　本市一万七千名教师举行春节联欢会		解放日报	1979年2月4日
639	教育群英喜相聚　茶话联欢庆新春		文汇报	1979年2月4日
640	校长亲自教慢班		文汇报	1979年2月22日
641	手工业局举办电视业余中学教学班　二万余人踊跃参加业余学习	须晓明	文汇报	1979年8月19日
642	教之以情，授之以趣	王幼涛	文汇报	1979年8月31日
643	上海师院庆祝建院廿五周年	林樟杰	文汇报	1979年10月14日
644	市教育局采取四项有效措施　提高郊区中小学教师业务水平	梁石廷、金旦生	文汇报	1979年12月6日
645	新学期一开始就抓好思想工作　参加本市中小学教育工作会议的部分同志座谈学习毛阿银先进事迹		文汇报	1980年2月25日
646	教坛英华　三十六位中小学教师晋升特级教师		解放日报	1980年2月29日
647	上海市特级教师、模范班主任、模范校长名单		文汇报	1980年2月29日
648	喜看今日女英豪	陈大伟等7人	解放日报	1980年3月8日
649	女教师	史云、王洪德、周玉贵、周云骅	文汇报	1980年3月8日

续表

序号	篇　名	作　者	媒　体	时　间
650	光荣榜·上海市一九七九年度劳动模范（共一千零六十八名）		解放日报	1980年4月29日
651	美籍激光专家王正平博士回母校格致中学畅叙离情		文汇报	1980年5月11日
652	选拔录取优秀中学生入校深造　上海交大与十六所重点中学挂钩	朱荣林	解放日报	1980年6月9日
653	本市破一项游泳女子少年全国纪录	任起民	解放日报	1980年6月25日
654	努力以最好的成绩接受祖国挑选——本市广大考生精神抖擞参加高考　夏征农等同志到各试区勉励考生并慰问工作人员		解放日报	1980年7月8日
655	苏步青、钱宝钧、高润华参加人大归来向记者谈话　对教育工作提出意见和建议	章成钧、包明廉、凌爱媛	文汇报	1980年9月16日
656	为四化培养更多更好的建设人才	高润华	解放日报	1980年9月18日
657	图片新闻	徐裕根	文汇报	1980年10月27日
658	市人大代表结束郊区视察活动　部分代表视察黄浦区中小学呼吁提高师资水平	卫永成	文汇报	1980年11月16日
659	副区长给中学生上政治课		解放日报	1981年2月14日
660	市教育局召开的部分重点中学座谈会提出　加强劳动教育　培养全面发展新人		解放日报	1981年5月11日
661	本市有哪些市、区双重领导的重点中学	编者	文汇报	1981年6月8日
662	本市高考阅卷评分工作结束　昨起陆续向考生发出成绩通知单		解放日报	1981年8月2日
663	体育简讯	识途	解放日报	1981年8月15日
664	上海市教育战线先进教师名单		文汇报	1981年9月1日
665	深受广大青少年喜爱的科普电视节目　中学生智力竞赛今起进入复赛	韵之	解放日报	1981年9月20日
666	中学生智力竞赛经过激烈角逐师大一附中获第一名	庸	解放日报	1981年10月12日

续表

序号	篇 名	作者	媒体	时间
667	中学生"鲁迅读书奖"获奖名单		解放日报	1981年10月12日
668	视听兼备 形象鲜明 寓智育于娱乐之中 中学生智力竞赛吸引电视观众 电视台昨播决赛实况 师大一附中、育才中学、格致中学名列前茅		文汇报	1981年10月12日
669	中学生"鲁迅读书奖"活动个人奖获得者名单		解放日报	1981年10月15日
670	格致师生下乡劳动	廉元、建璐	解放日报	1981年10月22日
671	在清洁工作中处处显示心灵美 陈建华评上"青年城市美容师"	王健刚	文汇报	1981年11月10日
672	第二届初中数学竞赛揭晓		解放日报	1981年11月30日
673	格致中学体卫工作达到优秀标准		解放日报	1981年12月6日
674	上海市先进体育、卫生保健教师名单		文汇报	1982年1月16日
675	市妇联昨召开各界妇女纪念"三八"节大会 表彰近三千名市妇女"六好"积极分子	本报记者	解放日报	1982年3月7日
676	本市妇女在文明礼貌月热烈气氛中集会庆"三八" 二千多妇女荣登"六好"红榜 大会号召在创"六好"基础上深入开展争当"三八红旗手"活动		文汇报	1982年3月7日
677	光荣榜——一九八一年度上海市劳动模范		解放日报	1982年4月20日
678	八旬退休教师丁鹏洲一心为四化 义务辅导一百五十六位青年补习文化——已有十七人考入大学,七十九人先后升学或被招工录取	高桢林	解放日报	1982年5月19日
679	中学生艺术体操赛结束	陈家华	文汇报	1982年6月12日
680	努力研制新颖缺门产品 为国家节约了资金和外汇——本市一批中学校办厂为教学、科研和生产服务	庄玉兴	解放日报	1982年6月28日
681	一起罕见的文物盗窃案	毛用雄	解放日报	1982年7月30日

续表

序号	篇　名	作　者	媒　体	时　间
682	全国中小学勤工俭学工作会议闭幕　本市一批先进单位和个人获奖	王捷南	文汇报	1982年8月11日
683	手足啊,战士的手足(报告文学)	吴芝麟	解放日报	1982年8月22日
684	陈云同志在家里会见上海部分全国人大代表		光明日报	1982年12月3日
685	陈云同志在家里会见上海部分人大代表		解放日报	1982年12月3日
686	会见胡立教等上海代表时进行亲切交谈　陈云同志对国家建设、上海工作发表重要意见		文汇报	1982年12月3日
687	经济学家讨论政府工作报告时提出　推进建设事业需要全国一盘棋		文汇报	1983年6月9日
688	特级教师高润华任格致中学校长		解放日报	1983年6月11日
689	格致中学一百十周年校庆今举行	瞿鹭、费国荣	新民晚报	1983年6月19日
690	格致中学昨举行一百十周年校庆	林良敏、胡贵根	解放日报	1983年6月20日
691	爱党爱国　追求真理　发奋向上——报童小学、格致中学开展校史教育		解放日报	1983年9月5日
692	纠正重理轻文倾向——格致中学重视文科教学　课内课外注意给学生打下扎实文科基础	卫永成、周根娣	文汇报	1983年9月12日
693	在今天日报上		新民晚报	1983年9月12日
694	保护我们的下一代健康成长——特级教师高润华强调坚持党的教育方针		解放日报	1983年11月8日
695	教育园地(第280期)	徐裕根	文汇报	1983年12月8日
696	从"自我"走向集体——试析《青春万岁》中李春的形象塑造	周竞	文汇报	1983年12月8日
697	推动群众性影评活动深入开展　《青春万岁》影评比赛大有收获　本报文艺部、市青年宫等举办单位昨向优胜者发奖	潘慧南	解放日报	1983年12月9日
698	上海青年《青春万岁》影评比赛得奖名单		解放日报	1983年12月9日

续表

序号	篇 名	作 者	媒 体	时 间
699	少年宫灯光辉煌 小棋手兴高采烈 本市中小学生围棋赛昨晚闭幕	陈南寿、肖强	新民晚报	1983年12月18日
700	A的兴起与B的改革——小议个体经济的存在及其与公有制经济的关系	陈志坚	文汇报	1983年12月29日
701	全市中学生歌咏比赛今日授奖 九百所中学班班有歌声	龙歌	新民晚报	1983年12月30日
702	忆志行(上)	许杰	新民晚报	1984年1月3日
703	忆志行(下)	许杰	新民晚报	1984年1月4日
704	少先队员向市劳模拜年	春欢	解放日报	1984年2月3日
705	光荣榜·上海市"优秀班主任"名单		文汇报	1984年2月27日
706	黄浦区许多中小学组织学生开展社会调查 运用本区历史进行爱国主义教育	卫永成	解放日报	1984年3月2日
707	首届中学生寒假篮球赛 评出精神文明队和队员 下午举行闭幕发奖大会	谢有光	新民晚报	1984年3月3日
708	创造学研究会举办讲座	高志坚	解放日报	1984年3月27日
709	高润华代表认为应采取有效措施让优秀师范生到中学任教		文汇报	1984年3月30日
710	从四化需要择志愿 应祖国召唤任挑选——格致中学高三重视革命理想教育,学生精神面貌发生明显变化,有些学生还提出了入党申请	卫韵煜	解放日报	1984年5月19日
711	热爱祖国的父子科学家	吴德铎	解放日报	1984年5月20日
712	清末科学家徐寿	包正义	文汇报	1984年5月21日
713	为妇女儿童利益干实事干好事 市妇联召开改革创新座谈会		解放日报	1984年6月28日
714	增强学生自学能力、动手能力和独立工作等能力 格致中学致力培养创造型人才 在全国、本市和本区举行的各种比赛中,该校学生成绩突出	卫永成、戒思平	文汇报	1984年9月4日

续表

序号	篇　名	作　者	媒　体	时　间
715	电影在上海的由来	汤凌	解放日报	1984年9月16日
716	格致中学办升学复习班		解放日报	1984年10月10日
717	市乒赛领队会议今使用电脑抽签，程序设计者为谁？——格致中学学生操作微机初显身手 该校开设电脑选修课，已有两百余学生接受培训	卫永成、庄玉兴	解放日报	1984年10月16日
718	醉心于西方科技的徐寿和华蘅芳——淞故漫谈之四	吴贵芳	解放日报	1984年11月7日
719	全国数学竞赛（上海赛区）揭晓	袁惠松	文汇报	1984年12月12日
720	全国中学生数学联合竞赛　上海五十一人获优胜	薛福田	新民晚报	1985年1月6日
721	黄浦区民进业余学校招生启事		解放日报	1985年2月1日
722	参加美国第三十六届中学数学竞赛　复旦附中孙晓伟获上海赛区第一名	薛福田	解放日报	1985年2月27日
723	美国中学数学竞赛揭晓　复旦附中获上海赛区团体第一	薛福田	文汇报	1985年3月1日
724	理想是动力　纪律是保证——杨永青、荣高棠、龚雄等代表谈改革		解放日报	1985年4月1日
725	出席人大三次会议的代表说　有理想——改革才有持久动力　守纪律——改革才有必胜保证		文汇报	1985年4月1日
726	人大代表分组审议时认为　继承法有利发扬社会主义道德风尚		解放日报	1985年4月7日
727	我们需要丰富多彩、健康的精神食粮——六届人大三次会议侧记	张默	解放日报	1985年4月11日
728	重视加快人才培养的基础工程——部分市人大代表、市政协委员谈尊师重教问题	吴德宝	解放日报	1985年4月28日
729	传统学校排球选拔赛结束	王沛	解放日报	1985年6月15日
730	女副市长为教师治病	吴德宝	解放日报	1985年9月6日
731	黄浦区表彰先进教师		解放日报	1985年9月9日
732	光荣榜·上海市优秀教育工作者名单		解放日报	1985年9月10日

续 表

序号	篇 名	作 者	媒 体	时 间
733	光荣榜·一九八五年度上海市优秀教育工作者		文汇报	1985年9月10日
734	市党政领导同广大教师共庆节日——芮杏文、江泽民、陈铁迪、谢丽娟分赴本市大中学校	王世勋 徐成滋 庄玉兴	解放日报	1985年9月11日
735	本市各界尊师重教争做好事 许多单位纷纷召开庆祝会慰问教师	王宝娣	文汇报	1985年9月11日
736	光荣榜·文汇园丁鼓励奖获奖名单(五十名)		文汇报	1985年9月2日
737	小天文迷昨夜望远镜中饱眼福 跟踪两小时看到哈雷彗星		新民晚报	1985年11月10日
738	从"兴趣小组"到"天文协会"——记格致中学的一群哈雷彗星迷	鞠敏	新民晚报	1985年11月24日
739	在"游戏"中培养学生的才能 中学生智力游戏邀请赛新颖有趣		文汇报	1985年12月26日
740	一两句话新闻		新民晚报	1986年1月5日
741	图片新闻	文青、伟强	解放日报	1986年1月16日
742	美国中学数学竞赛昨举行 上海赛区陆春勇夺魁	薛福田	解放日报	1986年2月26日
743	哈雷彗星小别后又临浦江 后观测期开始亮度明显增强	鞠敏	新民晚报	1986年3月12日
744	人大代表、政协委员讨论义务教育法对我国教育事业的大发展寄予希望	李树喜、程亦军、翟惠生	光明日报	1986年4月6日
745	上海重点中学交流思想工作经验 防止单打一 提倡四合一 建平中学的德智体美渗透教育经验引人注意	郭涵业	文汇报	1986年5月21日
746	本市昨召开中学生数学竞赛授奖会	薛福田	解放日报	1986年6月23日
747	两百中学生获数学竞赛奖	薛福田	文汇报	1986年6月24日
748	课内——教学内容少而精,注重发展学生智力 课外——建立学科小组,培养解决问题能力 格致中学形成双轨同步教学体系 已有两百余名学生在国内外竞赛中获奖	卫歆煜	文汇报	1986年7月5日

续 表

序号	篇 名	作 者	媒 体	时 间
749	向人民教师致敬——第二届文汇园丁奖获得者事迹简介		文汇报	1986年9月7日
750	光荣榜		解放日报	1986年9月10日
751	上海三位少年数学尖子 将赴京争夺华罗庚金杯	兰云	解放日报	1986年10月23日
752	上海市格致中学积极开展业余摄影活动 全校百分之七十的教工参加了这一活动	永刚、裕根	文汇报	1986年12月9日
753	无题短文		文汇报	1986年12月21日
754	上海老介福呢绒绸缎分店		文汇报	1986年12月22日
755	寒假第一天冒着蒙蒙细雨上街服务 青少年给严冬申城带来春风 近万名中小学生参加"未来建设者社会实践活动日"	缪凡、费智平	解放日报	1987年1月19日
756	江泽民邀请人大上海代表在京亲切座谈 听取意见建议 做好上海工作	狄建荣	解放日报	1987年4月7日
757	光荣榜·上海市1986年度文明单位、军民共建先进集体		解放日报	1987年5月28日
758	无题图片	汪宇新	解放日报	1987年6月2日
759	勤工俭学育新人		文汇报	1987年6月5日
760	体坛集锦	崔速	新民晚报	1987年6月5日
761	格致中学学生广泛开展社会调查	卫歆煜	文汇报	1987年6月16日
762	格致中学校办厂通过创优标准审定	许云倩	解放日报	1987年6月25日
763	校办工厂里飞出"金凤凰"	晓金	新民晚报	1987年6月28日
764	无题短文		文汇报	1987年7月1日
765	敬业杯中学生游泳赛揭晓	戴明耀	解放日报	1987年7月17日
766	格致中学夜校部招生		解放日报	1987年8月11日
767	上海市经济委员会通告		解放日报	1987年12月24日
768	活跃市场做好大工业配角 改善办学条件和师生福利 上海中小学校办工业欣欣向荣 千余校办厂去年产值达二点八亿元	庄玉兴	解放日报	1988年1月24日

续 表

序号	篇 名	作 者	媒 体	时 间
769	根本在于提高人的素质——上海代表团见闻之二	张默	解放日报	1988年4月13日
770	一拳何以能击活七旬翁	李谋秋	解放日报	1988年4月25日
771	市中学生运动会完成赛事 将于五月八日闭幕发奖	赵先廷	解放日报	1988年4月29日
772	利用暑假 考察社会 服务社会 黄浦区五千中学生接受锻炼	卫永成	解放日报	1988年7月21日
773	广东路派出所公开办事制度 聘请30名警风警纪监督员	王利敏	解放日报	1988年8月27日
774	磁性脸谱启发丰富想象		解放日报	1988年10月15日
775	格致中学校办工厂创收育人兼顾 学生勤工俭学成绩突出	程驰	文汇报	1988年11月4日
776	简明新闻	乐缨	解放日报	1988年11月5日
777	钢铁战士刘琦与中学生座谈 畅谈对理想、生活和人生价值的看法	王国桢	文汇报	1988年11月13日
778	图片新闻	周先铎	解放日报	1988年11月23日
779	苏步青到上海格致中学参加首届数学周开幕式	卫歆煜	文汇报	1988年11月23日
780	无题图片	陈南寿	新民晚报	1988年12月9日
781	上海大学生网球 中小学生围棋赛揭晓	唐中伦	解放日报	1988年12月11日
782	"市北双鲸杯"中学生排球赛落幕	朱维庆、徐荣根	解放日报	1988年12月12日
783	无题图片	肖浦东	解放日报	1989年3月19日
784	振奋民族精神 共图兴国兴邦——"两会"前夕访部分代表和委员	赵斌、王捷南	文汇报	1989年3月19日
785	语文	秦绿枝	新民晚报	1989年3月19日
786	无题图片	肖溪	解放日报	1989年3月21日
787	李鹏总理在上海代表团	张默、狄建荣	解放日报	1989年3月24日
788	上海代表热烈发言议国是 李鹏总理认真倾听谈大计——上海代表与李鹏一起讨论政府工作报告侧记	赵斌、王捷南	文汇报	1989年3月24日

续　表

序号	篇　名	作　者	媒　体	时　间
789	欲罢不能　意犹未尽——记上海代表团审议政府工作报告的最后一天	吴士深、李志勇	文汇报	1989年3月29日
790	上海市1987—1988年度文明单位、军民共建共育先进集体		解放日报	1989年4月13日
791	光荣榜　上海市优秀青年班主任名单		解放日报	1989年5月2日
792	语文高考见闻	徐成滋	解放日报	1989年7月8日
793	格致中学校友会（筹）成立	卫永成	解放日报	1989年7月11日
794	教改取得可喜成果　学生特长得到发展　格致中学乐育英才	卫永成	解放日报	1989年7月15日
795	格致中学以光荣校史为教材　引导学生增强时代责任感	卫永成	文汇报	1989年7月15日
796	无题图片	徐长春、周先铎	解放日报	1989年7月17日
797	比赛越搞越热火——记敬业杯中学生游泳邀请赛	张向潮	新民晚报	1989年7月17日
798	格物致知　求实求是——格致中学课余生活剪影	卫永成、瞿鹭	新民晚报	1989年7月26日
799	上海格致中学抓紧政治教育　江泽民为该校题字"乐育英才"	赵兰英	人民日报	1989年8月3日
800	一个欲当"扒窃万元户"的党员干部	陆全惠	解放日报	1989年8月8日
801	无题图片	王子瑾	新民晚报	1989年9月12日
802	简明新闻		解放日报	1989年10月10日
803	历经风雨心更明　爱党爱国志不移　袁雪芬在格致中学作报告受到学生欢迎	卫永成	文汇报	1989年10月11日
804	无题图片	张耀智	解放日报	1989年11月10日
805	房地职工尊师重教办实事　黄浦区学校办学条件有改善	卫永成	解放日报	1989年11月17日
806	稳定，压倒一切——江泽民与上海代表共商国是纪实	吴士深、陈新	光明日报	1990年3月24日
807	江泽民昨与上海代表共商国是　希望能很好地稳定住局势　千方百计把国内的事情办好	王捷南、马美菱	文汇报	1990年3月24日

续表

序号	篇　名	作　者	媒　体	时　间
808	又一片迷失的蒲公英	乐美勤	解放日报	1990年4月15日
809	黄浦区中小学广泛开展爱国主义教育　当年"十里洋场"今成历史教材	卫歆煜	解放日报	1990年6月29日
810	今年高考作文题有何特点？——听格致中学高级语文教师一席谈	瞿鹭	新民晚报	1990年7月7日
811	昨天，酷暑，高考第一天……	徐成滋	解放日报	1990年7月8日
812	权威人士分析今年上海高考作文试题　有利于不拘一格选人才	陶洪光	文汇报	1990年7月8日
813	古老艺术觅得青年知音　《盘丝洞》征文演讲赛昨举行	翁思再	新民晚报	1990年7月11日
814	乘凉莫忘观星空　夜幕里飞来新彗星	周德钧	新民晚报	1990年8月23日
815	一夜台风过　迎来新学年——教育部门排水堵漏修校舍，莘莘学子顶风冒雨上学堂	庄玉兴	解放日报	1990年9月2日
816	本市教育工会成立四十周年	张自强	文汇报	1990年9月6日
817	昨晚，扬子江码头欢声笑语回荡江天——水兵喜擎亚运圣火	郭一江、郭新忠	文汇报	1990年9月8日
818	向广大教育工作者致敬　上海隆重庆祝第六届教师节　一批先进个人和集体获表彰	汪敏华、吴德宝	解放日报	1990年9月10日
819	上海举行庆祝教师节暨表彰大会	浦建平、张自强	文汇报	1990年9月10日
820	教育会堂迎亲人　载歌载舞颂园丁	浦建平、陶洪光	文汇报	1990年9月10日
821	让亚运精神发扬光大——上海各界人士喜抒亚运会感受	本报记者	解放日报	1990年10月7日
822	我观礼品书（二）		解放日报	1990年12月1日
823	给杰出的校友挂像	王镫令	解放日报	1991年2月1日
824	市教育工会举行迎春茶话会	张自强	文汇报	1991年2月11日
825	求学少年郎　匆匆过浦江——一些浦东学生舍近求远到浦西就读	罗涌才	文汇报	1991年2月26日
826	格致、敬业中学将迁往浦东	陈红	文汇报	1991年3月28日

续 表

序号	篇 名	作 者	媒 体	时 间
827	和总书记一起审议报告——记上海代表团审议李鹏总理报告	曹瑞天	人民日报	1991年3月30日
828	江泽民和上海代表一起同商共研两个文明建设	狄建荣、张默	解放日报	1991年3月30日
829	黄浦区拨专款奖掖知识分子 七名高知获住房奖励,原有住房不收回	大卫	文汇报	1991年3月30日
830	光荣榜·上海市1989—1990年度文明单位、军民共建共育先进集体名单		解放日报	1991年4月7日
831	必须坚持不懈地抓"扫黄"	高润华	光明日报	1991年4月10日
832	90年代改革开放的第一乐章——写在浦东开发一周年之际	陈惟	文汇报	1991年4月18日
833	中学生育苗杯排球赛揭晓	何林	解放日报	1991年4月19日
834	谁说传统教育缺乏魅力——"中美合作所集中营史实展览"引起轰动	卫永成	解放日报	1991年7月23日
835	青少年德育需要全社会配合 部分中小学校长座谈精神文明建设	卢安谷	解放日报	1991年9月16日
836	市委领导同志召开精神文明建设座谈会 部分中小学校长谈精神文明建设	卢安谷	文汇报	1991年9月16日
837	八旬老太出门迷路 热心民警护送回家		解放日报	1991年9月29日
838	无题图片	顾力华、陶性忠	解放日报	1991年10月23日
839	从统计师范率引起的思考	张自强	文汇报	1991年12月2日
840	上海职工沪剧清唱大赛揭晓 黎汝清新作《故园暮色》面世 青少年物理实验等竞赛颁奖 上影新片《情洒浦江》昨首映	张立行、陈建国、傅庆萱、兰云、张浩音、张自强、仕东	文汇报	1992年1月29日
841	学校图书馆的呼喊及其发展对策	耳人	文汇报	1992年2月21日
842	黄浦区图书馆想方设法 引导青年提高文艺欣赏情趣	王玲英	解放日报	1992年3月2日
843	不忍同窗染沉疴 寸金哪堪比寸心——格致中学、日晖新村小学师生纷纷伸出援手帮助生病住院同学	晓鸣、陈学才、刘银妹	文汇报	1992年3月26日

附录　媒体报道总目录初编(1949年6月至2019年6月)

续　表

序号	篇　名	作　者	媒　体	时　间
844	中小学教师岗位缺乏吸引力　教育界代表坦诚述忧虑	孙洪康、郑裕利	新民晚报	1992年4月1日
845	格致东方女排俱乐部诞生	徐怀根	解放日报	1992年4月4日
846	体坛集锦		新民晚报	1992年4月4日
847	两项国际性数学竞赛揭晓　上海10名中学生在美国中学数学竞赛和邀请赛中分别获满分	浦建平	文汇报	1992年4月16日
848	三位学部委员回母校　勉励格致学生刻苦学习	薛小兴、庄玉兴	解放日报	1992年5月5日
849	纪念"五四"演出活动丰富多彩	应富棠	新民晚报	1992年5月5日
850	科学家日前同格致中学学生座谈	吴文豹	文汇报	1992年5月8日
851	无题图片	徐裕根	文汇报	1992年5月18日
852	爬满青藤的楼宇——格致中学青年语文教师蔡蓉速写	卫歆煜、马联芳	文汇报	1992年5月23日
853	发明童星王知镕	苗茵	解放日报	1992年6月26日
854	要加油哇	高润华	解放日报	1992年7月26日
855	得诸社会　还诸社会——记教育家、企业家顾乾麟先生	徐迟	文汇报	1992年8月4日
856	郁达夫的识见	郭风	解放日报	1992年9月1日
857	本市蓬勃开展尊师重教活动	庄玉兴	解放日报	1992年9月11日
858	一批企业支持格致中学办学	庄玉兴	解放日报	1992年9月12日
859	黄浦区批准26名准高级技术干部	大卫	解放日报	1992年9月26日
860	加速建设高级专业技术干部梯队　黄浦区批准马志坚等26人为第一批准高级专业技术干部	大卫	文汇报	1992年10月10日
861	图为球队在课余时间训练	周国强	新民晚报	1992年10月21日
862	在"星"际徘徊——《青年学报》中学生明星崇拜讨论综述	孙稼麟	解放日报	1992年10月30日
863	不无缘由　不亦幼稚　学生爱过"洋节日"	苏军	解放日报	1992年11月21日
864	上海—新西兰达尼丁友谊数学通讯赛昨揭晓　上海学子摘取金银铜三奖		文汇报	1992年11月22日

续 表

序号	篇 名	作 者	媒 体	时 间
865	上海获得全国高中数学联赛团体第一	庄玉兴	解放日报	1993年1月23日
866	黄浦区投资八千万元支持格致中学造教学大楼	庄玉兴	解放日报	1993年1月30日
867	不搞小修小补 运筹脱胎换骨——新学期第一天初探黄浦区教育新格局	瞿鹭	新民晚报	1993年2月8日
868	一两句话新闻		新民晚报	1993年2月23日
869	上海学雷锋势如浦江潮 133所中小学获得"社会服务先进集体"称号	许波、庄玉兴	解放日报	1993年3月1日
870	中小学生上街宣传东亚运	顾军、许波、曾友苏	文汇报	1993年3月1日
871	探索新时期学雷锋活动新形式——黄浦区表彰一批先进集体和个人	曹伟民、张燕尔	文汇报	1993年3月6日
872	给年青人最好的氛围——访复旦大学新任校长杨福家教授	张蕴	解放日报	1993年3月11日
873	迎春时节放"彩蝶"	陈颖	新民晚报	1993年4月20日
874	共青团十三大代表全部抵京	唐维红、董宏君	人民日报	1993年5月3日
875	出席共青团十三大上海代表昨天抵京	李文祺	解放日报	1993年5月3日
876	红领巾当上了团代表——记格致中学初二学生宗臻	瞿鹭	新民晚报	1993年5月11日
877	"四心"俱备的教坛新兵	曾友苏	新民晚报	1993年5月17日
878	小能人成了小明星 本市评出"双十佳少年能手"	王萍、庄玉兴	解放日报	1993年5月20日
879	数学英语试卷难易程度如何 且听部分教师考生评价分析	钟勤、陶洪光	文汇报	1993年7月9日
880	解放—永和杯篮球赛点滴	胡廷楣	解放日报	1993年8月4日
881	最后的辉煌	朱亚蒙	新民晚报	1993年8月9日
882	九位重点中学校长倡议 维护园丁良好形象 抵制行业不正之风	肖树人、庄玉兴	解放日报	1993年8月27日
883	全市重点中学新学期纷纷推出新举措 深化教改寻找一流教育通途	奚迪华	文汇报	1993年8月30日

续表

序号	篇　名	作　者	媒　体	时　间
884	中小学校长队伍值得敬仰　21人荣获全国优秀校长称号	赵学礼	光明日报	1993年9月10日
885	青年优秀科技论文评选揭晓　复华杯中学生物理竞赛昨发奖	周泓仁	解放日报	1993年10月4日
886	中学生物理竞赛上海赛区颁奖	郑蔼兰	文汇报	1993年10月4日
887	教坛集锦	晓孟、陈正篪、郑蔼兰	新民晚报	1993年10月4日
888	大手笔描绘教育蓝图——黄浦区教改大格局全面启动的第一步	瞿鹭	新民晚报	1993年10月25日
889	复旦青年教授博士到中学宣讲	宏伟、肖芳	解放日报	1993年10月26日
890	黄浦区扩大名牌学校办学规模　格致教育城首期工程开工	庄玉兴	解放日报	1993年12月23日
891	百年名校将展新姿——投资亿元的格致中学扩建工程启动	浦建平	文汇报	1993年12月23日
892	格致中学教学大楼开工	卢方	新民晚报	1993年12月24日
893	华师大等联办云岭实验中学　探索提高薄弱初中教育质量	徐成滋	解放日报	1994年1月22日
894	黄浦区开展师德教育活动　教师整体素质提高	曾友苏、李裕中	文汇报	1994年2月21日
895	上海各区抓住城市功能重新定位良机实施教育发展规划　调整教育结构和学校布局　大力发展职业技术教育,创建中小学九年一贯制学校,组建门类齐全的教育小区,并扩大名校办学规模		文汇报	1994年4月13日
896	光荣榜·一九九三年度上海市劳动模范名单(共926名)		解放日报	1994年4月28日
897	黄浦区重视教育科研	曾友苏	文汇报	1994年4月29日
898	黄浦区充分利用特有德育资源开展爱国主义教育　让孩子们知道昨天了解今天　激发了全区中小学生爱国、爱社会主义和准备参与创造明天的热情	卫歆煜、冬瑞安	文汇报	1994年5月17日
899	本市七项数学竞赛揭晓　十二所中学显示不同实力	钟建国	文汇报	1994年5月23日

续 表

序号	篇 名	作者	媒体	时 间
900	矫治"尊崇误导" 强化德育魅力 "明星在我身边"	杨云棠、祝春源	解放日报	1994年6月26日
901	上海评出三十六位"金爱心教师"	顾军	文汇报	1994年9月4日
902	颂歌献给人类文明播火者——吴邦国、陈至立、叶公琦出席庆祝教师节晚会	张蕴	解放日报	1994年9月10日
903	全国小学生数学奥林匹克赛 上海队获团体第二	邱应芳、兰云	解放日报	1994年9月17日
904	人民广场漫步	梁于藩	解放日报	1994年10月20日
905	12名少年今获"叶仲午奖学金"	徐仁林、瞿鹭	新民晚报	1994年10月20日
906	青少年保护视力"卫康奖"颁发	庄玉兴	解放日报	1994年10月23日
907	本市举行徐寿、华蘅芳研讨会		文汇报	1994年10月23日
908	上海设立"卫康奖"	陈卫	人民日报	1994年11月2日
909	学苑短波		解放日报	1994年11月8日
910	格致新教学大楼封顶	辛浦	新民晚报	1994年12月29日
911	格致中学喜添新教学楼	庄玉兴	解放日报	1994年12月30日
912	黄浦区给政策给地块给资金 发展教卫文体社会事业	陈斌	解放日报	1995年1月8日
913	复制传播黄色软件 宏腾业主落入法网	杨黄	文汇报	1995年1月12日
914	格致中学重视培养超常人才 十年来有两千人次在市级以上竞赛获奖	庄玉兴、曾友苏	解放日报	1995年1月17日
915	看不懂的"王先生"	张高炜	解放日报	1995年1月18日
916	致格致中学全体同学公开信	杨福家	新民晚报	1995年2月20日
917	这就是"机会"	(4)班全体学生	新民晚报	1995年2月20日
918	帮孤助残 护绿保洁 黄浦区577支学生服务队活跃在社区浦泾	浦建平、曾友苏	文汇报	1995年3月4日
919	城隍庙新图	刘晔	解放日报	1995年3月14日
920	处处流淌暖流——"爱泉在金陵"活动剪影	郑裕利	新民晚报	1995年3月27日
921	教师说——大学可否"宽进严出"	张高炜	解放日报	1995年4月6日

续 表

序号	篇 名	作 者	媒 体	时 间
922	建文明校园 做文明教师——黄浦区80多个学校和班级获奖	瞿鹭	新民晚报	1995年4月20日
923	黄浦区教育局 表彰校园文明建设先进	曾友苏、浦建平	文汇报	1995年4月21日
924	黄浦区开展"中小学爱国主义读书活动"	顾溥权	文汇报	1995年5月6日
925	把春游和上课内容结合起来	张高炜	解放日报	1995年6月3日
926	中学生看上海三年大变样 "柘中杯"征文昨颁奖	郑菁深	解放日报	1995年6月18日
927	《"柘中杯"中学生看上海三年大变样》征文降下帷幕		解放日报	1995年6月20日
928	格致中学社区教育日益兴旺	庄玉兴	解放日报	1995年6月28日
929	扶持小天鹅 培养新艺苗 新民现代芭蕾特色班招生	敏	新民晚报	1995年6月28日
930	让"小天鹅"飞起来	庄玉兴、徐松	解放日报	1995年7月2日
931	200多位考生冒雨报考 芭蕾特色班吸引小朋友	杨建国	新民晚报	1995年7月2日
932	金陵街道组织中小学生 暑期参加"五心"行动	梁红英	文汇报	1995年7月4日
933	旅游一条街见闻	陈启甸	解放日报	1995年7月25日
934	"我爱公路"科普周昨起举行	吴文骥、谭晓文	解放日报	1995年8月8日
935	愿"小天鹅"早日腾飞——新民现代芭蕾格致特色班今开学	杨建国	新民晚报	1995年9月1日
936	庆贺十层新教学楼落成 艺术家向格致中学赠书画	庄玉兴	解放日报	1995年10月15日
937	书画名家挥毫祝贺格致新楼落成	浦建平	文汇报	1995年10月18日
938	格致中学小天文学家 赴泰国观测日全食	蓝云、庄玉兴	解放日报	1995年10月19日
939	黄浦命名十所科技特色学校	丹长江	新民晚报	1995年10月20日
940	叶仲午奖学金、东方奖学金分别颁发	徐仁林	解放日报	1995年10月22日

续 表

序号	篇 名	作 者	媒 体	时 间
941	本市一批优秀少年荣获叶仲午奖学金	徐仁林	文汇报	1995年10月24日
942	天空密布阴云 市民无缘看日食	丹长江	新民晚报	1995年10月24日
943	格致中学组团赴泰观测日全食 拍摄罕见天象照片百余张		解放日报	1995年10月25日
944	格致中学组团赴泰观测日全食拍摄罕见天象照片百余张	解放日报	新民晚报	1995年10月25日
945	假如我会七十二变	董学铖	解放日报	1995年10月28日
946	"申佳铁合金杯""我爱你，上海"市情知识竞赛初赛试题		解放日报	1995年10月29日
947	大学生街头卖报 双休刊倍受欢迎	吴德宝	解放日报	1995年11月13日
948	月亮"吃"太阳（附照片4张）	向学禹	解放日报	1995年11月18日
949	金陵街道建立双休日教育沙龙 五个"角"吸引社区青少年	梁红英	文汇报	1995年12月14日
950	悄悄话	曹逸帆	解放日报	1995年12月16日
951	格致中学新教学大楼落成		解放日报	1995年12月29日
952	无题图片	贺敦	解放日报	1995年12月30日
953	高润华荣任"格致"名誉校长	瞿鹭	新民晚报	1996年1月9日
954	市教委授予特级教师高润华"格致中学名誉校长"称号	曾友苏、庄玉兴	解放日报	1996年1月10日
955	市教委授予称号 高润华为格致中学名誉校长	曾友苏	文汇报	1996年1月10日
956	让我也来献爱心	贺毅	解放日报	1996年1月21日
957	和平小天使	初二（4）班 贺毅	解放日报	1996年1月28日
958	迎春大型房地产展示会后天举行		解放日报	1996年2月1日
959	"小天鹅"羽毛初长——新民格致现代芭蕾班近况	杨建国	新民晚报	1996年2月4日
960	学童"动迁"户口近日剧增 家长择校强为孩子"加压"		文汇报	1996年2月6日
961	多方联姻"格致" 芭蕾特色班成绩可喜		文汇报	1996年2月8日

续表

序号	篇 名	作 者	媒 体	时 间
962	申城面貌日新月异 令人鼓舞催人奋进——市民踊跃参观"阔步迈向新世纪"图片模型展	程祖伊	解放日报	1996年2月9日
963	小荷才露尖尖角	黄子正	解放日报	1996年2月9日
964	"陪练"	金定根	解放日报	1996年3月9日
965	本市第九届头脑奥林匹克竞赛闭幕	周敏	解放日报	1996年3月18日
966	本市第九届头脑奥林匹克竞赛落幕	周敏	文汇报	1996年3月18日
967	格致中学高中队和曹光彪小学队将代表中国参加世界OM决赛	周敏	解放日报	1996年3月26日
968	市中学少先队专业委员会成立	尹海明	文汇报	1996年3月29日
969	"床中间是一只轮椅……" 格致中学此项"OM发明"夺冠将参加世界决赛	周敏	文汇报	1996年4月1日
970	嵊泗岛上观"百武"行踪 格致中学师生摄有6张照片	刘珍华	新民晚报	1996年4月8日
971	上海市格致中学一百二十二周年校庆启事	上海市格致中学	解放日报	1996年4月19日
972	无题图片	贺毅	解放日报	1996年4月21日
973	1995年度上海市模范集体(共405个)		解放日报	1996年4月29日
974	猫抓老鼠	陈少文	解放日报	1996年5月19日
975	严谨治学 勇于创新 英才辈出——百年老校格致中学桃李芬芳	庄玉兴、徐松华	解放日报	1996年5月20日
976	百年老校更辉煌——记格致中学	郑菁深	解放日报	1996年5月21日
977	格致中学喜庆建校122周年 吴学谦与青年教师、学生党员座谈	庄玉兴	解放日报	1996年5月26日
978	格致中学全面提高学生素质 近十年来,该校毕业生基本升入大学;2 800多人次在国内各类竞赛中获奖	苏军	文汇报	1996年5月26日
979	书画家到格致中学办笔会	张立行	文汇报	1996年5月27日

续 表

序号	篇 名	作 者	媒 体	时 间
980	世界头脑奥赛 上海两校获奖	周敏	解放日报	1996年6月4日
981	第十七届世界头脑奥林匹克决赛揭晓 上海学校夺得三个奖项	丹长江	新民晚报	1996年6月4日
982	无题图片	朱岚	解放日报	1996年6月8日
983	第三次美梦成真	王志冲	解放日报	1996年6月16日
984	每周一星	夏云鹏	文汇报	1996年6月17日
985	考试前后		解放日报	1996年6月30日
986	取消重点初中升学考试后,少数重点中学利用"名牌效应",把初中部变为"私立学校",教育界人士呼吁——办私立学校应严格把关	张高炜	文汇报	1996年7月29日
987	两百万中小学生今开学 龚学平慰问师生要求搞好素质教育	高晨	新民晚报	1996年9月2日
988	全市二百万中小学生昨喜迎开学 新学年工作重点:素质教育	庄玉兴、徐松华	解放日报	1996年9月3日
989	一百八十万中小学生进入新学年 今年秋季全市初中生净增近三万人,由于及时安排保证了新生入学	苏军	文汇报	1996年9月3日
990	尊师重教 爱师助教——本市各区热烈庆祝第12届教师节	综合记者、通讯员来稿	解放日报	1996年9月10日
991	尊师重教办实事 本市各区庆祝教师节活动丰富多彩		文汇报	1996年9月10日
992	上海市南洋中学百年校庆公告		解放日报	1996年9月13日
993	无题图片	周谢	解放日报	1996年9月16日
994	九六国际发明展上海获四金九银	李文祺	解放日报	1996年9月18日
995	每周一星		文汇报	1996年9月23日
996	浓浓的茶香 融融的茶情——沪上"茶文化"见闻	汪敏华、范思鸣	解放日报	1996年9月26日
997	26所中小学获市教委荣誉奖牌 成为首批行为规范示范校	苏军、汤小亚	文汇报	1996年9月27日
998	第三届苏步青数学教育奖颁发	苏军	文汇报	1996年9月28日
999	苏步青数学教育奖颁发		解放日报	1996年10月1日

续 表

序号	篇 名	作者	媒体	时 间
1000	小学幼儿园师资要"大专" 中等师范教育行将"退位"	庄玉兴	解放日报	1996年10月9日
1001	在征文的日子里……		文汇报	1996年10月28日
1002	格致中学办青年教师研修班	庄玉兴	解放日报	1996年11月24日
1003	卡西欧向市教委捐赠计算器	舜里	新民晚报	1996年11月28日
1004	卡西欧向教育单位赠高级计算器 希望集团向农民赠科普书籍	伍公义	解放日报	1996年11月29日
1005	卡西欧向市教委赠计算器		文汇报	1996年11月29日
1006	长期关心贫困学生	黄敏	解放日报	1996年12月3日
1007	本刊《图文传真》一组报道引起反响 爱的心泉涌向"毛丹的世界"	丁志平、徐蓓	解放日报	1996年12月7日
1008	"亿利达"发明奖揭晓 四省二市十名青少年获奖	姚阿民	新民晚报	1996年12月7日
1009	亿利达青少年发明奖颁奖		解放日报	1996年12月8日
1010	"亿利达青少年发明奖"颁奖 今年获奖范围扩展到四省二市	张自强、蒋宏、陶剑	文汇报	1996年12月8日
1011	每周一星	龚振寰	文汇报	1996年12月9日
1012	要育文明花 先做文明人——本市今天表彰普教系统文明组室	姚阿民	新民晚报	1996年12月17日
1013	市教委等召开文明组室表彰会	薛晓步	文汇报	1996年12月20日
1014	没有教不好的学生——记格致中学沈咸勋老师		解放日报	1996年12月24日
1015	黄浦区两重点校初高中脱钩	曾友苏、庄玉兴	解放日报	1997年1月7日
1016	黄浦区普教今秋将有改革新方案 重点高初中脱钩 小学生免试升学	苏军、曾友苏	文汇报	1997年1月8日
1017	拥有一流设施之后	杨云棠、祝春源	解放日报	1997年1月23日
1018	黄浦区二十家文保"安全单位"获奖 刘胡兰亲属为《刘胡兰》签名售书	纪高杰	文汇报	1997年1月25日
1019	此时无声胜有声——岁末走访寒假中的新民格致芭蕾班	杨建国	新民晚报	1997年2月6日
1020	无题图片	金定根	解放日报	1997年3月5日

续 表

序号	篇 名	作 者	媒 体	时 间
1021	图为学生们帮孤老打扫家庭卫生	傅园林	文汇报	1997年3月6日
1022	举头望太阳 争睹日偏食——申城"追日族"一瞥	丹长江、刘珍华、何锦新	新民晚报	1997年3月9日
1023	黄浦交警清理校门前车辆	牛忠麟、茅永祥	解放日报	1997年4月3日
1024	《新闻阅评》欢迎读者阅评新闻	贺毅	解放日报	1997年4月5日
1025	上海市第八届文明单位(共1 000家)		解放日报	1997年4月8日
1026	光荣榜·上海市第八届(1995—1996年底)文明单位、上海市1996年度文明小区		文汇报	1997年4月8日
1027	一批受到表彰的市文明单位纷纷表示——再接再厉 勇创佳绩		文汇报	1997年4月10日
1028	"迎香港回归'金爱心'行动"	艾新	解放日报	1997年4月15日
1029	杭州大学上海校友会启事		解放日报	1997年4月15日
1030	院士报告会在格致中学举行	姚明强	解放日报	1997年4月20日
1031	校园里的青春旋律	辛夷	解放日报	1997年5月3日
1032	班班开设艺术角 师生同绘百花图——格致中学艺术教育有特色	李坚	新民晚报	1997年5月6日
1033	本市纪念世界红十字日	施捷	新民晚报	1997年5月10日
1034	《通向名校之路》丛书出版	韦劲	新民晚报	1997年5月21日
1035	上海四少年数学比赛得奖 市群星业余艺术学校挂牌 第三届英语 故事大赛将开赛	邱应芳	文汇报	1997年6月11日
1036	黄浦区利用社区资源形成教育网络 让社区成为青少年德育大课堂	洪梅芬	解放日报	1997年6月15日
1037	"立志十八"留下闪光一笔——格致中学13年来有近千名学生参加党章学习小组	纪振英	新民晚报	1997年7月5日
1038	图为格致中学学生志愿者热情地向行人宣传慈善事业,接受行人的捐助	郭一江	文汇报	1997年7月6日
1039	高考第一天	徐成滋	解放日报	1997年7月8日

续表

序号	篇　名	作者	媒体	时　间
1040	不断提高科技教育水平——黄浦区在头脑"奥赛"中屡创佳绩　黄浦区无因经济困难辍学者	曾友苏、苏军	文汇报	1997年7月10日
1041	"立志十八"留言册——记格致中学校园内的党章学习小组	纪振英	解放日报	1997年7月15日
1042	《新闻阅评》欢迎读者阅评新闻	陈寅康等	解放日报	1997年7月26日
1043	瞧　这群十六岁的孩子(组图)	王珏磊、丁志平	解放日报	1997年8月30日
1044	无题图片	丁志平	解放日报	1997年9月17日
1045	理想在这里闪光	丁志平、沙水清	解放日报	1997年10月7日
1046	信号灯不醒目　不少人闯红灯		解放日报	1997年10月22日
1047	格致中学师生踊跃申请入党	周忠麟	文汇报	1997年10月28日
1048	八运精神是我们共同的财富——本市表彰火炬传递活动优秀参与者	唐敏	新民晚报	1997年10月31日
1049	第二届青少年科技节开幕	俞新宝	解放日报	1997年11月9日
1050	格致中学获赠电脑	周忠麟	文汇报	1997年11月13日
1051	糖尿病专家咨询明举行	黄国梁	解放日报	1997年11月14日
1052	老师变"学生"	丁志平	解放日报	1997年11月25日
1053	金爱心	艾新	解放日报	1997年11月25日
1054	"小天鹅"羽毛丰舞姿美——新民格致芭蕾班昨汇报演出	张坚明	新民晚报	1997年11月30日
1055	上师大—格致教科中心成立	庄玉兴	解放日报	1997年12月26日
1056	教育界两报六刊成"联合舰队"　上师大与格致中学携手办教研	姚阿民	新民晚报	1997年12月26日
1057	秦文君送我签名本	沈思真	解放日报	1998年1月4日
1058	"黄飞鸿系列"再出新作　"话剧小品赛"喜见新人		解放日报	1998年1月17日
1059	新年新风尚——"万象更新"格林杯摄影活动作品选	张安朴、薛石英、谢振强、鲍正良、金定根等10人	解放日报	1998年2月1日
1060	为跨世纪发展提供智力支持——市人大代表畅谈科教兴市战略	韩波	文汇报	1998年2月16日

续 表

序号	篇 名	作 者	媒体	时 间
1061	格致读书会缅怀伟人业绩	张高炜	文汇报	1998年2月18日
1062	名篇进课本该不该动"手术"?	李光一、姜小玲	解放日报	1998年3月3日
1063	树立榜样 争创佳绩——"为黄浦增辉"十佳集体等受表彰	郑裕利	新民晚报	1998年3月5日
1064	无题图片	金定根	解放日报	1998年3月11日
1065	本市举行学生读书表彰大会 "格致"与街道共建精神文明	苏军、周隽	文汇报	1998年3月16日
1066	这里也有十万个为什么 市计算机学会向中学生赠书	曹丽珺	新民晚报	1998年3月21日
1067	"头脑奥林匹克赛"决赛举行	周敏	解放日报	1998年3月23日
1068	少年志愿者社区献真情		文汇报	1998年3月24日
1069	送医送药 助养助学 捐款捐物——申城各界助残帮困情意浓	石岳、周新建	文汇报	1998年5月18日
1070	八校学生自发向中华骨髓库捐款——向白血病患者献上一片爱心	王柏玲	文汇报	1998年5月26日
1071	邓小平理论进高中课堂 格致中学开设邓小平理论课程	王昉、庄玉兴	解放日报	1998年6月26日
1072	哪管鬓发白 乐做引路人	梁灵山、陶洪光	文汇报	1998年6月30日
1073	部队英模与地方学生党员共同探讨人生观与价值观	耿勇	解放日报	1998年7月1日
1074	格致中学邓小平理论读书会		解放日报	1998年7月1日
1075	人生路上一道关——高考第一天见闻	张蕴、王昉、李昂	解放日报	1998年7月8日
1076	七月高考第一天	董宁、周红钢	解放日报	1998年7月8日
1077	莘莘学子进考场 家长花费知多少	樊巍	解放日报	1998年7月9日
1078	高考英语上海卷:死读书的人做不好	顾佳赟、盖贤卿	文汇报	1998年7月9日
1079	格致学生参加理论读书会	纪振英	新民晚报	1998年7月20日
1080	黄菊致信鼓励学生 把握黄金年代争做社会主义新人 十二所重点中学自筹组织文艺汇演昨首演,门票收入捐赠苏州河综治工程	程巍、张蕴	解放日报	1998年7月21日

续表

序号	篇　名	作　者	媒体	时　间
1081	"门槛"前的你我他——写在中考成绩揭晓之际		解放日报	1998年7月21日
1082	申城部分重点中学举行文艺汇演　黄菊致信鼓励学生要培养优良素养	程巍、高晨	新民晚报	1998年7月21日
1083	上海儿童跳高邀请赛举行　高吉越过1.92米高度夺冠		解放日报	1998年8月9日
1084	格致中学读书会行进大别山	刘福朝	文汇报	1998年8月10日
1085	穿西装的吹气熊	胡静蓉	解放日报	1998年8月30日
1086	二百万中小学生喜迎新学年	庄玉兴、徐敏、王伟	解放日报	1998年9月2日
1087	一人残疾众人帮——黄浦区活跃着117支助残志愿队	郑裕利	新民晚报	1998年9月6日
1088	师德建设征文活动颁奖　《我的讲台我的爱》首发	劳晓芸	新民晚报	1998年9月29日
1089	本市中学物理教师双获教学赛一等奖	蔡富生	解放日报	1998年10月8日
1090	本市中小幼教育信息网扩容　5个节点到年底将全部联网	徐敏	解放日报	1998年10月12日
1091	格致中学聘4位院士为顾问	庄玉兴、徐敏	解放日报	1998年10月30日
1092	格致成立素质教育推进委	姚阿民	新民晚报	1998年11月2日
1093	无题图片	金定根	解放日报	1998年11月10日
1094	辛勤耕耘　教书育人——13位中小学校长获市优秀校长称号	徐敏、王辛、杨国顺	解放日报	1998年11月13日
1095	争睹奇观　未"雨"绸缪——流星雨观测者今起进入"实战"状态	唐秦梅	解放日报	1998年11月17日
1096	上海一批中学成为话剧校园	陈竹	新民晚报	1998年11月19日
1097	读书会遍地开花　勤实践兴趣盎然　高中生学邓小平理论出现好势头	邹玹、徐敏	解放日报	1998年12月5日
1098	400名学生举行成人宣誓仪式　陈铁迪出席仪式并讲话	朱泳武	解放日报	1998年12月5日
1099	用邓小平理论教育高中学生　本市举行工作经验交流会,龚学平发贺信	王辛、徐敏	解放日报	1998年12月9日

续表

序号	篇　名	作　者	媒　体	时　间
1100	黄浦区学生举行"辉煌二十年"主题集会	徐志英	文汇报	1998年12月18日
1101	无题图片	金定根	解放日报	1998年12月30日
1102	学校利用天象厅开展天文教学活动		新民晚报	1998年12月30日
1103	公益广告　渐成气候——去年全市公益广告总数近10万条次	李鹏飞、张勇	文汇报	1999年1月25日
1104	小平理论哺育下一代成长　格致中学学生踊跃报名选修	周忠麟	文汇报	1999年2月26日
1105	无题图片	金定根	解放日报	1999年3月16日
1106	上海头脑奥赛揭晓	苏军	文汇报	1999年3月22日
1107	博导为中学生上科普课　华东理工大学20余名教授吹响"金喇叭"	穆梅、陶洪光	文汇报	1999年4月15日
1108	国手的"摇篮"——市运会少年排球赛侧记	王君武	解放日报	1999年4月28日
1109	涓涓细流汇成爱的海洋——潍坊街道社区志愿者队伍	梁红英	文汇报	1999年5月3日
1110	无题图片	周忠麟、郭一江	文汇报	1999年5月4日
1111	本市普通高中跨区招生情况		解放日报	1999年5月7日
1112	本市十佳创新好少年评出　十名优秀少先队辅导员标兵同时揭晓	李劲	解放日报	1999年5月19日
1113	黄浦——聆听世纪的足音		解放日报	1999年5月28日
1114	上海市1997—1998年度文明单位名单		文汇报	1999年6月1日
1115	学习邓小平理论　落实《行动计划》　本市教育系统召开经验交流会	苏军、牛竞凡	文汇报	1999年6月3日
1116	拯救地球就是拯救未来　本市在世界环境日开展"让上海水清地绿天蓝"系列宣传活动	王鹰	文汇报	1999年6月6日
1117	确保良好的考试环境	张蕴、吴玮	解放日报	1999年7月7日
1118	雨幕中的亲切身影——送考老师、陪考家长速写	徐敏、朱泳武	解放日报	1999年7月8日
1119	说难不难有坡度　命题思路重实际——上海部分中学教师考生评说英语试卷	陈红	文汇报	1999年7月10日

续 表

序号	篇 名	作 者	媒 体	时 间
1120	格物致知 求实求是——格致中学庆建校125周年	姚阿民、李晔	新民晚报	1999年7月18日
1121	格致中学喜迎建校125周年 黄菊等写信题词表示祝贺	苏军	解放日报	1999年7月19日
1122	格致中学喜迎建校125周年 黄菊等写信题词表示祝贺	苏军	文汇报	1999年7月19日
1123	无题图片	周先岳	新民晚报	1999年7月20日
1124	爱流奔涌老城厢——众人相助患病知青王伟麒的故事	王斯纲	解放日报	1999年7月27日
1125	既要授之以鱼 更要授之以渔	陈红	文汇报	1999年7月28日
1126	格致六师生赴欧洲观日全食	姚阿民	新民晚报	1999年8月7日
1127	"我们永远是朋友"——上海格致中学赴大别山考察团纪行	王珏磊	解放日报	1999年8月8日
1128	本世纪最后一次日全食 与上海擦肩而过	张咏晴	文汇报	1999年8月10日
1129	世纪天象 异地捕捉——格致中学天文协会成功观测日全食	姚阿民	新民晚报	1999年8月13日
1130	暑假未结束 先上军训课——本市高一、中专、职校新生军训全面展开	苏军	文汇报	1999年8月17日
1131	陆家嘴金融贸易区涌现诱人的聚宝盆 南浦商贸城展现明珠般的风采	夏凉	解放日报	1999年9月8日
1132	希望学生中出几个院士——记第七届市"园丁奖"获得者庄起黎	陈茜	解放日报	1999年9月9日
1133	增加社会实践课 学懂社会这本"书" 参加市教会的代表就德育教育达成共识	苏军	文汇报	1999年9月9日
1134	格致中学举行陈妮娟独唱会	苏军	文汇报	1999年9月9日
1135	相信明天会更好	张经纬	解放日报	1999年9月26日
1136	贺'99上海科技节开幕 上海百位科学家、百家企业联名共贺		解放日报	1999年10月7日
1137	各显其能 一决高低——上海科技节机器人大赛揭晓	蓝云、蒋宏、郑翌	文汇报	1999年10月11日

续 表

序号	篇 名	作 者	媒 体	时 间
1138	创造教育在中小学幼儿园开花 教育部对本市做法予以肯定并要求进行推广	苏军	文汇报	1999年10月12日
1139	助学育人才	俞新宝	解放日报	1999年11月6日
1140	方仁工任市北中学名誉校长		解放日报	1999年12月1日
1141	明珠中学校长、特级教师高润华呼吁：民办学徒师资应输入"新鲜血液"	陈红	文汇报	1999年12月9日
1142	探索新时期学生德育工作 市普教系统举行学习邓小平理论、推进素质教育交流会	苏军、李裕中	文汇报	1999年12月10日
1143	无题图片	徐思平	文汇报	1999年12月15日
1144	上课时，我能插嘴吗？	师马陀	解放日报	2000年1月7日
1145	校园荧屏 学生舞台——记常办常新的格致中学学生电视台	苏军	文汇报	2000年1月13日
1146	春季高考：多了次机会 少了点紧张	吴玮、徐敏	解放日报	2000年1月25日
1147	中小学排球冬令营闭营		文汇报	2000年1月27日
1148	轻轻松松过大年——本市部分中小学生电话采访记	陈茜	解放日报	2000年2月10日
1149	大别山的同学来咱家 "给予比接受更幸福"	王珏磊	解放日报	2000年2月25日
1150	浦东新景：别克生产线 建成一年已有10万人前往参观	徐茂昌	解放日报	2000年2月28日
1151	小小"网络家"——记全国第四届少代会上海代表郁寅栋	陈茜	解放日报	2000年5月6日
1152	组织工作情况第6期		青年报	2000年5月8日
1153	我们需要爱的教育 有关《爱，准备好了吗？》的对话	马蓓骊	青年报	2000年5月21日
1154	市"十佳"雏鹰好少年揭晓	陈茜	解放日报	2000年5月25日
1155	8位辅导员获全国优秀辅导员称号	陈茜	解放日报	2000年5月28日
1156	小小少年爱创新——少代会上海小代表谈新思路	陈茜	解放日报	2000年5月30日

续 表

序号	篇 名	作者	媒体	时间
1157	买房还是看地段		解放日报	2000年6月1日
1158	申城少先队员欢度"六一" 龚学平等为患重病的孩子送去节日礼物和问候	严旦华、陈茜	解放日报	2000年6月2日
1159	上海市格致中学重在培养学生创新精神和实践能力 将研究型课程列为必修课	苏军	文汇报	2000年6月21日
1160	交际	叶文君	青年报	2000年6月25日
1161	图为党员教师和高中学生正在谈心	周学忠	文汇报	2000年6月26日
1162	收藏碧水蓝天·收藏黄金水岸		解放日报	2000年6月29日
1163	申城校园党旗招展	陶洪光、王辛	文汇报	2000年6月30日
1164	你会选择送考吗		青年报	2000年7月2日
1165	校园内外		青年报	2000年7月2日
1166	张家浜河畔,亲水第一排——品味水岸自然的生活哲学		解放日报	2000年7月6日
1167	交巡警解急难50余起	赵起鸿、孙国富	解放日报	2000年7月8日
1168	上海建桥学院招生		解放日报	2000年7月25日
1169	上海市"我心目中的好校(园)长"候选人简介		解放日报	2000年8月10日
1170	校园补课"热" 悄悄在"退烧"	汤浩、余雯	解放日报	2000年8月12日
1171	假期校园还好吗	高维安、周嘉宁	青年报	2000年8月13日
1172	110报警服务台 帮困助学受人夸	杨烨	解放日报	2000年8月15日
1173	香榭丽花园名宅档案		解放日报	2000年8月18日
1174	经历难忘,友情难忘,精神难忘——大别山归来话感受	陈里予、周雯雯	解放日报	2000年9月1日
1175	《名师讲坛》再次开讲 二医大俞卓伟教授作首场报告	王辛	解放日报	2000年9月16日
1176	中学生社会实践成果丰硕 学生优秀考察报告网上可浏览	苏军、邹弘	文汇报	2000年9月17日
1177	明年高考"3+X"引关注	杨虹	青年报	2000年10月8日
1178	浦江新风扑面来	金定根、张克伟	解放日报	2000年12月18日

续 表

序号	篇 名	作 者	媒 体	时 间
1179	文庙换书记	陈凯	解放日报	2000年12月25日
1180	二十一世纪属于我们		解放日报	2000年12月31日
1181	想当APEC会议志愿者	郭颖	青年报	2001年1月6日
1182	排队送爱	浦莹颖	青年报	2001年1月8日
1183	中小学试行校长职级制 19人获特级校长任职资格	陈茜	解放日报	2001年1月16日
1184	信息技术给传统的"教与学"带来革命 写作业查资料 师生说悄悄话 上网 本市所有中小学将开设信息教育必修课	陈茜、黄勇娣	解放日报	2001年2月18日
1185	申城校园迎APEC热 小东道主各展风采	王晓晶、俞丽辉	青年报·学生导报	2001年3月26日
1186	百位校长谈"情感教育"	黄勇娣	解放日报	2001年4月1日
1187	光荣榜（上）·上海市文明行业、文明单位、全行业规范服务达标行业名单		解放日报	2001年4月6日
1188	光荣榜·上海市劳动模范名单（1998—2000年度）（870名）		解放日报	2001年4月20日
1189	插翅飞翔（附照片4张）——走向信息化的黄浦现代教育	李裕中	解放日报	2001年5月23日
1190	上海推进素质教育结硕果——小鬼当家"做学问" 研究性课程在各中小学开设推广,成为基础教育重要补充	陈茜	解放日报	2001年6月11日
1191	上海近百万中学生实践中学理论 让青春为党旗增光 近两年已有近千名学生先后入党	陈茜	解放日报	2001年6月17日
1192	在党旗下成长	郭颖	青年报	2001年6月23日
1193	迟到的表扬信	陈茜	解放日报	2001年6月29日
1194	与时俱进 发展创新——本市干部职工认真学习"三个代表"重要思想		解放日报	2001年7月3日
1195	市高校招生毕业生就业指导委员会公布今年上海市保送生录取名单		解放日报	2001年7月6日

续 表

序号	篇 名	作者	媒体	时间
1196	爸爸妈妈请留步 上海众多高考考生谢绝父母陪送	刘军、仇逸、吴名遂	解放日报	2001年7月9日
1197	综合考揭开面纱(附照片2张)	徐敏、程劲松	解放日报	2001年7月10日
1198	"我们同是13岁!"申城小记者采访"网络小神童"佩里斯	陈茜	解放日报	2001年7月14日
1199	暑假:将"研究"进行到底——格致中学学生如是说	曾经文	解放日报	2001年7月27日
1200	2001年上海市保送生录取名单(续)		解放日报	2001年8月5日
1201	"小小科学家"展风采	李文祺	解放日报	2001年8月15日
1202	开学了——莫让学生绷紧弦	陈茜、黄勇娣	解放日报	2001年9月1日
1203	教育牵动父母心 置业亟需引路人 直通车"学校周边物业大盘点"反响热烈	左静	解放日报	2001年9月20日
1204	贺2001上海科技节隆重举行 百家单位联名共贺		解放日报	2001年11月13日
1205	青少年科技竞赛 女生撑起半边天	王蔚	青年报·学生导报	2001年11月19日
1206	马路菜场怎么办 钟点菜场:年内入室	沈国芳、陆黎黎	解放日报	2001年11月23日
1207	用爱心智慧铸当代师魂	施青濒	青年报	2001年12月3日
1208	明年大剧院举办普及演出 剧团竞标登台	伍斌	解放日报	2001年12月7日
1209	最近外地购房客最关注什么 户口是前提 学校很重要 环境也要好	友静	解放日报	2001年12月13日
1210	我们心中的好老师——上海学生、家长话师德	徐敏、曹静	解放日报	2001年12月31日
1211	无题图片	金定根	解放日报	2002年1月20日
1212	中学生数学冬令营开营 全国百余名数学高手角逐上海	金柯	解放日报	2002年1月27日
1213	名指挥 洋外援 扶持中学小乐手		解放日报	2002年1月30日
1214	营养午餐 学生牛奶 万事俱备迎开学	栾吟之	解放日报	2002年2月25日

续 表

序号	篇　　名	作　者	媒　体	时　　间
1215	勤奋不相信天才	吴燕	青年报	2002年4月8日
1216	心动	傅文婕	青年报	2002年4月8日
1217	家长心目中的名校		青年报	2002年4月11日
1218	地球村里的"DIY"	梁敏	青年报·学生导报	2002年4月22日
1219	黄浦青年公务员举行从政演讲	宋鑫斌	青年报	2002年4月30日
1220	2001年度上海市"共青团号"名单公告(共161家)		青年报	2002年5月11日
1221	放飞金爱心	梁敏	青年报	2002年5月13日
1222	名师为特困学生作奉献	俞丽辉	青年报	2002年5月20日
1223	让紧张为你加油		青年报	2002年6月3日
1224	享受快乐6月		青年报	2002年6月10日
1225	对《荷塘月色》：我有不同的感受	罗旋	青年报	2002年6月17日
1226	做大做强名校　多元化投资办学——20所现代化高标准中学将崛起	金柯、庄玉兴	解放日报	2002年6月19日
1227	黄浦区三年筹措资金6亿元　高标准建设5所中小学	金柯、庄玉兴	解放日报	2002年6月20日
1228	暑期活动迎高潮　学生健身去处多		解放日报	2002年6月26日
1229	格致中学党总支做好青年师生引导工作　青年教师中党员逾半	苏军	文汇报	2002年6月29日
1230	本市普教系统表彰先进	王辛、金柯	解放日报	2002年6月30日
1231	考场内外人情暖——中考第一天见闻	黄勇娣、金柯	解放日报	2002年7月4日
1232	"三棋"在功利中复活　国际象棋、中国象棋、围棋从学游戏变成升学利器	郭颖、唐勤	青年报	2002年7月4日
1233	多家房产公司开发杨东小区	刘畅	青年报	2002年9月6日
1234	浦东龙阳四通八达	沈蔚、周慧	青年报	2002年9月6日
1235	赤足走在田埂上	梁敏	青年报	2002年9月16日

续 表

序号	篇 名	作者	媒 体	时 间
1236	老师奉献一份诚信	张瑞田	青年报	2002年9月30日
1237	比赛办到"家门口"——市运会体现市民化	薛淼焱	解放日报	2002年10月22日
1238	学生走上讲坛讲理想	苏军	文汇报	2002年10月28日
1239	加强理想信念教育燃起浓烈政治热情上海331名高中生光荣入党	苏军	文汇报	2002年11月8日
1240	以学生发展为本——黄浦区教育科研撷珍	张瑞田、魏耀发、凌兆福、黄南	解放日报	2002年11月11日
1241	构建都市型精品教育	姚仲明	文汇报	2002年11月11日
1242	从1989年到2002年中学生感受时代巨变——学习篇	俞丽辉、吴燕、周丽	青年报	2002年11月11日
1243	新一轮彩虹	吴燕、周丽	青年报	2002年11月11日
1244	夸夸好校长好书记黄浦区倡导师德建设干部为先	姚阿民	新民晚报	2002年11月22日
1245	沪上体育校长设论坛 体教结合探新路	季陆生	青年报	2002年12月2日
1246	高润华从教50周年	苏军	文汇报	2002年12月8日
1247	环保使者欣赏中国学生 国际知名动物行为学家珍·古道尔作客格致中学	吴燕	青年报·学生导报	2002年12月9日
1248	名师高润华从教半世纪	李裕中	解放日报	2002年12月10日
1249	上海科普先进受表彰	狄建荣	解放日报	2002年12月20日
1250	我参观 我制作——上博与格致中学合办互动式主题展览	金志刚	新民晚报	2002年12月20日
1251	圆一回当上海学生梦 澳大利亚中学生访问格致中学	吴燕	青年报·学生导报	2002年12月23日
1252	青春记事	李明	青年报	2002年12月23日
1253	中学教师演示信息与课程整合	苏军	文汇报	2002年12月26日
1254	上海学生开心2002		青年报	2002年12月30日
1255	格致中学学生大剧院里展才艺	吴燕	青年报·学生导报	2003年1月13日

续表

序号	篇　名	作　者	媒　体	时　间
1256	德育年会举办学生论坛	苏军	文汇报	2003年1月22日
1257	爱心教师执教"爱心学校" 免费为困难家庭孩子"义诊"	姚阿民	新民晚报	2003年1月25日
1258	环保从身边做起 格致中学同学乐做有心人	吴燕	青年报·学生导报	2003年2月17日
1259	学生午餐——营养与口味,不可兼得?	栾吟之	解放日报	2003年2月22日
1260	黄金地段办优质教育 黄浦区办学条件整体优化	姚阿民、张瑞田	新民晚报	2003年2月26日
1261	大话"研究型学习"	梁敏	青年报	2003年3月10日
1262	当"官"要有当"官"的样		青年报	2003年3月17日
1263	黄浦区依托重点高中带动初中整体发展	吴燕	青年报·学生导报	2003年3月31日
1264	百年老校,生命力何在?	李雪林	文汇报	2003年4月7日
1265	动漫情报拉开校园行序幕	闵慧	青年报	2003年4月7日
1266	校园里过把"动漫"瘾	吴燕	青年报·学生导报	2003年4月7日
1267	小身材,大收获	梁敏	青年报·学生导报	2003年4月7日
1268	《金爱心的故事》展现学子爱心	吴海云	解放日报	2003年4月14日
1269	让星光更灿烂——专家谈首届"明日科技之星"评选	金柯、蓝云	解放日报	2003年4月20日
1270	隆重纪念"五四"运动八十四周年 向2001—2002年度上海市新长征突击手(队)学习致敬 向上海团员青年致以节日的祝贺		解放日报	2003年4月29日
1271	城市精神格言摘登	朱裕舟	解放日报	2003年5月3日
1272	水星凌日如约而至 躲入阴霾黯淡表演	汪敏华	解放日报	2003年5月8日
1273	为"抗非"一线的爸妈祝福	吴燕、周丽	青年报·学生导报	2003年5月12日
1274	母亲·护士·抗非	何颖洁	青年报·学生导报	2003年5月19日

续 表

序号	篇 名	作 者	媒 体	时 间
1275	"异想天开"的孩子们——访申城3位新当选的"中国少年科学院院士"	钱滢珠	新民晚报	2003年5月19日
1276	2003年上海科技节表彰名单		文汇报	2003年5月21日
1277	2003年上海科技节表彰名单		解放日报	2003年5月23日
1278	上海再添10名"小院士" 3名儿童荣膺"全国自强不息好少年"	张昱瑾	解放日报	2003年5月28日
1279	34座天文台天象馆长驻申城校园	苏军	文汇报	2003年6月3日
1280	天文教育有待开发——上海拥有天文站或天象馆的中学约占全市中学的3%,且设施落后辅导教师比较缺少	苏军	文汇报	2003年6月3日
1281	高考考场今天消毒	俞丽辉	青年报	2003年6月6日
1282	高考落幕 非典渐远 高三学生：放飞心情	陆一波、栾吟之	解放日报	2003年6月14日
1283	文凭为何只有"一张脸"？中小学毕业证书设计期待个性化	吴燕	青年报·学生导报	2003年6月16日
1284	如何看待"爆满"现象 上海博物馆免费开放引出的话题	顾咪咪	解放日报	2003年6月19日
1285	也谈高考语文改革	刘琼	新民晚报	2003年6月23日
1286	高中生党员倍增 一年来有三百余学子入党	金柯	解放日报	2003年6月30日
1287	经历抗击非典更坚定了对党的信念 三百多高中生"七一"前入党 申请入党的积极分子逾万名	苏军	文汇报	2003年7月1日
1288	首届"上海市青少年科技创新市长奖"正式候选人主要事迹简介		青年报	2003年7月10日
1289	11位青少年获科技创新市长奖 从今年起该奖项每两年评选一次	陶洪光、张漪	文汇报	2003年7月23日
1290	青少年科技创新市长奖揭晓 万青等11人获奖 9人获提名奖	张漪、徐佳	新民晚报	2003年7月23日
1291	鼓励青少年科技创新 首届"市长奖"揭晓	张漪、徐敏	解放日报	2003年7月24日

续表

序号	篇　名	作　者	媒体	时　间
1292	光荣榜　上海市拥军优属拥政爱民模范先进单位和个人名单（2000—2003）		解放日报	2003年7月25日
1293	光荣榜　上海市拥军优属拥政爱民模范先进单位和个人名单（2000—2003）		新民晚报	2003年7月25日
1294	高中毕业留学英国添新途径　格致读预科可进诺丁汉	曹徐林	新民晚报	2003年8月15日
1295	情系学子	俞新宝、俞永俊	解放日报	2003年8月19日
1296	首届"上海市青少年科技创新市长奖"获奖名单		文汇报	2003年8月20日
1297	敢创新勇探索——记首届上海青少年科技创新市长奖部分获奖者		文汇报	2003年8月24日
1298	市民观测"火星大冲"　专家评说"最近距离"	汪敏华	解放日报	2003年8月28日
1299	一批新校新学期崭露头角	苏军	文汇报	2003年9月2日
1300	专题留言板　酷暑假与新学期的对话		青年报	2003年9月8日
1301	把甜蜜留在嘴里　把祝福系在心里	吴燕	青年报·学生导报	2003年9月15日
1302	美丽的季节	李明玥	青年报	2003年9月22日
1303	真情需要用心品味		青年报	2003年9月22日
1304	窍门		青年报	2003年10月9日
1305	南京路上的"啄木鸟"——记上海格致中学"啄木鸟"行动	严瑾丽	青年报·学生导报	2003年10月20日
1306	ACCP培训在沪备受青睐		青年报	2003年10月27日
1307	一国际环保组织专收上海旧黄页一个月回收量超过10吨	张彩平	青年报	2003年11月2日
1308	专家、校长、学生共同解读新《中学生守则》	吴燕　周丽	青年报	2003年11月10日
1309	中心绿地　免费健身	吴玮	青年报	2003年11月12日
1310	格致中学获物理竞赛团体桂冠	静芳	新民晚报	2003年11月17日
1311	中学生物理竞赛上海区36人获奖	苏军	文汇报	2003年11月18日

续表

序号	篇　名	作　者	媒　体	时　间
1312	院士与当代中学生第一次的思想碰撞——杨浦大学城院士论坛开幕	范彦萍、胥柳曼	青年报	2003年11月24日
1313	中学生物理竞赛上海36人获奖		青年报·学生导报	2003年11月24日
1314	马路窨井"张大口" 骑车女生撞落门牙	栾吟之	解放日报	2003年11月26日
1315	艺术鉴赏课搬到博物馆 团体免费参观受到学校欢迎	顾咪咪	解放日报	2003年12月5日
1316	浦东龙阳 居家宝地——诠释居家区位选择的五大要素		解放日报	2003年12月9日
1317	福州路上小导游	吴燕	青年报·学生导报	2003年12月15日
1318	黄浦区信息技术"触角"伸入所有学校学科 教育信息化"用"字当头	顾泳	解放日报	2003年12月20日
1319	学生青睐网络问候	华巨锋	解放日报	2003年12月22日
1320	"校园新三件"褒贬各执一词	吴燕	青年报	2003年12月22日
1321	远程教育 网络备课——黄浦区积极推进教学信息技术化	顾泳	解放日报	2004年1月6日
1322	寒假,走进社会大课堂 上海中小学生热衷开展课题研究	华巨锋、庄玉兴	解放日报	2004年1月12日
1323	学生欢迎"另类寒假作业"	苏军	文汇报	2004年1月14日
1324	收费公示多正常 教材发放偶出轨——本市中小学开学前返校日见闻	忻硕如、邬中慧、金柯	解放日报	2004年2月7日
1325	升学一族开学心情	金柯	解放日报	2004年2月9日
1326	杨福家院士寄语高中生——"讲真话"是基本素质	金柯	解放日报	2004年2月10日
1327	本市中小学新学期开学第一课:"零距离"学榜样	苏军	文汇报	2004年2月10日
1328	一批先进实验基地获表彰	苏军	文汇报	2004年2月19日
1329	十五名校高考、中考模拟试卷出版		新民晚报	2004年2月19日

续 表

序号	篇 名	作 者	媒 体	时 间
1330	打造基础教育的"南京路"		文汇报	2004年3月8日
1331	展现教育改革的"外滩风景"		文汇报	2004年3月10日
1332	院士校友与百年格致——上海市格致中学创建130周年特写	高润华	文汇报	2004年3月24日
1333	学生艺术节首次进社区	苏军、周学忠	文汇报	2004年3月28日
1334	应昌期学校成为格致特教基地	苏军	文汇报	2004年3月30日
1335	小区成立气象站 为民出行添帮助	吴玮	青年报	2004年4月15日
1336	中国近代教育的"领跑者"	施宣圆	文汇报	2004年5月8日
1337	黄浦区成立中小学生《道路交通安全法》宣讲队	吴燕	青年报·学生导报	2004年5月10日
1338	冲刺阶段 运动减压——为高考、中考考生献一计	魏国玲等	解放日报	2004年5月23日
1339	严把关 多疏导——专家谈青少年"网游症"	朱光	新民晚报	2004年5月25日
1340	难解高考"情结"——2004年上海考点首日见闻	徐敏、顾泳、梁建刚、彭德倩	解放日报	2004年6月8日
1341	高考首日：家长更比考生急	栾吟之	解放日报	2004年6月8日
1342	天公总算作美 金星凌日献演	汪敏华	解放日报	2004年6月9日
1343	为谁辛苦为谁"忙"	徐敏、彭德倩、梁建刚、张海峰	解放日报	2004年6月9日
1344	中美学生"喧闹"齐奏一曲《良宵》	朱光、龚丹韵	新民晚报	2004年6月14日
1345	到大别山感悟人生真谛	晓何	新民晚报	2004年7月12日
1346	寻伟人足迹看今朝巨变	倪力、施宋晶	新民晚报	2004年8月9日
1347	格致中学今启动扩建二期工程	姚阿民	新民晚报	2004年8月11日
1348	格致中学改扩建	徐敏	解放日报	2004年8月12日
1349	格致中学改扩建开工	苏军	文汇报	2004年8月12日
1350	中学生踏上"红色之旅"	朱敏洁、金柯	解放日报	2004年8月17日
1351	从邓小平理论汲取人格精神——本市百余所高中3万学子加入"邓读会"	金柯、朱敏洁	解放日报	2004年8月19日

续 表

序号	篇 名	作 者	媒 体	时 间
1352	投身红色之旅社会考察活动——五校学子寻访"小平之路"	乐嘉宁	新民晚报	2004年8月23日
1353	"教书就是为人民服务"——上海市格致中学纪念教师节	柯瑞逢	人民日报	2004年9月7日
1354	上海各界以各种形式庆教师节 名师名校长事迹搬上舞台	苏军	文汇报	2004年9月10日
1355	如厕好习惯 从娃娃教起	栾吟之	解放日报	2004年11月1日
1356	重点中学将消失 首批实验高中诞生	蔡玲玲	青年报	2004年11月18日
1357	让道路通畅起来 街头整治乱停放 道路畅通,驾驶员要从自己做起	简工博	解放日报	2004年11月22日
1358	首批示范高中亮相 市民可上网评议,标志上海重点高中将逐渐消失	蔡玲玲	青年报	2004年11月27日
1359	心理健康校园 万人快车启动	吴纪椿	青年报	2004年12月5日
1360	中学生倾情抒写"生活的准则"	王钰倩	青年报	2004年12月13日
1361	专家孩子热论韩寒分歧多	吴华	青年报	2004年12月13日
1362	城市音乐不倦飞鸟——记昨晚举行的曹鹏80华诞音乐会	杨建国	新民晚报	2004年12月20日
1363	爱国是最起码的情感——杨福家第8次为格致学子颁发"爱国奖"	苏军	文汇报	2004年12月21日
1364	追梦之人不会老——指挥家曹鹏携女同登台	邢晓芳	文汇报	2004年12月22日
1365	上海数百中学生发明创造获国家专利 将资助中小学申请专利	苏军	文汇报	2004年12月23日
1366	学生志愿者上街宣传排堵保畅	杨建正	新民晚报	2005年1月1日
1367	由市演讲学会、光明中学和本报共同主办 本市中学生激情演讲颂民族魂		青年报	2005年1月3日
1368	让教师评语更贴近学生本人更激励学生成长 格致中学创新试用"欣赏卡"	宋铮	新民晚报	2005年1月26日
1369	一流大学该是怎样的?——杨福家院士谈高教新发展	徐敏	解放日报	2005年2月9日

续 表

序号	篇 名	作 者	媒 体	时 间
1370	不设终身制、每三年复核一次——首批实验性示范性高中命名	章迪思	解放日报	2005年2月26日
1371	28所实验性示范性高中命名	苏军	文汇报	2005年2月26日
1372	廿八所实验性示范性高中昨揭晓	陆梓华	新民晚报	2005年2月26日
1373	把每名孩子当成一本多彩的书——上海学校德育工作论坛侧记	集体采写	解放日报	2005年3月15日
1374	中小学生国象赛收盘	程康萱	解放日报	2005年3月27日
1375	市中小学国际象棋赛收枰	李嵘	文汇报	2005年3月27日
1376	天文"魔室",如何展现"魔力"?	董纯蕾	新民晚报	2005年3月29日
1377	今年中考新增篮球项目 篮球场出现"供不应求"现象	吴燕	青年报	2005年4月11日
1378	国际陆家嘴 钻石小天地——爱法·小天地震撼入市		解放日报	2005年4月28日
1379	接过革命传统开创未来		文汇报	2005年4月29日
1380	考生主动减压 学生压力主要来自家长 青春期的心事也会有困扰 热了心理老师	蔡玲玲、赵莉莉	青年报	2005年5月26日
1381	网络许愿热火朝天		青年报	2005年5月29日
1382	天文台"铁将军把门" 指导老师"封闭在校" 校藏科技资源何时能共享	章迪思	解放日报	2005年6月5日
1383	让考生伴着轻音乐走进考场	陆梓华、曹奕	新民晚报	2005年6月6日
1384	今天高考 细致是为了今天	徐宏文、蔡玲玲、吴华、董巍	青年报	2005年6月7日
1385	体味高考之"变"	徐敏、吴晨	解放日报	2005年6月8日
1386	专用电梯"助跑"考生		青年报	2005年6月8日
1387	考前三分钟浓缩城市表情	蔡玲玲	青年报	2005年6月8日
1388	微笑是一种力量——送考老师素描	徐敏、金柯、李丹丹	解放日报	2005年6月9日
1389	难度略有提高强调语言能力	顾汉章	新民晚报	2005年6月13日
1390	考后依旧焦虑不止 但主动减压的考生却寥寥无几 更多紧张不安考后开始浮现	蔡玲玲、赵莉莉	青年报	2005年6月14日

续 表

序号	篇 名	作 者	媒 体	时 间
1391	《高考生建议教辅循环利用》后续 市教委：校方可适当引导	蔡玲玲	青年报	2005年6月17日
1392	市教委命名"双语教学实验学校" 28所中小学入选	苏军	文汇报	2005年6月26日
1393	暑期"红色之旅"昨从外滩出发	陆梓华	新民晚报	2005年7月2日
1394	学生专利推介专场企业不捧场	蔡玲玲	青年报	2005年7月19日
1395	从黄浦江畔到科尔沁草原——上海格致中学千里祭扫校友麦新	柯瑞逢	人民日报	2005年8月16日
1396	格致中学拆墙"透绿"	种楠	新民晚报	2005年8月23日
1397	今天百年格致披上盛装		文汇报	2005年9月1日
1398	新的起点上飞跃	张志敏	文汇报	2005年9月1日
1399	记者上午走访市部分学校后发现 今天的校园融入了新元素 学生事务"一站式"处理	陆梓华	新民晚报	2005年9月1日
1400	56所艺术教育特色学校命名	苏军、王辛	文汇报	2005年9月8日
1401	严慈相济有魅力——中学生热议"心目中的好老师"	邱曙东	解放日报	2005年9月10日
1402	万面红旗锦绣申城	简工博、庄莉强	解放日报	2005年10月2日
1403	敬礼,五星红旗迎着晨曦升起 武警上海总队国旗班人民广场升旗十年	徐连宗、邱志达、徐琪忠	解放日报	2005年10月2日
1404	新老团员青年参加升旗仪式	蔡玲玲	青年报	2005年10月2日
1405	找"神六"	金定根	解放日报	2005年10月13日
1406	28所学校获双语教学资质认证	苏军	文汇报	2005年11月13日
1407	高唱《大刀进行曲》	张龙、陆梓华	新民晚报	2005年11月26日
1408	让校史"活"起来	苏军	文汇报	2005年12月19日
1409	未来老师,你最缺什么？	宋铮	新民晚报	2005年12月26日
1410	毛泽东与格致中学教师的佳话	柯瑞逢	新民晚报	2005年12月27日
1411	中学生发明助盲提示器	杨建正	新民晚报	2006年1月6日
1412	新世纪6年 我们携手共成长		解放日报	2006年1月12日
1413	感悟父母之爱 体会他人之恩 回报真挚之情——53万上海学生书写人生真情	李爱铭	解放日报	2006年2月6日

续 表

序号	篇 名	作 者	媒体	时 间
1414	未达环保标准车辆大量流入二手车市场 旧桑车价一天不如一天		青年报	2006年2月10日
1415	捐资助学、扶老携幼、保护环境……网上也有"活雷锋"	周文菁、栾吟之	解放日报	2006年3月4日
1416	黄浦区拓展长三角德育互动平台 中学生走出校门关注民生	吴燕	青年报	2006年3月20日
1417	格致中学倡议"明荣知耻,树魂立根"	江跃中	新民晚报	2006年3月22日
1418	感受"直接"之道,尽享"标准"之妙		解放日报	2006年4月10日
1419	评十佳道德新事 未成年人"感动黄浦"	吴燕	青年报	2006年4月10日
1420	格致中学自编教材让生命教育融入学科课程 用数学题"丈量"环境生命	苏军	文汇报	2006年5月16日
1421	新东方学校再报喜讯来自上外附中的两名学员晋升全球一流 大学SAT学员获哈佛耶鲁本科全奖	徐伟	青年报	2006年5月31日
1422	英语听力首次许用MP3 家长出于谨慎还是坚持"老一套"	范彦萍、李硕君	青年报	2006年6月9日
1423	上海高考顺利结束 高考试卷"接轨"二期课改 专家评点2006年上海高考试卷	彭德倩、徐敏、唐烨、李爱铭、彭薇	解放日报	2006年6月10日
1424	高考昨天顺利结束,许多考生考完后立即抛下家长去疯玩考生们,请对父母道声谢!	蔡玲玲、李硕君、刘晶晶	青年报	2006年6月10日
1425	内地学生青睐香港大学		青年报	2006年7月5日
1426	黄浦区未成年人践行社会公德专项活动启动 3 000学生走出家门倡导文明	谈燕	解放日报	2006年7月21日
1427	4 000多人暑假来到15家公司 中学生实习是否过早	李爱铭	解放日报	2006年7月21日
1428	中学生"创业"适度为佳	李爱铭	解放日报	2006年8月7日
1429	全球学生在沪赛智	李爱铭	解放日报	2006年8月7日

附录 媒体报道总目录初编(1949年6月至2019年6月)

续 表

序号	篇 名	作者	媒体	时 间
1430	政府为学校开放安全投保 长宁杨浦两区多数场馆免费开放 部分学校公众责任险最高赔偿达40万	沈蔚、刘晶晶、董文卿、唐雯琴、徐娟	青年报	2006年8月14日
1431	高分考生齐聚新东方战口译	徐伟	青年报	2006年8月16日
1432	你所不了解的型男秀女:除了会秀,我还有十八般武艺	范艳	青年报	2006年8月24日
1433	均衡教育资源提高效能——政协委员查看基础教育情况、蒋以任参加	陈毅然	解放日报	2006年9月8日
1434	秋季英语充电,新东方更加"热门"新东方,为梦想学口译		青年报	2006年9月20日
1435	大学生科普征文:一等奖空缺	章迪思	解放日报	2006年9月25日
1436	黄浦区近20所中小学评选"家有好男儿",长相、歌艺未受关注 孩童选"好男"重内在轻外表	刘晶晶	青年报	2006年10月20日
1437	论诸葛孔明	金佳瑜	新民晚报	2006年10月29日
1438	格致中学为教学号脉	苏军	文汇报	2006年12月13日
1439	"学生总裁"比拼商业头脑 格致等三所中学项目晋级全国总决赛	彭薇	解放日报	2007年1月7日
1440	48所高中自主招生1205人 考生最多只能选报两所学校	李爱铭	解放日报	2007年4月7日
1441	光荣榜·2005—2006年度上海文明行业、上海市规范服务达标先进行业、第十三届(2005—2006年度)上海市文明单位		文汇报	2007年4月26日
1442	上海市劳模集体(2004—2006年度)(350个)		解放日报	2007年4月28日
1443	金色长假的"阳光运动"(附照片)	秦东颖、邵剑平	解放日报	2007年5月4日
1444	新时期三好学生注重社会责任感 182名中学生被评为市三好学生 都有丰富的社会实践和志愿服务经验	刘晶晶	青年报	2007年5月13日
1445	如何做好"临考复习" 高中老师支招处理考前五对矛盾	沈洁、彭薇	解放日报	2007年5月31日

续 表

序号	篇 名	作 者	媒 体	时 间
1446	格致"邓读会"今年10岁了	俞丽辉	青年报	2007年6月4日
1447	三天高考结束 圆满拉下大幕 考生谢父母：辛苦了！	彭德倩、陈煜骅、徐敏	解放日报	2007年6月10日
1448	各区县中招分数线陆续公布 实验性示范性高中普遍下降十分左右	彭薇、陈煜骅	解放日报	2007年7月17日
1449	让孩子赢在起跑线上 市中心学区房备受"孟母"青睐	贺理铭	解放日报	2007年7月19日
1450	优秀教师将在各校"走教" 举办图片展座谈会互相"取经" 各区县为教师送上节日祝福	彭薇、陈煜骅、缪逸珺	解放日报	2007年9月11日
1451	参加全国7城市"标志性景观照明熄灭半小时"节能体验活动 昨晚8点、外滩隐去美丽霓裳	杨群	解放日报	2007年9月24日
1452	体验节能，外滩"熄灯"半小时	张晓鸣	文汇报	2007年9月24日
1453	外滩小陆家嘴昨夜"熄灯"半小时 上海等8城市同步体验能源紧缺，市民感慨这是一次全新的节能体验	刘昕璐、胥柳曼	青年报	2007年9月24日
1454	夜幕中外滩突然"消失" 黄浦江两岸昨熄灯半小时节电1 400度	王欣	新民晚报	2007年9月24日
1455	黄浦中学生集中展示社团文化	刘晶晶	青年报	2007年10月22日
1456	陈香梅下周六做客文汇讲堂	刘迪、刘力源	文汇报	2007年10月27日
1457	世界因奉献而精彩——记上海市老科协多姿多彩的活动	居欣如、范如娟	解放日报	2007年11月9日
1458	让理论学习不枯燥 黄浦区青年"头脑风暴"聚焦理论学习	刘晶晶	青年报	2007年11月10日
1459	大阪乐器高手黄浦访问交流	丁烨	青年报	2007年11月14日
1460	武术列入中考体育选考项目	吴燕	青年报	2007年12月3日
1461	点燃心中的火种	杨福家	光明日报	2007年12月14日
1462	中小学德育研究会召开学习十七大精神座谈会	吴燕	青年报	2007年12月17日
1463	高中生参与商业计划大赛——不妨当作一次社会实践	彭薇	解放日报	2008年1月8日
1464	4.5万余考生竞争3 457个名额 今年上海市公务员录用考试开考	谈燕	解放日报	2008年1月13日

续表

序号	篇　名	作　者	媒　体	时　间
1465	黄浦20位贫困高中生走进复旦	刘晶晶	青年报	2008年1月23日
1466	7所香港高校基本确定内地本科生招生计划　招生人数与去年基本持平　香港浸会等4所港校学费上涨	刘晶晶	青年报	2008年2月14日
1467	三大途径供应本市中小学生午餐　部分学校想方设法改善伙食　家校协商　家长贴钱学校加菜	顾卓敏、丁烨、刘晶晶、顾虓岳	青年报	2008年2月29日
1468	哲学必修课打开学生思路——格致中学强化高中生哲学教育受到欢迎取得成效	苏军	文汇报	2008年3月14日
1469	谁动了我们的个人素养——从中美学生领袖峰会看90后学生成长	朱文婷	青年报	2008年3月18日
1470	博物馆里来上课		青年报	2008年3月18日
1471	博物馆变身大课堂	王昔	青年报	2008年3月24日
1472	民航中专空乘、航服专业昨日招生　空乘身高今年上限调高2公分	刘春霞、王菡	青年报	2008年3月30日
1473	格致中学学生向世博会无偿转让专利　让太阳能指路牌夜间"发光"	彭薇	解放日报	2008年4月1日
1474	以创新思维追求绿色情怀	张志敏	文汇报	2008年4月8日
1475	用笔能否告别"一次性"	白彦平	解放日报	2008年4月9日
1476	奥运火炬开始接力！		青年报	2008年4月9日
1477	"小院士"向世博会无偿转让专利	王钰倩	青年报	2008年4月14日
1478	格致中学学生倡议自带水杯上学	王蔚	新民晚报	2008年4月15日
1479	实力浦东　陆家嘴金融城崛起东方	钟慧	文汇报	2008年4月18日
1480	创新给百年老校增加无穷活力	陆梓华	新民晚报	2008年4月18日
1481	60所中小学被命名为上海艺术教育特色学校	苏军、焦苇	文汇报	2008年4月22日
1482	青春的极光	张睿怡	青年报	2008年4月22日
1483	市教委命名60所艺术教育特色校	陆梓华、焦苇	新民晚报	2008年4月22日

续 表

序号	篇 名	作 者	媒 体	时 间
1484	网上搭起"建言墙"现场亮出"金点子" 中小学生为世博献策	李爱铭	解放日报	2008年5月2日
1485	光荣榜·上海市拥军优属拥政爱民模范先进集体和个人名单（2004—2006）		解放日报	2008年5月14日
1486	红色党旗 绿色思想	秦笑薇	青年报	2008年5月19日
1487	161名中学生受表彰	苏军	文汇报	2008年5月26日
1488	市高考指挥部未接到一个告急电话 高考首日风雨中平稳度过	彭德倩	解放日报	2008年6月8日
1489	他们、与我们想象的不一样——"90后"考生高考首日素描	彭薇、李爱铭、徐敏、彭德倩、王文湛	解放日报	2008年6月8日
1490	儿女搏击日 父母动情时	彭德倩、徐敏、彭薇、李爱铭	解放日报	2008年6月9日
1491	环境教育唤醒中学生责任意识	张仲礼	文汇报	2008年6月10日
1492	"90后"省下旅游费用捐献灾区	石凯峰、刘晶晶、刘昕璐	青年报	2008年6月10日
1493	33名青少年"气候大使"来沪 节能减排从校园做起	沈闻州、徐瑞哲	解放日报	2008年7月18日
1494	中考录取分数线普遍上涨 实验性示范性高中比去年高七至十五分	彭薇	解放日报	2008年7月22日
1495	英雄少年本市学生共话成长	李爱铭、焦苇	解放日报	2008年9月8日
1496	都江堰英模师生：灾难让我们更坚强	刘晶晶	青年报	2008年9月8日
1497	盼世博，我与上海共成长 全市中小学生同一时间观看世博会宣传片	李爱铭、彭薇	解放日报	2008年9月9日
1498	自带水杯 少用瓶装水——格致中学学生环保倡议获"绿色成长计划"大赛一等奖	彭薇	解放日报	2008年10月12日
1499	格致中学"绿色小组"倡议：自带水杯，减少瓶装水	王钰倩	青年报	2008年11月6日
1500	黑土情，绵延四十秋——记上海北大荒知青艺术团	徐晓蔚、戴焱森	文汇报	2008年11月16日

续 表

序号	篇 名	作 者	媒 体	时 间
1501	上海市学生舞蹈节闭幕	李爱铭	解放日报	2008年11月30日
1502	中学生世博志愿服务预备队成立	吴恺	青年报	2008年12月2日
1503	名校分身,是真身还是假身?	成方瑜	青年报	2008年12月4日
1504	丰富学生体锻内容 紧急订购保暖冬衣	刘晶晶、刘昕璐	青年报	2008年12月5日
1505	共青团上海市委表彰的上海市先进团组织名单		青年报	2009年1月9日
1506	金融危机下,格致中学让学生学会"绿色消费" 学校设"经济理财"必修课	刘晶晶	青年报	2009年2月10日
1507	头脑奥赛获奖队产生	苏军、梁慧敏	文汇报	2009年2月23日
1508	导演江海洋作家王小鹰影评家任仲伦将汇聚"文汇讲堂" 重温77高考 感悟坚韧精神	蔡慧	文汇报	2009年3月13日
1509	光荣榜·第五届(2007—2008年度)上海市文明行业、第十四届(2007—2008年度)上海市文明单位		文汇报	2009年3月30日
1510	一中学生专利无偿献世博——2009上海飞利浦杯青少年专利申请奖揭晓	章迪思	解放日报	2009年4月12日
1511	青少年专利申请奖揭晓	苏军	文汇报	2009年4月12日
1512	格致中学高三女生邓蓓佳申请专利"上瘾" 3项发明无偿转让世博局	陆梓华	新民晚报	2009年4月14日
1513	建议奖励邓蓓佳	赵红玲	新民晚报	2009年4月15日
1514	上海18岁高三"女发明家"一人拥有19项专利 "专利赠世博,不会卖掉牟利"	朱文娟	青年报	2009年4月17日
1515	2009上海青少年专利申请奖揭晓,师生期盼——专利不再"纸上谈兵"	王钰倩	青年报	2009年4月23日
1516	唤起同情培育仁性——教育专家谈生命教育	陈晓春	解放日报	2009年4月26日
1517	宋徽宗画作惊艳保利春拍	郦亮	青年报	2009年5月6日

续 表

序号	篇 名	作 者	媒 体	时 间
1518	四千多大学生接受创业支招	刘晶晶	青年报	2009年5月11日
1519	《终结者4》为"蝙蝠侠"改剧情	徐佳	青年报	2009年5月12日
1520	从两条新闻看生命教育	陈晓春	解放日报	2009年5月14日
1521	市教委团市委表彰中学先进	李爱铭	解放日报	2009年5月16日
1522	中招自荐推荐面试前昨两天举行 今年面试题流行团队"游戏"	刘晶晶	青年报	2009年5月25日
1523	不必名媛，但求贤淑	程乃珊	青年报	2009年5月31日
1524	考前一周入住 家长端午踩点 "高考房"火爆	毛懿	解放日报	2009年6月1日
1525	家长这些天言行举止须注意"宜"与"忌" 考点名有别 考前弄明白	彭薇	解放日报	2009年6月5日
1526	平和接受学业检验——申城高考现场扫描	苏军	文汇报	2009年6月8日
1527	记者蹲守十余个考点没见忘带"两证"的考生	刘昕璐	青年报	2009年6月8日
1528	送考车流与上班早高峰"碰头" 交警全力排堵保畅 昨日全市无考生因路堵耽误赴考	简工博	解放日报	2009年6月9日
1529	语文题"回归"课本 英语考语言"功底"	彭薇	解放日报	2009年6月10日
1530	高考改到双休日，行不行？专家建言：眼光放长远 关怀需适度 决策请慎重	彭德倩	解放日报	2009年6月11日
1531	有的调高温度有的说空调坏了 有的推介不开空调的好处 的哥各啬开空调 叹息成本增两成	钱朱建	解放日报	2009年6月12日
1532	中学生公民意识系列活动启动	彭薇	解放日报	2009年6月25日
1533	游泳场馆推出温馨服务	秦东颖、邵剑平	解放日报	2009年7月6日
1534	普高分数线将涨10分左右	刘晶晶	青年报	2009年7月15日
1535	各区县普高投档分数线公布 与去年相比、多数市实验性示范性高中涨幅小于5分	彭薇、李爱铭	解放日报	2009年7月16日
1536	中招分数线昨起陆续公布 民办高中分数高过示范学校	刘晶晶	青年报	2009年7月16日

续 表

序号	篇 名	作 者	媒 体	时 间
1537	超级粉丝包机欣赏 中小学生自制望远镜观测 1/4受访市民打算窗边看日食 申城上演现实版"夸父追日"	王志彦	解放日报	2009年7月21日
1538	本报记者13路报道日全食		青年报	2009年7月22日
1539	上海老师带学生跨国追日	胥柳曼	青年报	2009年7月22日
1540	上海"追日族"移师武汉铜陵	胥柳曼	青年报	2009年7月22日
1541	"没看到太阳,我们仍然快乐"——上海各日全食观测点掠影	董纯蕾、梁惠芬、陆梓华、马丹、张炯强	新民晚报	2009年7月22日
1542	整理抽屉	徐迟馨	新民晚报	2009年7月22日
1543	上海追日族辗转千里 铜陵三声"响雷""炸"出一弯日牙	胥柳曼、顾佳	青年报	2009年7月23日
1544	格致五虎暗较劲 成绩速提进名校		新民晚报	2009年8月5日
1545	泳池等级表情公示牌昨出炉	顾金华	青年报	2009年8月19日
1546	创新教育话题引发学生热议——科学精神在"生根发芽"	彭薇	解放日报	2009年8月21日
1547	关注减负 新学年开学立"军令状"新举措"减负"不"减效"	刘晶晶	青年报	2009年8月31日
1548	上海市新增普教系统特级教师、特级校(园)长名单		文汇报	2009年9月10日
1549	上海网球大师赛沪上选拔球童	张逸麟	青年报	2009年9月15日
1550	首批世博志愿者面试	朱文娟	青年报	2009年9月21日
1551	"中国学生要学会豁得出去"——格致中学学生参加联合国青年大会深有体会	彭薇	解放日报	2009年9月24日
1552	祝愿伟大的祖国繁荣昌盛——韩正刘云耕冯国勤殷一璀与上海各界干部群众收看国庆盛典	本报记者集体采写	解放日报	2009年10月2日
1553	创设围棋教育环境 课题探索引领办学 以棋育人:打造校园文化独特"风景线" 写在上海市应昌期围棋学校建校10周年之际		文汇报	2009年10月17日
1554	格致中学举行135周年校庆	彭薇	解放日报	2009年10月19日

续表

序号	篇　名	作　者	媒　体	时　间
1555	五所高校明年合作自主招生	刘昕璐	青年报	2009年10月20日
1556	格致中学庆135岁生日	陆梓华	新民晚报	2009年10月20日
1557	校园庆生日建起地质馆　格致中学师生校友家长纷纷捐出宝贝	陆梓华	新民晚报	2009年10月21日
1558	申城校园频添文化新景观　校长们建议打破各自为政局面实现资源共享	苏军	文汇报	2009年11月4日
1559	冬天到　冬季校服何时到？	刘晶晶	青年报	2009年11月17日
1560	北大公布39所获推荐资质中学、为何没有上海学校？"校长推荐"、上海早有"超前版"	彭德倩	解放日报	2009年11月18日
1561	少一分功利，多一分感恩	刘君	新民晚报	2009年11月22日
1562	不拿声誉开玩笑　直推环节全透明	陆梓华	新民晚报	2009年11月23日
1563	残疾人翻译家王志冲——"钢铁"人生	谈燕	解放日报	2009年12月2日
1564	小区健身器储能"发电"——格致学生环保课题亮相中欧峰会受肯定	彭薇	解放日报	2009年12月9日
1565	一边健身一边给路灯供电——格致中学学生将环保课题变成现实	陆梓华	新民晚报	2009年12月14日
1566	语文阅读的整体把握三部曲	张高炜	新民晚报	2009年12月21日
1567	喜闻川大为怪才开"绿色通道"	刘纯银	光明日报	2009年12月24日
1568	传承"格物致知"开辟新天地　发展"格致课艺"续写新篇章　高中课程：创新能力的"引擎"　上海市格致中学打造适合学生和谐而个性发展的新课程		文汇报	2009年12月24日
1569	市民下午观"日月相拥"　沪上天文爱好者"追日"到大理	马亚宁、陆梓华	新民晚报	2010年1月15日
1570	大理：天上有个"指环王"	章迪思	解放日报	2010年1月16日
1571	千年等一回　天涯共此食		青年报	2010年1月16日
1572	复旦水平测试难不难？考生：面广难准备　校方：求精重基础	彭德倩	解放日报	2010年1月18日

续 表

序号	篇　名	作者	媒体	时　间
1573	6 000余上海考生昨参加复旦水平测试　考题不雷人　侧重基础知识	朱文娟、韦蔚	青年报	2010年1月18日
1574	开学首日学校周边环境整洁	陶健	解放日报	2010年2月23日
1575	高中、如何推动特色化发展	彭薇	解放日报	2010年4月12日
1576	格致中学校牌的来历	杨维忠	新民晚报	2010年4月19日
1577	职业街头篮球巡回赛启动		解放日报	2010年4月22日
1578	8号线昨晨从航天博物馆到人民广场开了1小时　地铁故障学生乘客急得落泪	罗水元	青年报	2010年4月29日
1579	"大浦东"中考生比去年增6 000　为缓解竞争压力　浦东零志愿名额增加近1/3	刘晶晶	青年报	2010年5月14日
1580	示范性高中"自主招生"　"世博"考题频现独特想法最受宠	刘晶晶	青年报	2010年5月24日
1581	上海7月首开AP课程班	苏军	文汇报	2010年5月26日
1582	美国高中课程首次登陆本市	刘晶晶	青年报	2010年5月26日
1583	观世博、看世界杯……"后高考"生活很爽很惬意　高考后和妈妈同做小白菜	刘晶晶、陈轶君	青年报	2010年6月10日
1584	课程五花八门，家长无从下手——"国际课程热高中"系列报道之二	李爱铭、彭薇	解放日报	2010年6月18日
1585	上海圣陶教育研究院成立	彭薇	解放日报	2010年6月18日
1586	上海昨9.24万人中考　梅雨闷热各考场秩序井然	李爱铭、彭薇	解放日报	2010年6月20日
1587	中考昨天拉开帷幕　9.24万名学子进场"奋战"　"黑板上的记忆"考生最难忘	刘晶晶、顾金华	青年报	2010年6月20日
1588	一个感恩MP3、一本手工纪念册、一幅毛笔嵌名诗　温情"谢师礼"　真诚有创意	钱钰	解放日报	2010年6月24日
1589	格致中学启动学生海外研究项目8位高中生将赴国外研习	苏军	文汇报	2010年7月5日

续 表

序号	篇　名	作　者	媒　体	时　间
1590	以前一条分数线选来的学生较"齐整",现在各种方式录取的学生差异明显　重点高中要不要"快慢分班"?	李爱铭、彭薇	解放日报	2010年7月19日
1591	本市各高中、中职校实际录取分数线相继公布　个别中专报考者考分超重点高中线	刘晶晶	青年报	2010年7月19日
1592	各区县高中投档分数线公布　多数市实验性示范性高中与去年相比下降5—8分	彭薇、李爱铭	解放日报	2010年7月20日
1593	高中生留学"高温"观察之一:国际课程也沾上了"应试味"	唐闻佳	文汇报	2010年7月20日
1594	欧美师生对话黄浦区长	苏军	文汇报	2010年7月23日
1595	多国高中生来沪拓展"中国视野"	陆梓华	新民晚报	2010年7月23日
1596	中招线比拼:浦东依然居首	刘晶晶	青年报	2010年7月28日
1597	50位几乎从未走出大山的云南教师飞临上海,开始了10天的全新体验　给乡村教师插上翅膀	李泓冰	人民日报	2010年8月4日
1598	老师亮"绝活",能"镇"住学生——世博课堂启示录之三	彭薇、李爱铭	解放日报	2010年8月16日
1599	部分示范高中新生女多男少	刘晶晶	青年报	2010年9月1日
1600	学校开运动会避开交通管制	刘晶晶	青年报	2010年9月28日
1601	首批注册志愿者今日起飞	丁元元	青年报	2010年10月12日
1602	首批世博注册志愿者出炉揭秘　一棵树解读一颗心	丁元元	青年报	2010年10月12日
1603	做老师不能荒废学生无价青春		文汇报	2010年10月14日
1604	格致中学获中学生戏剧节金奖	彭薇	解放日报	2010年10月22日
1605	精彩戏剧献世博	王钰倩	青年报	2010年10月25日
1606	格致中学"低碳"社团学习研究欧登塞案例	许明	新民晚报	2010年10月28日
1607	"世博一课"解读社会　感悟人生	王钰倩	青年报	2010年11月1日
1608	"语文课在我们班成了副课"　洋高考催生重点高中国际班　本报记者探访同一屋檐下的不同高中生	章涵意	青年报	2010年11月10日

续 表

序号	篇　名	作　者	媒　体	时　间
1609	新办法不影响中招"自主招生"策略　"小升初",奥数热仍难降温	钱钰	解放日报	2010年11月26日
1610	首批24人成为劝募慈善义工	范彦萍	青年报	2010年12月2日
1611	巧记古代作家的名和字	张高炜	新民晚报	2010年12月6日
1612	奇怪的落叶	曹沁曦	青年报	2010年12月7日
1613	自主招生报名一周　报好名的学生寥寥　政策频变　老师想吃透也难	刘晶晶	青年报	2010年12月8日
1614	沪五校摘国际生态学校绿旗	张婷、李蕾	解放日报	2010年12月29日
1615	沪五校"上榜"国际生态学校	彭薇	解放日报	2011年1月8日
1616	点亮志愿者精神,引领90后风尚	陈慈钰	青年报	2011年1月10日
1617	复旦"千分考"今开锣　打响"三国杀"第一战	朱文娟	青年报	2011年2月12日
1618	名校自主招生开考　半月内考生忙赶场	朱文娟	青年报	2011年2月12日
1619	2·14　谁来拯救春天里的卖花女孩	丁嘉、张瑞麒	青年报	2011年2月14日
1620	她们在冷夜里　卖花一样的童年	丁嘉、张瑞麒	青年报	2011年2月14日
1621	过来人谈自主招生面试经验　超纲并不意外　拓展很有必要		文汇报	2011年3月3日
1622	为在窗口徘徊的孩子　编织社会"防护网"		青年报	2011年3月8日
1623	民办,胜仗在即	张丹	青年报	2011年3月11日
1624	特别的年味	周夷非	文汇报	2011年3月18日
1625	中学生该不该创业	郭颖	青年报	2011年3月21日
1626	OM:快乐重要还是益智重要　对于头脑奥林匹克活动的意义,各方理解不一	苏军	文汇报	2011年3月23日
1627	格致中学在奉贤建新校区　上半年开工,力争明年9月投入使用	张奕	解放日报	2011年3月24日
1628	明天越来越好	江超男	青年报	2011年3月28日
1629	教育投入大幅递增　教师待遇明显改善　优质资源接连引进　奉贤　大步走出"教育盆地"	薄小波	文汇报	2011年4月1日

续 表

序号	篇 名	作 者	媒体	时 间
1630	中招取消择校生:"另册"不再,家校双赢	张丹	青年报	2011年4月1日
1631	聊成长路:"适合孩子的才最好"	彭薇	解放日报	2011年4月2日
1632	传统节日纪念活动列入课程 沪上中小学清明主题教育缅怀先烈感恩于心	彭薇	解放日报	2011年4月4日
1633	上海新留学中介诞生或引发市场重新洗牌 新东方欲当行业老大	盛磊岚	青年报	2011年4月8日
1634	"一年多考"为高考"松绑" 教改能否拳拳到肉	张丹、何娉	青年报	2011年4月8日
1635	光荣榜·第十五届(2009—2010年度)上海市文明单位(共3 036个)		文汇报	2011年4月12日
1636	除了V手势之外	程乃珊	青年报	2011年4月16日
1637	中学生围棋比赛落幕		解放日报	2011年4月17日
1638	最重要的是思考能力 不光学"答" 更要学"问" 杨澜与高中生畅谈学习与生活	彭薇	解放日报	2011年4月19日
1639	台湾首次面向大陆招生 酒香还需吆喝	张丹	青年报	2011年4月22日
1640	沪上六名高中校长出席清华大学百年校庆后表示——培养创新精神 高中是"黄金期"	王蔚	新民晚报	2011年4月25日
1641	上海师生"五四"纪念活动寻访305位校园英烈 问答穿越时空:理想 使命 担当	徐瑞哲、李爱铭	解放日报	2011年5月4日
1642	自学6门外语,社区脑瘫儿渴望当志愿者	范彦萍	青年报	2011年5月5日
1643	高考房今年"退烧"	王珏	解放日报	2011年5月18日
1644	教材循环,有多少书需要再"念"——"让生活更低碳些"系列报道(三)	彭薇	解放日报	2011年5月20日
1645	校园诗歌在应试夹缝中求生	王柏玲	文汇报	2011年5月30日
1646	愿故宫"撼"剧不再重演		青年报	2011年5月30日
1647	国际课程学校招生火 还是初中生已提前选择"洋高考"之路	刘晶晶、刘昕璐	青年报	2011年6月1日

续 表

序号	篇 名	作 者	媒 体	时 间
1648	少先队园地出了一批"排头兵" 上海市首批少先队工作示范校简介		青年报	2011年6月1日
1649	高考在即,稳中求胜是上上策 一味冲刺可能"马失前蹄" 押题热点往往"听风是雨"	彭薇	解放日报	2011年6月2日
1650	"小长假"、大考前,孩子较敏感,父母很"忐忑" 家长助考:保持一颗平常心	彭薇	解放日报	2011年6月5日
1651	"海关大钟能否停三天"?	彭德倩	解放日报	2011年6月9日
1652	返朴享受"慢生活"	陈立颖、傅盛裕、杨群	解放日报	2011年6月10日
1653	231名高中生获800余份海外大学offer 文科严重"跛脚"参加洋高考上牛津	刘昕璐	青年报	2011年6月12日
1654	师生全家福拼图、真人陶偶…… 毕业生动手制作真情"谢师礼"	钱钰 鲍佳颖	解放日报	2011年6月24日
1655	我见识的"美国高中课堂"	彭薇	解放日报	2011年7月3日
1656	花费三五万 出国十几天——中学生暑期"游学"能学到什么?	李爱铭、彭薇	解放日报	2011年7月8日
1657	上博艺术课堂怎就让孩子铆足了劲	范昕、包慧烨	文汇报	2011年7月18日
1658	因为"水到渠成",所以"水乳交融"	张裕	文汇报	2011年8月10日
1659	6元游泳体检卡所含保险费——到底自愿不自愿? 白底黑字写明"自愿"10家游泳馆6家打包卖		青年报	2011年8月17日
1660	国栋慈善助学基金聘请老师和受助学生结对,解决他们"成长的烦恼" 给予的最大财富是信心	白彦平	解放日报	2011年8月21日
1661	一双布鞋引出的回忆	周夷非	文汇报	2011年9月1日
1662	已经开学了 他们的教室还没装修好……	刘昕璐	青年报	2011年9月2日
1663	为了每一个学生的终身发展——"身边的感动"师德小故事集锦	李宣海	文汇报	2011年9月6日

续 表

序号	篇 名	作 者	媒 体	时 间
1664	格致教师获绿色讲义特等奖	彭薇	解放日报	2011年9月8日
1665	不忍孩子转公交 家长租房去陪读	张骏澜	解放日报	2011年9月8日
1666	山里孩子纷纷来电：祝老师快乐！——"阿拉教师"刚从云南回到上海,节日问候便接踵而至	彭薇	解放日报	2011年9月9日
1667	比一比,看一看 谁的模型稳如山	彭德倩	解放日报	2011年9月12日
1668	"90后"社团的进化法则	赵玉成	文汇报	2011年9月15日
1669	沪上一小学将iPad引进课堂,挑战传统学习方式 电子课堂："有意义且美妙的事"	彭薇	解放日报	2011年9月25日
1670	百年中学,朗朗书声代代重生	王俊逸	青年报·生活周刊	2011年9月27日
1671	全国中学生结构赛格致学子夺冠	彭薇	解放日报	2011年10月9日
1672	同济大学为结构设计邀请赛18名获奖中学生派发自主招生面试入场券 打破惯例赢得选苗自主权	樊丽萍	文汇报	2011年10月11日
1673	北大2012年"校长实名推荐制"实施细则公布 高考过一本线就能进北大	郭颖	青年报	2011年10月17日
1674	街头分类垃圾桶"混食"垃圾 格致中学学生调查发现 路人垃圾投放正确不到四成	陆梓华	新民晚报	2011年10月20日
1675	今年"金爱心"评选活动揭晓	彭薇	解放日报	2011年10月23日
1676	本市表彰金爱心学生、集体		青年报	2011年10月24日
1677	勇闯美国读大学	周雨婷	青年报	2011年10月24日
1678	清华公布"领军计划"中学名单 申城7所中学共获9个自主招生推荐名额	王乐	文汇报	2011年10月25日
1679	4所高中同获两名校"推荐生指定单位" 一场攻"尖"战将在北大清华间拉开？	刘晶晶	青年报	2011年10月26日
1680	格致中学选拔具有研究能力的高中生走出国门 带着课题"海外游学",开眼界得真知——"教改新观察"之四	彭薇	解放日报	2011年10月27日

续 表

序号	篇 名	作者	媒体	时 间
1681	浦江镇引进优质教育资源优先满足居民教育入学需求 学校：用最好地块，引优秀师资	陆一波	解放日报	2011年10月31日
1682	章泽人：拯救生命的小志愿者	王钰倩	青年报·学生导报	2011年10月31日
1683	新老队员同成长	王钰倩	青年报	2011年10月31日
1684	本市新增四所"国际生态学校"	彭薇	解放日报	2011年11月1日
1685	眼光	张一尘	青年报	2011年11月7日
1686	广场，一个城市的公共文化客厅	冷梅	青年报	2011年11月15日
1687	女排元老赛在上海举行	龚洁芸	解放日报	2011年12月4日
1688	未成年人主流价值观论坛举行	李爱铭	解放日报	2011年12月16日
1689	传承 创新 育人——2011上海校园文化建设论坛速递	周汉民、高德毅、黄玉峰、陆建国、楼巍、何晓文、顾力行	文汇报	2011年12月29日
1690	首批优秀文化艺术传承学校公布 本市15所学校入选	彭薇	解放日报	2012年1月9日
1691	上海15所中小学被定为中华文化艺术传承学校	苏军	文汇报	2012年1月17日
1692	今年"千分考"，究竟是难是易？不少人说数学物理题目难 校方回应难易度因人而异	彭德倩	解放日报	2012年2月6日
1693	复旦千分考开锣 iPhone 4S入考题	朱文娟、刘昕璐	青年报	2012年2月6日
1694	高校自主招生各立"山头"，考生奔波应试重入"怪圈"，有人提出——回到"只有一个高考"，行不行	彭德倩、徐瑞哲	解放日报	2012年2月7日
1695	本报记者采访10个考生家庭 深入了解自主招生带来的不同体会 "为自主招生，花费万余元，是孩子生下来到现在最大的一笔投资"	朱文娟、刘昕璐、刘晶晶	青年报	2012年2月7日
1696	以科学周全的评价引导学生全面发展 以高位优质的质量提升学校育人水平 评价：成长的"引擎"与"明镜" 上海市格致中学推出"新版"评价方案反响热烈	苏军	文汇报	2012年2月8日

续 表

序号	篇　　名	作　者	媒　体	时　　间
1697	冰点的开学日　孩子们是否吃上了热气腾腾的午餐	刘晶晶、罗丹妮、朱莹、刘春霞、柏可林	青年报	2012年2月8日
1698	自主招生商机无限　重点高中老师"下海"试水　收入比以前高不少	刘昕璐	青年报	2012年2月9日
1699	中招报名启动,家长热议跨区报考　"新黄浦"今年16所高中报考不设限	刘晶晶	青年报	2012年2月10日
1700	泛珠三角物理奥林匹克竞赛　上海学生获团体一等奖	彭薇	解放日报	2012年2月11日
1701	申请悉尼大学　让人惦记却又够不着	刘晶晶、朱文娟	青年报	2012年2月24日
1702	顶级青少年机器人赛举行	樊丽萍	文汇报	2012年3月6日
1703	仅凭竞赛证书叩不开名校大门校方称还是重在考量学生日常积累	陆梓华	新民晚报	2012年3月14日
1704	固执的小老头	王洛佳	新民晚报	2012年3月18日
1705	成长在商旅的阳光下	林晓琼	青年报·学生导报	2012年3月19日
1706	上海学生获机器人挑战赛冠军	彭薇	解放日报	2012年3月20日
1707	上海学生获机器人挑战赛冠军	陆梓华	新民晚报	2012年3月20日
1708	底色	陈文婷	青年报·学生导报	2012年3月26日
1709	姚连生中学　苏州评弹进课程	姜浩峰	青年报·学生导报	2012年4月16日
1710	学校春游不会取消,但更注重安全		青年报	2012年4月17日
1711	数学高考常见递推数列解题策略(上)	朱兆和	新民晚报	2012年4月25日
1712	登高	金健哲	青年报·学生导报	2012年4月30日
1713	"团徽映青春,携手共成长",沪上团员青年用实际行动祝福"共青团90岁生日快乐"	王钰倩	青年报·学生导报	2012年4月30日
1714	数学高考常见递推数列解题策略(下)	朱兆和	新民晚报	2012年5月2日

附录　媒体报道总目录初编(1949年6月至2019年6月)

续　表

序号	篇　　名	作者	媒体	时　间
1715	借力"洋高考"叩开世界名校大门	路路	青年报·学生导报	2012年5月14日
1716	中招"提前批"志愿开始填报	刘晶晶	青年报	2012年5月14日
1717	高考志愿填报今日交"初稿"　志愿表一天三改　考生、家长担心填的专业被"预警"	刘晶晶	青年报	2012年5月16日
1718	做数独、看原版电影,唱唱跳跳也得会　高中自招面试结束　考题不难甚至"游戏化"	刘晶晶	青年报	2012年5月21日
1719	高昂学费难阻学子留学热情　一项统计显示:中国赴美留学高中毕业生以每年30%—50%速度增长	姜晟颖	解放日报	2012年5月23日
1720	地理学考复习关键点	张跃军	新民晚报	2012年5月23日
1721	接受国际教育　学习方法也要国际化	陆梓华、马丹	新民晚报	2012年5月30日
1722	中招拟降分录取文艺特长生公示均为市学生艺术团优秀团员　多拟降20分　多为乐器特长生	郭颖	青年报·学生导报	2012年6月4日
1723	洋高考:"狼来了"还是"鲶鱼效应"?	李爱铭、彭薇	解放日报	2012年6月5日
1724	高考英语翻译四大得分要领	查传明	新民晚报	2012年6月6日
1725	摄像头全程全方位录像,监控室随时切换实时画面　全市考场监控"无盲区"	徐瑞哲	解放日报	2012年6月7日
1726	阴雨、层云虽从中作梗　金星凌日　仍完美唱响世纪绝唱	严柳晴、胥柳曼	青年报	2012年6月7日
1727	2012年高考6月7、8日举行　成绩初定26日晚公布　上海高考作文:心灵闪过的微光	郭颖	青年报·学生导报	2012年6月11日
1728	8.48万名中考考生周末开考　英语考试迟到15分钟内可进备用考场	刘晶晶	青年报	2012年6月13日
1729	上海现代教育与出国留学展览会下周末举行　各类国际高中课程班首次亮相　家长学子可网上注册免费入场	范彦萍	青年报	2012年6月15日

487

续 表

序号	篇 名	作 者	媒体	时 间
1730	留学展上家长 热衷高中国际课程	范彦萍	青年报	2012年6月25日
1731	基础学科考生超过工商管理和经济学 契合国家产业发展规划的专业更受青睐 北大清华评价：上海考生更趋理性	彭德倩	解放日报	2012年7月4日
1732	中招零志愿分数线陆续公布 590分以上学校增加 崇明中学在闵行分数线超交大附中	刘晶晶	青年报	2012年7月12日
1733	部分市实验性示范性高中本区县内招生最低投档分数线		解放日报	2012年7月17日
1734	完全由民间自发捐建 凝结全市人民拥军情意 "南京路上好八连"雕塑今落成	谈燕、张骏	解放日报	2012年8月1日
1735	青少年音乐夏令营专场音乐会昨举行	苏军、焦苇	文汇报	2012年8月8日
1736	"要建立中国自己的教育学"——追思著名教育家吕型伟先生	苏军	文汇报	2012年8月9日
1737	近距离"观测"中学天文社团 "看天一族"，没有想象中的浪漫	赵玉成	文汇报	2012年8月9日
1738	新学年上海直面入学高峰 全市新增九十多所幼儿园，郊区新增五十多所学校	李爱铭	解放日报	2012年9月3日
1739	全市逾七成中小幼学生在郊区，为均衡资源缓解入学难——秋季开学市郊区县新增56所公办学校	苏军、焦苇	文汇报	2012年9月3日
1740	本学年新开52所公办幼儿园应对高峰 今秋16.9万名儿童入园 在园人数将达50万	刘晶晶	青年报	2012年9月3日
1741	进一步推进基础教育优质均衡 "异地高考"将采用积分制，综合考虑职业和随迁子女就读年限	洪梅芬、李爱铭、杨群	解放日报	2012年9月6日
1742	上海推进优质教育资源辐射郊区农村 复旦附中等名校将在郊区开分校	刘昕璐	青年报	2012年9月6日
1743	网传"培养院士最多的10所中学" 沪三中学上榜 上中50届毕业生最牛：300人出了7院士	刘晶晶	青年报	2012年9月14日

续表

序号	篇　名	作者	媒体	时　间
1744	班主任要先会玩 ipad——格致中学尝试引入平板电脑进行班级管理	彭薇	解放日报	2012年9月25日
1745	从蓄势待发到快速崛起	张奕、宋心泰	解放日报	2012年9月27日
1746	南桥新城：杭州湾北岸新中心	黄海华	解放日报	2012年9月27日
1747	物理竞赛获奖公示名单更改引家长质疑		青年报	2012年10月17日
1748	发挥学术团体功能　繁荣社会科学事业　上海市社会科学界联合会第六届学会学术活动月		文汇报	2012年10月19日
1749	提升你的"听力"	张高炜	青年报·学生导报	2012年10月22日
1750	清华2013年"领军计划"启动　下周来沪揽才　高中推荐1人首次可有5名学生竞争	刘晶晶	青年报	2012年11月7日
1751	校园调查："鸿雁传书"的喜悦你有体会吗？	黄子欣	青年报	2012年11月12日
1752	高档电子产品不该沦为"炫富"工具	黄子欣	青年报	2012年11月12日
1753	良好听课习惯提升学习效能	苏军	文汇报	2012年11月15日
1754	清华大学自主招生今起网上报名　沪7所中学入围"领军计划"	王乐	文汇报	2012年11月19日
1755	程嘉颖：做个像林徽因那样的女子	郭颖	青年报·学生导报	2012年11月19日
1756	清华启动2013"领军计划"来沪招生	刘晶晶	青年报·学生导报	2012年11月19日
1757	申城推进教育卫生优质资源城乡均衡分布　看大病不奔波　家附近上名校	孙刚、李爱铭	解放日报	2012年11月25日
1758	黄浦团区委多角度引领青少年"永远跟党走"	刘晶晶	青年报·学生导报	2012年11月28日
1759	小区建到哪　名校跟到哪	王蔚	新民晚报	2012年11月28日
1760	格致中学奉贤校区开工	彭薇	解放日报	2012年11月29日
1761	读你	黄珂予	青年报·学生导报	2012年12月17日

续表

序号	篇　名	作　者	媒　体	时　间
1762	胜似"风景"：学生的"海外课堂"——上海市格致中学学生海外课题研究的"教育学"价值	苏军	文汇报	2012年12月26日
1763	上海中职生均公用经费将提高50%		解放日报	2012年12月28日
1764	这个冬天很温暖	王钰倩	青年报·学生导报	2012年12月31日
1765	北大"校长实名推荐制"候选学生名单出炉　上海获选学校增加两所共18人入围	刘晶晶	青年报	2013年1月11日
1766	这么好的资源就该大家分享	王彦	文汇报	2013年1月13日
1767	汽轮小学获国际生态学校绿旗	彭薇	解放日报	2013年1月16日
1768	代表委员谈推进新城建设　嘉定、南桥新城都将"宜居"作为目标	陈轶珺、严柳晴	青年报	2013年1月28日
1769	"国际班"快速发展存隐忧　部分仅在区县教育部门备案	刘晶晶	青年报	2013年1月29日
1770	建立汉英差异意识　提高英语翻译能力	陶颖	新民晚报	2013年1月30日
1771	复旦、上外等高校自招笔试周末扎堆举行	刘昕璐	青年报	2013年2月22日
1772	虽没有怪题,考生依然感觉无从准备　背了那么多,答题时连"蒙"都没机会　今年千分考"好难"	彭德倩	解放日报	2013年2月25日
1773	"其实科学和大师没那么神秘"——上海中学生参加"与大师同行"训练营	彭薇	解放日报	2013年2月27日
1774	只剩最后一口气　枪手为尊严而战	张楠	青年报	2013年3月13日
1775	"微课程"里的大梦想	王钰倩	青年报·学生导报	2013年4月15日
1776	"蜻蜓心天地"助力家庭教育	王钰倩	青年报·学生导报	2013年5月6日
1777	格致中学今在奉贤招收40名学生　"一体化办学"彰显"格致"风格	苏军	文汇报	2013年5月9日

续 表

序号	篇 名	作者	媒体	时间
1778	格致中学：理科生也"文艺"	彭薇	解放日报	2013年5月15日
1779	中学生创意诠释梵高名画	陆梓华、孙中钦	新民晚报	2013年5月15日
1780	格致中学面向奉贤招收40名考生	陆梓华	新民晚报	2013年5月16日
1781	沪闵接力钩沉	柯瑞逢	《晋江经济报》	2013年5月20日
1782	光荣榜·2011—2012年度（第十六届）上海市文明单位名单（共3367个）		解放日报	2013年5月21日
1783	本市公示保送生、自招生入选名单 311人获保送 上外附中109名学生被保送居首位	刘昕璐	青年报	2013年5月22日
1784	上戏将办中学生表演夏令营	姜澎	文汇报	2013年5月29日
1785	上戏明年将启动中学校长推荐优秀生入学	刘昕璐	青年报	2013年5月31日
1786	以教师梦引领青春梦 以青春梦托举中国梦 "我和中国梦——筑梦人的前行路"主题论坛举行	王钰倩、刘晓娟、张俊晨	青年报·学生导报	2013年6月17日
1787	4泳池24小时水质监测	顾泳、胡雪玮	解放日报	2013年6月25日
1788	4大游泳池试点24小时在线监测水质 今后或将全面推广 市民有望了解入水一刻的水质	顾金华	青年报	2013年6月25日
1789	91家游泳场所对市民推优惠票价 最低票价5元的有5家，10元的有近20家	柏可林	青年报	2013年6月28日
1790	中学生参与"跨界"对话	黄纯一	文汇报	2013年7月8日
1791	高中生戏剧夏令营在上戏开营	刘昕璐	青年报	2013年7月9日
1792	孩子中考"豁边" 家长欲改读国际班 专家建议：并非所有学生都适合"洋高考"	刘晶晶	青年报	2013年7月11日
1793	本市各区县高中"零志愿"分数线陆续公布 有名气接地气 名校在郊区分校控分线走高	刘晶晶	青年报	2013年7月13日
1794	国际奥数竞赛收兵 中国重夺世界第一 两名上海选手均获金牌	徐瑞哲	解放日报	2013年8月3日

续 表

序号	篇 名	作 者	媒 体	时 间
1795	追随兴趣、热心公益、运动乐器样样挺在行——世界奥数冠军：决不是书呆子	吴丹捷、陆梓华	新民晚报	2013年8月14日
1796	第五届新解放教育讲坛周日举行 共议"今天需要怎样的大学"	李征、张骞	解放日报	2013年8月23日
1797	早买早实惠 家长疯抢学区房 为了突破购房政策瓶颈 不少爸妈为子女不惜"离婚"	顾卓敏、肖书瑶、陈瑀	青年报	2013年8月27日
1798	突破传统分班格局 不唯分数重"志趣"	苏军	文汇报	2013年9月2日
1799	高中不要变成"年年备考" 学业考改革本为"减负" 但有人担心"应试"前移	马丹、陆梓华	新民晚报	2013年9月5日
1800	韩正要求全社会重视教育尊重老师，培养更多具有创新能力的人才 国家民族振兴全民素质提高靠教育 与杨雄李希会见10位第三届上海市教育功臣，共同探讨创新创造素质教育等话题	缪毅容	解放日报	2013年9月8日
1801	十人荣膺新一届"上海市教育功臣"		解放日报	2013年9月8日
1802	普教篇：辐射同心圆		解放日报	2013年9月8日
1803	第三届上海市教育功臣		文汇报	2013年9月8日
1804	第三届"上海市教育功臣"群英谱	马丹、陆梓华	新民晚报	2013年9月8日
1805	今天：第29个教师节 学生心中，他们从未离开 上海首批17名特级教师今何在？教师节前夕,本报多方寻	彭薇、李爱铭	解放日报	2013年9月10日
1806	大胆去想 放手去做 校长不说No——记第三届上海市教育功臣获得者格致中学校长张志敏	陆梓华	新民晚报	2013年9月10日
1807	高中生北极归来话收获	李爱铭	解放日报	2013年9月22日
1808	上戏艺术拓展课程走进五所重点高中	刘昕璐	青年报	2013年10月8日
1809	上戏艺术课走进高中校园	王钰倩	青年报·学生导报	2013年10月21日

续表

序号	篇名	作者	媒体	时间
1810	"2013上海奉贤城市发展推介会"展开奉贤规划建设新画卷 "上海之鱼"跃龙门 "申城南翼"展鹏翅	贺理铭	解放日报	2013年10月24日
1811	上海妇女"十二五"规划中期评估发布 应届女大学生就业率首超男生	范彦萍	青年报	2013年10月25日
1812	郊区名校大规模招募师资 求职者女多男少	刘昕璐	青年报	2013年10月28日
1813	"金爱心"传递正能量	王钰倩	青年报·学生导报	2013年10月28日
1814	清华大学自主招生"新百年领军计划"启动 上海地区新增崇明中学等三家新秀	刘晶晶	青年报	2013年11月1日
1815	网搜古文训练答案 翻拍黑板上作业 学生使用智能手机,堵还是疏?	崔翼琴、杨玉红、肖波、朱蒙雪	解放日报	2013年11月4日
1816	老城森林		青年报	2013年12月17日
1817	纸上画廊 陈颖的画		解放日报	2014年1月4日
1818	青少年俱乐部让孩子们放学后有地方去玩 上海探索体育"晚托班"	龚洁芸	解放日报	2014年1月9日
1819	2013年禁毒短文征集活动昨闭幕	刘晶晶	青年报	2014年1月9日
1820	"美丽中国,我的中国梦"格致中学宣讲进社区	顾卓敏	青年报	2014年1月28日
1821	复旦自招将告别"千分考"引发培训机构"地震" 笔试简单了未来专攻面试培训	周胜洁、严柳晴	青年报	2014年2月14日
1822	明年起复旦在沪自招笔试将被高中学业水平考试代替 末代"千分考"目击记	彭德倩	解放日报	2014年2月16日
1823	复旦末代"千分考"神题频现 招办称在未来依旧拒绝"应试痕迹深刻"考生	严柳晴	青年报	2014年2月17日
1824	自招镜像:家长比孩子更紧张更盲目更纠结	彭德倩、龚丹韵	解放日报	2014年2月24日

续 表

序号	篇 名	作 者	媒 体	时 间
1825	《未成年人保护条例》下月实施 本市将开展执法整治 未成年人禁入酒吧标志将统一	刘晶晶	青年报	2014年2月26日
1826	一周迎俩国家教育团"取经" 沪专家反思自身盲点 学生课业负担重问题仍需改善	刘晶晶	青年报	2014年2月28日
1827	三天复旦自招面试昨谢幕 谈及今年特点考官认为 越来越多考生愿报"冷门"专业	严柳晴	青年报	2014年3月4日
1828	高考改革"风向标"下的中招新走向	姜澎、钱钰、冯志刚	文汇报	2014年3月7日
1829	格致中学与麻省理工学院合作创建Fab Lab 内地首家创新实验室将投用	苏军、钱钰	文汇报	2014年3月10日
1830	麻省理工创新实验室9月落户格致中学	陆梓华	新民晚报	2014年3月10日
1831	优质教育资源 春水向"南"流 奉贤引来名校纷纷落户	彭薇	解放日报	2014年3月31日
1832	除了成绩,兴趣特长更重要!	董君武、苏军、钱钰	文汇报	2014年4月3日
1833	"野蛮生长"宣告暂停 市教委连发三道令 沪上"国际课程班"新格局浮出水面	唐闻佳、钱钰	文汇报	2014年4月5日
1834	2014上海教博会教育国际化展下周五开幕 21所普高试点国际课程	刘晶晶	青年报	2014年4月5日
1835	为优秀学子提供"准大学"体验 格致中学奉贤校区今年9月开学		新民晚报	2014年4月9日
1836	本市21所普通高中成为国际课程试点学校 4月下旬公布招生计划和方案	刘昕璐	青年报·学生导报	2014年4月14日
1837	本市高中试点国际课程班每学期收费标准公布 最低1500元 最高10.5万元	刘晶晶	青年报	2014年4月23日
1838	沪上高中生艺术拓展课汇演	徐瑞哲	解放日报	2014年4月28日
1839	春美术馆,古典诗意的诉说	龚丹韵	解放日报	2014年4月28日

续 表

序号	篇 名	作者	媒体	时 间
1840	中考统一录取志愿即将填报 零志愿、名额分配志愿要注意什么？	郭漪	青年报·学生导报	2014年5月12日
1841	北大清华自招预录取名单公布 今年上海189人入围 上中考生占近1/3 稳居首位	刘晶晶	青年报	2014年5月22日
1842	"用文字温暖我们的城市"——记解放日报社读者开放日活动	龚丹韵、谈燕	解放日报	2014年5月25日
1843	今年上海189人入围北大清华自招预录取名单 上中考生占近1/3 稳居首位	刘晶晶	青年报·学生导报	2014年5月26日
1844	中小学骨干教师德育实训基地展示 "操场"也能成为德育沃土	李爱铭	解放日报	2014年5月28日
1845	上海学生营养状况普遍较好 孩子们"不爱吃"因为校园午餐缺色香味	王蔚、陆梓华	新民晚报	2014年5月28日
1846	格致学子为参加世界好问题大赛热身，专家现场点评——最缺把"0"变成"1"的好问题	钱钰	文汇报	2014年5月29日
1847	为啥天气影响心情 格致高中生提问入选"中国好问题"	彭薇	解放日报	2014年6月8日
1848	高考结束 养足精神看世界杯 本月26日可查询高考成绩	刘晶晶、周胜洁、刘昕璐、马鈜	青年报	2014年6月9日
1849	"体坛奥斯卡"明年来申城颁奖 劳伦斯奖将向全球直播，杨雄致欢迎辞期待各国体育精英和嘉宾在沪度过美好时光	龚洁芸	解放日报	2014年6月10日
1850	"体坛奥斯卡"明年来沪颁奖 为首次落户中国杨雄致欢迎辞	谷苗	文汇报	2014年6月10日
1851	体坛奥斯卡明年在沪举行 上海体育育人难忘劳伦斯情缘	陈宏	青年报	2014年6月10日
1852	中考"分流"后，还有"立交桥" "升学季家长如何不焦虑"之三	李爱铭	解放日报	2014年6月16日
1853	5号线南延伸段开工建设 标志着奉贤"轨交时代"到来 奉贤：迈向南上海现代化滨海新城		解放日报	2014年6月27日
1854	轨交5号线南延伸段开工 2017年底通车，列车编组"弃4改6"，满足大客流需求	刘锟	解放日报	2014年7月1日

续 表

序号	篇 名	作 者	媒 体	时 间
1855	市高中生戏剧夏令营开营	徐瑞哲	解放日报	2014年7月10日
1856	本市高中拟试点增设戏剧课	张鹏	文汇报	2014年7月10日
1857	各区县中招零志愿分数线陆续公布 今年多半下调 "华二"静安分数线大降15分	刘晶晶	青年报	2014年7月18日
1858	郊区新建名校"分号"被热捧,有的民办高中超过市实验性示范性高中零志愿分数线 今年中招"冷热不一"如何看?	彭薇、李爱铭	解放日报	2014年7月20日
1859	中招:普通高中分数线降幅大于重点高中	刘晶晶	青年报	2014年7月21日
1860	体现办学精神 传承文化内容 高校校训关键词半数凸显"学"	积木、王蔚、陆梓华	新民晚报	2014年7月23日
1861	格致中学奉贤校区发"招贤令" 聘拓展型课程专家打造高科技高中	钱钰	文汇报	2014年8月29日
1862	今年近17万新生入小学迎又一波高峰 沪新开50所中小幼公办学校	钱钰	文汇报	2014年9月1日
1863	大学教授进中小学教课、开讲座 高校实验室对中学开放 徐汇现"大学区"打通大中小学	刘晶晶、刘昕璐	青年报	2014年9月1日
1864	老带新,资源共享办学"高起点"	彭德倩、彭薇	解放日报	2014年9月2日
1865	为"高科技高中"招募导师 格致中学向社会发"英雄帖"	陆梓华	新民晚报	2014年9月3日
1866	2014年"上海市园丁奖"光荣榜		文汇报	2014年9月9日
1867	业界名家热议:育人者怎么培育 老师要有一潭水 如今源头在哪里	徐瑞哲	解放日报	2014年9月11日
1868	86岁诺奖得主与高中生"谈人生" 最快乐的是用研究帮助他人	彭薇	解放日报	2014年10月12日
1869	86岁诺奖得主科里坐客格致中学畅谈人生——"诺奖只是生活很小的一部分"	钱钰	文汇报	2014年10月12日
1870	曹鹏的家	王潇、柳森	解放日报	2014年10月23日

续 表

序号	篇 名	作 者	媒 体	时 间
1871	麻省理工"创新梦工厂" 格致中学引进率先体验	彭薇	解放日报	2014年11月9日
1872	动手把创意"加工"成产品	钱钰	文汇报	2014年11月9日
1873	高考改革更强调学以致用 "成长导师"应运而生	陆梓华	新民晚报	2014年11月12日
1874	麻省理工大陆地区首家FabLab实验室落户格致中学 高中生借"创客"将创意变成了现实	陆梓华	新民晚报	2014年11月12日
1875	奉贤：滨海新城拉动南上海发展	刘锟	解放日报	2014年11月19日
1876	市运会首次评选青少年组"未来之星" "小姚明""小刘翔"，你们在哪儿	龚洁芸	解放日报	2014年11月21日
1877	办学生喜欢的学校	陆绮雯	解放日报	2014年11月24日
1878	教研员们的新发现	龚丹韵	解放日报	2014年11月24日
1879	滨海新城 美丽奉贤 一路向南 一生辉煌 一座新兴城市正在南上海崛起	许沁	解放日报	2014年11月24日
1880	格致的"好问题"与"成长树"	许沁	解放日报	2014年11月24日
1881	格致中学140周年啦！		青年报·学生导报	2014年11月24日
1882	"中华小当家"与大师一起做美食	徐红清	青年报	2014年12月10日
1883	与大师一起做美食,传承海派饮食文化	徐红清	青年报·学生导报	2014年12月15日
1884	专家与学子谈法治与青年使命——第七期"新青年说"思想分享会昨天举行	周胜洁	青年报	2014年12月30日
1885	上海市实验性示范性高中德育"杯赛"回顾	郭漪	青年报·学生导报	2015年1月12日
1886	2014年上海市普教"孺子牛"奖获奖名单		文汇报	2015年1月28日
1887	近年沪上高中越来越多优秀学生负笈海外 一成学生去"洋高考",学校怎么管	彭薇	解放日报	2015年2月2日
1888	校园简讯	百强	新民晚报	2015年2月4日

续表

序号	篇　名	作　者	媒　体	时　间
1889	一曲尽离欢——《边城》读后感	蒋正之	新民晚报	2015年2月8日
1890	"1"和"21"上海推进城乡发展一体化政策文件陆续出炉　将在深化完善镇村规划体系等8个领域重点突破　聚焦问题　重点破解　描绘城乡发展一体化新蓝图	黄勇娣、徐蒙	解放日报	2015年3月27日
1891	沪上不少知名高中集中启动自招　新高考改革带来细微变化　有学校大幅提高语文、外语分值	刘晶晶	青年报	2015年3月30日
1892	那一幕，我难以忘怀	周楚瀚	青年报·学生导报	2015年4月6日
1893	中小学牵手成"一家"　格致教育集团探索基础教育全学段创新素养一体化培养新模式		新民晚报	2015年4月8日
1894	五校勾画发展蓝图		新民晚报	2015年4月8日
1895	劳伦斯与中国体育的亲密接触	陶刑莹	新民晚报	2015年4月12日
1896	首届上海(国际)青少年科技创意大赛举行　中学生设计"未来校园"	钱钰	文汇报	2015年5月3日
1897	通过党建引领，推进社区共建共治和居民自治。南京东路街道——搭能量平台，激活"原点大妈"的能耐		文汇报	2015年5月11日
1898	2015年中招本市66所高中拟预录取8796人	郭漪	青年报·学生导报	2015年5月11日
1899	提高学生审美和人文素养　马飚率团在沪考察，吴志明陪同	张骏	解放日报	2015年5月14日
1900	上海63所高中零志愿招生计划公布		青年报·学生导报	2015年5月18日
1901	高考落幕却无法放松　部分考生本周起迎战高校自招考	刘晶晶、马鈜、刘昕璐、许阳阳	青年报	2015年6月9日
1902	沪111名考生入围北大、清华自主选拔录取名单　两校招生组表示　学生视野开阔　不扎堆热门专业	刘昕璐	青年报	2015年6月25日
1903	物理思维方法考察成重点　题海战越来越难应对高考	方梦非	文汇报	2015年6月26日

续表

序号	篇　名	作者	媒体	时　间
1904	14个区县公布中招零志愿投档分数线　部分学校"跳水"近40分	刘晶晶	青年报	2015年7月14日
1905	本市各区县普通高中录取分数线昨天公布　普高分数线普降10—20分	刘晶晶	青年报	2015年7月17日
1906	两国中学校长共话个性化教育	张鹏	文汇报	2015年7月22日
1907	在付出中前行　做有影响力中国人——中学生"留学派"成为志愿者队伍中非常活跃的新生力量	朱筱丽	青年报	2015年8月4日
1908	高中生综合素质评价办法实施迎首个假期　13余万实践岗位95％已被高一学生预约	刘晶晶	青年报	2015年8月4日
1909	体育课改革试点扩大　全市83所试点学校今年将推行　探索初二学生男女分班教学形式	刘晶晶	青年报	2015年8月18日
1910	种下公益种子　盼更多实践土壤——志愿服务成高中必修课后,沪上各基地暑期"爆棚"	朱筱丽	青年报	2015年8月18日
1911	本市学校体育课程改革探索男女生分班教学形式		青年报	2015年8月18日
1912	60学时志愿服务成高中生必修课　首个暑假95.8％岗位被火热预约　学生实践收获几成？基地配套跟上了吗？	朱筱丽	青年报	2015年8月18日
1913	"暴露男"频现游泳池		青年报	2015年8月30日
1914	作家沈寂回忆当年投笔从戎加入新四军前　不惧退学坚持编抗日刊物	卢燕	青年报	2015年9月3日
1915	本市未接到"塑胶跑道致学生不适"投诉　专家建议　制定更有效标准检测"毒"跑道	刘晶晶	青年报	2015年10月15日
1916	静安U17女排认真打球还不落下功课　青运会"学生军"抢眼　二传手参赛自带台灯	姚勤毅	解放日报	2015年10月21日
1917	长三角联合师资招聘会上"一专多能"师资最受高中青睐　宝山招聘教师月补房租2100元	许沁	解放日报	2015年10月26日

续 表

序号	篇 名	作 者	媒 体	时 间
1918	市区示范性高中办分校,探索特级教师流动机制 沪上优质教育资源辐射至郊区学校	许沁	解放日报	2015年11月13日
1919	家和万事兴——2015年上海市民文化节家庭故事大赛优秀故事选登	邱新隆等人	解放日报	2015年11月24日
1920	近4万考生昨参加上海公务员考试恰逢国家公祭日 保护抗战遗址等入《申论》考题	陈晓颖	青年报	2015年12月14日
1921	360名贫困生相聚"温馨冬至夜"	王蔚	新民晚报	2015年12月21日
1922	400年了,莎士比亚从未离开	诸葛漪、蒋迪雯	解放日报	2016年2月28日
1923	英国皇家莎士比亚剧团走进沪上中学	陆梓华、郜阳	新民晚报	2016年3月2日
1924	一大波中考自主招生信息来袭	郭漪	青年报·学生导报	2016年3月14日
1925	17所中学与上海戏剧学院签约 沪首批特色戏剧学校获命名	焦苇	文汇报	2016年3月19日
1926	喧哗与缄默	薄加伦	新民晚报	2016年3月20日
1927	沪诞生首批高中戏剧特色学校 上戏已为17所中学开戏剧菜单,还将派出师资力量送教上门	刘昕璐	青年报	2016年3月21日
1928	17所高中戏剧特色学校命名,有你们学校吗?	刘昕璐	青年报·学生导报	2016年3月28日
1929	细微处的爱	薄加伦	新民晚报	2016年4月17日
1930	《小说选刊》奖颁奖	郦亮	青年报	2016年4月20日
1931	中小学生参与职业体验日活动 中职校"吆喝"自己展现魅力	郭漪	青年报·学生导报	2016年4月25日
1932	2015年度上海市青年五四奖章、优秀团员、优秀团干部名单公布		青年报	2016年5月4日
1933	确保法规立得严可操作 殷一璀参加代表联系社区活动	王海燕	解放日报	2016年5月27日
1934	听取意见建议 夯实立法民意基础 殷一璀参加市人大代表联系社区活动	祝越	文汇报	2016年5月27日
1935	预订提前 普陀、宝山部分考点"高考房"突然紧俏	刘晶晶	青年报	2016年6月3日

续表

序号	篇　名	作　者	媒体	时　间
1936	气象保障已提前10天监测　天气对5万高考生利好	徐瑞哲	解放日报	2016年6月7日
1937	高考今起拉开帷幕　各方发布护考方案　赴考路上何处易堵	钟雷、马鈜	青年报	2016年6月7日
1938	"作弊入刑"后首个高考今开考　考试院全覆盖检查各考点　普通手表准入，iwatch禁入考场	刘昕璐	青年报	2016年6月7日
1939	史上最严高考开始　14个监测站铺设无线电"网"防作弊　高校微信提醒学子莫当枪手　忘带身份证、走错考场　考场"马大哈"今年依然有	刘昕璐、刘晶晶、钟雷	青年报	2016年6月8日
1940	推进集团化办学　均衡区域教育——专访上海市松江区民乐学校校长陈伟平	车键	青年报	2016年6月8日
1941	中考昨天结束,考生人数为近12年来最少　语文作文题让师生"真没想到"	刘晶晶	青年报	2016年6月20日
1942	上海公布普通高中录取分数线　"四大名校"格局未破	许沁、彭德倩	解放日报	2016年7月20日
1943	本市16个区高中投档分数线公布	刘春霞	青年报	2016年7月20日
1944	刷题时间少一些　社会实践多一些　格致中学"焕彩青村"项目摘得全国中学生领导力展示会特等奖	陆梓华	新民晚报	2016年7月25日
1945	500名高中生PK"领导力"	邵炯	青年报	2016年7月29日
1946	沪七旬女建筑师用卫星地图寻觅到80多座上海本地特有老房子　为石库门脱胎于"绞圈房子"找论据	王海燕	解放日报	2016年8月9日
1947	"免税消费热"助百货业转型升级	沈旖旎	青年报	2016年8月17日
1948	第十三届上海市示范性中学学生会主席论坛举行　高中"牛娃"齐论长征、梦想、担当	周胜洁	青年报	2016年8月22日
1949	全国少年女子排球邀请赛圆满闭幕		青年报	2016年8月26日

续 表

序号	篇 名	作 者	媒 体	时 间
1950	高招对接综合素质评价,改变了高中的评价标杆 上海高中教育走向"全面育人"	龚洁芸、许沁	解放日报	2016年9月13日
1951	高中学生综合素质评价信息将纳入高校招录环节,沪上知名高校率先推出使用办法——上海新高考:从"招分"到"招人"的蜕变	陆璟、何美龙、何刚	文汇报	2016年9月13日
1952	新高考改革:从"育分"走向"育人"——首批4校公布综合素质评价使用办法,年内其他高校也将公布		解放日报	2016年9月14日
1953	艺术熏陶铸精神家园 非遗项目创百花校园 文教结合建育人乐园		文汇报	2016年9月23日
1954	传承"非遗"文化 青年人在行动	陆安怡	青年报	2016年10月11日
1955	非遗保护从青年做起 沪上高校学子、高中学生开展相关创新项目	陆安怡	青年报	2016年10月11日
1956	2016冬季长三角联合师资招聘会即将举行 小学幼儿园师资需求持续旺盛	张鹏	文汇报	2016年10月13日
1957	长三角联合师资招聘会下周日举行	刘昕璐	青年报	2016年10月14日
1958	校园里建油画创作基地	陆梓华	新民晚报	2016年10月19日
1959	免费食宿班车接送,优先考虑评优和职称晋升 多所名校开优厚条件为分校揽	许沁	解放日报	2016年10月24日
1960	2016年冬季长三角联合师资招聘专场昨举行 郊区猛打"补贴"牌吸引优质人才	刘春霞	青年报	2016年10月24日
1961	教育部近日郑重声明 "全国百强高中"排行榜不靠谱	刘昕璐	青年报	2016年11月7日
1962	西林女排学运会夺冠		青年报	2016年11月7日
1963	上海中考"零志愿"政策特点解读	朱筱丽	青年报	2016年11月14日
1964	宣传册、公众号……这几位中学生把微课题搞成了"大项目"	郭漪	青年报	2016年12月6日

续表

序号	篇 名	作者	媒体	时间
1965	从"受助者"变为"创变者" 让困难儿童看到不一样的未来	陈诗松	青年报	2016年12月20日
1966	教坛"不老松"把名校办到家门口 名校长、名教师转战远郊和薄弱学校带来优质教育	王蔚	新民晚报	2017年1月12日
1967	"高中名校慕课平台"菜单扩容 新加盟28所学校开设课程达105门	陆梓华、焦苇	新民晚报	2017年1月16日
1968	上海名师优质教育资源上线 学生热衷自主便捷网络学习	陈静	中国新闻社	2017年1月17日
1969	减负之重,第一课堂如何撬动?	彭德倩	解放日报	2017年1月18日
1970	向青草更青处漫溯——读《唤醒理性的不安》	雷振泉	中国教师报	2017年1月18日
1971	"不加分"的学生乐团才减负育人	龚洁芸	解放日报	2017年1月23日
1972	携程美女CEO孙洁:高能人生没有捷径		都市晨报	2017年2月20日
1973	从"专才"到"通才","音雄"出处在改变		文汇报	2017年2月21日
1974	最小偏怜	何华	联合早报(新加坡)	2017年2月21日
1975	最小偏怜		新民晚报	2017年2月23日
1976	育人标尺补上传统文化刻度	许沁	解放日报	2017年2月27日
1977	探寻原汁原味的美国课程 上海市格致中学国际部	李智卓	台商月刊	2017年3月1日
1978	上海一中学:非遗融入研究性课题		汕头都市报	2017年3月5日
1979	"吃货"版招生海报走红网络 原创者是格致中学奥赛学霸	陆梓华	新民晚报	2017年3月20日
1980	敢想敢做多才艺,倒逼学校管理更新理念 90后教师渐成讲台主角	朱颖婕、张鹏	文汇报	2017年3月22日
1981	多所重点高中相继启动"校园开放日" 不出偏题怪题,"四大名校"还能看啥	许沁、彭德倩	解放日报	2017年3月26日
1982	"12+X"模式"数说"上海就业情况 数据显示:收入高的人就业满意度不一定高	陈晓颖	青年报	2017年3月29日

续表

序号	篇　名	作　者	媒　体	时　间
1983	"绿色上海"市民公益植树活动举办	刘晶晶	青年报	2017年3月29日
1984	在美留学生模仿格致中学"距离体"	陈晓颖	青年报	2017年3月29日
1985	总教练郎平率队备战东京奥运　读书下棋两不误	葛会忠	中国体育报	2017年3月30日
1986	我看"吃货版"海报	阿惠	新民晚报	2017年3月31日
1987	魔都的吃货队伍	指间沙	申江服务导报	2017年4月5日
1988	首个创新教育特色高中今年对外招生　首届招60个学生　即日起报名	郭颖	青年报	2017年4月11日
1989	上海成立学生戏剧团　实现五大高水平学生"艺术联盟"整体布局	郭漪、焦苇	青年报·学生导报	2017年4月11日
1990	本市第一所创新教育特色高中些什么		青年报·学生导报	2017年4月11日
1991	走马沪苏问道新高考		咸宁日报	2017年4月12日
1992	上海21所高中国际课程班试点招生	张鹏	文汇报	2017年4月26日
1993	上海21所学校试点国际课程招生	王蔚、思媛	新民晚报	2017年4月26日
1994	教育管理双料硕士庄白老师加入vipjr数学教学研究院		重庆晚报	2017年4月27日
1995	沪中小学生职业体验日活动精彩上演　课程化建设彰显职教内涵	徐红清	青年报	2017年5月1日
1996	各级团组织办主题活动纪念建团95周年	刘春霞、郭颖、范彦萍、刘昕璐	青年报	2017年5月4日
1997	本市已建成64个应急避难场所　可容纳避难人数近33万人　3年内避难场所将再建逾300个	潘文	新闻晨报	2017年5月13日
1998	妻子曾是个电焊工	李处、阿米	东方城乡报	2017年5月19日
1999	立夏的回忆	田仲文	青年报·学生导报	2017年5月22日
2000	卓越高中期待怎样的"好老师"	樊丽萍	文汇报	2017年5月26日
2001	看"新高考"如何促学生素养全面发展	曹继军、颜维琦	光明日报	2017年5月30日

续 表

序号	篇 名	作者	媒体	时 间
2002	各族少年齐"献针"大手小手共绣党旗	钟雷	青年报	2017年6月2日
2003	两依据一参考 高考迈进新纪元	陈轩棋	中国民航报	2017年6月5日
2004	2017年"新"高考前瞻：高考改革会取得哪些进展与突破？高中选课制、走班教学成新常态	新华社	青年报	2017年6月7日
2005	学生选择性是否增加？		邢台日报	2017年6月7日
2006	焦点2 学生选择性是否增加？		处州晚报	2017年6月7日
2007	高考改革取得了哪些突破		咸宁日报	2017年6月7日
2008	940万考生今起高考"新高考"到底会取得哪些突破？	综合新华社	桂林晚报	2017年6月7日
2009	"新高考"会有哪些进展与突破 新录取方式倒逼学生和家长提早关注职业生涯规划	新华社	深圳晚报	2017年6月7日
2010	今年新高考前瞻：高考改革到底会取得哪些进展与突破？	新华社	牛城晚报	2017年6月7日
2011	高考改革到底会取得哪些进展与突破？	新华社	华兴时报	2017年6月7日
2012	2017年"新"高考前瞻：高考改革到底会取得哪些进展与突破？	郑天虹、仇逸、余靖静、胡浩	云浮日报	2017年6月7日
2013	高考改革到底会取得哪些进展与突破？	新华社	濮阳日报	2017年6月7日
2014	高考改革会取得哪些进展与突破？	新华社	茂名晚报	2017年6月7日
2015	录取模式有何变化？——透视2017年高考四大焦点	新华社	襄阳日报	2017年6月7日
2016	高校招生将参考学生高中阶段综合评价	新华社	常州晚报	2017年6月7日
2017	高考改革到底会取得哪些进展与突破	新华社	海口日报	2017年6月7日
2018	2017年"新"高考 一考定终身是否被打破	新华社	湖南日报	2017年6月7日
2019	"新高考"会取得哪些进展与突破	新华社	北京日报	2017年6月7日
2020	2017年"新"高考前瞻：高考改革到底会取得哪些进展与突破？	新华社	钦州日报	2017年6月7日

续 表

序号	篇 名	作 者	媒 体	时 间
2021	高考改革到底会取得哪些进展与突破?——2017年"新"高考前瞻	新华社	鄞州日报	2017年6月7日
2022	2017年"新"高考前瞻:高考改革到底有哪些进展与突破	郑天虹、仇逸、余靖静、胡浩	山西法制报	2017年6月7日
2023	透视2017年"新"高考4大焦点	新华社	邯郸晚报	2017年6月7日
2024	2017年"新"高考前瞻:高考改革会有哪些进展与突破?	新华社	京江晚报	2017年6月7日
2025	高考改革到底会取得哪些进展与突破?	新华社	青岛晚报	2017年6月7日
2026	2017年"新高考"前瞻:高考改革到底会有哪些突破?	新华社	沧州晚报	2017年6月7日
2027	2017年高考四大焦点！这些改革释放出强烈信号	新华社	彭城晚报	2017年6月7日
2028	2017年"新"高考前瞻 改革会取得哪些进展与突破?	新华社	沈阳日报	2017年6月7日
2029	高考改革到底会取得哪些进展与突破?	新华社	芜湖日报	2017年6月7日
2030	高考改革到底会取得哪些进展与突破?	新华社	湖州日报	2017年6月7日
2031	2017年"新"高考前瞻 高考改革有哪些进展突破?	郑天虹、仇逸、余靖静、胡浩	渤海早报	2017年6月7日
2032	2017年"新"高考前瞻:高考改革到底会取得哪些进展与突破?	新华社	江西日报	2017年6月7日
2033	2017年"新"高考前瞻:高考改革到底会取得哪些进展与突破	新华社	周口晚报	2017年6月7日
2034	2017年"新"高考前瞻:高考改革到底会取得哪些进展与突破?	新华社	周口日报	2017年6月7日
2035	高考改革到底会取得哪些进展与突破?	新华社	石河子日报	2017年6月7日
2036	"新高考"会取得哪些进展与突破?	郑天虹、仇逸、余靖静、胡浩	浙江法制报	2017年6月7日
2037	高考改革到底会取得哪些进展与突破?	郑天虹、仇逸、余靖静、胡浩	益阳日报	2017年6月7日

续 表

序号	篇 名	作 者	媒 体	时 间
2038	一考定终身是否被打破？学生选择是否增加？录取模式有何变化？招生取向发生哪些变化？透视2017年高考四大焦点	新华社	宿迁晚报	2017年6月7日
2039	2017年"新高考元年" 关注高考改革四大焦点	新华社	西海都市报	2017年6月7日
2040	2017年"新"高考前瞻：高考改革到底会取得哪些进展与突破？	新华社	太行日报	2017年6月7日
2041	今年"新"高考前瞻	新华社	太仓日报	2017年6月7日
2042	高考改革到底会取得哪些进展与突破？	郑天虹、仇逸、余靖静、胡浩	台州日报	2017年6月7日
2043	2017年"新"高考前瞻：高考改革到底会取得哪些进展突破？	新华社	台州晚报	2017年6月7日
2044	作为全国高考改革风向标，上海浙江2017年"新"高考备受关注 高考改革会取得哪些进展与突破？	新华社	皖东晨刊	2017年6月7日
2045	高考改革的风向标	郑天虹、仇逸、余靖静、胡浩	常州日报	2017年6月7日
2046	2017年"新"高考前瞻：高考改革到底会取得哪些进展与突破？	郑天虹、仇逸、余靖静、胡浩	青海日报	2017年6月7日
2047	2017年"新"高考前瞻：高考改革到底会取得哪些进展与突破？	新华社	宝安日报	2017年6月7日
2048	上海、浙江高考综合改革试点今日"开考" "新高考元年"，到底有何突破？	郑天虹、仇逸、余靖静、胡浩	新华日报	2017年6月7日
2049	高考改革到底会取得哪些进展与突破？	新华社	景德镇日报	2017年6月7日
2050	录取模式有何变化？	新华社	泰安日报	2017年6月7日
2051	"新高考元年"来了 高考改革关键看四个焦点	新华网	柳州晚报	2017年6月7日
2052	报名考生共940万人	郑天虹、仇逸、余靖静、胡浩	乌蒙新报	2017年6月7日
2053	2017年"新"高考前瞻：高考改革到底会取得哪些进展与突破？	郑天虹、仇逸、余靖静、胡浩	太行日报	2017年6月7日

续 表

序号	篇　名	作　者	媒　体	时　间
2054	录取模式有何变化？	郑天虹、仇逸、余靖静、胡浩	长白山日报	2017年6月7日
2055	2017年"新"高考前瞻：高考改革会取得哪些进展与突破？	郑天虹、仇逸、余靖静、胡浩	新乡日报	2017年6月7日
2056	新高考元年，改革会取得哪些进展与突破？	新华社、中国青年报	重庆晨报	2017年6月7日
2057	录取模式有何变化	新华社	宁夏日报	2017年6月7日
2058	录取模式有何变化？	新华社	城市晚报	2017年6月7日
2059	一考定终身能否被打破？ 2017年"新"高考前瞻：高考改革到底会取得哪些进展与突破？	新华社	烟台日报	2017年6月7日
2060	2017年"新"高考前瞻——高考改革到底会取得哪些进展与突破？	新华社	攀枝花日报	2017年6月7日
2061	高考改革会取得哪些进展与突破？	新华社	焦作日报	2017年6月7日
2062	高考改革到底会取得哪些进展与突破？	郑天虹、仇逸、余靖静、胡浩	张家口日报	2017年6月7日
2063	新高考　在哪里突破	新华社	青岛早报	2017年6月7日
2064	2017年"新"高考前瞻：高考改革将有哪些进展与突破？	郑天虹、仇逸、余靖静、胡浩	山西经济日报	2017年6月7日
2065	高考改革到底会取得哪些进展与突破？	新华社	平原晚报	2017年6月7日
2066	2017年"新"高考前瞻：高考改革到底会取得哪些进展与突破？	郑天虹、仇逸	葫芦岛日报	2017年6月7日
2067	改革进展在哪，突破在哪——2017年"新"高考前瞻	郑天虹、仇逸、余靖静、胡浩	江苏经济报	2017年6月7日
2068	高考改革到底会取得哪些进展与突破？	新华社	山西晚报	2017年6月7日
2069	"新高考"会取得哪些进展与突破？	新华社	西部晨风	2017年6月7日
2070	2017年"新"高考前瞻　高考改革到底会取得哪些进展与突破？	新华社	淮河晨刊	2017年6月7日
2071	2017年"新"高考前瞻：高考改革到底会取得哪些进展与突破？	新华社	慈溪日报	2017年6月7日

续 表

序号	篇　名	作　者	媒　体	时　间
2072	2017年"新"高考前瞻：高考改革到底会取得哪些进展与突破？	新华社"新华视点"记者	丽水日报	2017年6月7日
2073	2017年"新"高考前瞻：高考改革会有哪些进展与突破？	新华社	当代生活报	2017年6月7日
2074	2017年"新"高考前瞻：高考改革到底会取得哪些进展与突破？	新华社	今日象山	2017年6月7日
2075	高考改革到底会取得哪些进展与突破？	新华社	茂名日报	2017年6月7日
2076	2017年"新"高考前瞻　高考改革到底会取得哪些进展与突破	郑天虹、仇逸、余靖静、胡浩	葫芦岛晚报	2017年6月7日
2077	2017年"新"高考前瞻：高考改革到底会取得哪些进展与突破？	郑天虹、仇逸、余靖静、胡浩	中国教育报	2017年6月7日
2078	"定终身"一考变多考　填报志愿最多达80个	新华社	生活晨报	2017年6月7日
2079	2017年"新"高考前瞻——高考改革到底会取得哪些进展与突破？	新华社	三亚日报	2017年6月7日
2080	2017年"新"高考前瞻：高考改革到底会取得哪些进展与突破？	郑天虹、仇逸、余靖静、胡浩	工人日报	2017年6月7日
2081	新高考元年，或将取得四大进展与突破	新华社	衡阳日报	2017年6月7日
2082	2017年"新"高考前瞻：高考改革到底会取得哪些进展与突破？	郑天虹、仇逸、余靖静、胡浩	延安日报	2017年6月7日
2083	录取模式有何变化？　透视2017年高考四大焦点	新华社	盐城晚报	2017年6月7日
2084	透视2017年高考四大焦点	新华社	襄阳晚报	2017年6月7日
2085	2017年"新高考"有哪些进展与突破？一考定终身被打破	新华社	鹤壁日报	2017年6月7日
2086	今年"新高考"前瞻：高考改革到底会取得哪些进展与突破？	郑天虹、仇逸、余靖静、胡浩	桂林日报	2017年6月7日
2087	一考定终身是否被打破？高考改革到底会取得哪些进展与突破？	新华社	台州商报	2017年6月7日
2088	"新高考"前瞻：高考改革会取得哪些进展与突破？	新华社	汕头都市报	2017年6月7日

续表

序号	篇　名	作　者	媒　体	时　间
2089	"新高考"之下会取得哪些突破	新华社	南昌日报	2017年6月7日
2090	"新"高考前瞻：今年高考改革会取得哪些进展与突破？	郑天虹、仇逸、余靖静、胡浩	海南日报	2017年6月7日
2091	高考改革到底会取得哪些进展与突破？	新华社	廊坊日报	2017年6月7日
2092	高考改革到底会取得哪些进展与突破？	新华社	劳动午报	2017年6月7日
2093	上海浙江"新高考"有何亮点？不分文理科　学生报考选择变多	综合新华社、人民日报报道	扬州晚报	2017年6月7日
2094	上海浙江高考改革后的首批高中生今年参加高考　作为试点，两地的改革成为全国高考改革风向标　"新高考"会有哪些突破	新华社	河北日报	2017年6月7日
2095	高考改革到底会取得哪些突破？	新华社	新消息报	2017年6月7日
2096	2017年"新"高考前瞻：高考改革到底会取得哪些进展与突破？	新华社	石嘴山日报	2017年6月8日
2097	录取模式有何变化？	郑天虹、仇逸、余靖静、胡浩	北方周末报	2017年6月8日
2098	2017年"新"高考前瞻：高考改革到底会取得哪些进展与突破？	新华社	运城晚报	2017年6月8日
2099	2017年"新"高考前瞻：高考改革到底会取得哪些进展与突破？	新华社	兰江导报	2017年6月9日
2100	2017年"新"高考	新华社	生活报七台河版	2017年6月9日
2101	2017年"新"高考透视——高考改革将取得哪些进展与突破？	新华社	文山日报	2017年6月9日
2102	高考改革到底会取得哪些进展与突破？	新华社	山西农民报	2017年6月13日
2103	本周日，相约农大附中，我们不见不散	吕重阳	都市消费晨报	2017年6月16日
2104	重点食品安全单位实施视频监控		劳动报	2017年6月17日
2105	上海中考总与父亲节"不期而遇"　听陪考的"英雄爸爸"们袒露心声	朱颖婕、张鹏	文汇报	2017年6月18日
2106	茶事一生	韦希成	团结报	2017年6月24日

续 表

序号	篇　名	作　者	媒　体	时　间
2107	绒绣党旗赠送武警战士	卞军	北京日报	2017年6月27日
2108	国网上海奉贤供电举行立功竞赛誓师大会	沙旦华	工人日报	2017年6月27日
2109	中小学生走进电厂邂逅绿色能源		劳动报	2017年7月6日
2110	长宁百年建筑钟楼、礼拜堂重新对外开放	周胜洁、倪彦晟	青年报	2017年7月12日
2111	上海中考零志愿、名额分配志愿分数线公布　四校零志愿投档线在600分左右	刘春霞	青年报	2017年7月14日
2112	"郑和杯"2017年全国青少年航海模型锦标赛昨日完成4个项目赛程　收官项目今日迎来"大决战"	朱勋航、李瑞莹、张迪	都市时报	2017年7月16日
2113	有一种帅，叫作国旗班	李动	解放日报	2017年7月20日
2114	暑假，老师为什么一定要旅行？	黄国育、魏娜	珠江商报	2017年7月24日
2115	图片新闻	温沁、范玉霞、潘成、周晓璇	安徽日报	2017年7月27日
2116	"小伙伴"牵手大别山	黄连广、张旭初	安徽日报	2017年7月27日
2117	"新高考"如何让高校和考生获得更多自主权	李新玲、谢湘	中国青年报	2017年8月3日
2118	"新高考"如何让高校和考生获得更多自主权	人民网	安吉日报	2017年8月4日
2119	"新高考"如何让高校和考生获得更多自主权	人民网	安吉新闻	2017年8月4日
2120	"新高考"如何让高校和考生获得更多自主权	中国青年报	阳光报	2017年8月8日
2121	不仅会做作业　还要会做课题	陆梓华	新民晚报	2017年8月11日
2122	为什么考完级以后就再也不练琴了？听听音乐教育家丁芷诺的看法——"很多孩子学乐器却没收获快乐"	姜方	文汇报	2017年8月17日
2123	让初高中教育更连贯　一体化课程可是"解药"？	朱颖婕	文汇报	2017年8月18日
2124	培育世贤学子　奠基贤城未来		奉贤报	2017年8月25日

续 表

序号	篇 名	作 者	媒 体	时 间
2125	2017年"上海市园丁奖"光荣榜		文汇报	2017年9月4日
2126	1090位优秀教师获颁上海市园丁奖	陆梓华	新民晚报	2017年9月7日
2127	30年来近2万名优秀教师荣获"上海市园丁奖",一大批名校长名教师从这里起步 教书育人 不忘初心		解放日报	2017年9月8日
2128	"老师,您辛苦啦!"东方成安教师节感恩关爱行		上海金融报	2017年9月12日
2129	上海图书"走出去"成果斐然	郦亮	青年报	2017年9月14日
2130	奉贤社会事业健康发展 区内教育、卫生、体育等民生事业惠及全民	蔡倩雯	奉贤报	2017年9月22日
2131	不忘初心 锐意进取 助力少年奉贤迈向青春奉贤		奉贤报	2017年10月13日
2132	大美奉贤 璀璨金海——南上海品质社区建设进行时		奉贤报	2017年10月13日
2133	3.5万针,战士孩子共绣红旗	唐烨	解放日报	2017年10月16日
2134	微影评写出中学生心目中的英雄 沪上中小学生纪念中国人民解放军建军90周年	郭漪	青年报·学生导报	2017年10月17日
2135	明年上海预计招聘教师近万人,市区师资需求增速高于郊区 "种子计划"提前储备师资人才	许沁、范潇月	解放日报	2017年10月31日
2136	2017冬季长三角联合师资招聘专场11月12日举行 市区师资需求增速比郊区更突出	刘春霞	青年报	2017年10月31日
2137	没文化很可怕——读《儒家礼乐文明讲演录》	夏学杰	三江都市报	2017年10月31日
2138	"种子计划"助非师范生圆教师梦 2017冬季长三角联合师资招聘会举行幼儿师资依然紧缺		青年报	2017年11月13日
2139	深挖特色资源 引领创新发展	郑炜梅、李跃、黄焱、姚诗诗	梅州日报	2017年11月15日
2140	"中国教育学会科创教育发展中心"落地上海	柯瑞逢	人民网	2017年11月20日

续 表

序号	篇　名	作者	媒　体	时　间
2141	奉贤区委书记向市民展示宜居城区未来规划　退渔还水　家门口有望推窗见景	范彦萍	青年报	2017年11月21日
2142	无论"D"几次,都会"I"上你——2017—2018 DI上海青少年创新思维竞赛落下帷幕	朱筱丽	青年报	2017年11月21日
2143	上海市第12届金爱心学生和集体诞生　学生们"长期主动投入"公益成为主流	刘昕璐、郭漪	青年报·学生导报	2017年11月21日
2144	日常生活中的礼乐文明	夏学杰	广州日报	2017年11月21日
2145	上海"小作家"优秀作品选登·进步,从这里开始	程思奇	新民晚报	2017年11月22日
2146	日常生活中的礼乐文明	夏学杰	华兴时报	2017年11月22日
2147	人工智能来了,教育该怎么办	周飞	文汇报	2017年11月24日
2148	无论"D"几次,都会"I"上你 2017—2018 DI上海青少年创新思维竞赛落下帷幕	朱筱丽	青年报·学生导报	2017年11月27日
2149	黄浦区委书记杲云邀年轻人去黄浦老城厢走走看看　找寻城市记忆　感受时代新意	范彦萍	青年报	2017年11月28日
2150	泪水、汗水、意外、喜悦,他们都很爱很爱　2017—2018 DI上海青少年创新思维竞赛落下帷幕	朱筱丽	青年报·学生导报	2017年11月28日
2151	大数据为校企合作探索有效路径	苏珊	现代教育报	2017年11月29日
2152	"影"领成长,奏响"百年树人"新乐章	林颖颖	新闻晨报	2017年12月8日
2153	半个世纪的班长	艺勤	新民晚报	2017年12月10日
2154	骄人战绩　DI国赛落幕　上海团大满贯	徐红清、朱筱丽	青年报	2017年12月12日
2155	第十二届DI创新思维中国区总决赛落幕　享受意外和精彩　上海高中生收获全方位成长	徐红清	青年报·学生导报	2017年12月12日
2156	第十二届DI国赛落幕　上海代表团拿下36个奖项　"上海小囡"实现各组别"大满贯"	徐红清、朱筱丽	青年报	2017年12月12日

续表

序号	篇　名	作　者	媒　体	时　间
2157	新高考来了：育人模式迎变革	苏婷	中国教育报	2017年12月13日
2158	本市为贫困生举办"温馨冬至夜"活动	刘昕璐	青年报	2017年12月18日
2159	"温馨冬至夜"，爱来到孩子们中间	刘昕璐	青年报·学生导报	2018年1月2日
2160	盐都教育体育2017年十件大事		盐阜大众报	2018年1月9日
2161	有一种幸福，叫家在金海		奉贤报	2018年1月12日
2162	每年10万青少年接受革命教育洗礼　90后在渔阳里感受信仰的力量	郭颖	青年报	2018年1月17日
2163	做为人师表楷模　当立德树人先锋——上海市中小学德育研究协会第四届"育德之星"表彰名单		文汇报	2018年1月18日
2164	上海市中小学德育研究协会第四届"育德之星"表彰名单		青年报	2018年1月18日
2165	10个月探访调研交出"有分量"提案　调整经费分配结构带动教育均衡发展	方翔、江跃中、潘高峰	新民晚报	2018年1月24日
2166	今年开学季一批郊区"新名校"将开学	李星言、朱晓芳、杨青霞、徐斌忠、林颖颖、冯书颖	新闻晨报	2018年1月24日
2167	TED演讲、情景剧、服装设计……15支中队展现少先队改革新成果	周胜洁	青年报	2018年1月25日
2168	"我爱古诗文"之弟子规校际邀请赛　跨校切磋，同学们隔空喊话欢乐多	余长江	青年报	2018年1月26日
2169	家长这样做　孩子成绩好	胡敏	中国教育报	2018年2月4日
2170	徐寿为何被誉为晚清"第一巧匠"	朱亚夫	解放日报	2018年3月13日
2171	"草根"徐寿，晚清"第一巧匠"		市场星报	2018年3月18日
2172	上半年中小学教师资格考试报名人数增加近53%　师资需求量大但"门槛"不降	许沁	解放日报	2018年3月19日
2173	制造中国首台蒸汽机、首位在《自然》上发表文章的中国人——晚清"第一巧匠"徐寿	解放日报	淇河晨报	2018年3月23日

附录　媒体报道总目录初编(1949年6月至2019年6月)

续　表

序号	篇　名	作者	媒体	时　间
2174	徐寿：晚清"第一巧匠"	解放日报	茂名晚报	2018年3月23日
2175	对芭蕾,"难说再见"——上芭首席演员吴虎生的成长轨迹	朱渊	新民晚报	2018年4月8日
2176	让孩子健康快乐成长,2018"特级教师开课啦"启动！ 20日首讲抢票附8场排片表	许沁	上观新闻	2018年4月8日
2177	晚清"第一巧匠"徐寿	朱亚夫	农村信息报	2018年4月14日
2178	2018"特级教师开课啦" 本周五晚首讲,格致校长鼓励孩子勇敢做自己(附讲座安排)	许沁	上观新闻	2018年4月16日
2179	如何鼓励孩子做唯一的自己？名师讲座上观会员免费抢票		上观新闻	2018年4月16日
2180	比知识更重要的是什么？"未来问题解决全国展评"告诉孩子们：是创新力！	郭漪	青年报·学生导报	2018年4月17日
2181	市少工委召开初中少先队仪式教育与争章活动优化结合研讨会 要擦亮品牌、抓住机遇、落地改革	周胜洁	青年报	2018年4月20日
2182	责雅校园培育谦谦少年君子 崂山七中向创建青岛名校行列迈进,计划面向学生推出研学旅行拓视野	刘金震	半岛都市报	2018年4月20日
2183	特级教师开课啦 会做题会做事,还能创造,格致中学特级校长张志敏鼓励孩子勇敢做自己	许沁	上观新闻	2018年4月21日
2184	青浦高级中学首届戏剧节		新民晚报	2018年4月25日
2185	全国五省市高中新课程体系建设研讨会在定州中学举行	王登强	定州日报	2018年4月26日
2186	陆培育AI人才 从中学开始 发表全球首部相关中等教育普及教材 40所学校将率先采用	林宸谊	经济日报（台湾）	2018年4月30日
2187	王志冲：法华镇路上的"笔挺先生"	沈轶伦	解放日报	2018年5月1日
2188	阅读马拉松为青少年开专场 6小时集中阅读重塑阅读记忆	曹莹	青年报·学生导报	2018年5月1日
2189	"神话语文课"这样上,温故更知新	曾索狄	新闻晨报	2018年5月8日

续表

序号	篇　名	作　者	媒　体	时　间
2190	中华创世神话亮相荧屏赢好评　这堂"神话语文课"温故更知新	陈宏	青年报	2018年5月9日
2191	甲秀高中　今年8月开学	赵松、袁娟、杨郦晶、陈秋莎	贵州都市报	2018年5月12日
2192	让越来越多的孩子能在家门口享受到优质教育　南明区邀来上海格致中学合办甲秀高中	罗文福、王雨	贵州日报	2018年5月13日
2193	探秘甲秀中学：引进名校办名校		贵州日报	2018年5月14日
2194	借势而行　谋未来逆势而上发力供给侧改革		贵州日报	2018年5月14日
2195	提要		贵州日报	2018年5月14日
2196	巧于借力　擅于借势		贵州日报	2018年5月14日
2197	4月23日，朱丽霞一行来到上海格致中		贵州日报	2018年5月14日
2198	借力而用　聚优质教育资源办人民满意教育		贵州日报	2018年5月14日
2199	借智而为　抢高地确保教育实现均衡化发展		贵州日报	2018年5月14日
2200	南明区联合全国名校上海格致中学创办优质普惠公办高中　甲秀高中：打造高质量的平民教育典范	袁娟、杨郦晶	贵州都市报	2018年5月14日
2201	2018年上海高中学业水平等级考结束　看专家如何评价化学、物理试卷	郭漪	青年报·学生导报	2018年5月15日
2202	我省高考综合改革拟定明年启动	熊园	西部商报	2018年5月16日
2203	如何打破科创教育师资瓶颈？"众筹"各方资源，首批科创教师在沪定向公益培训	许沁	上观新闻	2018年6月4日
2204	不只"刷"满学时　更要在实践中成长　高中生在志愿服务中解决社会问题、收获成长	陆安怡	青年报	2018年6月5日
2205	多点发力　办学活力特色彰显		贵州日报	2018年6月5日
2206	引导学生选择最合适自己的"3"	中国教育报	衡阳晚报	2018年6月6日

续 表

序号	篇　名	作者	媒体	时　间
2207	南明甲秀高中面向全国选拔优秀教师20名	袁娟、杨郦晶	贵州都市报	2018年6月7日
2208	贵阳市甲秀高级中学面向全国招20名教师	王雨	贵州日报	2018年6月7日
2209	"女儿,再抱抱吧"	林颖颖、朱晓芳、徐斌忠、杨青霞、李星言、董川峰、吴琼、陈征、杨婷婷	新闻晨报	2018年6月8日
2210	《十分上海》第六集聚焦高考考场外——00后高考生与70后送考父母	丁一涵、刘力源、蔡黄浩、董怡虹、许明	新民晚报	2018年6月10日
2211	背以致用	周龙拿	泉州晚报	2018年6月11日
2212	关注本土化,注重生态链——中国教育学会在沪定向培训科创教育老师	柯瑞逢	人民网	2018年6月14日
2213	人工智能教育怎样融入中学课堂——访《人工智能基础(高中版)》主编,华东师范大学教授陈玉琨	刘亦凡	中国教育报	2018年6月16日
2214	董总与中国合作办研习班16独中校长赴华上课		南洋商报(马来西亚)	2018年6月19日
2215	8天研习班提升领导力 42独中高管赴华充电		星洲日报(马来西亚)	2018年6月20日
2216	关于上海市中小学校卫生工作先进单位与先进工作者评选结果的公示		新民晚报	2018年6月21日
2217	当教育打开通往世界的大门——专访复旦大学教授、宁波诺丁汉大学校长杨福家	徐蓓	解放日报	2018年6月29日
2218	生活生态新城　宜居宜业"明珠"	范洁	新民晚报	2018年7月9日
2219	上海新认定8所中小学　知识产权教育示范学校	聂莉	中国知识产权报	2018年7月11日
2220	南明甲秀中学招聘教师应聘者众	弋昀	贵州日报	2018年7月12日
2221	学在晋江　办好人民满意教育	黄祖祥、林锦鑫	泉州晚报	2018年7月13日
2222	本市16区高中投档分数线公布	刘春霞	青年报	2018年7月17日

续表

序号	篇　名	作　者	媒　体	时　间
2223	盐都区探索教师培训新模式	卞桂富	盐城晚报	2018年7月17日
2224	火力全开　投奔社区　大团镇暑期活动燃爆整个夏天	王敏华	东方城乡报	2018年8月3日
2225	创新招商谋发展　奋力超越谱新章——南明区上半年招商引资工作综述		贵阳日报	2018年8月3日
2226	走进城市之心——南京东路街区的百年变迁	吴赛华	新民晚报·家庭周刊	2018年8月8日
2227	60名专家亲身示范　300名教师收获新知　暑期"特级教师大讲堂"反响热烈	姚梦	盐阜大众报	2018年8月11日
2228	年仅十几岁的他们，撰写了这些"提案"，豪言要改变世界	张骏	上观新闻	2018年8月11日
2229	推动教育资源公平共享　打造全省"优质教育强区"——南明区构建从学前到高中优质教育体系一瞥	袁娟	贵阳日报	2018年8月17日
2230	未来已来　共创课堂2.0	周龙拿	泉州晚报	2018年8月20日
2231	2018年"世贤学子"提名奖		奉贤报	2018年8月24日
2232	贤能学子		奉贤报	2018年8月24日
2233	贤德学子		奉贤报	2018年8月24日
2234	贤识学子		奉贤报	2018年8月24日
2235	南明甲秀高级中学　迎来首届学子	弋昀、赵松	贵阳日报	2018年8月31日
2236	寻找全国最会提问的中小学生　本报参与协办第二届中国学生好问题征集评选	陆梓华	新民晚报	2018年9月3日
2237	四位特级校长如何同台讲述"成长导航"？教师节前，黄浦教育特级开讲	许沁	上观新闻	2018年9月5日
2238	"城市之心"仙乐飘飘　"南东·音乐·家"社区公共音乐计划满周岁	姚丽萍	新民晚报	2018年9月6日
2239	党团员携手做公益　共筑美丽乡村梦	陆洁、严欣佳	东方城乡报	2018年9月7日

续 表

序号	篇 名	作 者	媒 体	时 间
2240	在这个教研室,一代代年轻人在接棒	樊丽萍	文汇报	2018年9月10日
2241	40年,成就"让人民满意的教育"	辛敏娟	半岛晨报	2018年9月10日
2242	让教师安心从教——南明区多举措关爱教师 营造尊师重教氛围	瞿娇	贵阳日报	2018年9月14日
2243	坚持公办、民办教育共同发展,开展教师专业技能培训,实施名校带动工程,南明区——全力打造全省"优质教育强区"	袁娟	贵阳日报	2018年9月14日
2244	200名青少年参加阅读马拉松	周胜洁	青年报	2018年9月17日
2245	激活孩子心中创新思维的火花 布局人工智能 上海从"娃娃"抓起	王烨捷	中国青年报	2018年9月17日
2246	"你家孩子选编程课没有" 业界:课外培训正在向校内延伸 专家:青少年课程安排不宜超前	张煜、刘锟	解放日报	2018年9月18日
2247	各位同学上课了!今天我们来学习人工智能——全球第一本面向高中生的人工智能教材走进沪上多所实验学校,进一步推广还需迈过多道坎	许沁、龚洁芸	解放日报	2018年9月19日
2248	海口新一轮教师培训启动 借鉴外省先进经验 推动海口教育发展	刘晓惠	海口日报	2018年9月19日
2249	上海城市业余联赛九子大赛落幕	周阳	中国体育报	2018年9月25日
2250	近30场"特级教师开课啦" 尽显三尺讲台风采,33名新晋流动特级校长助力强校工程	许沁	上观新闻	2018年9月27日
2251	沈琼来到市运会赛场观战,考察小队员表现 重青训才能延续上海排球辉煌	秦东颖	解放日报	2018年10月11日
2252	中小学AI教学还需迈过哪些坎	张鹏、朱颖婕	文汇报	2018年10月12日
2253	育人为本 汲取精华 厚植本土 培育特色 满足需求——上海积极探索普通高中国际课程本土化实践取得显著成效		文汇报	2018年10月16日

续 表

序号	篇 名	作 者	媒 体	时 间
2254	创新培养机制 助推教师成长——盐城市第一中学加强教师队伍建设纪实	郑汉东	盐阜大众报	2018年10月16日
2255	名校生青睐当老师 体育老师最紧缺	郭娜	劳动报	2018年10月29日
2256	上海"小作家"优秀作品选登·改变与适应	赵思菡	新民晚报	2018年11月8日
2257	教育整体发展水平显著提升 格致、世外等一批名校落户 地处南上海的奉贤欲建成品质教育强区		新闻晨报	2018年11月11日
2258	让奉贤教育成为奉贤发展的一张靓丽名片	陆琴	奉贤报	2018年11月13日
2259	徐寿为何被誉为晚清"第一巧匠"？		吉安晚报	2018年11月14日
2260	在高中课堂跟着大咖学油画，格致中学向高校"伸出橄榄枝"	龚洁芸	上观新闻	2018年11月30日
2261	盐城市一中创新教师培养机制为学校持续发展注入活力	王磊、王成、张涛	江苏法制报	2018年12月10日
2262	25岁参加高考作文被传抄		绍兴日报	2018年12月18日
2263	庆祝改革开放四十周年之十大重大改革成果系列		奉贤报	2018年12月21日
2264	盐城市第一中学2018年度"十大新闻"		盐城晚报	2018年12月26日
2265	提高对标的精准性，找到工作的突破口 "对标上海"正在逐步精准落地	辛敏娟	半岛晨报	2018年12月28日
2266	推动教育资源公平共享打造全省"优质教育强区"——南明区构建从学前到高中优质教育体系纪实	袁娟	贵州日报	2019年1月19日
2267	不要流浪	陈煜	联合早报（新加坡）	2019年2月16日
2268	那份特别的新春礼物	徐晗溪	海南日报	2019年2月18日
2269	生涯课程 促进核心素养提升	张燕	中国教育报	2019年2月27日
2270	做好校园文化建设 校长们各有高招	陈雪英、殷文韬	深圳侨报	2019年3月27日

续 表

序号	篇 名	作 者	媒 体	时 间
2271	传递海派中医文化做公益追光者 从社区到学堂,感受中华文化的博大精深	李金哲	青年报	2019年4月9日
2272	曾经的陪读妈妈如今的研究生	柯小娇	海西晨报	2019年4月19日
2273	49岁励志妈妈和儿子同时考上研究生,本报记者与她深度对话"陪孩子一起考研,想想就很浪漫"	丁丰林、阮雷影	大河报	2019年4月20日
2274	麦新:《大刀进行曲》创作者	郭敬丹、吴振东	新华网	2019年4月22日
2275	图片新闻	赵松	贵阳日报	2019年4月22日
2276	麦新:《大刀进行曲》创作者	郭敬丹、吴振东	光明日报（数字报）	2019年4月23日
2277	麦新:《大刀进行曲》创作者	郭敬丹、吴振东	湖北日报	2019年4月23日
2278	麦新:《大刀进行曲》创作者	郭敬丹、吴振东	梧州日报	2019年4月23日
2279	麦新:《大刀进行曲》创作者	郭敬丹、吴振东	玉溪日报	2019年4月23日
2280	麦新:《大刀进行曲》创作者	新华社	银川日报	2019年4月23日
2281	麦新《大刀进行曲》创作者	郭敬丹、吴振东	黑龙江日报	2019年4月23日
2282	麦新:《大刀进行曲》创作者	新华社	烟台日报	2019年4月23日
2283	麦新:《大刀进行曲》创作者	郭敬丹、吴振东	云南日报	2019年4月23日
2284	麦新:《大刀进行曲》创作者	郭敬丹、吴振东	辽宁日报	2019年4月23日
2285	麦新:《大刀进行曲》创作者	郭敬丹、吴振东	甘肃日报	2019年4月23日
2286	麦新 《大刀进行曲》创作者	郭敬丹、吴振东	益阳日报	2019年4月23日
2287	麦新:《大刀进行曲》创作者	郭敬丹、吴振东	青海日报	2019年4月23日
2288	麦新:《大刀进行曲》创作者	郭敬丹、吴振东	许昌日报	2019年4月23日
2289	麦新:《大刀进行曲》创作者	郭敬丹、吴振东	中国纪检监察报	2019年4月23日
2290	麦新:《大刀进行曲》创作者	郭敬丹、吴振东	井冈山报	2019年4月23日
2291	麦新:《大刀进行曲》创作者	新华社	遵义日报	2019年4月23日
2292	麦新:《大刀进行曲》创作者	新华社	菏泽日报	2019年4月23日
2293	麦新:《大刀进行曲》创作者	郭敬丹、吴振东	陕西日报	2019年4月23日
2294	麦新:《大刀进行曲》创作者	郭敬丹、吴振东	工人日报	2019年4月24日

续　表

序号	篇　名	作　者	媒　体	时　间
2295	麦新:《大刀进行曲》创作者	郭敬丹、吴振东	新余日报	2019年4月24日
2296	上海公办初中强校工程效果初显	郭娜	劳动报	2019年4月25日
2297	名校"亲友团"真能带出名堂　上海128所公办初中强校工程实验校人气明显提升	陆梓华	新民晚报	2019年4月25日
2298	麦新:《大刀进行曲》创作者	新华社	嘉峪关日报	2019年4月29日
2299	麦新:《大刀进行曲》创作者	新华社	运城晚报	2019年4月29日
2300	《大刀进行曲》创作者	郭敬丹、吴振东	西藏日报	2019年4月30日
2301	2018年度"全国五四红旗团委（团支部）"名单		中国青年报	2019年5月4日
2302	汪品先:海洋与创新,风雨七十年	许琦敏	文汇报	2019年5月5日
2303	投身"三线"教育事业	唐怀永、李思琴、周明	乌蒙新报	2019年5月6日
2304	49岁宿管阿姨和儿子一起考上研究生	魏其蒙	中国青年报	2019年5月8日
2305	全县高中学校管理团队新高考综合改革异地培训圆满完成	梁富强、谢良栩	遂宁日报	2019年5月14日
2306	70年奉贤教育事业　从追赶到跨越　从跨越到品质	蔡倩雯	奉贤报	2019年5月14日
2307	谁说券商只推股票　这份被删除的券商版"上海升学指南"火了	王海慜	每日经济新闻	2019年5月16日
2308	六十多年前一篇文章	王志冲	解放日报	2019年5月19日
2309	00后包场　期待"满格想象力"——上海代表团出征DI全球总决赛,21支队伍创新高	姚佳森	青年报	2019年5月22日
2310	青少年科技节启幕"嘉年华"上尽显小创客风采	袁征	新闻晨报	2019年5月22日
2311	激情澎湃时刻——上海格致中学对1949年的集体记忆	柯瑞逢	人民网	2019年5月25日
2312	他们曾将上海解放传单贴满街头　70年前的"卖报小行家"讲述当年故事	陆梓华	新民晚报	2019年5月26日
2313	麦新:《大刀进行曲》创作者	郭敬丹、吴振东	乌兰察布日报	2019年5月31日

续 表

序号	篇　名	作者	媒体	时　间
2314	泛在式个性学习　探寻有价值的教育	史博臻	文汇报	2019年6月2日
2315	赛场反哺课堂,激活更多想象——上海代表团从DI全球赛凯旋,十五项大奖连奏凯歌	姚佳森	青年报	2019年6月3日
2316	麦新：《大刀进行曲》创作者		呼和浩特日报	2019年6月3日
2317	确保高考安全平稳有序尹弘等检查高考考点安全工作	洪俊杰	解放日报	2019年6月7日
2318	确保今年高考工作安全平稳有序		文汇报	2019年6月7日
2319	2019年上海高考今起开考　市领导昨天检查高考考点安全工作		劳动报	2019年6月7日
2320	确保高考安全平稳有序　尹弘等检查高考考点安全工作		新民晚报	2019年6月7日
2321	高考遇端午　平添"中国味"2019上海秋季高考上午开考	陆梓华	新民晚报	2019年6月7日
2322	护你踏入考场待你自信归来　浓浓"中国味"陪伴申城5万考生高考时刻	郭娜	劳动报	2019年6月8日
2323	外语科目考试昨日结束,考生一脸轻松出考场　"昨天是彩蛋,今天锦上添花"	林颖颖、杨青霞、朱晓芳	新闻晨报	2019年6月9日

关键词索引

说明：本索引按主题词排序，各主题词下词条按首字笔画排序，首字笔画相同，按第二字笔画排序，以此类推。

一 画

一夫(王一夫) 7—9,11,12,14—17,295

二 画

十七大 200
十八大 235
七宝中学 95,191,193,235
人工智能 281,282
入团 3,4,6,7,49,81,82,85,107,312,313,330,331
入党 49,111,159,160,162—164

三 画

《大刀进行曲》 195,196,283
大卫 221
大同中学 95,119,188,191,193,197,200,206,235,289
大学 3,15,16,31,32,42,46,59,60,66,67,95,97,100,111,112,115,116,118,123,129,133,137—139,141,149,153—156,160,161,164,168,183,187,189,194,196,197,204,205,209,210,216,219,220,222—224,234,235,238,239,245,246,249—253,256,257,259,260,262—264,267—269,271,275—282,284,286,287,289,298,309,313—315,328,329,341—344,351—353,360,361,370,383
上外(上海外国语大学) 144,193
上师大(上海师范大学) 161,191,193,194,264
上海 1,3—5,8,9,16,22,23,27,29,31,32,42,47,49,50,56—61,64,72,76,78,80,82,83,85,86,88,89,91,95—98,100,102—116,118—129,131—134,136—141,143—145,147,148,150—156,161—171,173,174,176,178—186,188—191,194—199,201—211,213,215,217—222,225—229,233—237,239,242,244—247,249,250,255—257,259—271,273—276,280,281,283—286,289,290,294,296,310,315,318—320,325—330,333,338,339,341—343,349,351—355,360—363,370—372,377—385
上海中学 12,31,64,114,119,176,183,191,193,227,228,235,246,267
上海市园丁奖 270
上海市新长征突击手(队)小学 18,20,29,33,57,60,61,64,72,76,95,96,106—108,111,116,118,127,129,133,135—141,144—148,152,156,158,161,163,166,168,178,183,184,187—189,

191,193,198,199,201,206—209,220,223,225,231,233,234,255,260,265,267,269—271,273—275,281,285,289,297,312,314,319—321,330,344,351,362,370,372,384

小说　19,20,56,108,109,115,142,297,306,313,350,378

广播　33,36,44,46,49,79,83,109,130,137,140,181,204,205,297,305,310,313—316,374,383

义工　384

卫永成　108,113,114,129,130

四 画

王志冲　383

王钰倩　203,228,242

开学　6,7,10,15,20,22,26,28,30,38—40,44,54,62,64,65,76,82,88,89,95,98,154,156,164,171,187,188,201,213,214,235,241,244,249,252,253,260,265,305,312,314,315,322,345,370

无产阶级　66,83,85,86,95,115,301

五四　33,35,37,141,143,191,197

少先队　58,80—82,85,86,88,89,143,144,313,330

日本　31,102,107,111,129,213,283,285,298,341,343

中考　47,48,214,253

中国　4,11,16,22,24,27,28,31,32,45,48,53,56,66,78,82,89,91,98,105,109—111,116,119,123—125,127,128,132,136—138,140,143,148—150,152—155,159,163,178,179,181—185,188,189,191,192,195,197,201,203,211—213,215,217—219,221,224,225,228,239,240,245,246,248—252,255,256,259,261,269—271,273—281,283—290,293,295,302,303,312,313,315,326,327,338,339,341—343,349,352—354,360,361,367,377,378,381,383—385

中国好问题　251

中国梦　248

毛泽东（毛主席）　4,44,56,65,66,90,191,197,198,201,219,245,323,327,361

毛泽东思想　3,66,327

长宁（长宁区）　95,148,191,382

分数　7,47,50,51,101,145,158,214,244,262,307,319,330,331,333,342

公益活动　160

文艺工作　98

文明单位　153,156,165

文科　16,42,73,94,101,102,107—109,166,195,236

邓小平　115,131,159,162—164,189,190,276

邓小平理论　160,162—164,170,187,191,200,235,245

邓蓓佳　202,203,208—211,217

书画　150,155,218

五 画

世界杯　178

古国强　6,17,18,21—23

东北　16,17,20,26,31,32,195,283

北大（北京大学）　98,141,189,262,276

北京　32,104,106,110,120,124,131,136,137,140,143,144,155,189,198,199,219,234,250,276,286,298

电视　67,108,115,148,150,154,169,170,178,181,205,218,222,339,379

电影　17,18,20,25,30,36,56,58,67,108,111,112,136,170,365

失学　15—17,198

乐队　134,155,181,188,205,321
市区　95,108,130,133,135,136,148,195,208,327,384
市长奖　184,185
市北中学　64,95,133,191,193
市实验性示范性高中　251,284
市教委　151,156,162,195,206,211,231,242,251,260,266,271,284,351

六　画

老师　4,8,14,15,24,30,32,33,37,55,57,58,62—64,67,69,70,73,74,77,78,83,85—87,92,94,96—99,113,114,116,133,140—142,152,153,156—158,160,165—169,171,174—177,181—183,185—188,192—197,201,203—205,208,210—213,215,218,223—227,229,232,234—237,240—244,246,252—254,257,259,260,265—270,274,276,278,279,281,285—287,306—308,315,322,330,331,335,336,342,345,347,360,361,365,372,382—385

考生　17,18,20,25,35,101,102,133,145,164,195,207,222,243,244,339,340,346,351,356,367

考试　5—7,10,12,13,19,20,41,43,51,54,57,58,63,66,73,74,77,95,101,102,119,145,152,153,158,164,165,176,204,214,220,225,229,234,242,244,266,269,271,276,277,280,299,306—308,321,326,339,340,342,344,346,351,355,361,373

考题　132,133,218,228,266,356

共产主义　45,56,58,65,72,80,85,107,115,160,235,296,301,304,320,322,324,327,329

共产党　60,78,160,163,283,300,349,383,385

共青团　72,80,81,86,98,106—108,130,143,144,149,178,208,330,331

师资　96,97,109,111,118,135,139,143,146,165,191,238,249—252,260,271,274,284,346

光荣榜　203,270

同济（同济大学）　7,59,178,269,271,275,284,286—288,298,353,383

团员　3,4,6,7,12—15,17—19,22,26,28,29,32,47,52,56,82,143,144,185,235,267,300,304,313,314,316,324,330,335,385

朱文娟　211,222

朱筱丽　258,271,272

朱颖婕　270

朱镕基　127,131,137,155

先进工作者　66,98,106,275

先进单位　66,93,121,275

先进集体　80—82,142,144,154,354

传统文化　261,267,269

优秀校长　151

优秀教师　181,191,197

延安中学　64,95,134,191,193,261

自主招生　204,213,214,222,229,234,268

向明中学　60,64,95,102,119,183,191,193,235,284

华二（华东师范大学附属第二中学）华东　4,32,54,85,108,113,116,119,133,134,178,183,196,197,235,253,271,284,286,289,301

华师大（华东师范大学）　191,193,253

华师大一附中（华东师范大学第一附属中学）　191,193,271

创客　256,275,281

创新力　273

创新实验室　218,245,248—250,252,256

名誉校长　151,154,178,206,250,355

庄玉兴　114,143,146,148,149,151,154,155,158,161,163
刘昕璐　207,261
刘晶晶　200,207,208,220,235
交大(上海交通大学)　3,16,45,141,222
交大附中　102,191,193
江苏　121,227,274,284
江泽民　120,129,131,132,136—138,155,278
许沁　255,262,268,282
许志行　9,10,29,109,110,191,197,198,285,385
许良中　18,20,25,26,28,30,31,33—40,42,46,47,296
戏剧　18,20,24,27,28,35,37,163,204,259,260,361,384
戏剧特色学校　259,260
羽毛球　218
红旗班　65,66

七　画

麦新　195,196,245,283,284
运动会　32,33,35,49,50,53,54,130,170,321
运动员　37,53,54,59,66,320
走班教学　250
劳动模范　82,93,133,151
芭蕾　151,152,155,158—160
苏军　156,165,169,170,172,179,187,188,190,192,196,199,202,206,213,220,233,240,243,244,249
苏州河　172,384
苏联　4,7,20,25,45,48,49,56,286,294,301—303,309,313,318,319
李鹏　124,126—128,131,136,137,338
杨浦(杨浦区)　95,102,116,191,193
杨福家　141,154,163,187,188,191,192,205,212,250,275—280,342,353,354,361
围棋　40,250,255,284
足球　85,167
位育中学　191
体育活动　8,18,20—22,24,25,32,35—38,40,47—50,52,53,55,62,73,74,92,250,293,297,301
体育课　40,48,182,239,298
体操　33,48,53,54,306,310,366
汪品先　141,163,205,212,250,284—289,353
泛在式个性学习　289
社会主义　45,54,55,58,60,63,65,66,70,72,73,77,80—82,108,115,127,128,136—139,143,156,159,166,198,301,317—319,321,322,327—329,336,338,342
初中　4,8,20,23,37,41,42,45,50,51,54,55,57,74,76,79—81,83—85,119,121,129,133,136,153,154,158,173,182,184,220,222—224,226,242—244,262,268,270,281,284,300,312,314,315,319,346,370,373,382,384
张志敏　188,191,195—197,201,204,208,213,214,220,221,228,229,236,242—246,248,250—252,256,262,264—266,271,273,274,281,289,290,363
张浩　74,75,84,119,320,327
张高炜　162,341,344,346,366,368,374
张鹏　257
陆安怡　263
陈云　35,59,104,105
陈鸿璆　4,10,17,384

八　画

奉贤(奉贤区)　235,242,243,249—253,255,261,273,275,289,290

奉贤中学　260
环保　176,179,182,185,200,204—207,209,210,214,215,217,221,236,256,274,362
青浦(青浦区)　260
表演　19,23,27,28,32,33,35,55,59,151,152,159,160,181,204,217,239,259,271,320,379
英语　100,119,145,153,164,165,173,178,179,186,192,199,204,205,212,215,222,224,261,276,288,344,351,356,372
非遗　261—263,267,269
国际课程班　251,376
物理　32,41—43,63,73,83,87,88,94,96,97,101,112,113,119,129,154,182,186,189,191,203—205,216,218,222—225,234,242,245,250,254,262,266,270,275—277,279,281,319,335,351—354
金爱心　181,182,228
周恩来　144,283
京剧　4,159
郊区　38,126,244
育才中学　85,95,98,119,183,191,193
育德之星奖　273
闸北(原闸北区)　95,116,148,191
油画　159,264
学习　3—31,33—39,41—47,49—58,62—70,72—74,76—78,81—85,88—96,98,100,101,107,111,113,115,117,119,129,133,141,143,145,152,153,156,159,160,162—168,170—176,178,179,184,187,191,192,198,200—205,215—217,220—223,225,227—232,234—239,242,244—246,248—250,252,254,256—259,262,263,265,266,269,270,276,278—282,285,286,289,290,293,296—309,313—316,318,320,323,324,326,327,329—331,333,335,338,341,342,345,346,350,353,360,361,365,368,371,373,378,382,383
学生会　4—7,10,12—15,17,18,20—22,24—30,32,34—36,39,40,42,44,46,47,51,53,55,56,91,162,204,246,250,297,304,385
学联　4,5,10,16,21,25,32,34,50,115,119,155,383,384
学霸　262,268
宝山(宝山区)　95,124,191
实践基地　232,269,274
话剧　85,108,163,309,331
建平中学　95,173,191,193,257

九　画

政治教育　12,16,19,126,293,318
革命歌曲　283,383
南京东路　186,200,248,280
南洋模范中学　95,183
南桥　235,242,249
柯瑞逢　191,196,198,275,283,385
虹口(虹口区)　15,59,64,95,116,135,191,383
科创中心　281
科研　12,98,100,113,119,120,161,176,189,194,241,244—246,254,255,277,279,287,288,342,353
复旦(复旦大学)　95,97,102,116,123,129,133,141,154,204,222,235,239,246,250,253,262,263,275—278,313,341—343,353,361
复旦附中　102,114,191,193,261,351
奖学金　119,149,187,287
音乐会　169,181,196,267
音乐剧　204,217,243,246
美丽中国　248

美国　25,31—34,38,100,113,119,152—154,166,187,188,194,209,210,219—221,223—225,227,228,236,238,239,242,248,251,252,254,256,277,280,281,287,289,290,294,301,302,321,339,342—344

美育教育　260

宣誓　3,49,80,385

语文　31,32,41,54,56,66,69,72,73,76—78,86,94,96—99,101,106—110,112,113,125,132,141,142,144,151,156,167,171,179—181,197,199,217,219,224,242,246,250,285,306,307,313,316,317,322—325,344,346,351,365,367,368,373,375,385

姚阿民　161,163,164,166,182,190

十　画

泰国　150,166,169

素质教育　156,158,163,165,166,171,176,187,197,207,229,231,245,262,278,289,344

莎士比亚剧团　259

格致中学　1,3—23,25—44,46,47,49—51,53—62,64—74,76—80,82—86,88,89,91,93—98,100—103,105—109,111—116,118—127,129—133,135—137,139—141,143—156,158—171,173,176,178,179,181—217,219—222,224,225,227—229,231—236,238—246,248—257,259,261—271,273—275,277,280,281,283—285,289,290,293,294,296—301,303—309,311,312,314,315,317—320,322,323,325—330,333,334,336—355,357,359—363,365,366,368,370,371,373,376—385

格致中学奉贤校区　235,242,244,249—252,261,264

格致书院　112,146,154,155,165,203,212,215,218,227,249,250,255,280,353,354,360,361

校友　16,29,35,100,106,107,111,129,140,141,143,154,155,163,188,191,195,196,205,211—213,227,245,253,255,268,283,341,352—355,383—385

校区　218,235,242—244,249—253,255,261,273,289,290

校长　4,10,12,13,16,29,31,35,55,64,85,98,106,108,111,115,118,120,124,126,127,129—131,133,134,136,137,139—141,143,145,151,153—155,157,167,169,173,174,179,182,183,187,188,191,195—197,201,204,208,211,213,214,220,221,224,228,229,236,239,242—253,256,257,261,262,264—266,270,271,273—281,284,285,289,321—323,338,341,342,353,360,361,363,385

校庆　17,19,35,106,125,130,155,164,165,196,197,212,255

夏令营　51,212,221,260,300

顾卓敏　201,248

党员　69,155,159,160,163,383,385

党章　159,160,200,235

钱伟康　132

健康中国　275

徐汇（徐汇区）　53,95,140,183,191,227

徐红清　272

徐寿　111,112,154,155,183,212,227,249,250,255,280,353,354,360,361

徐蓓　280

爱国主义教育　29,35,36,38,39,106,107,115,129,131,304,344

留学　220,223,276,286

高中　8,20,29,32,33,41—43,45,46,54,77,87,95,97,108,115,140,141,145,

146,150,152—156,158,159,162—165,
168,169,171,173,175—177,181,182,
187,191,193,201,203—205,209,213—
215,219—225,227—231,234—238,
241,242,245,247,249—253,256,257,
259—263,266—271,281,282,284,300,
307,319,326,350,362,370,373,384

高考　101,102,113,132,164,181,189,
195,197,202,207,210,213,214,222,
246,253,256,257,267,269,275,339,
344,351,367,372

高润华　66,69,72,76—78,96,98,100,
105—108,111,115,118,120,124,126,
127,129,131,133,136,137,139—141,
143,151,154,178,179,206,250,334,
338,355

郭颖　173

郭娜　284

郭漪　274

竞赛　7,8,12—15,25,28,31—33,35,49,
53,78,85,94,108,112—114,116,118,
119,129,146,149,152—156,165,166,
176,186,197,203—205,214,222,223,
241,245,249,250,262,268,271,
282,372

浦东(浦东新区)　38,135,136,138,155,
191,274,289,327,382

课外　6,12,13,15,17,19,27,28,32,40—
43,47,51,54—56,66—68,70,72,76—
78,88,89,91,93,94,96,107,108,112,
113,119,129,142,149,150,156,225,
267,293,298,303,305,307,317

课堂　6,13,32,43,52,58,63—65,70,76,
78,81,87,88,92,112,113,119,129,
141,146,153,156,162,166,167,170,
172,174—176,180,197,199,202,208,
212,223,224,227,228,233,234,236,
238,240,241,246,255,257,265,266,

275,277,282,285,290,305—307,330,
333,360,373,374,382,384

十一画

理论社团　235,256

理科　41—43,94,95,107,123,125,145,
171,204,205,223,236,237,243,244,
249—251,253,268,280,288,354,
361,372

理想信念　159,232,235

排球　24,27,37,48,51,54,190,205

教师节　116,133,169,185,191,225

教学　10,12,13,18,19,28,32,39—43,
58,63,64,66—70,72,76—78,85—88,
91—101,106—110,112—114,118—
120,122,125,129,135,139,141,143—
151,153—156,160,161,164,165,167,
169,171,172,176,183,189—192,194,
197,199,201—205,208,215—217,220,
221,224—226,229,231,232,234—236,
238,240—244,246,251,254,255,257,
260,261,265,266,271,275,279,281,
289,290,305,306,314,317—319,323—
325,342,344,346,350,354,361,
362,373

教育局　35,41,80,95,96,98,101,133,
136,146,158,164,178,190,235,244,
261,270,274,275,284,323

基础教育　136,137,140,141,176,206,
224,250,264,282,352,362

黄浦(黄浦区)　82,95,101,106,108,113,
116,121,135,141—147,149,156,158,
162—164,166,173,178,182,188,190,
191,193,200,205,221,229,235,242,
244,248,249,255,261,265,270,271,
275,284,289,310,362,384

黄浦江　59,60,195,249,349

曹杨二中　134,191,193,284

晚会　78,168,169,339,369,379
减负　265,266
麻省理工　248,249,251,252,256,281
绿色指标　231

十二画

联欢会　9,10,17,23,28,30,98,116,133,134
彭德倩　266
彭薇　202,207,212,223,225,226,228,234,235,243,251,252
敬业(敬业中学)　135,136,182,183,227,245,290
朝鲜　23,26,28,44,77,295,314,326,327
暑期　17,18,20,22—28,35,36,48,51,64,87,163,189,207,257,300,301
普陀(普陀区)　95,191
曾友苏　144,149,151,158
游泳　17,18,20,24,36,51,56,136,190,205,218,250,301,310,311,369
寒假　30,56,113,120,158,171,181,187,222,269,306,307
谢丽娟　116,155,156,164,165

十三画

禁毒　162
数学　7,15,32,34,36,41,43,50,63,66,67,70,86—88,94,96,97,100,101,107,111—114,116,118,119,123,125,129,130,144,145,149,153,167,171,178,189,193,199,203—205,216—218,222,224,234,238,241—243,245,248—250,252,281,307,318,319,344,351—353,360,380

十四画

慕课　284
演出　4,27,28,46,55,66,81,85,98,115,141,159,160,163,181,188,204,259,260,331,361,384
赛艇　59

十五画

德育　127,130,133,139,154—156,166,193,230,245,254,273,342,365

十六画

薛福田　119
薄加伦　377,378

十八画

瞿鹭　106,130,133,144,146
翻转课堂　267

其他

90后　207,253,287
00后　289
3D打印机　252,256
AP课程　219,220,251
DI全球赛　289,290
FabLab　248,249,252

站在北海路和广西北路的交汇处

（代后记）

1927年7月,在当时的上海北海路162号,也就是现在的上海市黄浦区北海路和广西北路交汇处,出现了新建的建筑面积达1 800平方米的三层钢筋混凝土大楼和二层楼房各一幢,另外还有一座小礼堂。这就是上海公共租界工部局为1913年起接办的格致公学(其前身为1874年诞生的格致书院)新建的校舍。

52年后的1979年9月,笔者有幸考入这所上海市百年名校的高中部,在这个三层钢筋混凝土大楼的二楼以及操场边的新大楼五楼苦读,直到1981年7月高中毕业考入复旦大学历史系读书。

时间又飞驰了37年。2018年新年伊始,一个偶然的机会,同届的陈利生兄告诉我,格致中学2016年12月开始启动《格致校史稿 第二卷(1949—2019)》的撰写工作,以此庆祝2019年学校145周年华诞。我拜读过母校编著的《格致校史稿 第一卷(1874—1949)》(上海社会科学院出版社2005年版),印象深刻。作为曾经的复旦大学历史系学生以及目前的上海大学历史系教师,出于职业冲动,我决心以毕生所学回馈母校。

2018年1月27日下午,利生兄通知我参加格致中学的校友理事会。我是作为旁听者第一次参加此类会议。就在该次会议上,我当面向主持格致中学校友会工作的何平老师提出我要参与校史第二卷撰写工作的请求。一个月后的2月26日,我受邀参加校史稿第二卷撰写小组会议,愉快地接受撰写1978—1982年期间校史的光荣任务。

撰写过程中,我想起了一件往事。1981年8月2日,上海的《解放日报》刊登过一篇有关我们那年上海市高考情况的报道文章,特别是刊登了那年高考上海市理科类、文科类和外语类前十名学生和所在高中的名单。在这个名单中,有格致中学我的同班同学钱军,他和市二中学刘平并列那年上海市高考文科成绩第四名。这位市二中学的刘平后来成为我的复旦大学历史系的同班同学。随后在复旦大学读书期间以及日后的其他时空中,我遇到过上述三类前十名中其他几位同学。面对这些《解放日报》铅字中的同年学霸,心情分外激动。

正是因为有这个难以忘怀的记忆,凭借中国近现代史特别是中国当代史的研究和教学从业三十多年的职业敏感,我由此推测,1949年之后的中国各大传统媒体和新媒体中有关格致中学的报道文章,一定相当丰富。于是我就有了策划这本书的最初想法。

经过一年多时间的努力,在各方面的热情帮助和指导下,我收集到了1949年6月至

2019年6月这70年间包括《人民日报》等传统媒体和部分新媒体中有关格致中学的各类报道文章2 323篇,约150万字。从出版的篇数统计,在这70年期间,年均33.2篇2.1万字,月均2.8篇0.18万字。由于时间长达大半个世纪,纸质版报纸已经不容易寻找,又因其他种种原因,特别是收集工作时间有限,这些信息肯定是不完整的。但即便如此,其各类媒体报道文章之多、内容之全,在1949年之后的中国普通教育界,已属蔚为壮观。出于书稿的篇幅所限以及其他种种原因,我们只能在这些纸质版媒体报道或文章中,选择具有代表性的报道或文章予以整理出版。为了方便读者特别是有兴趣的研究者,我们把已经收集到的所有的资料信息,制作了一份总目录初编,以表格的形式附在正文之后,同时还制作了关键词索引。

纵观1949—2019年全国各大媒体和新媒体对上海市格致中学的报道文章以及由他们刊登的格致中学师生的作品,我们可以深切地感受到,这些文章从不同历史时期,反映了格致中学在教书育人、教育教学管理、学科特色的形成、师资队伍建设和对内对外交流等方面的骄人业绩,展现了一代又一代的格致中学师生的智慧和创造,彰显了格致中学在上海普通教育界不可替代的示范和引领作用。这些报道和文章,尤其可以成为刚刚出版的《格致校史稿 第二卷(1949—2019)》的注脚和佐证,作为其配套读物,一定能受到读者的欢迎。

放眼全国普通教育界,一流乃至超一流的高中繁星点点。但是,如同格致中学在70年悠悠岁月中,能够被媒体持续不断地关注同时记载在册,其密度、深度和宽度,在我的视野中还没有发现第二家。这不仅事关格致中学这么一个普普通通的学校,而是涉及70年来上海普通教育界历史风貌的保存。上海普通教育界是全国普通教育界的重镇,由此推论,这些文章对70年来全国普通教育界也是一份珍贵的史料。一滴水而知沧海。在这里,我们可以清晰地听到上海普通教育界70年来风雨兼程的脚步声,看到它的滴滴答答的汗水和泪水。

在这里,我忍不住再回首一件亲身经历的往事,做一个小小的脚注,说明这些媒体文章的价值所在。

1980年读高中一年级时,班主任郑爱群老师告诉我们,有位美国华裔王博士,曾经就读于格致中学,最近回到母校访问。他看到三十多年前自己就读时的教学大楼屹立依旧,激动万分。他回忆说,读书时曾经在大楼里和同学一起玩"官兵抓强盗"的游戏。因为那时我们很少听到"博士"这个头衔,特别是来自美国的"博士",这件事情令我记忆深刻。真所谓"无巧不成书",在收集和整理本书资料时,我在1980年5月11日的《文汇报》上,竟然意外地发现了有关这位校友王博士访问格致中学的报道:

美籍激光专家王正平博士回母校格致中学畅叙离情

【本报讯】昨天上午,美籍华裔激光专家王正平访问母校上海市格致中学,受到师生的热烈欢迎。

王正平博士现在担任美国宇航公司高级工程师,兼加州大学圣迭戈分校教授。1980年国际激光会议,是他提议召开的。1978年9月,他同上海光机所科研人员合作,研制成功一项卷筒式准分子激光器。同年底,他在美国主持成立了"国际激光技术公司",为促进中美两国技术交流发挥了作用。今年3月,他被中科院邀请为上海光机所名誉教授。

王博士1948年在格致中学上过学,对上海很有感情。这次,他回母校参观,对母校同学勤奋学习的情况,表示赞赏,他说:"作为一个校友,感到光荣。"他谈到他的英语是在格致中学初时开始学习的,他希望学校加强数学、外语等基础课,培养更多有水平的人才。

吃惊之余,我非常兴奋,深深地感到1949年以来全国媒体特别是上海媒体对格致中学的关注度,也由此可见格致中学的社会地位和影响。这些媒体报道或文章,对我负责撰写1978—1982年期间的校史助力良多。据我所知,参与《格致校史稿 第二卷(1949—2019)》撰写的各位老师,同样从这些报道或文章中获取了大量珍贵的信息。

在本书即将出版之际,我要感谢在本书资料收集整理过程中给予我帮助和支持的各位朋友。

首先,我要感谢上海图书馆周德明副馆长和上海图书馆读者服务中心阅览部唐铁良主任。他们告诉我,上海图书馆有包括《人民日报》在内的多种媒体的电子版,按照"格致中学"四个字作主题词检索,可以获得超大量的信息。我由此获得了"第一桶金",尤其是大大增强了我的信心。

其次,我要感谢那些帮助我寻找资料的朋友。解放日报社的许云倩女士,热情帮助我找到了《解放日报》的有关信息。解放日报社总编室副主任杨波女士,介绍我通过共青团上海市委副书记丁波先生协调,我有幸认识了青年报社副总编辑王东先生和总编办公室主任陈兆华先生,由此得到了相关的信息;兆华先生还亲自将《青年报》上的相关内容予以拍照传发给我。在石家庄的一次会议上,我遇到光明日报社原副总编辑刘伟先生,虽是第一次见面,但他知道我在收集整理相关资料时,在第一时间就帮助我解决了《光明日报》上相关信息的收集。复旦大学国际关系与公共事务学院刘季平书记、复旦大学历史系王维江教授、华东师范大学马克思主义学院樊建政老师和华东师范大学图书馆潘紫雄先生,都全力以赴地提供了相关的帮助。上海社科院历史研究所张秀莉研究员,也贡献了她的智慧。

我要感谢上海大学历史系研究生张程程、耿媛媛、张雪怡和周曼琳等,从初春到炎夏,他们栉风沐雨、埋头苦干,高效率地帮助我收集、整理和校对资料,一丝不苟地为保证书稿质量尽心尽力。

我要感谢上海大学出版社常务副总编傅玉芳女士和美术编辑柯国富先生,他们精湛的专业知识和敬业精神,为本书的顺利出版保驾护航。

最后,我要感谢格致中学的领导和老师。我曾经出版过很多著作,但这是一本对我而言有特别意义和价值的著作。因为它,使我这个校友,得以有机会报效母校的培育之恩。而正是由于张志敏校长和王丽萍书记的充分信任,我才能在短短的一年多时间内,完成这项工作。参加《格致校史稿 第二卷(1949—2019)》撰写的格致中学的各位老师和校友,特别是柯瑞逢老师,也给予我很多的帮助和鼓励。钱伟康是上海市语文特级教师,高中一年级时我曾经担任钱老师的语文课课代表,有幸比一般同学获得更多的教诲,至今历历在目。在本书的编撰过程中,钱老师赐教多多。这些都是我铭记在心的。

承蒙上海史研究著名学者、上海社会科学院原副院长、中国史学会副会长熊月之教授不吝赐稿,撰写本书的序言。月之教授曾为2005年出版的《格致校史稿 第一卷(1874—1949)》撰写序言。这次他应我邀请,欣然允诺撰写了内容翔实且充满感情的长篇序言,此情此谊令人感佩。上海市教育科学研究院科研处处长孙崇文研究员和上海市教育史志办公室负责人罗东海先生也给予了大力帮助。

1979—1981年期间,除去节假日,我每天都来到北海路和广西北路交汇处的格致中学上课。因为参与撰写校史稿,这两年我经常有机会回到这里。昔日校园生活一幕幕难忘的场景,无不涌上心头,奔来眼前。多少青春不在,但是对母校的情怀却从未更改。两条马路,春去冬来,落叶无尽,默默地走过清朝、走过民国、走进了中华人民共和国。2019年的风貌,和1927年迥然不同,与1981年相比也恍若隔世。据说格致中学1927年的建筑,现在只保留下当时的八分之一。有形的建筑物历经风雨可能褪色乃至最后消失,但是格致中学的科学爱国的无形精神,过去、现在和未来,都会永远留在每位格致人的心中,留在知道或想知道它的今生前世的人们的心中。希望这本以第三方视角全面记录和评价格致中学师生70年来自强不息的著作,能为格致中学无形精神的传承和发扬光大,起到应有的作用。

我期待着。

上海市格致中学1980届校友
上海大学历史系教授
徐有威
2019年8月28日于上海